中国图书馆事业发展报告
2012

主编：周和平

编委：汪东波　　王世伟　　柯　平
　　　初景利　　申晓娟　　严向东
　　　胡　洁　李　丹　石　鑫

囻 国家圖书馆出版社

图书在版编目(CIP)数据

中国图书馆事业发展报告 2012 / 周和平主编. —北京:国家图书馆出版社,
2013.3

ISBN 978 - 7 - 5013 - 4892 - 3

Ⅰ. ①中… Ⅱ. ①周… Ⅲ. ①图书馆事业—研究报告—中国—2012 Ⅳ. ①
G259.2

中国版本图书馆 CIP 数据核字 (2012) 第 256270 号

书名 中国图书馆事业发展报告 2012

著者 周和平 主编

出版 国家图书馆出版社(100034 北京市西城区文津街 7 号)

(原北京图书馆出版社)

发行 010 - 66114536 66126153 66151313 66175620

66121706(传真) 66126156(门市部)

E - mail btsfxb@ nlc. gov. cn(邮购)

Website www. nlcpress. com→投稿中心

经销 新华书店

印刷 北京佳顺印务有限公司

开本 710 × 1000(毫米) 1/16

印张 32.75

字数 500 千字

版次 2013 年 3 月第 1 版 2013 年 3 月第 1 次印刷

书号 ISBN 978 - 7 - 5013 - 4892 - 3

定价 160.00 元

序

　　《中国图书馆事业发展报告》由国家图书馆研究院组织编写,采用蓝皮书形式发表,旨在全面反映我国图书馆事业发展状况,为广大图书馆工作者进一步提高业务水平和管理水平提供经验借鉴,为研究人员深入开展图书馆事业研究提供基础资料,为各级政府科学制定图书馆政策提供参考依据,同时也可使社会公众全面了解我国图书馆事业发展状况。

　　中华文明是世界上最古老且有绵延不断的文字记载的历史的文明。早在距今3500年左右的殷商时期,我国就有了图书馆的萌芽。西周设立了朝廷藏书制度,中国古代著名思想家老子曾做过"周守藏室之史"。此后,历朝历代都有重视藏书的优秀传统:汉代建立了石渠阁、天禄阁、东观、兰台等官府藏书,私人藏书和寺院藏书也得到了发展,唐代出现了书院藏书。至此,我国初步形成了官府藏书、寺院藏书、私人藏书和书院藏书四大古代藏书系统。特别是明清两代,官府藏书和私人藏书进入了全盛时期。

　　20世纪初,在维新思潮的影响下,一批近代意义的图书馆应运而生,它们面向社会公众开放,成为传播文化、辅助教育、启迪民智的重要文化机构,开启了从封建藏书楼走向近代图书馆的进程。到上世纪30年代,我国图书馆已渐成规模,但"七七事变"之后,由于外敌入侵,图书馆事业受到重创。

　　新中国成立后,特别是改革开放以来,在党和政府的高度重视下,我国图书馆事业进入了崭新的发展阶段,图书馆数量迅猛增长,图书馆建筑面积、阅览坐席、馆藏文献数量稳步增长,计算机设备、网络设施水平明显改善;图书馆服务覆盖到了农村乡镇和城市社区,一个由国家图书馆、公共图书馆、高校图书馆、专业图书馆、学校图书馆和企事业单位图书馆等组成的各级各类图书馆服务体系已逐步形成。

　　自上世纪90年代以来,随着现代信息技术的发展,数字图书馆应运而生,图书馆事业进入了一个崭新的发展阶段。从到馆服务到覆盖全媒体的数字图书馆服务,从文献借阅服务到个性化、专业化信息服务,从阅读学习场所到文化交流空间,图书馆传承文明、服务社会的职能不断深化,今天的图书馆已经成为公民教育的终身学校和国家创新的智力保障,在推动经济社会发展中发挥着越来越重要的作用,同时其自身也随着经济社会的快速发展而同步发展。

为了总结图书馆事业发展成就和成功经验,分析存在的问题,《中国图书馆事业发展报告》系统梳理了近年来我国图书馆事业发展取得的重大进展,深入分析了事业发展所处的社会环境、面临的机遇与挑战及未来发展趋势。全书分为综述、宏观形势、行业发展、地区实践、专题研究和大事记六个部分,以翔实的数据和事实资料比较完整地勾画了我国各类型、各地区图书馆事业的发展面貌和发展特点,并基于数据分析进行了对比研究。同时,本书对关乎事业发展的一些重要问题进行了研究和探讨,力求资料性与学术性兼备。

用蓝皮书的形式反映图书馆事业发展在我国尚属首次。为编好此书,我们组织了图书馆研究和实践领域的专家共同参与编写工作,并且广泛听取了基层图书馆管理者、专家学者和文化部等有关政府主管部门的意见,几易其稿,最终成书。《中国图书馆事业发展报告》首卷的出版,倾注了大家共同的心血,在此一并致谢!

由于首次编纂,经验不足,难免挂一漏万,且有些数据尚不够系统,有些分析尚显深度不够,真诚希望广大读者多提宝贵意见和建议。

周和平
2013 年初于北京

目 录

宏观形势

行业发展

地区实践

专题研究

图目录

表目录

2011年我国图书馆事业发展综述

2011年是"十二五"开局之年。1月,文化部、财政部下发了《关于推进全国美术馆、公共图书馆、文化馆(站)免费开放的意见》,全面部署免费开放工作。3月,《中华人民共和国国民经济和社会发展第十二个五年规划纲要》发布,其中第十篇"传承创新,推动文化大发展大繁荣"专门对包括图书馆事业在内的文化事业的发展进行了规划。10月,中国共产党第十七届中央委员会第六次全体会议通过了《中共中央关于深化文化体制改革推动社会主义文化大发展大繁荣若干重大问题的决定》,就"充分认识推进文化改革发展的重要性和紧迫性,更加自觉、更加主动地推动社会主义文化大发展大繁荣"做出了战略部署,提出了力争到2020年实现"文化事业全面繁荣,覆盖全社会的公共文化服务体系基本建立,努力实现基本公共文化服务的均等化"的发展目标。

上述重大政策的推出,对图书馆事业发展产生了深远影响,一方面提供了前所未有的政策支持环境和事业发展机遇,另一方面也带动了社会对图书馆的需求,给图书馆事业创新发展提出了新的要求。这一年,在图书馆学界和业界的共同努力下,我国图书馆事业和图书馆学科研究取得较大发展,成绩显著,概述如下:

- 公共图书馆免费开放政策首次以政府文件的形式发布
- 县级以上公共图书馆服务网络基本建成
- 图书馆法制化、规范化建设取得阶段性进展
- 图书馆管理应用最新信息技术成果
- 图书馆服务体系建设与服务创新精彩纷呈
- 图书馆人才队伍专业化程度提高
- 图书馆馆舍新建与扩建方兴未艾
- 重点文化工程稳中求进
- 图书馆国际交流继续加强
- 图书馆学术研究进一步提升

一、公共图书馆免费开放政策首次以政府文件的形式发布

自 19 世纪末 20 世纪初现代意义的公共图书馆在中国诞生以来，中国图书馆界对于免费开放的公共图书馆精神的追求就一直没有停止。2011 年 1 月 26 日，文化部、财政部联合下发《关于推进全国美术馆、公共图书馆、文化馆（站）免费开放工作的意见》（文财务发〔2011〕5 号），就各级文化行政部门归口管理的美术馆、公共图书馆、文化馆（站）全面实现向社会免费开放提出要求，成为 2011 年对公共图书馆事业影响最大的政策。公共图书馆敞开大门，儒者、丐者一概欢迎，[1] 向所有人免费开放，不仅已成为政府与图书馆人的共识，也已成为公共图书馆自觉服务的行动。开放、平等、免费作为我国当代公共图书馆事业的重要标志，首度以政府文件的形式得以确认。

2011 年 2 月 18 日，文化部、财政部召开全国美术馆、公共图书馆、文化馆（站）免费开放工作电视电话会议，明确提出中央财政在 2011 年将新增约 18 亿元转移支付经费，支持三馆一站免费开放工作，切实落实免费开放政策。

文化部、财政部联合下发的文件和随后举行的电视电话会议的精神，立足于我国公共图书馆事业发展现状，对基本服务免费提出了明确的要求，是政府以人为本、文化惠民的重大举措，意义深远。新中国成立以来，特别是改革开放以后，我国图书馆事业取得了长足的发展与进步，但因为经济社会发展不平衡，在一定程度上还存在东中西部图书馆经费投入的明显差距，一些图书馆在目前经费投入的前提下完全免费服务存在困难。财政部和文化部这个文件为公共图书馆提供了政策支持与经费保障，是政府提高公共文化服务支持的重要体现，也是社会文化进步的重要标志。

免费开放政策一经推出，全国各级、各类图书馆纷纷行动起来，检查已有服务收费项目，按照文件要求做到基本服务免费。国家图书馆及北京、上海、浙江、广东、海南、陕西、江西、吉林、黑龙江、湖南、湖北等地的图书馆陆续开始全面免费开放。截至 2011 年底，全国 2952 个县以上公共图书馆基本实现了无障碍、零门槛进入，公共空间设施场地全部免费开放，所提供的基本服务项目全部免费，[2] 公共图书馆向惠及全民、公平服务迈出了坚实的步伐。2011 年全国公共图书馆共接待读者 38 151 万人次，比上年增长 16.2%，公共图书馆社会认知度得到显著提升。同时，受公共图书馆免费开放的影响，有关高校图书馆是否应该面向公众开放的问题也开始受到社会的热切关注，为 2012 年出现的相关热点事件埋下了伏笔。

二、县级以上公共图书馆服务网络基本建成①

公共图书馆作为公共文化服务体系的重要组成部分,承担着保存人类文化遗产、开展社会教育、传播公共知识和信息以及开发智力资源的重要职责。1982年通过的《中华人民共和国国民经济和社会发展第六个五年计划》中提出,"六五"期间,要"基本上做到县县有图书馆和文化馆,乡乡有文化站"。然而,因种种原因,这个目标未能在"六五"期间实现,但面向这个目标的努力却一直没有停止。特别是近十年来,国家通过实施县级图书馆和文化馆建设、县级图书馆和文化馆修缮、文化信息资源共享工程等重大文化项目,全国公共图书馆设施条件不断改善,2011年基本实现了"县县有图书馆"的目标,县级以上公共图书馆服务网络基本形成。

公共图书馆数量有所增加。2011年全国共有县以上公共图书馆2952个,比2010年增加68个。其中,国家图书馆1个,省级公共图书馆38个,地市级公共图书馆343个,县市级公共图书馆2570个。按照全国行政区划,公共图书馆已基本实现全覆盖。

从业人员数量结构优化。全国公共图书馆从业人员数量稳中有升。2011年,全国公共图书馆共有从业人员54 475人,比2010年增加911人,平均每个公共图书馆18.5人。全国公共图书馆从业人员中,中级职称17 380人,高级职称4710人。中级职称人员比重为31.9%,高级职称人员比重为8.6%。2011年平均每个公共图书馆有中级职称5.9人、高级职称1.6人。

国家财政投入加大。2011年,各级财政对公共图书馆财政拨款达到75.6亿元,比2010年增加17.2亿元。各级财政对公共图书馆的投入占文化事业总投入的19.27%。"十五"期间,国家实施了县级"两馆"建设规划,中央财政安排4.8亿元,补助全国1086个县级公共图书馆和文化馆建设项目。

设施状况得到改善。"十一五"期间,为解决县级图书馆、文化馆设施设备落后等问题,中央财政在2009年至2012年,对全国面积未达标的县级"两馆"修缮给予资金补助,使其更好地为基层群众提供文化服务,在中央财政资金的带动下,各地纷纷加大投入,公共图书馆设施状况得到极大改善。2011年全国公共图书馆房

---

① 本部分统计数据均来自文化部财务司规划统计处,其中各项指标均包含了国家图书馆的相关数据。

屋建筑面积994.9万平方米,比2010年增加94.5万平方米,增幅为10.5%;其中独立建制的少儿图书馆建筑面积25.1万平方米。2011年全国公共图书馆阅览室坐席数为681 441个,比上年增加50 758个,增幅为8.05%;其中少儿图书馆阅览坐席数22 066个。

信息化水平显著提升。随着信息技术的广泛应用,公共图书馆的信息化水平显著提升,公共图书馆电子阅览室建设步伐加快,电子阅览室占阅览室总面积的比重逐年增加。2011年,全国公共图书馆共有计算机157 528台,比2010年增加14 756台,平均每馆53.4台;电子阅览室面积42.85万平方米,比2010年增加5.23万平方米,平均每馆145.2平方米,比2010年增加14.8平方米;电子阅览室终端数92 649个,比2010年增加9525个,平均每馆31.4个。

文献资源日益丰富。随着各级财政对图书馆购书经费投入的增加,公共图书馆文献资源总藏量和新增藏量逐年增长。2011年全国公共图书馆文献总藏量69 719万册/件,比上年增长12.9%;其中少儿图书馆2321万册/件,比上年增长7.5%。2011年全国公共图书馆新增文献购置量3985万册/件,比上年增长34.8%;其中少儿图书馆新购藏量233.3万册/件,增长30%。

三、图书馆法制化、规范化建设取得阶段性进展

图书馆是公众自由、平等获取各类信息的场所,图书馆的相关法律建设是保障图书馆实现这一目标的重要手段。正在审批中的《公共图书馆法》及其他标准和规范构成了目前中国公共图书馆法制体系的基本框架。《公共图书馆法》是运用国家强制力保证实施,被称之为"硬法";其他标准、规范则是体现指导性、标准性、规范性的条款,被称之为"软法"。这种硬软并举的法制体系,体现了当代中国公共图书馆服务管理过程中政府部门的制度需求和公共图书馆行业的自律要求,其形式是通过法律约束、机构自律、社会舆论等方式来促进公共图书馆服务的法制化、标准化和规范化。这种刚柔相济的公共图书馆法制建设,体现出文化软实力建设中的硬要求,折射出强制与协调的融合与统一。[3]

1.《公共图书馆法》取得重大进展

新中国成立以来,我国陆续出台了一些保障图书馆事业发展的行政法规、部门规章等,但一直没有出台一部以图书馆事业为调整对象的专门法律。为此,推动图书馆立法进程成为几代图书馆人的共同期盼。在2011年,图书馆立法终于有了阶段性重大进展,《公共图书馆法》开始进入立法程序。

《公共图书馆法》立法经过了一个艰难的进程,关于公共图书馆法的立法研

究可追溯至 1990 年文化部主持的《公共图书馆条例》的起草工作。2001 年初,文化部正式启动图书馆法的立法工作。2004 年 6 月,国务院法制办召开了"图书馆法专家座谈会"。2008 年 11 月 18 日,文化部召开《公共图书馆法》立法工作会议,会议明确了根据全国人大常委会的立法规划,制订图书馆法先从制订公共图书馆法做起,这标志着从 2001 年启动的图书馆立法工作开始步入公共图书馆法的具体立法进程。2009 年 1 月,中国图书馆学会召开新年峰会,研究确定了《公共图书馆法》的 11 个支撑研究课题。在此后的一年多时间里,课题组进行了广泛深入的专题调查和分析研究,为立法提供了扎实的研究基础。在此基础上,由文化部牵头,先后形成了 2009 年 11 月《公共图书馆法》的"讨论稿"和2010 年 3 月的"征求意见稿"。[4]2011 年底,文化部向国务院呈报了《公共图书馆法》(征求意见稿),随后由国务院法制办面向全国有关单位和专家征求意见,并进行了修改,有望在"十二五"期间由全国人民代表大会常务委员会审议通过并公布实施。

2. 相关法律问题研究取得阶段性成果

随着中华古籍保护计划的推进,古籍保护工作得到社会各界的关注,为进一步规划古籍保护相关工作,2011 年 4 月,受文化部委托,国家图书馆与国家古籍保护中心牵头组建了由国家图书馆、国家古籍保护中心、文化部社会文化司和政策法规司有关人员组成的《古籍保护条例》起草组,在前期调研的基础上,充分听取各界专家意见,起草了《古籍保护条例》(建议稿)及起草说明。《古籍保护条例》在对1982 年《文物保护法》已有相关规定进行细化的基础上,对国家和省级古籍保护中心的建设与管理、古籍普查登记制度、古籍分级保护制度等内容进行了详细规定。《古籍保护条例》的制订,必将促进全国古籍保护工作的开展,为各级政府拨款进行古籍保护工作提供法理依据。古籍保护进入法制轨道,是国内古籍界及图书馆界值得重视的大事。[5]8 月,文化部社文司举办了"《古籍保护条例》暨古籍保护人才培养工作座谈会",进一步听取了与会专家意见。《古籍保护条例》(建议稿)为今后正式启动《古籍保护条例》立法工作奠定了很好的基础。

著作权问题始终是图书馆法制领域的一个重要议题。2011 年关注的热点主要围绕图书馆的合理使用与限制例外、图书馆与信息网络传播权以及孤儿作品的著作权归属等问题展开。

3. 图书馆标准化工作

2011 年,图书馆标准化工作也取得了积极进展,全国图书馆标准化技术委员会与全国信息与文献标准化技术委员会、全国文献影像标准化技术委员会一起,承担了图书馆领域标准制修订工作,结合图书馆事业发展需要制订了多项国家标准或行业标准。其中包括:文化行业标准项目《无线射频—图书馆—数据模型》于2011年11月1日在京通过专家审查,为图书馆界如火如荼的RFID应用提供了业务标准;《公共图书馆服务规范》2011年12月30日正式由国家质量监督检验检疫总局和国家标准化管理委员会批准公布,成为我国第一个图书馆领域的服务类标准。全国图书馆标准化技术委员会立足于图书馆界数字图书馆标准规范建设成果,申请立项了17项数字图书馆领域的文化行业标准,目前相关研制工作正在积极推动中。

法规和标准的制定和实施是公共图书馆发展的法制基础。以《公共图书馆法》为核心的公共图书馆法规和标准的制定、完善与实施,标志着我国公共图书馆发展将进入有法可依的新的历史时期。

四、图书馆管理应用最新信息技术成果

图书馆是一个与信息技术密切相关的行业,纵观图书馆的发展历史,事业的每一次重大变革、每一次重要发展无不受益于信息技术的应用,受益于信息技术与图书馆管理的深度融合。可以说,过去,信息技术曾经在图书馆事业发展中发挥了重要作用,今天,随着信息环境的变化和网络技术的发展,技术对当代图书馆服务与管理的影响尤为深刻,并为图书馆事业的发展开创了全新的局面。

2011年,积极利用各种新技术手段,为用户提供更为方便快捷的服务成为全年事业发展的一个亮点。在技术的带动下,图书馆信息服务模式逐步由提供纸质文献为主向提供纸质文献与数字文献并重转移,从一般性的文献借阅服务向深层次、个性化服务推进,服务手段向读者到馆文献借阅服务与远程网络信息服务并重转变。基于新技术手段的应用,图书馆服务功能更加强大,服务方式更加人性化;信息传递技术多种多样,获取信息的方式可选择性更强、集成性更高。[6]总分馆制、通借通还、虚拟参考咨询系统、一站式检索、元数据检索等基于新技术应用的服务日渐完善,特别是RFID(无线射频识别技术)、移动阅读、数字电视等新技术的应用为我国图书馆服务带来全新的内容。

2011年,信息技术与图书馆服务融合的最有力体现就是手机图书馆的迅速发展、RFID技术在各类图书馆的广泛应用以及24小时自助图书馆的大量出现。手机图书馆借助移动信息技术,将图书馆的各项服务向更广阔的时空拓展,一批高校图书馆、公共图书馆相继推出手机服务,手机服务的内容从提供图书馆读者活动信息向提供借阅信息查询、预约续借图书、提供手机阅读等全方位信息服务拓展;

RFID 技术在图书馆的广泛应用,促进了现代化图书馆从服务内容到服务方式的全面变革,是提高图书馆管理水平和服务能力的一次重大飞跃。近年来,国内图书馆对 RFID 技术的应用不仅在外借阅览、[7] 藏书剔除[8]工作中效果显著,而且对编目业务重组[9]也有很大影响,除了排架、借阅的应用,还发展到与自助还书机、流动图书车相结合。重庆、天津、武汉、扬州等地公共图书馆以及上海交通大学、中国人民大学图书馆等都广泛采用 RFID 自助借还机,广州图书馆应用 RFID 技术开发的"智能流动图书馆"获广东省科技厅立项。

五、图书馆服务体系建设与服务创新精彩纷呈

建设图书馆服务体系是优化区域图书馆服务格局,提升区域图书馆服务效能的重要手段,2011 年,各地继续深化总分馆建设和流动图书馆建设等多种服务体系建设模式。江苏省吴江市"四位一体"农村综合信息服务中心建设进入试点阶段,图书流动车启动;上海市中心图书馆开设非遗分馆;安徽首家社区图书馆探索全民阅读模式;天津图书馆开设外来工分馆;河北省秦皇岛市图书馆在海港区燕山社区等 10 多个社区开设分馆;宁波宁海首个村级公共图书馆图书借阅"一卡通"服务点揭牌;广州图书馆启用智能流动图书馆,全面采用 RFID、GPS 卫星全球定位系统、LED 大屏幕显示信息发布系统等先进技术,提供办证、借还书、下载和使用数字资源等全程自助服务,实现了与广州图书馆总馆、各合作馆之间的通借通还服务;文化部科技项目"广东流动图书馆工程及其延伸服务"顺利通过验收;河北丰南打造的智能流动图书馆,采用集群管理软件、自助借阅系统和 3G 网络等技术,实现了借阅、检索、公共电子阅览室服务、视频服务、展览服务等主要功能。

服务是图书馆安身立命之本,也是图书馆的核心价值所在。2011 年,全国图书馆界延续了近年来业界对服务的高度重视态势,进一步发展和完善了多种类型的延伸服务和创新服务。例如,上海图书馆的"城市教室",以崭新的理念,全面打造宽领域、多层次、立体化的讲座新格局,突破时空局限,让人们广泛共享;浙江嘉兴市构建起城乡一体化公共图书馆服务网络;吉林图书馆联盟实现了一网阅读;天津图书馆推进三馆通借通还,实现借还图书联动;深圳 172 家图书馆全部统一服务,并利用自助图书馆加快建设普惠型公共文化服务体系;昆明中心图书馆建设起步;厦门、烟台、青岛、佛山等地都通过"一卡通"将各个图书馆阅览室连接,方便广大读者借阅。在高校图书馆方面,清华大学图书馆秉承"以读者为中心、以服务为主导"的理念,着力于推送服务、传播服务,充分发挥信息技术的威力,推出了 SRT 项目,以学生的视角来设计制作适合他们的教学视频短片;同济大学图书馆继续开展"读者选书,图书馆买单"的活动。紧跟时代、更新理念、满足需求、千方百计地为读者服务,已成为图书馆行业的共识,各图书馆在服务方面取长补短、相互借鉴、不断创新,不断开创图书馆间竞争、交流、合作、共享的新局面。

2010年底,文化部和财政部联合发布了《关于开展国家公共文化服务体系示范区(项目)创建工作的通知》,部署实施"国家公共文化服务体系示范区(项目)创建工作"。图书馆事业作为公共文化服务体系建设的重要组成部分,在示范区(项目)创建工作中得到高度重视,在文化部公布的示范区创建标准中,分别针对东、中、西部示范区创建中的图书馆事业发展提出了具体指标要求。例如,东部地区创建标准要求,"市、县两级图书馆达到部颁二级以上标准;公共图书馆人均占有藏书1册以上;市、县两级图书馆平均每册藏书年流通率1次以上;人均年增新书在0.04册次以上;人均到馆次数0.5次以上","图书馆每周开放时间不少于56小时","市、县图书馆建立统一采购、统一编目、统一配送的总分馆制,实现通借通还。市、县两级图书馆、文化馆配备一台以上流动服务车,图书馆每年下基层服务次数不低于50次",极大地促进了第一批28个示范区的图书馆事业发展。此外,浙江省嘉兴市的城乡一体化公共图书馆服务体系建设,重庆市大渡口区的文化馆和图书馆总分馆制,陕西省铜川市的公共图书馆服务一体化建设,新疆维吾尔自治区克拉玛依市的图书馆联建、共享一体化服务体系等4个项目成为第一批创建国家公共文化服务体系示范项目。这些项目的实施将为带动地区公共文化服务体系建设创新模式,摸索经验,从而使图书馆始终作为公共文化服务体系建设的生力军发挥作用。

六、图书馆人才队伍专业化程度提高

人才队伍建设,是图书馆发展的核心问题。随着数字时代的到来以及人们需求的多元化与专业性的增强,图书馆员的角色也变得越来越复杂。新型的虚拟空间、数字服务对每一位图书馆员提出了新的挑战。图书馆的文献、设备等只有与馆员完美结合才能发挥它应有的作用,显示其价值。新时代的图书馆工作,不再是简单的借借还还,而是要实现知识的有序组织和广泛传播。图书馆员的素质决定图书馆服务的质量,同时也是制约图书馆事业发展的关键。

2011年,全国县以上公共图书馆从业人员共计54 475人,比上年度增加911人;中高级职称人员22 090人,占总数的40.6%,中级职称人员比例为31.9%,高级职称人员比例为8.6%,两项指标均基本与2010年持平。501所高校图书馆在编馆员总数为21 717人,拥有博士学位馆员340人,平均每馆0.71人;拥有硕士学位馆员 3896 名,平均每馆 8.1 人。[10]

从整体上看,各级、各类图书馆对人才队伍建设给予持续关注与重视,2011 年全国许多图书馆实施"人才兴馆"、"人才强馆"战略,通过营造适宜人才成长的环境,提升馆员的地位和待遇;进一步完善图书馆专业技术职称制度;对所有在岗馆员进行培训、再教育;建立激励机制;推行全员聘用制等方面措施,使人才队伍的建设机制日益完善。图书馆员队伍稳步走向知识化、专业化。

七、图书馆馆舍新建与扩建方兴未艾

近些年来,随着国家对公共文化服务体系建设的重视,我国图书馆事业进入了又一个快速发展阶段,对图书馆馆舍进行改建、扩建与新建,成为各级政府推动图书馆事业发展的一个重要抓手。从公共图书馆到高校图书馆再到专业图书馆,大规模的新馆建设工程方兴未艾;从城市中心图书馆到辖区内的区级图书馆、社区图书馆,图书馆之城建设蓬勃兴起。2011 年,新馆建设持续升温,许多地区开始对 20 世纪 80 年代建设的图书馆进行改建、扩建或重建,图书馆数量增加,规模面积增大,设施条件显著改善,装备迅速提升,出现了一批具有国际一流水平、堪称城市标志性建筑的公共图书馆。河北省图书馆新馆对外开放;首都图书馆二期、山西省图书馆新馆建设完工;广东省图书馆新馆、湖北省图书馆新馆建设接近尾声;天津图书馆扩容,一馆变三馆,藏书可达 1200 万册。

2011 年全国公共图书馆房屋建筑面积 994.9 万平方米,比上年增加 94.5 万平方米,增幅为 10.5%;其中独立建制的少儿图书馆建筑面积 25.1 万平方米。2011 年全国公共图书馆阅览坐席数量 681 441 个,比上年增加 50 758 个,增幅为 8.05%;其中少儿图书馆阅览坐席数 22 066 个。高校图书馆馆舍面积持续扩大,2011 年有 4 所高校图书馆新建馆舍投入使用,79 所高校图书馆正在建设新馆舍。501 所高校图书馆的现有建筑面积总计约为 1021 万平方米。高校图书馆数字化设施全面普及,均已装备各种数字化、网络化设施,以及大量新型的读者自助借还、打印、复印、扫描等设备。

2011 年,在免费开放政策的支持下,各地政府加大了对基层文化设施的投入,基层图书馆因之受益。例如,湖北省启动县级图书馆文化馆建设工程,未来 5 年,湖北省政府决定每年投资 2000 万元,补助地方"两馆"设施建设,以解决县级公共文化设施相对落后的问题。江西省投入亿元完成 65 个县级图书馆、文化馆的改造任务。在政府的重视下,公共图书馆基础设施和文献藏量有了较大幅度的增长。

许多新建图书馆因其设计独特,设施先进,受到社会各界的好评,成为一个地

区的文化地标。2010—2011年全国共有200座建筑获得鲁班奖,其中图书馆类建筑获奖的有8项,它们是云南玉溪聂耳图书馆、天津海河教育园区公共图书馆、浦东图书馆新馆、中南大学新校区图书馆、辽宁工业大学图书信息楼、湖北第二师范学院图书馆、重庆大学虎溪校区图文信息中心和西北大学南校区图文信息中心。这些新建图书馆的共同特点是空间可伸缩性强、家具的可移动性和组合性提高、数字设备更具先进性和设计感。这些特征也预示着图书馆在建筑与设施方面,正在发生某些变化,以满足人们对图书馆功能的新的需求。

八、重点文化工程稳中求进

近几年,在文化部、财政部等部委的大力支持下,我国图书馆界积极组织实施了文化信息资源共享工程、中华古籍保护计划等一系列重点文化工程。2011年,数字图书馆推广工程和民国时期文献保护计划启动,图书馆担负当起更多的社会责任。2011年11月15日,文化部、财政部共同出台《关于进一步加强公共数字文化建设的指导意见》,提出要在"十二五"时期重点推进文化信息资源共享工程、数字图书馆推广工程和公共电子阅览室计划等三大公共数字文化惠民工程,统筹指导公共数字文化建设与服务,提升整体效能;中华古籍保护计划和民国时期文献保护计划作为国家文化遗产保护的重点工程,同时兼顾传统文化资源的保护与利用,功在当代,利在千秋。

1. 文化信息资源共享工程

2011年,文化信息资源共享工程在服务网络、数字资源、技术平台、工作队伍、共建共享、服务成效等方面取得了丰硕成果,资源总量达到136.4TB,基层文化队伍培训人次达到26万;以农村基层和中西部为重点,开展了形式多样、内容丰富、贴近群众的基层文化服务,全年累计服务人次达到1.6亿。

2. 公共电子阅览室计划

2011年,公共电子阅览室计划稳步推进,队伍建设和制度建设取得进展。公共电子阅览室试点工作在北京、天津、山东、安徽等9省(市)展开,并积累了宝贵的经验。山东省举办了公共电子阅览室运行管理系统培训班,提升了相关业务人员的技术水平和服务能力,推进了山东省公共电子阅览室建设的工作进度。北京市在已建立的区县支中心及基层服务点原有的规章制度基础上,进一步制定了《电子阅览室管理规范》和《公共电子阅览室的技术规划方案》。安徽省级共享工程分中心制定了《安徽省图书馆公共电子阅览室免费开放管理方案》《安徽省图书馆公共电子阅览室服务规范》《安徽省图书馆公共电子阅览室读者须知》《安徽省图书馆公共电子阅览室设备配置标准》等,确保公共电子阅览室的正常、高效和持续运转。

3. 数字图书馆推广工程

近年来,在跟踪、吸收国外先进理念和先进技术的基础上,我国在数字图书馆的资源建设、软硬件平台建设、人才培养等方面均取得了积极成果。为提升各级公共图书馆的数字图书馆建设水平,将数字图书馆建设成果惠及更广大的人民群众,2011 年 5 月,文化部、财政部联合下发《关于实施"数字图书馆推广工程"的通知》,决定在"十二五"期间共同组织实施数字图书馆推广工程。其建设目标是:"建设分布式公共文化资源库群,搭建以各级数字图书馆为节点的数字图书馆虚拟网,建设优秀中华文化集中展示平台、开放式信息服务平台和国际文化交流平台,打造基于新媒体的公共文化服务新业态,最终实现数字图书馆的服务惠及全民,切实保障公共文化服务的公益性、基本性、均等性、便利性,最大限度地发挥数字图书馆在文化建设中引导社会、教育人民和推动发展的功能。"

根据推广工程规划,2011 年为基础构建阶段,完成全国所有省级数字图书馆和部分市级数字图书馆的硬件平台搭建工作,并与国家数字图书馆进行网络连接与资源整合,初步建成以国家数字图书馆为中心、以各级数字图书馆为节点、覆盖全国的数字图书馆虚拟网。在全国范围内形成有效的数字资源保障体系,以网络为通道,借助各种新兴媒体,向公众提供数字图书馆服务。截至 2011 年底,黑龙江、吉林、新疆、福建、贵州省数字图书馆推广工程陆续启动。

在全国范围实施数字图书馆推广工程,推广我国在数字图书馆软硬件平台建设方面的成果,搭建标准化和开放性的数字图书馆系统,为广大公众提供多层次、多样化、专业化、个性化的数字图书馆服务,对于全面提升各级公共图书馆的文献保障水平和信息服务能力,打造基于新媒体的图书馆服务新业态,推动覆盖城乡的公共文化服务体系建设,具有重要意义。

4. 中华古籍保护计划

2011 年 3 月,文化部正式下发《关于进一步加强古籍保护工作的通知》,对古籍保护的重点进行了规划,明确少数民族文字古籍保护、民国文献和海外古籍调查是"重中之重",同时提出要加强古籍的数字化建设。在此次会议精神的指导下,2011 年全国古籍保护工作取得重大进展:

古籍普查工作顺利推进,古籍普查基本数据库的工作机制和《中华古籍总目》的编纂程序正式明确,"全国古籍普查平台"功能进一步完善,"中华古籍索引库"二期、"全国古籍修复档案管理系统"顺利通过验收。

第四批《国家珍贵古籍名录》和全国重点保护单位评审工作顺利完成,1516 部古籍入选《国家珍贵古籍名录》，16家古籍收藏单位入选"全国古籍重点保护单位"；

海外古籍普查工作取得突破性进展，国家古籍保护中心组织专家团对世界各地中华古籍存藏情况进行了初步调研，并提出了《海外中华文献典籍合作保护项目工作方案》，组织开展了"美国国会图书馆藏中文善本珍品数字化暨出版项目"可行性研讨会等一系列国际交流活动。

中医古籍保护工作得到进一步加强，《中华医藏》的编纂出版工作全面启动。

民族地区古籍保护专项计划积极推进，国家古籍保护中心多次组织专家赴西藏、新疆、内蒙古等地调查民族古籍存藏情况，并有序为民族地区配置必要的设备设施，同时投入经费支持民族地区古籍整理出版。

古籍保护相关技术标准研制工作进一步深入，《古籍定级标准》《古地图定级标准》《简帛定级标准》《拓本定级标准》和《敦煌佛经定级标准》等国家标准项目已于年底前完成草案编制及意见征询工作。

古籍数字化建设工作引起广泛重视，"全国古籍数字化建设与服务工作研讨会"于5月在北京召开，就全国古籍数字化合作服务机制、国内外古籍数字化保护利用、古籍数字化成果共享方式和古籍数字化标准规范等问题进行了充分讨论。

5. 民国时期文献保护计划

民国时期文献是指产生于1911年辛亥革命至1949年中华人民共和国成立前这一特定历史时期的各种知识和信息载体，包括图书、期刊、报纸、手稿、书札、海报、照片、电影、唱片以及非正式出版的日记、传单乃至商业契约和票据等。这些文献是记录和反映当时政治、经济、军事、文化等社会诸多方面情况的主要载体，具有鲜明的时代特征、较高的学术价值与历史价值，对它的研究极具鉴往知来的历史意义。然而，由于民国时期文献所用纸张多为机械浆纸，耐久性差，老化速度极快，目前已出现了严重的老化或损毁现象。2011年3月8日，全国政协委员、国家图书馆馆长周和平在政协十一届四次会议文化艺术界委员联组会上提出"加强民国时期文献抢救保护的建议"的提案，引起社会各界的广泛关注。

在此背景下，国家图书馆策划了"民国时期文献保护计划"，先后组织召开"民国文献保护工作座谈会"、"民国文献保护工作专家座谈会"、"全国公共图书馆馆长座谈会"和"民国时期文献保护工作业务研讨会"，听取图书馆界和相关领域专家意见；分别在新华社、中央电视台等多家媒体进行了系列宣传及深度报道；又赴重庆、陕西、吉林、南京、江西、台湾、北美等地对海内外民国时期文献的存藏、利用情况进行调研，完成《国内外民国时期文献和革命历史文献收藏、整理、利用情况调研报告》《台湾地区民国口述历史建设情况调研报告》《文献脱酸技术综述报告》等系列报告，汇总、整理各省 63 家图书馆及重要收藏单位民国时期文献及革命历史文献收藏情况、书目数据制作情况、缩微数字化情况、展陈情况和数据库建设情况，为"民国时期文献保护计划"的开展进行充分调研论证。

经过广泛的调查、论证和多方的宣传、呼吁，目前，民国时期文献保护计划已作为"文献典籍保护重点项目"纳入文化部《全国公共图书馆事业发展"十二五"规划》，这是继中华古籍保护计划之后的又一个全国性文献保护项目，必将为文献保护事业的整体发展产生积极影响。

九、图书馆国际化交流继续加强

当今时代，全球经济一体化和信息网络化相互依存、相互促进的趋势越来越明显，共建、共享、联同、合作成为图书馆的生存方式和发展之路。图书馆要想发展，不仅要寻求国内各类图书馆的合作，还要积极寻求国际图书馆间的交流与合作。2011 年，中国图书馆界通过多种方式与国际图书馆界建立广泛联系，从而更加开放地走向国外，融入国际。

根据 2010 年 9 月中美双方共同签署的《中美图书馆员专业交流项目补充协议》，"中美图书馆员专业交流项目"延长至 2012 年，[11] 以进一步通过中文信息共享试点平台整合更多的资源，同时探索开放获取的新模式，为美国读者提供更为便捷的信息服务，推动中国文化走向美国。2011 年 5 月和 10 月，美方先后派遣两批专家来华参加"图书馆专业普及交流子项目"及其他分主题的项目，分别与湖南省、福建省、贵州省、湖北省和山西省等地近 1100 名各类图书馆馆长及业务骨干进行了专业交流。同时，"中美图书馆员专业交流·图书馆行业组织专题交流项目"中方代表团一行 10 人也赴美国执行了项目，代表们在美国参加了专题培训、专业参观与实践及专业会议等三个单元的活动。

2011 年 8 月 8 日—12 日，由中国图书馆学会与美国华人图书馆员协会联合主办的"中美图书馆服务研讨会"在美国纽约召开，79 位中国代表参加了此次会议。会议代表就"全球少儿图书馆的未来发展与服务"进行了广泛深入的研讨。2011年 8 月 13—18 日，第 77 届国际图联大会在波多黎各首都圣胡安市举行，我国共派出 100 多位代表出席，其中包括 3 名中文同声传译翻译志愿者。

2011 年 11 月 21 日—26 日，中国图书馆学会与台湾中华图书资讯馆际合作协会联合在台北举办了"2011 年海峡两岸公共图书馆服务研讨会"，会议主题为"图书馆与公共教育"，由中国图书馆学会组织的赴台 39 人代表团，对台湾地区各级公共图书馆进行了为期 6 天深入细致的考察和学习。两岸同行围绕公共图书馆服务与社会公共教育、公共图书馆阅读服务、古籍及民国图书保护等主题展开热烈交流和讨论。两岸同行在研讨会及考察中通过相互交流,分享成功经验,共同促进两岸图书馆界的交流与合作。

十、图书馆学术研究进一步提升

进入 21 世纪以后,中国的图书馆学术研究经过十多年的发展,已经有了长足的进步,并呈现繁荣发展、百家争鸣的局面。[12]2011 年,我国图书馆学理论研究主要涉及基础理论、信息资源与信息组织、读者服务、新技术应用、知识产权与图书馆法、图书馆联盟、开放获取与信息交流、不同类型图书馆的研究、图书馆学教育以及国外图书馆学理论的引进等。其中,高校图书馆领域理论研究热点和重点,主要是图书馆管理、建设和业务发展。高校图书馆服务,尤其是其社会服务功能受到前所未有的关注。创新服务、免费服务、数字参考咨询服务、信息化建设等依然是公共图书馆学术研究的重点。

2011 年中国的图书馆学研究在传承图书馆学学术传统的同时,表现出对国家政策和信息环境发展变化的极大敏感,在关注中国图书馆学重大理论问题的同时,也十分关注中国图书馆发展的实际问题。但也应该看到,中国图书馆学对现实问题和未来发展的关注仍然不够,在战略与政策的调研分析并提出对策方面仍较为薄弱。中国图书馆学必须关注国际图书馆发展的大背景,深入研究影响中国图书馆发展的各方面重要因素,加强前瞻性规划研究与实践创新。理论研究水平常常是实践发展水平的写照,图书馆学理论与图书馆实践相辅相成,缺一不可,中国图书馆事业精彩纷呈的实践需要有更深入的理论思考,进行理念概括和理论引领。可喜的是,当前的学术研究环境日益宽松,相信在广大图书馆业界、学界同仁的共同努力下,图书馆学术研究在今后一定会得到进一步提升和发展。

2011 年,在国家全面构建公共文化服务体系和大力推进社会主义文化大发展大繁荣的良好政策氛围和大好形势下,中国图书馆事业呈现出欣欣向荣的蓬勃发展景象,取得了长足发展。详细论述见下述各部分。展望未来一年,我国图书馆界实践工作者、学者同人必将抓住难得的发展机遇,认真审视快速变革中的社会、经济和民众对图书馆服务的新需求,谋划各单位、各地区、各系统乃至全国图书馆事业的发展,再创新的业绩。

参考文献

[1]倪晓建.儒者丐者 一概欢迎[N].中国文化报,2011 - 02 - 10(7)

[2]中国新闻网.国有三馆一站年内全免费 经费列入中央制度性预算[EB/OL].[2013 - 02 - 17].http://www.chinanews.com/cul/2012/07 - 12/3961626.shtml

[3]王世伟."十一五"时期公共图书馆服务发展回顾[J].中国图书馆学报,2011(4):83 - 86

[4]公共图书馆研究院.中国公共图书馆发展蓝皮书(2010)[M].深圳:海天出版社,2010:258

[5]《古籍保护条例》即将出台 完善古籍保护制度[N].中国文化报,2011 - 08 - 08

[6]徐欣禄."十一五"时期公共图书馆服务发展回顾[J].中国图书馆学报,2011(4):70 - 73

[7]毕秀水.RFID 技术与图书馆服务转型——以上海政法学院图书馆为例[J].上海高校图书情报工作研究,2011(4):4 - 6

[8]孙莹莹.RFID 技术环境下的藏书剔除工作——以国家图书馆中文图书阅览区剔除工作为例[J].图书馆建设,2011(11):49 - 51

[9]赵晓芳.基于 RFID 的图书馆编目业务重组与发展[J].图书与情报,2011(6):90 - 92

[10]数据来源于"教育部高校图书馆事实数据库"[EB/OL].[2013 - 02 - 17].http://www.tgw.cn:18080

[11]徐讯.创新·嬗变:国际交流与图书馆事业发展[J].贵图学刊,2011(4):64 - 65

[12]刘兹恒.近十年来我国图书馆学基础理论研究热点探析[J].重庆图情研究,2011(3):1 - 6

（执笔人:汪东波　程鹏）

宏观形势

2011 年是"十二五"开局之年,我国经济、政治和社会发展的重大成就为图书馆事业的文化发展创造了良好的环境。2011 年也是中国图书馆事业大发展大繁荣的一年,是国家文化发展政策集中推出的一年,是提出努力建设社会主义文化强国的一年,是图书馆事业与国家经济建设、政治建设、文化建设、社会建设、生态文明建设更加协调发展的一年,是全球图书馆事业走向更加智慧的一年,也是对中国图书馆事业未来如何发展引起更深入思考的一年。

第一章　政策制度环境

第一节　国家宏观政策环境

一、中共中央十七届六中全会通过文化大发展大繁荣的决定

2011 年 10 月 18 日,中国共产党第十七届中央委员会第六次全体会议通过了《中共中央关于深化文化体制改革推动社会主义文化大发展大繁荣若干重大问题的决定》(以下简称《决定》)。《决定》提出了"坚持中国特色社会主义文化发展道路,努力建设社会主义文化强国"的发展目标,提出了"充分认识推进文化改革发展的重要性和紧迫性,更加自觉、更加主动地推动社会主义文化大发展大繁荣"的总体要求,分析了尚存在的"公共文化服务体系不健全,城乡、区域文化发展不平衡"等突出矛盾和问题,在论述到 2020 年文化改革发展奋斗目标中提出了"文化事业全面繁荣,覆盖全社会的公共文化服务体系基本建立,努力实现基本公共文化服务的均等化"的发展愿景和目标要求。

《决定》在第五部分专门论述了"大力发展公益性文化事业,保障人民基本文

化权益"，提出了公益性文化事业发展中所应坚持的"公益性、基本性、均等性、便利性"的四性要求和"让群众广泛享有免费或优惠的基本公共文化服务"的公益性文化服务要求，并对如何构建公共文化服务体系、如何发展现代传播体系、如何建设优秀传统文化传承体系、如何加快城乡文化一体化发展等问题进行了具体部署。在论述"构建公共文化服务体系"中，《决定》阐述了公众的基本文化权益的主要内容，这就是"以全体人民为服务对象，以保障人民群众看电视、听广播、读书看报、进行公共文化鉴赏、参与公共文化活动等基本文化权益为主要内容"；对公共文化服务体系的进一步完善，提出了"覆盖城乡、结构合理、功能健全、实用高效"的定位要求；对文化基础设施建设，提出了加强包括图书馆在内的公共文化服务设施和爱国主义教育基地建设，加强社区公共文化设施建设；对典型引领和绩效考核，提出了"推进国家公共文化服务体系示范区创建。制定公共文化服务体系和绩效考核办法"。在论述"发展现代传播体系"中，《决定》提出了三网融合的具体要求：推进电信网、广电网、互联网三网融合，建设国家新媒体集成播控平台，创新业务形态，发挥各类信息网络设施的文化传播作用，实现互联互通，有序运行。在论述"建设优秀传统文化传承体系"中，《决定》阐述了建设优秀传统文化传承体系的重要意义，提出了文化典籍整理的具体要求：加强文化典籍整理出版工作，推进文化典籍资源数字化。以中央全会决定的形式对文化发展作出全面部署，这在党的历史上是第一次，对文化大发展大繁荣，对图书馆事业的大发展大繁荣都具有重大的指导意义和实践价值。[1]

二、国家"十二五"规划纲要的制定

2011 年是国家"十二五"规划制定推出之年。2011 年 3 月，《中华人民共和国国民经济和社会发展第十二个五年规划纲要》正式面世(以下简称《纲要》)。《纲要》分为十六篇，其中第十篇"传承创新，推动文化大发展大繁荣"专门论述了包括图书馆事业在内的文化事业的发展规划。《纲要》第十篇的第四十二章为"提高全民族文明素质"，论述了文化大发展大繁荣的意义和功能，包括建设社会主义核心价值体系、拓展群众性精神文明创建活动、营造良好的社会文化环境等。第四十三章为"推进文化创新"，提出了适应群众文化需求新变化和新要求、使精神文化产品和社会文化生活更加丰富多彩的文化创新要求，并从创新文化内容形式和深化文化体制机制改革做出了规划安排。第四十四章为"繁荣发展文化事业和文化产业"，第一节"大力发展文化事业"与图书馆事业的发展最为密切，其中提出了大力发展文化事业的五项具体规划措施：一是增强公共文化产品和服务供给。明确了包括图书馆在内的"公共文化设施免费向社会开放"的文化政策要求,并提出了"注重满足残疾人等特殊人群的公共文化服务需求"。二是建立健全公共文化服务体系。提出了以农村基层和中西部地区为重点,继续实施文化惠民工程,分别就农村和城市的文化服务体系提出了有针对性的完善措施:改善农村文化基础设施,支持老少边穷地区建设和改造文化服务网络;完善城市社区文化设施,促进基层文化资源整合和综合利用。三是重视互联网等新兴媒体建设。要求对新兴媒体加强运用和管理,把握正确舆论导向,提高传播能力。四是加强非物质文化遗产保护。提出了拓展文化遗产传承利用途径的要求,为图书馆界非物质文化遗产文献整理和服务指明了方向。五是建立国家文化艺术荣誉制度。为包括图书馆管理和服务从业人员在内的人力资源建设提供了一个激励的新机制。《纲要》专栏 21 为"文化事业重点工程",其中有公共文化服务体系建设工程,专门列项有"规划建设一批地市级公共图书馆";还有文化和自然遗产保护工程,专门列项有"推进非物质文化遗产保护利用设施建设试点,做好历史档案和文化典籍保护整理工作"等。[2]

三、国家"十二五"时期文化改革发展规划纲要的制定

在《决定》公布之后不久,国家于 2011 年围绕文化改革的具体内容和要求制定了国家"十二五"时期文化改革发展规划纲要,并于 2012 年初颁布。《国家"十二五"时期文化改革发展规划纲要》(以下简称《文化纲要》),对文化改革发展做出了全面部署,着力推进文化事业全面繁荣,进一步促进文化改革发展政策保障机制,关注基本公共文化服务均等化,丰富公共文化产品和服务内容,切实做好公共文化服务设施免费开放工作,进一步明确了有关文化改革发展的政策和措施。与《决定》相比较,《文化纲要》在有的政策和措施方面更加具体,内容要求更为丰富。《文化纲要》的第三部分是"加快构建公共文化服务体系",具体细化为四项内容:构建公共文化服务,加强公共产品和服务供应,加快城乡一体化发展,广泛开展群众性文化活动。对于文化项目和文化设施,分别提出了"推动跨部门项目合作,统筹规划和建设基层公共文化服务设施,坚持项目建设和运行管理并重,实现资源整合、共建共享"的措施要求。在强调制定公共文化服务指标体系和绩效考核办法的基础上,进一步提出了"明确服务标准和服务规范,加强评估考核"。对于加强公共文化产品和服务供应方面,提出了"加快现代科技应用步伐,提高公共文化服务的数字化、网络化水平"的政策指导。《文化纲要》还专设了"广泛开展群众性文化活动"章节,提出了"以社区文化、企业文化、村镇文化建设为载体,积极搭建公益性文化活动平台,依托重大节庆活动和民族民间文化资源,组织开展群众乐于参

与、便于参与的文化活动"。《决定》和《文化纲要》中都强调了要"深入开展全民阅读"活动。[3]

第二节 公共图书馆领域的相关政策环境

一、公共图书馆免费服务政策的推出

2011年1月,文化部、财政部下发了《关于推进全国美术馆、公共图书馆、文化馆(站)免费开放工作的意见》,并全面部署免费开放工作。2011年,中央财政用于拨付公共图书馆文化馆(站)免费开放经费约为18.22亿元。据不完全统计,仅2011年3月至10月,全国各级公共图书馆到馆人次4.27亿,比2010年全年增长30%。另据统计,自2011年公共图书馆免费开放一年来,全国读者办证率平均提升近30%。国家文化部把做好公共图书馆免费开放作为公共文化服务体系建设的重要任务,提出要切实把这项工作做实、做细、做好。文化部副部长励小捷提出文化部将从四个方面进一步做好包括公共图书馆在内的公共文化服务设施的免费开放工作:一是加强组织领导,建立有效的工作机制。将免费开放作为公共文化服务体系的重点工作,纳入文化建设总体规划,纳入重要议事日程,纳入财政预算。加强对免费开放的制度设计研究,科学制定免费开放工作方案,保证免费开放工作科学有序开展。二是通过推进免费开放工作,进一步深化公益性文化单位内部机制改革,逐步完善监督考核机制,增强活力,改善服务,提升服务能力和管理水平。三是认真总结各地创造的经验,树立各级各类公共文化设施免费开放的典型。四是在推进公共图书馆等公共文化设施免费开放工作的基础上,进一步研究推进文化宫、青少年宫、儿童活动中心等公益性文化设施免费开放的政策和措施。[4]

二、数字图书馆推广工程

数字图书馆推广工程是"十二五"时期文化部在全国实施的一项重要的基础性文化惠民工程,这一工程以信息技术为基础,通过创新的管理和服务形成基于新媒体的图书馆服务新业态,从而全面提升各级公共图书馆的文献保障能力和信息服务能力。2010年9月8日,"数字图书馆推广工程座谈会"在北京召开,会议对工程的建设方案草案进行了讨论和征求意见。2010年12月15日,数字图书馆推广工程启动仪式在国家图书馆举行。2011年5月,文化部和财政部联合下发了《关于实施"数字图书馆推广工程"的通知》的文件(文社文发[2011]27号),开始实施数字图书馆推广工程。2011年8月12日,时任中共中央政治局常委的李长春

同志对工程作出重要批示,指出"要加快进度,这是基础性文化工程",同时指示,实施数字图书馆推广工程"要和全国文化信息资源共享工程相结合"。文化部部长蔡武同志也批示指出,数字图书馆推广工程要和文化共享工程结合,"'结合'才能体现资源整合、协调统筹的特色"。数字图书馆推广工程的总体目标,是要在国家数字图书馆工程和各地数字图书馆建设已有成果的基础上,将各馆和各地已经建成的数字图书馆系统连接起来,搭建一个高度共享的统一平台,逐步形成覆盖全国的数字图书馆服务体系,这个体系是由区域的数字图书馆系统和省、市、县的数字图书馆组成。2011 年 9 月 8 日,数字图书馆推广工程工作会议在京召开,会后文化部下发了《数字图书馆推广工程省、市级硬件配置方案》。从 2011 年 1 月至 10 月,黑龙江省、吉林省、新疆维吾尔自治区、福建省、贵州省等先后启动了数字图书馆推广工程建设。2011 年,数字图书馆推广工程申请中央转移支付资金 4980 万元,用于选定的 15 个省级馆和 52 个市级馆的硬件平台搭建工作。[5]

三、公共图书馆电子阅览室计划等分众化服务政策

在《决定》第五部分的"构建公共文化服务体系"中,提出了分众化服务的要求:"完善面向妇女、未成年人、老年人、残疾人的公共文化服务设施。"在《文化纲要》中也在第四部分"扩大文化消费"中提出了"提供个性化、分众化的文化产品和服务"的政策要求。《文化纲要》在第三部分"加强公共文化产品和服务供应"和"加快城乡文化一体化发展"中对图书馆进一步提出了有针对性的具体要求:以公共图书馆、学校电子阅览室、社区文化中心为依托,建立和完善未成年人公益性上网场所;开展少数民族文字书报刊赠送活动;有条件的地区可以公共图书馆为依托,建立盲人电子阅览室。在《决定》和《文化纲要》中都强调了要"引导企业、社区开展面向农民工的公益性文化活动,尽快把农民工纳入城市公共文化服务体系,努力丰富农民工精神文化生活"。在 2011 年 12 月 30 日发布的国家标准《公共图书馆服务规范》(2012 年 5 月 1 日实施)"总则"中的第三条明确提出:"公共图书馆服务对象包括所有公众。应当注重培养少年儿童阅读习惯,并努力满足残疾人、老年人、进城务工者、农村和偏远地区公众等的特殊需求。"[6]"公共电子阅览室建设计划"是文化部、财政部决定于"十二五"期间在全国实施的重大文化工程,也是文化信息资源共享工程在文化信息资源和信息技术基础设施建设的基础上,结合信息、数字和网络等技术的系统性应用。2011 年,中国公共图书馆系统为公共图书馆电子阅览室计划的推出进行了试点工作,按照文化部的要求,陕西省、山东省等被确定为公共电子阅览室建设 9 个试点省市,自 2011 年 10 月开始,按照试点任务和工

作步骤积极推进。同时,文化部全国文化信息资源建设管理中心在分析公共电子阅览室试点工作中的公共电子阅览室管理软件应用的基本情况的基础上,计划设计编写公共电子阅览室技术平台建设实施方案。2012 年—2013 年将全面推进已有公共电子阅览室的免费开放,完成已配备文化共享工程设备的乡镇/街道、社区公共电子阅览室的设备升级,完成"十二五"期间资源建设总量的 60%,并提供服务;2014 年—2015 年,则将推进全社会共同参与建设公共电子阅览室,发展完善面向三网融合的资源传输调配体系,全部完成资源建设计划,为包括进城市务工者在内的广大读者提供服务。[7]以上这些分众化的服务政策和要求,体现了加快构建公共文化服务体系中的均等化发展战略。

除了以上国家政策的推出和"十二五"规划的制定外,文化部政策法规司也在积极编制《文化部"十二五"时期文化改革发展规划》,将于 2012 年上半年公布,较之以上各项已推出的规划和政策,这一规划举措将更加具体细化,这将是文化部贯彻十七届六中全会精神、落实《纲要》和《文化纲要》的重要举措,也将是指导文化系统"十二五"时期改革发展的总体规划。此外,国家文化科技提升计划项目也为文化与科技的深度融合创造了政策环境;而全国图书馆各行业、文化信息资源共享工程、国家图书馆等也都分别制订了"十二五"规划,为 2011—2015 年图书馆事业的创新发展和科学发展进行了谋篇布局。

参考文献

[1]谢伏瞻.全面把握总基调巩固发展好形势——学习《政府工作报告》的体会[N].人民日报,2012 – 03 – 20(7)

[2]王炬.公共图书馆免费开放一年来全国读者办证率平均增三成[N].解放日报,2012 – 04 – 16(7)
隋笑飞.向建设社会主义文化强国的宏伟目标迈进——《国家"十二五"时期文化改革发展规划纲要》新闻发布会纪实[N].人民日报,2012 – 02 – 16(3)

[3]中华人民共和国国民经济和社会发展第十二个五年规划纲要[N].文汇报,2011 – 03 – 17(6)

[4]中共中央关于深化文化体制改革推动社会主义文化大发展大繁荣若干重大问题的决定[N].人民日报,2011 – 10 – 26(1)

[5]国家"十二五"时期文化改革发展规划纲要[N].人民日报,2012 – 02 – 16(5)

[6]朱伟芬.上图积极参加文化援疆[N].解放日报,2012 – 05 – 16(11)

[7]温源.文化消费:别把农村遗忘[N].光明日报,2012 – 02 – 09(16)

（执笔人:王世伟）

第二章　经济、社会、技术环境

2011 年,公共图书馆的发展迎来了良好的经济、社会和技术环境。经济的平稳较快发展、人民生活水平的显著提高、社会建设的不断进步、信息技术的交叉汇聚和多点突破、图书馆事业融入全球一体化发展中所面临的数字主权,为公共图书馆的发展提供了前所未有的机遇和挑战。党的十七届六中全会为 2011 年图书馆事业发展创造了良好的外部环境,国家把文化建设纳入经济社会发展的总体规划,许多省市将文化发展作为发展战略和发展目标,大力加强文化建设,文化的春天已经到来。2011 年良好的经济社会技术环境重点可以从以下几个方面来观察。

第一节　经济平稳较快发展

2011 年,我国改革开放和社会主义现代化建设取得新的重大成就,巩固和扩大了应对国际金融危机冲击成果,实现了"十二五"时期良好开局,具体体现在经济实现了平稳较快增长,全年国内生产总值47.3 万亿元,比上年增长 9.2%;物价过快上涨势头得到了扭转;经济结构调整和加快转变经济发展方式取得了积极进展,战略性新兴产业和现代服务业加快发展,区域发展协调性进一步增强,经济效益稳定提高,粮食连续多年增产,基础设施建设全面加强,科技创新实现重大突破,生态文明建设扎实展开;人民生活水平进一步提高,各项社会事业加快发展,社会保障工作显著加强;改革开放深入推进。[8] 这些为公共图书馆的繁荣发展奠定了良好的经济基础。需要补充的是,中国中西部地区和民族地区的经济发展也实现了新的跨越。据四川省统计局 2012 年 1 月发布的统计数据,2011 年四川省有 6 个市州的经济总量首次突破千亿大关,凉州也跻身其中,全年国内生产总值达到了1000.13 亿元。经济迈上了新的台阶,人民生活水平的提高,为中西部和少数民族地区的文化发展夯实了经济支撑的基础,也进一步激发增长了广大人民群众的文化需求。[9]

第二节　社会建设取得新进步

2011 年,全国基本公共服务水平和均等化程度有了进一步的提高。在社会建设的新进步中,在公共图书馆行业中开展的城乡和东西部文化对口支援成为亮点。

在《决定》、《文化纲要》中,对加快城乡文化一体化发展提出了许多具体政策和规划的措施安排,要求形成统筹城乡、区域发展,形成城市带动农村和东中西优势互补、良性互动的发展格局。具体内容主要包括五个方面:一是增加农村文化服务总量,缩小城乡文化发展差距。具体措施包括:以农村和中西部地区为重点,加强县级文化馆和图书馆、乡镇综合文化站、村文化室建设;深入实施文化信息资源共享、农家书屋等重点文化惠民工程,扩大覆盖、消除盲点、提高标准、完善服务、改进管理。二是加大对"四区"的支持和帮扶。具体措施包括:加大对革命老区、民族地区、边疆地区、贫困地区文化服务网络建设支持和帮扶力度。三是引导企业、社区积极开展面向农民工的公益性文化活动,尽快把农民工纳入城市公共文化服务体系,努力丰富农民工精神文化生活。四是建立以城带乡的联动机制,合理配置城乡文化资源,鼓励城市对农村进行文化帮扶,把支持农村文化建设作为创建文明城市基本指标。五是鼓励文化单位面向农村提供流动服务、网点服务。

对于推进基本公共文化服务均等化,提出了完善东部地区对西部地区、发达地区对欠发达地区、城市对农村的文化援助机制。继续加快推进边疆少数民族地区基层公共文化基础设施建设。全国图书馆界也积极开展了东西部的文化对口支援。如上海图书馆响应中央新疆工作座谈会和全国对口支援新疆工作会议精神,积极参与文化援疆行动,签署了《上海图书馆、新疆喀什地区及四县图书馆合作框架协议》,具体落实了文献资源共享、人员培训、技术支持等具体内容、数量与时间节点,定期向喀什地区及对口支援四县图书馆、四县寄宿制中小学汉语图书室提供各类文化援助。上海市中心图书馆的各区县分馆等也积极参加了文化援疆的捐书活动。有数据显示,中国农村的文化消费形势不容乐观。据统计,2000—2009 年,全国乡村人均文化消费与人均产值的比例由 2.38% 下降到 1.33%;占人均收入的比重由 8.29% 降至 6.61%;占人均总消费的比重由 11.2% 降至 8.53%。文化消费的城乡差异化明显,东南部地区的乡村人均文化消费远高于中西部地区。因此,地区和城乡的文化均等化发展任重而道远。

2011 年 3 月 23 日,中共中央、国务院下发了《中共中央　国务院关于分类推进事业单位改革的指导意见》,8 月 2 日,中共中央办公厅、国务院办公厅印发了

《关于进一步深化事业单位人事制度改革的意见》，充分体现了改革的根本性、全面性和整体性，标志着中国事业单位改革和发展进入了新的历史阶段，将为推动图书馆事业的改革、增强图书馆事业的发展活力提供体制和机制的新保障。

第三节　技术引擎推动图书馆服务转型

以大规模数据、智能化生产和无线网络为代表的技术变革正在引领人类走向繁荣；同样，以数字化、网络化、智能化为特征的信息技术发展正在改变着文化生产、文化管理、文化服务和文化消费的形态和流程。[10]在《文化纲要》中，不仅在第三部分的"加强公共文化产品和服务供给"中提出了"加快现代科技应用步伐，提出公共文化服务的数字化、网络化水平"的要求，而且在第四部分"加快发展文化产业"中提出了加快发展移动多媒体等新兴文化产业，专设了"推进文化科技创新"章节，提出了"发挥文化和科技相互促进的作用，深入实施科技带动战略，增强自主创新能力"；要求"支持产学研战略联盟和公共服务平台建设"，"实施文化数字化建设工程"；同时在所附专栏3"文化数字化建设工程"中，具体设立了文化资源数字化、文化生产数字化和文化传播数字化等规划项目。近年来文化发展的一大特色就是突出了科技的支撑。文化数字化建设工程日益受到重视，把文化和科技有机地融合起来已逐渐成为图书馆业界的共识。从文化资源到文化生产再到文化传播、文化消费，都逐渐体现出科技的要素；科技支撑贯穿始终，体现在公共文化服务体系建设、传播体系建设、文化遗产保护传承与利用等文化改革发展的各项主要任务之中。国家推出的科技与文化融合的战略，更加重视了文化科技的顶层设计，将有助于推进图书馆事业中重大科技问题的攻关，更有效发挥科技对加速图书馆事业发展、不断提高文化创新对先进技术的集成应用能力，不断提高文化技术创新对图书馆服务能力的支撑引领作用。

基于信息技术和网络技术发展的数字图书馆建设正在逐渐改变着图书馆的文献载体和服务内容。以北京大学图书馆为例，从2006年到2011年，北京大学图书馆的外借图书册数的变化呈下降趋势。从2006年的100余万册，逐渐减少为2011年的不到70万册。而与之相反，电子资源的检索频次却有了翻倍的增长，从2006年的1000余万次，增长为2011年的3000余万次。[11]

根据国家工业和信息化部《移动终端白皮书(2012年)》发布的数据显示：2011年我国移动智能终端出货量超过1.1亿部，超过2011年之前我国历年移动智能终端出货量总和，移动互联网业务正进入爆发式增长期。另据中国互联网络信息中心的统计,截至2011年底,家庭电脑上网宽带网民规模为3.29亿,手机网民规模达到3.56亿,移动互联网已深入到包括图书馆服务在内的电子商务、媒体传播、信息服务、生活娱乐等几乎所有社会生活领域。泛在形的互联网和移动通信技术的飞速发展使数以亿计的公众可以令人称奇地互相连接在一起,这也给图书馆的服务和管理带来了新的挑战、机遇和想象力。移动服务、网上直播、电子商务、搜索引擎、微博等互联网应用渗透率和影响范围在不断加大,以移动通信为代表的信息服务有力提升了图书馆服务的便捷度。据中国新闻出版研究院组织实施的第九次全国国民阅读调查,2011年网络在线阅读、手机阅读、电子阅读器阅读、光盘读取等数字化阅读方式的接触率,均有不同程度的上升。例如,2011年有29.9%的国民进行过网络在线阅读,比2010年增加11.8个百分点;有27.6%的国民进行过手机阅读,比2010年增加了4.6个百分点。其中,网络在线阅读的接触率增幅最大,达65.2%。调查中发现,手机阅读主力人群呈现"学历越低,阅读率越高"的现象。手机阅读人群的学历大多集中在大专、高中和初中,这三个群体在手机阅读人群总体中几乎占到八成(79.0%)。而高等学历(本科及以上)仅占17.9%,低学历者(小学)仅占3.1%。手机阅读人群平均每天进行手机阅读的时长接近40分钟,平均每年花费在手机阅读上的费用约为20元。[5]

在科技与图书馆的结合越来越紧密的同时,图书馆的空间资源依然相对紧张,无法满足日益增长的广大公众对文化的需求以及高校学生的学习需求。一些大学图书馆人满为患,排队、占位现象较为普遍。文献采访的连续性与特色化尚存在较大差距,以致中国问题的研究有时还需要借助于国外的一些图书馆。数字图书馆的建设伴随着数字网络技术的进步和图书馆管理方与广大读者理念和行为方式的改变,其推进正在从以往的小作坊阶段进入真正的整合协同的大规模的工业化生产阶段。

第四节 · 数字主权对经费的挑战

在文化全球化的背景下,西方发达国家依托其知识、人才和信息的优势,掌控着大多数的数字文化主权和定价权,这对数字环境下图书馆的文献采访是一个长期的挑战。北京大学图书馆馆长朱强介绍:"几年前,国家图书馆、北京大学图书馆等曾联合发表声明,抵制其收费的快速增长,才使得收费从年增长22%的势头,降为目前的年7%到8%。""即便这样,也给我们带来了很大压力。因为出版商的费用有一个年均8%的自然增长,但是,图书馆的经费却无法实现同幅增长。""尽管学校非常支持图书馆的发展,也体谅到图书馆的现实困难。但连年增长的费用从何而来,依然困扰着我们。"中国图书馆在文献购置中遇到了与国外出版商的较量,这些出版商声称,中国一所学校的文献下载量就超过很多国家一个国家的用量。但是,服务器设在国外出版商那里,数字文化主权不在我们手中,我们只有访问权,所谓的下载量实际上无从统计。这样的文化格局使中国的图书馆在数字文献引进方面处于被动的地位。[6]

参考文献

[1]中华人民共和国国家质量监督检验检疫总局,中国国家标准化管理委员会. GB/T 28220—2011 公共图书馆服务规范[M].北京:中国标准出版社,2012:2

[2]杨亮.公共电子阅览室将覆盖全国[N].光明日报,2012-03-01(1)

[3]马克·米尔斯.科技引领的繁荣即将到来[N].参考消息,2012-02-28(10)

[4][6]赵婀娜.大学图书馆:不应在"边缘"[N].人民日报,2012-04-06(18)

[5]张贺.第九次全国国民阅读调查结果公布[N].人民日报,2012-04-20(12)

（执笔人：王世伟）

第三章　国际图书馆发展趋势

第一节　超越图书馆

随着经济全球化、世界多极化、社会信息化、文化多元化的发展,图书馆事业作为文化事业的组成部分,其与经济、政治、社会和科技发展的关系越来越紧密。图书馆事业的发展本身触角广泛的特征愈益体现。图书馆事业在发展的过程中,越来越多地受到图书馆以外各类因素的重大影响而无法独自发展或独善其身,图书馆事业的发展已超越了图书馆自身,人们应从更广泛的视野来进行观察和研究。

以经济而言,由于 2008 年以来的全球金融危机的影响,对有的国家的图书馆事业也造成了重大影响。如由于美国金融危机的影响,美国各地方政府不得不削减公共开支,公共图书馆成了最易受影响的机构之一。2011 年 7 月,美国得克萨斯州决定在 2012 至 2013 财年将所有州立图书馆的地方财政拨款减少 64%。政府拨款减少,迫使各图书馆减少采购、裁减人员、缩短营业时间甚至关闭部分分馆。根据美国《图书馆杂志》2012 年初的调查,受访的 388 家公共图书馆每周平均营业时间从 2008 年的 60 小时下降到 2011 年的 49 小时,服务 100 万人以上的大型图书馆仅 2011 年每家就平均减少了 32.6 个全职工作岗位。美国图书馆协会 2012 年初曾发表声明,批评世界最大的综合性出版集团兰登书屋向图书馆出售电子图书时的涨价行为。该协会认为,由于空前的预算紧缩,任何针对图书馆的涨价行为都将立即影响到图书馆的服务。这些现象都反映出金融危机给当前美国公共图书馆所带来的运营困境。[1]而中国等全球新兴国家的图书馆不仅没有受到多大影响,而且随着中国等国家经济的发展,图书馆事业的投入反而在增加。

以政治而言,中国自 2007 年党的十七大以来,运用科学发展观,提出了统筹兼顾的科学发展理念和举措,形成了经济、政治、社会、文化四位一体的发展形态,为包括图书馆事业在内的文化发展提供了空前的发展平台和机遇。中央政治局专门开会研究公共文化服务体系,特别是 2011 年的党的十七届六中全会,在党的历史上首次以中央决定的形式就文化大发展大繁荣的若干重大问题形成了文件,这对中国图书馆事业的发展起到了极大的推动和政策保障作用。随着法律界对中国著作权法的修订,关于图书馆服务中的版权界定已成为图书馆界与社会各界关注的热点,如:图书馆界目前普遍存在的文献提供服务如何得到相应的法规支持和肯定;图书馆内所从事的公益性的馆藏音像作品播放、出借等的视听服务如何得到法规的允许;数据库以及有关文献在总分馆制的环境下从事公益性的延伸性集体管理如何得到法规条文的支持等。这将对图书馆的未来服务与管理带来很大的影响。

以社会而言,图书馆作为公共文化空间体系的重要组成部分,与城市广场、街区、公园等一起形成了公众免费或基本免费的休闲场所。图书馆事业的发展对于公民的文化信息素养的提升,对于消除进城务工者和低收入者群体的数字鸿沟,对于残疾人群、老人人群、少年儿童人群、境外居住者人群、农村边远地区居民人群等的公益性和均等化的文化服务,对于满足日益增长的公众文化需求,对于社会志愿者服务氛围的营造等,都已经并将起着更大的作用;而图书馆自身的发展与评估,也需要社会的严格监督和广泛参与。2011 年高校图书馆向社会开放的讨论与实践,在一定程度上也反映出图书馆与社会内在的紧密联系。

以科学技术而言,图书馆事业的发展在历史上曾受到纸张发明、印刷术的发展、计算机的出现等的重大影响,而近年来智能技术发展、数字技术的发展、移动通信的发展、下一代互联网的发展,以及伴随而来的智慧读者群的形成,正在对图书馆的发展产生动态性、波浪形的深刻革命,无论是图书馆的多媒体文献采访还是图书馆的立体信息传递,无论是图书馆的物理空间和网络空间的服务还是整合集群的图书馆联盟,无论是泛在型的服务方式还是个性化的多样选择,图书馆从物理建筑到虚拟网络,从文献信息到馆员队伍,都将发生脱胎换骨的转型,以适应科学技术的创新发展和广大读者的期盼。

图书馆在一定程度是一个国家或一个城市文化的集中而典型的反映,图书馆集中了博物馆、科技馆、美术馆、档案馆、文化馆的一些服务内容和服务方式。研究并分析图书馆的发展,必须超越图书馆,从更广泛的联系中、从更大的范围观察中、从更深入的立体剖析中,才能更好地理解图书馆的发展真谛,把握其内在发展的脉搏和规律。

第二节　智慧图书馆

"智慧图书馆"的理念和实践率先出现在欧美的大学图书馆、公共图书馆和博物馆中。2003 年前后,芬兰奥卢大学图书馆提供的一项新服务称为

"SmartLibrary",这一服务隶属于一个名叫"Rotuaari project"的项目。[2]芬兰奥卢大学图书馆的学者发表了《智慧图书馆:基于位置感知的移动图书馆服务》的会议论文,提出 Smart Library 是一个不受空间限制的、被感知的移动图书馆服务,它可以帮助用户找到所需图书和相关资料。[3]与此同时,澳大利亚昆士兰州也曾探讨了智慧图书馆与智慧社区建筑的关系问题。[4]2004 年之前,加拿大首都渥太华的一些图书馆和博物馆以及多所大学就已经建立起了以"智慧图书馆"(SmartLibrary)命名的联盟,利用同一个搜索引擎为读者提供一站式服务。[5]2004 年,米勒等学者在国际会议上发表了有关智慧图书馆的研究报告,题为《智慧图书馆:强调科学计算的图书馆的 SQE 最佳实践》,作者认为智慧图书馆是指运用大量软件质量工程(Software Quality Environment,简称 SQE)的实践,力图使用户和开发人员避免犯各类错误,包括使用、文档、配置、安装中的错误,以及应用程度的变化,导致绩效下降或死锁等方面的错误。[6]可见,世界图书馆界关于智慧图书馆的研究已从技术趋向了服务与管理以及社区的建设,体现出智慧图书馆的本质追求。2005 年以来,我国图书馆界也开始从智能图书馆的研究深入到智慧图书馆的研究与实践。如上海图书馆率先开展了手机图书馆的移动服务,台湾台北市立图书馆则应用 RFID 技术成立了无人服务的智慧图书馆。[7]2010 年,严栋发表了《基于物联网的智慧图书馆》一文,他认为智慧图书馆就是以一种更智慧的方法,通过利用新一代信息技术来改变用户和图书馆系统信息资源相互交互的方式,以便提高交互的明确性、灵活性和响应速度,从而实现智慧化服务和管理的图书馆模式。[8]

2011 年,图书馆学术界开始从理论与实践的结合上研究智慧图书馆。董晓霞等发表了《智慧图书馆的定义、设计以及实现》一文,认为智慧图书馆综合了感知智慧化和数字图书馆服务智慧化。[9]王世伟发表了《论未来图书馆的新模式——智慧图书馆》,对国内外的智慧图书馆的起始、发展和特征进行了了较为全面的论述,认为智慧图书馆的核心要素是书书相联、书人相联、人人相联、任何地方可用、任何地点可用、任何形式可用的图书馆,智慧图书馆的特点是数字化、网络化和智能化,其本质追求是绿色发展和数字惠民,将成为未来图书馆的新模式。[10]智慧图书馆作为互联的图书馆、高效的图书馆、便利的图书馆,已经并将继续成为全球图书馆发展的新趋势。

第三节　图书馆的发展趋势

全球图书馆过去、现在与未来的历史发展逻辑内容很丰富,但其发展的态势可以从2009—2013年国际图联大会的主题中找到其演变发展的一些轨迹。

表3-1　2009—2013年国际图联大会主题一览表

届别	大会主题	举办时间	举办地
第75届	图书馆创造未来:筑就于文化遗产之上	2009年8月23日—27日	意大利米兰
第76届	开放获取——推动可持续发展进程	2010年8月10日—15日	瑞典哥德堡
第77届	图书馆的自我超越——整合、创新与信息共享	2011年8月13日—18日	波多黎各圣胡安
第78届	图书馆行动起来! 创新、惊喜、给力	2012年8月11日—17日	芬兰赫尔辛基
第79届	无限可能的未来图书馆	2013年8月17日—23日	新加坡

在意大利米兰召开的第75届国际图联大会将文化遗产作为主题,并将其作为图书馆创造未来的基础。而图书馆的重要使命就是存储历史文献,同时它还以其建筑本身成为人文和学术精神的象征。但这种功能在数字时代却遭受了挑战。图书馆馆藏正逐步走向数字化,实物馆藏逐渐为电子版本所替代。数字文献的出现,大大节省了空间;而读者可以通过远程登录阅读、获取数字图书及期刊。图书馆的仓储功能在不断降低。印刷资源与数字资源的比例差正在扩大。图书馆存在的价值必须通过专业的服务来体现。

在瑞典哥德堡召开的第76届国际图联大会和在波多黎各圣胡安召开的第77届国际图联大会分别以开放获取和整合创新的信息共享作为主题,反映出当今信息技术发展环境下全球图书馆人的积极应对。在中国,人们在以往图书馆作为市民第二起居室理念的基础上,从理论和实践的基础上进一步研究和实践了图书馆作为广大公众的公共文化空间和第三文化空间的理念,也从另一个侧面反映出中国图书馆人在文化均等化发展和构建图书馆公共文化服务体系环境下的积极思考。[11]

在芬兰赫尔辛基召开的第78届国际图联大会和将在新加坡举办的第79届国际图联大会,则分别以创新惊奇和无限可能作为主题,展示了图书馆在新环境下的自信和努力以及图书馆未来发展的模糊性和不确定性。

从全球的图书馆发展分析来看,全球图书馆正在呈现如下的五大发展趋势:

1. 更加注重并体现图书馆作为时间价值即历史记忆的功能;

2. 更加注重并体现图书馆作为空间价值即跨域泛在的创新整合与资源共享;

3. 更加注重并体现图书馆作为空间价值即公共空间体系的作用;

4. 更加注重并体现图书馆作为社会价值即可持续发展的理念与实践;

5. 更加注重并体现图书馆作为社会价值即无限可能的知识信息中心功能。

美国艾尔弗莱特大学的培训指导馆员 Brian T. Sullivan 于 2011 年 1 月 2 日在美国一家报纸上刊发一篇名为《2050 年学术图书馆遗体解剖》的专题报告,文章写道,"学术图书馆将会死亡。尽管这样的判断还为时过早,但针对当前出现的严峻问题,鲁莽地拒绝将导致学术图书馆状况的进一步恶化并最终走向死亡。可以预见,学术图书馆将会独自死亡,且其作为高校心脏的作用也将会被世界所遗忘。"作者认为:"首先,世界上几乎每本图书都拥有了完全的数字化形式,这使得传统的物理馆藏变得没有必要。在线图书随时都可以浏览或者下载到便携式设备上,已有个别学生为获得无限存取的数字资源向重要的资源提供商直接支付费用。第二,图书馆培训功能丧失。为了在与新一代搜索引擎的竞争中获胜,数据库供应商们已经研发出界面友好、人性化的数据库检索工具。第三,图书馆的参考咨询服务功能已经被不断完善的搜索引擎和社交网络工具所取代。"最后,文章还用了犀利的结语:"如果馆员还自认为'图书和图书馆总会存在''人们总是需要馆员为他们展示如何去使用信息',那么学术图书馆的生命难以为继就可能成为事实。"文章刊发后,引发全球图书馆业界轩然大波。[12]

尽管有学术图书馆消亡论,但图书馆业界内外现有数据库和数字馆藏并不能完全满足科研人员的需求,且不少行业仍需要传统的馆藏内容;数字化的媒体形成了超量的信息,广大读者会有无所适从之感,这就为图书馆和图书馆员提供了服务的可能:图书馆员在信息发现、过滤、筛选、整序、挖掘、检索、分析、整理、导航方面的参考咨询服务及其专业职能并不会因为信息技术的发展而消失。全媒体的各类知识信息需要进行整合联通,即将相关内容和主题的知识通过图书馆员的专业努力使其联为一体,将文字、书本、声音、图像、数据以及各类动态的信息集合起来,做到去粗取精、去伪存真、由此及彼、由表及里、由乱趋序、由杂趋专、由隐趋显、由广趋约、由孤趋联、个自趋合的加工整合和挖掘研究功夫,使读者在碎片化的信息海洋中获得某一主题的整合性和一体化信息服务,这将提升图书馆服务的品质、品牌和地位。数字社会的分散性和横向性要求图书馆员具有更加全面的知识和技能,随时随地为读者解疑释惑,提供全能型的金钥匙服务。全媒体时代和数字时代使读者能够自己决定看什么,图书馆人的历史使命就是以自身的品质来吸引读者。

参考文献

［1］王冠群.公共图书馆危中求机［N］.人民日报,2012－04－09(21)

［2］Dynamic Localisation of Books and Collections：Second Version of SmartLibrary is being Tested［EB/OL］.［2013－02－20］.http://virtuaalikampus. oulu. fi/English/smartlibrary. html

［3］Aittola M,Ryhnen T,Ojala T. SmartLibrary：Location － Aware Mobile Library Service［J］. International Symposium on Human Computer Interaction with Mobile Devices and Services,2003(5):411－415

［4］Raunik A,Browning R. Smart Libraries Build Smart Communities in Queensland［EB/OL］.［2013－02－20］.http://conferences. alia. org. au/online2003/papers/raunik. html

［5］Canit Find What You're Looking For？Using Smart Library［EB/OL］.［2013－02－20］.http://biblioottawalibrary. ca/en/main/find/catalog/looking/smart

［6］Miller M. C. et al. Smart Libraries：Best SQE Practices for Libraries with an Emphasis on Scientific Computing［EB/OL］.［2013－02－20］.https://e－reports－ext. llnl. gov/pdf/314914. pdf

［7］台北市立图书馆应用 RFID 成立无人服务智慧图书馆介绍［EB/OL］.［2013－02－18］. http://tech. rfidworld. com. cn/2009_6/2009618954168830. html

［8］严栋.基于物联网的智慧图书馆［J］.图书馆学刊,2010(7)：65－68

［9］董晓霞等.智慧图书馆的定义、设计以及实现［J］.现代图书情报技术,2011(2)：76－80

［10］王世伟.论未来图书馆的新模式——智慧图书馆［J］.图书馆建设,2011(6)：1－5

［11］肖希明.图书馆作为公共文化空间的价值［J］.图书馆论坛,2011(6)：62－67

叶辉,褚树青：书香溢处人间天堂［N］.光明日报,2012－05－10(13)

［12］赵婀娜.大学图书馆：遭遇遗体解剖［N］.人民日报,2012－04－20(18)

（执笔人：王世伟）

行业发展

第四章　国家图书馆发展报告

第一节　国家图书馆发展综述

国家图书馆是综合性研究型图书馆,承担国家总书库、国家书目中心、国家古籍保护中心、全国图书馆信息网络中心和图书馆发展研究中心的职能,接受国内出版物缴送,履行国内外图书文献收藏和保护的职责,指导协调全国文献保护工作;为中央和国家领导机关、社会组织及社会公众提供信息服务;开展图书馆学理论与图书馆事业发展研究,指导全国图书馆业务工作;对外履行有关文化交流职能,开展与国内外图书馆的交流与合作。

2011年,国家图书馆迎来了事业发展的新形势。党的十七届六中全会对促进社会主义文化建设大发展大繁荣做出了战略部署,公共文化服务体系建设作为国家战略得到了突飞猛进的发展,在这个时代背景下,公共图书馆作为公共文化服务体系建设的重要组成部分,其事业发展被推进到了公共图书馆服务体系建设的崭新视角下。如何在新的机遇与挑战面前进一步理清发展思路,是需要创新思维的。为此,国家图书馆将2011年确定为"创新年",并提出了"加强管理,完善机制,强化基础,创新服务"的年度工作总体要求,将国家图书馆事业发展放置在行业发展、文化发展乃至社会发展的大背景下,深入思考,形成了一段时期推动事业发展的总体思路。全年工作在以下几个方面取得显著成效:

一是文献信息保障能力进一步增强,在传统介质文献入藏进一步增长的基础上,数字资源比重不断加大;

二是面向四类服务对象的信息服务能力与水平进一步提高,在根据两部委文件要求持续深化免费服务的基础上,积极推进基于新媒体的服务;

三是社会教育职能进一步拓展,基于馆藏文献信息资源挖掘与整理的展览与讲座活动取得良好社会反响;

四是通过重点文化工程带动行业发展,在加快实施中华古籍保护计划的基础上,进一步启动了数字图书馆推广工程,策划了民国时期文献保护计划;

五是科研工作同步推进,成功立项多项国家级、省部级科研项目,联合业界策划实施多项研究性项目;

六是馆舍维修改造工程全面开工,为配合总馆南区维修改造,文献搬迁及服务调整等工作顺利完成。

第二节 国家图书馆发展基本数据

一、资源建设

截至 2011 年底,国家图书馆馆藏文献总量达29 943 139册/件,其中图书 11 301 818(册),期刊13 598 243(册),报纸217 710(合订册),特藏专藏3 121 701 (册/件,张,幅,片),缩微文献1 426 326(卷,张,片),视听文献225 602(张,盘),电子文献51 739(张,盘)(见图4-1)。在馆藏图书中,中文为7 683 915(册),外文为 3 617 903(册);在馆藏期刊中,中文为6 920 393(册),外文为6 677 850(册);在馆藏报纸中,中文为124 504册(合订册),外文为93 206册(合订册)(见图4-2)。

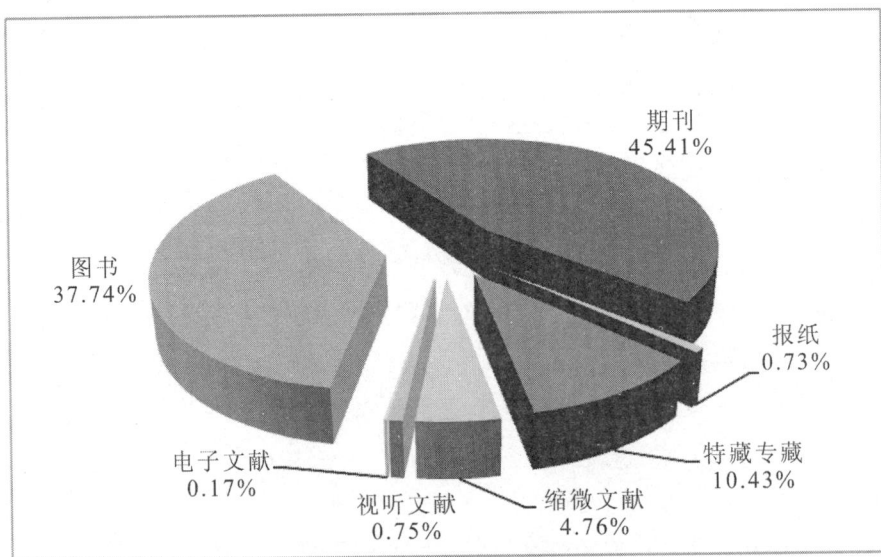

图4-1 截至2011年底国家图书馆馆藏结构图

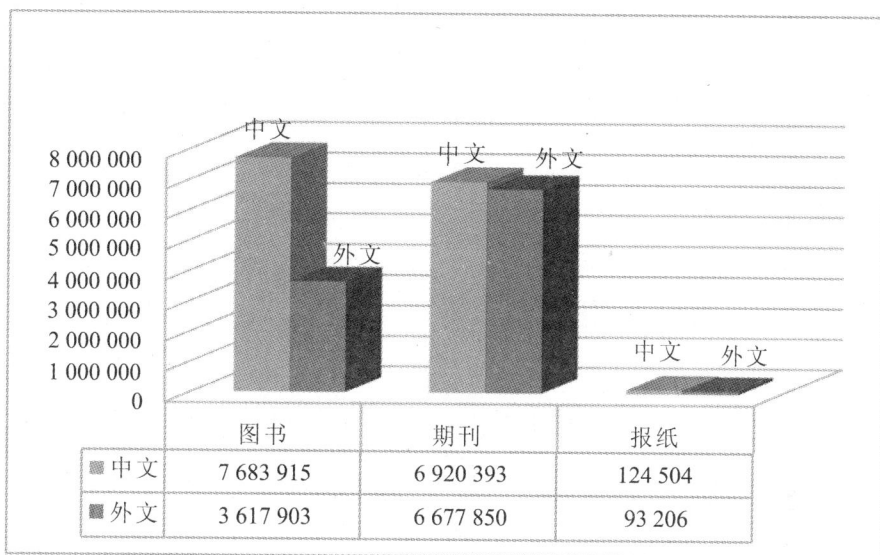

图4-2 2011年国家图书馆馆藏图书、期刊、报纸文种结构图

	图书	期刊	报纸
中文	7 683 915	6 920 393	124 504
外文	3 617 903	6 677 850	93 206

2011年当年正式入藏文献达987 674册/件,其中图书483 679册/件,期刊285 986册/件,报纸5407册/件,特藏专藏165 160册/件,缩微文献17 369册/件,视听文献册/件,电子文献8844册/件(见图4-3)。

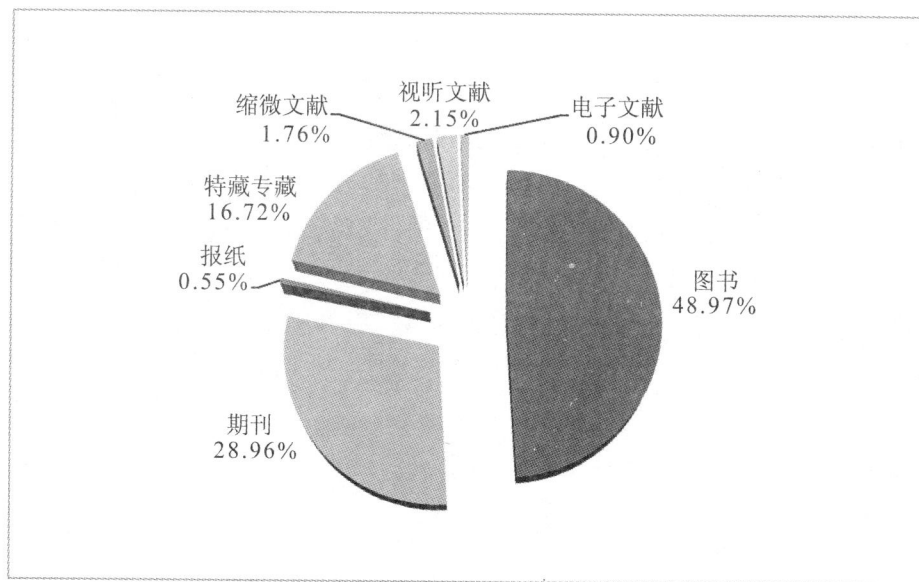

图4-3 2011年国家图书馆各类文献资源正式入藏情况

截至2011年底,国家图书馆数字资源总量已达561.3TB,主要来源为:电子报纸呈缴4.3TB、外购数据库71TB、馆藏特色资源数字化458TB、征集数字资源8.8TB、网络导航和网络资源采集19.2TB(见图4-4)。

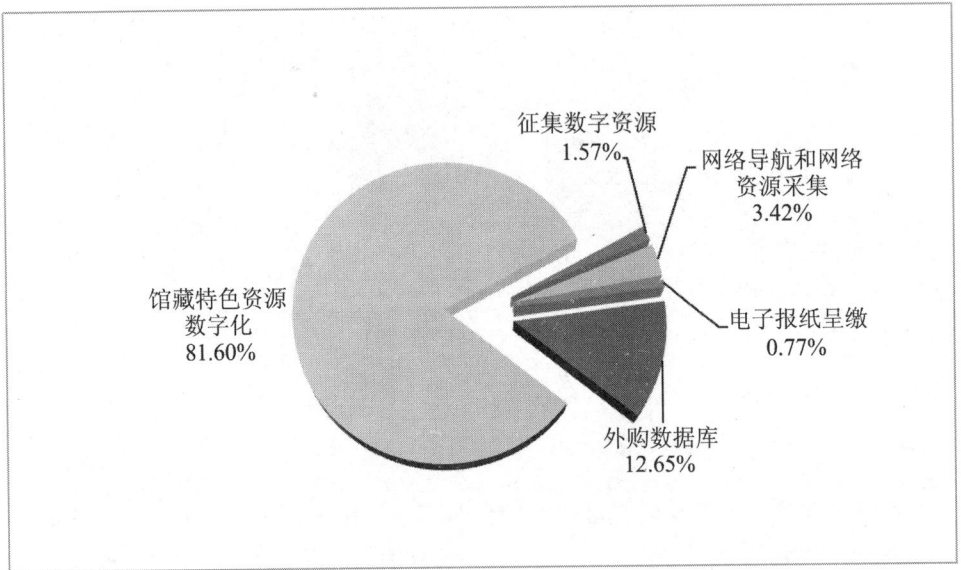

征集数字资源
1.57%

网络导航和网络
资源采集
3.42%

馆藏特色资源
数字化
81.60%

电子报纸呈缴
0.77%

外购数据库
12.65%

图4-4 国家图书馆数字资源建设情况(截至2011年底)

其中包括:电子图书142.7万种/185.3万册、电子期刊约5.3万种、电子报纸约0.4万种、学位论文约353.7万篇、会议论文约308.1万篇、音频资料约101.6万首、视频资料约8.9万小时。数字资源发布总量达473.4TB,占数字资源建设总量的77.9%(见图4-5)。

截至2011年底,国家图书馆外购数据库共计222个,包括中文数据库106个,外文数据库116个(见图4-6)。现有中文引进数据库包含的文献数量累计:中文期刊全文2.07万余种,中文图书全文共计444 782种/886 988册,中文报纸全文1600种,中文学位论文全文341万篇,中文会议论文全文364万篇,国家标准全文39 149条、行业标准13 871条,专题节目10 788小时,学术性报告2.2万余场,多媒体课程5473学时,少儿教学课件76 850个,音乐50万首,语言类54 942集,舞台艺术1100部/3000小时。

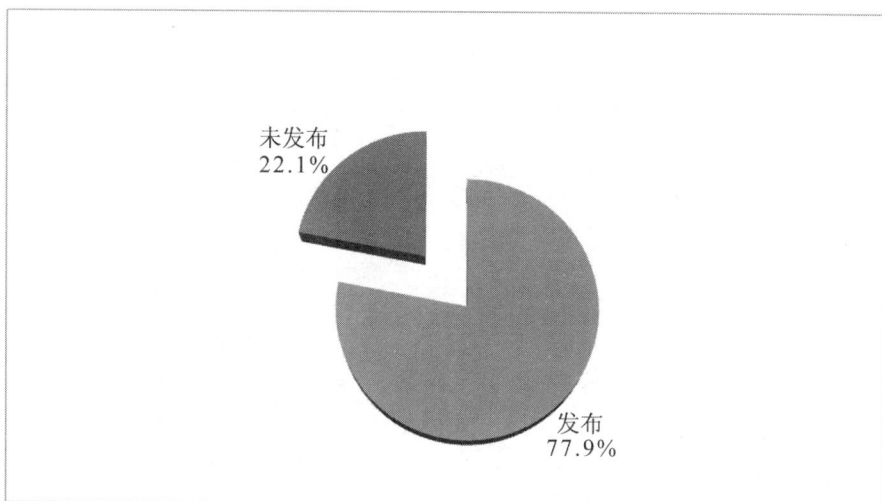

图 4 - 5　国家图书馆数字资源发布情况(截至 2011 年底)

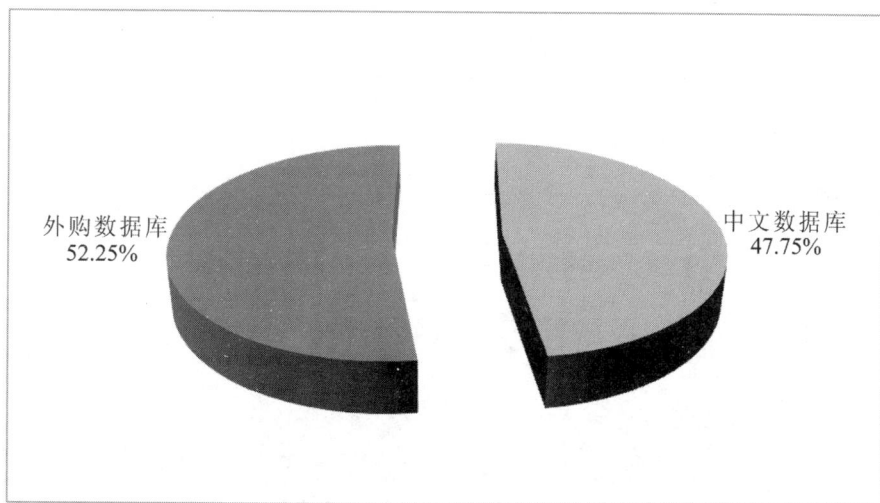

图 4 - 6　国家图书馆外购数据库情况(截至 2011 年底)

　　当年自建数字资源达 229.03TB,其中中文图书 38.2TB,学位论文 27.2TB,民国文献 0.7TB,视频讲座 0.3TB,特色资源 10.3TB,古籍善本 152.4TB(见图 4 - 7)。

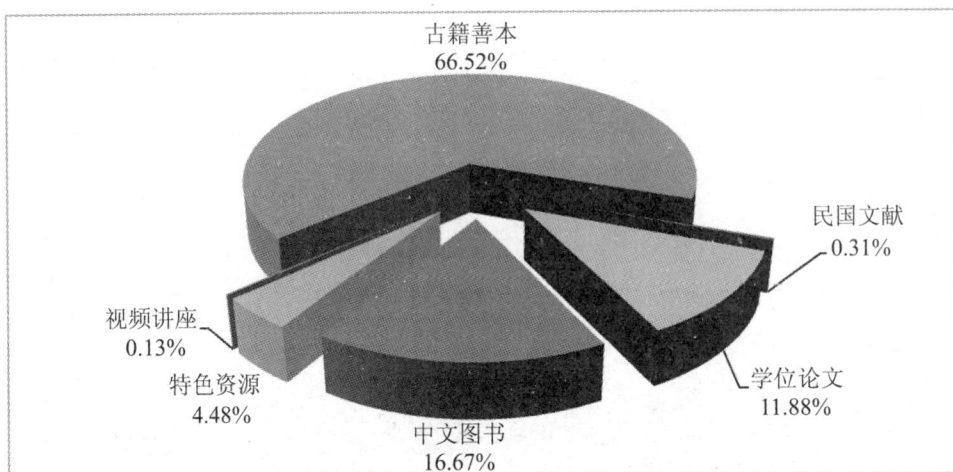

图 4 - 7　2011 年国家图书馆自建数字资源文献类型结构图

二、资源组织

当年各类文献编目加工总量为440 487种,其中图书257 127种,期刊 1282 种,报纸 79 种,特藏专藏163 103种,缩微文献 8218 种,视听文献 9155 种,电子文献 1523 种(见图 4 -8)。

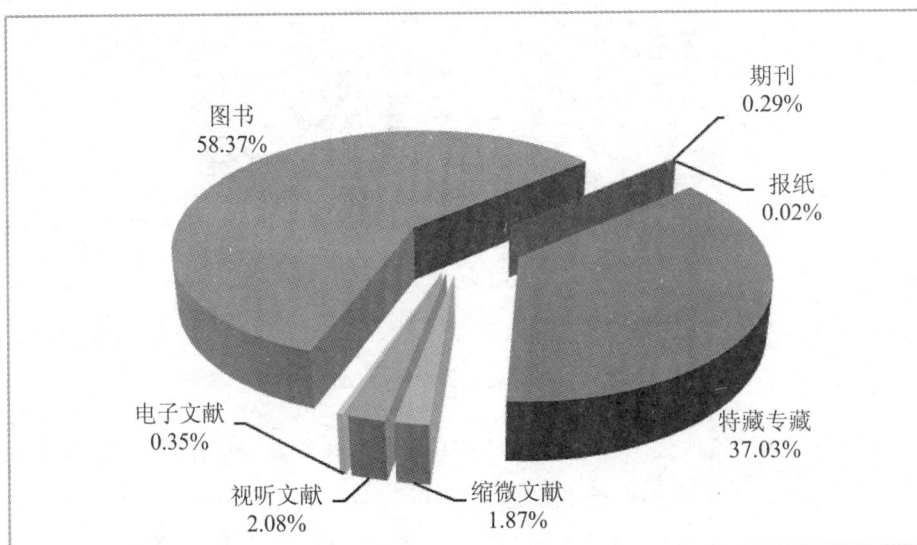

图 4 -8　2011 年国家图书馆各类文献编目加工情况

三、读者服务

2011 年全年共接待到馆读者 4 470 421 人次,网站访问量 7.4 亿人次,手机门户访问量 14 833 996 人次,数字电视用户 370 万户(见图 4 - 9)。当年办理读者证卡 19.11 万个。

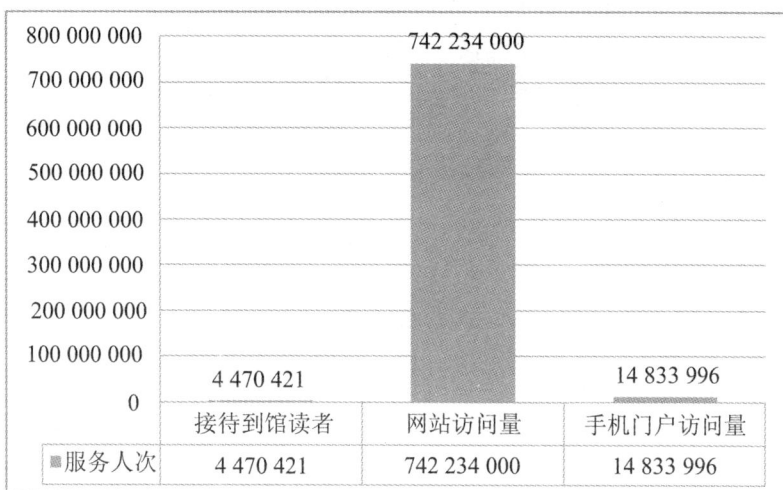

图 4 - 9 2011 年国家图书馆读者访问量(人次)

2011 年全年文献流通 25 771 966 册次(见图 4 - 10),馆际互借 15 955 册次,其中借出 15 375 册,借入 580 册(见图 4 - 11);国际互借 2677 册次,其中借出 1827 册次,借入 850 册次(见图 4 - 12)。

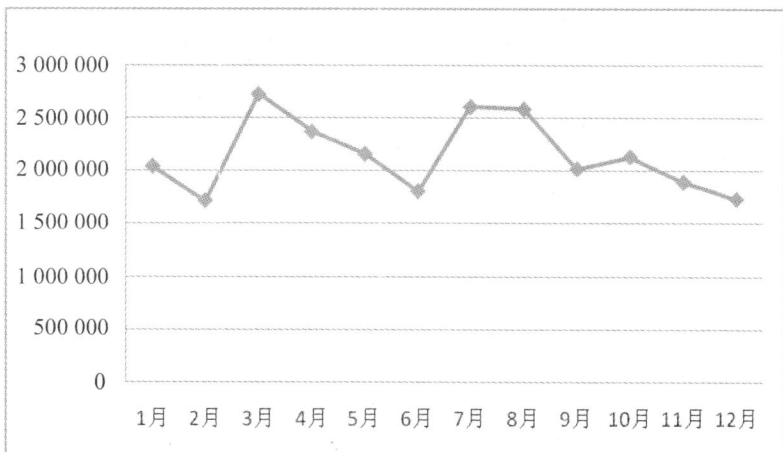

图 4 - 10 2011 年国家图书馆各月度文献流通情况(册次)

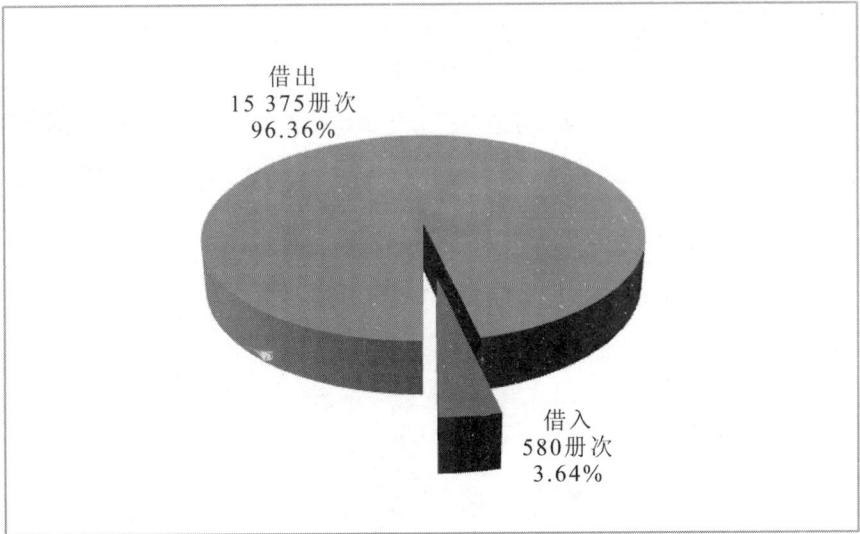

图 4 – 11 2011 年国家图书馆馆际互借情况

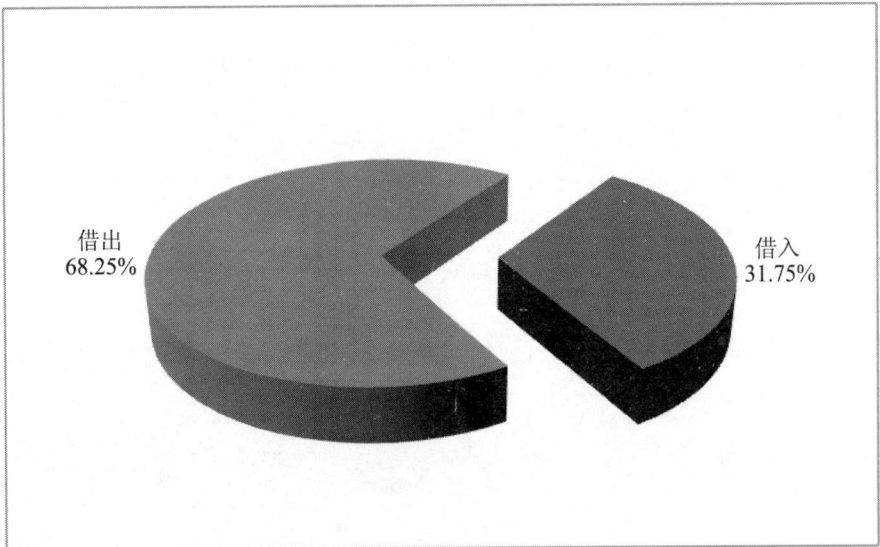

图 4 – 12 2011 年国家图书馆国际互借情况

与 118 个国家和地区的 554 个机构建立了国际交换关系,当年收到书刊资料 8340 种、20 141 册/份,寄出 14 191 种、99 926 册/份(见图 4 – 13)。

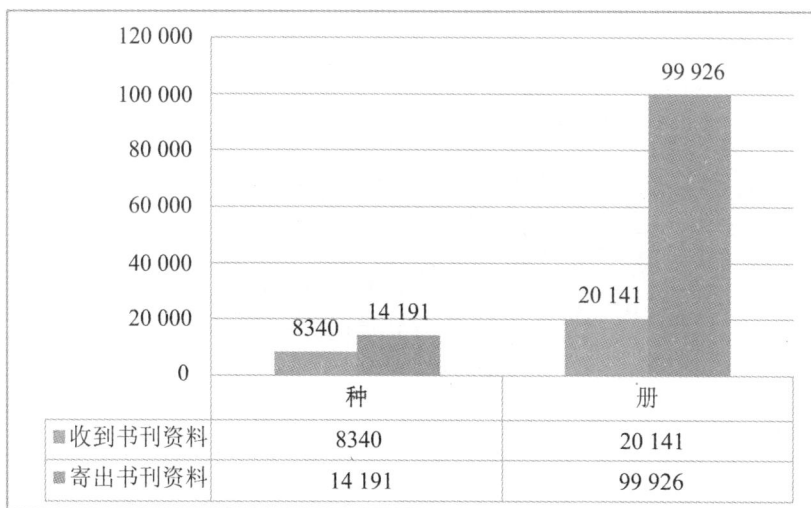

	种	册
■收到书刊资料	8340	20 141
■寄出书刊资料	14 191	99 926

图 4 – 13   2011 年国家图书馆国际书刊资料交换情况

2011 年全年解答各类咨询5 488 66件,其中一般咨询541 157件,代检索课题 2569 件,编制文献 5140 件(见图 4 – 14);来自社会公众的咨询535 273件,来自教育、科研和企业单位的咨询11 933件,来自中央国家机关的咨询 1561 件,来自党和国家领导人的咨询 99 件(见图 4 – 15)。

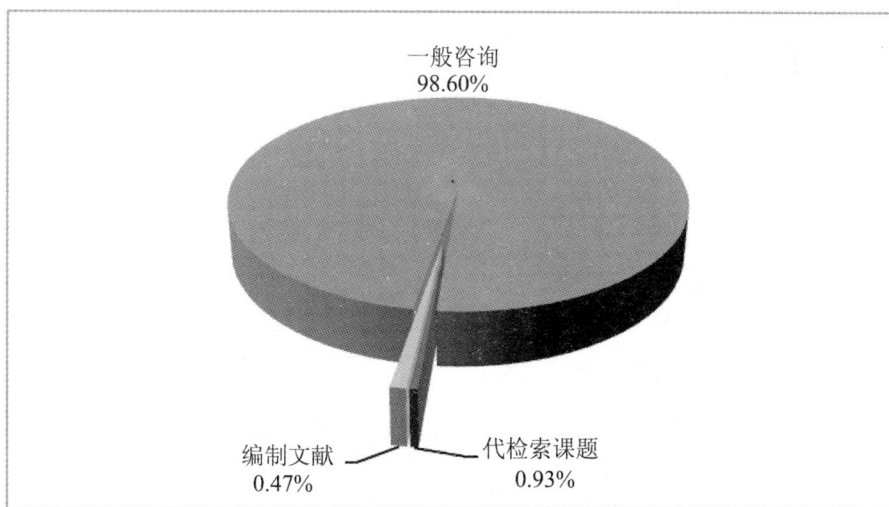

图 4 – 14   2011 年国家图书馆解答咨询情况(1)

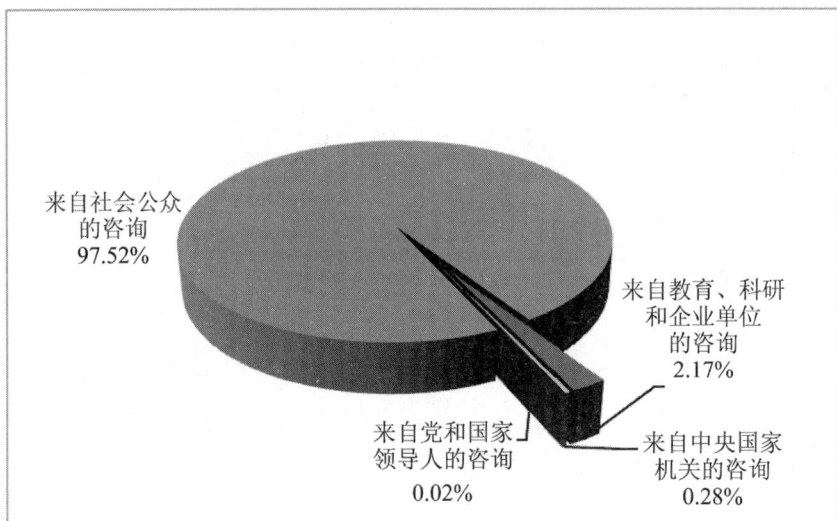

图 4 – 15　2011 年国家图书馆解答咨询情况（2）

2011 年全年共举办培训、讲座、参观、展览等各项社会教育活动 921 场，接待读者 60.72 万人次。其中开办公益性讲座 158 场，共计 4.08 万人次；组织业界培训 37 场，共计 0.29 万人；接待参观 456 场，共计 0.97 万人次；举办展览 60 场，共计 41.18 万人次；举办其他活动 210 场，共计 14.20 万人次（见图 4 – 16、图 4 – 17）。

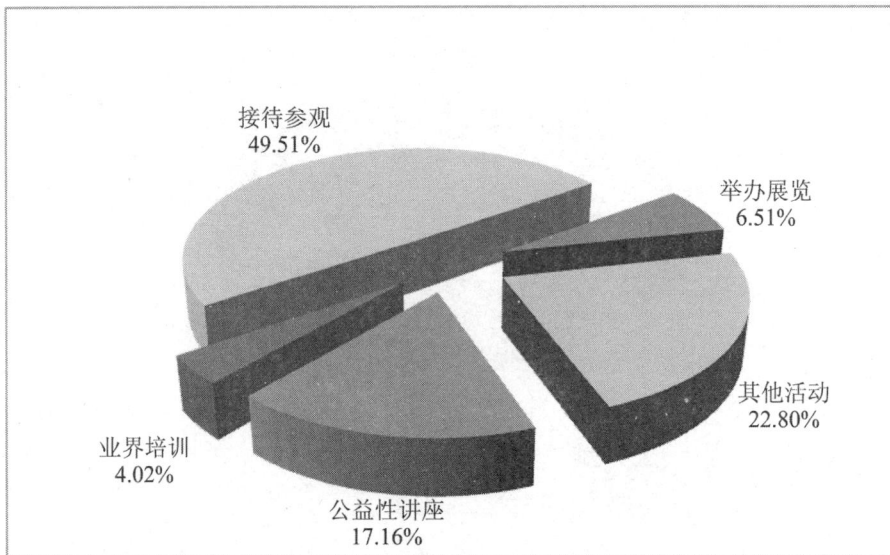

图 4 – 16　2011 年国家图书馆社会教育活动情况

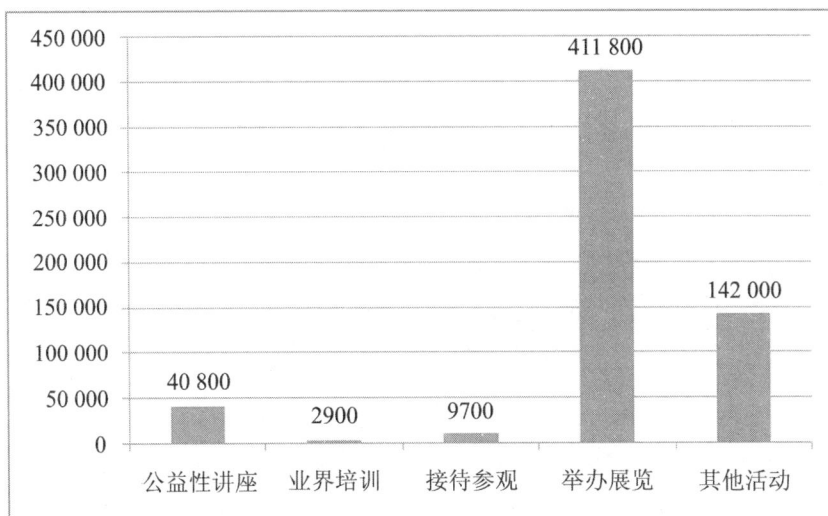

图 4 - 17　2011 年国家图书馆社会教育活动读者参与情况

四、购书经费

2011 年购书经费为164 844 759. 31元,其中电子出版物购置经费为24 137 797元,占 14. 64%(见图 4 - 18)。

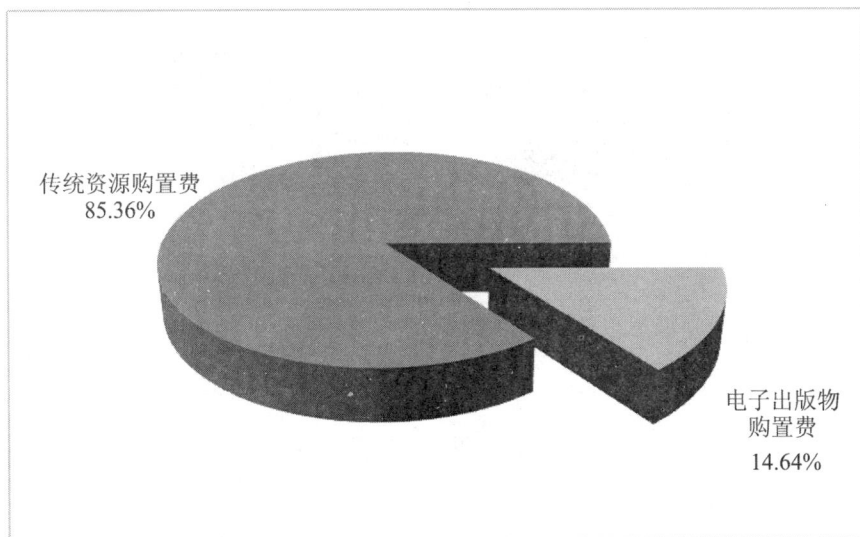

图 4 - 18　2011 年国家图书馆购书经费分配情况

五、人员结构

截至 2011 年底,国家图书馆在编员工 1390 人。按性别结构,男性 588 人,女性 802 人;按年龄结构,20—30 岁 385 人,31—40 岁 273 人,41—50 岁 424 人,51 岁以上 308 人;按学历结构,博士 59 人,硕士 445 人,本科 463 人,本科以下 423 人;按专业技术职务结构,正高级职称 39 人,副高级职称 236 人,中级职称 684 人,初级职称 241 人(见图 4 - 19—图 4 - 22)。

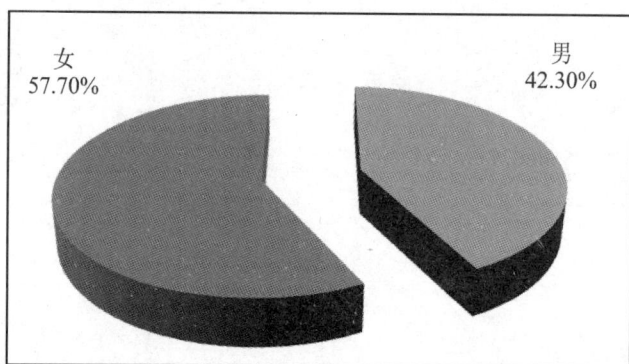

女
57.70%

男
42.30%

图 4 - 19　2011 年国家图书馆在编员工性别结构情况

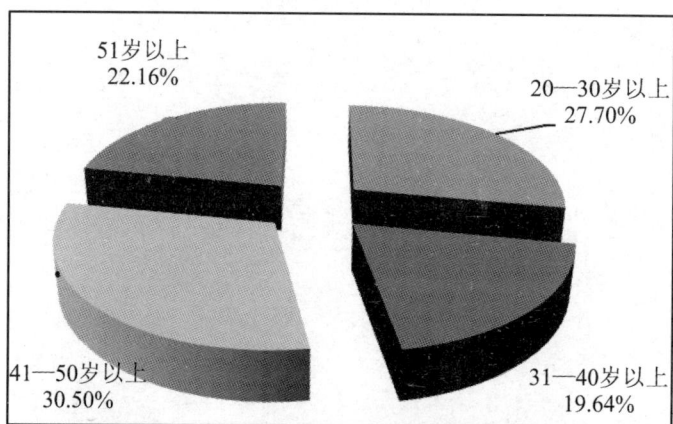

51岁以上
22.16%

20—30岁以上
27.70%

41—50岁以上
30.50%

31—40岁以上
19.64%

图 4 - 20　2011 年国家图书馆在编员工年龄结构情况

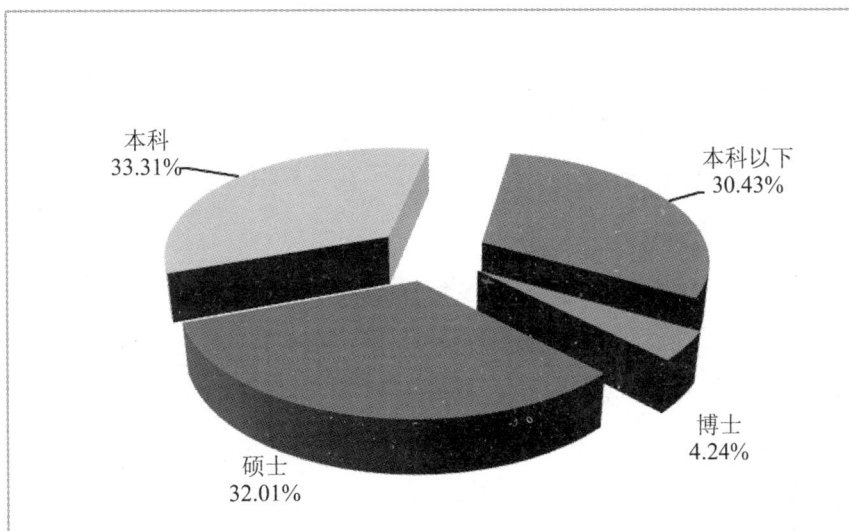

图 4 - 21　2011 年国家图书馆在编员工学历结构情况

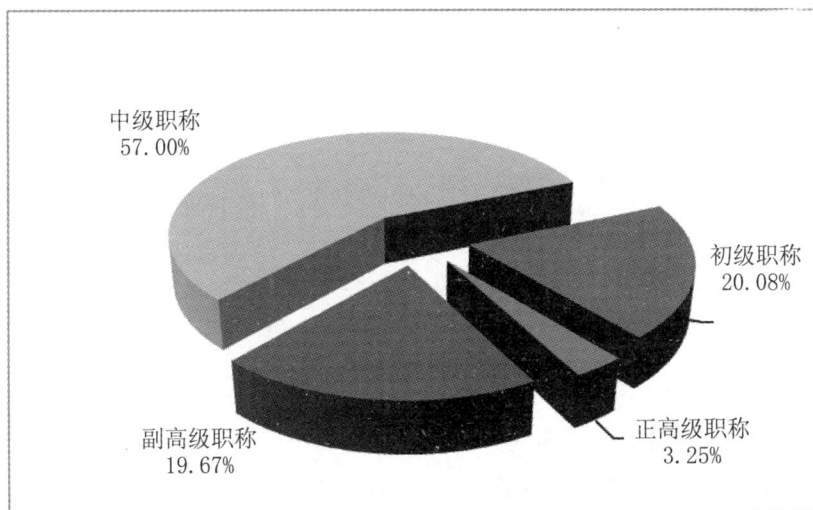

图 4 - 22　2011 年国家图书馆在编员工专业技术职务结构情况

第三节　国家图书馆开展的主要工作

2011 年是国家图书馆"创新年",也是实施"十二五"规划的开局之年。为进一步深刻认识事业发展环境的新变化、新趋势,理清未来发展的工作思路,全馆上下开展了"解放思想、开拓创新"讨论活动,一方面对业务工作如何适应未来发展趋势做了深入的研讨,另一方面通过讨论形成了一批推动事业发展的创新项目,最终确定实施的项目达 22 个,这些项目的确立和实施是国家图书馆在"十二五"时期稳步发展的重要基础。在贯穿全年的创新思想和开拓氛围的引领下,国家图书馆各方面工作均得到较大发展。

一、加强国家文献资源总库建设,文献保障能力持续增强

国家图书馆接受国内出版物样本缴送,一直承担着"国家总书库"的职责。面对信息资源类型、来源等各种新变化,国家图书馆在"十二五"规划中首次提出建设"国家文献资源总库"的任务,并要求"从全国文献资源保障体系建设的战略高度构建国家图书馆文献资源体系"。围绕这个新的战略重点,2011 年,国家图书馆在文献信息资源建设方面开展了以下重点工作:

1. 以出版物样本缴送为重点,进一步拓展文献资源的采选途径和采选范围

长期以来,国家图书馆根据"中文求全,外文求精"的文献资源建设方针,建立了一套较为成熟的文献采选机制,确立了以接受缴送和购买为主,征集、交换、接受捐赠等为补充的多元化文献采选渠道。

接受国内出版物样本缴送是保证国家总书库品种齐全的重要基础,国家图书馆自 1916 年以来一直是我国接受出版物样本缴送的法定机构之一。新中国成立以来,国务院及相关部委相继出台了多部行政法规和部门规章,明确赋予国家图书馆接受国内出版的图书、期刊、报纸、音像资料和电子出版物样本缴送的权利。然而,由于种种原因,在实际工作中国家图书馆接受缴送的情况一直不太理想。据统计,从 2004—2009 年,国家图书馆各类文献的缴送/缴全率均不超过 60%,特别是报纸、音像制品、电子出版物等文献的缴送/缴全率更低,有些年份甚至连 10% 都不到,直接威胁到国家文献资源总库的入藏完整性。

为进一步加强出版物样本缴送管理工作,2011 年国家图书馆推出了一系列积极措施。首先,在充分调研国内外出版物样本呈缴制度和实践经验的基础上,研究起草了《出版物样本缴送管理办法》(建议稿),并提交新闻出版总署,供其在起草相关政策时参考;其次,首次成立专门科组——中文采编部国内出版物呈缴组,对外称"国内出版物呈缴办公室",负责各类出版物样本缴送的管理工作;第三,启动了"出版物样本缴送统计平台"建设项目,通过该平台及时统计、管理各出版单位缴送情况,并与新闻出版管理部门、出版单位之间实现信息及时共享,提升管理手

段,提高管理效率。

在这些举措的推动下,2011 年国家图书馆出版物样本缴送工作取得了较大进展,各类文献平均缴送率达到 68.95%,其中图书缴送率达到 68.1%;期刊缴送率达到 96.3%,缴全率达 66.4%;报纸缴送率达到 61.4%,缴全率达 54.0%;音像制品缴送率达到 57.8%,缴全率达 57.8%;电子出版物缴送率达到 92.2%,缴全率达92.2%(见图 4-23、图 4-24)。

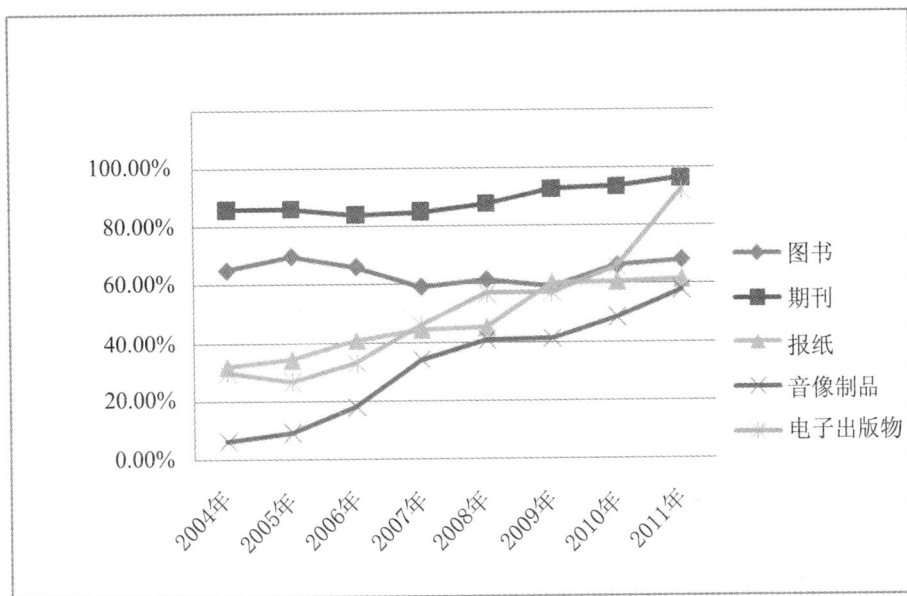

图 4-23　2004—2011 年国家图书馆接受各类文献缴送率趋势图

随着信息资源的变化和用户服务需求的变化,国家图书馆的文献入藏政策也在不断调整,2011 年底又对政策进行了新的调整,提出了扩大国家总书库中文文献入藏范围的方案,该方案对文献入藏范围有两个重大调整,一是将部分少儿文献,特别是将新版教材、儿童文学读物等纳入正式馆藏范围;二是根据当前重印书占图书出版总量比例较大的现实情况,将有明显变化的重印书纳入正式馆藏范围。

国家图书馆还通过征集、调拨、接受捐赠等方式,努力开拓古籍特藏文献、非正式出版物等资源采访的新途径。2011 年,一批珍贵文献入藏国家图书馆,丰富了国图馆藏,其中包括:5 月,沧州南皮孙氏家庭将族中世代相传的《明渤海孙氏积善堂题赞手卷》一轴捐赠国家图书馆,《绍英日记》手稿一种 35 册由马延霈转让国家图书馆永久收藏;6 月,薄一波之女薄小莹向国家图书馆捐赠了家中珍藏多年的

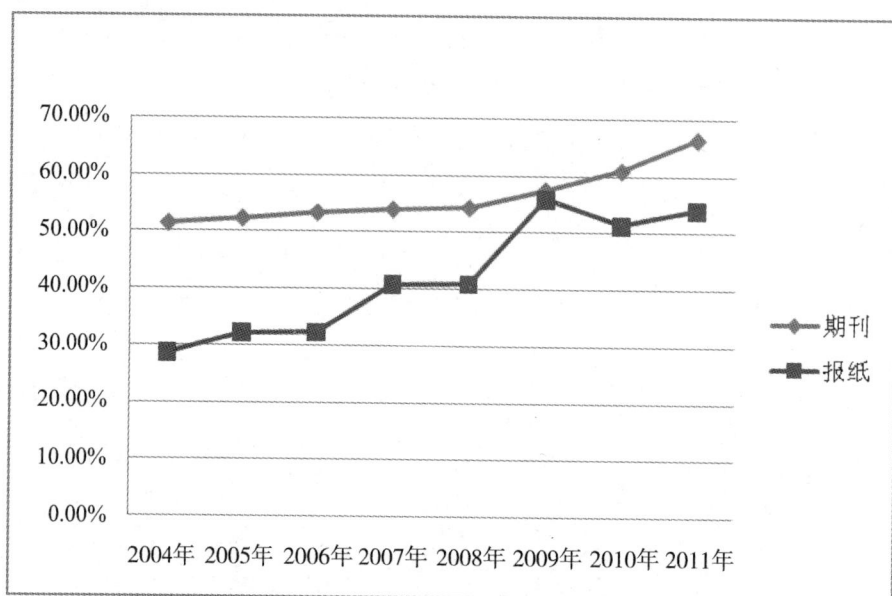

图 4 - 24　2004—2011 年国家图书馆期刊、报纸缴全率趋势图

《赵城金藏》档案文献,王若飞家人将家藏多年的书札、照片等资料捐赠给国家图书馆永久保存,美国犹他家谱学会向国家图书馆捐赠一批家谱数字资源,均为国图缺藏;7 月菲律宾华侨庄万里及家人将"两塗轩"藏书共计 25 部 4148 册捐赠给国家图书馆。

近年来,补充文献缺藏一直是国家图书馆馆藏文献资源建设的一项重要内容,通过补采、交换、缩微复制、数字化文献印刷等多种方式开展文献补藏。经过几年的摸索,在 2011 年形成了文献供书商 + 补书商 + 复制补藏的格局,全年补藏中文图书 3346 册,原版期刊 2303 册,彩色复印补藏期刊 1734 册。

此外,2011 年,国家图书馆加强与国际组织的联络,获得了世界贸易组织(WTO)文献保存馆资格,成功确认国际民航组织(ICAO)文献保存馆资格,并开始接收联合国妇女发展基金的出版物。

通过各种方式的积极努力,2011 年国家图书馆新入藏实体文献 98.7 万册/件,馆藏文献总量达到 2994 万册/件。

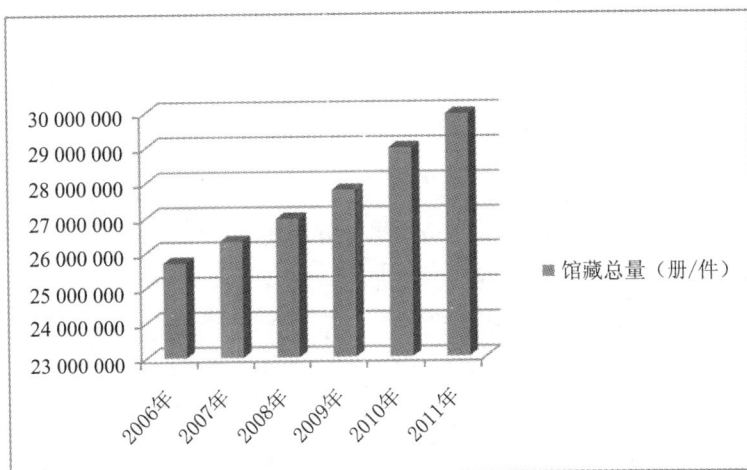

图 4 - 25　2006—2011 年国家图书馆馆藏总量增长情况

2. 多元化数字资源建设模式逐步完善, 数字资源总量继续增长

国家图书馆自 2000 年开始馆藏资源的数字化建设, 经过十二年的发展, 已经基本形成了由购买、自主建设、联合建设、接受缴送与捐赠、交换等形式共同构成的多元化数字资源建设模式。2011 年, 多元化数字资源建设模式, 特别是以数字资源征集方式开展联合建设的机制得到进一步完善。2011 年当年新增数字资源 76.3TB。

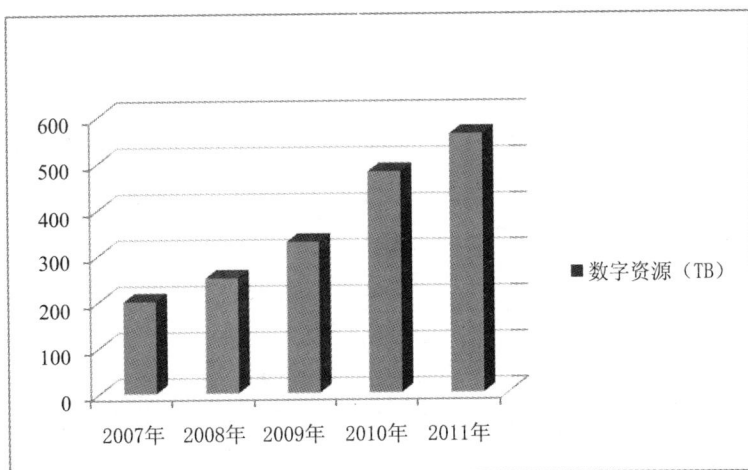

图 4 - 26　2007—2011 年国家图书馆数字资源增长情况

自主建设依然是馆藏数字资源建设的主要方式和渠道,当年开展的自建数字资源项目共计23项。从文献类型看,涵盖了古籍善本、民国时期文献、普通中文图书、学位论文、视频讲座等;从资源建设所针对的服务渠道看,涵盖了少年儿童数字图书馆、移动阅读、手持阅读器服务,以及为援疆而特别开展的馆藏民族语文期刊数字化加工等。

为丰富国家文献资源总库,促进公共文化服务体系建设,国家图书馆在2011年继续面向全国各省级公共图书馆及全国数字图书馆建设与服务联席会议成员单位等机构广泛征集数字资源,制定和完善了数字资源征集办法、数据加工标准规范、版权证明规范等一系列文件。2011年共收到31家单位114个资源包的申报,最终与25个机构达成65个资源包的征集意向。截至2011年底,征集资源存储量总计达8.8TB,包括地方志、民国文献、老照片、家谱、专题视频和馆藏特色资源等,并已陆续通过数字图书馆推广工程网站发布。

在外购数据库订购量稳步增长的同时,2011年,国家图书馆积极拓展数字资源服务的社会效益。目前,数字资源发布方式主要包括馆域网发布服务和互联网远程授权访问服务,2011年全部222个外购数据库中,有162个实现了互联网远程授权访问,占73%,其余60个为馆域网服务。

3. 以基于OPAC的资源整合揭示为重点,进一步加强文献信息资源的组织与揭示

2011年,国家图书馆新版OPAC系统正式上线。为加强对馆藏各类文献信息资源的整合揭示,新版OPAC系统采用一站式检索入口,并提供了封面影像、外部评论等链接,具备分类、分面浏览和导航功能。特别是统一用户管理系统正式上线,用户在线实名注册认证后,即可实现单点登录,一站式访问数字资源。同时,少年儿童版OPAC系统也在2011年正式对外提供服务,该系统能够协助少年儿童快速查找馆藏各类少儿文献。

2011年,国家图书馆各类文献编目加工总量为440 487种,1 039 242册/件,较之2010年有所降低,但与前几年相比增长仍然较大。特别是中文图书书目数据回溯工作取得阶段性成果,经过约五年的努力,至2011年6月底,国家图书馆完成了新的业务自动化系统启用前所有基藏库普通中文图书数据与文献实体的核对工作;同时,除约2500页民国文献残片外,所有民国时期文献的数据整理、补做工作也已完成,为进一步加强馆藏文献资源的整合揭示打下了很好的基础。

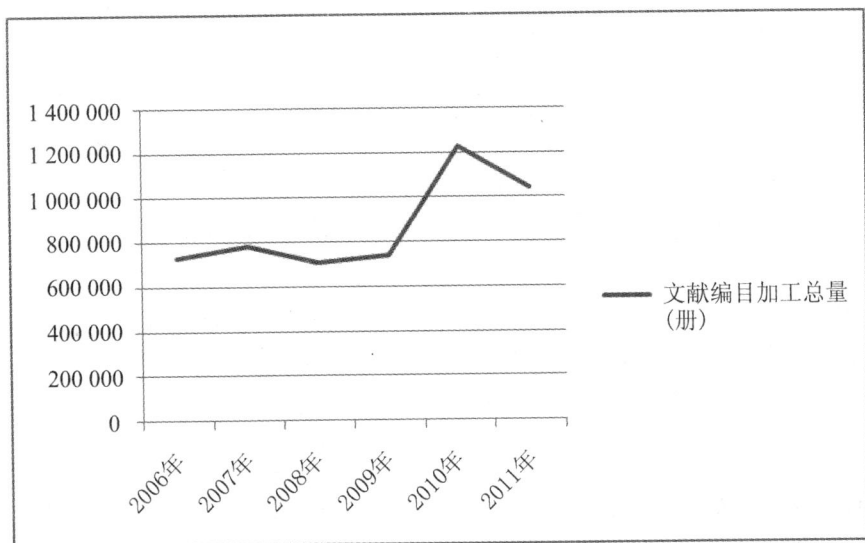

图 4 - 27　2006—2011 年国家图书馆文献编目加工总量

二、充分利用现代技术手段,不断提升为国家立法决策服务的能力和水平

为国家立法决策机构提供服务是国家图书馆的重要职能之一。2011 年,国家图书馆继续利用现代信息技术手段,不断加大立法决策服务力度,丰富立法决策服务内容,创新立法决策服务手段,建设多层级立法决策服务工作网络,国情咨询团队的管理和运行机制进一步完善,各项服务工作取得重要成绩。

1. 新技术创新助推"两会"服务

继为全国人大代表开通代表专区服务的基础上,2011 年,国家图书馆为全国政协委员开通了国家图书馆立法决策服务平台的两会服务平台,通过网络为两会代表提供服务;在 2010 年向政协委员以电子触摸屏形式提供信息查询服务的基础上,2011 年首次在人大新闻中心安置了电子触摸屏设备,丰富了为两会代表提供信息服务的手段。

在"两会"前,国家图书馆即依托馆藏文献信息资源,为"两会"量身订制了热点专题文献,共涉及 57 个大专题、90 个小专题;推出《观点——国家图书馆"两会"专题文献信息专报》,内容包含民生领域的 12 个主题,共 124 篇,9 万字,印制33 500份。

此外,2011 年,国家图书馆正式启动为地方两会服务工作,为全国公共图书馆两会服务提供业务指导、资源支撑和技术保障。

2. 立法决策服务的预研性和专深化进一步加强

2011年国家图书馆有计划、有重点地开展专题文献的预研性研究,紧密结合时政,就一些热点问题进行深入研究,全年完成来自中央国家机关的立法服务、决策服务和军队服务专题咨询1540件,服务的专深化逐步加强。如随着南海问题成为国际社会关注的热点,国家图书馆积极主动开展有关馆藏南海史料的全面整理和研究工作,形成集历史文献、舆图、各方南海主张及立场等内容的《南海有关问题资料汇编》,与有关方面合作出版《中国南海主权文献集成》;为全国人大常委会和九个专委会定期提供专题立法背景文献信息共15个专题近180期。

3. 部委分馆建设继续推进

2011年,国家图书馆全国政协机关分馆揭牌,国家图书馆部委分馆已达13家,"国家图书馆立法决策服务平台——全国政协机关平台"同步开通,该平台利用数字图书馆技术,集合信息采集、加工整理、内容发布为一体,为全国政协机关提供决策参考服务;首家部委分馆内网平台——民政部分馆内网平台正式开通,该平台是国家图书馆在中央国家领导机关推出的首个嵌入用户办公环境的服务平台,开创了国家图书馆面向部委分馆"外网推资源、内网推服务"的二元化信息服务的立体格局。

4. 中国学文献资源立体服务格局初步形成

2011年,国家图书馆正式开通中国学网站,为国家图书馆海外中国文献研究中心与国内外中国研究机构搭建了交流互动的平台。在此基础上,国家图书馆推出了《中国学文献资讯》(月刊)和馆藏外文新刊《中国研究篇目汉译目录》(半月刊)等服务产品,中国学文献资源开发建设与服务的立体服务格局初步形成。

此外,2011年国家图书馆继续承办部级领导干部历史文化讲座16场,十年来共计举办174场。

三、继续完善和发展公益性服务,读者服务水平不断提高

国家图书馆作为公共文化服务体系的重要组成部分,向社会各界提供多元化、多样性的文化服务是其赖以存在和发展的价值基础,更是其重要的社会责任。2011年,在总馆南区维修改造的不利情况下,国家图书馆积极采取各项措施,特别是积极利用新技术,以用户需求为导向,不断完善多层次服务体系,服务质量和服务水平得到有效提高。

1. 扩展面向重点教育科研和生产单位的专业化信息服务

2011 年,国家图书馆积极开展面向科研群体的专业化、个性化信息服务,面向专业领域的文献综述、发展报告及数据查询深层次咨询服务增多,特点是为重点教育科研生产单位完成的代检索项目显著增加,占代检索课题的 82%;面向企业形成了初级简报、中度舆情、深度行业竞争情报咨询为主线的多体式信息服务产品格局。

2. 提升服务精细化水平,大力开展面向社会公众的公益服务

2011 年 1 月文化部、财政部《关于推进全国美术馆、公共图书馆、文化馆(站)免费开放工作的意见》发布后,国家图书馆积极响应,在 2008 年全面减免收费项目的基础上,自 2011 年 3 月 3 日起,再次减免部分服务项目的收费,取消上网费以及缩微、影印、重印等善本古籍复制品底本费,降低彩色复印费、打印费等非基本服务收费标准。

2011 年 3 月,国家图书馆启动了为期 3 年的总馆南区维修改造工程,对 1987 年落成的国家图书馆南区馆舍进行维修改造。对于此次调整,国家图书馆以"格式调整有序化、业务内容创新化、文献保有量最大化、读者服务影响最小化"为宗旨,制订了周密的业务格局调整方案,将原总馆南区主要服务项目迁移至总馆北区和位于西城区的文津街古籍馆。总馆南区自 5 月 10 日暂停服务,6 月 13 日,全馆开架阅览服务项目在总馆北区恢复,8 月底,除了普通文献的外借服务和部分利用率较低文献的阅览服务外,其余暂停的服务都已陆续调整到位并逐步恢复,国家图书馆总馆南区维修改造期间的服务格局调整全部完成,主要馆藏基本恢复服务,配合数字资源服务,满足了绝大部分读者的文献需求。为此,国家图书馆完成了南区 720 余万册/件文献的外迁和 800 万册/件文献的馆内迁移工作。文献外迁历时 40 天,外迁文献暂存在北京市顺义区天竺地区盛世通物流空港库区。

同时,国家图书馆继续以强劲势头推进新媒体服务,形成了基于计算机、手机、电视、移动阅读器和触屏终端等多种服务终端的新媒体服务格局,2011 年,国家图书馆手机门户网站推出"新书上架预告"和移动咨询服务,并开拓了手机电视服务模式;与吉林省图书馆合作建设的"掌上吉图"手机门户网站正式上线,与贵州省图书馆合作建设的电视图书馆栏目初步开通,与海南省图书馆合作开展的电视图书馆服务进入测试阶段,通过各种新媒体手段获得国家图书馆信息服务的用户群体显著扩大。

3. 特殊群体服务不断拓展

近年来,国家图书馆始终坚持深入践行普遍均等、惠及全民的公共文化服务理念,在为少年儿童、残障人士等特殊群体服务方面采取了积极措施,取得了较好的

社会效益。

2010年，国家图书馆少年儿童图书馆暨少儿数字图书馆开馆，开启了国家图书馆为少年儿童服务的新篇章。2011年，国家图书馆继续加强少年儿童馆的阵地服务，全年共接待到馆读者84 503人，特别是在引导少儿阅读方面做了大量工作，启动了"阅读伴我成长——2011我的新年阅读计划"、"阅读推广进校园"和"中华大家园"关爱行动、"全国少儿图书馆数字阅读推广先导项目"等一系列少儿阅读推广活动，并组织编纂了《全国少儿出版物总目》和《全国少儿图书馆(室)基本藏书目录》，为提升全国各级少年儿童图书馆的馆藏质量奠定了基础。

国家图书馆在北区馆舍的数字共享空间专设特殊服务区，为视障读者配备读屏软件及外置电脑硬件，方便其查阅资料。2011年，该服务区共辅助残障群体1018人次上机查阅资料，比2010年增长40.22%。此外，在"中国盲人数字图书馆"建设的基础上，2011年4月23日，由国家图书馆和中国残疾人联合会联合建设的"中国残疾人数字图书馆"正式开通，成为残疾人通过网络获取公共文化服务的重要阵地。

四、进一步拓展社会教育职能，充分发挥图书馆公共文化空间作用

图书馆是社会教育的学校，终身学习的场所。2011年，国家图书馆积极拓展社会教育职能，深入挖掘馆藏文献信息资源，充分利用图书馆物理空间及其他新媒体渠道，策划开展丰富多彩的展览、讲座、培训、阅读推广等文化活动，为广大社会公众构筑公共文化空间，在丰富群众文化生活，提高公民学习能力与创新能力，滋养公民文明素质方面发挥了积极作用。

1. 围绕热点，挖掘馆藏

讲座与展览一直是国家图书馆发挥社会教育职能的主要形式。2011年，国家图书馆在围绕党和国家重大事件、纪念活动及社会热点，深入挖掘馆藏，策划举办系列展览方面取得突出成绩，社会反响热烈。特别是围绕中国共产党成立九十周年、纪念辛亥革命一百周年和"九一八"事变八十周年，举办"西域遗珍——新疆历史文献暨古籍保护成果展"，吸引了10万余人次参观，媒体报道不断，各界好评如潮；"艰难与辉煌——纪念建党九十周年国家图书馆馆藏珍贵文献展"展出馆藏珍贵历史文献实物500余件，数十位党和国家领导人及省部级领导相继亲临展览，共计接待2.7万人参观；"东方的觉醒——纪念辛亥革命一百周年馆藏珍贵历史文献展"，参观人数达18万人次，创国家图书馆举办展览参观人次历史新高，并在澳门、武汉、南昌、广州、青岛等地巡展；"白山黑水铸忠魂——纪念九一八事变八十周年馆藏东北抗日联军珍贵文献暨冯仲云手稿展"、"红色记忆——延安儿女书画、摄影、集邮作品联展文献展"、"册府琳琅 根脉相承——中华典籍与非物质文化遗产特展"等展览,无不引起社会各界关注,使人们对图书馆馆藏文献及其社会教育职能的认识更加深入。

2011 年,国家图书馆还特别推出了"中国共产党成立九十周年专题研究系列讲座"、"百年辛亥专题研究系列讲座"、"东北抗联专题研究系列讲座"、"中国古今经典小说研究系列讲座"、"儒学知识系列讲座"等新的讲座系列。"国图讲坛"、"文津讲坛"、"中国典籍与文化"已成为京城百姓高度认可的讲座品牌,"部级领导干部历史文化讲座"已成为认可度很高的干部学习首选。

2. 将社会教育活动效益最大化

2011 年,国家图书馆积极探索通过优秀展览全国巡展、开发活动衍生产品等多种方式,不断扩大展览、讲座等读者活动的社会效益,取得良好效果。例如,在"西域遗珍——新疆历史文献暨古籍保护成果展"的基础上,制作了 5D 数字展览及《西域回响》专题片,被中宣部列为新疆主题教育教材;在"纪念建党九十周年国家图书馆馆藏珍贵文献展"中,尝试通过开发带有国图特色的书签、徽章以及编纂图录等方式,延长展览生命,拓展展览影响面;"汉字:文化津梁 中国奇迹"展览相继在全国五家图书馆巡展;将部分优秀讲座内容进行整理出版,并通过网站发布讲座视频。

此外,2011 年国家图书馆还开展了内容丰富、轻松愉悦的阅读推广活动,推出了"阅读之旅:北京中轴线"活动、"同享阅读快乐——文津读书沙龙走进地铁四号线"、"全民数字阅读——北京科技嘉年华活动"、主题为"山西古戏台及戏剧文化"的文津读书沙龙活动等,以激发公众阅读热情,培养公众阅读兴趣。

五、业界服务职能得到强化

国家图书馆作为国家级图书馆,承担着指导全国图书馆业务工作,引领全国图书馆事业发展的职能。《国家图书馆 2011 年工作要点》明确提出,要"继续开展以'引领业务、开放资源、主动服务、合作共赢'为特色的图书馆业界服务,与全国行业系统、区域系统建立广泛合作,引领全国图书馆共建共享,推动业界人员培训和学术研究工作,增强行业凝聚力和影响力"。在这个指导思想下,2011 年国家图书馆业界服务职能得到显著强化。

1. 书目数据共建共享又有新举措

2011 年 1 月 1 起,全国图书馆联合编目中心面向所有成员馆提供免费数据服务,全年新增成员馆 189 家,成员馆总数突破 900 家,下载数据量 386 万余条,比上年增长 89%,通过数据添加与收割的方式增加馆藏数据,馆藏数据总量突破 2200 万条,为全国图书馆书目数据共享做出了切实贡献。

为促进革命历史文献资源的共知共享,2011 年 6 月 1 日,国家图书馆联合吉林省图书馆、辽宁省图书馆、四川省图书馆、湖南省图书馆、重庆图书馆、广西壮族自治区图书馆等二十余家图书馆共同推出“革命历史联合目录”系统,发布革命历史文献数据 11 896 条,并提供了文献的馆藏情况。

2. 多种渠道拓展社会教育领域的合作

当前,随着经济社会的发展,如何更好地履行图书馆社会教育职能,打造公共文化空间成为摆在各级图书馆面前的一个重要课题。为此,国家图书馆在 2011 年全力拓展与各级图书馆在社会教育领域的合作,一方面利用国家图书馆的资源优势,为各级图书馆开展社会教育活动提供支持;另一方面也通过与各级图书馆的合作促进国家图书馆社会教育活动水平。

2010 年 12 月,国家图书馆发起成立了全国公共图书馆讲座联盟。经过一年的发展,联盟成员馆由初创时的 66 家增加到近 200 家,联盟网站正式开通,为成员馆提供专家资源库和讲座资源库服务,数据量达到 18 000 余条。此外,联盟还组织成员馆开展了合作办讲、业务研讨、图书出版、视频资源共享等一系列活动,并于 2011 年 11 月 13 日至 15 日,召开了联盟成立以来的第一次工作会议,会议就进一步完善联盟工作机制进行了研讨,并就图书馆如何办好讲座进行了经验交流。

2011 年,国家图书馆举办的多个大型展览都采取了与相关机构联合策划、联合提供馆藏、联合办展的方式,例如“西域遗珍——新疆历史文献暨古籍保护成果展”展出了全国 23 家收藏单位的 320 余件展品,其中超过半数为现今仅存的孤本;联合中国中医科学院、湖北省蕲春县李时珍纪念馆、北京藏医院、北京同仁堂(亳州)饮片有限责任公司等机构,共同举办了“中华珍贵医药典籍展”,展陈 90 余种中医药善本古籍、60 余件药具实物及多种药物标本,收到了较好的社会效益。

3. 援建灾区图书馆

汶川特大地震发生后,国家图书馆在援建灾区图书馆方面做了大量工作。2011 年 5 月 7 日,纪念汶川特大地震三周年暨国家图书馆灾区文化援建活动在四川省都江堰市图书馆举行,国家图书馆在都江堰市图书馆开辟了“国家数字图书馆服务专区”,举办了“在砥砺中成长”等四场讲座,并为 18 个灾区市县图书馆配置了包括电子图书、电子期刊、多媒体数据库、少儿资源在内的国家数字图书馆资源,对灾区图书馆工作者进行了集中业务培训。

4. 为省级图书馆提供立法决策服务支持

近年来,随着决策科学化要求的不断提高,各省级图书馆积极开展各种形式的立法决策服务。国家图书馆在立法决策服务方面具有理论研究基础扎实、实践工作经验丰富、专业人员力量较强等诸多优势,2011年推出了一系列旨在支持国各省级图书馆开展立法决策服务的新举措,包括举办"全国省级公共图书馆决策咨询服务理论与实务研讨班",为全国公共图书馆"两会"服务提供业务指导等。

5. 接待地方图书馆专业人员来馆业务交流

2011年,国家图书馆接待了来自四川省图书馆的六名业务人员来馆进行为期三个月的业务交流,交流业务涉及参考咨询、数字图书馆建设、社会教育活动、古籍保护及业务管理等领域。

6. 利用标准化技术委员会的平台推进相关领域标准化工作

全国图书馆标准化技术委员会(简称"图标委")秘书处挂靠在国家图书馆。2011年,图标委在推进全国图书馆标准化工作方面发挥了积极作用。12月23日,图标委工作会议在国家图书馆召开,会议审查通过了《全国图书馆标准化工作"十二五"规划纲要》,确定了"十二五"期间图书馆事业标准化工作目标,明确了标准化重点工作领域和重点工作任务;12月30日,由图标委归口管理的《公共图书馆服务规范》由国家质量监督检验检疫总局、国家标准管理委员会批准发布,该标准填补了当前我国图书馆标准规范体系中服务类标准规范成果的空白。2011年,图标委还申请立项了2项国家标准项目、17项文化行业标准项目。

全国文献影像技术标准化技术委员会(简称"文影标")秘书处也挂靠在国家图书馆,文影标成立于1987年6月,成立二十多年来,在文献影像技术标准化建设方面做了大量工作。2011年,该标委会共有《缩微摄影技术词汇 第2部分:影像的布局和记录方法》等五项国家标准被国家质量监督监督检验检疫总局批准发布。截至2011年,文影标共组织制订现行国家标准、国家标准指导性技术文件70项,还有8项国家标准正在制订过程中。

六、数字图书馆建设取得重要进展

国家图书馆是我国最早跟踪研究国外数字图书馆研发进展的图书馆之一,于2001年立项实施我国第一个国家级数字图书馆项目——国家数字图书馆工程。2011年,在国家数字图书馆工程已有成果的基础上,国家图书馆进一步提出了建立覆盖全国的数字图书馆服务网络的战略构想,并策划立项了数字图书馆推广工程。这项工程的实施将会对我国数字图书馆建设,乃至图书馆事业的整体发展产生深远影响。

1. 国家数字图书馆工程扎实推进

作为国务院批准立项的重大文化工程,国家数字图书馆工程的主要建设内容包括软硬件平台搭建和标准规范建设。2011年,通过工程实施,国家数字图书馆的软硬件基础设施条件得到极大改善,围绕海量数字资源生命周期管理的软硬件平台已初步搭建完成,标准规范成果陆续出版。其中,资源集中保存与管理系统已投入运行,纸质文献数字化加工软件开发完成,无线网络出口带宽扩容至40兆,增加近3倍。根据"边建设、边服务"的原则,国家数字图书馆不断创新服务模式,拓展服务渠道,服务范围已覆盖互联网、移动通信网、广播电视网,并通过计算机、数字电视、手机、手持阅读器、平板电脑、电子触摸屏等终端提供数字图书馆服务。一个内容丰富、技术先进、覆盖面广、传播快捷的国家数字图书馆服务网络逐步完善。

2. 启动数字图书馆推广工程

为推广国家数字图书馆建设成果,建立覆盖全国的数字图书馆服务网络,2011年5月,财政部、文化部联合发文启动数字图书馆推广工程,由国家图书馆组织实施。数字图书馆推广工程将构建以国家数字图书馆为中心、以各级数字图书馆为节点、覆盖全国的数字图书馆虚拟网,建设分级分布式数字图书馆资源库群,建设优秀中华文化展示平台、开放式信息服务平台和国际文化交流平台,在全国范围内形成有效的数字资源保障体系,以电信网、广播电视网、互联网为通道,以手机、数字电视、移动电视等新媒体为终端,向公众提供多层次、多样性、专业化的数字图书馆服务,从而整体提升全国公共图书馆的信息保障水平和信息服务能力,形成图书馆新的服务业态。

截至2011年底,数字图书馆推广工程已先后在黑龙江省、吉林省、福建省、新疆维吾尔自治区、贵州省等地启动,工程各方面建设取得实质性进展。在经费保障方面,2011年中央转移支付资金4995万元,主要用于各地购买服务器、存储设备、网络设备等硬件设备。在虚拟网连接方面,已完成与11个省级图书馆的网络联通,其中浙江省实现全省联通。在软件平台方面,已完成全国公共图书馆统一用户管理三级体系架构的设计与开发,并在浙江省馆、绍兴市馆等多个省市馆进行试点部署。在资源建设方面,已进行部分资源的筛选、配置与部署,分别在黑龙江军区北极军营、吉林省图书馆、澳门科技大学图书馆、福建省图书馆、沈阳军区、新疆维吾尔自治区图书馆进行了国家数字图书馆资源镜像。在新媒体服务方面,与吉林省、贵州省共建了掌上图书馆服务,实现了这两个省图书馆基于手机的服务;与贵州省馆、贵州省广电部门合作共建了数字电视服务。

推广工程因其重大意义、实施理念及服务效果得到中央领导同志和各有关部委的高度重视,也受到社会各界的广泛关注。2011年9月8日,文化部专门召开数字图书馆推广工程工作会议,落实中央领导同志关于加快工程实施的重要批示精神。2011年10月中国图书馆年会专设数字图书馆推广工程体验区,集中展示了国家数字图书馆虚拟网、围绕数字资源生命周期的核心业务系统、数字图书馆应用服务平台以及资源建设成果,共有近千人到场参观,并受到新闻媒体的广泛关注。

七、加快实施中华古籍保护计划,策划实施民国时期文献保护计划

一直以来,国家图书馆高度重视传统文化资源保护工作,通过策划实施中华古籍保护计划、中华再造善本工程等一系列项目,联合全国图书馆及相关文献收藏机构,就优秀传统文化资源的有效保护、挖掘和利用做了大量工作。2011年,国家图书馆在继续实施中华古籍保护计划的基础上,不断扩大对中华优秀文化资源的保护范围,策划实施了"民国时期文献保护计划"项目。

1. 以普查登记工作为重点,大力推进中华古籍保护计划

2011年3月,文化部发布《关于进一步加强古籍保护工作的通知》,就今后一段时间古籍保护的重点进行了规划。国家图书馆根据要求,建立了古籍普查工作机制,全国共有约20万条数据通过全国古籍普查平台进行登记,47 689条书目已上传至国家古籍保护中心。第四批国家珍贵古籍名录和全国古籍重点保护单位评审工作得到全国各古籍收藏单位的积极响应,截至5月底,共收到11 031部古籍的申报材料和25家古籍重点保护单位申报材料,经过初审和复审,推荐1553部古籍入选第四批国家珍贵古籍名录,16家古籍收藏单位入选全国古籍重点保护单位,复审结果将在向社会公示后,经全国古籍保护工作部际联席会议审核,并报国务院批准颁布。《中华医藏》编纂出版工作全面启动,新疆、西藏等地的民族古籍保护工作积极推进。对世界各地中华古籍存藏情况进行了初步调研,并与美国、法国、俄罗斯等国古籍存藏机构开展了国际交流活动,海外古籍调查工作全面展开。

2. 民国时期文献保护计划筹备实施

民国时期文献全面记载了国家政治、经济、文化、社会等各方面发生的巨大变化,具有珍贵的史料价值和重大的现实意义。然而,由于民国时期文献用纸酸性较高,且保管条件远不如古籍,目前已普遍出现老化或损毁现象。据国家图书馆2005年进行的一项有关馆藏文献保存情况的抽样调查,馆藏的67万册民国时期文献中,达到中度以上破损的占90%以上,其中民国初年的文献破损程度几近100%,已经不能或难以提供阅览。

为紧急抢救、保护民国时期文献,并加强对这部分文献的研究与利用,国家图书馆在借鉴"中华古籍保护计划"成功经验的基础上,提出策划"民国时期文献保护计划"的工作思路。为此,国家图书馆联合全国民国时期文献的主要收藏机构,多次召开工作会议,逐步明确了"民国时期文献保护计划"的工作思路,计划在全国范围内组织开展民国时期文献普查工作,建立民国时期文献保护工作协调机制,全面、科学、规范地开展保护工作,逐步形成完善的保护工作体系,推进民国时期文献的整理、出版、研究利用和宣传。为加大该计划的推进力度,2011年9月,国家图书馆专门成立了"民国时期文献保护工作办公室",专职负责民国时期文献保护计划的筹备与立项工作。

八、总馆南区维修改造工程全面展开

国家图书馆总馆南区于1987年正式开馆,迄今已使用近25年,设施设备老化严重,原有功能与空间布局已难以满足国家图书馆事业发展的需要。

2011年10月,经国家图书馆积极策划争取,在文化部和财政部的大力支持下,总馆南区维修改造工程正式开工。该工程将于2011年至2013年期间,按照"完善功能,提高品质,修旧如初"的原则对总馆南区进行维修改造,主要包括三部分内容,一是对一期馆舍在维修改造的基础上进行部分功能调整,特别是根据当前图书馆社会教育职能不断拓展的发展趋势,增设展览空间,在内装修中引进"典籍博物馆"的思路;二是新建后勤服务楼和地下换热站,以改善员工就餐、生活等方面的条件,满足业界交流培训的场地需要;三是改造招待所。工程的实施是国家图书馆进一步改善现有基础业务环境和服务空间,调整服务格局的大好契机,也将为国家图书馆今后开展新业务、提升服务品质创造有利条件。

为配合工程实施,国家图书馆在2011年完成了700万册文献的外迁暂存和1000余万册文献的馆内迁移。2011年底之前,工程施工单位、监理单位均已进场,施工工作全面展开。

第四节 国家图书馆的发展特色

中央关于推进社会主义文化建设的一系列战略部署,特别是关于建设公共文化服务体系的部署,为图书馆界带来了良好的发展机遇,同时也对图书馆事业发展提出了新的要求。在这个背景下,国家图书馆积极开拓进取,全年工作亮点频出,主要表现在:

第一，将本年度确定为"创新年"，集全馆之智慧谋划新环境下的事业发展；第二，着眼于行业发展，策划实施了数字图书馆推广工程、民国时期文献保护计划等重大国家文化项目；第三，探索出一条立足于社会热点和重大历史事件，基于馆藏文献资源深入挖掘的社会教育职能拓展模式；第四，一期维修改造全面开工，对本已压力较大的服务工作带来挑战，但同时也给了国家图书馆一个重新调整、规划业务格局的机遇。

综观 2011 年国家图书馆事业发展，主要有以下三个关键词：

创新

2011 年伊始，国家图书馆就确定了当年的发展主线——创新，期望通过创新来深入分析事业发展环境的新变化和新要求，准确把握国家文化发展战略和社会对图书馆的需求，把握技术因素对图书馆发展的影响，在此基础上进一步明确事业发展思路。为此，国家图书馆将 2011 年确定为"创新年"，于 3 月初开展了"解放思想、开拓创新"讨论活动。活动历时近 3 个月，全馆上下开拓思路，深入研讨，最终确立了 22 个条件较为成熟、事关全局、亟待落实的重大项目。讨论活动的深入开展，为国家图书馆未来一段时期内的事业发展指明了方向，全馆上下形成了齐心协办干事业、抓住机遇促发展的良好氛围。因此，抢抓机遇，开拓创新成为国家图书馆 2011 年的一个重要特点。

项目

以项目带动重点领域发展，以项目带动财政经费投入是国家图书馆谋划一馆发展和行业发展的重要手段。近年来，国家图书馆陆续策划实施了中华古籍保护计划、中华再造善本工程、国家数字图书馆工程等一批有影响的重点文化工程项目，对于推动图书馆事业快速发展发挥了积极作用，也为国家图书馆发挥行业引领作用提供了新的平台。2011 年，国家图书馆继续秉承"以项目带动事业发展"的理念，策划实施了数字图书馆推广工程、民国时期文献保护计划等项目。其中数字图书馆推广工程首次获得中央财政转移支付地方经费，极大地促进了地方图书馆数字图书馆系统平台建设；而民国时期文献保护计划从策划伊始，就因其着眼点的特殊意义而倍受各界关注与好评，为改善图书馆民国时期文献收藏、保存、研究和开发利用状况提供了极好的机会。因此，项目带动，共同发展成为国家图书馆 2011 年的又一个重要特点。

服务

国家图书馆将服务对象分为四个层次，分别是中央国家机关，重要教育、科研、生产单位，社会公众和图书馆界，并始终将服务作为立馆之本。2011 年对上述四类用户的服务都有新突破。为中央国家机关提供的立法决策服务初步形成了"两会"服务和建设部委分馆两条主线,并探索将多种新技术手段应用于立法决策服务。为教育、科研和生产单位的服务开始逐步向深层次信息服务拓展,并开始探索企业分馆建设。为社会公众的服务更是多点突破,一是以落实两部委文件为契机,再次减免现行部分服务项目的收费;二是克服重重困难,将总馆南区改造对读者服务的影响降到最低;三是面向手机用户、数字电视用户的新媒体服务进一步拓展,并开始尝试异地提供新媒体服务;四是为少年儿童和残障人士的服务持续进步,特别是为这两类信息获取弱势群体提供的互联网信息服务都有突破,分别建立了面向这两类用户的数字图书馆系统。为图书馆界的服务更加深入,免费向成员馆提供联合编目书目数据,联合各成员馆共同策划和实施重大项目。因此,公益至上,服务为本成为国家图书馆 2011 年的第三个重要特点。

第五节　未来展望

在未来几年中,随着我国经济社会的发展和图书馆事业的进步,国家图书馆仍将处于一个重要的发展机遇期,将围绕以下几个重点领域开展工作:

一是国家文献资源总库建设

通过扩大文献收藏范围,优化馆藏资源结构,不断提高文献缴送率,加强缺藏文献补充等工作,进一步提升文献信息保障能力。

数字资源比重将持续增长,除自建和外购外,联合建设将成为数字资源的一个重要来源。

二是国家文献资源总目建设

依托已有的 OPAC 平台和新建的数字图书馆系统平台,进一步增强信息资源组织与管理能力,加强传统资源与数字资源、馆藏资源与虚拟资源的整合。

从着眼于一馆资源,到着眼于全行业资源,资源总目将由传统介质资源向多载体资源发展。

三是进一步完善面向用户信息需求的分层服务体系

继续推进立法决策服务的前瞻性、网络化和深层次,科研、教育和生产单位服务的专业化、个性化,社会公众服务的方便快捷、细致周到,业界服务的示范引导、主动到位。

围绕典籍博物馆建设,进一步拓展社会教育职能。

四是重大文化工程建设

中华古籍保护计划、数字图书馆推广工程和民国时期文献保护计划的建设工作，将是国家图书馆未来几年的重点工作领域之一，确定不同时期的建设重点，协调全国完成建设任务，实现建设目标将是重中之重。

五是进一步提高综合保障能力

继续优化人才队伍结构，围绕业务工作需求加强科学研究，进一步完善内部管理机制，围绕总馆南区改造提高保障能力，都将是未来一段时期的工作重点。

（执笔人：申晓娟　胡洁　石鑫）

第五章 公共图书馆事业发展报告

第一节 2011 年公共图书馆事业发展综述

2011 年是国民经济和社会"十二五"发展规划开局之年,我国公共图书馆事业在十七届六中全会精神的指引和相关政策的支持下,不断完善公共文化服务体系建设,进一步满足人民群众的基本文化需求,并在多方面取得显著成就,具体体现在以下方面:

首先,图书馆馆舍建设进一步加强,基础设施不断完善。全国各地公共图书馆新馆建设如火如荼,大批图书馆新馆建设开始启动或正式投入使用。公共图书馆基础设施的建设为服务的有效开展提供重要保障。

其次,示范区建设项目启动并取得阶段性成果。2011 年 6 月,文化部、财政部公布了第一批国家公共文化服务体系示范区名单,共 47 个示范项目,其中有 4 个直接以公共图书馆为对象,还有一些包含或与公共图书馆相关的项目,这些示范区建设项目的启动为公共图书馆未来一段时间的发展奠定了基础。

第三,公共图书馆数字推广工程基础构建工作初见成效。黑龙江、吉林、新疆、福建、贵州省数字图书馆推广工程陆续启动。

第四,共享工程与公共电子阅览室工程受到高度重视。《关于进一步加强公共数字文化建设的指导意见》,提出要重点实施文化共享工程、数字图书馆推广工程和公共电子阅览室建设计划三大公共数字文化惠民工程。各省市相继制定有关"电子阅览室管理规范"和"电子阅览室的技术规划方案"等。

第五,古籍保护工作不仅受到党和国家领导人高度关注,并且取得了许多实质性发展。文化部正式下发《关于进一步加强古籍保护工作的通知》,同时《古籍保护条例》起草工作取得突破性进展,2011 年已完成了调研、起草工作,完成了"征求意见稿"。所有这些为公共图书馆古籍保护工作的开展提供了有利的政策与法律保障。

第六,公共图书馆法制建设工作稳步推进。《公共图书馆法》取得突破性进展,全国两会期间,征求意见稿第二稿已经完成,并开始征求意见。经过多地区实地考察、征求意见之后，12月，《公共图书馆法》草案送审稿报送国务院。2011年，除了全国性的《公共图书馆法》立法实践取得重大进展外，地方性立法也取得一定成果。如《四川省公共图书馆条例》完成调研，初步完成起草工作。2011年5月，新疆维吾尔自治区文化厅启动《新疆维吾尔自治区公共图书馆管理条例》立法相关工作。无论是全国范围内的《公共图书馆法》的制定，还是地方公共图书馆立法、条例的制定都为公共图书馆的持续、健康发展提供了法律保障。

总之，2011年我国公共图书馆事业取得全面发展与突破，在基础设施建设、公共图书馆服务体系、读者服务、资源共享等方面均取得了显著成绩。

第二节　2011年度公共图书馆事业发展基本数据①

一、机构数量及增减情况

2011年全国公共图书馆共计2951个(不含国家图书馆)，比上年增加68个，其中独立建制的少儿图书馆94个，比上年减少3个。从各级公共图书馆来看，省级公共图书馆38个，比上年增加1个；地市级公共图书馆343个，增加9个；县级图书馆2570个，增加58个。从中看出，2011年我国基层图书馆建设取得了较大发展。

表5-1　2011年公共图书馆数量增长情况

	2010年	2011年	增量(个)	增幅(%)
公共图书馆	2883	2951	68	2.4
省级图书馆	37	38	1	2.7
地级图书馆	334	343	9	2.7
县级图书馆	2512	2570	58	2.3
少儿图书馆	97	94	-3	-3.1

---

① 本部分所列数据主要根据文化部财务司编《2012中国文化统计提要》及《中国图书馆年鉴》、《中国文化文物统计年鉴》整理，其中核减了国家图书馆的相关数据。

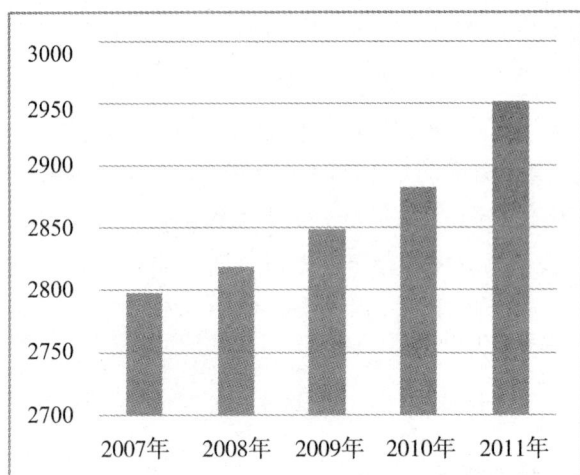

图 5 - 1　2007—2011 年我国公共图书馆数量(个)

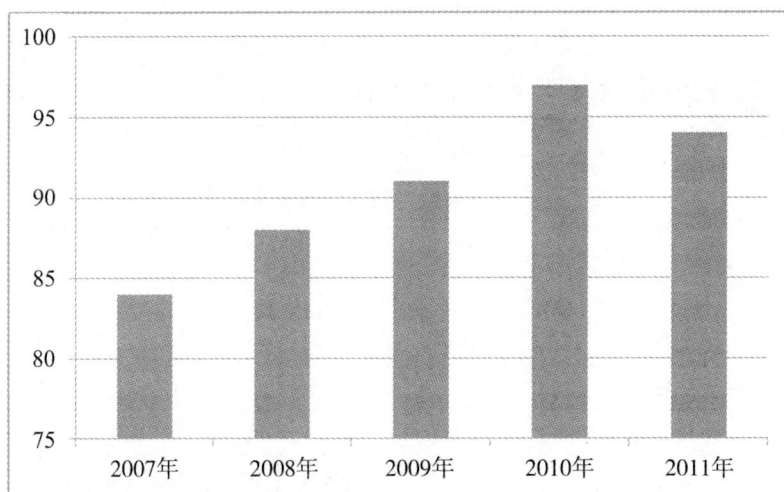

图 5 - 2　2007—2011 年我国独立建制少儿图书馆数量(个)

二、建筑设备情况

2011 年全国公共图书馆房屋建筑面积 969.6 万平方米,比上年增加 94.6 万平方米,增幅为 10.8%;其中独立建制的少儿图书馆建筑面积 25.1 万平方米,减少了 0.7 万平方米。2011 年全国公共图书馆阅览坐席数量 677 049 个,比上年增加 53 243 个,增幅为 8.54%;其中少儿图书馆阅览坐席数 22 066 个,比上年减少

2249 个。

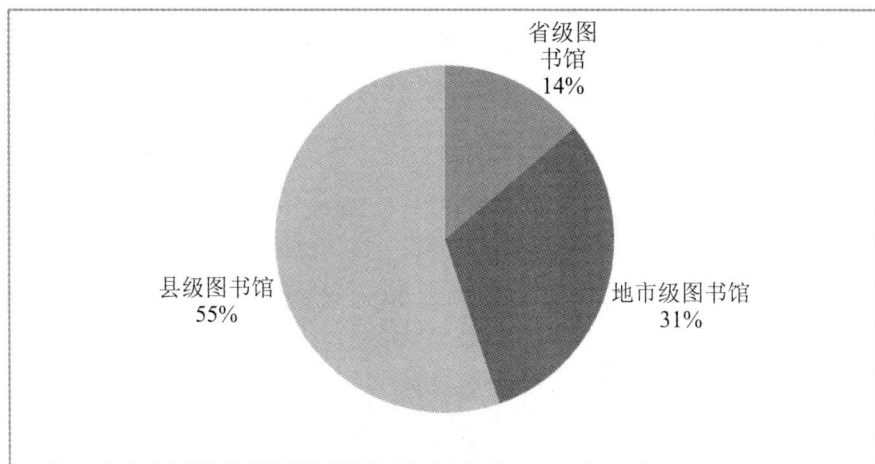

图 5 - 3　2011 年我国各级公共图书馆房屋面积分布图

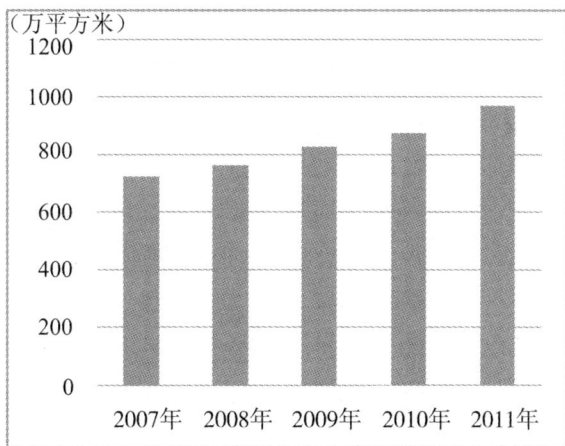

图 5 - 4　2007—2011 年我国公共图书馆房屋建筑面积

从图 5 - 3、5 - 4 可以看出,我国公共图书馆建筑面积连续 5 年呈逐步增长趋势,说明国家对图书馆基础设施建设的重视,但基层图书馆面积不足,占公共图书馆数量 87% 的县级图书馆面积只占总建筑面积的 55%。

三、文献总藏量及年度新增情况

2011 年全国公共图书馆文献总藏量 66 582 万册/件,比上年增长 13.18%,其中少儿图书馆 2321 万册/件,比上年增长 7.5%。2011 年全国公共图书馆新增文献购置量 3886 万册/件,比上年增长 37.17%;其中少儿图书馆新购藏量 233.3 万册/件,增长 30%。

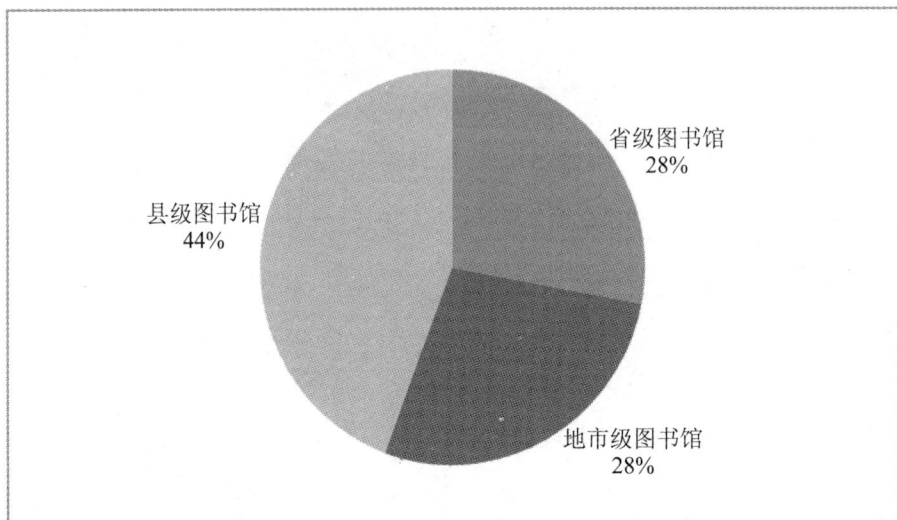

图 5 - 5　2011 年我国各级公共图书馆文献总量分布图

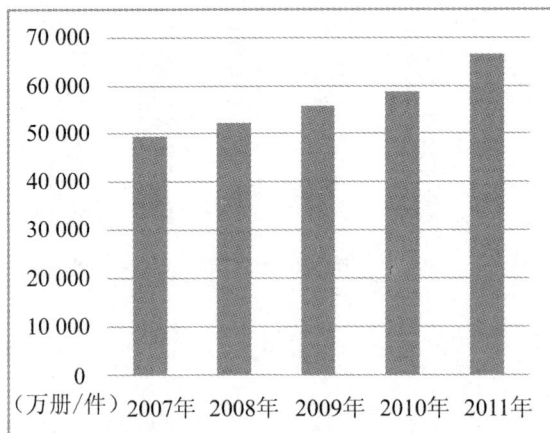

图 5 - 6　2007—2011 年我国公共图书馆文献总藏量

从图 5 - 6 可以看出,我国公共图书馆文献总藏量的持续上升趋势,尤其 2011 年增长幅度创 5 年新高。但通过图 5 - 5 看出,文献资源在各级图书馆的分配很不均衡,占公共图书馆数量仅1.3%的省级图书馆文献藏量占到总藏量的28%,而占公共图书馆数量87%的县级图书馆文献藏量只占到总藏量44%。因此,国家应加大对基层图书馆的投入力度。

四、经费投入及增减情况

2011年全国公共图书馆财政拨款689 933万元,比上年增长26.3%。

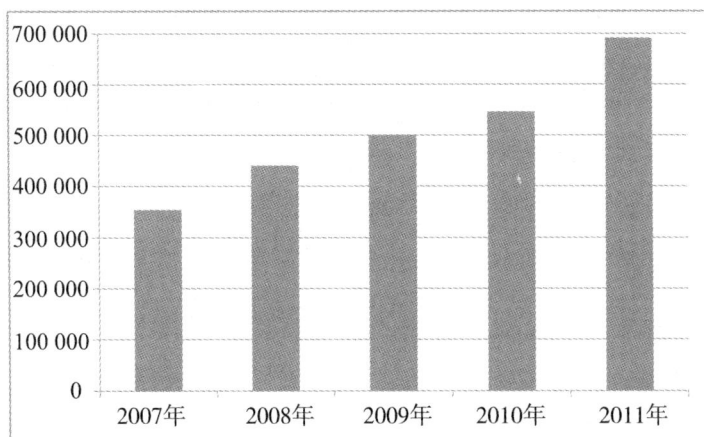

图5-7 2007—2011年我国公共图书馆财政拨款(万元)

从图5-7看出,我国对公共图书馆的财政拨款也呈连续增长趋势,2011年增幅达到26.3%。

五、读者服务情况

2011年全国公共图书馆共接待读者37 703万人次,比上年增长16.77%;其中少儿图书馆1880.9万人次,比上年增加41.8万人次,增长2.28%。2011年全国公共图书馆书刊外借28 403万册次。2011年累计发放借书证2081万个,比上年增加175万个,增幅为9.19%。

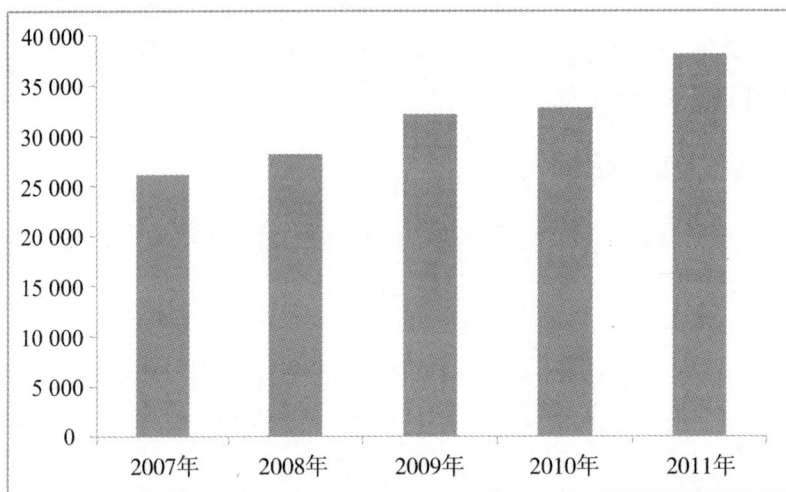

图 5 – 8   2007—2011 年我国公共图书馆总流通人次(万人次)

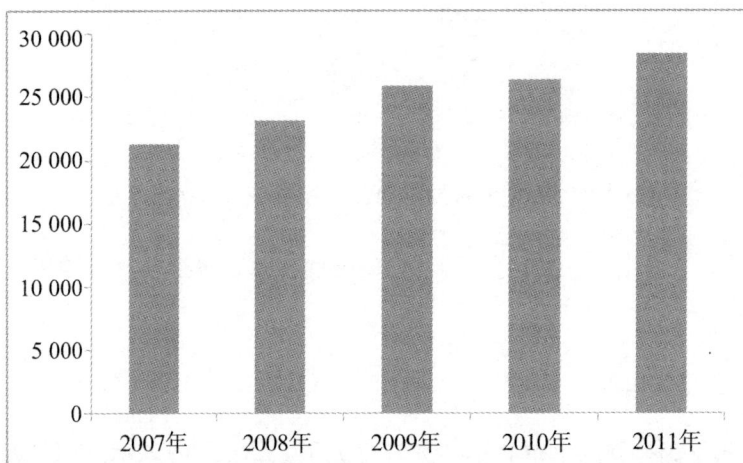

图 5 – 9   2007—2011 年我国公共图书馆书刊文献外借册次(万册次)

从图 5 – 8、5 – 9 可以看出,我国公共图书馆流通人次和书刊外借册次都呈现一个上涨的趋势,说明公众对文献的需求仍然较强。尤其 2011 年有了一个明显的增长,这与 2011 年全国公共图书馆实行全面免费开放有很大的关系。公共图书馆今后应继续加大免费开放的宣传和服务力度,使公众更好地利用图书馆。

六、从业人员情况

2011 年全国公共图书馆从业人员52 902人,比上年增加 768 人;其中少儿图书馆从业人员 1764 人,比上年减少 357 人。

第三节　2011 年度公共图书馆开展的主要工作

一、积极参与公共文化服务示范区建设工作

2010 年 12 月 31 日,文化部和财政部联合发布了《关于开展国家公共文化服务体系示范区(项目)创建工作的通知》,要求按照公益性、均等性、基本性、便利性的要求,在全国创建一批网络健全、结构合理、发展均衡、运行有效的公共文化服务体系示范区,培育一批具有创新性、带动性、导向性、科学性的公共文化服务体系项目,为我国公共文化服务体系建设探索经验、提供示范,推动公共文化服务体系建设科学发展。各地政府高度重视,按照通知精神纷纷出台文件并部署示范区创建工作。江苏省、陕西省、黑龙江省牡丹江市、吉林省长春市等地出台了政策文件和实施方案,确保创建工作的有序推进。北京市朝阳区、广东省东莞市、湖北省黄石市等分别投入上亿元的专项资金用于公共文化服务示范区建设;河南省郑州市、浙江省嘉兴市、宁夏银川市等每年投入上千万元创建全国公共文化示范区。

公共图书馆作为公共文化服务体系的重要组成部分,在政府的政策和资金支持下积极加入到示范区建设工作中,努力打造公共图书馆服务体系。浙江省嘉兴市图书馆在原有公共图书馆服务体系建设基础上不断规范、创新,推进"嘉兴市城乡一体化公共图书馆服务体系建设"示范项目。嘉兴的做法主要体现在:支持图书馆总馆建设、支持乡镇分馆规范化建设、支持村(社区)分馆试点建设、支持公共电子阅览室建设。各级建设都有明确的办法和规范化管理,保证了公共图书馆服务体系的健康、规范、持续发展。苏州图书馆通过示范区创建活动,探索设计可供公共图书馆服务体系实现可持续发展的制度,形成了《苏州市总分馆建设实施方案》,方案既考虑了总分馆必须遵循统一管理等内在规律,又兼顾了目前还一时无法完全突破的财政体制,便于迅速和顺利地通过政府和相关部门的审核,使总分馆进入政府主导并成为制度。北京市朝阳区图书馆借助示范区创建项目推出"书香朝阳"24 小时自助图书馆,每套系统可实现 1000 册以上的图书容量。该系统与北京市公共图书馆"一卡通"系统兼容,凡持有"一卡通"的用户都可以享受 365 天、7×24 小时的全天候自助办证、自助借书、自助还书、自助图书续借、查询文献、数字资源阅览、图书馆公告信息发布等服务,可有效缓解传统图书馆受开放时间限制、座位不足、通借通还基层网点不够等问题,进一步提高公共图书馆文献资源的利用率,促进图书馆服务的便利化和均等化。广东省东莞市将提高公共文化服务供给

能力作为示范区建设的重要内容,东莞图书馆总馆和48家图书馆分馆实现了无障碍、零门槛进入,全市图书馆分馆和文化共享工程基层服务点遍布城乡街区,覆盖到各个村(社区)、企业、学校;49个图书馆以及各个基层服务点之间实现"一卡通"。陕西省铜川市图书馆发挥全市中心馆的纽带作用,将城市区域范围内各类型的图书馆联合起来,通过建立联合编目中心、文献配送物流中心,以统筹规划、统一采编、馆际流通、分级管理、资源共享、一证通用的服务模式,推进公共图书馆服务一体化建设。

2011年6月,文化部、财政部公布了第一批创建国家公共文化服务体系示范区(项目)名单,共计47个示范项目获得创建资格,其中有4项直接以公共图书馆为对象,分别为浙江省嘉兴市的城乡一体化公共图书馆服务体系建设、重庆市大渡口区的文化馆和图书馆总分馆制、陕西省铜川市的公共图书馆服务一体化建设、新疆维吾尔自治区克拉玛依市的图书馆联建共享一体化服务体系。除此之外,还有部分示范项目包含公共图书馆或与公共图书馆相关,如安徽铜陵的城市文化社区建设,湖南衡阳的公共文化服务进社区活动等。

二、积极配合数字图书馆推广工程

数字图书馆建设是2011年公共图书馆事业发展中推进的重点工作。2011年5月,文化部、财政部联合下发《关于实施"数字图书馆推广工程"的通知》,决定在"十二五"期间共同组织实施数字图书馆推广工程。数字图书馆推广工程是继文化共享工程、公共电子阅览室建设计划之后,文化部、财政部在"十二五"时期启动实施的又一项重大文化惠民工程。其建设目标是"建设分布式公共文化资源库群,搭建以各级数字图书馆为节点的数字图书馆虚拟网,建设优秀中华文化集中展示平台、开放式信息服务平台和国际文化交流平台,打造基于新媒体的公共文化服务新业态,最终实现数字图书馆的服务惠及全民,切实保障公共文化服务的公益性、基本性、均等性、便利性,最大限度地发挥数字图书馆在文化建设中引导社会、教育人民和推动发展的功能"。根据推广工程规划,2011—2012年为基础构建阶段,将完成全国所有省级数字图书馆和部分市级数字图书馆的硬件平台搭建工作,并与国家数字图书馆进行网络连接与资源整合,初步建成以国家数字图书馆为中心、以各级数字图书馆为节点、覆盖全国的数字图书馆虚拟网。在全国范围内形成有效的数字资源保障体系,以网络为通道,借助各式新兴媒体,向公众提供数字图书馆服务。中央财政2011年度专项建设资金已经下达,首批实施项目(15个省级馆和52个市级馆)已经启动。

2011年，黑龙江、吉林、福建、贵州和新疆维吾尔自治区数字图书馆推广工程陆续启动。1月14日，"国家数字图书馆推广工程黑龙江省全覆盖"启动，这是率先在全国实施"国家数字图书馆推广工程"的省份之一，它将使黑龙江全省13个地市、128个县区级公共图书馆都具备数字图书馆服务能力，并由此带动899个乡镇（街道）综合文化站服务能力的提升，从而提高全省公共文化服务水平。9月14日，吉林省数字图书馆推广工程启动，吉林省图书馆与国家图书馆合作建设的"掌上吉图"手机门户网站也正式上线，读者可通过手机门户网站进行书目查询、个人信息的处理，还可以在线阅读图书、专题数据库和观看展览、讲座等资源。9月26日，适逢福建省图书馆百年华诞，福建省数字图书馆推广工程启动仪式在福州市举行，福建省图书馆的读者可以在馆内通过虚拟网直接访问国图的数字资源。同日，新疆维吾尔自治区"数字图书馆推广工程"也正式启动，将进一步丰富新疆维吾尔自治区各级公共图书馆的馆藏数字资源，加快自治区各级数字图书馆建设，提高自治区公共图书馆体系的信息资源保障能力和服务水平。10月26日，贵州省数字图书馆推广工程在2011年中国图书馆年会暨中国图书馆学会年会上正式启动，贵州省图书馆的读者可以在馆内通过虚拟网直接访问国家图书馆的数字资源，贵州省图书馆还与国家图书馆、贵州广电网络合作，利用贵州省高清互动双向平台，在贵州广电网络开设数字图书馆频道。在2011年10月举行的中国图书馆年会上，专门开设了"数字图书馆推广工程"分会场，邀请专家学者畅谈数字资源的整合与图书馆服务创新。以"加快推动我国数字图书馆建设，促进图书馆服务新业态的形成"为主题的"数字图书馆推广工程"体验区也在年会上正式向与参会者开放，体验区以交互体验为主要方式，向图书馆业界展示了"数字图书馆推广工程"的总体规划、建设成果及实施蓝图，成为中国图书馆年会的一大亮点。

三、开展共享工程与公共电子阅览室工程

2011年，共享工程与公共电子阅览室工程受到高度重视。文化部全国文化信息资源共享工程督导组先后到天津、江西、北京、内蒙古、四川、浙江、广西、重庆、广东、云南、甘肃、湖南、山东、陕西等省市督导文化信息资源共享工程暨公共电子阅览室建设工作。11月，文化部、财政部共同出台了《关于进一步加强公共数字文化建设的指导意见》，提出要重点实施文化共享工程、数字图书馆推广工程和公共电子阅览室建设计划三大公共数字文化惠民工程。

在各级公共图书馆的努力下，2011年文化共享工程在服务网络、数字资源、技术平台、工作队伍、共建共享、服务成效等方面取得了丰硕成果，资源建设总量达到

28.4TB,再创新高,基层文化队伍培训人次达到 26 万。山西省分中心面向县级支中心的馆长及技术人员,举办文化共享工程规范化县级支中心管理与技术培训班;广西分中心在南宁举办文化共享工程县级支中心系统管理员培训班,以提高技术人员的设备应用和信息服务能力;江西省分中心连续举办了两期文化共享工程县级支中心技术培训班,不仅为各县(区)级支中心培训出一批熟练操作 ILAS 的技术人员,还大大提高各县(区)级支中心的综合服务水平。各地以农村基层和中西部为重点,开展了形式多样、内容丰富、贴近群众的基层文化服务,全年累计服务人次达到 1.6 亿。山东省分中心在春节期间举办"我眼中的春节"摄影大赛;甘肃省分中心举行了"读好书构和谐 迎建党 90 周年"系列活动;重庆图书馆研究辅导中心、参考咨询中心、专题文献中心、共享工程重庆市分中心组成的"三下乡"服务小分队在彭水县开展了为期 3 天的"三下乡"服务活动,进行了发放农科资料、书刊展阅、共享工程宣传、农科信息咨询等活动;安徽省分中心在暑期免费举办"文化共享工程'阳光少年热爱党'少年动漫设计制作竞赛活动培训";海南省分中心开展了"情系武警,共享文化"服务活动,为武警海南总队海运大队送去了丰富的优秀文化资源。

2011 年,公共电子阅览室工程稳步推进,队伍建设和制度建设取得进展。各级公共图书馆作为公共电子阅览室工程的实施单位,积极开展公共电子阅览室建设,构建公共文化服务体系。公共电子阅览室试点工作在山东、天津、安徽、云南和青岛等地展开,并积累了宝贵的经验。山东省举办了公共电子阅览室运行管理系统培训班,提升了相关业务人员的技术水平和服务能力,推进了山东省公共电子阅览室建设的工作进度。北京市在已建立的区县支中心及基层服务点原有的规章制度基础上,进一步制定了《电子阅览室管理规范》;针对公共电子阅览室的服务现状和未来发展前景,还制定了《公共电子阅览室的技术规划方案》。安徽省级共享工程分中心制定了《安徽省图书馆公共电子阅览室免费开放管理方案》《安徽省图书馆公共电子阅览室服务规范》《安徽省图书馆公共电子阅览室读者须知》《安徽省图书馆公共电子阅览室设备配置标准》等,确保公共电子阅览室的正常、高效和持续运转。

四、加强古籍保护工程

2011 年,古籍保护工作不仅受到党和国家领导人高度关注,并且取得了许多实质性发展。3 月,文化部正式下发《关于进一步加强古籍保护工作的通知》,对未来一段时间内古籍保护的重点进行了规划,明确少数民族文字古籍保护、民国文献和海外古籍调查是"重中之重",同时要加强古籍的数字化建设。5月18日,"民国时期文献保护工作座谈会"在陕西西安举行,民国文献和海外古籍都引起业界重视,与会专家建议在实施"中华古籍保护计划"的基础上,全面开展民国时期文献的保护工作。5月22日,由文化部主办,国家图书馆、国家古籍保护中心承办的"全国古籍数字化建设与服务工作研讨会"在北京召开,就全国古籍数字化合作服务机制、国内外古籍数字化保护利用、古籍数字化成果共享方式和古籍数字化标准规范等问题进行了充分讨论。8月2日,文化部社文司在北京组织召开了《古籍保护条例》暨古籍保护人才培养工作座谈会,立法项目《古籍保护条例》经过两年半的努力,已完成了调研、起草工作,完成了"征求意见稿",来自国内的古籍专家以及各省(区、市)文化厅(局)、图书馆的有关人员提出了修改意见。

地方性古籍保护方面,广东省东莞市在抢救本土珍贵文献方面取得新成果——《东莞历代著作丛书》正式出版面世;宁夏加大少数民族古籍、文献的保护、挖掘、搜集、整理工作力度,完成《中国少数民族古籍总目提要·回族卷》、《宁夏回族古籍文献提要》等的编写和出版,建成中国回族文献资源保障性存储系统;辽宁出台了《关于进一步繁荣发展少数民族文化事业的实施意见》,将加大对濒危少数民族优秀文化遗产和古籍的抢救保护,逐步实现少数民族古籍的科学管理和有效保护;新疆西域文献遗珍抢救保护成果《中国文化遗产研究院藏西域文献遗珍》出版。古籍保护队伍建设加强,北京市首批文物鉴定与修复(古籍鉴定与修复方向)专业的成教生毕业,全国只有少数学校开设古籍修复专业,毕业生供不应求。

五、推动图书馆法制建设工作

2011年,公共图书馆法制建设工作稳步推进,各地图书馆积极配合《公共图书馆法》的制定与调研。文化部委托国家图书馆联合中国图书馆学会共同承担的《公共图书馆法》征求意见稿第二稿已经完成,并开始新一阶段的广泛征求意见。由全国人大科教文卫委员会、国务院法制办、文化部组成的《公共图书馆法》调研组先后来到江西、湖北等地,实地考察图书馆事业的发展状况,并征求当地对制定《公共图书馆法》的意见和建议。江西省图书馆对公共图书馆尤其是经济欠发达地区公共图书馆的建设与发展提出了建设性意见;湖北省图书馆则对立法的原则问题、主题问题、经费保障问题等提出了15点详细的意见和建议。12月,《公共图书馆法》草案送审稿报送国务院,2012年有望进入全国人大的审议程序。

2011年,地方性立法取得一定成果。经过3年调查,由四川省图书馆牵头的《四川省公共图书馆条例》课题已经结题,"条例"已列入省政府2012年立法计划项目。从 2008 年开始,四川省图书馆等单位对省内图书馆馆舍、经费投入、人员配置和服务质量进行了大量调查研究,并收集比对了国内外相关资料,提出了"条例"内容。拟通过立法方式促进公共图书馆建设、提升服务水平,对公共图书馆发展与保障、规划与建设、文献信息资源建设管理、读者权益与服务、工作人员与准入以及图书馆管理、人员、馆舍、职能、政府投入、藏书经费、服务等重点、难点问题进行规范。2011 年 5 月,新疆文化厅启动《新疆维吾尔自治区公共图书馆管理条例》立法相关工作,该条例被列入 2011 年自治区人民政府立法论证、调研项目,拟定了阶段性工作实施任务及要求。这是继 2010 年 5 月新疆颁布《新疆维吾尔自治区公共图书馆服务标准(试行)》的基础上,新疆维吾尔自治区在法制规范化道路上的又一次进步。新疆维吾尔自治区图书馆在规范公共图书馆服务,满足各族群众的文化需求,改善公共图书馆的服务条件、服务质量、服务水平,进一步提高公共图书馆的服务和管理效能等方面,做出了巨大的努力。11 月,广东省十一届人大常委会通过了综合性地方法规《广东省公共文化服务促进条例》,于 2012 年 1 月 1 日起正式施行,这也是全国第一部关于公共文化服务体系建设的综合性地方法规。广东省图书馆、省少儿图书馆积极配合该法规的调研,对该条例中涉及的公共图书馆服务经费保障、基层设施建设、服务体系建设等方面提出了意见和建议。该条例包含了对图书馆相关的规定,对公共文化服务提供、基层公共文化设施建设、激励与保障、法律责任等进行了规定。

第四节　2011 年度公共图书馆的发展特点与发展问题分析

一、公共图书馆的发展特点

1. 公共图书馆免费开放全面推行

2011 年 1 月 26 日,文化部、财政部联合下发《关于推进全国美术馆、公共图书馆、文化馆(站)免费开放工作的意见》,要求"到 2011 年底,全国所有公共图书馆、文化馆(站)实现无障碍、零门槛进入,公共空间设施场地全部免费开放,所提供的基本服务项目全部免费"。为促进这一目标的实现,财政部还下发了《关于加强美术馆、公共图书馆、文化馆(站)免费开放经费保障工作的通知》,要求加大投入力度,建立健全经费保障机制。同时,要探索建立公共文化多元化投入机制,进一步完善和落实相关政策措施,引导和鼓励社会力量对美术馆、公共图书馆、文化馆(站)进行捐赠和投入,拓宽经费来源渠道。全国各地图书馆积极响应,广东、广西、海南、河南、河北、陕西、江西、吉林、黑龙江、湖南、湖北、江苏、安徽、新疆、甘肃等地,从省馆到市级馆,包括很多县级馆纷纷推出免费开放政策。而早在 2008 年,首都图书馆、上海图书馆、浙江图书馆等省级图书馆就已经开始向读者免费开放。2011 年,江苏、山东等地的免费开放工作已经步入制度化轨道,规范化进一步加强。为了确保免费开放的可持续发展,江苏省文化部门将陆续制定《公共文化设施免费开放经费保障办法》《公共文化设施免费开放工作条例》,从制度和法律上保障免费开放的长效运行。山东青岛、吉林长春、江西南昌、湖北等地的图书馆实行免费开放后读者人数激增,社会效益十分显著。

2. 大力加强馆舍建设,不断完善基础设施

随着国家对公共文化服务体系建设的重视,全国各地公共图书馆新馆建设如火如荼。2011 年,河北省图书馆新馆对外开放;首都图书馆二期、山西省图书馆新馆建设完工;广东省图书馆新馆、湖北省图书馆新馆建设都接近尾声,文化部部长蔡武同志还亲临湖北省图书馆新馆建设工地视察;天津图书馆扩容,一馆变三馆,藏书可达 1200 万册。2011 年,在免费开放政策的支持下,各地政府加大了对公共图书馆的财政投入,湖北省启动县级图书馆、文化馆建设工程,未来 5 年,湖北省政府决定每年投资 2000 万元,补助地方"两馆"设施建设,以解决县级公共文化设施相对落后的问题。江西省投入亿元完成 65 个县级图书馆、文化馆的改造任务。在政府的重视下,公共图书馆基础设施和文献藏量有了较大幅度的增长。

3. 服务体系建设向纵深发展,不断探索新型延伸模式

2011 年,各地公共图书馆仍然将公共图书馆服务体系建设作为重点,在原有模式基础上不断完善创新,并探索新的服务体系延伸模式。

(1)完善公共图书馆服务体系建设,引导服务体系向基层纵深发展。吉林图书馆联盟实现一网阅读;天津图书馆三馆可通借通还,实现借还图书联动;深圳 172 家图书馆全部统一服务,同时,深圳还利用自助图书馆加快建设普惠型公共文化服务体系;昆明中心图书馆建设起步;厦门、烟台、青岛、佛山等地都通过"一卡通"将各个图书馆阅览室连接,方便广大读者借阅。在服务体系网点建设方面,各地也不断探索。江苏省吴江市"四位一体"农村综合信息服务中心建设进入试点阶段,图书流动车启动;上海市中心图书馆开设非遗分馆;安徽首家社区图书馆探索全民阅读模式;天津图书馆开放外来工分馆,河北省秦皇岛市图书馆在海港区燕山社区等 10 多个社区开设分馆;宁波宁海首个村级公共图书馆图书借阅"一卡通"服务点揭牌。

(2)探索服务体系延伸方式。流动图书馆作为公共图书馆服务体系的延伸取得了进一步的发展。陕西省各市图书馆将建设 24 小时街区流动图书馆,重庆图书

馆也在努力构建全天候服务体系。街头、社区、乡村等地的流动图书馆越来越多，部分站点还在开拓的同时实现了与总馆的通借通还。同时，流动图书馆广泛采用各种技术手段，向智能化方向发展。广州图书馆启用智能流动图书馆，全面采用无线射频识别技术（RFID）、GPS 卫星全球定位系统、LED 大屏幕显示信息发布系统等先进技术，提供办证、借还书、下载和使用数字资源等全程自助服务，实现了与广州图书馆总馆、各合作馆之间的通借通还服务。同时，文化部科技项目《广东流动图书馆工程及其延伸服务》顺利通过验收；河北丰南打造的智能流动图书馆采用集群管理软件、自助借阅系统和 3G 网络等技术，实现了借阅、检索、公共电子阅览室服务、视频服务、展览服务等主要功能。陕西将建设 24 小时街区流动图书馆，让市民 24 小时都能进行图书借阅。

4. 广泛应用高新技术设备，不断提升读者服务科技含量

2011 年，数字技术、网络技术、新媒体技术等对读者服务方式影响巨大，公共图书馆在读者服务手段上继续发扬科技服务的理念，进一步普及、发展自助图书馆、电子阅读器等新型服务。同时，还利用手机、电视等传媒手段，开拓新的服务通道，并重视与数据库公司、通信公司广泛合作，创新服务内容，引进二代身份证，减少读者办证手续。

（1）自助还书机、自助图书馆仍是各地发展的重点。首都图书馆、深圳图书馆继续扩大自助图书馆的建设规模，天津、海南、重庆、山东、昆明、河北、郑州、武汉等地都开始引进并积极建设自助图书馆。手机图书馆和移动图书馆则延续 2010 年的发展势头，成为业界普遍开展的一项服务举措。重庆、江西、湖南、广西、辽宁、海南、吉林长春、江苏镇江、贵州贵阳等地都纷纷推出此项服务，提供书目检索、读者活动、电子图书、我的图书馆、讲座预告等功能。

（2）平板电脑、电纸书、电子阅读器等新型阅读设备，也受到读者和业界的广泛关注。上海图书馆利用多种手段升级新技术、新载体服务，提供了 20 多款电子阅读器供读者体验；首都图书馆推出"掌上阅览室"数字资源服务；重庆图书馆开通"掌上"服务功能打造随身图书馆；辽宁省图书馆推出电子书阅读器外借服务。RFID 技术在 2011 年被图书馆广泛应用，除了排架、借阅的应用，还发展到与自助还书机、流动图书车相结合。重庆、天津、武汉、扬州等地都广泛采用 RFID 自助借还机；广州图书馆应用 RFID 技术开发的"智能流动图书馆"获广东省科技厅立项。2011 年，一些图书馆还尝试了使用二代身份证进行读者服务。长春、佛山、余杭等地，都推出二代身份证免费注册、免费借阅等措施，以方便读者。深圳图书馆还尝试与中国移动合作推出"手机读者证"，读者可以凭手机到馆阅览。江苏省充分应

用电视媒体,在常州开通首家电视图书馆,市民在家中通过电视就能使用图书馆的数字资源。

5.读者活动丰富多彩,服务内容关注民生

2011年,全国各地读者活动在延续内容丰富多彩、读者广泛参与特点的同时,加大读者活动品牌及规模的塑造,努力营造全民阅读的风尚。公共图书馆在读者服务的内容和细节方面更为重视,将读书与民生紧密结合,充分发挥信息资源的效用。

(1)全国各地读者活动规模大、影响大。上海图书馆主办和承办的两项市级读书活动被列入第十三届上海读书节示范项目;天津图书节营造书香天津、引领阅读风尚;湖南图书馆"三湘读书月"高校巡回讲座反响巨大,好评如潮;广东启动"廉洁读书月"活动;十堰开展"全民读书月"活动;第二届安徽省公共图书馆文化节隆重举行等等。全国诸多城市都以读书节的形式,开展大型读者活动,提高市民阅读兴趣。"全民阅读"的读者服务理念深入人心。如湖南吉首市启动"倡导全民阅读 打造书香三湘"图书惠民助学活动;佛山图书馆建设"全民阅读空间",设立新书借阅室,让阅读随心所欲;四川泸州纳溪打造"无围墙的图书馆";深圳图书馆推出"市民学堂"。

(2)读者服务内容关注政策与民生,更加贴近民众生活。"中国政府信息整合服务平台"10月开通,标志着图书馆开展政府公开信息服务迈向了一个新的台阶;湖南图书馆开通全国第一家政协履职服务平台;天津图书馆开通医疗保险、公积金信息查询服务;新疆图书馆创新服务方式,为地方决策提供信息参考;辽宁省建平县图书馆精心构建服务群众平台;"书香岭南"数字图书馆助力广东基础教育等。许多基层图书馆的便民服务受到良好的社会效益。甘肃省安宁区图书馆举办的老年人电脑培训班,大受老年读者欢迎。黄冈市的图书馆公益服务让读者的"文化幸福指数"不断上升。吉林图书馆成立媒体人阅读俱乐部和"吉商论坛",打造专业读者服务群体,提供有针对性的读者服务。重庆图书馆举办聚焦农民工活动。广州图书馆召开绘本阅读研讨会,引业界专家高度赞誉。

6.关注青少年及弱势群体权益,加大未成年人及残障人士服务力度

青少年及弱势群体的读者权益,一直是公共图书馆关注的重点。2011年,我国公共图书馆继续加大为未成年人及残障人士的服务力度,加大少儿图书馆和残疾人图书馆、阅览室的基础设施建设,将数字化、智能化的服务手段和服务理念引入为青少年及弱势群体读者的服务中来。

(1)少儿图书馆发展普遍受到各地关注。福建、甘肃、东莞、宁波等地新建少

儿图书馆开馆;辽宁大连将建100个少儿图书馆,让城乡孩子共享图书资源,丰富青少年生活;北京市东城图书馆首推少儿"电纸书"阅览;上海开始研究少儿图书馆"一卡通"服务,并且开通了首家青少年智能图书馆。少儿图书馆在关心青少年智力发展的同时,对青少年网络安全、心理健康发展等方面也给予了高度重视。重庆市少儿图书馆关爱留守儿童;湖北省仙桃图书馆为未成年人提供"绿色网吧";河南省图书馆少儿电子阅览室对外开放;国际教育资源馆落户深圳少年儿童图书馆,青少年读者可以在这里查询全世界的优秀教育资源信息。

(2)从中央到地方都给予弱势群体读者极大的关怀。8月,中共中央政治局常委李长春到中国盲文图书馆调研;12月,中国残疾人数字图书馆项目通过验收,全国首个无障碍数字图书馆启动;北京、上海、甘肃、新疆、重庆、四川、黑龙江等地纷纷开通专门为残障人士服务的阅览室或者服务项目,加大残疾人读者服务资金投入,上海浦东图书馆十年助残资金逾百万。同时,数字化服务也惠及残障人士,上海图书馆与上海市残联共同打造无障碍数字图书馆;中国盲文图书馆推出"名家讲堂";黑龙江省图书馆免费开放盲人有声电脑服务;齐齐哈尔市图书馆视障电子阅览室启动;重庆主城各区图书馆都将推出盲人读者服务;四川成都建成首个"有声数字图书馆";杭州图书馆为盲人"读"电影。在北京,西城区少儿图书馆也建成残疾人分馆,为残疾儿童服务。

7. 馆际合作与资源共享进一步发展,范围不断扩大

2011年,我国公共图书馆在馆际合作与资源共享领域不断深化合作领域、扩大合作范围,充分利用互联网优势,做好馆藏资源共建共享、读者服务和读者活动的互利互惠。此外,根据自身业务发展需求不断寻找新的合作伙伴和合作方式。

(1)图书馆跨系统、跨区域合作取得新进展。3月,西北五省首个虚拟图书馆群系统在西宁运行,以西宁市图书馆为总馆,四区三县社区图书流动站、学校图书馆为分馆,建立起公共文献信息资源共建共享网络体系。5月,深圳图书馆与国家科学图书馆深圳先进技术研究院分馆、深圳大学城图书馆就建立战略合作机制、文献资源共享、联合服务和人才队伍建设等方面分别签署了双边合作协议。11月,上海图书馆签约加入中国高等教育保障系统,成为签约CALIS的首个公共图书馆,继与118家海内外机构建立合作关系之后,发布面向高校的馆际互借(原书外借)服务,开启了全国性馆际互借服务新篇章。此外,跨区域合作也受到业界的广泛支持。湖北宜昌图书馆、荆州图书馆和荆门图书馆联盟共同举办读者活动;长三角地区网上联合知识导航站不断进行合作与资源共享;广佛肇地区图书馆联合不断推进珠三角地区图书馆事业发展。

（2）资源共享进一步深入，合作范围不断扩大。2010年底，国家数字图书馆推广工程启动仪式在国家图书馆举行，包括国图在内的47家图书馆共建平台，联合推广数字图书馆，实现数字资源的整合利用。武汉市16家公共图书馆实现"讲座与展览"资源共享，市民可就近在市、区图书馆聆听名家讲座，观看精彩展览。2011年4月，吉林省图书馆联盟云服务平台开始试运行，通过此平台读者可以便捷地实现国内外多馆文献资源的发现与一站式服务，享有云存储服务、云软件服务、个人数字图书馆订制等多项服务。11月，由国家图书馆和山西省图书馆共同主办的"2011年全国公共图书馆讲座联盟省级成员馆会议"召开，会议围绕讲座联盟的队伍建设、工作机制、宣传推广、选题策划等展开交流对话。

二、存在的问题

2011年，我国公共图书馆在取得一系列成绩的同时，依然存在着一些问题。

1. 财政投入依然不足

2011年在国家政策的支持下，公共图书馆财政投入有了较大幅度的增长，但与我国经济发展及民众需求相比仍然不足。目前，全国公共图书馆数量为2951个，约44万人才拥有一座图书馆；全国人均拥有公共图书馆藏量0.52册，人均购书经费1.05元。这与《公共图书馆服务发展指南》"通常正规的馆藏应以平均每人1.5—2.5册为标准"的指标相差甚远。公共图书馆数量及文献藏量无法满足当地群众的阅读需求，解决这种现状，还需加大财政投入，加大基础设施建设，做好馆舍、馆藏、人力资源建设。

2. 读者服务仍需要深化

2011年全国各地公共图书馆相继免费开放，但是，图书馆服务远未达到令人满意的程度。著名作家肖复兴、著名媒体人曹景行纷纷指出，公共图书馆仅仅免费开放是不够的，还需改进服务方式、保障读者权益等，不能把免费开放做成摆设。江西等地调查表明，图书馆实行免费开放后在部分地方遇冷。地理位置偏僻、书籍更新不快、借书手续环节太多、受开放时间限制，以及网络不够方便快捷是导致部分图书馆人气不旺的重要原因。深化读者服务，在服务内容、服务手段上深入挖掘、不断创新，是吸引读者的关键。

3. 图书馆需要文明维护

公共图书馆是公共文化服务机构，工作人员与读者都需要遵守相关社会准则。目前许多的地方条例、法规、规范都强调图书馆自身行为的规范，对于图书馆及其员工的权益却缺乏保障。工作人员对读者的服务需要制度化、规范化；同时，读者在图书馆也应该文明阅览,遵守社会公德。据报道,陕西省图书馆9年流失7472册图书,免责还书4个月仅收回200册。现在许多图书馆都实行"无障碍、零门槛"进入,大量读者在满足自己信息需求的同时,也需要用文明维护图书馆阅读环境以及尊重他人获取信息的权益。

4.古籍保护工作仍要加强

2007年,国家发布了《国务院办公厅关于进一步加强古籍保护工作的意见》,指出要"突出重点,科学规范地开展古籍保护工作"。要做好古籍普查,改善古籍保管条件,加快推进古籍修复工作,提高古籍修复水平。近几年随着中华古籍保护计划的不断深入开展,我国在古籍保护方面已经取得大量成果。但是,依然有一些古籍善本亟待保护。据报道,山西省就有近50万册珍贵古籍善本亟待修复;新疆50万册(件)的汉文古籍,2.4万册(件)少数民族古籍,3万多册(件)的西域文书,急缺抢救人才。人才、资金、监管及宣传是古籍保护工作的核心因素,尚需进一步加强这些方面的工作。

第五节　未来展望

一、公共图书馆日益得到政府重视

近几年,随着公共文化服务体系建设的进行,公共图书馆日益受到中央和地方各级政府的重视。2011年1月,文化部、财政部联合下发《关于推进全国美术馆、公共图书馆、文化馆(站)免费开放工作的意见》,分两个阶段实现全国公共图书馆的免费开放。为了实现免费开放目标,3月,财政部下发了《关于加强美术馆公共图书馆文化馆(站)免费开放经费保障工作的通知》,要求加大投入力度,建立健全经费保障机制,同时明确了经费分担原则和补助标准,2011年地市级图书馆、文化馆开展基本公共文化服务项目经费补助标准为每馆每年50万元,县级图书馆、文化馆补助标准为每馆每年20万元,乡镇综合文化站补助标准为每站每年5万元。同时,中央财政安排专项资金用于公共图书馆等"三馆"免费开放的经费补助。各地政府也出台了一系列政策,从制度上保障公共图书馆免费开放的实现。

2011年10月,党的十七届六中全会召开,首次将"文化命题"作为中央全会的议题,会议提出"加强公共文化服务是实现人民基本文化权益的主要途径。要以公共财政为支撑,以公益性文化范围为骨干,以全体人民为服务对象,完善覆盖城乡、结构合理、功能健全、实用高效的公共文化服务体系。"公共图书馆是公共文化服务体系的重要部分,是实现民众基本文化权益的重要设施。各地政府也日益认识到公共图书馆的作用,纷纷出台政策支持公共图书馆的发展。毫无疑问,公共图书馆事业进入到一个无比良好的发展时期,在未来的一段时间内,政府会继续加大对图书馆的扶持力度,相信未来公共图书馆会迎来更好的发展环境。

二、图书馆服务更加注重规范化与标准化

随着我国图书馆事业的发展,公共图书馆工作的重点已经由馆藏建设逐步向读者服务转移。制定图书馆服务规范和标准,不断提升服务水平和能力成为新的发展趋势。2007年图书馆服务规范列入上海市服务标准化行动计划(2007—2010年)重点项目,并于当年颁布《上海市公共图书馆行业服务标准(试行)》,分别从服务设施与环境、服务对象和开放时间、服务内容和方式、服务保障与监督等几个方面做了规定;2008年江西省文化厅颁发《江西省公共图书馆服务标准(试行)》,对服务设施与环境、服务对象和开放时间、服务内容和方式、服务管理与文献资源、服务人员与监督等作了详细的规定;2009年,山东省质量技术监督局发布地方标准《图书借阅服务规范》,对图书借阅服务的术语和定义、服务设施、图书管理员、服务质量要求、服务质量监督进行了规定;2010年,新疆维吾尔自治区文化厅印发《公共图书馆服务标准》,对公共图书馆的服务设施与环境条件、服务对象和开放时间、服务内容和方式、服务管理与文献资源四方面做了规定。

2011年,湖南图书馆申报的湖南省标准化战略项目——《湖南省图书馆服务标准》获得湖南省质量技术监督局批准立项,该项目成果将以标准的形式呈现,对图书馆服务设备设施、软硬件资源与相关服务工作及技术方法等按标准实行相对统一化。同年5月,南京图书馆为提高服务水平,提升服务质量,真正落实"读者至上"的服务宗旨,修订了《南京图书馆文明服务规范》,分为职业道德规范、环境规范、仪表规范、行为规范、语言规范五个方面共36条细则。图书馆服务的规范和标准的制定是提高公共图书馆服务质量和水平的重要手段,体现了我国公共图书馆服务意识的增强,相信未来图书馆服务将会继续朝着规范化、标准化的方向前进。

三、图书馆更加强调资源共享与合作

随着图书馆业务的发展,图书馆之间更加注重馆际合作与资源共享。图书馆之间通过各种协议实现资源共享与合作,如2005年,江、浙、沪三省市图书馆学会牵头,长三角地区城市图书馆参与,打造长三角现代文化圈,积极推进长三角城市图书馆的合作共建。近几年,图书馆联盟建设日益受到公共图书馆青睐。2008年,吉林公共馆、科研单位图书馆、高校图书馆组成"吉林图书馆联盟",实现全省

文献资源共建共享,包括联机编目、集团采购、参考咨询、文献传递、馆际互借、虚拟联合目录等。2010年,由广东省公共、教育、科技系统图书馆建立的"珠江三角洲数字图书馆联盟"网站开通,联合目录基本覆盖广东三大系统主要图书馆的馆藏,并与联合参考咨询和文献传递网实现无缝连接。由国家图书馆牵头成立的"全国公共图书馆讲座联盟",通过搭建全国公共图书馆讲座资源共建共享平台实现全国公共图书馆讲座业务的共同发展。2011年,上海图书馆加入CALIS,成为第一家公共图书馆成员,与CALIS实现馆际互借。这些打破区域、打破体制的资源合作与共享,可以在降低成本的基础上实现资源效益最大化,将成为未来公共图书馆发展的一个趋势。

四、注重图书馆公共关系与形象塑造

公共图书馆要获得更好的服务效果需要公众的参与和支持。近几年,各地公共图书馆开始注重公共关系与自身形象塑造,加深公众对图书馆的了解。公共图书馆宣传推广的方式是十分多样的,如打造图书馆统一标识;积极与媒体合作,通过广播、电视、报刊、网络等手段宣传图书馆的各项活动;组织读者图书馆工作体验日活动;开展图书馆志愿者活动等。2011年,首都图书馆开展的面向全社会公开征集北京市公共图书馆整体形象标识LOGO活动,受到社会公众的积极参与,收到作品1000余件。这种举措不仅吸引了公众对图书馆的注意力,通过形象标识也能把图书馆的精神,文化服务的理念传递给社会。另外,各地积极开展的图书馆志愿者活动也加深了公众对图书馆的认识。目前很多大中型城市的图书馆已引入了志愿者服务,如天津泰达图书馆超过4000人的志愿者队伍、重庆图书馆的"寒假小志愿者"、上海市长宁图书馆的外文志愿者服务队伍、东莞莞城图书馆的志愿服务岗等。志愿者的引入不仅补充了图书馆的人力资源,也让读者在参与中更加了解图书馆。而随着微博的火热,催生了新的图书馆宣传推广方式,2011年1月的杭州图书馆"微博事件"引起了全社会的关注,公共图书馆由此成为全民关注的话题,微博以其快速、及时、互动成为公共图书馆宣传的重要途径。目前已有很多公共图书馆在不同平台开设了自己的微博,达到了不错的宣传效果。公共图书馆利用微博平台发布图书馆的活动信息,与大家进行互动交流,拉近了与读者的距离,达到很好的效果。所有这些现象表明,公共图书馆日益认识到公众参与的重要性,积极打造自身形象,加强与公众的沟通,力求在公共文化服务体系中塑造更重要的角色。

(执笔人:倪晓建　张娟　陈人语　窦玉萌　杨洁雄)

第六章　高校图书馆事业发展报告[①]

第一节　高校图书馆事业发展概况

2011 年,高校图书馆经费投入稳定增长,馆藏资源日益丰富,数字化特征更趋明显,电子资源购置费持续提高。办馆条件进一步改善,馆舍面积持续扩大,有 79 所高校图书馆在建新馆,5 所已竣工高校图书馆荣获鲁班奖。人才队伍素质进一步提升,高学历人才比例更大,减员增效充满活力。数字化设施全面普及,信息技术应用更加深入。申请科研项目踊跃,管理与服务力争创新。资源共建共享活动走向拓展和深入,中国高等教育文献保障系统(CALIS)和中国高校人文社会科学文献中心(CASHL)由管理向服务大步转型,援疆援藏任务启动并取得初步成果。

3 月 2 日,国务院正式批准公布了第四批“全国古籍重点保护单位”名单,总共有 16 家单位入围,其中有 8 所图书馆,含 3 所高校图书馆,分别为:中国人民大学图书馆、山西师范大学图书馆、四川师范大学图书馆。加上首批的 12 所、第二批的 26 所和第三批的 8 所,入围“全国古籍重点保护单位”的高校图书馆累计已达 49 所。越来越多的高校图书馆成为古籍保护单位,有的还成为国家级古籍修复中心,说明各馆在不断增加对新载体资源投入的同时,并没有放松对历史遗产的搜集和保护,而是随着文献采购经费的增长,不断加大对古籍的购求和保护力度。

教育部高等学校图书情报工作指导委员会和中国图书馆学会高校图书馆分会积极发挥协调和指导作用。中国高等教育文献保障系统(CALIS)三期建设进展顺利,中国高校人文社会科学文献中心(CASHL)保持了资源的持续订购和服务质量的稳步提升。

总之,面对新环境、新需求、新技术带来的机遇和挑战,高校图书馆能够勇于面对,不断探索新的服务方式,不断抓住新的发展机遇,努力拓展自身的服务功能,在 2011 年实现了稳健发展。

[①]　文中统计数据均来自:教育部高校图书馆事实数据库[DB/OL].[2013 – 02 – 18].http://www.tgw.cn:18080

第二节　高校图书馆基本数据

一、文献资源购置费

　　"教育部高校图书馆事实数据库"中各馆自报的数据表明:2011 年,国家对高校图书馆的经费投入稳定,均值创造新高,年度总经费的平均值[①]为 4 964 343 元,中位值[②]是 2 579 298 元,众值[③]为 5 474 728 元,标准差[④]是 6 922 887 元,极差[⑤]为 50 866 457 元。这些数据表明了高校图书馆年度经费差别很大,年度经费的具体分布情况,见"表 6 − 1"。高校图书馆在经费使用方面,用于采购纸质文献的馆均经费约是采购电子资源的 1.6 倍,低于 2010 年的 1.7 倍,这也表明了高校图书馆采购电子资源的经费仍在继续走高。高校图书馆采购纸质资源经费的平均值为 2 525 206.20 元,中位值是 1 607 933.85 元,众值是 700 000 元,标准差为 3 091 625.05 元;采购电子资源的平均值为 1 576 420.89 元,中位值是 415 000 元,众值是 0 元,标准差为 2 746 004.80 元。这些数据表明高校图书馆纸质资源的采购保持稳定,纸质资源仍在图书馆文献资源中占据主体地位。有些高校图书馆因经费等因素限制,还没有采购任何电子资源。

表 6 − 1　2011 年 501 家高校图书馆年度经费总投入分布情况

年度经费(万元)	百分比	向上累积百分比
10 以下	1.7%	1.7%
10—49.99	9.1%	10.8%
50—99.99	11.8%	22.6%
100—149.99	10.2%	32.8%
150—199.99	8.2%	41.0%
200—499.99	31.2%	72.2%
500—999.99	14.6%	86.8%
1000—2000	8.4%	95.2%
2000—5100	4.8%	100.0%

① 平均值指的是各高校填报有效数据进行加总求和,然后除以填报有效数据高校数量所得到的值。
② 中位值指的是按个高校填报有效数据按从高到低的顺序进行排序,排在最中间的高校所填报的值。
③ 众值指的是在各高校填报的有效数据中,出现频次最高的值。
④ 标准差指的是各高校填报有效数据偏离平均数距离的总平均数,它能描述出各高校填报此项数据集合的离散程度。
⑤ 极差是指在各高校填报有效数据中,数据的最大值与最小值之差,它也能描述数据离散度。

2011 年度,共有 516 所高校图书馆提交了数据,其中 501 所高校图书馆所提交的数据为有效数据,样本的有效率为 97.1%。2011 年,高校图书馆的文献资源购置费的平均值为 408 万元,高于往年,具体见"图 6－1"。中位数为 219.6 万元,接近于排在第 272 位的浙江建设职业技术学院图书馆的文献资源购置费。文献资源购置费排在前 5 位的是:复旦大学图书馆,约 3586 万元(2010 年为 3296 万元);浙江大学图书馆,约 3403 万元(2010 年为 2940 万元);清华大学图书馆,约 3237 万元(2010 年为 3932 万元);北京大学图书馆,约 3229 万元(2010 年约为 3282 万元);南京大学图书馆,约 2970 万元。

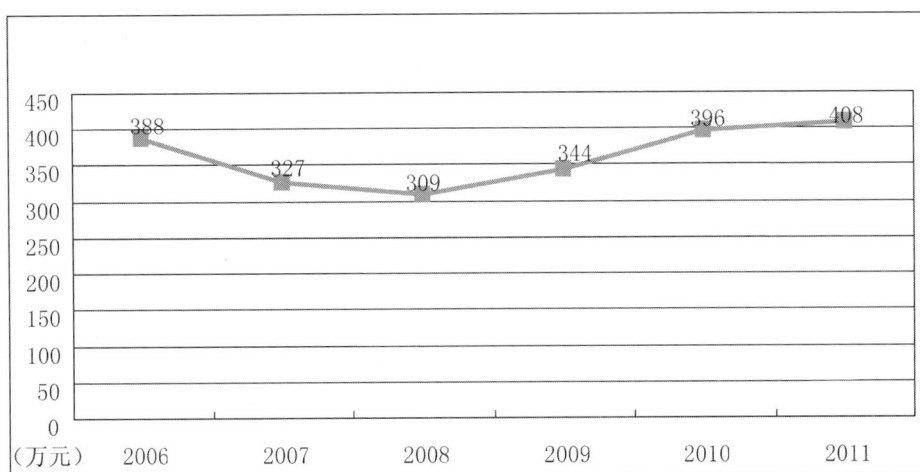

图 6－1　2006—2011 年高校图书馆馆均文献资源购置费

501 所高校图书馆的纸质文献购置费约为 11.5 亿元,均值约为 252.5 万元,近 6 年的均值分布情况见"图 6－2",中位值约为 160.8 万元,即在排名第 274 位的辽宁中医学院图书馆(160.1 万元)和排名第 275 位的辽宁工程技术大学图书馆(161.5 万元)的购置费之间。排在前 5 位的是:复旦大学图书馆,约 2428 万元(2010 为是 2177 万元);北京大学图书馆,约 2094 万元(2010 年为 2226 万元);浙江大学图书馆,约 2021 万元(2010 年为 1796 万元);南京大学图书馆,约 1979 万元;中山大学图书馆,约 1618 万元。

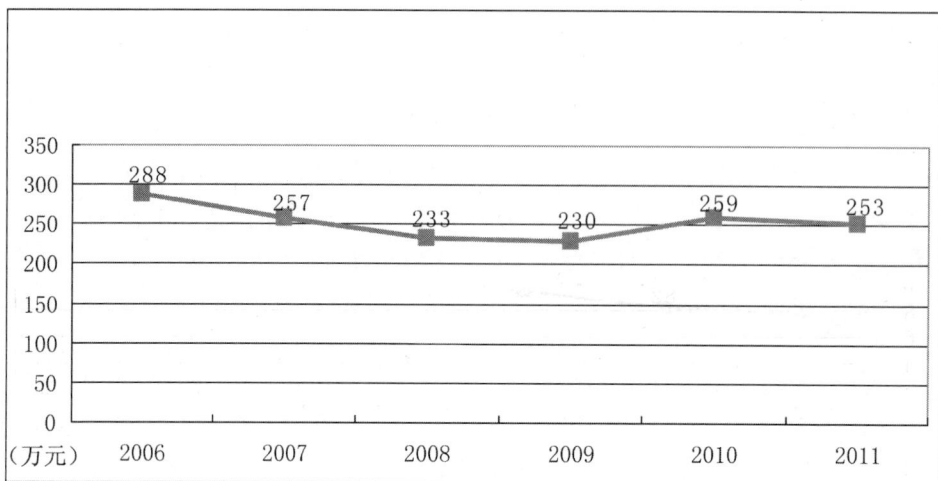

图 6 - 2　2006—2011 年高校图书馆馆均纸质文献资源购置费

在 501 所高校图书馆的电子资源采购费这一项中,有 85 所高校图书馆未填写数据。在填写数据的高校图书馆中,电子资源采购费的平均值为 171.8 万元,约占馆均文献资源购置费的 42% ,所占比例较 2010 年降低了 6 个百分点,但平均值仍高于往年,历年比较状况见图 6 - 3。中位值是 50.5 万元,即排名第 294 位的杭州职业技术学院图书馆的电子资源购置费。众值是 2 万元,标准差为 281.9 万元,这种差异说明了高校图书馆电子资源采购费用离散度很大。电子资源采购费的最小值仅为 0.28 万元,最大值为 1764 万元,两者相差 6300 倍。排在前 5 位的是:上海交通大学图书馆,约 1764 万元(2010 年为 1568 万元);清华大学图书馆,约 1568 万元(2010 年是 1311 万元);浙江大学图书馆,约 1382 万元(2010 年是 1135 万元);同济大学图书馆,约 1329 万元;北京科技大学图书馆,约 1279.6 万元。

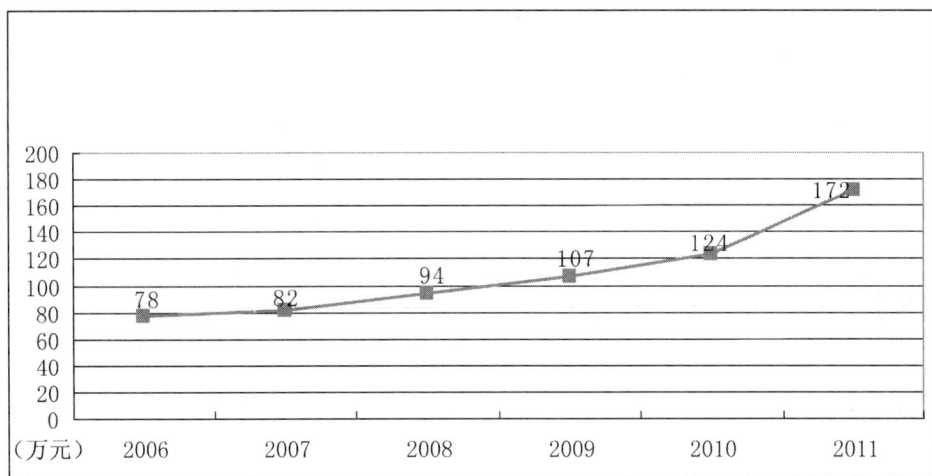

图 6-3　2006—2011 年高校图书馆馆均电子资源购置费

二、馆舍面积

"教育部高校图书馆事实数据库"中各馆自报的数据表明,2011 年,有 4 所高校图书馆新建馆舍投入使用,这 4 所高校图书馆为:武汉大学图书馆在 10 月启用新馆舍,面积达35 548平方米;四川农业大学图书馆新馆;中南财经政法大学图书馆新馆;北京石油化工学院图书馆新馆。还有近 79 家高校图书馆正在建设新馆。

2011 年,501 所高校图书馆的现有建筑面积总计约为 1021 万平方米,馆均约为 2.23 万平方米,中位值为 1.8 万平方米,众值为 0.8 万平方米,标准差为 1.71 平方米。中位值 1.8 万平方米落在了排名 227 的四所高校上,这四所高校分别为:四川美术学院图书馆、上海立信会计学院图书馆、山西大学图书馆、中南财经政法大学武汉学院图书馆。图书馆总面积位居前 5 名的是:中山大学图书馆10.7 万平方米;扬州大学图书馆,约 9.55 万平方米;浙江大学图书馆,约 8.64 万平方米;郑州大学图书馆,约 8.4 万平方米;上海交通大学图书馆,约 8.26 万平方米。馆际差距很大,馆舍面积最小的是上海医药高等专科学校图书馆,只有 160 平方米,相较去年的 30 平方米,增加了 130 平方米。馆舍面积最大的是馆舍面积最小的 668.8 倍。从 2006 年到 2011 年,高校图书馆的馆均建筑面积呈增加趋势,具体分布见图 6-4。

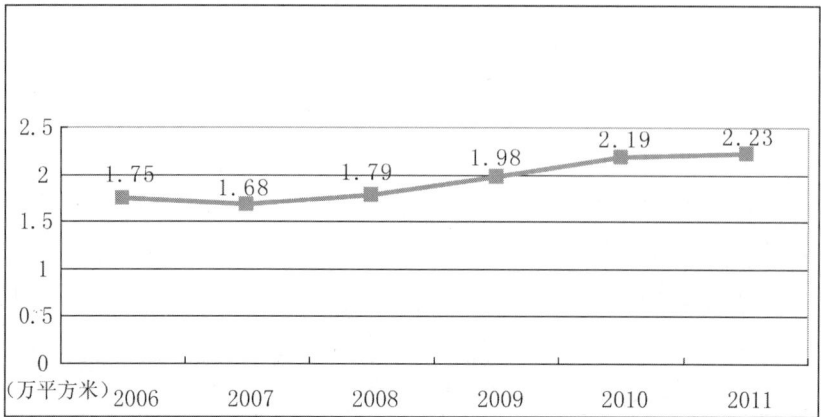

图 6-4　2006—2011 年高校图书馆馆均建筑面积

2011 年,有 83 所高校图书馆上报在建馆舍,设计建筑面积总和约为 169 万平方米,馆均约为 2.2 万平方米,中位值是 2 万平方米,即琼台师范高等专科学校在建图书馆,众值是 3 万平方米,标准差为 1.34 万平方米。排在前 5 位的是:厦门大学图书馆,将新建 6.8 万平方米的馆舍;贵州大学图书馆,将新建 5 万平方米的馆舍;南开大学图书馆,将新建 4.6 万平方米的馆舍;天津理工大学图书馆,将新建 4.58 万平方米的新馆舍;河北师范大学图书馆,将新建 4.53 万平方米的新馆舍。共有 60 所高校图书馆的在建馆舍设计建筑面积超过 1 万平方米,其中有些为高职高专院校图书馆,比如北京工业职业技术学院图书馆,在建馆舍建筑面积达到 1 万平方米;也有一些是普通本科院校,比如辽宁工程技术大学,在建馆舍建筑面积达到 1.3 万平方米。在建馆舍设计建筑面积的馆际差距也很大,如排在最后的福州英华职业技术学院图书馆,其在建新馆面积为 1500 平方米。从 2006 年到 2011 年,高校图书馆馆均在建新馆设计建筑面积整体上呈现出增加的趋势,具体分布见图 6-5。

中国建筑工程质量最高奖——鲁班奖,首次将两个年度的获奖名单合在一起发布,2010—2011 年全国共有 200 座建筑获得鲁班奖,其中图书馆类建筑获奖的有 8 项,除了云南玉溪聂耳图书馆、天津海河教育园区公共图书馆、浦东图书馆新馆,其余 5 座皆是高校图书馆,分别是中南大学新校区图书馆、辽宁工业大学图书信息楼、湖北第二师范学院图书馆、重庆大学虎溪校区图文信息中心、西北大学南校区图文信息中心。新建筑带来新环境、新舞台,便于各馆落实新理念、打造新空间、安装新设备、施展新服务,为跨越式、可持续发展创造了良好条件。

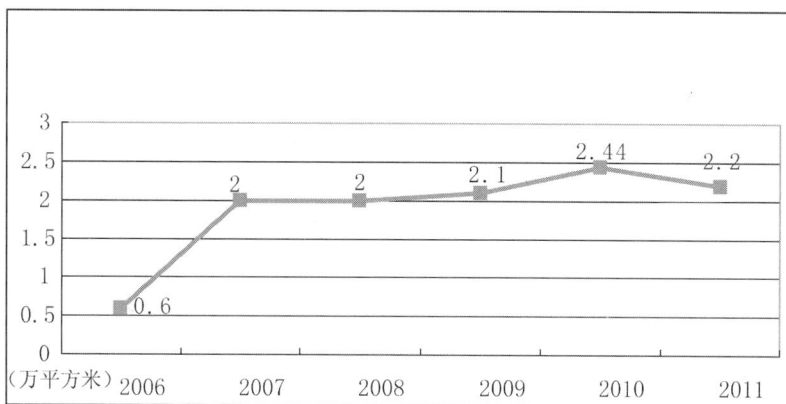

图 6 - 5 2006—2011 年高校图书馆馆均在建新馆设计建筑面积

表 6 - 2 2006—2011 年获得鲁班奖的高校图书馆数量

年度	2006	2007	2008	2009	2010—2011
获得鲁班奖的高校图书馆数量(单位:个)	3	5	4	4	5

三、人力资源

"教育部高校图书馆事实数据库"中各馆自报的数据表明,2011 年,尽管馆舍面积和馆藏数量持续增长,馆均在编职工人数基本保持稳定,这意味着工作效率的提高和服务成本的降低,高校图书馆员的工作压力日益加大。

在学历结构上,501 所高校图书馆拥有在编博士学历馆员 340 名,平均每馆拥有博士的平均值为 0.71 人,中位值和众值都是 0 人,标准差为 1.6 人。有 68.4%的高校图书馆没有博士馆员,有 23.9%的高校图书馆仅拥有 1—2 名博士馆员,有 5.6%的高校图书馆拥有 3—5 名博士馆员,仅有 2.1%的高校图书馆拥有 5 名以上的博士馆员。有 152 所高校图书馆拥有获得博士学位的馆员,排在前 5 位的是:清华大学图书馆,14 人,占该馆在编工作人员总数的 9.3%;北京大学图书馆,12 人,占该馆在编工作人员总数的 7.1%;华东师范大学图书馆,11 人,占该馆在编工作人员总数的 8.3%;中山大学图书馆,10 人,占该馆在编工作人员总数的 4%;复旦大学图书馆,8 人,占该馆在编工作人员总数的 4.2%;南京大学图书馆,8 人,占该馆在编工作人员总数的 6.3%;中央民族大学图书馆,8 人,占该馆在编工作人员总数的 6.5%。

501 所高校图书馆所拥有的在编硕士馆员为 3896 名,平均每馆拥有硕士 8.1 人,中位值为 4 人,众值为 0 人,标准差为 11.3 人。有 17.3% 的高校图书馆没有硕士馆员,有 40.9% 的高校图书馆拥有 1—5 名硕士馆员,有 16% 的高校图书馆拥有 6—10 名硕士馆员,有 15.8% 的高校图书馆拥有 11—20 名硕士馆员,有 10% 的高校图书馆拥有 21—76 名硕士馆员。这些表明了硕士馆员正在成为部分高校图书馆的服务主力,也表明了今后图书馆在编馆员发展的一种趋势。硕士毕业生将成为高校图书馆引进人才的主要对象,增长较快。有 398 所图书馆拥有获得硕士学位的馆员,排在前 5 位的是:浙江大学图书馆,76 人,占该馆在编工作人员总数的 35.5%;中山大学图书馆,75 人,占该馆在编工作人员总数的 29.8%;武汉大学图书馆,74 人,占该馆在编工作人员总数的 22.6%;北京大学图书馆,62 人,占该馆在编工作人员总数的 36.7%;复旦大学图书馆,62 人,占该馆在编工作人员总数的 32.5%;四川大学图书馆,62 人,占该馆在编工作人员总数的 28.3%。各馆的硕士学历职工人数并非单纯增长,出于退休或调转等原因,也有流失。

在 501 所高校图书馆中,拥有本科学历或本科双学位的馆员达到 570 人,这也表明了本科馆员仍然是高校图书馆服务工作的主力。有 34.4% 的高校图书馆拥有 1—10 名本科馆员,有 25.8% 的高校图书馆拥有 11—20 名本科馆员,有 16.1% 的高校图书馆拥有 21—30 名本科馆员,有 15.8% 的高校图书馆拥有 31—50 名本科馆员,仅有 6.9% 的高校拥有本科馆员超过 50 名,其中拥有本科馆员最多的达到 142 人。

在 501 所高校图书馆中,在编大专馆员达到 457 人。其中有 61.5% 的高校图书馆拥有 1—10 名在编大专馆员,有 19.8% 的高校图书馆拥有 11—20 名在编大专馆员,有 9.1% 的高校图书馆拥有 21—30 名在编大专馆员,仅有 4.6% 的高校拥有在编大专馆员超过 30 人。在拥有在编大专馆员的高校图书馆中,在编大专馆员的最大值为 71 人。在 501 所高校图书馆中,学历在大专以下的在编馆员有 367 人,拥有 1—10 名在编大专以下馆员的占到了 62.6%。在 501 所高校中,大专学历以下的在编馆员最多的为 67 人。从整体上看,高校图书馆的人力资源结构,正在向知识化、专业化、高学历化方向发展,在入选"985 计划"、"211 工程"的高校图书馆表现得相当明显,t 值检验①发现,985 高校的在编馆员学历要明显优于非 985 的 211 高校。但平均到全国高校图书馆,人力资源结构转型的速度仍然显得缓慢。

---

① t 值检验指的是对不同类型高校某项数据的平均值差别的显著程度进行比较,如果两类高校填报数据的总方差相等,则说明两者平均值区别不显著;如果两类高校填报数据的总方差不等,则说明两者平均值有显著差别。

在高校图书馆的馆长中,男性馆长占到 70.9%,这一比例略低于 2010 年的 75%。专职馆长占到 89.4%,这一比例与 2010 年的 91% 比例接近。有 75.7% 的馆长学科背景为非图书馆学,这一比例比 2010 年的 82% 要低近 7 个百分点。

关于馆长的职称状况,本次调查发现,具有正高职称的馆长占到 56.9%,接近于 2010 年的 57%。具有副高职称的馆长占 36%,接近于 2010 年的 35%。具有中级职称的馆长占 5.5%,接近于 2010 年的 5%。而具有中级以下职称的馆长占到 1.5%,低于 2010 年的 3%。笔者利用 t 值检验发现:在 211 高校中的 985 高校和非 985 高校之间,馆长职称差别不大;在 211 高校及普通高校之间,馆长职称差别显著,前者的正高职称馆长要明显多于后者;在普通高校和高职高专之间,馆长职称也差别显著,前者的正高职称要明显多于后者。这些表明了国家重点高校的馆长更易获得正高职称,他们工作的平台优势要远高于普通高校。馆长职称具体分布状况,见图 6 - 6。

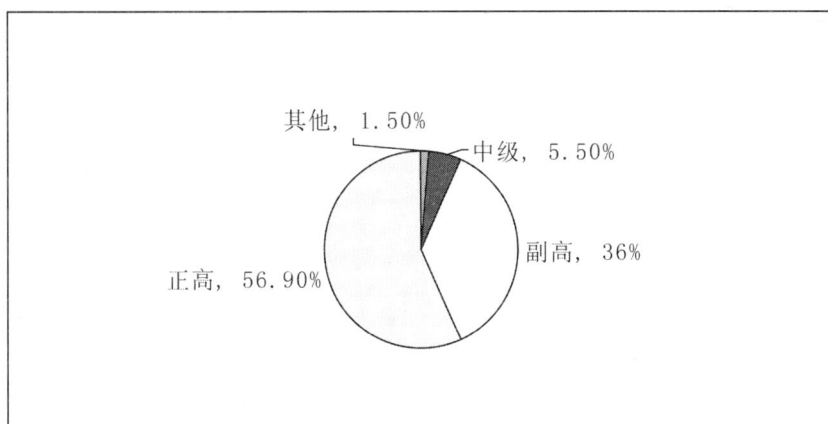

图 6 - 6　2011 年高校图书馆馆长职称类型分布图

对于馆长的学历、学位情况,本次调查也发现,具有博士学位的馆长所占比例为 20.3%,接近于 2010 年的 19%;具有硕士学位的馆长占 27.4%,接近于 2010 年的 28%;具有本科学位的馆长为 48.3%,略低于 2010 年的 50%;具有大专及以下学历的馆长为 4%,略高于 2010 年的 3%。t 值检验表明:馆长的学历/学位状况也与学校类型有关系,这种关系在 211 高校中的 985 高校和非 985 高校之间不具显著差异;在 211 高校和普通高校之间有着显著差异,普通高校的馆长学历/学位整体上要明显低于 211 高校;而在普通高校和高职高专之间,馆长学历/学位也有显著差别,前者的学历/学位要明显高于后者。馆长学历/学位的具体分布状况,见图

6 - 7。

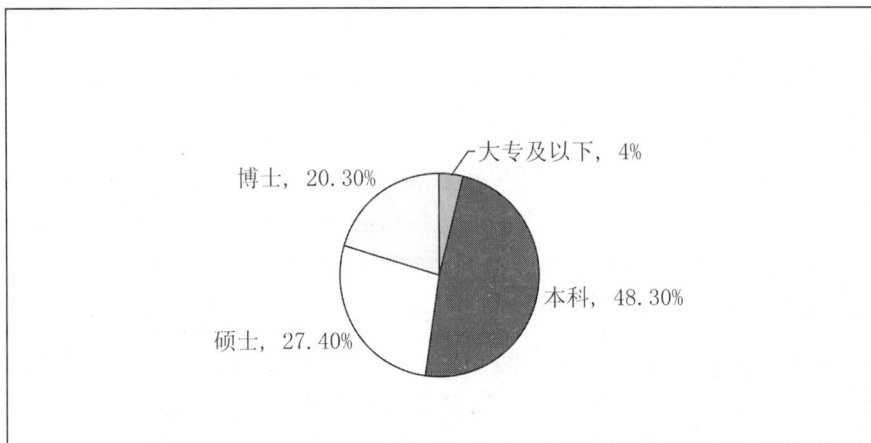

图 6 – 7　2011 年高校图书馆馆长学历/学位分布图

在 501 所高校图书馆中,填写了在编馆员人数的图书馆为 480 所,总人数为 2.15 万人,馆均在编职工人数约为 45 人,略低于 2010 年的 50 人。中位值是 31 人,众值为 15 人,标准差为 44 人。在编职工人数排在前 5 位的是:武汉大学图书馆,328 人;中山大学图书馆,252 人;上海交通大学图书馆,238 人;山东大学图书馆,237 人;四川大学图书馆,219 人。馆际差距极大,排在最后一位的上海新侨职业技术学院图书馆,只有在编职工 1 人;排在倒数第二位的武夷山职业学院图书馆,只有在编职工 2 人。

在 501 所高校图书馆中,有 470 所填写了合同制职工人数,总数为 3176 人,平均每所高校图书馆有合同制职工 6.8 人。合同制职工的中位值是 3 人,众值是 0 人,标准差为 10.8 人。合同制职工排在前 5 位的是:浙江大学图书馆,为 63 人;清华大学图书馆,为 58 人;西北工业大学图书馆,为 57 人;中南民族大学图书馆,为 57 人;同济大学图书馆,为 56 人。在 469 所填写了临时工人数的高校图书馆中,临时工的总人数为 2978 人,平均每所图书馆拥有 6.4 人。临时工的中位值和众值都为 0,标准差是 11.9 人。临时职工排在前 5 位的是:四川大学图书馆,为 79 人;浙江大学图书馆,为 72 人;华中科技大学图书馆,为 68 人;天津大学图书馆,为 67 人;榆林学院图书馆,为 56 人。有 474 所高校图书馆填写了勤工助学人数,勤工助学总人数为 12 310 人,平均每所图书馆拥有勤工助学人数为 26 人,勤工助学人数的中位值为 10 人,众值为 0,标准差为 45 人。这些表明了高校图书馆勤工助学人数相差很大，各馆不一。勤工助学人数排在前5位的是：中山大学图书馆，为378人；四川师范大学图书馆，为330人；福建农林大学图书馆，为290人；湖北经济学院图书馆，为280人；南京大学图书馆，为277人。利用t值比较发现：普通高校的合同工、临时工、勤工助学人数的平均值要明显高于高职高专院校；与211高校中非985高校相比，普通高校临时工和勤工助学人数的平均值要明显低于后者，但是合同工人数两者相差不显著；与211高校中的985高校相比较，普通高校的合同工、临时工和勤工助学人数平均值要明显低于后者。这些表明了重点高校图书馆的日常业务繁忙，需要招募更多合同工、临时工、勤工助学者来完成各项日常工作。

在501所高校图书馆中，关于职工的性别结构，有484所图书馆提交了有效数据，在编男职工总人数为7261人，平均值为15人，中位值是10.5人，众值是3人，标准差为15人。在编男职工排名前5位的是：山东大学图书馆，97人，占该馆在编职工总人数的41%；上海交通大学图书馆，90人，占该馆在编职工总人数的38%；武汉大学图书馆，87人，占该馆在编职工总人数27%；浙江大学图书馆，83人，占该馆在编职工总人数的39%；华中科技大学图书馆，75人，占该馆在编职工总人数的36%。484所高校图书馆的在编女职工总人数为14 456人，平均值为30人，中位值是21人，众值是7人，标准差为30人。在编女职工排名前5位的是：武汉大学图书馆，241人，占该馆在编职工总人数的73%；中山大学图书馆，204人，占该馆在编职工总人数的81%；四川大学图书馆，151人，占该馆在编职工总人数的69%；上海交通大学图书馆，149人，占该馆在编职工总人数的63%；山东大学图书馆，139人，占该馆在编职工总人数的59%。

四、数字化设施

在网络环境下，数字化设施的装备情况和数字化、网络化服务水平，已经成为图书馆的核心能力之一，读者关注度高，期望值大，各校也十分重视。"教育部高校图书馆事实数据库"中各馆自报的数据表明，2011年，全国普通高校图书馆均已装备各种数字化、网络化设施，以及大量新型的读者自助借还、打印、复印、扫描等设备。但是整体服务绩效有待提高，馆际服务水平差距极大，仍有一些馆在数字化、网络化服务方面作为不大。

在501所高校图书馆中，有463所高校图书馆填报了电脑统计数据，共有电脑（含笔记本电脑）约12万台，馆均为259台，少于2010年的267台，但多于2009年的228台。中位值为196台，即排在第231位的阜阳师范学院图书馆和南通大学图书馆的电脑数量。排在前5位的是：长江师范学院图书馆，2800台；福州海峡职业技术学院图书馆，1600台；重庆大学图书馆，1106台；东北师范大学图书馆，1100

台;川北医学院图书馆,1097台。

在501所高校图书馆中,共有462所高校图书馆提交了服务器台数的有效数据,服务器的总台数为5948台,馆均13台,少于2010年的13.2台,多于2009年的11.8台。平均值为8台,众值为3台,标准差是15台。服务器台数排在前5位的高校图书馆是:桂林航天工业高等专科学校图书馆,142台;中山大学图书馆,98台;福建农林大学图书馆,90台;广西机电职业技术学院图书馆,71台;福州海峡职业技术学院图书馆,60台。

在501所高校图书馆中,共有242所高校图书馆提交了有效数据,其中有147所高校扫描加工文献服务量为零,另有95所高校图书馆开展过文献的扫描加工服务,占18.9%的比例。扫描加工文献总量约为6180万页,平均到242所高校图书馆,馆均约为25.6万页。在提供文献扫描加工服务的高校图书馆中,排在前5位的是:吉首大学图书馆,3000万页;西安交通大学图书馆,405万页;华东师范大学图书馆,309万页;同济大学图书馆,277.8万页;武汉大学图书馆,277万页。

在501所高校图书馆中,有383所图书馆填写了向外传递文献的数据,共有176所高校图书馆向外传递过文献,总量约为35万篇。平均到383所高校图书馆,每馆传递914篇,标准差为3501篇,这些表明了传递情况相差很大。有3.7%的高校图书馆向外传递文献超过1万篇,有8.6%的高校图书馆向外传递文献在1000篇到1万篇之间。向外传递文献排在前5位的高校图书馆是:成都电子机械高等专科学校图书馆,31 217篇;安徽医科大学图书馆,30 000篇;北京大学图书馆,24 023篇;浙江大学宁波理工学院图书馆,19 002篇;浙江工商职业技术学院图书馆,15 866篇;浙江大学图书馆,15 360篇。

第三节　高校图书馆开展的主要工作及发展特点

一、2011年高校图书馆开展的主要工作

1.宏观协调和指导工作全面、及时、针对性强

高校图书馆的宏观协调和指导工作主要由教育部高等学校图书情报工作指导委员会(以下简称"图工委")和中国图书馆学会高校图书馆分会(以下简称"高校图书馆分会")来开展。两会依靠委员和会员,集思广益,努力为事业的发展牵线搭桥、分享经验、出谋划策。

(1)图工委召开系列会议推动事业发展

其一,教育部高校图工委召开三届三次会议总结和部署工作。

2011 年 7 月 27—28 日,教育部高等学校图书情报工作指导委员会三届三次工作会议在云南师范大学召开,本次会议的主题是"十二五期间高校图书馆发展展望"。图工委委员、各省自治区直辖市图工委秘书长、香港学术图书馆联盟成员馆负责人、特邀嘉宾等共 73 位代表与会。

教育部高教司教学条件处李静处长介绍了教学条件处一年来的主要工作,对高校图工委已经发挥的作用和将要承担的任务作了肯定和说明,重点通报的情况有:CALIS 和 CADAL 进展顺利,正在由管理中心向服务中心转变,加快了援疆援藏建设;美国"亚洲之桥"赠书转运站原有中国海洋大学、大连理工大学、同济大学、上海外国语大学、南开大学五家,现变更为南开大学和中国教育图书进出口公司,厦门大学成为"赠书中国计划"转运站;马上启动的国家级教材建设和开放课程计划,将为数字图书馆建设提供丰富资源。

四位专家作了专题报告,分别是:北京大学朱强馆长之"CALIS 三期建设进展汇报"及"高校图书馆事实数据的统计与分析",西南交通大学高凡馆长之"'211'大学图书馆文献资源发展状况年度报告",CADAL 管理中心陈海英女士之"CADAL项目工作进展与计划";香港城市大学景祥祜馆长之"香港学术图书馆联盟(JULAC)的发展概况"。

上海交通大学陈进馆长、清华大学原馆长薛芳渝教授、武汉大学燕今伟馆长、重庆大学彭晓东馆长、无锡职业技术学院冯渊副院长、四川大学马继刚馆长、南京大学洪修平馆长,分别代表图工委下设的服务创新工作组、信息素质教育工作组、文献资源建设工作组、信息技术应用工作组、高职高专图书馆工作组、队伍建设工作组、期刊研究工作组作了年度工作汇报,并对本组和图工委的下一步工作规划提出了建设性意见,展望了"十二五"期间高校图书馆的发展趋势。

随后全体与会者分为 4 组,就主题报告、各工作组的汇报、"十二五"期间高校图书馆的发展趋势展开热烈讨论。根据讨论结果,确定了各工作组下一步的任务:资源建设工作组坚持编写文献资源建设指南、核心图书目录,将工作聚焦到发展报告的撰写上,以满足各方面的期待,同时继续加强和深化对数字资源和特色资源的研究;队伍建设工作组针对馆长快速变动的现实,进行大范围调研,形成报告,以推动馆长队伍的专业化、职业化,细化对图书馆各种岗位设置和职责的描述,早日出台指南和范本加以引导;信息素质教育工作组继续将信息素质教育的评价指标、测评指南的编制进行到底;信息技术工作组就下一代集成系统、移动图书馆、RFID 等新技术在图书馆的应用进行研究和指导;服务创新工作组关注日益增多的图书馆与读者互动活动,如学生在校期间不同阶段的阅读推广等,重视服务的移动性和泛在性;高职高专图书馆虽然新归口于刚成立的教育部职业与成人教育司,但仍然可以在图工委发挥积极作用。由于新馆建设连年保持一定的数量和持续扩大的建筑规模,将考虑成立这方面的工作组对新馆的建设、运营、管理加以指导。至于进一步开放 CADAL 资源、修订《高校图书馆规程》这些重要建议,将由教育部高教司研究决策,图工委给予全力支持。

其二,教育部高校图工委各工作组召开会议和研修班落实和部署工作。

教育部高校图工委期刊研究工作组召开"教育部高校图工委期刊研究工作年会暨全国高校图书馆第十三届期刊工作研讨会"。会议于 2011 年 6 月 23—25 日在南京市举办,由南京大学图书馆承办,来自 70 余所高校的 100 多名代表参会,收到来自全国高校和公共图书馆的 140 多篇征文,有 8 位作者进行了论文汇报与交流。来自全国高校图书馆的馆长和期刊工作者与主题报告的演讲嘉宾进行了激情互动,提出了许多数字环境下期刊采购、期刊管理、期刊研究等方面存在的问题与解决办法。

教育部高校图工委秘书处与北京大学图书馆联合举办"新建本科院校图书馆馆长高级研修班"。此班于 2011 年 9 月 19—23 日在北京大学开课,来自上海金融学院、徐州工程学院等 12 所专升本高校的图书馆馆长、副馆长或馆长助理参加了研修,顺利结业,获得了由教育部人事司和高等教育司共同签章颁发的"高校青年教师高级研修班研修证书"。此次研修班邀请了国内诸多专家学者前来授课,包括教育部高教司处长李晓明、武汉大学图书馆馆长燕今伟、清华大学党委书记高瑄、清华大学图书馆副馆长姜爱蓉、南开大学信息资源管理系教授柯平、北京大学图书馆馆长朱强、北京大学图书馆副馆长肖珑以及 CALIS 联机编目中心常务副主任喻爽爽等。研修班的班主任由北京大学图书馆办公室主任别立谦担任。在培训班闭幕式上,朱强馆长给进修学员们颁发了培训结业证书。

教育部高校图工委信息素质教育工作组举办"第一期全国高等学校文献检索课教学经验交流与教师培训班"。此班于 2011 年 9 月 24 日至 29 日东北师范大学开课,来自全国 26 个省、直辖市、自治区和特别行政区的 119 所高校和文献出版机构的 277 位学员及代表参与。培训班邀请了国内文献检索研究与教学方面知名专家授课,采用主题报告、专题培训、交流座谈、案例演示等形式进行,参会人员就文检课教学的诸多问题进行了深入而坦诚的经验交流,共同推进我国高校文检课及信息素养的教学。

教育部高校图工委高职高专图书馆工作组举办"全国高职院校图书馆信息检索课程教学研讨会"。会议于 2011 年 5 月 12—14 日在深圳职业技术学院召开,主要任务是:在高职院校图书馆从规模建设到内涵发展的转变时期,研讨我国高职院校文献信息检索课程教学与信息素养教育所面临的形势、问题和对策,加强交流与学习,不断提高高职院校文献信息服务水平。主要内容包括:高职院校信息检索(信息素养教育)课程的困境与突破;高职院校信息检索(信息素养教育)课程教学模式与教学方法研究;高职院校信息检索(信息素养教育)网络课程与管理平台应用研究;高职院校信息检索(信息素养教育)课程教学经验交流。来自全国19个省市自治区、直辖市的高职高专院校的100多位图书馆馆长、信息检索课任课教师参会。这次会议层次高、信息量大、涉及面广,对全国1200多所高职院校的信息检索课教学具有积极的指导作用,对提升图书馆在学校的地位也具有重大意义。高职高专已发展了十余年,这是第一次召开信息检索教学方面的研讨会。

教育部高校图工委高职高专工作组举办"教育部高校图工委高职高专工作组第四次会议暨2011年全国高职院校图书情报工作年会"。会议于2011年10月18—22日在郑州召开,由河南省高校图工委协办,郑州牧业工程高等专科学校承办,来自全国13个省、直辖市的48所高职高专图书馆的63位代表参加了会议。冯渊总结了高职高专工作组上一年度的工作,提出了下一年度的工作计划,并向与会代表通报了"高职高专院校图书馆建设指南"起草、讨论的经过。会议邀请上海交通大学图书馆馆长陈进教授作了题为《大学图书馆服务创新之探索与实践》的主题报告。深圳职业技术学院郭向勇馆长、长沙商贸旅游职业技术学院唐晓应馆长、石家庄职业技术学院梁瑞敏馆长分别就《构建高职院校图书馆绩效评估体系促进服务创新的实践研究》、《湖南省职业教育文献资源共享服务模式探索》、《营造学习空间,提供特色资源》等内容作了专题报告。随后,与会代表分三组围绕本次会议的内容,结合本校图书馆的实际情况,就高职院校图书馆建设指南、目前所面临的诸多问题进行了热烈讨论,并对高校图书馆今后的努力方向进行了交流。

教育部高校图工委信息技术应用工作组举办"2011年教育部高校图工委信息技术应用年会"。会议由重庆大学图书馆承办,于2011年12月15—18日在重庆市召开,以"数字图书馆创新实践——技术与未来"为主题,共有来自23个省、直辖市、自治区、特别行政区的73所院校的144名代表参会。会议认为,在信息技术大发展的背景下,未来的图书馆将更加虚拟化和无纸化,图书馆将更加柔和、休闲,沙发、咖啡、躺椅、网络、小研讨室等信息空间将进一步完善,虚拟图书馆员的需求将更多,其承担的职责也会更多更重。

(2)中国图书馆学会高等学校图书馆分会加强国内外高校图书馆的评比、交流、合作高等学校图书馆分会(以下简称分会)在中国图书馆学会的领导下,在与教育部高校图书情报工作指导委员会的密切配合下,2011年圆满完成各项任务。

其一,密切配合中国图书馆学会的各项工作。

高校图书馆分会按照中国图书馆学会的安排,在系统内评选全民阅读活动"先进单位奖"和"全民阅读示范基地"。通过大力宣传,共有8所高校图书馆积极响应,经过评审,上报5所参评,3所获"全民阅读基地"称号。分会积极协助"国家图书馆文津奖"开展评选和颁奖活动。在高校图书馆系统内评出年度"优秀会员"24名、"优秀学会工作者"2名。

其二,以丰富的网站内容促进分会工作。

借助一年一度召开"高校数字图书馆发展论坛"的契机,在分会网站上对活跃在行业内的专家学者以及名人进行采访,包括国家科学图书馆馆长张晓林教授、复旦大学图书馆馆长葛剑雄教授、上海图书馆副馆长刘炜研究员、四川大学图书馆馆长马继刚教授等。分会还完成论坛的专题网页建设,增加了每届论坛的专题汇总以及与会资料在网页上的检索功能,提高了分会的学术影响力。

分会建立了网站"通讯员"制度,目前共有百余所高校的图书馆馆员参与,形成稳定的通讯员队伍,加大了高校图书馆典型案例和经验的宣传与推广。在网站上开设交流园地(网站留言板),围绕业内的主要业务和核心问题展开交流,增强专家与听众之间、馆员与图书馆的合作伙伴之间、馆员之间的讨论和交流。

其三,积极拓展与外界合作。

为了抢救和保存各个图书馆馆藏中的1840—1949年间出版的部分翻译文学作品,并使这些作品能够重新为高校的教学和科研服务,高校图书馆分会与教育部高校图工委、中印集团数字印务有限公司合作复制中国近现代(1840—1949)翻译文学作品5000册。这是继"民国集粹"项目后又一个图书再版项目。此外,为了适应图书馆文献资源建设的需要,与教育部高校图工委、瀚文典藏文化有限公司合作,按需出版《百年华文人文社会科学学术图书要目》。该计划搜集整理清末以来中国大陆、香港、澳门、台湾出版的图书目录,形成比较权威的中文人文社会科学学术图书目录,作为图书馆补充馆藏的参考依据。

高校图书馆分会还与相关公司深入合作,推广新技术在图书馆的应用。与书生公司合办"移动图书馆2.0产品交流研讨会",推动移动技术在图书馆的应用。与北京图书发行集团共同举办"2011年图书馆采购订货会暨图书出版·发行·馆藏建设学术研讨会",聚出版、发行与使用三方于一堂,共同研究图书从出版到使用各个环节出现的问题,探讨馆配商服务的评价方法以及中文图书采访模式,指导高校图书馆的文献资源建设工作。

此外,高校图书馆分会还协助中国图书馆学会组织高校图书馆的代表出席77届国际图联大会,为高校图书馆提供参与国际交流的平台与机会。继续主办"中国图书馆馆员暑期培训班(美国伊大)",2011年参加人数突破了30人,与会者相互探讨中美图书馆行业的经验和技术,开阔了视野,对促进图书馆行业与国际化接轨起到了一定的作用。

2. 资源共建共享活动进一步拓展、深化

2011年,高校图书馆的资源共建共享活动继续以中国高等教育文献保障系统(CALIS)和中国高校人文社会科学文献中心(CASHL)为两大支撑。CALIS和CASHL是教育部直接领导和指导下的旨在提高全国高校文献保障能力和水平的具有全局性和战略意义的工程,它们既是数字图书馆项目又是数字图书馆联盟,集中体现了中国高校图书馆文献资源的数字化、网络化、现代化服务和共建共享水平,它们的年度进展基本上反映了当前高校图书馆资源共享活动的广度、深度、规模、质量。下面分述CALIS和CASHL的进展。

(1)CALIS的进展

2011年,CALIS三期建设进展顺利,重点事件如下:

其一,通过了教育部组织的中期检查。2011年7月20日,教育部高等教育司在北京大学图书馆对CALIS三期建设进行中期检查,听取了CALIS管理中心副主任陈凌对三期进展情况的介绍和系统的演示,肯定了CALIS的计划,即坚持走建设与服务并举的道路,把各项服务推广到所有成员馆,让最终读者受益。

其二,管理委员会第二次会议召开。2011年12月4日,教育部在北京大学图书馆召开了"高等教育文献保障体系"(CADLIS)三期建设项目管理委员会第二次会议。出席会议的既有教育部的主管领导,也有各学校校长及馆长。CADLIS管理委员会听取了CALIS管理中心副主任陈凌对CALIS项目三期进展现状的汇报,审阅了项目的进展报告,对有关问题进行了质询,通过了子项目优化和不可预见费使用方案及验收计划。

其三,三期资源建设进展顺利。截至2011年11月,CALIS三期资源建设按计划进行,有些已超额完成任务。具体情况如下:

表 6-3　CALIS 三期资源建设进展情况(截至到 2011 年 11 月底)

建设内容	二期完成	三期新增	计划总量	已达到
中外文图书书目	260 万(含 20 万古籍)	440 万(含 80 万古籍)	700 万	907 万(不含古籍 58.7 万)完成度 100%
学位(会议)论文	42 万	80 万	122 万	62 万,完成度 25%
外文期刊	5 万种	5 万种	10 万种	11.7 万余种,完成度 100%
外文期刊论文目次	3000 万条	3000 万条	6000 万条	6445 余万条,完成度 100%
其他资源	50 万	300 万	350 万	估计完成度在 50% 左右
高校古文献	—	—	55 万	58.7 万,完成度 100%
保障式文献建设	—	—	—	完成 86.7%
共享式文献建设	—	—	—	完成 28%
全文检索	—	—	—	完成 100%

其四,民族文献数据库建设启动。2011 年 8 月 27 日,CALIS 民族文献编目工作研讨会在内蒙古赤峰市召开。CALIS 管理中心、中央民族大学图书馆、新疆大学图书馆、内蒙古大学图书馆和赤峰学院图书馆等相关人员参加了会议。会议决定由内蒙古大学图书馆牵头,团结各方力量,建立 CALIS 民族文献服务共享域。在"CALIS 三期"建设期间,以蒙文民族文献编目工作为主,建立民族文献联合目录数据库和联机合作编目、资源共享系统,为用户提供公共查询服务,为成员馆提供民族文献信息上载、下载服务,为民族文献馆际互借与文献传递、数字化等深度开发奠定基础。

其五,共享系统服务成为亮点。CALIS 三期采用云计算技术,构建两级共享系统:中心级云服务平台和共享域级云服务平台。两级云平台与高校馆本地应用系统之间通过无缝集成,形成全国三级高校数字图书馆服务体系。到 2011 年 6 月底,CALIS 管理中心与各个省中心完成了共享域管理系统、馆际互借与文献传递系统共享版、统一数据交换系统(分中心版和共享版)在省中心的部署工作,为部分成员馆开通了应用服务。

其六,馆际互借服务全面展开。从 2011 年 6 月 1 日到 12 月 11 日,CALIS 中心业务量共21 178笔;业务量排名前 20 的成员馆名单见图 6 - 8。

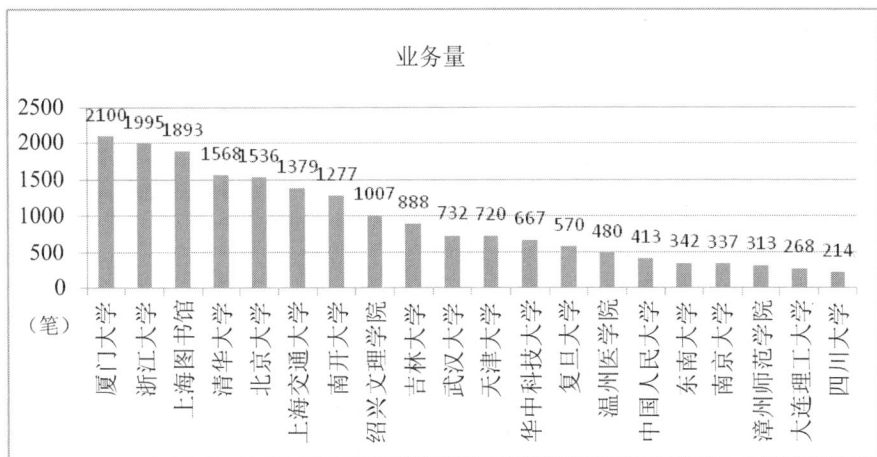

图 6 - 8 2011 年 CALIS 中心馆际互借业务量排名前 20 名的成员馆

其七,对外合作取得突破。①2011 年 10 月 25 日,管理中心与 OCLC 在北京大学图书馆召开了"CALIS 与 OCLC 合作会议"。北京大学常务副校长吴志攀出席会议,并与 OCLC 总裁兼首席执行官杰伊·乔丹(Jay Jordan)签署了《CALIS 与 OCLC 合作备忘录》。CALIS 管理中心将从 1987—2001 年间出版的中文书目记录中挑选一部分,免费供 OCLC 装入 WorldCat 网站,以便有需要的图书馆下载,同时试验开展为期一年的文献传递服务交换。② 和上海图书馆签署合作协议。2011 年 11 月 10 日,上海图书馆与 CALIS 管理中心在北京大学图书馆召开的"CALIS 馆际互借服务发布会议"上签订合作协议,发布上海图书馆面向高校的馆际互借(原书外借)服务。③开发高校图书馆事实数据库系统。2011 年 5 月 3 日,由 CALIS 承担的新版教育部高校图书馆事实数据库系统正式上线运行,网址是 http://www. tgw. cn:18080/。

其八,援藏工作正式开展。CALIS 在西藏大学设立 CALIS 西藏自治区文献信息服务中心。西藏大学正在根据本地区在文献资源保障上的实际需求,制定本地区的资源体系建设方案,从资源整合、信息服务、技术支持和推广培训四个方面获取 CALIS 的相关支持。CALIS 提供 50 万元的省级中心建设经费（其中 15 万元由 CALIS 通过招标集采的方式给省中心培训教室采购设备）；提供 10 万元专款用于西部馆员的培训；专款用于特色库（如西藏民族学院已通过审批的藏学文献全文数据库等，可继续申报）的建设经费共计 15 万元；免费提供软件支持等。CALIS 拟利用 e 读搭建西藏地区的文献信息服务平台；拟先为西藏大学及西藏民族学院开通租用馆服务；进行藏文献的编目整理等。2011 年 8 月 10 日，CALIS、CADAL 西藏自治区文献信息服务中心成立大会在西藏大学举行。西藏 6 所高校图书馆近 20 位代表参加会议。

（2）CASHL 的进展

2011 年，在建设"国家人文社会科学信息资源平台"的总体目标下，CASHL 管理中心以"调整、稳定、细化和巩固已有的资源和服务建设成果"为工作方针，在资金没有增加的前提下，仍保持了资源的持续订购和服务质量的稳步提升，为用户提供高效率高水平的文献信息服务。具体包括：

其一，以"高校文科图书引进专款项目"调整为重点，保持资源持续稳步增长。"高校文科图书引进专款项目"引进图书的协调工作逐步扩展到全部 70 个参与院校，实现了外文图书的采购、编目、流通全流程服务。70 所高校图书馆全年通过"高校文科引进专款图书订购信息平台"共发出协调采购订单 18 037 笔，自主采购订单 39 177 笔，采购经费达到 506.8 万美元，有效完成了当年图书的收藏，并对 2006 年缺藏图书进行了部分补藏。CASHL 编目组完成文专图书集中编目 41 470 种，扫描图书封面和目次页 4 万余种。CASHL 大型特藏文献新增 10 种，特藏总量达到 58 种。完成 2577 种印本期刊的采购、调整、催缺、清算等工作。CASHL 的外文期刊数据库期刊总量达到 13 065 种，期刊目次数据比 2010 年新增 1543 万条，总量达 3542 万。CASHL 的电子资源新增美国心理学会期刊数据库（APA）和文学资源中心（LRC）两个数据库，MyLibrary 电子书新增 8946 种，19 648 册。

其二，以支援西部和援疆为核心，探索东西部图书馆交流培养模式。2011 年，CASHL 继续实施"CASHL/Emerald 西部馆员培养与交流合作项目"，来自广西大学、四川大学、兰州大学、云南师范大学和内蒙古大学的五位获选馆员分别在北京大学和复旦大学两个培养基地圆满地完成了交流计划。CASHL 推出四项"援疆"措施，包括：全年免费文献服务、东西部高校图书馆馆长论坛、筹备组织新疆高校馆员进京交流团、在"CASHL/Emerald 西部馆员培养与交流合作项目"中设立新疆专项名额。2011 年 10 月 12 日，CASHL 与厦门大学、北美中国图书馆员学会（SCSL）共同主办召开了"第一届中美高校图书馆合作发展论坛暨地区研究与图书馆资源建设研讨会",主题为"地区研究与大学图书馆资源建设"。

其三,以"CASHL 走入……"为主题的宣传推广活动精彩纷呈。2011 年,CASHL 走入了青海、新疆、湖北、天津、广东、吉林和江苏共七省市区,另在华东南和西南地区开展了丰富多彩的宣传推广活动。并面向华中地区教育部人文社科重点研究基地开展了深度宣传推广。全年新增成员高校 51 家,高校图书馆总量达到 634 家(含高校及人文社科科研机构)。新增注册用户15 061个,累计用户总数达到了63 696个(含 3000 多个机构用户)。个人用户中 90% 为人文社科教师、研究人员和研究生。

其四,期刊服务数量和质量继续增长,图书借阅、代查与代检渐成规模。CASHL 的全年人工期刊文献传递服务达到122 769篇,累计服务量突破 64 万篇。服务质量的平均满足率达到 94.83%,完成时间为 1.93 天。其中代查代检文献 9272 篇,满足率90.03%,完成时间缩短到 2.31 天。已有 84 家高校图书馆开通了代查代检服务,满足了学者们足不出户借阅北大、清华、复旦等全国著名高校图书馆馆藏的愿望。2011 年处理图书的馆际借阅申请 1664 笔,其中返还式借书 495 册,比 2010 年有明显增长。电子资源全文下载量:JSTOR 下载 227 万篇;MyiLibrary 电子书下载34.5 万页,比 2010 年增长了 26%。EEBO 和 ECCO 数据库下载量超过 11 万页,比 2010 年有较大幅度增长。PAO、EAI 等其他数据库下载量与 2010 年接近。

其五,内部运行管理走向成熟。在 2011 年的 CASHL 服务评估中,服务馆全部达到优质服务,其中获得一等奖的有 13 所。CASHL 的硬件设备、财产管理已走向规范化,保证了在国家规定的时间内高效合理地使用经费。CASHL 圆满完成与 34 家成员馆的服务结算工作,结算金额113 206元,并成功举办"2011 年中心馆馆长工作会议暨 2010 年工作总结表彰会"、"高校馆际互借协调组工作会议"等一系列专业会议和大型工作会议。CASHL 还完成了教育部人文社会科学研究规划项目"高校人文社科外文文献资源的布局与保障研究",为 CASHL 下一步资源建设奠定基础;部分完成教育部社科司"高校人文社会科学重点研究基地科研评估方案"的实验项目。

其六,用户对 CASHL 服务馆的评价良好。2011 年 10 月 1 日,周士宏评价 CASHL 学科中心厦门大学图书馆:"服务非常好,应该号召全国的图书馆学习。" 2011 年 10 月 19 日,沈杨评价 CASHL 华东北区域中心南京大学图书馆:"一流的大学,一流的图书馆文献传递。"2011 年 10 月 30 日,王扬评价 CASHL 学科中心南开大学图书馆:"在被多个图书馆拒绝之后,非常感谢南开能帮我们补全这本书的信息。"2011 年 10 月 31 日,曹洪霞评价 CASHL 学科中心东北师范大学图书馆:"很满意! 每次选文献首选东北师范大学图书馆。"

3. 各馆积极竞争科研项目,比赛服务创新

高校图书馆之所以能够面对"批判意识"强烈的高校师生,依然赢得较高满意度,在大多数高校都是教辅机构中最受好评的部门,重要的一条经验是紧密跟踪新技术、新环境、新需求的变化,满怀激情地开展业务研究,及时而且大胆地进行服务创新,保持图书馆服务亮点不断,与时俱进。

(1)竞争科研项目

2011 年度国家社会科学基金资助项目中,高校图书馆申请到的约有 12 项①,占总项目的 12.5%。其中重点项目有 1 项,为北京大学图书馆朱强馆长所申报的"面向泛在信息社会的国家战略及图书馆对策研究";一般项目有 11 项,分别为:上海交通大学李芳的"中外分类知识组织体系互操作实证研究",华东师范大学胡小菁的"《资源描述与检索》的中文化及其应用研究",清华大学张成昱的"基于用户体验的移动数字图书馆服务整合与系统集成研究",内蒙古科技大学王龙的"阅读史写作研究、边界、视野、史料和方法论研究",兰州大学李强的"敦煌写本类书籑金整理研究",河南大学李景文的"刘向文献编纂实践与编纂思想研究",天津大学杨祖国的"中国专利文献与世界科学论文之间的引文分析研究",山东理工大学李长玲的"基于社会网络分析的学科评价研究",四川大学姚乐野的"基于知识管理的跨部门政府信息资源整合与共享路径研究",中山大学罗春荣的"我国政府信息公开成效与影响因素分析",宁夏大学陈冬梅的"回族古籍资源的文献价值与数据库建设研究"。

(2)比赛服务创新

如北京大学图书馆新开发了"借阅历史查询系统",该系统提供自 2007 年 1 月 1 日以来的读者借阅数据。数据更新频率为月更新,每月初增加上月借阅数据。读者登录系统后,可以查看与导出个人借书信息。图书馆对教学参考书阅览室的图书进行了基于 RFID 的读者自助借还功能的测试,将提供教学参考书的外借服务。本校读者借馆际互借证,或者取馆际互借处代借的外馆图书时,借阅流程同本馆的普通图书,均不需再押证件。借阅信息也将计入本人在本馆的借书账户,每借一个馆际互借证或者一本外馆图书都将占用本人借书权限一册。图书馆可同时容

---

① 由于此处所获取的项目申报者的单位信息只能依靠网络查找,遇到同一学校同名者则默认工作单位为图书馆;有些申报者既在图书馆工作,也在相关院系教课,本处也归入图书馆,因此高校图书馆所申报的国家社科基金总项目数取的是最高值。

纳约30人的多媒体研讨室面向北京大学师生免费开放,读者可在线预约,利用多媒体设施可开展教学、研讨、会议或其他学术活动。该馆发布了基于WAP2.0的移动图书馆平台。该平台适用于绝大多数低端、中端和智能移动设备。读者可以通过移动终端浏览器利用该平台进行馆藏查询、馆藏续借、馆藏预约、借阅状态、借阅历史查询、最新消息、讲座信息等操作。推出了数字报纸阅读服务,首批精选了30份报纸,每天及时更新内容。在42寸的超大触摸屏上,读者只需轻轻点击,就可以浏览最新的新闻资讯,原汁原味的版面。图书馆特精选"北大教授推荐——对我最有影响的几本书"中的101部经典作品,以汉王书城提供的HTXT格式和图书馆提供的PDF格式载入汉王电纸书中,读者能用汉王电纸书体验经典阅读。"2011毕业季主题活动"主要由四部分组成:"毕业墙"、"学子推荐"展板、"图书漂流"活动,大受毕业生的好评;读者小报《图书馆视界》推出8期专刊。为了纪念辛亥革命一百周年,图书馆在阳光大厅展出了"纪念辛亥革命一百周年清末报刊展"。为了方便读者进行更加便捷和全面的学术资源检索,图书馆引进了学术资源发现与获取系统——"未名学术搜索"。电子教学参考书是教学参考书的电子版,是数字化图书馆的重要组成部分。首次发布的电子教参系统中有中文教参书近2000册,英文教参书近1000册,涉及500多门课程,以学校本科教学课程为主。

清华大学图书馆秉承"以读者为中心、以服务为主导"的理念,着力于推送服务、传播服务,充分发挥信息技术的威力,退出了SRT项目,以学生的视角来设计制作适合他们的教学视频短片。对移动数字图书馆服务进行更新和完善,在原有手机图书馆功能上增加了基于短信和WAP服务,拓展了手机访问电子资源的范围,以期在校园网之外,为校内广大师生提供一个更为便捷的信息平台,支持广大师生随时随地地通过手机、以WAP网站或短信的方式利用图书馆资源和服务,包括数据库资源的检索、下载以及馆藏书目的查询、预约等。在百年校庆之际,图书馆开放老馆大库,让读者感受老馆的古朴而深沉的风采,涵泳"自强不息、厚德载物"的清华精神。清华大学书生移动图书馆是书生公司为清华大学定制开发的移动图书馆系统,提供包括书目检索、电子资源检索和移动阅读等功能。图书馆整合了《清华大学学报:自然科学版》等132种电子期刊的最新文章信息。读者经由无线移动数字图书馆系统(TWIMS)的Web平台订阅目标刊后可定时接收到包含最新文章信息的彩信。信息空间由学习创作区、文印服务区等部分构成。学习创作区目前配置了48台PC机,其中包括43台普通PC机、2台苹果机和3台双屏机。读者和捐赠者只要订阅捐赠新闻RSS Feed,即可及时了解到最新捐赠动态。推出"清华大学学术信息发现平台",又名"水木搜索"。

武汉大学图书馆为了增进读者对图书馆办馆理念及资源、服务和规章制度的了解,解决读者使用图书馆时遇到的各类实际问题,消除双方的理解鸿沟,开辟读者与图书馆信息沟通的渠道,举办了"我与图书馆"的活动。郑州大学图书馆开展了"学科推动,延伸服务——学科服务及情报分析走进院系"的一系列讲座活动,深受各院系师生的好评。南京大学举办了第六届读书节,收到200篇参赛作品,评选出59名获奖者,这种活动深受读者好评。南京理工大学所成立的读者协会,在2011年继续开展爱心图书漂流活动,以"分享·信任·传播,让我们的爱心永远传承"作为图书漂流的理念与价值,其读书节活动吸引了大量的师生参与,获得较大的影响力,形成了南京理工大学图书馆特有的阅读推广的模式。南京师范大学图书馆所展出的形象宣传图片《早安!图书馆大叔欢迎你!》被评为南京师范大学2011年度"十大新闻",这种宣传能够营造出良好的阅读环境。

中山大学图书馆坚持以传统资源建设为本。十余年来一直致力于创建高校乃至全国领先的古籍修复中心,除此之外,还大力鼓励学校知名教授和校友向图书馆捐款捐书,2011年接受岭南学院校友捐款16万元,用于采购专题图书。2011年6月,黄海章教授的子女与中山大学图书馆馆领导签署了"黄海章教授藏品捐赠协议"。目前中山大学图书馆已经有:端木正教授藏书、叶汝贤教授藏书、吴宏聪教授藏书、石光瑛手稿等多宗珍贵捐赠。厦门大学图书馆在学校九十周年校庆的时候,开发出了"厦大文库"。

四川大学图书馆重视吸收志愿者参与图书馆服务,通过层层考核,平均每学期招收500名志愿者,在校志愿者累计约4000余名,成为学校人数最多,志愿服务时间最长,涉及学院、专业最广的一支志愿者队伍。四川大学还别出心裁地安排了图书馆领导接待日,专门接待全校师生读者,解答他们在利用图书馆中的各种疑难问题。重庆大学图书馆坚持用信息化提升管理能力,以图书馆2.0理念全面改造图书馆集成系统,受到读者和业界好评。积极让大学生参与图书馆管理,在学生中成立图书馆管理委员会,编辑小报、举办读书沙龙,充分调动起学生服务图书馆的热情。图书馆还开展了校友服务管理平台,方便校友使用图书馆的各项资源。"书香重大"读书协会继续运行,并继续接收新成员。

高校图书馆的服务创新不胜列举,可以说,跟上时代、解放思想、更新理念、顺应需求、千方百计地为读者服务,已成为高校图书馆的共识,大家各有创新,又取长补短、相互借鉴,不断开创着高校图书馆竞争、交流、合作、共享的新局面。

二、2011 年高校图书馆发展特点

1. 文献资源共享方面加强援藏援疆

结合国家关于西藏工作、新疆工作的大政方针,教育部指示中国高等教育文献保障系统(CALIS)和中国高校人文社会科学文献中心(CASHL)以及全国高校图书馆,在文献资源共享、队伍建设等方面给予西部特别是西藏藏族自治区和新疆维吾尔自治区以重点关照和优惠,要将先进的服务和理念延伸、传播到这些地方的高校图书馆,促进边疆地区、民族地区文化、教育、科学事业的发展,使少数民族人民更好地享受改革开放所带来的文化成果。为此,CALIS 和 CASHL 都在 2011 年紧锣密鼓地开展了援藏援疆工作。CALIS 在西藏大学设立 CALIS 西藏自治区文献信息服务中心。CASHL 推出四项"援疆"措施,包括:全年免费文献服务、东西部高校图书馆馆长论坛、筹备组织新疆高校馆员进京交流团、在"CASHL/Emerald 西部馆员培养与交流合作项目"中设立新疆专项名额。

2. 信息技术应用方面加快试用推广

移动数字图书馆技术、无线射频技术,SoLoMo 技术——社会的(social)、本地的(local)、移动的(mobile)互联网应用技术,数据发现技术等新信息技术,都在 2011 年被中国高校图书馆所敏锐关注并被试用、推广,如北京大学图书馆、清华大学图书馆带头推出移动数字图书馆系统,上海交通大学全面考察无线射频技术在高校图书馆应用的益处和局限,新落成的中国人民大学图书馆采用无线射频技术,SoLoMo 技术广泛地用于各高校图书馆的网站,北京大学图书馆和清华大学图书馆率先启用学术资源发现系统。

3. 人力资源建设方面注重研修交流

教育部高校图工委素有通过举办培训班、研修班等形式培养人才的优良传统,也积累了许多宝贵经验。2011 年,图工委所举办的两个培训班受到了业界的充分肯定,成为高校图书馆人力资源建设方面的亮点。一是承接教育部的暑期培训任务,图工委秘书处与北京大学图书馆联合举办"新建本科院校图书馆馆长高级研修班",使那些从教授岗位转任图书馆馆长的"半路出家者"受益匪浅,快速地充实了最先进的办馆理念,于他们个人、于图书馆事业都特别有益。二是教育部高校图工委信息素质教育工作组举办、东北师范大学图书馆承办"第一期全国高等学校文献检索课教学经验交流与教师培训班",使全国开设文献检索课的老师们中的佼佼者汇聚一堂,分享经验、切磋交流,并在网上公开课件,有力地促进了同行们共同提高素质,推动了课程改革和优化。另外,CASHL 的"CASHL/Emerald 西部馆员培养与

交流合作项目"也起到了很好的培训效果。研修和馆际交流这种形式针对性强,便于短期、快速、有效地培养骨干,将进一步提倡。

4. 空间家具设备方面迎接转型革命

2011年暑假期间,北京大学图书馆馆长、教育部高校图工委秘书长朱强带领该馆骨干参观美国哈佛大学、康奈尔大学和芝加哥大学的图书馆,发现在数字图书馆更加成熟的阶段,数字资源日益增多,读者的数字阅读习惯逐步形成,高校图书馆正在发生重大变化,其特征是:书架将大量地退回到密集书库,留下更多的空间供学生使用家具、电子设备,完成学习、研究和小组讨论。将来各大图书馆的竞争主要表现为:数字资源量的竞争、网速的竞争、创意家具的竞争、数字设备性能和设计的竞争、家具和设备的可移动性和组合机动性以及美感的竞争、空间可伸缩性的竞争、环境整体设计的竞争、科技和艺术体验的竞争。2011年的中国高校图书馆明星是清华大学人文社会科学图书馆、武汉大学新图书馆、北京师范大学新图书馆和中国人民大学新图书馆,因为它们都是该年落成并启用的,体现了最新的建筑理念,采用了最新的图书馆装备,这几家新馆很明显的共性是空间可伸缩性强、家具的可移动性和组合性提高、小型研讨室增多、数字设备更具先进性和设计感,这些特点都是和美国的高校图书馆不约而同的,预示着高校图书馆在空间、家具、设备方面正在悄悄发生转型革命。

第四节　高校图书馆事业展望与发展趋势

一、新馆建设和古籍资源建设需要加强指导

从上个世纪90年代开始,高校图书馆每年在建的图书馆的数量和面积一直在提升,建筑质量也在连年提高,2011年虽然平均面积微有下降,但新馆建设的势头依然强劲,面对这个情况,考虑到下一步高校图书馆的竞争很大程度上体现为建筑风格、装修品位、空间布局、整体格调的竞争,环境体验和阅读体验将并列成为高校图书馆的核心竞争力,教育部高校图工委计划成立新馆建设工作组,对新馆的建设、运营、管理加以指导。随着国家文化大发展、文化大繁荣政策的实施,图书馆的古籍收藏和保护功能越来越受到社会舆论的关注和监督,政府相关部门每年也都在推动图书馆的古籍普查,并逐年评选、追加古籍保护单位。和高校图书馆庞大的古籍存量相比,高校图书馆的古籍保护人才和技术却状况堪忧。为此,教育部高校图工委计划在2012年成立古籍资源建设和保护工作组,以指导高校图书馆重视古籍资源采选,复兴古籍保护技术,加快队伍建设。北京大学图书馆等还打算行使公

益机构优先竞购权,积极参与拍卖市场上的古籍选采。

二、积极应用最新信息技术建设智慧型图书馆

目前中国的上海等世界大都市都在积极利用无线移动、无线射频、物联网等技术建设智慧型城市,图书馆作为对信息技术反应敏感,应用信息技术及时、普遍、基础好的机构,应该在智慧型城市建设中发挥先行作用。高校图书馆是科研教学机构的窗口,面向的是求知欲、体验欲、好奇心强烈的大学生,更应该在新技术应用方面走在前面,强化图书馆科技装备、科技体验,使图书馆更好地成为宿舍、教室之外的最令大学生感觉舒适、整洁、新奇的第三生活空间。北京大学等校的图书馆计划在 2012 年推出苹果公司系列产品体验室、各大品牌平板电脑体验室,还有高校图书馆研究关联数据,研究体感技术在图书馆各系统平台上的应用,开发移动终端应用,都是向体验型、智慧型图书馆迈进的尝试。

三、未雨绸缪迎接破坏性技术和颠覆性变革

在创新型社会,随时会出现对传统而言堪称破坏性的技术,逼迫某个行业作出颠覆性变革。如触屏技术颠覆了按键式手机,智能手机颠覆了固定功能的手机,而苹果公司采用重力感应技术生产的手机,又一举颠覆了其他手机。而这些变化不过发生在短短几年之间,跟上潮流的手机制造商崛起了,反映迟钝的手机制造商落后了。在图书馆行业,也面临着很多破坏性技术,如数字资源的出版垄断造成价格上涨,谷歌公司的每一次大规模书籍扫描计划都让图书馆恐惧和处境尴尬,平板电脑上越来越逼真的模拟阅读体验也让图书馆的纸质图书的借阅量不断下降……面对种种破坏性技术,图书馆正在由数据加工者、生产者转变为单纯的购买者,而且是卖方市场的购买者。是破解还是顺应这种局面,是忍气吞声地接受被施予的破坏性技术,进行被动的颠覆性变革,还是研发自身的破坏性技术,进行主动的颠覆性变革,这是引起当前的中国高校图书馆特别关注和思考的问题。

四、结合环境和技术变化重新定义大学图书馆

2011 年美国有位图书馆员发表了一篇标题为《2050 年高校图书馆尸检报告》的文章,为大学图书馆写讣告和墓志铭。然而中美等国大学图书馆的发展却表明,大学图书馆不但没有萎缩,反而在快速扩张。可是究竟向哪个方向发展,中外大学图书馆界的确都很迷茫。美国近两年召开的图书馆界会议,最经常出现的主题是"变革"和"创新",北京大学图书馆已在 2011 年为 2012 年纪念建馆 110 周年而举

办的国际会议的主题确定为"变革与走向:重新定义大学图书馆的未来",希望在国内外高校图书馆界的集思广益下,中国高校图书馆能结合环境和技术变化,重新定义大学图书馆,为事业的发展探索出一条目标明确、读者满意、员工投入、舆论赞赏的正确道路。

（执笔人:王波　吴汉华　姚晓霞　关志英　王琼　朱强）

第七章 专业图书馆事业发展报告

第一节 专业图书馆事业发展综述

在我国,专业图书馆是一个复杂的体系,包括了学术性研究机构图书馆、专业服务性文献情报机构、事业单位图书馆和专门机构类图书馆等,广泛地分布于各行业、各系统,覆盖了科研机构、政府体系、事业机构、非政府组织等,其主要任务是紧密结合本系统本单位的业务活动,以其专业人士、专业馆藏,提供某一专业或学科领域的文献信息服务。我国专门图书馆事业的结构是由自成系统的各行各业的专业图书馆所组成。从纵向看,各个系统都建立了各自的图书情报网络系统,每个系统设有中心图书馆,负责牵头协调图书情报业务工作和学术活动。如:中国科学院系统的中国科学院国家科学图书馆,中国社会科学院系统的中国社会科学院图书馆,农业科学院系统的中国农业科学院图书馆,医学系统的中国医学科学院医学图书馆、中国中医科学院图书馆、解放军医学图书馆,以及行业内的图书文献情报协作系统,如国防科技信息中心、中国化工信息中心、冶金信息标准研究院、中国机械信息研究院等,都是行业系统内图书文献协作网的"网长"单位。这些较大规模的、具代表性的专业图书馆,在推动我国专业图书馆事业的发展中发挥着示范和引领作用。

2011年,各专业图书馆在资源建设、检索服务、工具研发、学科化服务、文献服务推广、专题信息咨询、服务系统与平台建设等方面取得了较大进步。采取采购、自建等方式,重点丰富了数字化馆藏,建立大规模元数据仓储系统,实现一站式检索与服务;在调研客户需求和数字化文献信息资源的基础上,建立文献保障与服务网站,为用户提供远程文献保障服务;组织开发集成化的网络文献信息检索服务系统、智能化揭示系统、文献传递系统,实现文献信息的远程获取和智能化呈现;组织开发专题文献信息服务系统和门户网站,面向用户的信息需求,开展直接服务和专业化咨询服务;开发知识组织工具,实现对文献信息的知识化组织,推动专业图书馆文献信息服务向学科化服务、知识化服务转型;开发和集成知识揭示、信息分析工具,将文献计量、内容分析、主题分析等方法在专业图书馆服务中应用;建立智能化知识分析与服务平台,支撑学术研究和专题咨询;组织建立专业化、学科化服务队伍,针对用户的专业文献需求开展信息资源分析、文献信息需求分析、信息获取行为分析、专题文献信息保障、专题情报调研等专业化服务,通过推广和培训提升文献信息保障水平;针对用户的决策信息需求,组织开展专题发展态势、学科领域发展态势、政策与管理咨询等服务,形成专业化的情报调研报告、咨询报告;专业图书馆机构还进一步加强了文献信息共享与联盟体系建设,广泛开展学术交流与项目合作,提升专业图书馆机构面向未来知识化服务、智能化服务的发展潜力。

第二节 专业图书馆事业发展基本数据

一、中国科学院国家科学图书馆

文献资源建设方面,截至 2011 年底,中国科学院国家科学图书馆(以下简称中科图)累计为中国科学院各个研究所开通数据库 150 个,使全院研究所可共享的外文期刊达 15 190 种,外文电子图书 34 416 卷/册,外文电子工具书 3560 卷/册,外文电子会议录 29 385 卷/册,外文电子学位论文近 33 万篇,中文电子图书 40 万余种,中文电子期刊 11 582 种,中文学位论文 151 余万篇。员工与馆舍方面,截至 2011 年,中科图的员工达 500 余名,馆舍面积 8 万平方米。服务方面,中国科学院国家科学图书馆协调组织中国科学院 123 个研究所图书馆(信息中心/文献情报中心),推动嵌入科研一线的文献信息服务向知识服务转型。全年组织完成各类科学文化传播活动 300 余场,其中大型活动 45 场、讲座与论坛 107 场、主题展览 25 场、各类会展服务 130 多场,到馆直接受众达到 6 万人次,专题巡展观众超过 20 万人次。全文传递系统共接受请求 12.9 万篇,满足率 95.7%。

二、中国科学技术信息研究所

文献资源建设方面,2011 年共采购印刷版外文科技期刊 4275 种,开通外文网络版期刊 8032 种。同时,收集印刷版中文科技期刊 6975 种,订购网络版中文期刊 9200 种。采集外文会议文献 2312 种,中文会议 3150 册。通过采购、交换等方式获取科技报告 161 307 份。同时收集中文学位论文 223 622 册,继续成为国内最大的学位论文资源体系。在数字资源建设与保障方面,采购开通国内外数据库 53 种。服务方面,2011 年科技文献和信息保障与服务能力有的得到进一步提升,全年完成全文传递服务 14 万份,同比增长 5%。完成国内用户文献代查代借 3890 份,国外用户文献代查代借 494 份。全年受理科技查新 545 项,完成收录引证服务 1622

份。完成用户电话咨询3189人次,用户 Email 咨询1783人次;网站点击量达到4137万次,页面浏览1512万次,访问次数为49万人次。接待到馆读者2812人次,文献扫描复制量达到55万页。2011年,全面开展馆藏印本文献清理工作,基本完成1985年以来馆藏西文文献回溯编目,并全力开展1985年以前馆藏外文文献回溯编目,完善数据仓储资源建设。

三、中国社会科学院图书馆

2011年购置中文普通图书16 697种、28 500册,地方志342册,学位论文约37 000册,外文图书4750种、5100册。此外,接受中文赠书1000多册,接受外文赠书700多册。继续加大对电子资源投入力度,扩大电子资源建设所占比重。组织晚清期刊、民国期刊数据库、牛津期刊、美国国会文集等20余批数据库试用,续订40个数据库,新增数据库7个,分别为联合国产业统计数据库、万方中文数据库、JCR、美国国会文集、中国统计年鉴挖掘版、乌利希期刊分析系统、晚清民国期刊。全年共组织培训5次,在线培训2次。2011年1月至10月期间,维普期刊数据库合计访问172 031人次,下载全文498 521篇,中国期刊全文数据库下载全文1 443 657次,中国博士学位论文全文数据库下载全文113 348次,中国年鉴网络出版总库下载全文20 875次。中国资讯行下载36 476次。NewsBank 报纸全文数据库检索2230次,浏览13 844次。整体上看,数据库使用量成稳步上升趋势。2011年,中国社会科学院图书馆接待读者20 505人次,借还图书86 882册,其中借书43 135册,还书43 747册。

四、中国农业科学院图书馆

文献资源建设方面,2011年共采集外文期刊2500种,外文会议录、科技丛书等文献287套,外文学位论文300种,中文期刊1527种、中文报纸107种、中文年鉴等工具书412种、中文图书1614种、中文学位论文948种、中外文数据库39种。服务方面,引进的全文数据库利用率进一步提高,特别是国外电子期刊数据库利用率显著提升,中国农业科学院京内外直属研究所全年下载外文全文文献较2009、2010年分别提高了57.40%和10.22%。全年共开展宣传及培训活动23场次,培训用户1760多人次。

五、中国林业科学研究院图书馆

文献资源建设方面,至2011年底,共拥有各类数字化的中文林业科技文献全文 6000 多万篇,外文文摘数据 5000 多万条,网络版学术期刊 800 多种。与中国农业科学院继续联合引进 ProQuest 农业与生物科学 2 个全文数据库,共 750 种学术期刊全文的网络使用权。服务方面,2011 年中国林业信息网的用户访问量达到 59 万人次,自建数据库资源的用户下载记录数达到 49 万条,引进的数字化资源镜像站点和网络版全文期刊数据库的用户访问量累计达到 180 多万人次,全院用户累计下载文献原文达到 260 多万篇。图书馆全年共接待到馆读者 2545 人次,借还书刊资料 5676 册,为本院及院外读者提供原文传递 414 篇,完成咨询项目共计 60 项,成果鉴定 16 个,报奖 24 个,立项 13 个,专题追溯 5 个,收录引证 145 个。

六、中国中医科学院图书馆

现有藏书 43 万余册,其中中医古籍 1.3 万余种 11 万余册,约占存世中医古籍种类的 60%;视听文献 1275 种,缩微制品 640 余种;中外文电子书 20 余万种,CNKI、万方、维普等全文数据库及 SCIE 等检索系统;中外文网络数据库 33 种,自建数据库 69 种。图书馆以书刊借阅、古籍复制、馆际互借、网络服务、联机与光盘检索等方式向国内外读者提供服务。

七、解放军医学图书馆

2011 年全年接待来馆读者 8.7 万人次,借还图书 4.44 万册,办理读者借阅证件 2217 个,审核验证 4138 个,提供文献传递 3663 篇,为来馆读者复印文献 120 万页。实施文献信息资源整合工程,完成馆藏数据库的整理提交、IP 地址授权配置、整合检索功能测试等系统应用工作,实现了 7584 种中文期刊、5888 种外文期刊和 8402 种免费 OA 期刊的整合检索,满足了科技人员对更广范围文献的高效查找、定位和获取需求。

八、中国标准化研究院国家标准馆

2011 年全年完成了 7 万余条的标准数据加工任务以及 160 多个标准数据库的维护更新工作,数据总量累计达 150 万条,进一步完善适应数字时代的标准文献信息资源保障体系。截止到 2011 年 12 月 15 日,接待到馆用户 3089 人次。全年接听用户咨询电话:20 000 余人次,处理传真 2000 余份,电子邮件 10 000 余封。与政府部门、行业协会、高等学校、科研院所、地方标准化机构和企事业单位广泛合作,合作伙伴与服务对象遍布全国 28 个省/直辖市。

第三节 专业图书馆开展的主要工作及发展特点

一、积极采购数字化文献资源,完善文献信息保障体系

专业图书馆的主要使命是为本机构和相关机构提供专业化文献信息保障与服务。在数字化文献信息服务的大环境下,2011 年专业图书馆机构基于一贯的发展理念,重点加强了数字化资源体系建设,结合本机构和服务对象的文献需求,建立了基本完善的数字化资源体系,建立了数字化的文献信息服务体系,在我国自主创新能力建设的信息保障与服务中发挥着重要作用。

中国科学院国家科学图书馆于 2006 年 3 月 18 日正式挂牌,由中国科学院所属的文献情报中心、资源环境科学信息中心、成都文献情报中心、武汉文献情报中心 4 个机构整合而成。总馆设在北京,下设兰州、成都、武汉 3 个二级法人分馆,并依托若干研究所(校)建立特色分馆。国家科学图书馆采取理事会领导下的馆长(法人)负责制,全馆统一规划、统一管理核心文献情报服务工作,统一组织国家科学图书馆和中科院文献情报系统资源服务体系建设,协调组织国家科学图书馆的学科信息服务、情报研究服务,协调人力资源管理。2011 年国家科学图书馆在周密分析需求分布和创新资源引进方式的基础上,继续加大数字化文献资源的引进力度,完善文献资源建设规范,努力提高资源保障与服务效率。截至 2011 年底,累计为中国科学院各个研究所开通数据库 150 个,使全院研究所可共享的外文期刊达 15 190 种,外文电子图书 34 416 卷/册,外文电子工具书 3560 卷/册,外文电子会议录 29 385 卷/册,外文电子学位论文近 33 万篇,中文电子图书 40 万余种,中文电子期刊 11 582 种,中文学位论文 151 余万篇。同时新增国家气象局、中国社会科学院、航空工业发展研究中心、核科技信息与经济研究院、船舶研究院 714 所、兵器工业总公司 210 所等第三方供应渠道。全文传递系统共接受请求 12.9 万篇,满足率95.7%。结合情报团队需要,初步建成了科技政策、空天、能源、信息、资源环境 5个领域的自动动态监测系统;推出了新版的跨库检索服务系统。

中国科学技术信息研究所成立于 1956 年,2000 年 7 月成立了国家工程技术图书馆总馆,是国内最大的工程技术领域专业图书馆,全面支撑国家创新体系,满足科技自主创新的信息需求。2011 年,继续实行强化遴选评价、优化学科结构、丰富品种数量、提升资源质量的策略和方针,在数字化资源体系完善和特色资源建设方面取得良好进展。在文献资源建设方面,采购印刷版外文科技期刊 4275 种,开通网络版外文期刊 8032 种。同时,收集印刷版中文科技期刊 6975 种,订购网络版中

文期刊9200种。采集外文会议文献2312种,中文会议文献3150册。通过采购、交换等方式获取科技报告161 307份。收集中文学位论文223 622册,继续成为国内最大的学位论文资源体系。在数字资源建设与保障方面,采购开通国内外数据库53种,包括 SCIE、SSCI、EI、INSPEC、CA 等著名二次文献数据库,以及 IEEE、SPIE、AIAA、SAE、ASCE、ASME 等专业全文数据库。作为美国 UMI 公司电子版优秀博士论文集团采购的龙头单位和镜像站点之一,2011年采购和新增外文学位论文25 410篇,镜像站全年论文下载数量达到 59 万篇。另外,2011年从汤森路透公司采购世界专利组织,欧洲专利局,美国、英国、德国、法国"四国两组织"专利全文数据2000万条,成为国内专利数据最为丰富的图书馆。

中国社会科学院图书馆2011年推进纸本资源与电子资源建设协调发展,扩大数字化文献资源建设范围。全年购置中文普通图书16 697种、28 500册,地方志342册,学位论文约37 000册,外文图书4750种、5100册。此外,接受中文赠书1000多册,接受外文赠书700多册。全年共组织晚清期刊、民国期刊数据库、牛津期刊、美国国会文集等20余批数据库试用,试用内容涉及社会科学研究的各相关学科领域。2011年续订40个数据库,拟新增数据库7个,分别为联合国产业统计数据库、万方中文数据库、JCR、美国国会文集、中国统计年鉴挖掘版、乌利希期刊分析系统、晚清民国期刊。

中国农业科学院图书馆2011年共采集外文期刊2500种,外文会议录、科技丛书等文献287套,外文学位论文300种,中文期刊1527种,中文报纸107种,中文年鉴等工具书412种,中文图书1614种,中文学位论文948种,中外文数据库39种。2011年,引进的全文数据库利用率进一步提高,特别是国外电子期刊数据库利用率显著提升,中国农业科学院京内外直属研究所全年下载外文全文文献较2010年提高了10.22%。2011年,特别加强了文献资源分析,提高文献资源采购决策的科学性。采用引文分析的方法,对2008—2009年 SCI 和 CNKI 收录中国农科院科研人员发表论文和学位论文所引用国外期刊文献进行分析,共采集外文参考文献数据214 889条,获得8000余种引用外文文献的数据清单。按引用频次由大到小倒序排列,对其中引用频次超过80%的文献进行刊名、ISSN 号、出版社等信息逐一核查,掌握了中国农科院引用外文期刊排序表和引用期刊出版机构排序表,为外文期刊和电子资源建设提供了强有力的基础数据保障。关于图书馆服务方面,2011年在新馆建设暂停到馆服务的情况下,调整图书馆资源,调动各方力量,加强网上服务,积极开展远程文献传递、参考咨询、定题服务,持续开展服务宣传和用户培训,开展多种形式的农业科技文献信息援疆援藏服务和院士服务,不断拓展和创新服务方式,努力提高公益服务能力。继续面向农业系统研究生、科研及管理人员持续开展资源及服务的宣传推介和用户培训工作。全年对中国农科院硕博士新生、农业推广硕士、院人事局、中国农科院兰州畜牧与兽药研究所、兰州兽医研究所、秦皇岛出入境检疫检验局检疫检验中心、新疆农科院、新疆畜牧科学院、新疆林科院、新疆农垦科学院、西藏农牧科学院。

中国林业科学研究院图书馆2011年除对原有清华同方学术期刊、博硕士论文、书生电子图书、万方博硕士论文、重庆维普中文科技期刊、方正 apabi 年鉴数据库6个镜像站点的数据库进行了及时的数据更新、软件升级和系统维护外,还新引进了方正 apabi 的工具书和电子图书资源。继续引进了国际顶级的学术期刊《Nature》与《Science》等网络版,授权使用的林业核心期刊47种,在国家图书文献中心(NSTL)资助下,与中国农科院继续联合引进 ProQuest 农业与生物科学2个全文数据库,共750种学术期刊全文的网络使用权,为科研用户快速检索和下载国内外林业学术资源创造了资源条件,提供了信息支持。此外,2011年,图书馆成功推行智能一卡通系统,全面实现读者进馆身份识别、进出阅览室验证阅览证、图书借阅、读者消费、书包寄存以及员工门禁考勤等智能化管理。

中国军事医学科学院图书馆根据全军卫生单位和科研人员的医学文献信息需求,继续加大军事医学馆藏和数字馆藏建设力度,不断完善优化馆藏信息资源体系。2011年新订《American Chemistry Society 电子期刊全文数据库》和《New England Journal of Medicine》两种全文数据库,扩订 Cell 系列电子期刊至14种,新订"Journal of Vector Borne Diseases"等3种外文纸质军事医学期刊和《亚洲防务评论》等中文纸质军事类期刊14种,全年采集各类文献数据库达到69种,外文纸质期刊843种、外文电子期刊5300种、中文纸质期刊1604种、中文电子期刊8801种、中文图书4861种,外文图书269种,学位论文3095册,会议资料176册。组织全军主要医学图书馆的集团采购工作,确定了《MICROMEDEX》和《INFORMA》两种数据库的组团采购方案。引进开通中国高校文献保障服务系统(CALIS)的"e读"与外文期刊网(CCC)服务,向 CALIS 上传该馆馆藏3000余种纸质刊目数据,成功实现与该馆 OPAC 系统的衔接。

中国标准化研究院国家标准馆2011年以建设"国内一流、国际先进的国家标准文献信息资源保障和服务体系"为目标,"资源建设—领域研究—信息服务"三位一体的发展模式初步形成。2011年,该馆通过购买、交换、上缴、公开获取等多种途径,共采集标准资源22万件,涉及220个品种,新增巴西标准、印度水资源和交通工程标准、美国航空通信协会、美国传送设备协会标准,美国通用汽车公司标准、德国汽车标准、国际铁路工业标准以及日本钢板屋顶标准等标准品种,满足标准文献战略资源保障功能和服务业务的需求。

中国地质图书馆 2011 年采购图书 3297 种/3896 册、期刊 1157 种/5915 册,国际交换收到书刊 868 册,外部捐赠及上交书刊 1300 余册,书刊编目 3632 种/4725 册。加强数据库资源建设,丰富电子资源内容电子文献资源。完成 CNKI、维普科技期刊数据库、PA、GeoRef、PQDT、Springer、Elsevier 等 13 种数据库的续订工作,新增采购 MEG、InfoMine 数据库。

中国计量科学研究院文献馆是我国唯一全面收藏国内外计量科技文献的专业文献馆,拥有计量科技图书、期刊、会议录、科研成果等 50 万余册,国家计量检定规程、技术规范等国家计量技术法规近 3000 册,馆藏较全的国际计量机构出版物有 BIPM、OIML、IMEKO、NIST、NPL、PTB 等,计量科技文献资源在我国计量事业蓬勃发展的 50 多年里发挥了极其重要的支撑保障作用。

二、自建专题文献数据库,提升文献信息保障能力

专业图书馆是其所属机构创新体系建设的重要组成部分。各个专业图书馆在一般性文献保障服务的基础上,根据专业特点、学科特点,需求状况等,组织建设专题文献数据库,最大限度满足专业学术研究和专题文献的服务需求。

中国科学院国家科学图书馆继续组织建设了“中国科学引文数据库(CSCD)”和“国际科学引文数据库”。中国科学引文数据库稳步发展,社会认知度日渐提高。数据库数据保持每周更新,系统平台运行稳定,访问量平稳上升。拥有机构用户 177 家(中科院用户 120 家,其他用户 57 家),WOK – CSCD 平台用户 12 家(中国内地 7 家、香港 1 家、台湾 1 家,美国 3 家)。国际科学引文数据库服务系统,通过利用先进的集群技术和负载均衡技术,解决了当前存在的两个关键问题——数据扩容和负载均衡,提高了系统效率,并具有良好的可扩展性、可用性和可靠性。系统满足了全国科技界、科研管理部门和文献信息工作者在科学研究、技术创新、绩效管理和文献信息资源建设及服务等多层次、全方位的文献信息检索和科学评价的需求,充分发挥了科学引文数据库应有的社会效益和经济效益,系统填补了国内空白。

中国科技信息研究所进一步加强了馆藏文献系列文摘和引文数据库的建设,全年完成馆藏文献文摘数据加工 557 万条。对 6000 种中文期刊和 1000 多种外文期刊进行引文数据加工,2011 年新增引文数据 1616 万条。目前,馆藏文献文摘数据累计到 4828 万条,引文数据累计达到 9961 万条。中国林业科学院图书馆进

一步加强了林业特色数据库的建设,在自建数据库群中,新增加中国林产品贸易数据库、中国林业科技专家库和中国林业机构名录库3个数据库,80多个自建特色数据库,2011年共新增信息量达20万余条。国家标准馆加强对数据加工和馆藏的质量管理,通过规范操作、优化流程,完成了7万余条的标准数据加工任务以及160多个标准数据库的维护更新工作,数据总量累计达150万条,进一步完善适应数字时代的标准文献信息资源保障体系。

中国计量科学研究院文献馆建立了独具特色的国家计量检定规程数据库、国家计量基标准信息数据库和计量科研成果数据库。国家计量检定规程数据库收集了我国从1972年以来公开发行的近3000种计量检定规程、技术规范等,涵盖已出版的全部国家计量技术法规及部分部门、地方计量检定规程,是目前我国建设最完整的国家计量检定规程数据库。国家计量基标准信息数据库,揭示了我国已建立的计量基标准、测量范围以及其所开展的检测校准的能力等相关信息。该数据库为国家计量基标准能够更好地为社会提供量值传递服务,提供了准确权威的科学数据信息。计量科研成果数据库汇集了中国计量科学研究院建院以来基标准研制的重大科研成果等信息,展示了我国计量科技发展及创新的辉煌历程。

解放军军事医学科学院图书馆大力推广现有数据库产品,优化CMCC/CMCI系列数据库的数据更新维护,研发数据加工新平台,不断提升数据库产品的可持续发展能力,完成了《中国疾病知识总库(CDD)》的"疾病数据库"、"手术学数据库"、"循证医学数据库"、"药品数据库"、"医保药品数据库"、"国内外临床医学指南数据库"等模块的数据更新与功能完善工作。组织完成"卫生训练教材库及其网站信息服务平台"的研发工作。组织完成基于B/S模式的专业信息组织管理平台研发。

中国地质图书馆完成《中国地质文摘》2011年1—12期(605万字)和2010年年度索引,《Abstract of Geological Literature》2011年1—4期出版发行;完成中国地质文献数据库(中文)1502册中文期刊文献选题,对选中的15 048条数据进行了录入编辑加工、主题词和分类标引;完成中国地质文献数据库(英文),收录整理、编辑加工、审核数据6475条,引用期刊共计449册;馆藏地学文献全文数据库期刊全文数据库建库工作2011年启动;《国外地质资料目录——地质学》完成2010年第4期和2011年1—3期的编辑发行工作。

三、完善网络化服务体系建设,实现远程文献信息服务常态化

2011年,专业图书馆系统普遍加强了数字化网络化文献服务体系建设,优化文献信息服务网络的整体功能,广泛集成书目数据、文摘数据、引文数据、联合目录数据、全文数据、专利数据等,形成大型规模化数据仓库,发展文献信息系统的自动推送功能、专题信息揭示功能和集成检索功能与可视化检索功能。

中国科学技术信息研究所组织建设的国家工程技术数字图书馆服务系统网站,集成了全所50年来积累的各种不同来源、不同结构的科技文献和数据库资源,是面向用户科研学习环境的网络化知识服务平台。以其自身丰富的资源及国家科技文献保障体系为依托,以数字化网络化的资源加工揭示、集成整合、发布服务平台为支撑,通过资源的有序组织与揭示,实现了对馆内各类实体资源、虚拟资源的高度整合与揭示,满足读者对各类馆藏资源多层次、多角度的检索需要。平台实现了科技查新、收录引证、原文传递、代借代查、知识服务、定题推送等各项服务的在线申请和在线服务,用户身份的统一认证和管理,设有"资源导航"、"馆藏检索"、"网络资源"、"院士著作馆"、"知识服务"等栏目,是融馆藏资源整合、揭示发布、业务展示交流、读者服务于一体的网络信息服务系统。网站后台的仓储系统文摘数据总量达到7670万条,全文数据总量4300万篇,引文数据总量9961万条。

中国农业科学院图书馆开发了新的农业科技信息共享 WEB Service 服务中间件,提供对新旧接口的登记、管理与监控,增强已有系统资源与服务使用灵活性,加快资源与服务在新的服务系统中的快速部署,促进农业科技信息资源的拓展应用,更好地提供用户服务,同时也有利于图书馆及时掌握各系统接口服务与资源利用情况。研发领域知识服务系统,实现对图书馆馆藏结构化和非结构化数据资源进行分析与挖掘,从中发现特定专业学科领域的知识,并将这些知识经识别、理解、筛选、格式化抽取形成领域知识库。在领域知识库基础上,实现对农业科技领域内的主题、机构、人员、文献等知识对象进行关联、集成,实现图书馆馆藏科技资源的关联推荐、知识地图导航、知识展示与推送等功能。针对开源软件 Solr 的体系架构、核心功能及本地化部署进行了深入研究,并以多年积累建成的中外文农业科技期刊文摘数据库为资源基础,以开源软件 Solr 为基础技术架构,完成中外文农业科技文摘检索系统的功能设计与开发,构建了一套集多入口检索、分面浏览检索、跨语言检索、相似文献检索于一体的中外文文摘检索系统,初步实现了检索结果与万方数据、Google Scholar 等网络服务平台间建立获取全文的有效链接。

中国林业科学研究院图书馆完善中国林业信息网信息支撑平台,在这个平台下,共有中国林业科技网、中国林业数字图书馆、林业科技基础数据分中心、中国林业信息网虚拟专网系统、林业行业科技文献信息支撑系统和速生丰产林建设科技支撑信息系统等10多个网站,为科研用户提供数据共享服务。2011年中国林业信息网建成并开通全球林业信息服务网 GFIS 中文频道,负责每日林业新闻的动态更新,利用 RSS 和 XML 技术将林业资源链接到 GFIS 网站上,实现了林业科技信息资源的全球共享和有效利用。

中国中医科学院图书馆发挥承担国家人口与健康科学数据共享平台下属分中心——中医药科学数据中心的优势,完成"百姓健康网"搭建与发布;完成"中药新药发现、新药设计和信息平台"及"新药信息化技术平台研究";更新与维护"中医/维医科学数据应用联合研究室"网络平台、"新药研发项目库建设"平台、"中国中医药信息网"、"中医药在线"等现有研究平台与网站;为多个国家科技重大专项、973 计划项目、863 项目及一批国家及部局级科研项目提供了中医药数据支撑,包括为临床研究的前期文献评价提供统计分析数据、为数据挖掘等方法学研究提供数据基础及利用已有数据开发了《中医药语言系统应用服务软件》与《方剂相似度识别系统》等相应应用服务软件。

中国地质图书馆全面改造图书馆局域网设施,科学合理组织信息点、网络布线方案和网络集成方案,实现了无线网络全覆盖。改善硬件条件,进行网络出口带宽升级,由原来的 45M 扩展到 50M,改善了对外服务系统的吞吐量,提高了对外信息服务的效率和水平。为更好地进行网络化服务,重新部署了远程访问系统,重设用户访问策略,将用户导入新系统,并实行分类管理。2011 年全馆网络咨询及专家电子邮件咨询 303 次,发送新书书目信息电子邮件 641 人次,全文传递 2076 页。全年门户网站访问人数 44.1 万,页面浏览数 242 万次,文献资源下载 150 万篇。为了更好地为国土资源部和中国地质调查局提供网上读书、学习支撑服务,中国地质图书馆设立了读书网站,并做好内容的维护管理。经过收集、筛选、审核、上传,最终发布信息数据 1200 多条。

四、优化专业图书馆的学科化信息服务体系,形成新型文献信息咨询服务能力

新型学科化服务体系是专业图书馆发展的亮点之一。2011 年,各专业图书馆机构开展了形式多样、各具特色的学科化服务,取得了良好效果。

中国科学院国家科学图书馆 2011 年在继续夯实面向科研一线的学科化服务的基础上,坚持深入科研一线,围绕用户需求,夯实普遍服务。全年组织学科馆员到科研一线服务 1800 次,累计培训 22 805 人次。积极参与研究所发展规划研究,帮助研究所进行资源与服务诊断,全年累计为用户提供课题跟踪报告、学科情报分析报告、专题信息、资源分析报告等 2600 多份。全年高质量完成引证检索委托 2350 项,科技查新 303 项,专题信息服务 66 项,共计服务项目达 2719 项。继续巩固联合查新服务,目前已有36个所参与联合查新,10名所图书馆员新获得引证检索员证书、25人新通过认证查新员测试。同时,加强建制化的研究生新生入所培训、研究所骨干新员工入所培训,在研究生院新开设面向专业学院的信息素质教育课程。

中国科技信息研究所针对我国重点科研机构、科研项目和科研活动的需求特点,进一步加强重点服务,提高服务的主动性、交互性、特色化和个性化。在对水利、航空航天、军工等多个行业的相关单位持续进行专题服务的基础上,发展北京航天材料研究院和辽宁省科技信息研究所成为所馆网站的集团用户,对北京航天材料研究院、长江科学院、61886部队等重点用户进行跟踪服务,提供全文1.1万篇。主动面向全国相关高校、科研单位开展信息服务与资源宣传推广活动,在山东济宁职业技术学院、河南科技大学、河南工业大学、黄河科技大学、济宁市科学技术情报研究所等单位开展了一系列科技文献资源建设与服务的宣传推广活动,与济宁市科学技术情报研究所联合开展用户需求调研、用户培训等活动。进一步加强对院士及其团队的文献信息保障服务,开展院士VIP服务,为1430位院士注册并开通NSTL免费账户,为金展鹏、彭司勋等400余位院士开通了VIP服务通道,受到院士用户的一致好评。

中国农科院图书馆继续面向"转基因生物新品种培育重大专项"开展信息服务工作,在对转基因重大专项课题开展常规文献提供服务的基础上,在服务过程中不断积累经验,探索符合自身实际情况和发展需要的学科化服务模式。根据其需求随时提供相关资料、文献分析和综述、用户培训、专题信息推送等服务。2011年,共编制《转基因生物新品种培育重大专项资料汇编》4期,《NSTL转基因新品种培育科技资讯》2期,两期内容以"生物安全"为主题,利用NSTL科技文献,结合相关网络资源,集中报道国内外转基因生物安全方面最新信息,涵盖转基因生物安全动态信息、技术研究、评价方法、成果精选、专家视点以及政策法规等方面信息。化工信息中心专门成立了氟硅、高分子、化肥、炼化、煤化工、项目、生物与精细、无机共8个学科化服务团队,每个团队3—4人,定期监测相关领域的动向,每月出版"聚氨酯"等9种产品技术资讯,全年累计165期;出版纯碱、聚碳酸酯等产品市场周报、月度报告和年度报告,包括市场、技术等综合信息,全年累计148个产品。

解放军军事医学科学院图书馆以融入科研过程、全面展开学科化服务为指导,举办"学科化服务进百室"活动,面向全院推行学科化信息服务、学科馆员多种方式,与科研一线建立了较为顺畅的沟通联系机制,开展了馆藏资源与服务宣传、学科信息推送、课题跟踪服务、信息利用培训、网络参考咨询等多种形式的信息服务。全年实地走访117个研究室,下室189次,电话联系600余次,开展培训20次,咨询服务 400 次,推送学科信息 100 次,面向 15 个重点课题组开展个性化信息服务,受到了科研人员的一致认可和肯定。针对重点需求,积极拓展专题服务。根据院 60 周年庆典工作的要求,组织完成世界军事医学图片收集整理工作和相关调研任务。面向重点学科和重点课题,认真做好专题信息推送服务。编印《医学信息参考》12 期,及时为上级领导和专家提供具有较高参考价值的医药信息。

中国地质图书馆颁布实施了《中国地质图书馆学科服务管理暂行办法》,秉承"资源到所,服务到人,融入一线,嵌入过程"的服务理念,2011 年完成了中国地质调查局局属单位的学科馆员上门服务工作,为各单位科研人员介绍资源,了解用户需求。对地科院实行每周上门服务。部分单位以 QQ、E-mail、电话、对方来访等方式提供学科服务。

五、面向专业化情报服务需求,开展专题情报研究与决策咨询服务

专业图书馆机构承担了大量情报研究与服务职能,主要面向所属机构和服务对象的专题情报需求、咨询服务需求等展开。2011 年,专业图书馆纷纷发挥信息集成、检索、分析等技术优势,开展了面向学科发展趋势、专题信息报道、专题政策研究等的报告与分析,有力地支撑了科学决策、项目咨询与服务。

中科院国家科学图书馆 2011 年继续支撑"国际国内创新体系态势监测与研究"需求,完成《创新集群建设:理论与实践》报告,出版《国际科技竞争力分析报告——聚焦金砖四国》报告,完成《2011 科学发展报告》。继续支持中科院机关各局、基地和重大科研任务的科技规划与决策情报需求,除定期提供《科技态势监测快报》外,还提供各种专题情报报告 193 份,包括《基础科学研究发展报告》《空间望远镜技术发展态势分析》《科技应对气候变化的国际合作现状分析报告》《中国生物产业发展现状与趋势调研》《新一代煤炭综合转化利用路线图报告》《海洋生态系统研究国际发展态势分析》等。同时,全馆情报团队参加"现代科技管理若干重大问题研究"17 个子项目中,配合量子通信、压缩感知与智能感知终端、低阶煤热解利用关键技术和碳收支观测技术 4 个领域的知识产权态势分析,积极争取重大科研任务的绑定式战略情报研究任务,获得空间科技先导专项、碳排放先导专项、新一代清洁煤先导专项的战略研究子项目。

中国农业科学院图书馆,积极开展农产品质量安全信息监测服务,每天向农业部提供农产品质量安全信息监测服务,全年共提交《农产品质量安全动态信息摘编》244 期;提交双汇"瘦肉精"事件专题、蔬菜放射性物质超标专题、"问题豆芽"专题、西瓜膨大剂专题、大米镉超标专题、"皮革奶"事件专题、"染色黄鱼"事件专

题、德国"毒蔬菜"疫情专题、"瘦肉精羊"专题、超级沙门氏菌专题和台湾污染食品塑化剂 DEHP 等重大食品安全事件专题综述 11 篇。

中国中医科学院图书馆继续开展中医药信息情报服务,为国家中医药管理局提供快速反应资料 40 篇及专题报告 17 份。收集国内中医药热点新闻资料 319 篇(约 34 万字),翻译相关资料 129 篇;编辑出版《中医药国际参考》2011 年第 1—12 期,共计约 40 万字,信息量同比增长 30%;编辑出版《肠出血性大肠杆菌信息专辑》1—5 期、《手足口病疫情和防控信息专辑》2011 年 6—7 期、《发热伴血小板减少综合征(蜱叮咬病)》信息专辑 1—4 期及《2011 甲型 HINI 流感信息专辑》第 30 期。完成查新 282 项,其中加急 186 项;其他检索等 48 项。

中国地质图书馆 2011 年坚持地学情报跟踪与报道相结合,地学情报研究与专题研究相结合,完成了《国外地学信息》《国外斑岩铜矿研究新动向》《主要非洲国家地质矿产资料研究》《国外矿产资源潜力评价计划与进展》《地质灾害监测预警技术研究》《从大地构造研究进展看中国地质力学未来之路》等系列情报专辑(内部资料)。完成《国外地学动态》1—12 期,服务范围基本覆盖国土资源部、地质调查局系统主要科研及事业单位。

六、面向专业化文献情报服务体系建设,组织学术交流与项目研究

2011 年,在国家科技图书文献中心组织下,主要专业图书情报机构参与承担了国家科技支撑计划重大项目"面向外文科技期刊文献信息的知识组织体系建设与应用示范",参加单位有中国科学院国家科学图书馆、中国科技信息研究所、中国农业科学院图书馆、中国医学科学院图书馆/情报研究所。项目包含 7 个子项目,分别为:"面向外文科技文献的超级科技词表和本体建设"、"科技知识组织体系的协同工作系统和辅助工具开发"、"科技知识组织体系共享服务平台建设"、"面向外文科技知识组织体系的大规模语义计算关键技术研究"、"信息资源自动处理、智能检索与 STKOS 应用服务集成"、"基于 STKOS 的知识服务应用示范"、"《汉语主题词表》(工程技术版)与英文超级科技词表的映射研究"。我国科技知识组织体系的研究与建设能够很好地支撑开发利用已有的科技文献资源,加强和巩固国家科技文献信息战略保障水平,实现从文献服务向知识服务的跨越式发展;能够适应科研环境和用户需求变革的需要,能够支持对文献信息中知识对象的分析、计算和挖掘,支持知识关联、推理和发现,能够根据用户的个性化需求,灵活组织和定制资源与服务。推动专业文献情报机构从传统检索查询模式向具有知识导航、自动主题聚类、内容相关揭示、自然语言检索和双语查询等功能的智能检索模式转变;

从文献信息提供向科技对象实体的关联发现、科技热点监测、科技趋势分析的知识服务方向转变。

2011 年,中国中医科学院图书馆组织承担了国家自然科学基金委面上项目"中药毒性及分子机理的计算预测"、北京市中医药科技项目"'燕京学派'名老中医学术经验传承体系梳理与示范研究"。完成 863 项目——中国中医药科学数据网格服务应用、重大专项——中药新药发现/设计和信息平台、"十一五"支撑项目——"中医疾病分类代码等基础标准示范研究"、"亚健康基础数据库及其数据管理共性技术的研究"与"基于临床文献数据独立评价中医临床效应的方法研究"。

专业图书馆组织广泛学术交流,推进知识共享。筹办"国际科技信息大会"、"全国知识组织与知识链接学术交流会"。组织积极加强文献情报发展态势跟踪,形成图书馆界知识共享。中国科学院国家科学图书馆专门建立文献情报服务发展定期跟踪扫描机制,在发展战略、图书馆服务创新等六个方面定期跟踪国内外发展动态,全年完成 66 期;机构知识库已存缴和开放共享全馆员工与研究生的学术论文和会议报告共 3968 篇,累积下载 14 万篇次,其中 2011 年下载 35 000 篇次,成为业界重要的开放共享平台。

第四节 未来展望

在数字化信息和知识服务技术的支持下,科研环境和用户信息需求的变化为专业图书馆迎来又一个新的发展机遇。这种新机遇主要表现为:

第一,由于专业图书馆的服务对象主要是专业研究人员,专业文献信息的需求决定了专业图书馆需要建立比较完善的专业文献资源体系,建立功能齐全的专业文献信息服务与保障系统。

第二,在数字化、网络化环境下,未来专业性文献将主要以数字化形式出版,为专业图书馆构建新型数字化文献服务体系带来了机遇。

第三,专业研究人员获取文献信息、利用文献信息的方式将主要通过信息网络,从专业信息网络中获取文献信息将是未来专业研究人员的基本信息行为。

第四,专业研究人员的信息需求将进一步从文献需求转向知识服务需求。

面向未来的新发展需要,专业图书馆业务发展将重点关注五个方面:

第一,继续完善数字化文献资源体系建设,强化文献资源的共享与集成,借助网络化信息服务手段为读者提供"一站式"、"无缝链接"的便捷式文献保障服务。

第二,利用新型数字化技术、网络技术、移动服务技术等,建立集成化、个性化的信息服务平台和系统,为专业人员提供快捷、准确的信息。

第三,利用知识组织工具、信息分析工具、知识服务技术将文献信息进行知识化加工,组织建立专题信息数据库、构建专题知识化服务平台,结合专业人员的个性化服务需求开展面向专业领域的知识服务。

第四,在复杂的信息环境下,专业图书馆需要进一步加强面向用户的专业信息获取能力培训、专业知识分析工具培训、个人知识管理培训等,提升专业用户的信息素质。

第五,人才队伍建设将是专业图书馆未来面临的最大挑战,当前专业图书馆的建设和服务正处在一个历史转折时期,随着专业图书馆的学科化服务、知识化服务的快速推进,具有快速构建信息环境能力的专业化服务人员将是决定知识服务模式建立的关键所在。

（执笔人:刘细文）

第八章　其他系统图书馆事业发展报告

第一节　中小学图书馆发展报告

一、2011年中小学图书馆发展综述

教育部为贯彻《国务院关于进一步加强农村教育工作的决定》(国发〔2003〕19号),提出:进一步推进西部大开发,实现西部地区基本普及九年义务教育、基本扫除青壮年文盲。改善办学条件是主要任务之一,因此,各地政府要求加快设施设备采购进度,确保各类仪器设备设施、图书配备和现代远程教育设备达到国家和省现行标准。同时,进一步加强设施设备的管理、使用和维护,充分发挥其在教育教学中的作用。总体而言,全国中小学图书馆特别是农村薄弱学校的图书馆建设取得了很大成效。

二、2011年度中小学图书馆发展基本数据

2011年年初,全国2856个县(市、区)全部实现"两基",全国"两基"人口覆盖率达到100%。这标志着全国32.6万所普通中小学校都建有了不同规模的图书馆(室),达到了教育部2003年《中小学图书馆(室)规程(修订)》中的要求。

2011年中央财政拨款176亿元,用于22个省区农村义务教育薄弱学校改造计划,各地按1:1资金配套,总款项中图书购置款占10%左右。如湖北省项目总预算4.84亿元,图书购置用了5000万元。此外各地为贯彻《国家中长期教育改革和发展规划纲要(2010—2020年)》,在"十二五"开局年都不同程度对中小学图书馆建设投入大笔资金,如广东省在"十二五"期间规划投入12.5亿元装备中小学校图书馆。

三、2011年度中小学图书馆开展的主要工作及发展特点

1. 普遍开展"书香校园"活动

全国中小学校为促进"书香校园"活动的开展,各地教育厅(局)发文组织进行评选,指出开展"书香校园"活动有利于构建温馨和谐的校园文化氛围,对于全面

提升学校教育水平和培养学生健全人格将发挥积极的作用。还提出了创建"书香校园"的一些基本要求:加强组织领导、创设良好读书环境、举办系列活动、开展亲子共读、注重活动效果等。该活动能使学校师生养成良好读书习惯,形成浓厚的读书学习氛围和良好的校园育人环境,树立良好的学风、教风和校风。如北京市教育技术设备中心于 2011 年 12 月 13 日召开了"书香燕京——北京市中小学阅读指导活动"总结表彰会议,表彰了先进单位 148 个,先进个人 544 名。

"书香校园"活动的开展,促使许多学校建立了教师月读书制度。教师带头读书,带动学生、家长读书,利用学校橱窗展示学生优秀日记、亲子读书事迹和图片,利用校园网、广播站交流心得、表扬典型,以多种方式激发学生的读书热情。根据不同年级学生的特点,设置"阅读课"来确定不同的阅读内容和指导方式。学校为了保证学生的阅读时间,实行"晨诵、午读、暮吟"制度,即每天早晨、中午、晚上利用固定时间,形式灵活地读书写作。组织开展形式多样的阅读活动,如朗诵会、故事会、文海拾珠、读书知识竞赛、主题阅读、征文比赛、读书论坛、读书笔记评比等。"书香校园"活动促进了师生间、学生间、班级间的交流和联谊,促进了学校图书馆与阅览室的管理和利用水平,同时提高了图书馆的地位和作用。

2. 编制《最新中小学校用书重点推荐目录》

针对中小学校图书馆的图书选配工作,以理事长李玉先为首,组织部分人员作了较长时间的深入调查。调查发现在实际工作中,中小学图书馆教师每年选配购置图书的工作遇到了极大的困难。主要原因分两类,分别来自于教育内部和教育外部。从教育内部来说,原因涉及:① 图书馆教师人员少,相当一部分学校图书馆只有一名专职教师;② 教师鉴别图书质量能力有一定局限;③ 图书经费紧张;④ 图书出版信息短缺;⑤ 忙于日常工作,没有更多时间对图书进行对比、鉴别、认定。从教育外部来说,原因涉及:① 每年图书出版量巨大,单一学校无法承担庞大的图书对比鉴别工作;② 出版物质量良莠不齐;③ 仅靠书名、简介难以正确认定图书内容;④ 图书出版单位分散全国,学校收集信息困难;⑤ 全国中小学校数量巨大,出版社不可能宣传到位;⑥ 现有教育图书书目出版时限长、内容陈旧,又因收取费用较高,出版社送评图书以滞销书居多;⑦ 教育图书会展展次少、不固定、时间短,教师难以在展销期间有效对比、鉴别,影响选购质量。

为解决上述中小学图书馆教师选配购置图书工作的困难,针对中小学图书馆人员少、时间紧、经费短缺的实际状况,同时为有效服务出版单位和全国中小学校图书馆、教师、学生,满足学校对出版物的采购及政府招投标的需求,中国图书馆学会中小学图书馆委员会和中国教育学会教学仪器设备分会共同编制《2011 年最新中小学校用书重点推荐目录》,作为中小学校图书馆配书的参考。

3. 重视以科研项目促馆内工作

以科研课题带动图书馆工作开展,逐渐成为各地中小学图书馆日益重视的方面。2011 年,中小学图书馆面临着诸多数字化建设问题。中国图书馆学会中小学委员会适时启动了《中小学数字图书馆的建设与管理》"十二五"科研课题,在研讨决定之后分 4 个了课题:①中外中小学数字图书馆比较研究;②数字图书与纸质图书的关系(包括数字图书藏书标准);③利用信息技术开发整理教育资源;④数字图书馆建设方案。

4. 支持中小学图书馆的阅读指导

在中小学阅读指导方面,得到了相关领导的支持和重视。在第十一届全国中小学图书馆暑期高级研修班暨"科普杯"全国中小学阅读指导课优秀课件评比活动中,贵州省教育厅副厅长李小建介绍了贵州省近年来教育事业的发展情况和学校装备的改善状况。原国家教委副主任、教育部总督学柳斌则在报告中指出,"有书不读,是现在大多数学校存在的问题",并尖锐地批评有些图书因质量问题导致了"开卷无益,甚至开卷有害的问题发生了"。他提出"出版社要出版适合学生的高品位、高质量的图书",要让学生"多读书,读好书","图书馆委员会最重要的工作就是要引导学生读书"。他说"阅读成为改变世界与人生的头等大事","小学生不仅要读,还要诵。多读多诵,体验就在其中,感悟就在其中。由诵成好,由诵成悟;由熟入巧,由巧入神,出神入化,一步步升华"。李玉先作了大会总结报告,并对各地报送的"科普杯"全国中小学阅读指导课优秀课件教学案例作了点评。国家图书馆少儿馆馆长王志庚教授作了"国内外图书馆的现状与发展趋势"的报告,科学普及出版社总编辑颜实作了"科普阅读与青少年成长"的报告。

5. 有效开展读书与阅读活动

对于中小学图书馆来说,面向中小学生的读书活动是必不可少的工作。2011 年正值中国共产党诞生 90 周年之际,各地的中小学图书馆开展了不同形式的纪念活动。如中国图书馆学会中小学图书馆委员会连同有关的省市教育部门,开展了以"纪念中国共产党诞生 90 周年"为主题的学生暑期读书系列活动,同时,还在部分中小学校中开展了以"纪念辛亥革命 100 周年——走近伟人孙中山宋庆龄"为专题的读书征文活动。此次活动的主办单位组织专家研究编制了读书活动推荐书目,开设了读书活动的专题网站,为师生免费提供相关的优秀图书及教育活动参考资源。同时,与中国知网合作,免费为学校开放了相关的教育资源,为暑期读书活动提供参考,同时举办了"中小学生网络工具书利用知识有奖竞答"活动,提高了学生检索和利用网络工具书的能力水平,促进了教育文献信息资源的有效利用。在整个暑期读书活动中,有关省市教育部门、广大学校结合本次活动的内容与要求,积极、认真开展了组织和指导工作,并安排了一系列相关的内容丰富、形式活泼的教育活动,以推动本次活动深入、有效地开展。许多学校将本次读书活动同学校的教育教学工作和学生的暑期生活结合起来,指导并指导学生利用假期,通过实地参观爱国主义教育基地,阅读有关书籍和观摩影视节目,举办有关讲座、报告会和开展有关社会实践活动等,使暑期读书活动更加丰富多彩,从而丰富和充实了学生的暑期生活,使他们受到了深刻的爱国主义教育革命传统教育,进一步提高了思想政治觉悟,开阔了知识视野,提升了实践与创新能力。本次读书活动还带动了家庭的亲子阅读,不少家长也积极参与到读书活动中来,形成了学校和家庭、教师和学生共同参加活动的喜人氛围,为本次活动的深入、圆满开展增添了新的亮点和色彩。

2011 年,中小学图书馆开展了许多阅读活动,尤其是数字阅读活动受到了广泛重视,很多地市教育装备部门、教育科研机构等也已经开始把数字阅读活动纳入他们的日常工作。如开展的"中国知网杯"全国中小学数字阅读活动,让广大师生享受到了数字阅读的乐趣,充分认识到了中小学数字图书馆在学校教育、教学、教科研中的重要应用价值。对教师教学备课、教学研究、教师专业发展等方面都起到了重要的帮助作用,产生了很多中小学数字图书馆建设与应用成果。活动中还向部分农村学校赠送了数字资源,进一步推进了普及农村数字阅读,对提高农村师生的信息素养和文化素养具有重要意义。

四、未来展望

1. 解决中小学图书馆的立法问题

教育部虽然于 2003 年 3 月颁布了《中小学图书馆(室)规程(修订)》,但"规程"不是立法,不具有强制约束力,保障力度不够。我国中小学图书馆事业的发展,需要从中央到地方的各级政府拨付必要的足够的财力资金支持,并给予一定的人力资源保障,这些不是仅凭教育部门提出的一些要求以及上级主管部门作出若干规定就能解决的。只有从法律上对中小学校图书馆的地位、性质、作用、功能、任务、经费、人员、义务、设置制度、专业职务资格和国家所承担的责任等都作出具体的规定,才能从根本上解决中小学图书馆建设和发展的问题。

2. 加强中小学图书馆资源的协调共享

目前,我国中小学图书馆办馆条件还存在较大差距,一些经济发达地区条件相对较好的中小学图书馆,硬件设施建设水平较高,财政支持力度较大,有能力对藏书和设备进行定期更新,这些图书馆部分下架图书仍然可以在相对贫困地区和农村偏远地区的中小学图书馆使用。但是,由于目前我国各地区中小学图书馆之间还缺乏有效的协调和共享机制,这些资源还不能在馆与馆之间实现合理流动和充分利用。因此,建议可以通过必要的手段,鼓励发达地区的重点学校图书馆与贫困地区和农村偏远地区图书馆建立长效的帮扶合作机制,将每年下架处理的图书捐赠给贫困地区和农村地区的中小学校图书馆,用以弥补这些图书馆经费投入不足带来的馆藏资源匮乏的现实问题,这样一方面可以在一定程度上起到促进各地区中小学图书馆均衡发展的作用,另一方面也能够进一步提高中小学图书馆文献资源的整体利用效率。

3. 解决中小学图书馆发展不平衡问题

中小学图书馆在近年来虽然有了较大的发展,2011 年度也取得了一些成绩,但是同全国中小学教育的整体状况一样,发展很不均衡,存在着非常大的差异。从中小学图书馆的普遍状况来看,东部优于中西部,城市优于农村,高中优于初中、小学。中西部地区的中小学校图书馆装备较为落后,其开展的工作离教育部对中小学校图书馆的装备要求还有相当的距离。在《国家中长期教育改革和发展规划纲要(2010—2020 年)》的贯彻实施过程中,应着力促进教育公平,适当地将国家教育经费投入的政策有所倾斜,加快缩小地区、校际图书馆发展的差距。

第二节　党校图书馆发展报告

一、2011 年党校图书馆发展综述

2011 年,党校图书馆以"三大文库"建设为中心,加强党校系统图书馆数字资源建设,努力建立资源共建共享机制。一年来,搭建了"三大文库"框架,数字资源建设基本实现边建边享。另外,党校图书馆还加大了科研力度,积极开展各项业务培训和调查研究。同时,因各地党校系统技术力量的悬殊导致整体发展的不均衡性,也给党校系统图书馆的数字资源建设提出了挑战。总体而言,这一年度党校图书馆的基本情况如下:

1. 合理配置资源建设,充分发挥各地党校优势

2011 年是贯彻落实《全国党校数字图书馆资源建设规划(2011—2015 年)》的开局之年,党校图书馆通过调研考察和磋商,选择江西省委党校重点进行"井冈山革命根据地和中央苏区"数据库建设,选择陕西省委党校重点进行"党中央在延安

十三年"数据库建设,选择嘉兴市委党校重点进行"中共一大和红船精神"数据库建设,选择广州市和湖州市重点进行当地国情和方志库建设。

2. 及时召开常务理事会,交流经验,明确任务

2011年10月,在吉林省委党校召开了全国党校文献情报学会第六届常务理事会暨全国党校数字图书馆理事会第二次常务理事会议。会议总结了一年来全国党校系统图书馆数字资源建设工作中取得的成绩,选取了在数字资源建设中较有成效的8个建设案例作了经验介绍和成果演示,这8个案例分别来自中央党校、吉林省委党校、重庆市委党校、山东省委党校、江西省委党校、广州市委党校、嘉兴市委党校、中央党校中国干部学习网。

会议明确了全国党校文献情报学会下设学术委员会、数字资源建设委员会、现代技术委员会和教育培训委员会。中央党校图书馆郝莉副馆长详细介绍4个委员会的工作职责,并重点通报了2012年要进行的全国党校系统图书馆2009—2011年度科研成果评奖的相关内容。

会议还对下一步工作提出了明确意见。一是全国党校系统图书馆要有一套基本的、统一的产品可供全国各省地党校使用;二是要建设有适合不同层级干部、适合不同学历背景和知识背景的学员使用的理论数据库;三是要统一精品数据库和特色数据库的查阅标准,在查阅数据库时要有统一的元数据索引;四是要深入研究图书馆在为教学科研和地方党委做政策咨询时,如何做到专业精确,服务到位;五是要研究讨论如何实现数字资源的边建边享。

3. 加大宣传力度,继续做好《工作通讯》

全年编辑下发《全国党校数字图书馆理事会工作通讯》(第7期至第12期)约5万字。《工作通讯》及时通报全国党校数字资源建设的工作情况,宣传推广各地好的经验做法和《全国党校图书馆"三大文库"数字资源建设规范》(讨论稿)。

二、2011年度党校图书馆发展基本数据

2011年度党校图书馆在数字资源建设方面得到了较大的发展。

1. 搜集整理查重中央党校历任校领导和有关名师的有关著作和文章等资料。全年共加工馆藏图书345册,16 500页。

2. 对馆藏2000余幅中共党史图片进行筛选和数字化加工,为文稿配图1200幅,为图片配主题词1200个。

3. 将馆藏领导人著作光盘包括领导人著作93部,领导人手迹、纪念邮票、图片。

共 807 幅转换为标准的格式。

4. 购进 3000 本电子方志书以及皮书数据库。

5. 对加工的馆藏资源和外购的数字资源按照"三大文库"的整体框架进行分类和标引,共整理收录的数字资源量为:图书 572 册,期刊 309 册,期刊论文 23 620 篇,会议论文 345 篇,书目 914 条,图书条目 22 023 条,地方志图书 3000 条,皮书 858 条,图片 2071 幅,党校老师著述 298 条,党校学位论文 1741 篇。

三、2011 年度党校图书馆开展的主要工作及发展特点

1. 党校图书馆开展的主要工作及总体发展特点

(1)围绕"三大文库",搭建基本框架

以"三大文库"建设为中心推进数字资源建设,初步搭建起"三大文库"的基本框架。在全党校系统内,按照理论和历史逻辑,对所有数字资源进行分析梳理,同时,有计划分步骤地对马克思主义经典文献、党史人物、中国共产党组织史等进行数字加工,如对有关井冈山、党在延安十三年、古田会议等专题的图书进行编辑和查重。

(2)按需设立科研课题,带动资源建设

以科研课题的形式带动统筹数字资源建设的研究和发展,全面推进全党校系统"三大文库"的建设。围绕"三大文库",组织全体科研人员力量申报了两个中央党校校级委托科研课题:"中国共产党历史文献资料整理研究"和"国情和地方志文献资料整理研究"。由中央党校图书馆制作下发《全国党校图书馆"三大文库"资源库建设项目申请书》《中央党校校级科研课题子课题申报表》,与全国 48 家副省级以上党校图书馆进行了文件发送、接收追踪、填写说明、反馈催促。对于各地反馈的申请书和申报表,及时统计、汇总、上报,并进行综合情况分析。根据需要,为有关党校制作下发了《全国党校"三大文库"建设项目通知书》。目前已有 23 家党校图书馆申报了 44 个子库、34 个子课题。

(3)大规模地对数字资源建设情况进行调研,搜集反馈意见

广泛开展调查研究,根据各地党校实际情况开展数字资源共建共享和边建边享工作。通过调研、座谈、电话、邮件等多种方式加强与地方党校图书馆沟通协调,了解各地"三大文库"的建设情况,审核并反馈部分党校的数字资源建设五年规划和有关数据库建设方案。

(4)力求数字资源建设的规范化发展

制定了《全国党校图书馆"三大文库"数字资源建设规范(讨论稿)》,规范数字

资源建设。根据全国党校图书馆数字资源建设发展和"三大文库"建设的需要,中央党校图书馆专门组织相关人员研究制定了《全国党校图书馆"三大文库"数字资源建设规范(讨论稿)》。按照此元数据标准规范设计数据库结构,配置数据库关联检索和跨库检索功能,初步构建起"三大文库"检索平台,多层次、多角度揭示"三大文库"资源。

(5)成立行业协会,协助党校图书馆的工作

成立全国数字图书馆理事会分会,扎实推进全国党校图书馆工作。全国党校数字图书馆理事会于2010年7月经中央党校批准成立,是党校图书馆系统数字资源建设的全国性机构。该理事会的主要职责是:① 承担全国党校系统数字图书馆建设的规划制定、组织协调、业务指导等工作;制定全国党校系统数字图书馆建设的有关标准规范;② 评估全国党校系统数字图书馆建设状况;③ 统筹全国党校系统数字资源建设,实现共建共享;④ 开展有关数字图书馆科研活动;⑤ 组织召开数字图书馆有关专题的调研讨论等。全国党校数字图书馆理事会经中央党校校领导同意,指导成立了全国党校数字图书馆理事会吉林分会、安徽分会等。各分会在全国党校数字图书馆理事会的指导下开展工作,履行推动本区域党校数字图书馆建设工作、带动本地区党校图书馆进行数字资源建设和发展、推进本地区和全国党校数字资源的共建共享等工作职责。

(6)加强学习交流,拓宽对外合作渠道

中央党校图书馆、全国党校文献情报学会、全国党校数字图书馆理事会举办了《全国党校图书馆"三大文库"数字资源建设规范(讨论稿)》研讨会,重点对全国党校有关数字资源建设的技术人员进行培训,共有来自17个省市地级党校图书馆的技术人员参加了培训和学习。会上介绍了中央党校图书馆在数字资源建设中的做法和经验,与会人员就各省市地级党校图书馆在资源建设过程当中所遇到的具体问题进行了探讨交流。以中央党校图书馆为例,其在2011年承办了"全国数字图书馆建设与服务联席会议第十二次会议",还积极参加"2011年北京国际科技信息委员会夏季大会"、"第四届中国数字出版博览会"等学术和工作会议。另外,为了更好地推进本馆的工作,切实解决在实际工作中遇到的发展问题,各党校图书馆还积极加强对外合作。如中央党校图书馆、中央党校中共党史教研部与文化部全国文化信息资源建设管理中心合作建设《庆祝中国共产党成立九十周年专题资源库》。

2.在数字图书馆工程的系统和资源建设方面取得了重要进展

(1)协同配合基建工程,确定总集成和总监理,着手细化招投标方案

①建立中央党校数字图书馆工程系统与资源建设部分工作例会制度。

②初步完成监理大纲和监理需求书的编制工作和《中央党校数字图书馆工程系统与资源建设部分总体设计》等9个文档的编写。

③完成数字图书馆工程系统与资源建设部分总集成的招标文件前期文件商务需求、总集成技术要求、接口开发技术要求、软件测试技术要求和培训需求等文件的编制、论证、招投标。

④完成中央党校数字图书馆工程系统与资源建设部分总监理合同的拟定签署和入场。

⑤与校内外相关部门紧密沟通和洽商,一起调整和修改大楼设计与施工过程中的有关环节。

（2）夯实数字图书馆工程发展基础,逐步加大现有网络环境所需的软硬件建设

①加强现有系统与保障中心的软硬件设施建设。一是配置统一存储系统。根据数据存储技术方案要求,购置、分配好30TB的存储设备,并做好数据的迁移工作,保证数据正常访问。二是调研购买TPI数据库管理软件。调研目前图书馆行业使用的"自建数据库软件",安装试用了三个软件系统。通过分析比较,确定购买TPI软件系统,并组织相关人员进行培训。三是购买安装TPI学位论文提交系统,完成206篇博士、硕士学位论文数据的收集、审校、排版、格式转换和存储工作,实现网上查询。四是配置UPS不间断电源。在对UPS不间断电源的性能和指标参数调研基础上,在校财务部的支持下购买和安装新设备;配置所用的服务器,通过UPS来进行管理。五是进行图书馆管理系统维护及功能。积极配合学校进行一卡通交换机设备的安装与调试,完成图书馆自动化系统与一卡通接口的调试和培训使用工作;开通现刊借阅功能;为"三大文库"建设需要,输出ILAS系统的数据,并进行数据转换。六是通过考察调研,提交"三大文库"建设所需硬件设备的技术要求报告。

②继续完善图书馆网站建设。一是完善信息发布,包括图书馆新闻信息、新书入藏信息、购买和使用资源等宣传信息,如何使用图书馆数字资源的各种介绍信息。二是安装镜像站点,包括皮书数据库和超星电子图书。三是优化网站设计,提高网站设计人性化和使用的便捷性。

③加强网站的基础管理工作,推动网站的规范化、制度化运行。一年来,学习网对基础工作的管理不断细化,先后修订发布了一系列日常管理制度和技术与内容编辑规范。

四、未来展望

随着全国党校图书馆的数字化建设不断推进,党校图书馆将迎来数字资源发展的重要机遇期。未来几年党校图书馆的重点工作主要包括:

1."三大文库"建设

积极开展和推进全国党校系统数字资源建设第三阶段资源分类和集中整合工作,加强数字资源的采集、整合、内容管理和服务平台建设。重点抓好:① 内容建设。规划"三大文库"栏目设置和资源采集。② 结构建设。完善"三大文库"的分类体系;完善元数据采集方案及著录规则等规范条例;完善数据库结构设计,实现数据库之间的关联和统一检索以及与规范数据库挂接。③ 数据入库管理。进一步规范外购数据和加工数据的元数据文件,并对数据进行细化整理,实现对各类文献的深度揭示。④ 数字资源统一检索和整合平台建设。采用先进成熟的技术方案整合和统一管理数字资源,提供统一检索、信息定制等个性化的信息服务;实现各种来源数字资源的整合。

2.加强党校系统内科研工作的组织协调力度

(1)在"中国共产党历史文献资料整理研究"和"国情和地方志文献资料整理研究"两个中央党校校级科研课题之下,进一步倡议和鼓励相关人员参与子课题研究,以发放立项、结项通知书和定期检查等形式规范参与课题研究,掌握资源分布,以科研课题形式带动数字资源建设和专业水平的提高和发展。

(2)由中央党校图书馆牵头,定期详细了解和掌握各地党校图书馆资源库建设情况,探讨数字资源的交流与共享,防止资源的重复加工以及数据库的反复建设。

(3)以全国党校数字资源建设情况分析为主题,召开多次专家研讨论证会,及时总结经验教训,加快数字资源建设步伐。

3.办好全国党校图书馆馆长师资培训班

针对新形势下党校图书馆转型和发展中的热点难点问题,开办全国党校图书馆馆长师资培训班,提供交流学习的平台,推动以"三大文库"为中心的数字资源建设迈上新台阶。

第三节　团校图书馆发展报告

一、2011 年团校图书馆发展综述

团校图书馆经过多年的发展,在共青团中央及各省、市、自治区团委的领导下,逐步形成了以中央团校图书馆为中心,全国各省、市、区团校图书馆为外围的合作体系。2011 年,各级团校图书馆按照各自工作要点和"十二五"规划的总体要求,以为学院教学科研服务、推动教学科研上水平为中心,加强优质资源建设,突出工作重点,重视特色工作。坚持"以人为本、读者第一、服务育人"的服务宗旨,推动团校图书馆服务工作再上新台阶。进一步发挥图书馆的专业学术研究资源基地和文化知识传播的双重职能,努力营造良好的学习研究、书香校园的读书文化氛围。

在这一年,团校图书馆加快数字图书馆建设的步伐,在数字资源建设上也形成了具有自身特色的馆藏资源。为了使全国团校图书馆之间构成合力,改变资源重复建设现象,利用现代化网络技术,搭建团校图书馆信息资源共建共享联盟,已经成为各区域团校图书馆的广泛共识。通过整合联盟资源,优化团校图书馆整体资源建设,提升团校图书馆应对信息化的能力和团校图书馆的信息化服务能力,已经是各团校图书馆的一个重要发展方向。

二、2011 年度团校图书馆的主要工作及发展特点

各级团校图书馆根据自身的工作基础和专业特色,强化拓展创新,求真务实、锐意进取,在以往工作的基础上再上新台阶,开创了团校各类型图书馆发展的新局面。

1. 加强系统内图书馆交流,促进合作发展

团校在团干部培训、青年人才培养、青年工作和共青团工作理论研究等方面发挥着重要作用。中国图书馆学会团校图书馆委员会第三届委员会召开换届选举会议。会议选举了新一届团校图书馆委员会的领导班子。中国青年政治学院图书馆、北京青年政治学院图书馆等 6 所学院图书馆被推选为委员馆。

在新工作的基础上,全国团校图书馆同仁对进一步开展工作合作充满期待。2011 年在全国团校图书馆开展了全面的相互交流学习互访。中国青年政治学院图书馆作为团校委员会的牵头馆,先后走访了北京青年政治学院、天津青年职业技术教育学院、上海青年管理干部学院、陕西青年管理干部学院和山东青年管理干部学院等学院图书馆。此外,天津、山东、上海、广东各地方团校图书馆利用网络、电

讯、学术会议等各种方式建立交流互访关系,形成了前所未有的学习合作、共建共图发展的新局面。为了更好地加强和巩固团校系统图书馆间的合作,团校委员会利用中国图书馆学会2011年贵阳年会的机会,联合北京青年政治学院图书馆、河北青年管理干部学院图书馆、山东青年管理干部学院图书馆、陕西青年管理干部学院图书馆、广东青年职业学院图书馆和上海青年管理干部学院图书馆共同积极参与。通过年会了解中图学会工作精神、接触全国图书馆业内同行、参观最新数字化技术设备和服务手段、听取海内外图书馆学术前沿报告。同时,借助此次机会再次组织了本系统委员馆工作会会议,汇报近年各地区团校在图书馆工作中摸索的成功经验,共商全国团校图书馆建设发展的特点,并逐步形成了发展共识。

2. 发挥学术团体作用,推进科研业务活动的开展

2011年团校图书馆委员会号召系统内各类型图书馆,根据各自条件广泛进行图书馆专业业务学习,参与本领域学术活动,积极开展多种多样的学术交流、培训等活动,发挥学术团体和行业服务的双重职能的重要工作,进一步扩大团校图书馆的影响力和作用力。

一方面,积极开展多种多样的学术文化活动。2011年,北京青年政治学院图书馆科研情况优良,无论发表论文、出版专著还是科研项目立项都有突破。在公开出版期刊和论文集共发表论文12篇,出版专著1部;结合图书馆工作申报科研课题立项7项(其中市级1项,校级6项);图书馆有11人参加了《工青妇大辞典》的修订、编撰工作。广东青年职业学院图书馆经过近年艰苦努力,在2011年完成了"志愿服务信息数据库"的建设工作,使该课题顺利结项,并得到了评委的一致好评。同时,通过一年的努力完成了《中国志愿服务文献检索》一书的编辑、校对、修改和出版工作,并成功申报广州市社会科学发展"十二五"规划课题《高校图书馆志愿者工作在幸福广东建设中的作用研究》。

另一方面,推动各地区团校图书馆服务水平的提升。全国各省市地级团校图书馆着力于结合各自不同的服务群体来开展工作。陕西青年管理干部学院图书馆开展了"共产党员示范岗"活动,提出了:带头落实岗位责任,做履行岗位职责的模范;带头执行管理制度,做遵守管理制度的模范;带头研究工作机制,做深化工作内涵的模范;带头学习业务知识,做推动科学发展的模范。这一系列工作标准实行之后取得了良好的工作效果。山东青年管理干部学院图书馆组织了许多读者服务活动,如"第六届读书月"活动、"读秀杯"我最喜爱的一本书读后感征文比赛、十大阅读之星评选、山青名师荐书、庆祝建党90周年经典图书推荐等。中国青年政治学院图书馆利用北京地区高校图书馆文献保障体系的机会,对成功使用馆际互借与

文献传递流程获取文献的读者进行物质奖励。上海青年管理干部学院图书馆为了更好地推进"学习型图书馆"的创建工作,制定了《开展"学习型组织"创建活动的计划》。

3.促进团校图书馆信息资源共建共享联盟的构建

进入21世纪以来,团校图书馆加快数字图书馆建设的步伐,在数字资源建设上也形成了具有自身特色的馆藏,共青团理论和青少年研究理论、志愿服务研究等特色数据库对团校教学培训、科研起到良好的支持,是全国青少年研究的资源宝库。团校图书馆长期坚持共青团理论建设和青少年研究理论、团干培训为馆藏建设方向,形成了较为齐全的青少年研究理论馆藏。中国青年政治学院图书馆计划在"十二五"期间,围绕学校建设和发展的重点需求,建设国内一流的青少年研究特色资源中心。山东青年干部学院图书馆参与组织设计了《山东省青少年文献信息库》建设方案,积极申报教育部中国高校文献保障系统(CALIS)特色数据库,并获立项,是全国团校系统中的第一家。

全国团校图书馆在馆藏资源建设指导方针、建设范围、读者类型与结构等方面存在诸多相同之处。全国团校图书馆可以以中国青年政治学院图书馆为中心,以北京青年政治学院图书馆、河北青年管理干部学院、山东青年管理干部学院、陕西青年管理干部学院、广东青年职业学院和上海青年管理干部学院等为先期主要合作馆,逐步合作引导联盟带动全国团校图书馆发展。2011年7月,广东青年职业学院图书馆向团校图书馆委员会提出了建立"全国团校图书馆信息资源共建共享联盟"的设想建议。9月,团校图书馆委员会委员馆工作会议研究讨论认为,在时机成熟的时候逐步建立"全国团校图书馆信息资源共建共享联盟",对于全国团校图书馆的资源建设有重要意义,主要体现在:有利于统一协调优化整体资源配置;有利于科学规范推进信息化建设;有利于统筹协调强化信息资源特色;有利于团结一致寻求支持与合作。为此,团校图书馆委员准备召开专门会议共议联盟建设的相关工作。

三、未来展望

目前团校图书馆发展形势严峻,高校、干校、高职等多种定位交叉,呈现出多元化发展趋势,同时两极化现象也非常突出。一些团校图书馆正朝着专业化和规模化的方向发展,而另一些却出现资源服务停滞不前等问题。各团校图书馆在馆藏资源建设、数字化建设、特色资源建设等发面均存在着较大的差距。尤其在青少年文献资源建设上,各地团校都花费大量人力物力,虽然各有特色各有成效,但始终

无法避免重复建设等问题。为此,在 2011 年工作的基础上,2012 年主要工作方向有:

第一,始终坚持服务创新,紧跟社会信息化步伐,学习新的图书馆建设理念,提高服务水平,创新服务形式,促进团校图书馆的特色资源与服务联盟的建设,推动共建共享。

第二,广泛开展对外交流,相互学习、相互借鉴、取长补短、共同进步,有效利用各馆资源,通过交流活动以及互联网等传播渠道,提升团校图书馆的软实力。

第三,要进一步把纸质资源建设和数字资源建设与教学科研紧密结合起来,采取多种途径满足教师学生的需求,使资源采购更具有针对性。

第四,加快联盟建设。对于团校图书馆联盟而言,要积极制定"十二五"规划,加强团校图书馆事业发展的战略研究,加强同图书馆界的协调合作,探索建立跨系统、跨行业、跨地域的全国团校图书馆共建共享机制,谋划涉及全局的新的重大建设工程和项目,从而带动全国团校图书馆的整体发展。

总之,在社会文化蓬勃发展的形势下,团校图书馆将根据本系统特点,学习同行经验,积极开展各项服务工作,促进团校图书馆的整体发展。

第四节　工会图书馆发展报告

一、2011 年工会图书馆发展综述

2011 年是职工书屋建设完成三年目标任务后新的一年,中央政治局委员、中华全国总工会主席王兆国,全国总工会书记处及全国工会职工书屋建设领导小组领导同志对职工书屋建设工作给予高度重视。王兆国在安徽考察调研时强调,要加强基层文化阵地建设,充分发挥工人文化宫、俱乐部和职工书屋的作用,建设先进企业文化、职工文化。全国总工会副主席、书记处第一书记王玉普在《关于全国工会职工书屋建设情况及下一步工作安排的报告》上批示"职工书屋取得了很大的成绩,应祝贺,并在现有的基础上进一步做好工作",他在浙江、福建考察调研时专门到基层职工书屋视察。全国总工会副主席、书记处书记倪健民同志多次就进一步提高职工书屋建设的科学化水平,加快职工书屋工作的创新发展等方面提出了很多具体要求。

按照有关领导的指示精神,工会图书馆委员会在中国图书馆学会的领导和支持下,坚决贯彻执行党的路线方针政策,紧紧围绕党和国家的工作大局及工会工作全局,解放思想,求真务实,团结奋进,开拓创新,继续围绕全国工会"职工书屋"建

拨付专项资金 1200 万元,比上年度少拨付 800 万元,不足部分由各地工会配套筹集。

三、2011 年度工会图书馆开展的主要工作及发展特点

按照 2011 年全年继续建设 1000 家全国工会职工书屋示范点,带动各级工会深入推进职工书屋建设的工作部署,主要开展了以下工作。

1. 扎实做好职工书屋示范点建设图书配送工作

一是进一步提高职工书屋示范点配送图书质量。2011 年职工书屋示范点配送图书质量进一步提高,品种更加丰富,总量也有所增加,共配送图书达 1035 种,其中由中国工人出版社出版的图书共 439 种,总码洋 1405.82 万元。其他出版社出版的图书为 594 种,总码洋 1543.10 万元。同时,配送《中国劳模》光盘配图书,总码洋 68 万元。另外免费赠送《时代领跑者:新中国成立以来最具影响力的劳动模范颁奖盛典》光盘。全部配送书刊共计总码洋 3036.12 万元。每个书屋实际配送图书价值高于标准 361.2 元;品种比去年 953 种增加 82 种。无论图书品种还是实际价值都超过上年。

二是认真做好各地职工书屋示范点申报工作,努力做好各地配套资金落实工作。2011 年要求各地落实配套资金,但由于很多省份准备不足,还有一些省份组织基层示范点单位分摊配套资金并分头上报,这些都给资金督促催缴、办理工作带来很多困难。尽管如此,截至目前已到位 680 余万元。其中:天津、山西、吉林、黑龙江、安徽、上海、江苏、浙江、福建、山东、广东、广西、海南、重庆、四川、云南、贵州、西藏、陕西、甘肃、宁夏、新疆等 22 个省区配套资金已全部到齐;河北、内蒙古、辽宁、江西 4 省区部分分摊给基层单位的配套资金还未交齐,正在积极催缴;北京、河南、湖北、湖南、青海 5 省市反映预算没有准备,一直未落实。对于未到款省份和单位,解决方案是先于年底前把图书配送到位,同时再研究缺口资金解决办法。

2. 各级工会积极开展职工书屋建设

各级工会按照全国总工会的统一部署和要求,继续深入开展职工书屋建设。浙江、江苏、福建、湖北、广东、海南等很多中东部省份的各级工会、企业单位凭借良好的经济条件进一步扩大职工书屋建设规模。如,湖北省总工会在 2011 年持续加大投入,全省已建成各级工会共建职工书屋 400 余家;福建省总工会继续加强职工书屋建设布点规划,基本实现所有工业园区"职工书屋"全覆盖。贵州、云南、甘肃、宁夏、新疆等西部省区也高度重视职工书屋建设工作,努力筹措资金投入书屋建设。如贵州省总工会克服经费有限的困难,努力形成省、市、县、基层(企业)联

各级工会按照全国总工会的统一部署和要求,继续深入开展职工书屋建设。浙江、江苏、福建、湖北、广东、海南等很多中东部省份的各级工会、企业单位凭借良好的经济条件进一步扩大职工书屋建设规模。如,湖北省总工会在2011年持续加大投入,全省已建成各级工会共建职工书屋400余家;福建省总工会继续加强职工书屋建设布点规划,基本实现所有工业园区"职工书屋"全覆盖。贵州、云南、甘肃、宁夏、新疆等西部省区也高度重视职工书屋建设工作,努力筹措资金投入书屋建设。如贵州省总工会克服经费有限的困难,努力形成省、市、县、基层(企业)联动的机制,筹集资金于2011年新建300家省级职工书屋示范点;甘肃省总工会计划再用3年时间,在全省一线职工特别是农民工、劳务派遣工、下岗再就业职工集中的地方新建或改建1000个省级以上标准化职工书屋,使全省职工书屋总数达到2000个。全国总工会职工书屋图书配送中心积极协助各地工会自建职工书屋,筹备了2000多种备选图书推荐目录,印发给各级工会和职工书屋示范点单位。目前该中心已为湖北、海南等省的百余家各级工会和企业单位自建书屋提供了职工书屋新建配置图书或已建书屋补充添置图书配送服务,发送图书总码洋300余万元。同时,很多地方工会还积极开展跨省职工书屋援助建设工作,如上海市总工会对口援疆建设从2011年开始设立职工书屋援助建设项目,已援助新疆4县建设7家职工书屋,并通过职工书屋图书配送中心开展了图书配送工作。据目前掌握的情况预计,在全总职工书屋示范点建设的带动和各级工会的努力下,2011年各级工会继续新建职工书屋将逾万家。

3.进一步扩大宣传,提高全国各级工会对职工书屋的重视

为推动全国各级工会进一步重视开展职工书屋工作,2011年6月20日,倪健民在《工人日报》发表专题文章《打造工会文化品牌工程的成功尝试——写于"职工书屋"建设三周年之际》,系统总结了职工书屋三年来所取得的经验、成果,并就今后如何做好职工书屋工作作出了理论探索,对指导和推动全国工会深入开展职工书屋建设起到了重要作用。

关于《职工书屋》专刊,进一步提高其办刊质量。围绕提升内容、增强可读性、加强文化阵地作用,专刊进行了大力整合改版。一是提高内容的高度,在发表倪健民的专题文章之后,又开设专题栏目,陆续刊登各地工会主要领导的访谈或专文;二是丰富内容,突出刊物的文化内涵和人文品位,开辟了人物访谈、本期策划、专题报道、点亮我心灯的一本书等栏目,不断增强内容可读性。改版后的《职工书屋》得到了各地工会负责同志、广大职工读者的好评,增强了职工书屋的文化影响力,对引导职工多读书、读好书和推进职工书屋工作起到了积极作用。

《工人日报》和中工网都对职工书屋工作做了大量宣传报道。2011年《工人日报》大量刊登涉及各级工会职工书屋信息,并组织关于职工书屋的专题报道;中工网职工书屋专题频道持续更新信息300余条,可搜索到的关于职工书屋的网上信息达4000余条。

4.深入基层,开展职工书屋调研

全国总工会在2011年继续深入基层,大范围地开展职工书屋调研工作。先后到河南、四川、湖南、湖北、黑龙江、吉林、辽宁、新疆、甘肃、陕西等地走访省市总工会及当地基层单位,全面了解各地工作情况,传达全国总工会对职工书屋工作的重视,促进各级工会积极开展工作。

四、未来展望

为深入贯彻落实党的十七届六中全会精神,按照全国总工会书记处和全国工会职工书屋建设领导小组关于深入开展职工书屋建设的要求,结合2011年工作情况,2012年计划开展的主要工作有:

1.继续推进职工书屋建设工作。一是按照既定规划,继续新建1000家职工书屋示范点,进一步做好图书配送和各项服务工作。全国总工会将恢复拨付2000万元专项资金,并要求各地工会相应配套。二是推广太仓、内黄等地经验,推动全国工会职工书屋图书配送中心与全国重点市县级工会联合建设100家市县级职工书屋图书配送中心,进一步发挥市县级工会在推动各地职工书屋建设、发展中的作用,按每个图书配送中心投入10万元计,预计共投入1000万元。

2.结合"走、转、改"活动,全国总工会将于2012年上半年对各地基层职工书屋建设、职工阅读情况进行走访,进一步了解基层职工需要,将做好图书配送、职工书屋建设管理服务工作,促进各地工会职工书屋规范化发展,将充分发挥作用的内容纳入全国总工会开展的"面对面、心贴心、实打实服务职工在基层"活动中。

3.把职工书屋建设与向困难职工送文化结合起来,出版、选定适用图书,以"帮扶书包"的形式,通过各地职工帮扶中心和送温暖活动,向广大一线职工、农民工发放。计划全年发送帮扶书包5万个,图书码洋1000万元。

4.加强职工书屋数字化建设。办好职工书屋专网,进一步研究开发通过网站信息平台面向各级工会职工书屋的管理和图书配送功能。同时积极开发电子阅读和网络阅读项目,为各级工会满足职工电子化阅读提供产品和服务。

5.进一步加强职工书屋工作的宣传、交流和管理工作,继续举办职工书屋管理人员交流培训班,进一步办好《职工书屋》专刊,并继续争取申办正式刊号,通过工会系统内外媒体加大对职工书屋工作的宣传,进一步提高职工书屋工作在工会全局工作和全社会的影响力。

第五节 医院图书馆发展报告

一、2011年医院图书馆发展综述

2011年,医院图书馆各项事业取得了新的进展,从业人员数量和结构继续得到改善,资源建设继续保持上升势头,服务水平和图书馆信息化建设进一步得到深化。医院图书馆委员会在组织建设和自身能力建设上得到进一步加强,建立了较为完善的、符合社团发展规律的组织体制和工作机制,巩固和壮大学会发展的群众基础。随着医院科研规模的扩展和科研水平的不断提高,医院图书馆科学研究的氛围大大加强。为适应医学科学事业发展的需要,促进全国医院图书馆事业的发展,活跃医院图书馆的学术氛围,促进成果转化和应用,鼓励优秀成果和优秀人才不断涌现,医院图书馆委员会通过各种途径筹集资金设立了全国医院图书馆科学研究基金,启动了2011—2012年医院图书馆科研基金项目。医院图书馆委员会根据《医院图书馆委员会先进集体和个人评选办法》实施细则,对全国各地医院图书馆的先进集体和先进个人进行了表彰;举办了一年一度的学术年会;与《图书馆报》联合举办了全国医学文献建设工作研讨会。

二、2011年度医院图书馆基本数据

1.医院图书馆数量保持基本稳定。2011年,全国医院图书馆数量保持基本平衡状态,个别小型医院图书馆被撤销。据国家卫生部统计,全国共有各类医院近2.1万家,按照医院评级要求,二级以上医院均应配有信息机构(应有一定数量的藏书),但实践中通常是三级以上,甚至三级甲等医院才配有专门的图书馆。因此,通常统计医院图书馆的数量按照三级甲等医院的数量统计。全国约有三级甲等医院800余家。当然,也有一些二级医院也配有图书馆,但数量不多、规模不大,有些单位没有专人管理,实际统计意义不大。值得注意的是2011年,民营医院的数量增加到了1000家以上。图书馆在这些医院的设置情况有望在今后的调查中落实。

2.全国医院图书馆建筑面积略有增加。据不完全统计,全国20个省市医院图书馆共有面积约40万平方米,较2008年增加3万平方米,其中电子阅览室占图书馆面积的20%。医院图书馆空间发展是随着所在医院的改扩建而发展的。2011年,新增医院不多,不少医院正处在改扩建的过程中,随着医院改扩建工程的完善,

相信医院图书馆的面积会有所扩大。

3. 全国医院图书馆文献收藏量继续保持上升。2011 年,20 个省市医院图书馆文献收藏量约 5500 万册,较 2008 年的 4000 万册增加了 1500 万册。馆藏数量的增加主要体现在电子期刊和电子图书数量的增加。目前,医院图书馆共订购电子数据库 100 余种。纸质文献的收藏趋于下滑态势,电子产品的收藏呈上升趋势。大多数医院图书馆电子产品的收藏占全部收藏的 60% 左右。电子资源和数据库是带动文献收藏增加的主要源泉。

4. 读者优质服务继续提质提速。2011 年,800 余家医院图书馆接待来馆读者约 600 万人次。来馆读者数量下降与网上读者浏览数量增加成反比。目前各单位对上网对象和浏览内容还没有统计数据。

5. 信息化建设工作进一步深化。800 余家医院图书馆约有 8000 余台计算机,其中大多分布在电子阅览室。此外,另有用于数字化用的大型扫描仪和常规扫描仪及复印机等设备。计算机管理系统基本维持不变,个别较大型的图书馆引进或开发了新的资源整合系统。

6. 医院图书馆从业人员的数量和知识结构继续改善。随着医院现代化建设的需要和发展,医院图书馆的人员结构发生了一定的变化。2011 年,全国 20 个省市三级甲等医院图书馆共有工作人员 3500 余人,较 2008 年增加了近三成,其中,高级职称人数约占 13 %,中级职称人数占 40% 左右,博硕士人数比例由 2008 年的 5% 上升到目前的 9% 左右。

7. 医院图书馆经费保障力度进一步加大。据不完全统计,2011 年,全国三级甲等医院图书馆经费达到 2.4 亿元,较 2008 年提高近 20 个百分点。经费增长主要源于资源价格的上涨。

三、2011 年度医院图书馆开展的主要工作及发展特点

通过对 2011 年度开展的主要工作进行梳理和总结,发现有以下几个特点:

1. 医院图书馆的发展随医院的发展而成长。2011 年,一些医院得到扩建或另建分院,因而这些医院的图书馆也相应地得到了空间的扩展。但医院图书馆事业发展并不平衡,有少数医院发展空间受限,减少和挤压图书馆使用面积的情况时有发生,个别医院甚至取消了图书馆。

2. 资源建设中,电子刊取代纸质期刊的趋势进一步凸显。由于电子期刊独有的特点,各地医院图书馆,尤其是医学院校附属医院图书馆越来越多地订购或享有院校订购的电子期刊。医院图书馆本地文献收藏量进一步下降。

3. 服务模式呈多样化态势。传统的医学专业人员到馆阅览的服务模式已完全改变,取而代之的是网络化服务模式。但通过网络服务的对象和服务内容缺乏数据统计和分析。

4. 开展课题研究是牵引或带动医院图书馆工作深入开展的重要途径。多年来,医院图书馆事业发展与高校图书馆和公共图书馆相比存在着很大的差距,除了少数大型医学图书馆,课题研究在医院图书馆基本上是空白。为适应医学科学事业发展的需要,促进全国医院图书馆事业的发展,活跃医院图书馆的学术氛围,促进成果转化和应用,鼓励优秀成果和优秀人才不断涌现,2008 年,医院图书馆委员会通过各种途径筹集资金首次设立了全国医院图书馆科学研究基金。对全国 750 余家医院图书馆进行了全面调查,掌握了一些基本数据,为后来工作的开展奠定了基础。2011 年,医院图书馆委员会再次实施基金项目的头招标,选择了 12 项作为立项课题,这将有力地促进医院图书馆科研水平的提高。

四、未来展望

未来几年,医院图书馆建设的主要工作如下:

1. 加快服务网络建设。加强全国医学系统图书馆之间的广泛协作,尽快建立覆盖全国三甲医院图书馆的服务网络。在推进医院网络环境的数字图书馆服务应用的同时,要加快建立基于全媒体的数字医学图书馆服务网络,大力推进数字图书馆推广工程工作,陆续在全国大型医院以上单位图书馆完成数字图书馆推广平台的搭建,形成连通各级卫生机构的数字图书馆服务体系。

2. 加快数字资源建设。要进一步加大数字医学资源建设力度,丰富数字医学图书馆的馆藏内容。一要统一规划,有序组织,加强整合,加大专业特色资源和地域特色资源的建设,形成类型丰富、特色突出、结构合理的海量数字医学资源库群。加强医学资源的开发利用,围绕军队重大研究课题、重要学术研究领域和特定用户群体的信息需求,对已有信息资源进行整合,形成一批高质量的专题资源库群,进一步发挥信息资源对医学发展的促进作用。

3. 加快协作机制建设。要按照"互惠互利,优势互补,共建共享,共同发展"的思路,加强全国各医院图书馆间的共建共享,形成数字医学图书馆建设的整体优势。共同谋划全国数字医学图书馆事业发展大局,加强合作,共同研发,以技术手段打破各单位的限制,在全国形成统一的数字医学图书馆协同服务平台,为用户提供一站式无缝信息服务空间。在全国医院图书馆间建立有效的数字资源共建共享机制,把公共资源和特色资源的建设有机结合起来,统一规划,统筹协调,形成分级分布、结构合理、使用便捷的全国文献信息资源保障体系。

4. 加快各地分会建设。在组织建设和地方分会建设上,进一步建立学会顺畅的组织体制和活跃的组织机制,严格依照学会章程办事,完善学会的上请下达机制,逐步制定并推行有利于体制健全、机制灵活的各项管理措施。对各地分会的学会构成结构和会员情况进行登记,以规范和促进各地分会工作,同时为2013年换届改选做好准备。

5. 在科学研究和学术交流上,加强对基金研究课题的指导,有重点地扶持课题研究过程,使其获得良好的研究结果。要完善课题管理制度,年会前开展一次课题中期检查活动,课题负责人年会期间须向大会作出书面课题进展报告。

6. 积极探索开展学术活动的新模式,大胆尝试科技论坛、在线研讨、组建协作组等方式,提高学术活动的生命力,逐步完善学术交流机制,搭建各具特色、不同功能的学术交流平台,切实提高活动质量与成效。

第六节　军队院校图书馆发展报告

一、2011 年军队院校图书馆发展综述

2011 年是"十二五"开局之年,在解放军总部机关的领导和大力支持下,军队院校图书馆以科学发展观为统揽,以迎接和学习贯彻第十六次全军院校会议精神为动力,以改革服务模式、提高服务质量为重点,全面落实"十二五"图书馆建设规划规定的各项任务,图书馆建设和服务水平得到了进一步的提高,较好地发挥了院校信息化建设基地和现代化教学支柱的重要作用。

二、2011 年度军队院校图书馆事业发展基本数据

军队院校图书馆随着军队院校调整改革的深入进行,其基本数据也在不断发展变化中,2011 年,共有军队院校图书馆 90 余家。由于院校培训任务、学科专业特色不同,学校规模大小不一,图书馆基本建设情况差别很大。有些大馆藏书总数百万册,有些小馆只有十几万册;馆舍建筑总面积大的有 3 万多平方米,小的只有几千平方米;传统阅览座位有的馆 2000 余个,有的馆只有几十个;电子阅览座位有的馆有上千个,有的馆仅有几十个。

三、2011 年度军队院校图书馆开展的主要工作及发展特点

1. 适应院校调整改革,谋划图书馆建设和服务新的对策

图书馆是院校的文献信息中心、信息化建设的重要基地和现代化教学的重要支柱。图书馆的建设和发展与院校的调整、改革和发展息息相关。2011 年 7 月,中央军委召开了第十六次全军院校会议,着眼于完善培训体制、优化院校结构、整合教育资源、理顺内部关系,对院校进行了调整改革,有一部分院校培训任务、目标、对象进行了较大调整,有些院校变更了名称。这些调整改革举措对图书馆的建设和服务具有直接而深刻的影响。在学习贯彻第十六次全军院校会议精神过程中,各院校主管部门和图书馆紧密联系实际,分析图书馆在院校调整改革中面临的新形势,新的培训对象的信息需求,着手研究制定适应新的教学科研需求的对策,对传统文献资源、数字资源建设重点进行调整,特别是针对由学历教育向任职教育转变的实际情况,适应学制长短不一、培训周期转换快、培训对象水平参差不齐、岗位任职指向明确等特点,研究探讨更新服务理念、改革服务模式的新举措,不断增强信息和知识服务的效果。2011 年,院校调整改革刚刚开始,图书馆适应调整改革的对策也在探索中,还需要在实践中检验;但毕竟有了一个良好的开端,为 2012 年乃至更长时间的改革发展奠定了坚实的基础。

2. 加大检查监控力度,完善数字图书馆体系建设

进入 21 世纪以来,数字图书馆建设已成为军队院校图书馆建设发展的方向和改革服务模式的基础,受到了各级领导机关和图书馆的高度重视。自 21 世纪初开始试点建设以来,全军院校数字图书馆陆续铺开,取得了丰硕的成果;总部机关从全局出发,重点抓了 30 余个项目的建设,其内容覆盖了军事学各领域、各军兵种,形成了比较完整的军事训练数字图书馆体系。对这些重点建设项目的建设情况,总部机关一直非常关注。2011 年 4 月,委托军队图书馆工作委员会组织 9 位专家,分为 3 个小组,分赴各有关单位,通过听取项目建设情况介绍、网上浏览、讨论评议,对总部机关批准立项的数字图书馆重点项目建设情况逐一进行调查了解,摸清了每个项目建设的实际情况,并将了解的情况(项目建设成果和存在的问题)向总部机关提交了报告,提出了继续充实内容、突出特色、规范分类标引、强化建设成果的宣传推介、提高应用效益等建议。

3. 以丰富多彩的形式,开展纪念建党 90 周年活动

2011 年是中国共产党成立 90 周年。全军院校图书馆以实际行动纪念建党 90 华诞。各图书馆以丰富的文献资源为基础,以先进的信息技术为依托,利用多种形式开展纪念活动:举办珍贵历史文献展、红色经典图书阅览、红色经典影片展播、主题读书演讲比赛、党的知识竞赛、读书征文、朗诵比赛、唱支赞歌给党听等一系列活动,军队院校图书馆工作委员会在《协作简报》上及时发布信息,作了连续宣传报

道,推动了活动深入、扎实、有成效的开展。

4.探索数字图书馆技术系统升级之路,为构建军队院校文献信息联合保障系统作前期准备

数字图书馆应用技术系统是数字资源管理和为读者服务的技术平台。系统的先进实用程度,决定管理和服务水平。军队院校图书馆数字图书馆建设始于2001年,而统一开发的军队院校数字图书馆应用技术系统2003年后启用,先期建设的数字图书馆均为引进社会上的软件系统,由此造成了军队院校数字图书馆技术系统不统一,为整合资源和联合检索服务造成了困难;再加上数字资源日益增多,自建的、引进的数字资源标准不统一,也给资源共享造成了很大的障碍。2011年年初,国防大学图书馆率先进行数字图书馆技术系统的升级改造,成功地完成了分布式、多样化异构数字资源的整合,网上资源的集成,实现跨地域、跨资源库检索和信息自动分类导航,搭建了适应大规模、分布式、面向内容的和大规模并发用户访问需要的多媒体知识网络体系;建立了面向用户的、无缝获取所需信息的知识组织与服务系统,初步实现了由传统的"用户找信息"向"信息找用户"的转变。2011年下半年,受总部机关委托,军队院校图书馆委员会组织专家对数字图书馆技术系统升级、构建军队院校文献信息联合保障系统进行研究论证,着重进行新系统功能需求的分析,形成了《军队院校图书馆文献信息联合保障系统功能需求报告》的初稿,提交第九期全军院校图书馆馆长集训班讨论,听取100多位馆长的意见,集思广益,将报告进行了认真的修改,这为系统的开发做了非常扎实的前期准备工作,为2012年系统的开发建设奠定了坚实的基础。

5.发挥资源和技术优势,拓展军队院校图书馆服务范围

图书馆的根本宗旨是为读者服务,院校图书馆主要任务是为教学科研服务,具体说主要是为教研人员和学员服务。院校作为军事人才培养的主渠道,随着由学历教育向任职教育转变,人才培养绝不仅限于校内,要对学员终身教育负责。图书馆作为院校文献信息中心,具有资源、技术和人才优势,不仅要为本院校教研人员和学员服务,而且要放眼全军院校、部队和领导机关,实现全方位服务。2011年,经第九期全军院校图书馆馆长集训讨论,确立了"三个服务"的方向,即:坚持为院校教学科研服务,拓展为部队作战训练服务,深化为首长机关决策咨询服务。这是图书馆服务创新的新模式、新理念、新机遇,有些院校图书馆在这几个方面作了有效的尝试,有的主动将专题数字信息送到部队,有的帮助部队进行数字图书馆应用技术的培训,有的积极承担领导机关赋予的专题研究任务,效果比较明显。军队院校图书馆委员会利用《协作简报》等方式,及时将一些好的做法和经验宣传推广,

有力地推动了图书馆服务改革的深化。

6. 采取多种有效措施,增强信息素质教育效果

教育职能是图书馆的基本职能。在信息化条件下,加强信息素质教育(以往称文献检索课),提高读者(主要是学员和教员)信息获取、分析、利用能力,既必要又迫切。但由于历史的原因和军事教育的特殊性,军队院校在这方面是个薄弱环节,存在教学时间、内容、人员不落实的现象。从 21 世纪之初,在总部机关的支持下,军队院校图书馆委员会和南京政治学院军事信息管理系就着手这方面的调查研究,2006 年提出来统一编写"军队院校图书馆信息素质教育系列教材"的计划,2007 年组织专家分工撰写,到 2011 年陆续完成了由 5 个分册组成的"系列教材",均由解放军出版社出版,军队内部发行,使用对象分别为高中级军事指挥员、军事学研究生、军事科技研究生、本科生、初级指挥员。有了这套统一的"系列教材",军队院校的信息素质教育课有了备课的依据和丰富的参考内容,从而有效地提高了信息素质教育课授课质量。

为了进一步提高信息素质教育教学效果,军队院校图书馆委员会于 2011 年自下而上地组织了信息素质教育优质课观摩竞赛,各图书馆通过讲课比赛,向地区协作组推荐优秀选手参赛;10 个地区协作组分别组织复赛,按照统一规定的名额优中选优;军队院校图书馆委员会于 2011 年 10 月在西安组织决赛,20 名选手参加,按照 35 分钟讲课、10 分钟答疑(每堂课按 45 分钟计)的要求,逐一登台讲课,由 7 名专家担任评委,评出了一、二、三等奖;军队院校图书馆委员会还将 20 名选手精彩的讲课录像和课件,刻制成光盘,分发到全军院校图书馆,推广了优秀课件,也为各图书馆备课讲课提供了参考资料,有效地促进了信息素质教育的落实。

7. 加大人才培养力度,进一步提高队伍的综合素质

人才是图书馆建设和做好服务工作的关键因素,队伍素质的高低决定图书馆服务水平的优劣。军队院校图书馆历来非常重视人才队伍的建设和素质的提高。第十五次全军院校会议之后,军队院校图书馆人才队伍结构发生了重大变化,现役文职干部编制数量锐减,大批非现役文职人员被招聘进来,形成了文职干部为骨干、文职人员为主体、职员工人为补充的人才队伍结构。文职人员具有学历高(均为本科以上)、年纪轻、有朝气的特点,但缺乏部队生活的锻炼,军事政治素质参差不齐,有些还专业不对口,短时间内难以胜任图书馆工作。针对此情况,各级领导机关、主管部门和图书馆非常重视队伍的培养,在前几年举办文职人员培训班的基础上,2011 年利用南京政治学院军事信息管理系这个人才培训基地,上下半年各举办了一期文职人员培训班,80 多人参训;另外,各图书馆采取以老带新、岗位实

习、轮岗培养、短期集训、送学深造、攻读在职研究生等多种形式,对文职人员加强思想教育和专业培训,使文职人员较快地适应了业务工作,有些已成为业务工作骨干或部门负责人,较好地发挥了作用。

在重视馆员培训的同时,总部机关加大了对馆长的培训力度。2011 年 12 月,组织了第九期全军院校图书馆馆长集训。为增强集训效果,邀请了全国高校图工委、中国科学院、北京大学、清华大学、重庆大学、解放军后勤工程学院的专家教授,就全国高等学校文献信息联合保障和数字图书馆技术最新发展、信息服务的改革、物联网技术在图书馆的运用等多方面的问题,介绍最新研究成果和发展趋势,使参训馆长开阔了眼界,启迪了思路,大家结合军队院校的实际,研究新情况,厘清新思路,探讨新对策,特别是结合对《军队院校图书馆文献信息联合保障系统功能需求报告》的讨论,深化了认识,明确了方向,对提高馆长综合素质和管理能力,更好地做好图书馆管理工作,是一个很大的促进。

8. 加强图书馆联合协作,促进信息资源共建共享

联合协作是军队院校图书馆的优良传统和优势所在。自 20 世纪 80 年代末建立协作组织以来,协作工作不断加强,随着军队院校全面开通军训网,特别是提出"全军院校一个馆"的口号以来,信息资源共享已成为协作工作的中心内容和共同目标。最近几年,特别是 2011 年,联合协作工作呈现出多维发展的趋势,形成了块块(按地域划分 10 个协作区)协作、条条(各总部、军兵种所属各系统)协作和专业(军队院校图书馆委员会下设 9 个专业组)协作以及军地协作等立体协作模式,各自发挥了重要作用。

军队院校图书馆发挥共建共享机制作用,依托各院校信息资源建设优势,加大军事理论、军事图书、军事期刊、外文图书、外文期刊和军兵种信息资源的采集加工力度,2011 年为每个院校提供共享资源达 20 TB 以上,较好地满足了教学科研和人才培养的信息需求。上半年,还组织专家与国内主要数据开发商、国防科技信息部门,洽谈图书馆数字资源联合采购问题,统一订购通用数字资源 25 种,联合采购数字资源 10 种,这个举措既丰富了军队院校图书馆的文献信息资源,又为各馆节约了大笔经费。

各地区协作组在地区院校协作中心办公室的指导下,从地区实际情况出发,开展多种形式的协作活动,召开协作组工作年会,组织专业培训、信息素质教育观摩竞赛和区域、同城信息资源共享;有些协作组还召开联组会议,广泛进行学术和工作经验交流;有些协作组还利用当地高校信息资源丰富的有利条件,加强军地协作交流和资源共享;海军、空军系统协作组根据本军种院校图书馆的实际情况组织系

统协作活动和信息资源共建共享,卓有成效。图书馆委员会各专业组根据业务分工,积极开展专业协作活动:信息资源专业组组织信息资源数字化加工,提供了大量的共享资源;信息技术专业组组织军队院校图书馆信息管理系统功能需求论证,为第九期馆长集训提供了研究材料,特别是在数字资源统一订购和联合订购中发挥了重要作用;信息素质教育专业组组织信息素质教育观摩竞赛,对推动院校图书馆信息素质教育的开展发挥了积极的作用。

四、未来展望

经过长期积累,军队院校图书馆传统文献资源有了坚实的基础,通过 10 多年的数字化建设,数字资源已具相当规模。建设的目的在于应用,下一步,军队院校图书馆的工作重点将由信息资源建设转到信息和知识服务上,以服务满足读者日益增长的信息需求,以服务检验建设效益。具体体现在:一是服务理念的创新。随着图书情报、信息管理理论研究的深入发展,主动服务、精确服务、个性化服务、参与(融入)式服务等一些新的服务理念为图书馆所接受和应用,坐等读者上门等被动服务将为积极主动的个性化服务所代替。二是服务系统的创新。从 2011 年起着手研究论证、2012 年付诸实施,军队院校图书馆正在整合现有业务管理系统和数字图书馆应用技术系统,开发建设新一代军队院校图书馆文献信息量和保障系统,为深化信息和知识服务提供功能完善、先进实用的联合服务保障技术平台。三是服务范围的拓展。以往,军队院校图书馆强调的是为本院校教学科研服务,满足教员、学员的文献信息需求;随着军事网络的大范围联通,为发挥院校图书馆的信息资源优势、技术优势和人力资源优势,院校图书馆在为本院校教学科研服务的同时,坚持"三个服务"(为院校教学科研服务、为部队教育训练服务、为机关决策咨询服务)的方向,不断拓展服务范围,面向部队教育训练、领导机关决策咨询提供针对性强的信息和情报服务。四是联合保障能力不断增强。按照总部机关的部署,从 2012 年起,整合全军院校已建成的数字文献资源,特别是特色数据库,建立全军院校文献信息联合保障体系,形成拳头产品和服务精品,大大提高图书馆服务保障能力,更好地满足读者的信息和知识需求。

(执笔人:严向东　骆桂明　郝莉　刘魁明

郑丹娘　阎伟　张文举　刘家坤)

第九章　民办图书馆事业发展报告

第一节　民办图书馆事业发展综述

民办图书馆是指企业事业组织、社会团体以及其他组织和个人兴办的、向社会公众开放的属于公益性的图书借阅机构。目前我国的民办图书馆包括个人兴办的图书馆（以下简称私人图书馆）、非政府组织（Non-Governmental Organization，以下简称 NGO）兴办的图书馆、企业兴办的图书馆（例如"青番茄图书馆"）。

据不完全统计，目前共有私人图书馆近 300 个，2011 年新增民办图书馆近 400 个（包括 NGO 与个人兴办的图书馆）。其中 57 个私人图书馆的现有建筑面积总计约为 7440 平方米，图书新增数量总计约为 72 492 册，经费投入总计约为 190.25 万元，到馆读者总量超过 18.75 万人次，外借总量超过 9.33 万册次。经对 10 家 NGO 的不完全统计，2011 年这 10 家 NGO 所兴办的图书馆的图书新增量约为 858 283 册，年度经费总投入约为 4 789 746 元。

目前我国的民办图书馆主要分布在中西部贫困落后乡村，主要服务对象为农民、农村学生、进城务工人员及其子女，覆盖读者面广、注重阅读推广，为我国基层图书馆事业的发展作出了贡献。

第二节　民办图书馆事业发展基本数据

受资料获取的局限，2011 年度民办图书馆事业发展基本统计数据仅包含 57 个私人图书馆与部分 NGO 所建的图书馆的情况。

一、私人图书馆基本数据①

1. 机构数量及增减情况

目前国内经媒体报道的私人图书馆不少于 282 个，[1] 其中 2011 年新增 1 个。

2. 建筑设备情况

---

① 私人图书馆的数据与信息通过邮件、电话、信件等方式的调查获取。

（1）馆舍情况

57 个私人图书馆中,有 50 个为使用家庭住房作为馆舍,4 个为租用馆舍,2 个为借用馆舍,1 个为由所在地文化局将村文化站址无偿提供使用。

2011 年,57 个私人图书馆的现有建筑面积总计约为 7440 平方米,馆均约为 130.5 平方米。位居前 5 名的是:浙江省衢州市衢江区云溪乡云溪村"百姓书院",约 1080 平方米;北京金彩艺术图书馆,约 800 平方米;河北省秦皇岛市昌黎县西王庄"新农村图书馆",约 600 平方米;浙江省温州市文成县南田镇"刘伯温图书馆",约 593 平方米;甘肃省兰州市城关区"兰州穆斯林图书馆",约 300 平方米。但馆与馆之间差距较大,有 9 个图书馆的面积在 30 平方米以下(含)。2011 年新增的郑州市金水区"若木书院"面积约为 200 平方米。

（2）阅览坐席数量

2011 年,57 个私人图书馆的现有阅览坐席数量总计约为 1576 个,馆均约为 28 个。位居前 5 名的是:江西省鹰潭市余江县春涛乡"农民图书馆"(又名"春涛乡文化站"),约 180 个;甘肃省兰州市城关区"绿云书庵",约 110 个;浙江省衢州市衢江区云溪乡云溪村"百姓书院",约 110 个;江西省萍乡市上栗县彭高镇泉溪村"泉溪清泉书屋",约 110 个;河北省任丘市辛中驿镇边渡口村"三农图书馆",约 80 个。有 7 个图书馆只提供外借,不设阅览坐席。与 2010 年相比,除新增的 1 个图书馆增加了 50 个阅览坐席位外,2011 年阅览坐席数量基本无增减。

3. 文献总藏量及年度新增情况

（1）图书总藏量及年度新增情况

截至 2011 年底,57 个私人图书馆的现有馆藏图书数量总计约为765 671册,馆均约为13 433册。位居前 5 名的是:北京金彩艺术图书馆62 012册;四川省巴中市巴州区"光伟图书馆",约50 000册;河北省秦皇岛市昌黎县西王庄"新农村图书馆",约50 000册;江西省萍乡市上栗县彭高镇泉溪村"泉溪清泉书屋",约40 500册;宁夏中卫市海原县史店乡苍湾村"成林文体大院"图书馆,约34 000册。但馆与馆之间差距较大,有 3 个图书馆的图书总藏量在 1000 册以下(含),最少的仅约300 册。

2011 年,57 个私人图书馆的图书新增数量总计约为72 492册,馆均约为 1272 册。其中约23 094册为图书馆自行出资购买或搜集,49 398册来自于个人、NGO、公共图书馆、"农家书屋"工程、出版社等的捐赠。位居前 5 名的是:河北省石家庄市赞皇县赞皇镇曲江村"赵东其图书馆",约12 000册,其中有 9500 余册由河北省新闻出版局、北京市农林科学院、石家庄晚报社、北京晚报社等机构捐赠;湖南省娄底冷水江市渣渡镇利民村"农民图书馆",约7000册,其中有5000册来自于湖南省"农家书屋"工程的捐赠;安徽阜阳临泉县"常坤的家",约5500册,其中接受个人捐赠485册、NGO捐赠5015册;郑州市金水区"若木书院",约5000册,均来自于个人捐赠;山西省闻喜县郭家庄镇卫家庄村"刘福海家庭文化大院",约3500册,其中有3000册来自于捐赠。有4个图书馆在2011年图书新增量为0,另有6个图书馆新增量在100册以下(含)。

（2）期刊总藏量及年度新增情况

截至2011年底,57个私人图书馆的现有馆藏期刊数量总计约为129 802册,馆均约为2277册。位居前5名的是:河北省秦皇岛市昌黎县西王庄"新农村图书馆",约30 000册;浙江省衢州市衢江区云溪乡云溪村"百姓书院",约22 000册;甘肃省兰州市城关区"绿云书庵",约12 000册;山东省临沂市沂南县湖头镇曹家小河村"小河图书馆",约10 000册;甘肃省兰州市城关区"兰州穆斯林图书馆",约5601册。有7个图书馆的期刊馆藏量为0册,另有9个图书馆总藏量在100册以下(含)。

2011年,57个私人图书馆的期刊新增数量总计约为4482册,馆均约为79册。其中约2784册为图书馆自行出资购买或搜集,1698册来自于个人、NGO、公共图书馆、"农家书屋"工程、期刊社等的捐赠。期刊新增量最多的为甘肃省靖远县东升乡柴辛村展寨柯"故乡书屋乡村公益图书馆",约1000册,均来自于个人、NGO捐赠。有24个图书馆在2011年期刊新增量为0,另有21个图书馆新增量在50册以下(含)。

（3）报纸总藏量及年度新增情况

截至2011年底,57个私人图书馆的现有馆藏报纸数量总计约为1337种,馆均约为23种。其中馆藏报纸数量最多是的山东省枣庄市市中区齐村镇柏山村"曹栋宜农家书屋",收集报纸1000种,约20 000件。有15个图书馆的报纸馆藏量为0。

2011年,57个私人图书馆订阅报纸总计约为90种,馆均约为1.6种,其中有22种为当地政府帮助订阅或报社捐赠。

（4）非纸质资源总藏量及年度新增情况

截至2011年底,57个私人图书馆的现有馆藏光盘数量总计约为15 396张,馆均约为270张,主要为种植养殖、生活健康、艺术娱乐、进城务工实用技能培训等类别。其中总藏量最多的为浙江省衢州市衢江区云溪乡云溪村"百姓书院",约6000张。有25个图书馆的馆藏中无非纸质资源。

2011年,57个私人图书馆的光盘新增数量总计约为1308张,馆均约为23张。

其中约 915 张为图书馆自行出资购买或搜集，393 张来自于个人、NGO、公共图书馆、"农家书屋"工程等的捐赠。光盘资源新增量最多的为河北省石家庄市赞皇县赞皇镇曲江村"赵东其图书馆"，约 320 张，其中有 120 张来自于他人捐赠。有 42 个图书馆光盘资源新增量为 0 张。

此外，部分图书馆还有其他非纸质资源馆藏。例如山西省晋中市祁县昭馀镇丰泽村"权勇文化大院"保存着红色图片 2000 余张、红色电影海报 6000 余张、幻灯片 3000 余张、怀旧留声唱片 100 余张、16 毫米爱国主义电影拷贝 1600 余部，抗战、解放、文革时期历史遗物若干等。

4. 经费投入情况

2011 年，57 个私人图书馆的经费投入总计约为 190.25 万元（各项经费支出详见表 9-1），馆均约为 3.3 万余元。位居前 5 名的是：北京金彩艺术图书馆，约 150 万元，包括设备购置费约 6 万元，服务经费约 14 万元，人员经费约 50 万元，其他费用约 80 万元。其中约 50 万元为馆长个人出资，有约 100 万元来自于企业捐赠；甘肃省兰州市城关区"兰州穆斯林图书馆"，约 5.7 万元；甘肃省兰州市城关区"绿云书庵"，约 4.1 万元；江西省鹰潭市余江县春涛乡"农民图书馆"（又名"春涛乡文化站"），约 3.45 万元；郑州市金水区"若木书院"，约 3.3 万元。但各馆之间差距较大，有 5 个图书馆 2011 年几乎无经费投入，另有 12 个图书馆的年度经费投入在 1000 元以下（含）。

在 2011 年度经费投入中，约 75.7 万元为办馆人个人出资，约 5.5 万元来自于个人捐赠，约 101 万元来自于企业捐赠，约 2.38 万元来自于 NGO 捐赠。

表 9-1　2011 年我国 57 家私人图书馆各项经费收入情况（万元）

文献资源购置费 （万元）	设备购置费 （万元）	服务活动经费 （万元）	人员经费 （万元）	其他 （万元）	经费投入总计 （万元）
18.42	12.69	16.99	56.67	85.48	190.25

注："其他"包括房屋租赁费、网络费、宣传费、取暖费、修缮费等。

5. 读者服务情况

（1）服务对象与服务时间

2011 年，57 个私人图书馆中有 50 个馆的服务对象主要是农村社区的所有居民，有 3 个图书馆的服务对象主要为城市进城务工人员及其子女，有 2 个图书馆的服务对象主要为城市社区居民，1 个图书馆的服务对象主要为艺术业工作者、爱好者，1 个图书馆的服务对象主要为研究者。

2011 年,57 个私人图书馆的开放时间总计143 265小时,馆均约 6.9 小时/天。其中有 37 个图书馆的年度开放天数在 300 天以上(含),有 25 个图书馆每次开放时间为 10 小时以上(含)。

(2)注册读者数量

2011 年,11 个私人图书馆对读者进行了正式注册登记,年度新增注册读者数量总计 2089 个,馆均约 21 个。其中新增注册读者数量最多的是郑州市金水区"若木书院"(436 个)。

(3)到馆读者数量

2011 年,57 个私人图书馆的到馆读者总量超过 18.75 万人次,馆均约 3290 人次。位居前 5 名的是:甘肃省兰州市城关区"兰州穆斯林图书馆",约 2.6 万人次;甘肃省靖远县东升乡柴辛村展寨柯"故乡书屋乡村公益图书馆",约 2 万人次;江西省鹰潭市余江县春涛乡"农民图书馆"(又名"春涛乡文化站"),约 1.2 万人次;宁夏中卫市海原县史店乡苍湾村"成林文体大院"图书馆,约 1 万人次;甘肃省兰州市城关区"绿云书庵",约 1 万人次。另外,有 4 个图书馆的年度到馆读者量在 100 人次以下(含)。

(4)外借服务量

2011 年,57 个私人图书馆的外借总量超过 9.33 万册次,馆均约 1637 册次。位居前 5 名的是:甘肃省靖远县东升乡柴辛村展寨柯"故乡书屋乡村公益图书馆",约 1.1 万册次;宁夏中卫市海原县史店乡苍湾村"成林文体大院"图书馆,约 0.965 万册次;四川省巴中市巴州区"光伟图书馆",约 0.75 万册次;山西省晋中市祁县昭馀镇丰泽村"权勇文化大院",约 0.55 万册次;湖北省十堰市丹江口市土台乡岭西村"农民读书室",约 0.455 万册次。另外,有 4 个图书馆的年度外借量在 100 册次以下(含),有 8 个图书馆暂不提供外借服务。

(5)举办读者活动情况

2011 年,57 个私人图书馆举办读者活动共计 319 场,参与读者约 1 万余人次,馆均约 183 人次。举办读者活动较多的是:北京金彩艺术图书馆举办艺术展览、讲座等活动 20 余场,参与读者约 3000 人次;宁夏中卫市海原县史店乡苍湾村"成林文体大院"图书馆举办法律知识培训、妇女培训、实用技能培训等活动约 30 场,参与读者约 1600 人次。另外,有 25 个图书馆在 2011 年未举办读者活动。

6. 信息化建设

截至 2011 年底,57 个私人图书馆共有计算机 50 台,馆均不足 1 台;其中,2011年新增计算机 16 台。计算机拥有量最多的是北京金彩艺术图书馆,为 13 台,其中

2011 年新增 4 台。仍有 32 个私人图书馆无计算机。

7. 从业人员情况

57 个私人图书馆共有 55 位负责人(有 1 位创办了 3 个图书室),其中有 53 位是图书馆的创办者,2 位是继承人,多为兼职管理图书馆工作,其身份有农民(24 位,44%),乡镇干部、医生、教师等在职人员(16 位,29%),退休人员(14 位,25%),学生(1 位,2%)。

57 个私人图书馆的 55 位负责人的年龄段主要集中在 50—59 岁(14 位,25.45%)和 70—79 岁(12 位,21.82%)(详见图 9-1 所示),平均年龄为 55 岁。其中年龄最大的是宁波市青少年希望书室王亚萍,87 岁;年龄最小的是河北省灵

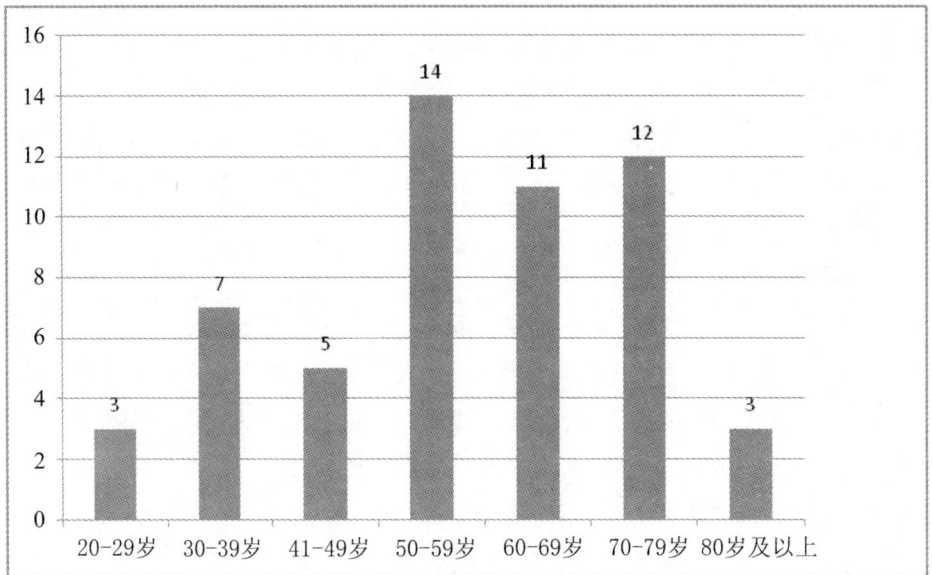

图 9-1 2011 年我国 57 家私人图书馆负责人年龄分布情况

寿县南寨乡球山村"秋山书屋"负责人孙喜梅,24 岁。57 个私人图书馆的 55 位负责人的受教育程度主要集中在高中(20 位,36.36%)和初中(10 位,18.18%)(详见图 9-2 所示)。其中学历最高的为浙江省衢州市衢江区云溪乡云溪村"百姓书院"负责人李丁富,学历为博士研究生。

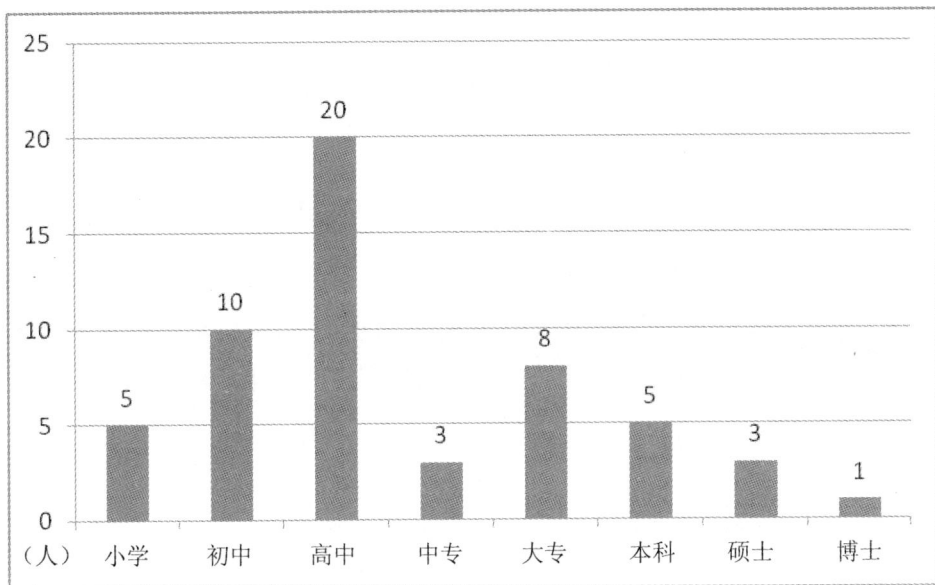

图 9 - 2 2011 年我国 57 家私人图书馆负责人受教育情况

2011 年,57 个私人图书馆共有工作人员 112 人,馆均约 2 人,其中男性员工 63 人,女性员工 49 人,专职人员为 17 人。工作人员数量最多的是北京金彩艺术图书馆,共 13 名专职人员,其中男性员工 5 人,女性员工 8 人。2011 年,57 个私人图书馆新增工作人员 8 人,其中男性员工 5 人,女性员工 3 人。新增工作人员数量最多的是北京金彩艺术图书馆,共 4 人,其中男性员工 2 人,女性员工 2 人。

二、NGO 创办的图书馆基本统计数据①

1. 机构数量及增减情况

根据对 51 个 NGO(详见表 9 - 2)的调查结果显示,截至 2010 年底,NGO 已在我国内地建设民办图书馆 2 万余个,[2]但由于信息获取困难,目前无法获知正常运行的图书馆数量。经对 10 家 NGO 的不完全统计,2011 年新增图书馆的数量为

---

① 由于信息未公开、部分 NGO 对所创办图书馆的运营数据未进行记录与统计等原因,NGO 所创办图书馆的基本统计数据不完整。

392 个,其中有 122 个图书馆尚未竣工[①]-[⑧]。

表 9 - 2 2011 年在我国兴办图书馆的 NGO 基本情况

序号	名称	成立时间	成立地区	序号	名称	成立时间	成立地区
1	爱心传递慈善基金会	2006	美国	27	梦想行动国际	2004	美国
2	爱德基金会	1985	中国内地	28	青海格桑花教育救助会	2005	中国内地
3	安徽华益助弱服务中心	2005	中国内地	29	山魂公益	2003	中国内地
4	北京桂馨慈善基金会	2008	中国内地	30	陕西纯山教育基金会	2006	中国内地
5	北京捐书助学网	2005	中国内地	31	上海启明书社	2005	中国内地
6	北京农家女文化发展中心	2001	中国内地	32	上海微笑青年公益服务中心	2003	中国内地
7	北京市西部阳光农村发展基金会	2003	中国内地	33	上海真爱梦想公益基金会	2008	中国内地
8	北京天下溪教育咨询中心	2003	中国内地	34	圣诺亚爱心公益社团	2007	中国内地
9	陈一心家族基金会	2003	中国香港	35	腾讯公益慈善基金会	2006	中国内地

---

① 其中有 3 家 NGO(北京桂馨慈善基金会、上海启明书社、美国加州健华社)的数据来源于邮件调查,其他数据来源于 NGO 网站公布的信息。

② 海外中国教育基金会. 图书组工作总结 2011 年 [EB/OL]. [2011 - 03 - 21]. http://china. ocef. org/article-429. html

③ 真爱梦想. OCEF 图书组 2011 年工作总结 [EB/OL]. [2011 - 03 - 21]. http://www. adream. org/project/20120326170803. html

④ 农家女书社. 农家女书社挂牌成立时间表 [EB/OL]. [2011 - 03 - 21]. http://www. nongjianv. org/index. php? m = content&c = index&a = show&catid = 59&id = 3153

⑤ 我们的自由天空. OFS 图书室 [EB/OL]. [2011 - 03 - 21]. http://www. ourfreesky. org/ofs/book/libs. php

⑥ 爱心传递慈善基金会. 已建蒲公英乡村图书馆一览 [EB/OL]. [2011 - 03 - 21]. http://www. passlove. org/bbs/read. php? tid = 1629&page = 2

⑦ 2011 年乐助会助学情况数据总结 [EB/OL]. [2011 - 03 - 22]. http://www. fbcp. cn/forum. php? mod = viewthread&tid = 8108&extra = page%3D1

⑧ 一个村小. 村小果实:图书室 [EB/OL]. [2011 - 04 - 06]. http://one-school. blogbus. com/c2133742

序号	名称	成立时间	成立地区	序号	名称	成立时间	成立地区
10	担当者行动	2004	中国内地	36	田家炳基金会	1982	中国香港
11	多背一公斤	2004	中国内地	37	我们的自由天空	2006	中国内地
12	贵州人公益行动网络	2003	中国内地	38	希望书库基金会	1995	中国内地
13	贵州阳光志愿者之家	2005	中国内地	39	乡村教育促进会	2005	美国
14	国际计划	1937	英国	40	心平公益基金会	2008	中国内地
15	海外中国教育基金会（OCEF）	1992	美国	41	新公民之友美味书斋阅读推广中心	2010	中国内地
16	箭牌中国教育基金会	2003	中国内地	42	新华财经图书馆基金会	2005	中国内地
17	芥菜种公益	2010	中国内地	43	一个村小	2008	中国内地
18	蓝天助学网	2006	中国内地	44	一公斤捐书网	2010	中国内地
19	乐助会	2004	中国内地	45	浙江省新华爱心教育基金会	2007	中国内地
20	立人乡村图书馆	2007	中国内地	46	中国儿童少年基金会	1981	中国内地
21	浏阳市爱心助学行动协会	2004	中国内地	47	中国红十字基金会	1994	中国内地
22	麦田教育基金会（麦田计划）	2005	中国内地	48	中国青少年发展基金会	1989	中国内地
23	美国加州健华社	1971	美国	49	中华文学基金会	1986	中国内地
24	美国科技教育协会	1980	美国	50	烛光图书馆	2007	中国内地
25	美国青树教育基金会	2001	美国	51	滋根基金会	1988	美国
26	美国欣欣教育基金会	1997	美国				

注：本表序号按汉语拼音顺序排列。

2. 文献年度新增情况

经对 10 家 NGO 的不完全统计,2011 年这 10 家 NGO 所兴办的图书馆的图书新增量约为 858 283 册。

3. 经费投入情况

经对 10 家 NGO 的不完全统计,2011 年这 10 家 NGO 所兴办的图书馆的年度经费总投入约为 4 789 746 元。

4. 信息化建设

计算机是信息获取的重要工具,近年来也成为 NGO 在建设图书馆时配备的重点设备。例如美国圣峪中华文化协会健华社从 2005 年起在新建立的"健华图书馆"中配备 2 台计算机以建立小型电子阅览室,[3] 加上早期建立的 27 个,截至 2011 年底共有电子阅览室 108 个,计算机 216 台,其中 2011 年度新增电子阅览室 10 个,新增计算机 20 台。[4]

第三节 民办图书馆开展的主要工作及发展特点

目前民办图书馆主要立足乡村,服务基层。在 57 个私人图书馆中,有 50 个馆的服务对象是农村社区的所有居民,有 3 个馆的服务对象为城市进城务工人员及其子女。通过对 51 家 NGO 的调查显示,NGO 在我国内地创建的民办图书馆,主要是面向基层,以农民及其子女为服务对象,包括乡村学校图书馆、乡村社区图书馆、城市打工子弟学校图书馆、农民工图书馆等(详见表 9-3)。NGO 创建的图书馆主要集中在中西部地区,如贵州、四川、甘肃、云南、湖北、河南、湖南、青海、河北、江西等,这是由于我国贫困乡村大多分布在中西部地区,同时中西部也是基层图书馆尤为匮乏的地区。在流动人口尤其是进城务工人员较多的省市,NGO 援建图书馆的活动也较为活跃,例如有 17 个 NGO 在北京流动人口集中的地方建立打工子弟学校图书室、农民工图书馆等。[5] 在 2011 年新增的 392 个图书馆中,有 377 个为乡村社区图书馆,15 个为乡村学校图书馆。而在 282 个私人创办的图书馆中,分布在农村地区的有 254 个,分布在城市地区的有 28 个。[6]

表 9-3 2011 年在我国创建各种类型图书馆的 NGO 数量分布

民办图书馆类型	乡村学校图书馆	农村社区图书馆	打工子弟学校图书馆	农民工图书馆
创建民办图书馆的 NGO 数量(家)	47	19	17	4

2011 年,民办图书馆面向基层和专门群体的针对性服务加强,阅读推广活动丰富,积极探索信息素养教育与知识技能培训,广泛获取政府部门扶助与支持,进一步加强交流与合作,社会影响力日渐提升。

一、馆藏建设上以普通图书为主,特色馆藏为辅

各民办图书馆的馆藏图书以普通中文图书为主,部分图书馆有特色馆藏,例如:江西省南昌市西湖区系马桩街小桃花巷"新风楼"目前共有藏品约 2 万册/件,包括大量线装书、地方文献等古籍,其中不乏国内罕见的珍品孤品,如全国唯一保存完整的清初原刻本《净明宗教录》、明代弘治十一年慎独斋刻本《资治通鉴纲目》等,同时还收藏有包括李鸿章、曾国藩等人在内的 1000 余封历史名人亲笔信札;江西省萍乡市上栗县彭高镇泉溪村"泉溪清泉书屋"的 4 万余册藏书中,有 1 万多册古籍、1000 多册线装书、1000 多册书画、3000 多册连环画;北京金彩艺术图书馆收藏有来自 120 多个国家的政府、团体与个人捐赠的艺术书籍、资料 6 万余册/件。

二、基础借阅工作稳步推进,重视阅读推广

民办图书馆在运营过程中,十分重视实效,做好基础借阅工作,并采取各种方式促进图书馆的阅读推广。

例如,海外中国教育基金会图书组与上海微笑图书室合作,在所创办的图书室中开展"样板图书室"项目——以阅读推广为主线,配合教师培训、专家讲座、志愿者下乡、阅读夏令营等多种形式,帮助学校打造阅读环境,让老师和学生们爱上阅读。[7]爱心传递慈善基金会创建的"蒲公英乡村图书馆"举办"每月主题阅读活动",每月选择一个阅读主题,例如季节、民俗等,让图书馆的学生读者将阅读主题中的图书挑选出来集中并共同阅读,进行交流与讨论,并把读书所得在生活和实践中获得深度体验,最后用画画、手工、做报纸等方式来反馈他们在这次活动中的所得和成长。2011 年,"蒲公英乡村图书馆"举办了《好狼与坏狼》阅读、"你好,春天"等主题阅读活动。[8]

2011 年,57 个私人图书馆的到馆读者总量超过 18.75 万人次,馆均约 3290 人次;外借总量超过 9.33 万册次,馆均约 1637 册次。部分私人图书馆举办了形式多样的读书活动,例如:安徽省宿州市萧县石林乡前平庄"农村图书站"举办青少年《三字经》《孝经》读书问答比赛;湖北省十堰市丹江口市土台乡岭西村"农民图书室"举办读者谈心会与学生谈写作会;宁夏中卫市海原县史店乡苍湾村"成林文体大院"图书室定期举办"读者之声",分享读书感想、收获,并邀请小学校长组织学

生在课外利用图书室进行阅读;山西省晋中市祁县昭馀镇丰泽村"权勇文化大院农民书屋"在 4 月 23 日世界读书日期间推出"春蕾"小学生有奖读后感比赛;辽宁省庄河市青堆镇前炉村"桃园书社"定期读书交流会,组织读者撰写学习心得、读书体会,并将优秀稿件推荐到《农家女》《农民科技培训》等刊物。

三、积极探索信息素养教育与知识技能培训

2011 年,很多民办图书馆除了完成基本的书刊外借与阅览服务外,还积极探索信息素养教育与知识技能培训,提升读者从各种不同信息源获取信息、有效利用所需信息的能力,培训知识技能。

例如,从 2009 年开始,青树基金会资助中学图书馆开展了小型项目计划,通过各种活动带动师生使用图书馆,提高信息素养。2011 年度,青树基金会资助的图书馆提交了 40 多个小型项目申请,如陕西丹凤中学的"羊粪生产食用菌试验和推广"、贵州凯里一中的"天柱宗祠文化现象探究"与"黎平肇兴侗族文化探究"、甘肃天祝华藏初中的"家乡自然环境破坏情况调查"、江苏淮安一中的"罗斯福新政探究性学习"等。[9]通过各种小型项目以充分激发广大师生学习如何利用图书馆信息资源、开展专题研究、通过独立探索获取新知识并投入实践的积极性。

2001 年成立的北京农家女文化发展中心,旨在为中国农村妇女,尤其是贫困地区的农村妇女提供信息、培训和服务,实现农村妇女自我赋权和能力的提高,该中心在 2007 年开发的农家女书社项目就是推动妇女自主创办乡村图书馆。截至 2011 年底,中心已在北京、天津、河北、山西、甘肃、安徽、贵州、内蒙古、湖北、河南、四川等地开办了 50 余家农家女书社。每个书社都配有书籍、电脑、电视机和 DVD 等,由当地农家妇女义务管理。书社对当地妇女进行一系列的培训。培训内容包括社会性别意识、成立妇女小组的意义、怎样管理书社、怎样沟通、怎样合作、怎样组织开展活动等。书社成立后,当地妇女利于农闲时间,根据当地情况自主开展了辩论赛、知识竞赛、文艺表演、妇女运动会、各种丰富多彩的文体活动,丰富了农村妇女的精神文化生活。她们还组织了种养殖讲座、亲子教育讲座、健康知识讲座等各种讲座,使妇女们掌握更多的知识和技能。其中有 6 个书社成立了养猪、养牛、蛋鸡、果树、家织布等经济合作社。[10]北京农家女发展中心还为农家女书社创办了一份《书女》简报,每月一期,刊登妇女的生活感悟、活动感受、读书感受等,提高了妇女们的写作兴趣与写作能力。

宁夏中卫市海原县史店乡苍湾村"成林文体大院"图书馆长期开展法律知识培训与妇女培训,被县司法局授予"司法宣传教育基地"、县妇联授予"妇女之家"

的称号,2011 年度共开展培训约 30 次,约 1600 人次参加了培训活动;山东省聊城临清市青年办事处里官庄村"痴心斋"在 2011 年度教残疾人学文化,培训 60 余人次;湖北省仙桃市通海口镇星红村"光照人口文化活动中心"聘请专家对村民进行科学技术培训;湖北省十堰市丹江口市土台乡岭西村"农民读书室"、安徽阜阳临泉县"常坤的家"定期开展免费计算机与互联网使用的培训;辽宁省庄河市青堆镇"桃园书社"千方百计满足个性需求,积极扶植学用典型,利用种植、养殖、加工、政策法规等各类光盘向村民提供服务,部分利用这些光盘学会了加工豆腐、大棚香瓜栽培等技术的村民,年均收入达四、五万元,2011 年度"桃园书社"对这些学用结合出成果的标兵进行了评选,颁发奖状并赠送书籍与光盘。

四、广泛获取政府部门的扶助与支持

民办图书馆在运营过程中,广泛获取了政府资金、资源的支持。例如,美国加州健华社在创办图书馆时,要求在资助期三年期满之后,乡镇政府或教育行政部门要将健华图书馆的书刊经费列入本单位预算,继续运营健华图书馆。2011 年度,各地健华图书馆不同程度地获得了乡镇政府财政资金、资源支持和当地县市图书馆的业务指导。另外,贵州省遵义市遵义县石板镇鸿程健华图书馆、山东省莱芜市雪野镇上游中学金祖鑫健华图书馆、贵州省遵义市遵义县鸭溪镇瑞贻健华图书馆积极整合"农家屋"、"万村书库"、"文化信息资源共享工程"等资源,拓展服务方式与服务手段,如鸭溪镇瑞贻健华图书馆在 2011 年共放映"共享工程"资源 274 场次,服务群众 4739 人次,并利用"共享工程"资源开展文化宣传、农业技术培训、法律知识普及等服务工作。[11]

一些地区公共图书馆对当地的民办图书馆给予帮助,对图书馆管理人员进行业务培训或指导,例如,陕西商洛市丹凤县棣花镇茶房村"孙太启农家图书室"、四川省巴中市"光伟图书馆"、北京市门头沟区斋堂镇西斋堂村"明亮书屋"等私人图书馆与当地的县市图书馆进行了多次交流,获得了图书馆业务工作的专业指导。一些市县图书馆与民办图书馆建立联系,将其中办得较好的图书馆发展为市县图书馆的分馆或流动图书站,定期送新书进行流转。例如,2011 年度甘肃省定西市通渭县图书馆向"通渭陈家庄图书站"提供 260 册图书,两个月轮换一次。

2011 年,57 个私人图书馆的图书新增数量总计约为72 492册,其中有近 2 万册来自于政府部门的捐赠。例如,湖南省娄底冷水江市渣渡镇利民村"农民图书馆"获湖南省"农家书屋"工程赠书 5000 册;河北省石家庄市赞皇县赞皇镇曲江村"赵东其农村图书馆"获得省新闻出版局赠书 2000 册、县组织部赠书 105 册;北京市门

头沟区斋堂镇西斋堂村"明亮书屋"获新闻出版总署赠书 2000 册，滦县宣传部、政协、文联等赠书 500 册；湖北省黄冈市浠水县洗马镇"羊角桥村农家书屋"获湖北省"农家书屋"工程赠书 2000 册；河北省唐山市滦县滦州镇小横山营村"星星火阅览室"获河北省"农家书屋"工程赠书 1572 册；湖北省十堰市丹江口市土台乡"岭西村农民读书室"获得"农家书屋"工程赠书图书 1500 册；广西壮族自治区河池市东兰县东兰镇委委荣村"健将图书室"获得"农家书屋"工程配送图书 1417 册、光盘 100 份；河北省唐山市玉田县"林南仓家庭文化馆"获政府赠书 1000 册；甘肃省天水市秦城区天水镇"天水村农家书屋"获天水市图书馆、市委宣传部赠书 355 册；河北省灵寿县"秋山书屋"获得湖北省"农家书屋"工程捐赠图书 500 册；辽宁省朝阳县北四家子乡唐杖子村"春军书屋"获得"农家书屋"工程赠书 425 册、朝阳县远程教育办公室捐赠光盘 150 张；江苏省南通市海安县雅周镇庞庄村"老区科普文化室"获得江苏省新闻出版局赠书 296 册；江西省赣州市会昌县小密乡小密村"廖祖彬农家书屋"获得会昌县图书馆赠书 50 册、新闻出版部门赠送刊物 50 册、报纸 7种等。陕西省安康市汉阴县城关镇五一村"传文书屋"还获得了 2011 年度陕西新闻出版局"优秀农家书屋"的称号。

五、进一步加强交流与合作

2011 年度，民办图书馆多次召开相关研讨会、交流会，对图书馆管理、业务开展、阅读推广等方面进行广泛交流与合作。

"美国青树第五届乡村图书馆研讨会"于 2011 年 5 月 27—30 日在江苏淮安召开，近 100 人参加了这次会议，除了青树教育基金会主席、青树基金会项目图书馆工作人员以及全国各青树项目学校的图书管理员及教师之外，还有来自美国圣荷西州立大学图书信息学院、上海交通大学图书馆、云南大学公共管理学院、甘肃省图书馆的专家和讲师等。此次研讨会围绕"回到规划"这一主题，开展了《信息素养》《基于成果的计划和评估》的研讨，对青树基金会项目图书馆如何规划、实施、评估项目进行了培训，并对 2009 年度的 60 余个青树小型项目进行了展出，专家们对典型的项目进行了案例分析及点评。[12]

由心平公益基金会、青树基金会、北京大学信息管理系、爱辉图书馆等联合筹办的"民间图书馆论坛（2011）"在北戴河举行，会议主要讨论了民间图书馆如何坚持公益性方向、如何实现可持续发展、如何进行合作与建立自己的组织等问题，探讨了民间图书馆与 NGO 组织、公益人士以及官办图书馆之间的合作模式，成立了民间图书馆协会的筹备小组。[13]

在成都召开的"第二届乡村学校图书室与阅读推广研讨会"中,采取"主题分享 + 互动论坛"的模式,与会者们重点探讨了乡村图书室建设与阅读推广中的经验及问题,参加该会的主要是致力于乡村学校图书室和阅读推广的公益组织负责人以及部分图书馆系统、阅读推广机构专家学者,来自上海真爱梦想基金会、北京市西部阳光农村发展基金会、陈一心家族基金会等 80 家机构。[14]

第四节　未来展望

民办图书馆建设与发展的动力一般都来源于创办者与志愿者自愿、自发的内在意志,它属于内生的、自下而上的力量,富有创新性,贴合民众的现实需求,尤其是为满足贫困地区群众的文化需求作出了积极贡献。近年来,国家在一系列的重要文件中鼓励社会力量参助图书馆事业,例如《中共中央关于深化文化体制改革、推动社会主义文化大发展大繁荣若干重大问题的决定》提出要"引导和鼓励社会力量通过兴办实体、资助项目、赞助活动、提供设施等形式参与公共文化服务……落实和完善文化经济政策,支持社会组织、机构、个人捐赠和兴办公益性文化事业,引导文化非营利机构提供公共文化产品和服务";中共中央办公厅、国务院办公厅印发的《国家"十二五"时期文化改革发展规划纲要》(2012 年 2 月 15 日)提出要"进一步落实鼓励社会组织、机构和个人捐赠以及兴办公益性文化事业的税收优惠政策,促进企业及民间对文化的投入明显增加";《文化部"十二五"时期文化改革发展规划》(2012 年 5 月 7 日)提出要"引导社会力量有序参与公共文化服务,支持各种民办博物馆、图书馆等公益性文化机构发展,努力形成良性竞争、多元互补的公共文化服务供给体系";文化部《关于进一步加强少年儿童图书馆建设工作的意见》(文社文发〔2010〕42 号)提出"要研究制定鼓励政策,吸纳社会资金,鼓励、支持社会力量参与少年儿童图书馆的建设"等。

未来一段时期,是推动文化大发展大繁荣,提升国家文化软实力,基本建成公共文化服务体系的重要阶段,上述发展规划和政策文件中的鼓励性规定为民办图书馆的发展营造了良好的政策环境,民办图书馆发展将在以下方面取得进一步发展:第一,继续获取政府支持。随着我国经济社会的发展与图书馆事业的进步、各类文化工程的实施,民办图书馆可以主动争取更多支持,目前出现的与政府合作共建民办图书馆、政府投资购买民办图书馆服务等形式将更加深入与扩展,形成以政府投入为主、社会力量积极参与的稳定的公共文化服务建设新局面。第二,拓宽资源来源渠道。扩大宣传力度,获取更多社会力量在资金、资源、人力、物力上的支持。第三,进一步加强民办图书馆与公共图书馆之间的交流与合作，发动图书馆专业人才，鼓励他们投入志愿服务民间图书馆运作的事业中来，促进民办图书馆业务工作开展的规范化、专业化。第四，加强民办图书馆之间的协作与联合，打破目前各民办图书馆之间"星星之火"的状态，探索更多合作模式，增强民办图书馆的业务能力和影响力。

参考文献

[1] 中国图书馆学会,北京大学信息管理系,东莞图书馆. 文化火种寻找之旅:个体公民公益图书馆事迹寻访录[EB/OL]. [2011 - 04 - 06]. http://kindling. im. pku. edu. cn

[2] 邱奉捷,王子舟. NGO 援建民间图书馆发展报告(2011 年)[J]. 图书与情报,2011(6):2

[3] 夏勇. 健华图书馆的运作模式[J]. 图书馆研究与工作,2007(4):19

[4] 健华图书馆中心. 健华图书馆名录[EB/OL]. [2011 - 04 - 27]. http://lib. nit. net. cn/jianhua

[5] 邱奉捷,王子舟. NGO 援建民间图书馆发展报告(2011 年)[EB/OL]. 图书与情报,2011(6):1 - 9

[6] 中国图书馆学会,北京大学信息管理系,东莞图书馆. 文化火种寻找之旅:个体公民公益图书馆事迹寻访录[EB/OL]. [2011 - 04 - 06]. http://kindling. im. pku. edu. cn

[7] 海外中国教育基金会. 图书项目[EB/OL]. [2012 - 03 - 20]. http://www. ocef. org/index. php/project/book-aid? fontstyle = f-larger

[8] 爱心传递慈善基金会. 晒麦场[EB/OL]. [2012 - 03 - 30]. http://passlove. org/bbs/thread. php? fid = 63&search = all&page = 2

[9] Evergreen Education. 2011 青树研讨会演讲和培训资料[EB/OL]. [2012 - 04 - 01]. http://evergreeneducation. org/wikipub/tiki-index. php? page = 2011_workshop

[10] 农家女书社. 农家女书社简介[EB/OL]. [2012 - 04 - 21]. http://www. nongjianv. org/index. php? m = content&c = index&a = show&catid = 59&id = 2496

[11] 健华图书馆中心. 健华图书馆通讯 51 期[R/OL]. [2012 - 04 - 20]. http://lib. nit. net. cn/jianhua/dlib/admin/show_list_cate. php? id = 3

[12] 文德青树图书. 第五届青树乡村图书馆研讨会圆满落幕[EB/OL]. [2012 - 04 - 20]. http://blog. tianya. cn/blogger/post_read. asp? BlogID = 3381593&PostID = 33244266

[13] 王子舟,吴汉华. 2011 民间图书馆北戴河论坛综述[EB/OL]. [2012 - 04 - 20]. http://xinpingstory. blog. 163. com/blog/static/104949785201152535629549

[14] 萤火助学顺利承办第二届乡村学校图书室与阅读推广研讨会[EB/OL]. [2012 - 04 - 20]. http://xinpingstory. blog. 163. com/blog/static/104949785201110743226633

（执笔人:邱奉捷）

第十章　图书馆学会发展报告

第一节　图书馆学会发展综述

2011 年是中国图书馆学会制定并实施"十二五"规划的第一年,是我国公共图书馆全面迈入免费开放的第一年,也是我国图书馆事业实现大发展大繁荣的重要年份。一年来,中国图书馆学会在理事会的正确领导和大力支持下,全面贯彻落实科学发展观,依据八届四次理事会通过的《中国图书馆学会 2011 年工作要点》,继续完善组织建设,拓宽会员服务渠道,倡导学术创新,深化交流合作,推进全民阅读,凝聚行业力量,促进事业稳步发展,为下一阶段的工作奠定了基础。

第二节　图书馆学会发展基本数据

2011 年,图书馆学会得到了长足的发展,基本数据如下。

1. 中国图书馆学会理事会理事 138 人,其中常务理事 50 人,女性理事 29 人。

2. 设立专门工作委员会 4 个,分别是:学术研究委员会、编译出版委员会、交流与合作委员会、阅读推广委员会。

3. 所属分支机构共 8 个,分别是专业图书馆分会、军队院校图书馆委员会、党校图书馆委员会、工会图书馆委员会、团校图书馆委员会、医院图书馆委员会、中小学图书馆委员会、高等学校图书馆分会。

4. 个人会员达到 12 159 人。

5. 学会秘书处从业人员 12 人,其中社会聘用人员 3 人。

6. 学会团体会员 241 个,其中事业团体会员 199 个,企业团体会员 42 个。

7. 中国图书馆学会全年共举办学术会议 23 场,共 2997 人参与会议,交流论文共计 2550 篇(见表 10 - 1)。

8. 共承担并完成委托项目 19 项(见表 10 - 2)。

9. 共举办各类培训班 9 期,培训各类图书馆馆长及业务骨干 1669 人(见表 10 - 3)。

10. 关于国际及港澳台地区来访情况:全年共接待美国、加拿大、德国、新加坡、韩国等图书馆界同行 7 个团组 85 人来访;未接待港澳地区来访;接待台湾省图书馆界同行 1 个团组 3 人访问考察。

11. 共计派出 3 个团组 16 人进行国际及港澳台地区出访:① 6 月 7 日至 26 日,"中美图书馆员专业交流图书馆行业组织项目"在美实施,中国图书馆学会组织全国 8 个省、自治区、直辖市的 11 名图书馆界代表赴美与 127 名美国同行进行专业交流;② 2011 年 8 月,2011 年世界图书馆与信息大会暨第 77 届国际图联大会在波多黎各圣胡安举行,中国图书馆学会代表 3 人参加;③ 2011 年 8 月,"中美图书馆服务研讨会"在美国纽约和华盛顿举行,中国图书馆学会代表 2 人参加。未派人员前往港、澳地区。2011 年 11 月,选派 39 人赴台湾省参加"2011 海峡两岸公共图书馆服务研讨会"。

表 10 - 1 2011 年中国图书馆学会举办学术会议情况

序号	学术会议名称	参加人数	交流论文
1	图书馆阅读的影响因素研讨会	65	0
2	数字出版与推广专业委员会 2011 年工作会议	21	0
3	全国数字图书馆建设与服务联席会议第十二次会议	23	0
4	第二届"书香古里"阅读节暨海峡两岸铁琴铜剑楼藏书文化论坛	105	0
5	图书评论专业委员会 2011 年年会	20	0
6	中国图书馆学会第五届全民阅读论坛	50	0
7	中国图书馆学会第五届青年学术论坛	120	60
8	中国图书馆学会专业图书馆分会 2011 年学术年会	240	200
9	推荐书目委员会 2011 年工作会议	20	0
10	图书馆与经典阅读研讨会	123	215
11	图书馆学期刊编辑出版专业委员会 2011 年工作会议	21	0
12	第 23 届全国十五城市图书馆工作研讨会	80	50
13	2011 年中国图书馆学会未成年人图书馆学术研讨会	120	260
14	第十届中国社区乡镇图书馆发展研讨会	130	400
15	图书馆与科学普及阅读委员会 2011 年工作会议	15	0
16	"县级图书馆核心书目研究"学术研讨会	30	0
17	青少年阅读推广委员会 2011 年工作会议	25	0
18	2011 年中国图书馆年会暨中国图书馆学会年会	1500	1261
19	海峡两岸公共图书馆讲座研讨会	80	0

序号	学术会议名称	参加人数	交流论文
20	第六次全国图书馆学基础理论学术研讨会	35	95
21	大学生阅读推广专题研讨会	30	0
22	全国图书馆阅读疗法经验交流会	35	0
23	2011年海峡两岸公共图书馆服务研讨会	109	9
合计		2997	2550

表10-2 承担项目情况

序号	项目名称	委托单位
1	图书馆学科发展研究	中国科协
2	全国图书馆志愿者队伍的发展与管理	中国科协
3	对口援疆——新疆基层图书馆馆长培训	中国科协
4	中国科协年鉴2011卷索引编制	中国科协
5	学术交流平台——超越与转型·"十二五"时期的图书馆事业研讨	中国科协
6	发挥海外智力优势 加快图书馆事业发展——美国华人图书馆专家来华交流与讲学	中国科协
7	读书知化学	中国科协
8	中国科协科普资源包	中国科协
9	科普日活动项目	中国科协
10	"世界读书日"系列活动	中国科协
11	《中国科协年鉴》编纂培训班	中国科协
12	科技周系列活动	中国科协
13	《乡镇综合文化站建设标准》宣传推广	文化部
14	图书馆立法提供支撑性研究	文化部
15	《中国图书馆事业发展报告2011》编纂	国家图书馆
16	2011年全国图书馆志愿者行动	国家图书馆
17	2011年国家图书馆文津图书奖宣传推广	国家图书馆
18	2011年全国数字图书馆建设与服务联席会议	国家图书馆
19	科技周"数字图书馆宣传推广"	国家图书馆

表 10 - 3 2011 年中国图书馆学会开办培训班情况

序号	培训班名称	培训人员
1	《中图法》(第五班)培训班	130
2	2011 中美图书馆员专业交流项目——湖南省图书馆馆长高级研讨班	240
3	2011 中美图书馆员专业交流项目——福建省图书馆馆长高级研讨班	160
4	图书馆志愿者行动——四川省基层图书馆馆长培训	175
5	2011 年全国图书馆志愿者行动——广西公共图书馆科学管理与服务创新高级研修班	184
6	2011 中美图书馆员专业交流项目——贵州图书馆理论与实践研讨会	200
7	2011 中美图书馆员专业交流项目高级研讨班——湖北省馆长高级研讨班	262
8	2011 中美图书馆员专业交流项目——山西省图书馆馆长高级研讨班	232
9	《中国科学技术协会年鉴》(2011)编纂业务培训暨工作研讨会	86
合计		1669

第三节 图书馆学会开展的主要工作及发展特点

一、2011 年图书馆学会的主要工作

1.打造多元交流平台,引领学术发展,繁荣学术研究,推进专业出版

(1)召开 2011 年中国图书馆年会暨中国图书馆学会年会。10 月 26 日至 27 日,在贵州省贵阳市召开"2011 年中国图书馆年会暨中国图书馆学会年会",会议主题为"公益·创新·发展:'十二五'时期的图书馆事业",年会共设置 17 个分会场,近 1500 人出席了年会。年会共收到征文 1261 篇,其中一等奖论文 92 篇,二等奖论文 206 篇,三等奖论文 396 篇,20 个机构获得年会征文组织奖。

(2)召开中国图书馆学会第五届青年学术论坛。5 月 25 日至 28 日,在苏州独墅湖图书馆召开中国图书馆学会第五届青年学术论坛,来自全国各省、自治区、直辖市 120 余位图书馆界的专家学者和青年代表参加了论坛。本届论坛是在全媒体时代背景下讨论图书馆的建设和服务创新,首次将理论研究成果与图书馆实践进行了较好的融合,首次通过微博和手机报等创新的手段进行宣传,得到业界的广泛关注和一致好评。

(3)打造业界多元交流平台。支持和配合各专门工作委员会和各分支机构召开研讨会 17 场,会议主题涉及"全国十五城市公共图书馆工作"、"中国社区乡镇

图书馆发展"、"全国中小型公共图书馆发展"、"地方文献研究与工作"、"未成年人图书馆服务"、"图书馆与经典阅读"、"海峡两岸公共图书馆讲座"和"全国直辖市公共图书馆2011高峰论坛"等,参会人数总计1168人次,征文1125篇。

（4）承担学科发展研究项目,推动图书馆学科的科学发展。积极向中国科协申报2011年学科发展研究项目。在严格评审的基础上,图书馆学科成为中国科协22个获准立项的学科之一,该项目的最终研究成果荣获中国科协优秀学科发展研究报告,这将对我国图书馆学科的科学发展起到重要的推动作用。

（5）编辑、出版专业学术刊物和学会工作交流刊物。编辑、出版、发行《中国图书馆学报》双月刊和《中国图书馆学报》英文年刊;编辑、印发《中国图书馆学会工作通讯》4期,总发行量40 000册;协办中国图书馆行业首报——《图书馆报》。

（6）编辑、出版专业书刊。编制《中国科协年鉴索引》（中国科协资助项目）;编辑、出版《中国图书馆年鉴》（2011年卷）、《中国图书馆学会年会论文集》（2011年卷）、《中国图书馆事业发展报告2010》;编辑《中国图书馆事业发展报告2011》。

（7）夯实基础网络平台,及时传递和分享行业信息。充分发挥学会网站信息整合与发布功能,及时传递和分享了大量的行业信息。截至2011年底,网站浏览总量达820 000余人次,2011年浏览量为180 491人次。

2. 加强学会组织建设,拓宽会员服务渠道,营造全国图书馆工作者之家

（1）召开常务理事会和理事会。2月,召开"中国图书馆学会八届六次常务理事会暨八届四次理事会",96人与会,审议文件、方案和申请等12个。4月、9月和10月,分别以通讯方式召开了八届七次、八次和九次常务理事会和八届五次理事会,共审议文件和申请等7个。

（2）召开秘书长联席会议。3月,"中国图书馆学会2011年秘书长联席会议"在江西省景德镇市召开,65人与会,各省、自治区、直辖市图书馆学会介绍了经验,通报了工作,加强了交流,为2011年各分支机构和全国各地方学会更好地开展工作提供了良好的平台。

（3）召开专门工作委员会工作会议。一年来,在理事会的领导下,包括学术研究委员会、编译出版委员会、合作与交流委员会和阅读推广委员会在内的各专门工作委员会以及其所属各分委员会召开了年度工作会议。通过会议,加强学术交流,谋划事业发展。

（4）举办图书馆文化展览。10月,在贵州省贵阳市举办了以"图书馆建筑"、"馆徽"、"馆服"、"图书馆及学会刊物"等为主题的文化展览,深受与会代表的喜爱与广泛好评。

(5)做好会员发展与服务工作。2011 年,新发展个人会员 650 个、团体会员 41 个;完成了会员数据库和"会员论坛"的更新与维护等相关工作。

(6)注重完善荣誉体系,扎实开展相关奖项的评选工作。2011 年,组织召开相关评审会议,经过严格评审,共计评定:26 位图书馆员荣获"第二届青年人才奖";22 名学生荣获"韦棣华奖学金";483 名会员荣获 2009—2011 年度"优秀会员"荣誉称号,45 名同志荣获 2009—2011 年度"优秀学会工作者"荣誉称号;18 个单位被命名为"全民阅读"示范基地,10 个单位被授予"全民阅读"优秀组织奖,37 个单位被授予"全民阅读"先进单位奖。

3. 围绕国家文化发展战略,以科学发展观为指导,推动覆盖全社会的图书馆服务体系建设

(1)继续开展图书馆立法支撑性研究工作。接受文化部和国家图书馆委托,继续开展《公共图书馆法》立法支撑性研究工作,组织相关成果的创作、编辑和出版工作。同时,在征求理事意见的基础上,向国务院法制办公室报送了《中国图书馆学会关于〈中华人民共和国公共图书馆法〉(送审稿)的意见》,建议该法早日出台。

(2)继续完善并宣传推广《乡镇综合文化站建设标准》。根据住房和城乡建设部等机构意见继续修改和完善建设标准,并开展《乡镇综合文化站建设标准》成果的宣传和推广工作。该项目成果荣获 2011 年度中国科协优秀调研报告二等奖。

(3)开展"全国图书馆志愿者行动——基层图书馆馆长培训"。6 月 14 日,"全国图书馆志愿者行动——四川省基层图书馆馆长培训"在成都双流县图书馆新馆举办,来自四川省基层图书馆的馆长及业务骨干共 180 余人参加了培训。7 月 29 日,"全国图书馆志愿者行动——广西公共图书馆科学管理与服务创新高级研修班"在广西壮族自治区图书馆报告厅隆重举行,来自全区公共图书馆和高校图书馆的 184 名馆长和业务骨干参加了研修班。至此,"全国图书馆志愿者行动"在全国各省、自治区、直辖市基本完成。

(4)召集"全国数字图书馆建设与服务联席会议"第十二次会议。联席会议各成员单位共计 23 人出席了会议。会议沟通了各成员单位本年度数字图书馆建设计划,并就文化部《关于进一步加强公益性数字文化建设的指导意见》进行了重点讨论。

(5)推进文化部科技创新项目——"全国图书馆节能减排现状调查与对策分析"。为丰富会员服务形式、倡导节能环保理念,继续开展"全国图书馆节能减排现状调查与对策分析"项目。

4. 发挥各级各类图书馆在科普及全民阅读中的骨干作用,为提高国民素质、建设学习型社会贡献力量

(1)举办科普活动。一年来,支持阅读推广委员会等相关机构在全国共计举办各类主题科普活动11次、科普讲座9场、科普展览18次,共计受众约45 800人次;开发科普挂图10种,发放科普挂图1103张。其中,开展的中国科协"读书知化学"推荐书活动和科普资源包活动等在全国反响强烈;在"全国科普日"期间,开展了"全民数字阅读——国家数字图书馆推广宣传"等重大活动。

(2)举办全民阅读活动。"手牵手——农村青少年阅读行动"在全国建立约45家书屋,服务农村青少年约9000人;在多地举办"儿童阅读在德国"巡讲活动;举办第二届"书香古里"阅读节暨海峡两岸铁琴铜剑楼藏书文化论坛;举办纪念辛亥革命100周年——"中山杯"全国青少年故事大赛暨征文活动;在江西、佛山、陕西、广西、牡丹江、常熟、都江堰、苏州、贵州等地举行"国家图书馆文津图书奖"宣传推广活动,受众约13 000人次;在"牵手残疾人,走进图书馆"活动中发出《图书馆促进信息资源公平获取》行动倡议书;召开第五届全民阅读论坛及2011年"全国少儿阅读公共论坛";评选"全民阅读"2010年度"优秀组织奖"和"先进单位奖",命名"全民阅读示范基地"等65个。

(3)开展其他活动。继续实施"全民阅读赠书计划",筹集20万码洋新书赠送给贵州省基层图书馆;编辑《今日阅读》杂志9—12期;等等。

5. 加强与港澳台以及国际图书馆界的联系,不断创新交流模式,深化合作与交流

(1)成功实施"中美图书馆员专业交流项目"。2011年5月和10月,美方先后派遣两批专家来华参加"图书馆专业普及交流子项目"及其他分主题的项目,分别与湖南省、福建省、贵州省、湖北省和山西省等地近1100名各类图书馆馆长及业务骨干进行了专业交流。同时,"中美图书馆员专业交流·图书馆行业组织专题交流项目"中方代表团一行10人赴美国执行了项目,代表们在美国参加了专题培训、专业参观与实践及专业会议等三个单元的活动,圆满完成了任务。

(2)组织业界代表参加国际图联大会。8月13日至18日,2011年世界图书馆与信息大会暨第77届国际图联大会在波多黎各圣胡安隆重召开。8月13日下午,中文预备会召开,来自中国内地、中国台湾、新西兰、新加坡等地的百余名中国代表和海外华人参加了预备会。我会先后为190余名图书馆专业人员提供了咨询服务,并为79名业界代表提供了参会服务。

(3)举办"2011年海峡两岸公共图书馆服务研讨会"。为了加强海峡两岸公共图书馆之间的联系,推动两岸文化互动,提升我国公共图书馆服务水平,发挥图书馆在社会教育方面的作用,促进学习型社会建设,中国图书馆学会与台湾中华图书资讯馆际合作协会于 11 月底联合在台北举办了"2011 年海峡两岸公共图书馆服务研讨会",会议主题为"图书馆与公共教育",海峡两岸业界代表百余人参加论坛。

(4)开展其他形式的多边交流与合作。2011 年,共接待了美国、德国、韩国、新加坡等国图书馆界同行 61 人来访。3 月,邀请德国专家在秦皇岛、兰州、牡丹江等地举办"儿童阅读在德国"巡讲活动;5 月,邀请美国图书馆协会时任主席罗伯塔·史蒂文来访;8 月,应美国华人图书馆员协会邀请,中国图书馆界代表 75 人前往美国,参加在美国纽约和华盛顿举办的"中美图书馆服务研讨会";9 月,接待以美国图书馆协会前任主席卡米拉·艾莱尔女士为团长的美国图书馆与信息科学代表团一行 23 人来访,加强了中美图书馆界的对话。此外,还筹备了中国科协项目——中国科协精品科技期刊展览,完成《中国科协精品科技期刊电子手册》的设计和制作工作,筹备"图书馆儿童阅读推广研讨会"和"中澳、中新数字图书馆研讨会"等活动。

二、2011 年图书馆学会开展工作的经验体会

1."解放思想,开拓创新"是各项事业发展的不竭动力

一年来,中国图书馆学会在学术交流、组织建设、编译出版、会员服务、科普阅读、国际交流等各个方面力求解放思想,开拓创新,不断提升协调和服务能力,谋划推动事业发展的项目。通过年会和青年论坛的创新突破学术交流的固有模式,通过申报中国科协"学科发展研究项目"带动图书馆学科建设,通过"图书馆文化展览"、"会员论坛"等活动拓宽会员服务渠道,通过"文津图书奖"的宣传推广提升活动品质和业界影响,通过"中美图书馆员专业交流项目"改进交流模式,以上这些新举措和新项目表明,"解放思想,开拓创新"是我们在新形势下解决新问题、应对新挑战的关键因素,也是我国图书馆事业快速发展的不竭动力。

2.加强组织建设是各项事业发展的根本保证

一个组织的号召力和凝聚力是事业发展的根本保证。组织建设搞得好不好,将直接影响到中国图书馆学会在行业内引领和协调作用能否得到充分的发挥。2011 年,中国图书馆学会通过定期召开常务理事会、理事会和秘书长联席会议等组织形式确保了学会组织力的稳定;通过开展"志愿者行动"、"全民阅读"等一系列在全行业产生广泛影响的活动,引领行业发展趋势,取得了良好的社会效益;通

过创造性地举办"2011年中国图书馆年会暨中国图书馆学会年会",使业界专家、学者及广大会员和全国图书馆工作者感受到学会的影响力和号召力,激发了其应有的荣誉感和自豪感。

第四节　未来展望

未来几年,是"十二五"时期的重要阶段。中国图书馆学会将进一步适应全面建设小康社会、深化改革开放、加快转变经济发展方式的需要,配合国家公共文化服务体系建设战略,以公共图书馆免费开放和公共数字文化建设为契机,科学构建服务社会、惠及全民的图书馆体系,全面提升各级各类图书馆的服务水平和服务能力,促进图书馆事业的全面、协调、可持续发展;充分发挥学术研究和行业协调的双重功能,通过学术研究、行业协调、全民阅读、科学普及、对外交流和宣传推广等活动,促进图书馆理论与图书馆事业的相互作用,实现理论与实践的紧密结合;充分利用学会的人才优势,发挥学会在决策支持和社会服务等方面的重要作用,为政府管理文化、教育、科技事业以及图书馆事业提供决策支持,为社会的信息与知识需求提供有效的服务。

为此,中国图书馆学会将围绕以下几个重点方面开展工作:

第一,积极承接政府职能,发挥学会的决策支持作用,协助文化部通过"文化共享工程"、"数字图书馆推广工程"和"公共电子阅览室建设计划"等重大文化工程建成覆盖全国的数字图书馆虚拟网和覆盖城乡的数字文化服务阵地,初步建成公共数字文化服务网络体系,推动公共文化服务体系建设,不断推进图书馆事业的科学化、法治化和规范化进程。

第二,充分发挥学会的行业联络与协调作用,通过策划或参与重大项目促进我国图书馆业界的整体协作与发展,实现业界信息资源的共知、共建和共享,不断缩小图书馆在资源建设、服务创新和人才培养等各个方面的城乡差异和地区差异,促进我国图书馆事业全面、协调、可持续发展。

第三,提升学术研究与交流的平台,注重学术研究向重大现实性问题的切入,注重学术成果对事业发展政策的影响和对发展实践的指导。

第四,组织、协调、指导各级各类图书馆的科普教育与全民阅读工作,强化图书馆的导读和社会教育功能,发挥图书馆在构建学习型社会和创新型国家中的作用。

第五,发挥学会的桥梁纽带作用,加强双边和多边的对外交流与合作,扩大我国图书馆在国际图书馆界的影响力和话语权,使图书馆界的对外交流成为我国对外文化交流的重要阵地。

第六,以服务会员为中心,民主办会,科学决策,切实加强学会自身组织建设和内部机制建设,建立我国图书馆界的荣誉体系,进一步增强学会的凝聚力和影响力。提升宣传推广能力,提高图书馆在社会公共事务中的参与度,塑造图书馆在全社会的良好形象,吸引更多的社会公众走进并利用图书馆,让图书馆成为公民学习知识、获取信息、完善自我、立身创业和成就梦想的知识殿堂。

第七,推动新技术与图书馆工作密切结合,推进图书馆技术创新,改善图书馆服务能力,加速图书馆现代化步伐。

第八,加强人才队伍建设,策划、组织和实施全国图书馆员继续教育计划,分批次、类别、人员实施培训,提高图书馆员的职业化水平,为我国图书馆事业的发展提供智力支持。

(执笔人:严向东　马骏)

地区实践

第十一章　北京市图书馆事业发展报告

第一节　事业发展综述

2011 年,北京市公共图书馆服务体系进一步完善,实现市、区县、街道、乡镇的全覆盖,"北京市文化信息共享工程网络"网络体系稳定运行。古籍普查与保护工作、数字图书馆推广工程、公共阅览室建设工作都取得了优秀的成绩。医院系统图书馆进一步加强区域间合作,62 个医院图书馆加入了 BALIS 全文传递服务。中小学图书馆阅读活动丰富多彩,但是仍然存在发展不平衡、藏书结构不合理、藏书资源不足等问题。BALIS 原文传递有成员馆 83 个,覆盖面达 80%,累计注册 25 400 多人,提交请求近 60 000 条,满足率 80% 以上。市读书益民工程成绩显著,京郊 3975 个行政村全部建有益民书屋,提前完成了到 2013 年所有行政村实现"村村有书屋"的目标。

根据文化部、财政部联合下发的《关于推进全国美术馆、公共图书馆、文化馆(站)免费开放工作的意见》中的要求,北京各级公共图书馆在年内均实现了免费开放,受到读者的欢迎。为了进一步营造全国文明城区氛围,提升区域发展软实力,为百姓提供就近、自助、互动、便捷的公共文化服务,"书香朝阳"24 小时自助图书馆正式启动。"自助图书馆系统"与北京市公共图书馆"一卡通"系统兼容,凡持有"一卡通"的用户都可以享受 365 天、7×24 小时的全天候服务。

北京市古籍保护中心顺利完成了第四批《国家珍贵古籍名录》申报工作。申报集合了 8 家市属古籍收藏单位的 288 种古籍,其中首都图书馆 229 种、中共北京市委图书馆 21 种、北京市文物局图书资料中心 13 种、中国书店 8 种、首都医科大学图书馆 8 种、首都师范大学图书馆 6 种、北京市东城区图书馆 2 种、北京市文联图书资料室 1 种。本次申报是北京市属藏书单位历次名录申报中,参与单位最多的一次,申报总数量与第三批申报基本持平,绝大部分都达到国家一、二级善本标准。北京市委党校图书馆与首都图书馆合作,完成所藏古籍的整理、编目、数据库建设工作。历经 3 个月的整理编目,共计整理编目古籍 567 种、2489 函、17 746 册,形成书目数据 691 条,内容涉及经、史、子、集、类丛、新学等各个部类,编目数据全部录入 ILAS 系统,并建成了古籍书目数据库。

共享工程北京市分中心根据自身特点,采用有线电视数字电视机顶盒点播模式,开通"首图在线"频道,内涵盖:首都文化、首图讲坛、图文记事、旧京影像、典藏北京、菊坛回音、七彩阳光、知识闯关等 8 个栏目;完成了"读秀"知识库安装使用等工作;"北京市多媒体信息资源服务平台"正式投入使用,平台以资源整合、共建共享为宗旨,同时加强资源的针对性和使用途径的多样化。截至 10 月,北京市分中心已征集北京市优秀剧目 128 场,自建首图讲坛音视频资源 313 场、视频资源 260 场,还利用馆藏近千幅老照片组建展板 400 余块举办北京历史文化系列展览。北京市分中心遵照《文化部办公厅关于印发〈公共电子阅览室建设试点工作方案〉的通知》精神及相关文件要求开展试点工作。经过建设和改造,目前各试点均具备了互联网信息浏览与查询服务,电子文献阅读服务,信息资源导航、检索服务,影视欣赏健康益智类游戏等休闲娱乐服务,与计算机、网络应用有关的各类学习、培训服务等功能。在各试点单位建设的基础上,全市区县级图书馆的公共电子阅览室已经全部免费开放,每周开放时间均超过 60 小时以上;街道试点每周开放 40 小时以上,村级试点每周开放 15 小时以上,全年全市公共电子阅览室共计接待读者近 30 余万人次。

北京高校 BALIS 原文传递工作主要围绕创新与提升这两个核心目标而开展,着重抓好宣传服务等工作。为提高读者请求满足率,各成员馆一方面加强合作,扩大文献获取范围;一方面增加系统转发请求功能,将成员馆无法满足的请求转发到学科服务馆代查代检,以满足读者需求。经过努力,宣传、培训等各方面工作都取得了可喜的成绩。4 月,北京市教委和北京市财政局委托北京高校网络图书馆委员对《北京高等学校图书资源建设项目管理办法(试行)》(京教高〔2007〕15 号)进行了修订,并报北京市财政局批准,北京市教委于 9 月 30 日正式印发了《北京市属高等院校图书馆建设项目管理办法》(京教财〔2011〕27 号)。

历时将近十个月,第一届"书香燕京——北京市中小学阅读指导活动"在全市中小学掀起了阅读经典的热潮。为提高中小学图书馆建设、管理和服务水平,充分发挥图书在教育教学改革、教育科研中的积极作用,进一步培养师生阅读素养,打下了坚实基础。有 511 所中小学校师生参加,共提交征文 13 192 篇。经专家组审阅,最终评出征文一等奖 180 篇、二等奖 442 篇、三等奖 780 篇、教师优秀征文 1123

篇;此外还评出组织奖区县 14 个、区县个人 31 名;学校 134 所、学校先进个人 147 名;优秀辅导教师 482 名。

第二节　基本统计数据

截至 2011 年底,北京市建有各级公共图书馆 4508 个。据不完全统计,全市有民办图书馆 25 个、市属高校图书馆 70 余个、中小学图书馆 1000 余个、医院系统图书馆 100 余个。

一、公共图书馆

整体规模:北京市建有各级公共图书馆 4508 个。包括市级图书馆 1 个、区县图书馆(少年儿童图书馆)23 个、街道图书馆 143 个、乡镇图书馆 176 个、社区图书室 1238 个、村图书室 2927 个。另据不完全统计,全市有民办图书馆 25 个。首都图书馆总建筑面积 37 033 平方米,阅览坐席 1384 个;各区县图书馆总建筑面积 124 277.97 平方米,阅览坐席 10 487 个;街道、乡镇图书馆建筑面积 3 万平方米,阅览坐席 8376 个;社区、村图书馆建筑面积 15 万平方米,阅览坐席 4.4 万个。

文献总藏量:北京市 24 个公共图书馆馆藏文献总量为 251 271 册/件,其中古籍 464 947 册,图书 15 985 508 册,报刊 604 748 册,缩微制品视听文献 716 888 件。街道、乡镇图书馆馆藏文献 197 册/件;社区、村图书室文献总量为 557 万册/件。

信息化建设:北京市 24 个公共图书馆共有计算机 3148 台,全市累计建设共享工程基层接受点 4082 个。

财政投入:北京市 24 个公共图书馆全年经费约 37 806.95 万元,其中购书费约 5060.9 万元。本年新购图书 1 221 985 册,报纸 2954 种,期刊 19 825 种,电子视听文献 128 609 件,其他 1021 册。

读者服务:北京市 24 个公共图书馆共办理读者借阅证 159 270 个,书刊文献借阅 6 794 352 人次,书刊文献外借 7 867 527 册次,日平均接待读者 18 686.5 人次。藏书利用率 42.57%,借阅率 516.9%,举办各种读者活动 3674 次。街道图书馆办理读者借阅证 58 333 个,图书流通 708 254 人次、598 613 册次;乡镇图书馆办理读者借阅证 20 084 个,图书流通 189 373 人次、280 491 册次;社区图书室办理读者借阅证 40 284 个,图书流通 328 666 人次、345 016 册次;村图书室办理读者借阅证 72 394 个,图书流通 658 215 人次、712 963 册次。

从业人员:北京市 24 个公共图书馆有工作人员 1266 人,其中正高级职称 9

人、副研究员 70 人、馆员 361 人;图书馆学专业的 115 人。街道、乡镇图书馆有专职管理员 158 人,兼职管理员 259 人;社区、村图书室有专职管理员 292 人,兼职管理员 3813 人。

财政投入:北京市 24 个公共图书馆全年经费约 37 806.95 万元,其中购书费约 5060.9 万元。本年新购图书 1 221 985 册,报纸 2954 种,期刊 19 825 种,电子视听文献 128 609 件,其他 1021 册。

二、高校图书馆

整体规模:市属高校图书馆馆舍总面积前 5 位的为首都师范大学图书馆、北京科技大学图书馆、北京工业大学图书馆、北京中医药大学图书馆和首都医科大学图书馆,分别为 28 243 平方米、24 006 平方米、20 713 平方米、15 811 平方米和 13 800 平方米。

文献总藏量:市属高校图书馆文献资源累积量前 5 位的为北京中医药大学图书馆、北京科技大学图书馆、北京工业大学图书馆、首都师范大学图书馆和北京石油化工学院图书馆,分别为 27 439 975 册/件、5 994 145(件)、4 399 398 册/件、4 341 299 册/件和 1 623 418 册/件。

信息化建设:1 月 12 日,BALIS 联合信息咨询中心系统平台正式投入使用,中心共有成员馆 33 家,信息咨询服务馆员总数达到 206 名。6 月,高校图工委、高校图研会、BALIS 主页进行了修改和完善,更新了各主页所链接的内容,建立了 CALIS 北京地区中心主页。数字教学参考资源共享网参建馆已达到 10 个,系统数据达到三万四千条,联合网上虚拟参考咨询项目现已有 18 所图书馆加入。

读者服务:市属高校图书馆读者总人数前 5 位的为北京工业大学图书馆、首都师范大学图书馆、北京科技大学图书馆、首都医科大学图书馆和北京中医药大学图书馆,分别为 32 991 人、26 920 人、22 648 人、12 995 人和 11 359 人。北京高校网络图书馆虚拟参考咨询项目在线咨询 7428 次,表单回答 443 次。

三、社科院图书馆

整体规模:北京市社会科学院图书馆总建筑面积约为 2000 平方米,阅览坐席约 40 个。

文献总藏量:北京社会科学院图书馆现有书刊 22 万册,其中图书 17 万册,报刊合订本 5 万册。

信息化建设:北京市社会科学院图书馆共有计算机 36 台,网络状况良好,图书馆独立的网站尚未建立,在院内职能办公系统(内网)提供书目在线查询服务和新书通报服务。

读者服务：北京市社会科学院图书馆发放了约 240 个读者证，全年流通人次约 2400 人次，外借册数约为 6700 本。

从业人员：北京市社会科学院图书馆有 15 位正式职员，图书馆 9 人、信息中心 3 人和地方志 3 人。副高职称以上有 2 人，中级职称以上有 12 人，初级职称 1 人。

财政投入：北京市社会科学院图书馆图书、报刊购置费 48 万，数字资源购置费约 40 万。

第三节　未来规划展望

免费开放以后，有越来越多的读者进入图书馆的殿堂。2012 年，将进一步实施便民阅读工程。在北京繁华街区分批推出 24 小时自助借书机，实现图书借阅街头自助，与本市各级公共图书馆、基层文化服务点共同组成全市性、全天候、免费开放的新型图书馆服务体系。配合支持推进"益民书屋"工程，不断改善京郊农村、农村中小学、来京务工人员聚集地的阅读环境。

继续实施公共数字文化工程。开辟社区文化频道，将 300 万册图书和 7000 种期刊、2 万场培训讲座等数字资源，输入社区文化室。加强传统文化街区社区文化中心建设，对全市 2648 个基层图书馆和 1000 个社区文化中心进行标识统一设计和安装。

共享工程北京市各级中心和基层服务点作为开展公共文化服务的重要阵地，要积极促进本市基本公共文化服务的均等化：在城镇，通过北京市公共图书馆计算机信息服务网络建设，打造"20 分钟阅读圈"，便利市民文化阅读生活；在农村，通过全覆盖的共享工程基层服务点，为群众提供形式多样、内容丰富的文化信息服务，帮促农业生产，活跃文化生活。同时，共享工程的海量信息资源，也需要各级中心的共同建设。

北京市属高校图书馆在建设过程中，还要进一步提升图书馆在学校教学质量提升过程中的重要作用，进一步整合资源；推动央属高校和市属高校之间的合作，使已有教学资源能够在更大范围内共享和发挥作用；在整个图书馆建设过程中，要关注到政策和机制的突破，市属高校要借力央属高校进一步发展，共建共享；高度关注图书馆人才队伍的可持续发展，多途径为馆员提供良好的发展平台。

（执笔人：张小野）

第十二章　天津市图书馆事业发展报告

第一节　事业发展综述

2011年,天津市图书馆界的各项工作均取得了显著成绩,为开创本市文化大发展大繁荣的良好局面作出了重要贡献。

图书馆基础建设迈上新台阶。天津图书馆海河教育园区图书馆全面开放。天津市科学技术信息研究所科研信息综合服务楼于年初正式投入使用。天津师范大学图书馆新馆建成并投入使用。市蓟县、宝坻、河东区、天津外国语大学、天津外国语大学滨海校区图书馆完成了内部装修、改造和搬迁工作。津南区图书馆对42个农家书屋硬件建设进行检查验收。天津图书馆文化中心馆、南开大学图书馆新馆、天津美术学院图书馆已制定新馆设备预算、拟定搬迁计划等。基础建设的更新与改造为图书馆各项服务工作提供了强有力的支撑。

积极开展免费开放工作。自2011年2月《关于推进全国美术馆、公共图书馆、文化馆(站)免费开放工作的意见》下发以来,全市各公共图书馆纷纷响应,相继制定了免费开放的实施方案,取消了自习费、饮水费和存包费、读者办证费、年度验证费等,在资料查询、图书借阅、视频点播、检索咨询、讲座、展览等服务项目上均实行免费服务。南开大学图书馆还整合网络学术资源,推出了"国内外名校开放课程学术视频数据库"等一批特色数据库免费服务。一年来,全市各级公共图书馆免费开放率达到了100%。全市公共图书馆实行免费开放,实现了读者无障碍、零门槛入馆,方便了读者,体现了图书馆"普遍均等,惠及全民"的服务理念,充分发挥了图书馆的职能作用。

积极推进总分馆制建设,延伸服务继续深化。天津图书馆海河教育园区馆正式开馆,上半年新开辟了市传染病医院分馆、津南区外来务工人员分馆等行业分馆。同时,为支援西部地区的文化建设在河南的兰考、甘肃的敦煌、新疆和田地区于田县建立了3个分馆,将延伸服务的触角伸向全国。天津市少年儿童图书馆一年来共承担了5个区县29个乡镇文体中心图书馆的建设;陆续在湖南省的慈利县、河南省的焦裕禄纪念园、湖北省荆门市的美满村、新疆和田于田县、西藏昌都县、辽宁省的丹东市等地处偏远、经济贫困、图书匮乏的地区建立了分馆。科技大学图书馆建立了1个食品安全市级文科基地资料室。河东区图书馆分别在天津警备区第九干休所、河东区市容和园林管理委员会、天津安传电子有限公司、消防六经路中队、武警天津总队四支队等5个单位建立行业分馆。其中市容和园林管理委员会是第一个机关分馆,天津安传电子有限公司是第一个企业分馆。河西区、南开区、津南区、宝坻区、塘沽区、武清区、北辰区、和平区图书馆都纷纷开办街道、社区分馆与农家书屋,覆盖率大幅增强。

数字化建设稳步提高,文化信息资源共享工程进一步发展。2011年天津市各级、各系统图书馆加快现代化、数字化建设步伐。天津图书馆在推出"手机图书馆"服务项目的同时,对自动化管理系统软硬件进行升级,新增联机公共目录查询机、电子读报机、自助办证机、自动借还书机等现代化设施;在复康路馆和海河教育园区馆设立了"图书24小时自助借还机"。市科学技术信息研究所承担了科技部"全国网络视频评审及答辩系统"的建设任务,成为天津地区唯一的建设试点。科技大学图书馆泰达校区图书馆建成了制盐工程特色数据库,食品安全文献资源平台建设正在进行,已搜集文献1.1万余条。商业大学图书馆重点做好了产业经济学、天津滨海新区数字资源中心、旅游管理信息等特色数据库建设。河东区图书馆在已有的"河东区非物质文化遗产"特色资源库的基础上,完成了"河东区书画家作品库"的开发、建设任务。天津市少年儿童图书馆启动了天津移动少年儿童图书馆项目建设,对现有的图书、视频数字资源进行改版和数据库的更新,为"全国少年儿童阅读推广服务平台"的项目推广工作奠定基础。东丽区图书馆对东丽书画、东丽摄影、东丽文学、东丽非物质文化遗产、大郑剪纸等特色资源库的内容及网站栏目进行重新设计。2011年,天津市各级、各系统图书馆文化资源共享工程建设迈出了可喜的一步。天津大学图书馆与TALIS共建共享50种数据库资源,继续协助天津数图中心开展文献传递工作,在天津市高校推广CALIS文献传递共享版系统,通过手工筛查区分自引、他引,为重点实验室评估提供了有力支持。财经大学图书馆设计完成了数字资源导航系统,理工大学图书馆开展了"国家精品课资源网"的精品课推送服务,科技大学河西校区图书馆多媒体资源共享空间建设收集整理自然、历史、地理、经济等方面的多媒体资料600G。独立学院和军事院校分中心用资400万元购入精品课数据库,正式面向10所三本院校开通使用。静海县图书馆启动了公共电子阅览室的试点工程,完成13个试点的建设工作,有序推进基层服务网络的共建共享。医科大学图书馆全面推动"211工程"三期"天津市医药科学信息网络项目"实施,已建成医学流媒体光盘数据库、肿瘤特色数据库、医学信息流媒体检索教学系统(OVID、PubMed + NCBI 流媒体检索教学课件)等,全面开通了校本部图书馆与广东路校区图书馆之间图书通借通还服务。该馆首次获得"中央财政支持地方高校发展专项资金",为构建天津市高校医学文献信息资源共享平台打下了坚实的基础。

全面推进古籍普查、保护工作。全市各级、各系统图书馆认真贯彻落实国务院办公厅制定下发的《关于进一步加强古籍保护工作的意见》的精神。南开大学图书馆已完成卷轴画、特藏、善本、再造善本、红色出版物、校史资料、新中国成立前期刊、新中国成立前报纸、经研所中文藏书文献、家谱、20 世纪五六十年代照片的清查工作,对普通线装书的清查基本完成,并正在进行核校。天津图书馆《天津地区中医古籍联合目录》的编纂工作基本完成。师范大学图书馆完成天津市高等教育文献中心的"十一五资源建设规划项目"——古籍善本图文数据库制作工作。社会科学院图书馆开展了古籍库数据的整理与核对工作,参考国家图书馆的数据,整理校正馆藏数据;对馆藏古籍、满铁资料与民国图书等数百册破损严重的书籍进行修复。天津医院图书馆完成了《中华古籍总目》(天津卷:医家类)的编纂工作。市委党校图书馆制作 1911 年前的数据 161 种、民国时期 200 种。南开区图书馆将清朝以前的线装古籍全部录入古籍普查平台,截止到 10 月底,共完成古籍善本 14 部 140 册,以及清代以前古籍 150 部 975 册的整理工作,为搞清馆藏古籍书的价值及保护打下了较好的基础。在古籍特藏数字化建设方面,南开大学图书馆参加了 CALIS 三期"高校古文献资源库"扩大建设项目——"学苑汲古"高校古文献资源库的建设工作。

开展全民阅读,丰富市民的文化生活。2011 年,天津市各级、各系统图书馆践行图书馆服务宗旨,开展了丰富多彩的全民阅读活动。以天津市少年儿童图书馆"成长讲坛"家庭教育指导系列讲座、"大田杯"百万中小学生"好书伴我成长"读书系列活动,天津图书馆"天津历史文化行"系列讲座等特色品牌为代表的大型公益讲座,继续秉承以传播社会主义先进文化、传播科学文化知识、提高百姓科学文化素质为己任。各大学图书馆讲座更是多彩多姿,接连不断。各图书馆为青少年举办各类有益身心健康的文化娱乐活动;为偏远山区的农民朋友送图书与科普知识等,让先进文化贴近百姓,走进百姓的日常生活。全市各图书馆以"图书馆服务宣传周"、"科普宣传周"、"全民读书月"、展览、知识竞赛为活动平台,吸引市民了解图书馆、走进图书馆;利用多种服务举措加强为弱势群体的服务,在市区大型建筑工地建立图书流动站,定期为农民工送书、送电影,送文化科技信息到基层等。

加强培训工作,提高队伍素质。在加强培训工作、提高队伍素质方面,天津市图书馆学会发挥了重要作用。一年来,学会联合天津市少年儿童图书馆组织完成了第十二届"三北"地区少年儿童图书馆学术暨工作研讨会,87 篇论文集结出版;与高校图工委合作举办了"中美图书馆员专业交流项目·天津市图书馆系统高级研修班";采取"走出去"、"请进来"的培训方法,与河南省图书馆学会联合在云台山举办了"如何写好图书馆学专业学术论文"、"如何申报课题"培训班,邀请了南开大学图书馆学系主任柯平教授、河南省图书情报专家张怀涛教授进行讲学;组织会员积极参加中国图书馆学会年会论文征文活动,提交论文 36 篇,获奖论文 20 余篇,并组织代表 41 人前往贵阳参加了本次年会;举办了"2011 年图书馆专业知识职称培训班",125 人参加了培训;组织开展了本年度图书资料专业技术人员继续教育培训工作,来自全市各系统图书馆共 260 个单位的专业技术人员 560 人参加了培训;联合和平区文化和旅游局、天津市书法家协会主办,和平区图书馆、天津市书法家协会硬笔书法研究会承办了首届全国"读书"硬笔书法大赛;进一步发挥了《图书馆工作与研究》平台作用,努力提高刊物质量,共刊发全国各地的文章 406篇,特邀美国华美图书馆员学会会长、美国俄亥俄大学图书馆院长及馆长李华伟博士,美国伊利诺伊大学亚洲图书馆馆长陈同丽,北京大学资深教授、图书馆学专业博士生导师吴慰慈,北京大学信息管理系教授李国新,北京大学图书馆馆长朱强担任编委。该刊被天津市科学技术协会评为"2011 年天津市科协精品科技期刊"。学会被天津市评为 2010—2011 年度市级先进学会。

科研成果硕果颇丰。南开大学图书馆提交校内青年社科项目申报表 20 份,"中外著名大学'四大力学'本科课程与主流教材比较研究"等两个课题申报了教育部项目。天津大学图书馆获批 1 项国家社科基金的项目,1 项天津市哲学社会科学规划课题,1 项"教育部'211 工程'高等教育文献保障系统(CALIS)三期'专题特色数据库'"建设项目,1 项天津市哲学社会科学规划基金项目,2 项天津市高等教育文献信息中心(TALIS)特色库项目结题并获得一等奖,完成科技查新报告 741项;发表论文 21 篇,其中核心期刊论文 8 篇。市科学技术信息研究所"以大项目带动大发展,以高水平抢占制高点"的发展思路,全年完成 30 万以上项目 4 个,10 万元以上项目 14 个;承担了国家 863 项目"以科技文献服务为主的搜索引擎研制",成为全国 3 个地方示范应用点之一;完成科技查新 2329 项。理工大学图书馆完成国内课题查新 3 项,为该校教师 113 篇论文、5 部专著进行 IEL、EI、SCI、CSSCI、CNKI 中国引文数据库的查收查引检索,开具证明 220 份。医科大学图书馆申报科研项目 9 项,新立项目 2 项,1 项科研成果通过市级成果鉴定,完成医学类查新报告646 项;发表论文 15 篇,被 SCI 收录 2 篇。外国语大学、商业大学、财经大学、科技大学图书馆在申请、完成科研项目中均有突出成就。泰达图书馆档案馆被国家档案局正式批准立项课题 1 项,成为天津市唯一地市级承担的全国性科研课题;完成国内外科技查新课题 86 项。天津医院图书馆申报市级科研课题 1 项。军事交通学院图书馆获得教学成果培育立项 1 项,学院科研基金项目资助 1 项。东丽区、静海县图书馆各完成市级科技项目课题申报 1 项。科研能力的加强,深化和带动了本市图书馆各项工作的深入开展。

第二节 基本统计数据

2011 年天津市各系统图书馆 161 个,其中省市级公共图书馆 2 个(天津图书馆、天津市少年儿童图书馆),开发区图书馆 1 个(泰达图书馆档案馆),区县公共图书馆、少儿图书馆 23 个,高校图书馆 55 个(本科院校 21 个,高职高专及部队军事院校 30 余个),较大的科研机构图书馆 3 个,医院图书馆 58 个,党校图书馆 19 个。

天津市各个系统图书馆馆舍面积为 89.6 万余平方米,阅览面积为 17 万平方米。2011 年天津市政府对图书馆的事业发展相当重视,投入了大量的资金改善图书馆的馆舍面积及设备。例如:天津市政府从城市建设的整体布局出发,建设了作为国家级高等职业教育示范区——天津海河教育园区。海河教育园区内图书馆的建筑面积约为 7.7 万平方米,其中天津海河教育园区中心馆建筑为 3.2 万平方米,其他 7 所高职院校图书馆建筑面积约 4.5 万平方米。此外天津市政府又投资在市中心区建立了天津图书馆文化中心馆。该馆面积为 5.5 万平方米,地下 1 层、地上 5 层,设计藏书 600 万册,读者坐席 2400 余个,年接待读者可达 200 万人次。天津市高校图书馆在 2011 年期间已建成的新馆有 3 个,分别为天津师范大学图书馆 6 万平方米、天津工业大学图书馆 5.6 万平方米、天津商业大学图书馆 3.4 万平方米。这些馆的建成,为天津市图书馆事业的发展提供了有利的空间。

目前天津市各系统图书馆,文献藏书量为 5895 万册,阅览坐席74 944个,年接待读者 3789.4 万人次。

2011 年天津市各系统图书馆在职人员为 5093 人,其中中级职称为 2584 人,占在职人数的 50.7%;高级职称 602 人,占在职人数的 11.8%。

第三节 未来规划展望

天津市图书馆事业未来一个时期的总体工作思路是:深入学习贯彻党的十七届六中全会和即将召开的十八大精神,全面领会"深化文化体制改革,推动文化大发展大繁荣,努力建设社会主义文化强国"的深刻内涵,紧紧围绕《国家"十二五"时期文化改革发展纲要》和《文化部"十二五"时期文化改革发展规划》,以"一个中心,四大建设"为发展战略,即以读者服务为中心,重点加强文献资源建设、队伍建设、制度建设和组织建设,不断谋求新的创新和发展,全面提高图书馆各项业务工作和管理机制水平,实现跨越式发展,开创市图书、情报、档案事业可持续发展的新局面。

逐步实行公共图书馆全免费服务,积极开展"全民阅读"活动。践行文化部、财政部《关于推进全国美术馆、公共图书馆、文化馆(站)免费开放工作的意见》的文件精神,进一步加大免费开放力度,确保未成年人、老年人、残障人群的阅读权利,重点加强各地图书流动站、乡镇图书馆、社区图书室、盲人阅览室、少儿图书馆(室)建设,开辟多元化服务渠道,为弱势群体提供优质服务。继续坚持以各种节日和服务月为主线,开展形式多样的全民阅读活动,更好地吸引市民了解图书馆、走进图书馆、利用图书馆。加大对公益性文化活动的投入,通过科技文化卫生"三下乡"、让更多大众多读书、读好书,从而提高全民整体文化素质。

进一步加强总分馆制建设,深化图书馆延伸服务。进一步强化受到媒体广泛肯定的延伸服务品牌,深化优势服务项目,做到两个加强:一是要加强汽车流动图书馆的管理和服务,推进共建共享的合作建设模式,加大在天津人群密集的区域的送书宣传力度。二是加强分馆读者活动的组织,注重与劳教、监狱、残联等单位的合作,有针对性地策划主题读书活动,进一步完善图书馆社会教育的职能。

加强数字图书馆建设,共享工程建设再上新水平。进一步扩大数字文献网上阅览、网上参考咨询等公益性网络化文献服务的覆盖面,让更多的读者通过方便、快捷的网络服务平台利用图书馆丰富的数字化文献信息资源。进一步完善高校图书馆数字资源导航系统,深入开展分中心数据库建设,积极促进和推动各区县支中心地方特色数据库建设,组织开展各类面向基层的健康上网宣传活动;继续加强天津市各图书馆系统之间的联系与合作,积极参与馆际资源共建共享,继续深入宣传和推广馆际互借和文献传递工作,提高信息资源利用率。

加强古籍保护项目建设。以国家新闻出版总署"中华字库项目"带动各项古籍保护工作的开展。在完成天津市地区公共、高校、科研图书馆普查工作的基础上,开展天津地区宗教系统的普查工作;加大古籍保护人员培训力度,组织天津地区普查培训班;完成《天津地区中医古籍联合目录》的编纂出版工作,切实承担起保护文化遗产并传于后世的历史责任。

加强人才队伍建设。进一步加强培训工作,提高队伍素质。加强党建工作,发挥好党员先锋模范作用。培养和造就一批高素质、综合性、专业性、结构性的人才队伍;深化干部人事制度改革,建立职工教育、培训、对外交流的长效机制。继续开展图书馆业务交流、培训、讲座,并为业务骨干提供外出参加专业学术研讨的机会,《图书馆工作与研究》网站投稿数字平台,同时开通"学术不端文献检测系统",适时召开天津市图书馆学会第七次会员代表大会。加强基层党组织建设,团结带领群众一起勇于创新、锐意改革、发挥党组织战斗堡垒作用。

(执笔人:郭英　朱凡　李广生)

第十三章 河北省图书馆事业发展报告

第一节 事业发展综述

2011 年,在公共文化服务体系建设的大环境下,河北省图书馆建设愈加规范,基础设施逐步改善,服务效益显著提升,公共图书馆免费开放落到实处。年底出台的《河北省文化事业发展"十二五"规划》,更为全省图书馆事业的发展明确了方向和目标。

基础设施明显改善。投资 3.2 亿、建筑面积 5 万平方米的河北省图书馆新馆全面开放,唐山市丰南区图书馆和迁安市图书馆、河北经贸大学图书馆、承德技师学院新校区图书馆等一批公共、高校图书馆新馆相继建成并投入使用,沧州市图书馆、邯郸市图书馆、邢台市图书馆、河北科技大学图书馆、河北师范大学图书馆等新馆建设进展顺利。各公共图书馆还积极通过在军队、学校、社区、疗养院、监狱、看守所等各类群体聚集区域建设分馆、馆外服务点、流动服务站、街区自助图书馆延伸服务范围,将服务触角延伸到各层面、各群体。经费投入力度加大,全省图书馆藏书量稳步增加,服务设施及手段明显提升。无线射频识别技术在部分图书馆得到应用,河北省图书馆、秦皇岛图书馆、丰南图书馆、河北师大图书馆等多家图书馆相继引进 RFID 自助借还、架位管理等技术。河北省图书馆建设 3 个 24 小时街区自助图书馆,大大方便了读者。

拓展领域,创新服务。为进一步保障残疾人平等利用图书馆资源的权益,4 月份,河北省图书馆学会对全省公共图书馆残障服务情况进行调研,并与省残联共同举办座谈会征求残疾人意见。省图书馆新馆专门建设无障碍服务中心,各级公共图书馆也加强了对残障人士的服务,截至 2011 年底,全省共配备盲人专用设备近百台;面向全省少年儿童读者,持续 8 年开展"燕赵少年读书系列活动",2011 年主题为"阅读红色经典 传承红色精神",共建荐读活动示范点 50 余个,8 万余人次参与其中;为全面提升国民素养,提升公众获取信息的能力,全省公共图书馆、高校图书馆广泛开展公益讲座、展览、信息素养培训等读者活动。"冀图讲坛"、"石图讲堂"、"秦图讲座"、"丰南讲堂"等已渐成品牌;各图书馆加强分馆、馆外服务点建设,延伸服务触角,扩展服务范围。全省共建分馆、馆外服务点近600个,流动服务站400余个,还通过图书漂流、鼓励爱心捐赠等形式提升服务能力,提高馆藏文献利用率;针对大学生的心理健康问题,河北联合大学建设路校区图书馆2011年推广阅读疗法,成立阅读疗法协会,建立阅读疗法服务网站,承接"基于大学生心理问题的阅读疗法书目实证研究"项目的研究任务,广泛开展阅读疗法推广活动;丰南图书馆智能流动图书馆基层服务车获国家专利,"书香丰南动车组"通过自助借还、夜间服务、视频播放、在线馆藏检索、文化共享工程支中心等功能开展流动服务;河北省图书馆开设视频版"新书推荐"专栏,馆员出镜拍摄视频版书评,使读者服务工作进入数字化视频时代;省图书馆利用网站开通虚拟图书馆,展示新馆立体图,读者可以通过虚拟通道进入各楼层服务空间,以3D模式浏览馆内建筑格局、文献分布等。

数字资源环境日趋完善,多层面、多形式、多类型实现共建共享。2011年,河北省图书馆数字图书馆开通并提供服务。河北省图书馆、河北师范大学图书馆、河北科技大学图书馆、河北经贸大学图书馆等自建数据库:河北古寺塔、皇家陵寝之清西陵、皇家陵寝之清东陵、河北民间故事数据库、河北民歌数据库、河北谚语数据库、河北剪纸艺术数据库、图说万象、非书资料管理系统等30余个;河北经贸大学图书馆申报并实施建设了"河北经贸大学科研文献数据库及服务系统"。2011年10月,河北省财政厅下发《关于下达2011年公共电子阅览室建设计划专项资金的通知》(冀财教〔2011〕173号),向1024个乡镇综合文化站、87个社区文化中心、391个社区文化活动室共计下达资金813万元,所有资金已拨付至各设区市财政局。截至2011年底,全省共投入文化共享工程建设资金35 547万元,其中国家支持27 004万元,省级财政投入5520万元,市级财政投入1952万元,县级财政投入1071万元。全省共建成1个省级分中心,11个市级支中心,172个县级支中心,1444个乡镇基层服务点,499个城市社区基层服务点,4.4万余个农村基层服务点。各级支中心已自建、加工和购买各类数据74.5TB,120个专题数据库。截至2011年底,河北省高校数字图书馆联盟成员馆已达53个,实现高校范围内数字资源的共建共享。河北省公共图书馆已签订《河北省、市图书馆联合编目中心建设合作协议》,实现公共图书馆范围内的联合编目;秦皇岛图书馆、沧州市图书馆在市、县(区)图书馆中推行总分馆制,唐山市公共图书馆开展地方文献资源建设合作,建立市、县(区)两级地方文献资源中心,开展地方文献代购、联合编目等工作,实现地方文献的共建共享。

开展调研,服务事业发展。为科学规划全省图书馆事业发展,河北省图书馆学会积极发挥行业组织作用。对全省公共图书馆进行全面、系统地调查研究,掌握大量的第一手资料,建成"河北省公共图书馆基本信息库",为政府决策、立法提供了系统、翔实的依据。为提升全省公共图书馆的无障碍服务质量与实效,省图书馆学会对全省公共图书馆的无障碍服务设施、文献、人员、效果等进行系统调研,并召开残疾人座谈会,听取残疾人士的意见和建议;为贯彻落实文化部、财政部公共图书馆免费开放意见的精神,河北省制定印发《河北省美术馆、公共图书馆、文化馆(站)免费开放工作实施方案》,省图书馆学会针对全省公共图书馆免费开放落实情况展开调研,发现问题及时整改,确保省内公共图书馆全部免费开放。

中华古籍保护计划进展顺利。古籍普查工作有序开展,河北省首批珍贵古籍名录及古籍重点保护单位的评审工作完成,共有 159 部古籍入选全省珍贵古籍名录,5 家古籍收藏单位入选省古籍重点保护单位。2011 年,全省有 7 家古籍收藏单位和 1 名个人申报第四批《国家珍贵古籍名录》及"第四批全国古籍重点保护单位",共申报古籍 119 种。古籍开发工作有了新突破,直隶省图书馆旧藏《畿辅七名家诗抄》影印出版,保定市图书馆编辑的《保定市图书馆古籍善本书目》由国家图书馆出版社出版。

第二节　基本统计数据

截至 2011 底,河北省共有公共图书馆 166 个、高校图书馆 95 个、科研院所图书馆 29 个、医院图书馆 43 个。据省直高校、科研院所、各市级图书馆学会、医院专业委员会报送数据统计,2011 年,全省各级各类图书馆在基础设施、馆藏总量、经费投入、服务效益等方面明显改善(详见表 13－1,表中"—"代表数据统计不完整)。

表 13－1　2011 年河北省图书馆发展项目年度统计表

类型馆 统计项	公共馆	高校馆	科研院所 图书馆	医院图书馆
馆舍建筑总面积(万平方米)	30.42	55.44	1.4	1.2
馆藏总量(万册/件)	1738.63	4621	54.9	98
阅览室总坐席数(位)	26 541	59 520	652	—
经费投入(万元)	15 020	12 632	190	230
新增藏量购置费(万元)	1733	9316	190	230
总流通人数(万人次)	795.83	2010	1.3	1.8

续表

类型馆 统计项	公共馆	高校馆	科研院所 图书馆	医院图书馆
书刊文献外借(万册次)	503.97	21 643	0.96	1.2
读者活动次数(次)	2080	649	—	2
活动参加人数(万人次)	40.62	25	—	0.009
计算机设备量(台)	5221	10 208	—	264
从业人员(人)	1823	2026	169	131

一、公共图书馆

整体规模:截至2011底,河北省共有公共图书馆166个,其中省级图书馆1个,地市级图书馆11个、地市级少儿馆1个、县级图书馆153个(县图书馆112个)、新增县级图书馆1个。在第四次全国公共图书馆评估定级中,上等级馆82个,其中一级馆9个、二级馆27个、三级馆46个。各级公共图书馆建有分馆和馆外服务点1000余个,较2010年增加600余个。全省公共图书馆总建筑面积30.42万平方米,较2010年增加5.52万平方米,增幅22%。其中省图书馆5万平方米,市级图书馆共7.62万平方米,县级图书馆18万平方米。阅览坐席26 541个,较上年增加4500个,增加20.4%,其中省图书馆3070个、市级图书馆4194个、县级图书馆19 277个。

文献总量:河北省公共图书馆总藏量为1738.63万册/件,年新增藏量128万册/件,增长率7.9%。总藏量中,普通图书1349万册/件,报刊163万册,视听文献33万(件),缩微文献近6万(件),电子图书95万种,古籍文献61万册。总藏量中,省图书馆193.59万册/件、2011年新增11万册/件;地级市图书馆709.74万册/件、新增16万册/件,县级图书馆835万册/件、新增26万册/件。

经费投入:河北省公共图书馆经费投入15 020万元,较2010年增长4986万元。省图书馆2621万元,市级图书馆6059万元,县级图书馆6340万元。全省公共图书馆年度文献资源购置费共1733万元,较去年增加209万元。年度总购书经费中,省图书馆430万元,市级图书馆821万元,县级图书馆482万元。

读者服务:河北省公共图书馆累计发放读者证608 291个,较上一年度新增4.34万个。目前省图书馆有效读者证159 645个,地市级图书馆232 998个,县级图书馆215 648个。全省公共图书馆年度总流通795.83万人次,较上年增加59.43万人次。其中省图书馆年度总流通 21. 11 万人次,市级图书馆 379. 12 万人次,县级图书馆 395. 61 人次。全省公共图书馆总流通册次为 503. 97 万,较上一年度增加 11. 45 万册次。省图书馆外借文献 12. 76 万册次,市级图书馆为 222. 19 万册次,县级图书馆 269. 02 万册次。全省公共图书馆共组织各类讲座 1305 次,较 2010 年增加 229 次,13. 54 万人次参加。其中省图书馆 56 次,市级图书馆 457 次,县级图书馆 792 次。共举办展览 338 次,23. 38 万人次观看展览,较上一年度增加 5 万人次。其中省图书馆 2 次,市级图书馆 65 次,县级图书馆 271 次。举办培训班 437 次,3. 7 万人次参加培训。其中省图书馆 3 次,市级图书馆 69 次,县级图书馆 365 次。

信息化建设:河北省公共图书馆共拥有计算机 5221 台,2011 年新增 1384 台,增长率达 36% 。目前省图书馆拥有计算机 380 台,市级图书馆 1047 台,县级图书馆 3794 台。电子阅览室终端共 2982 台,其中省图书馆 132 台、市级图书馆 408 台、县级图书馆 2442 台。省、市级图书馆绝大多数都有自己的网站,部分县级图书馆也建立的自己的网站。今年全省公共图书馆网站访问量达 180. 90 万页次,其中省图书馆网站访问量 65. 7 万页次、市级图书馆 107. 1 万页次、县级图书馆 8. 1 万页次。

从业人员:河北省公共图书馆从业人员共计 1823 人,较去年增加 32 人。专业技术人员 1145 人,占 63% ;研究馆员 35 人,占 2% ;副研究馆员 152 人,占 8% ;馆员 565 人,占 31% 。从业人员中,省图书馆 170 人;专业技术人员 117 人;研究馆员 10 人,副研究馆员 45 人,馆员 42 人。市级图书馆 468 人;专业技术人员 372 人;研究馆员 22 人,副研究馆员 67 人,馆员 188 人。县级图书馆 1155 人;专业技术人员 656 人;研究馆员 3 人,副研究馆员 40 人,馆员 335 人。

二、高校图书馆

全省高校图书馆 95 个,其中本科院校图书馆 37 个,高职高专图书馆 58 个。高校图书馆总建筑面积 55. 44 万平方米,阅览坐席 59 520 个。高校图书馆文献总藏量 4621 万册/件,年度新增 77 万册/件。高校图书馆经费投入 12 632 万元,其中文献资源购置费 9316 万元。2011 年度经费投入增加 543 万元,其中文献资源购置费增加 500 万元。高校图书馆持证读者 40 万人,与上一年度基本持平。2011 年流通 2010 万人次、21 643 册次,分别较上一年度增加 23 万人次、60 万册次。举办读者活动 649 次,参与人数达 25 万人次,较上一年度增加 58 次。高校图书馆共有计算机 10 208 台,网络带宽大多在 100M 以上,95% 以上的高校图书馆都建有自己的网站。高校图书馆共有从业人员 2026 人,其中专业技术人员 1553,占 77% ,基本与上一年度持平。

三、科研院所图书馆

科研院所图书馆 29 个,总建筑面积 1.4 万平方米,阅览坐席 652 个。科研院所图书馆文献总藏量 54.9 万册/件,年度新增 1.3 万册/件。全省科研院所图书馆经费总投入 190 万元,基本都是文献资源购置费。科研院所图书馆部分为免证服务,持证读者只有 386 余人,2011 年流通总量为 1.3 万人次,外借 9600 次册,未举办读者活动。科研院所图书馆从业人员 169 人,专业技术人员 154 人,占 91%。

四、医院图书馆

医院图书馆 43 个,总建筑面积 1.2 万平方米,文献总藏量为 98 万册/件,年度新增 9.7 万册/件。全省医院图书馆经费总投入 230 万,全部为文献资源购置费。省内医院图书馆实行免证借阅,全年流通量 1.8 万人次,借阅文献 1.2 万册次,举办读者活动 2 次,90 余人次参与。全省医院图书馆共有计算机 264 台,建有网站 5 个,网络带宽多为 2M。省内医院图书馆从业人员 131 人,其中专业技术人员 119 人,占 91%。

第三节　未来规划展望

"十二五"后续几年,河北省图书馆事业将在基础设施、资源共享、古籍普查、规范服务等方面加大力量。

图书馆基础设施将进一步优化。在文化大发展大繁荣和公共文化服务建设背景下,河北省图书馆基础设施建设进入快速发展阶段。邢台、邯郸、沧州等地级市图书馆新馆即将建成开放,河北科技大学、河北师范大学等高校图书馆新馆工程也顺利推进。衡水市图书馆、张家口市图书馆、承德市图书馆等新馆建设已纳入规划。按照《河北省文化事业发展"十二五"规划》要求,到 2015 年,全省所有设区市和各县(市、区)均建有公共图书馆,乡镇、街道建有综合文化站,农村和城市社区建有文化活动中心(室);所有设区市和各县(市、区)图书馆均达到国家评估定级三级以上标准。全省图书馆的基础设施将逐步优化,整体服务能力将得到加强。

资源共享将逐步深化拓展。河北省正致力于全省公共图书馆服务一体化建设,借鉴国内外成功案例,结合本省实际,将逐步建立起河北省文献资源共享发展模式:先系统内共建、后地区性共建,实现集中与分散管理的过渡型信息资源共享,再建立全省性跨系统、跨地区的信息资源共建共享图书馆服务网络,推动高校图书馆、专业图书馆等的文献信息服务社会化。在文献资源共建共享的基础上,逐步实现设备设施、人才技术、讲座报告等的资源共建共享,提升单体图书馆的服务能力,建立完善的图书馆服务体系,保证图书馆服务的公益性、均等性、便利性和基本性。

文化信息资源共享工程将全覆盖。"十二五"期间全面完成和巩固"村村通"建设成果,拓展在城市街道、社区的覆盖面,争取实现全覆盖。进一步完善省、市、县(市、区)、乡镇(街道)、村(社区)五级服务网络。继续开展好数字图书馆推广工程和电子阅览室的建设工作。利用电视、计算机、移动设备等终端,探索、发展、推广文化共享工程入户模式。广泛整合公共信息资源,结合国家重点工程,建设"公共文化数字资源基础库群"。到2015年,全省数字文化资源达到100TB。

古籍普查与保护工作继续推进。充分发挥河北省古籍保护中心作用,坚持古籍原生性与再生性保护并重,加大保护成果宣传力度。做好全省古籍普查工作,按要求如期完成《中华古籍总目》河北省卷的编纂任务。继续做好省古籍保护单位和省古籍名录的申报评审工作。用好省古籍保护中心珍本书库,大力宣传倡导省内单位个人古籍寄存制度,改善本省古籍文献的生存环境。

创新服务模式,规范服务行为。逐步扩大无线射频识别技术、三网融合技术、手持阅读器、手机图书馆等先进技术在全省各图书馆的利用范围,加大数字资源建设力度,创新手段,提升水平。通过读者活动、公益讲座展览、社会教育、阅读推广等形式拓展服务领域。参照《公共图书馆服务规范》《公共图书馆建设标准》《公共图书馆建设用地指标》,以及其他相关文件,结合河北省实际,将出台《河北省公共图书馆服务标准》,规范全省公共图书馆服务。

增加投入,丰富资源,培养人才。按照"十二五"规划精神和公共图书馆免费开放要求,本省将逐年增加对图书馆的经费投入,丰富馆藏、升级设备、改善环境、提升服务能力与质量。通过系统的、有针对性的业务培训提升图书馆工作者专业素质。通过人才交流、学术研讨等拓展从业人员学术视野,重点培养学术带头人。与省内高等院校合作,建立省内图书馆、古籍保护等专业的人才培养基地,省图书馆作为实践基地,共同培养专业化、高素质人才队伍。

(执笔人:顾玉青　冯宝秀)

第十四章　山西省图书馆事业发展报告

第一节　事业发展综述

2011年,山西省图书馆界认真贯彻落实党的十七届六中全会精神,为构建公共文化服务体系、营造书香社会作出积极贡献;积极配合省政府、省文化厅推动《山西省公共图书馆管理办法》的出台和颁布,8月《山西省公共图书馆管理办法》(草案)通过了专家论证,修订后的《管理办法》再次提交省政府。

图书馆基础建设迈上新台阶。山西省图书馆新馆基本建成,朔州市图书馆新馆建成并准备投入使用,大同市图书馆新馆在建,晋中市、忻州市图书馆均已立项,正在设计之中;太原理工大学图书馆管理系统由 Horizon 更换为汇文系统。山西师范大学图书馆配合学校完成手机一卡通工程,并适应手机一卡通技术条件下的图书馆业务服务的要求,图书馆区域内开通无线上网端口,实现了在图书馆范围内的全覆盖;山西大学图书馆网站新主页正式启用。

积极推进"总分馆"制建设,加快实施文化共享工程。致力于建设全面的集群图书馆服务体系,建设全省联合书目数据库,实现各级图书馆之间文献借阅"一证通用"和"通借通还",最大程度实现资源共享,截至2011年底已建成并加入联合库的图书馆达到67个。特别是古县图书馆单独构建系统平台开展总分馆建设,将本县机关、学校、企业、乡镇和农村纳入其系统中,该系统与省图书馆系统平台无缝对接,率先实现了资源共享、一证通用。文化共享工程省中心派出技术人员为规范化县支中心安装了数字图书馆资源硬盘。以国家数字图书馆丰富的数字资源与多元服务模式为保障,全省逐步建立覆盖全省的数字文化服务体系,实现优秀数字文化资源共享。目前,山西省图书馆和太原、大同、长治、阳泉4个市级公共图书馆已列入首批数字图书馆推广工程计划中,资金已经到位,设备的配置正陆续展开。全省除个别县级图书馆因新建馆推迟建设外,其余市、县级图书馆在2011年都完成了文化共享工程标准化支中心建设,文化共享工程全省覆盖的任务基本完成。全年继续开展已建市、县站点进行日常管理、督导检查、资源保障、技术支撑、业务培训、组织活动等工作。

保障网络系统安全、顺畅、高效、便捷运行。各图书馆馆网、三晋文化信息网、少儿网、省图书馆学会网站、大家赵树理网等20余个网站(其中有3个高校图书馆网)运行良好,并保持了日常更新与维护工作。使网站成为提高图书馆信息化水平、更好地服务读者的新阵地。山西省图书馆引进了全省第一家"24小时街区智能图书馆",是全新的自助式服务,市民可以24小时自助借还图书,让百姓享受到了全天候方便快捷的图书馆服务。6月1日,高校图书馆CALIS启动了馆际互借调度中心服务,参照《启用CALIS馆际互借调度操作流程》进行了系统配置,开始通过调度中心提交文献传递申请,享受CALIS三期文献传递补贴。11月上旬,经过和管理中心多次协调,完成了山西大学馆际互借/文献传递系统的共享版升级,10家高校成员馆可以使用馆际互借/文献传递共享版系统进行文献传递业务。山西省图书馆着手移动图书馆的构建,并将其列入新馆工作计划之中。

积极提供免费、丰富的文化服务。2011年全省各级公共图书馆基本实现了免费开放。全省已经有4个公共图书馆设立了盲人阅览室。利用多种服务举措加强为弱势群体的服务。山西省图书馆等公共图书馆定期为盲校和农民工子弟学校送书;在省城大型建筑工地建立图书流动站,为农民工送书、送电影,开展农民工文化家园建设;为青少年举办各类有益身心健康的文化娱乐活动;为偏远山区的农民朋友送图书与科普知识等。充分体现了公共图书馆"普遍均等、惠及全民"的服务理念,让先进文化贴近百姓,走进百姓的日常生活。全民阅读活动异彩纷呈。全年以山西省图书馆"文源讲坛"为龙头的面向公众的公益讲座,继续秉承传播社会主义先进文化,传播科学文化知识,提升大众科学文化素质的主旨,是图书馆开展社会教育,发挥社会职能,吸引公众了解图书馆、走进图书馆、利用图书馆,提高图书馆社会知名度的有力举措。山西省各级各类图书馆积极践行图书馆服务宗旨,不断提高服务质量与服务水平,以阵地服务为基础,以世界读书日、图书馆服务宣传周、科普宣传周、全民读书月为活动平台,举办了一系列全民阅读活动,如公益讲座、展览、知识竞赛、放映公益电影及科普讲座、加大免费开放的力度、送文化科技信息到基层等,为提高人民群众的科学文化素质,为专业人员的学科研究提供优质的文化信息服务。

科学研究成果显著增加。2011年全省图书馆界着力加强学术交流与研讨,切实提高业内科研水平,营造浓郁的学术研讨氛围,促进学科进步与发展。山西省图书馆、山西省古籍保护中心编辑的《第一批山西省珍贵古籍名录图录》由山西出版集团、山西人民出版社出版发行,太原理工大学图书馆编写的《信息检索与利用》教材由科学出版社出版发行,《山西师范大学图书馆古籍善本书目》由国家图书馆出版社正式出版。山西医科大学图书馆基于山西省科技厅项目"建设山西省医学科技文献信息资源与服务平台"，课题组出版著作《区域性医学科技文献服务平台共享机制研究》，为科技平台建设及推广工作提供理论借鉴。并且围绕该科研成果所完成的8篇论文首次被国家级刊物以专题形式刊载。山西省图书馆学会组织学术征文活动7次，征集论文40余篇，获奖22篇。

古籍普查工作稳步进行。完成国家级、省级珍贵古籍名录和古籍重点保护单位的申报评审工作。做好全省古籍修复的组织、实施、指导等工作。山西省古籍保护中心召开"2011年山西省古籍保护厅际联席会议"和"2011年山西省古籍保护工作会议"，进行细致的工作计划和部署。加强编撰《中华古籍总目·山西卷》的力度。注重对古籍保护和修复人才的培养，多次采取"走出去、请进来"的方式，组织技术人员培训，有效地提高了专业人员工作水平。2011年开始对古籍数字化的尝试，完成近2000叶的扫描存档。

提高队伍素质，加强业界合作。为进一步提高图书馆队伍的综合素质和工作能力，各图书馆加大了在职教育的培训力度，开展了有计划、分批次、大规模的队伍培训，为推进图书馆事业发展和繁荣提供人才保障。特别是省图书馆学会承办的中美图书馆交流项目——山西省图书馆馆长培训班，培训学员240余人，取得很好的培训效果。山西省图书馆学会所属"山西省地级公共图书馆合作与发展联盟"举行多次会议，加强了其成员馆的联合与协作，同时接纳忻州、运城、榆次、朔州等四地市图书馆为观察员馆，并签订了联盟协议，有效地扩大了该联盟的影响力与号召力，为推动中小型公共图书馆发展发挥出积极作用。在召开的会议中，联盟成员馆以"公共图书馆公益服务与免费开放"为主题，针对"公共图书馆免费开放的困境与前景"、"各级公共图书馆公益服务的品牌目标树立的思考"等问题展开研讨，提出免费开放要在实现均等普惠的公共服务基础上，不断拓展服务领域、方式和手段，提供更加人性化的服务设施和服务项目，以缓解因免费开放带来的供需矛盾等困境。该联盟还先后两次组织成员馆对外省图书馆进行考察与调研。

随着党和各级政府对公共文化的支持，山西省图书馆事业渐入佳境。但存在的问题也是比较突出的，主要反映在场馆建设、办馆资金、从业人员素质等以及跨系统的业内协作与资源共建共享等方面。所以，紧紧抓住公共文化发展机遇期，趁势而上。尤其是要着力促进市县级公共图书馆建设，致力于构建"普遍均等、惠及全民"的公共文化服务网络，形成覆盖城乡、结构合理、功能健全、实用高效的公共图书馆文化设施，同时不断提升图书馆服务质量，延伸服务渠道，着力开展数字图书馆推广工程、公共电子阅览室建设工程、业务总分馆建设、数字资源建设、移动图书馆建设等将是市县公共图书馆的重要工作目标;与此同时,图书馆学会应牵头加强全省各系统图书馆间的合作与交流,实现优势互补与资源共建共享。

第二节　基本数据统计

至 2011 年,山西省公共图书馆有 123 个,高校馆 74 个,太原市属中小学图书馆(室)729 个。据不完全统计,2011 年全省图书馆在馆藏总量、财政投入、服务效益等方面均有突破。

一、公共图书馆

整体规模:山西省内共有 123 家省市县级公共图书馆。其中一级馆 5 个、二级馆 6 个、三级馆 29 个。全省公共图书馆馆舍面积为 21 万余平方米,阅览室面积为 7.8 万平方米。在馆舍建设方面,尚有 21 个图书馆有馆无舍,占总体的 17%;馆舍面积没有达到三级馆标准的有 49 个,占总体的 41%;没有独立法人的图书馆有 13 个,占总体的 11%;没有独立账户的图书馆有 36 个,占总体的 30%。市级公共图书馆为 7 个,新增了朔州市图书馆。大同市、吕梁市图书馆新馆正在建设当中,尚有 5 个市没有公共图书馆。2011 年新增县级图书馆 5 个,正在建设中的县(区)级图书馆有 7 个。

文献总藏量:公共图书馆藏书总量 1150 万余册,新增 64 万余册;购书经费约为 1380 万。

信息化建设:全省公共图书馆设立网站 14 个,计算机设备 3499 台。

从业人员:2011 年公共图书馆在职人员 1552 人,其中,高级职称 87 人,占在职人数的 5%,中级职称 436 人,占在职人数的 28%。

业务培训及读者服务:2011 年共举办在职教育培训 20 余次,培训人员为 2300 余人次。全年对外培训在职(兼职)人员达 14 万余人次;举办的各类文化活动参与人数达 300 万人次。举办各类公益讲座 150 余场,听众达 4 万余人次。全年接待读者总数 275 万人次。2011 年年底,分馆数量为 54 个,比去年增加了 18 个。

大同市少儿图书馆是山西省有独立编制的少儿图书馆。该馆文献总藏量为 10.6 万册,在职职工 15 人,购书经费 4.5 万元,全年接待读者 9 万余人次。2011 年增加新书 1768 册,其中图书 1691 册,期刊 63 种,报纸 14 种。

二、高校图书馆

整体规模:山西省共有高校图书馆74所,本次调研的21所高校图书馆公用房屋建筑面积为261 462.41平方米。阅览室总面积138 938.45平方米。阅览坐席39 586个。平均周开放时间72小时。

文献总藏量:馆藏文献总量2283.22万册,包括图书1588.76万册,电子文献787.16万件。

信息化建设:21所高校图书馆引进、自建数据库为312个。电子阅览室41个,共有计算机设备4230台。

读者服务:2011年,21所高校图书馆共发放有效借书证数11.3168万个。总流通人次1027.94万人次。共为读者举办253次活动,参加人数为54 200人次。

从业人员:21所高校图书馆从业人员共821人,其中高级职称157人,中级职称320人。

财政投入:21所高校图书馆全年购书经费3916.23万元,2011年新增藏书65.84万册。

三、中小学图书馆(室)

整体规模:以本次调研的太原市中小学663所中小学图书馆计,其中中学图书馆157个,小学图书馆(室)506个。

文献总藏量:663所中小学图书馆藏书总量1306万册/件。包括纸质图书896万册、电子文献410万件。

信息化建设:663所中小学图书馆共有计算机设备6525台。

读者服务:2011年阅览人次1 755 425次,共为读者举办6次活动,参加总人次为430 289人次。

从业人员:663所中小学图书馆从业人员共924人,其中高级职称84人、中级职称435人、初级职称405人。

财政投入:663所中小学图书馆2011年新增藏书72万册,年购书经费900万元。

第三节　未来规划展望

依据《山西省公共图书馆建设十二五规划》,在未来几年内,公共图书馆继续以文化共享工程为龙头,大力实施文化惠民工程,将古籍保护、送书下乡、农村流动书库、公共电子阅览室、数字图书馆推广等工程引向深入。

山西省图书馆新馆建成,即将开始搬迁工作。新馆将科学合理地进行馆藏、服务布局,高效发挥新馆功能。山西省图书馆以新馆投入使用为契机,进一步加强全馆业务标准化、规范化建设,完成一系列规章制度的修订和制定;继续以自动化、数字化建设为龙头,带动图书馆各项工作健康、高速向前发展,力争尽快跻身于全国一流省级公共图书馆行列。山西省图书馆将在全省文献信息中心、全省书目中心的基础上,进一步建成社会教育中心、联合编目中心、协作协调中心、文献提供中心、古籍修复中心、特色文献典藏展示中心和文化休闲娱乐中心,努力成为全省的科普活动基地和爱国主义教育基地。

山西省将建立健全全省公共图书馆服务体系,完成市级图书馆建设,实现县县有图书馆,构建全省公共图书馆文献资源保障体系,完成总分馆建设;完善山西省文化信息资源共享工程各级中心,建设覆盖全省城乡(社区)的文化信息资源共享工程各级中心和基层站点。

山西省图书馆事业还将面临着一些比较突出的问题和困难,如图书馆发展的外部环境还有待进一步改善,相关法律法规尚待健全;公共图书馆事业的发展还很不平衡,存在着较大的地域差别;图书馆经费尚需得到保障;图书馆人才队伍建设亟待加强等。

总之,未来几年是全面建成小康社会、加快推进社会主义现代化建设的关键时期,也是文化大发展、大繁荣的重要战略机遇期。山西省图书馆界将团结奋进,勇于开拓创新,更加科学高效地为保障公民基本文化权益、提高公众科学文化素质、繁荣三晋文化和构建和谐山西作出新贡献。

(执笔人:石焕发　耿建华　武锦丽　岳慧艳)

第十五章　内蒙古自治区图书馆事业发展报告

第一节　事业发展综述

在各级党委、政府特别是文化主管部门的高度重视下,内蒙古自治区图书馆2011年各项业务工作在原有的基础上稳中有进:全区有5所地级和部分县级公共图书馆新馆相继落成或正在建设当中。部分院校图书馆新馆也相继落成并投入使用。各公共图书馆为增强社会服务力度,扩大服务内容,都积极争取地方财政支持,加大投入力度,努力改善办馆条件。为促进当地图书馆事业的快速发展,充分发挥图书馆的社会教育职能,建立学习型社会作出了贡献。

跟进文化信息资源共享工程、数字图书馆推广工程。随着图书馆信息化进程的加快,内蒙古地区各类型图书馆普遍采用自动化管理。基层公共图书馆在全国文化信息共享工程的推动下,现代化办公服务设备得到大的改观,为更好地服务农村牧区广大基层群众,加快现代化服务手段,全区多数县级图书馆对馆藏文献开展了回溯建库工作。内蒙古自治区图书馆系统成功举办了"2011年全区文化信息资源共享工程西部盟市、旗县支中心师资技术人员培训班"和"2011年全区文化信息资源共享工程东部盟市、旗县支中心师资技术人员培训班",共计300多人参加培训,极大地加强了基层服务点的技术支撑并提高了技术人员的业务能力。培训取得了明显的效果。根据国家"公共电子阅览室计划"和"数字图书馆推广工程"的安排部署,确保项目的顺利实施。在上述培训班分别对东西部地区公共图书馆进行了调研,各馆将根据实际情况于2012年分层次、分阶段地推进工程的进展。9月,自治区承办了"西部八省文化共享工程地市级支中心资源建设培训班"。共享工程国家中心有关领导以及来自广西、四川、贵州、云南、陕西、甘肃、宁夏、内蒙古文化共享工程地市级支中心的74名代表参加了此次培训。这次活动进一步推动了西部省(区)文化信息资源共享工程特别是地市级支中心的建设,也促进了基层文化工作者队伍建设和公共文化服务体系的构建。培训班期间,还同时举办"第二届文化共享杯——全国文化信息资源共享工程知识与技能竞赛内蒙古分赛区总决赛"。资源加工工作,完成了"蒙古族文化艺术资源库"、"蒙医药资源库"两个库的建设。

结合地区特色,推动古籍普查、开发工作。2011年制定出《内蒙古自治区古籍保护整体工程实施方案》,针对内蒙古自治区现存的汉文古籍、少数民族文献古籍以及小语种古籍的情况,总结了内蒙古自治区古籍的保护现状和存在的不足,重点提出了古籍保护的具体措施。承担《中华古籍总目·内蒙古分省卷》的编纂工作,并基本完成编撰任务。同时,对生卒年不详的明清两代古籍著者进行了生卒年的查询和编辑工作。3月,完成"全国古籍普查平台"在内蒙古古籍保护中心安装,著录古籍数据310多条,上传国家中心等待审核,对今后方便、快捷、高效、可靠地进行全国古籍普查工作、展现普查成果、提高公众的古籍保护意识提供了帮助。此间,根据内蒙古自治区宣传部的部署,在原有古籍普查工作的基础上成功完成了所交办的"全区历史文献普查"任务。在文献的开发与利用方面各馆间相互合作,立足当地情况,成效显著。一些比较有代表性的、价值较高的科研成果相继出版。如《内蒙古历史文献丛书》的陆续出版,为研究和揭示内蒙古历史文化奠定了基础。积极拓展业务合作,会同内蒙古大学出版社、内蒙古大学近代史研究所共同编写《内蒙古外文历史文献丛书》,第一集准备付印。继续参加国家新闻出版总署重点出版项目《蒙古文大藏经》影印校勘出版工作,截至2011年已出版100卷。继续参加国家民委科研项目《中国少数民族古籍总目提要目录·蒙古族卷》的编制工作。目前,此项目已进入后期阶段。参加国家新闻出版总署"新闻出版改革发展项目库"入库项目《蒙古学文献大系》整理出版、入库工作。此外,完成四个特色资源库《内蒙古历史文化资源库》《内蒙古地方戏曲艺术资源库》《从原始部落走向现代文明——内蒙古"三少民族"文化资源库》《红色足迹——内蒙古革命史资源库》申报的前期工作,包括资源建设申报书、建设方案、视频演示网页的规划、资源内容的采选等。

积极拓展多样性服务。在完成传统的阵地服务的基础上,各类型图书馆有效地拓展社会服务新领域,各级各类型图书馆结合自身实际和当地群众需求开展了形式多样的读者活动和便民服务措施,取得了很好的社会效益。各类型图书馆都非常重视组织开展馆内外读者活动,力争以内容丰富、形式活泼多样的读者活动和基层服务活动,来提升到馆人次和借阅册次;积极建立馆外流通服务站,把服务触角延伸至学校、社区、军营、牧区、劳教所等社会方方面面。在保障图书馆原有职能的基础上,各级公共图书馆根据中国共产党第十七届中央委员会第六次全体会议提出的加强公共文化服务体系建设的目标任务,积极探索创新文化服务方式和新领域,大力开展文化惠民活动。利用"五一""六一""十一"、图书馆服务宣传周、科普周等节日与当地政府机关、社团等组织共同举办了规模不等的读者服务活动,使更多的人了解图书馆,走进图书馆。利用共享工程网络平台在夏季开展了主题为"文化共享心向党——庆祝建党九十周年"消夏文化广场电影节活动。仅内蒙古图书馆就累计放映 30 多部影片,接待观众约15 000 人。此项活动的开展受到广大市民,特别是农民工的欢迎。内蒙古图书馆举办的户口勉(日本)先生个人作品展、普·白嘎丽玛(蒙古国)女士个人作品展、崔昌源(韩国)教授个人作品展和"平蛋之旅——坦培拉绘画"工作室巡回展家乡站等国内外知名画家的作品展;以及"走进非洲"——内蒙古摄影家协会摄影作品展和"中国四大名园"摄影展。均取得了很好的社会效益。服务弱势群体是公共图书馆的职能所在,内蒙古图书馆在内蒙古自治区残联的大力支持下,共同组建成立了内蒙古残疾人图书馆,该馆成为目前西部省区最大的残疾人图书馆。残疾人图书馆的组建,得到社会广泛群体关注和赞同。

加强业务培训,扩大交流合作。为确保从业人员业务知识和服务技能适应现代图书馆工作的需要,近些年来,由自治区图书馆牵头组织了多次有针对性的在职教育培训,如:《中国图书馆分类法》(第五版)、《中国文献编目规则》(第二版)等,高校图书馆相关从业人员也同期参加了培训。内蒙古图书馆应蒙古国国家图书馆邀请,对蒙古国国家图书馆、蒙古国少儿图书馆等 5 所国立图书馆进行友好考察访问,就两馆进一步开展业务合作进行深入交流,并就一些合作项目达成初步共识,为推动两地图书馆事业继续发展做了很好的铺垫。2011 年 12 月 15 至 17 日,召开"内蒙古自治区图书馆学会首届百旗(县)图书馆馆长论坛",与会基层图书馆馆长及业内同仁就目前本区基层图书馆在管理体制、运行机制、服务效益和人才队伍建设等方面存在的问题和发展思路,进行了深入而广泛的交流和探讨。为今后的工作奠定了理论基础。本次研讨会共收到征文 77 篇,经专家组的严格评审,分别评出了一等奖 3 名、二等奖 6 名、三等奖 9 名。会后对论文获奖人员和基层优秀馆长进行了表彰,并达成"阿尔山共识"。

第二节　基本统计数据

截至 2011 年,内蒙古自治区有公共图书馆 115 个,其中省级图书馆 1 个,地级图书馆 12 个,县级图书馆 102 个(包括县级少儿图书馆 1 个)。根据内蒙古教育厅网站信息,目前内蒙古自治区共有 32 所高校(含民办院校),除个别专科院校未设图书馆外,其他院校均设有相应的图书馆。截至 2011 年底,共设立各类型分馆

160 所。

一、硬件设施

目前,内蒙古自治区公共图书馆实际使用公用房屋面积234 752平方米。其中,书库面积42 247平方米,书刊阅览室面积40 655平方米,电子阅览室面积13 259平方米。阅览室座位数为17 189席。其中,少儿阅览室座位数为4828席,盲人阅览室座位数为158席。可获得有关信息的高校图书馆有14所。这14所高校图书馆建筑面积为237 100平方米;阅览室座位数为21 874席(其中有4所未能统计)。因部分公共图书馆和高校图书馆新馆(新校区)的落成和投入使用,图书馆无论是从建筑面积上,还是阅览席位上都有所增加。各级公共图书馆计算机数量为4215台,电子阅览室终端数2369个;公共图书馆已有多家建立了网站,本年度网站访问量共计214 233次。

二、文献总藏量

内蒙古自治区公共图书馆年度文献藏量情况为:总藏量10 978 619册,其中图书8 616 264册,盲文图书4621册,古籍286 628册,报刊1 093 308种,视听文献63 561种(张),缩微制品2455份(件、张),电子图书422 090种(册)。14所高校图书馆纸质文献藏量为1 213 440余万册,电子图书597 200种(册),其中8所高校图书馆电子期刊合计98.4万余种。蒙古族文化艺术资源库共有3000余条数据,其中文字835万字、视频406部163小时、图片2072幅,资源总量达460余GB;蒙医药资源库目前共有文字50余万字、视频资源61部19小时20分、图片1091幅,资源总量达60余GB。此外建设完成内蒙古文化信息网,网站全年更新数据4000余条。

三、经费投入

2011年间,内蒙古自治区财政为各级公共图书馆拨款共计209 541 000元。其中,用于年度文献资源的专项购置经费为22 368 000元;本年度新增藏量购置费为20 035 000元。本年度全国公共图书馆免费开放政策的实施和对西部地区公共图书馆给予的财政支持,使全区基层公共图书馆的经费得到了一定的保障。

四、读者服务情况

2011年内蒙古自治区公共图书馆有效借书卡为144 829张,总流通人次为

3 730 839人次,书刊文献外借册次为3 571 319册次。各类型分馆全年累计流通图书549 650册次,借阅人次364 624人次。全年共组织各类讲座504场,举办展览152次,到馆参观人数共计197 773人次,举办各类型培训班192次,参加培训人数为24 907人次。高校图书馆因其服务的读者群相对稳定,文献借阅有一定的规律性,文献借阅册次、读者人次随着在校师生人数和专业需要呈稳定增长趋势。

五、从业人员情况

内蒙古地区公共图书馆目前从业人员共有1907人。专业技术人员有1464人,占从业人数的0.76%。其中,正高级职称人员30人,占专业技术人员的0.02%;副高级职称219人,占专业技术人员的0.14%;中级职称692人,占专业技术人员的0.47%。

第三节　未来规划展望

在建设民族文化大区政策的指引下,内蒙古图书馆事业无论是馆舍建设,还是文献藏量以及社会服务等方面较之以往有了快速的发展。图书馆的发展需要一定的经济作为保障。内蒙古自治区地域辽阔,经济发展相对滞后,社会对图书馆的认知程度还有待加强,图书馆从业人员总体素质尚待进一步提高。主客观存在的不利因素对事业的发展有一定影响,要想实现真正意义上的公共文化服务体系全覆盖还有一段路要走。

(执笔人:林胜)

第十六章　辽宁省图书馆事业发展报告

第一节　事业发展综述

2011 年,辽宁省图书馆事业坚持以《辽宁省公共图书馆"十二五"建设发展规划》为指导,立足辽宁图书馆事业发展的实际,准确把握公共文化服务体系建设的新形势、新变化、新特点,紧紧抓住图书馆事业发展的重要战略机遇期,进一步强化基础业务建设,重视新技术、新理念和新模式的应用与推广,全省各系统图书馆的服务能力持续增强,在公共文化服务体系中的作用和地位日益彰显,表现勃勃的生机与活力。

2011 年辽宁省图书馆 10 万平方米新馆进入施工阶段,预计于 2013 年 8 月正式开放使用。几个地级市图书馆新馆,如阜新市 1 万平方米、辽阳市 1.47 万平方米、葫芦岛市 1.42 万平方米,相继落成。为建设全覆盖的公共图书馆服务体系,总分馆模式、流通站模式在辽宁省各级公共图书馆中达到普及和应用。辽宁省图书馆在原有流通站管理模式的基础上,在全省 14 个地级市分别建立文献信息服务中心,先期选定丹东市图书馆、营口市图书馆和葫芦岛市图书馆为试点单位,目前已挂牌运营。辽宁省图书馆购买了近 40 个数据库的在线使用权,提供给全省不同层面的读者免费使用,实现数字资源的全省共享,初步构建了适合全省各类人群需求的数字资源保障体系。鞍山、营口、丹东地区图书馆在市级中心图书馆的主导下,积极引进和推广集群化管理系统,实现了区域图书馆的"一卡通"管理,有效推动了图书馆文献信息资源共享实践的发展。2011 年底,全省完成公共电子阅览室建设试点工作,建成后的公共电子阅览室依托图书馆、文化馆、文化共享工程等公共文化服务网络,具备互联网信息浏览与查询、电子文献阅览、信息资源导航与检索、数字参考咨询、影视欣赏、健康益智类游戏等休闲娱乐功能以及与计算机、网络应用有关的各类学习、培训服务功能。根据辽宁省委、省政府提出的推进文化信息资源共享工程的新思路,按照公益事业走公益渠道的原则,采用"进村和入户相结合、广播和点播相结合"的方式,2011 年底实现进村入户,全省 1.1 万个行政村、6 万个自然屯的广大农民群众在家里用电视机就能收听收看共享工程的节目。

全省各级图书馆立足实际,在做好常规服务工作的同时,深入挖潜,充分发挥自身优势,深入开展颇具特色的科学普及宣传活动,讲座、展览异彩纷呈,科技文化卫生三下乡活动好戏连台,科普基地建设的社会地位进一步巩固。

"辽海讲坛"举办公益文化系列讲座及其他科普讲50余场,已经成为辽宁省图书馆界的一张名片、一个品牌,受到广大公众的喜爱和社会各界的高度关注。各市图书馆学会不断总结经验、创新模式、巩固成果,进一步扩大讲座的影响力和辐射力,以进基层、办专场为重点,打造亮点,延展受众面,逐渐形成了品牌效应。如盘锦市图书馆举办的"鹤乡讲坛"、葫芦岛市图书馆举办的"市民文化大讲堂"等专题讲座,将公益性文化讲座、科普讲座作为重要工作内容,这些公益文化讲座将学术性与通俗性相结合,以满足不同层次读者的需求,现已成为广大群众学习知识、开阔视野、文化休闲的重要平台。

各级图书馆以展览为载体来宣传先进文化,普及科学文化知识。如辽宁省图书馆举办的"大好人郭明义事迹"展、"第二届百姓阅读表情摄影作品展"、"纪念九一八事变80周年"图片展。大连市图书馆举办了"丹心献给党——庆祝建党90周年书画展"和庆祝建党90周年美术书法摄影作品展;鞍山市图书馆举办了"核安全知识展";本溪市图书馆举办了"辉煌的历程"大型红色文献展等;锦州市图书馆举办了"纪念中国共产党成立90周年"读者作品展和庆祝"建党90周年"、纪念"辛亥革命100周年"、"推动社会主义文化大发展大繁荣"等主题图片展。这些展览密切关注社会热点和百姓关心的话题,产生了良好的社会反响。

2011年,各级图书馆围绕"庆祝中国共产党建党90周年"和"推进公共图书馆免费开放"两个主题,以全民阅读为主线,全面组织开展读书活动,加大图书馆自身宣传的力度,积极推广全民阅读。在"世界读书日"期间,省图书馆举办了以"阅读辽宁,悦读家乡"为主题的首届读书节。各市图书馆分别举办了"全民读书月"、"全民读书节"系列活动,如大连市图书馆组织了"书香飘满滨城,知识改变命运"为主题的"世界读书日"系列活动;鞍山市图书馆围绕"读书给人智慧,使人勇敢,让人温暖"的主题,开展了"流金岁月——纪念建党90周年"主题征文、"忆峥嵘岁月 做时代先锋"百题知识竞赛等系列活动;本溪市图书馆举办了"辉煌的历程——庆祝建党90周年党史知识竞赛";营口市图书馆在阅读节期间开展了"文化六进"活动,创建了文化品牌;抚顺市图书馆举办了"绿地·剑桥"第四届"读书节"。这些活动在全社会营造了"阅读、进步、和谐、发展"的读书理念和良好的文化环境。

各级公共图书馆认真贯彻落实"三贴近"的原则,组织策划了形式多样、别开生面的科普宣传下基层活动。省学会组织会员先后深入社区、乡镇、学校、部队、医院等开展科技下乡、赶科技大集、参加"科普之冬"活动10余次。省文化共享工程将"科普与生活"、"科技致富"、"科普进农家"等科普节目通过文化共享工程平台传输到农村的千家万户。各市图书馆加大科普宣传力度，积极探索科学普及的新方式，创新宣传手段，推出了一系列形式新颖、内容丰富的科普活动。如沈阳市图书馆在网站上开通了"知识视界"科学教育视频库，使广大市民通过网络平台学习科普知识。营口市图书馆配合市委组织部"活力村部建设工程"，建立了72个村级图书流动站，将20 000册图书送往营口地区各乡镇，积极引导农民多读书、读好书，丰富了农民的文化生活，推动了社会主义新农村建设。

为提高图书馆从业人员专业素质，各级图书馆与学会密切协作，开展了一系列富有成效的业务培训工作。省图书馆举办了"辽宁地区图书馆基础业务培训班"、"辽宁省古籍工作培训班"、"情报检索培训班"。高校图工委积极组织全省高校图书馆馆长及会员参加"万方数据"、"博看期刊"、"超星"等相关技术培训；沈阳市图书馆举办了"古籍概况与古籍保护"业务培训；鞍山市图书馆举办了"高标准图书室管理员业务培训"和"业务人员网络继续教育"；营口市图书馆组织举办了图书馆基础知识培训班和"INTERLIB集群管理系统业务骨干培训"；朝阳市图书馆学会举办了"小学图书馆基础业务培训班"，等等。这些培训活动进一步拓宽了图书馆工作者的视野，为事业发展培养了人才。

第二节 基本统计数据

一、公共图书馆

整体规模：2011年年底，辽宁全省公共图书馆共128个，其中省馆1个，市馆14个，县（区）级馆103个，少年儿童图书馆10个。128个馆中，一级馆35个，二级馆27个，三级馆44个，无等级馆22个。书库总面积129 552平方米，阅览室面积201 308平方米，实际拥有产权面积426 096平方米。

文献总藏量：总藏量30 925 921册/件，其中图书24 362 305册/件，古籍1 336 704册/件，报刊2 158 433册，视听文献591 750件，缩微制品9347件，电子图书1 449 284种。2011年新购藏量1 542 443册/件，报刊47 334种。

信息化建设：全省公共图书馆共有计算机5787台，电子阅览室终端2486台，图书馆网站访问量4 285 529次；阅览室坐席30 312个，其中少儿阅览室坐席7788个，盲人阅览室座席314个。

读者服务：全省公共图书馆有效借书证共1 017 803个，总流通人次15 532 326人，书刊流通册次为16 487 909次；组织种类讲座1188次，参加人数218 515人；举办展览503次，参观人数930 379人；举办各类培训班1008次，培训53 911人次；流动图书馆车书刊借阅786 351人次，1 319 559册次；分馆数量1083个。

从业人员：全省公共图书馆从业人员共2922人，其中专业技术人员2151人；专业技术人员中，正高级职称64人，副高级职称232人，中级职称1263人。

财政投入：全省各级财政拨款共348 383 000元，其中购书专项经费47 727 000元。

二、高校图书馆

整体规模：本次调研的30所高校图书馆建筑面积共71.58万平方米，平均每馆面积2.39万平方米。

文献新增藏量：30所高校图书馆2011年新增图书2 809 086册/件，报刊665 053册。

信息化建设：30所高校图书馆共有计算机设备8211台，平均每馆273.7台，阅览室坐席总数72 605个，平均每馆2420个。

读者服务：30所高校图书馆2011年总流通人次537 745人次，平均每馆17 925人次。

从业人员：30所高校图书馆从业人员共2338人，其中本科学历747人，硕士375人，中级职称791人，高级职称381人。

财政投入：30所高校图书馆2011年文献购置费共11 831.8万元，平均每馆394.39万元。

第三节　未来规划展望

"十二五"未来几年，辽宁省图书馆事业将抓好以下几方面工作：

加快全省公共图书馆馆舍建设及改造工程，提高物理环境保障水平。以省图书馆新馆建设为契机，大力推进基层图书馆建设，在新建8个市级图书馆的基础上，新建38个县级图书馆，对114个乡镇文化站实施新建或改扩建，不断提高服务能力与水平。

建设全省文献资源总库，提高文献信息保障能力。从全省文献资源保障体系建设的战略高度构建全省公共图书馆文献资源体系，不断扩充地方文献、外文文献、古籍及数字资源的入藏比例，努力形成学科专业全、语言种类多、印本资源与数字资源、实体资源和网络资源互为补充的文献保障体系。

建立文献信息资源整合、揭示平台，进一步提高文献利用率。以省馆为龙头，加强对馆藏各文种各类型各载体信息资源的组织与整合，构建从元数据到对象数据的集成发现与获取环境，基本实现元数据、全文数据和实体馆藏的集成整合与揭示，提高文献信息整合与揭示的准确性、深度和内在关联性。开展全省文献信息资源统一发现与服务协调工作，实现省内公共图书馆信息资源的统一发现、整合与揭示，加强中文文献编目过程中的规范控制工作，进一步完善全省公共图书馆联机联合编录工作。

建设全省公共图书馆文献服务合作网，提升网络环境下新的文献信息服务业态。配合国家数字图书馆推广工程，积极推进数字图书馆建设工作，整合省内图书馆数字资源，建立公共图书馆数据共享、相互开放的机制，为辽宁地区广大读者提供实时、高效的网上咨询和文献远程传递服务。一是以省馆为中心，对现有数字文献信息资源进行整合，实现全省图书馆数字文献信息资源服务"一网通"。二是以大连、鞍山为试点，在全省各市逐步实现以市图书馆为中心、县区图书馆为支撑的图书通借通还服务体系，实现市、县区图书馆间图书借阅"一卡通"。

实施文化部"县级数字图书馆计划"。将国家图书馆优秀资源配送到每个县级图书馆，做好安装使用及培训工作，为广大基层群众提供便捷服务。

创新服务模式，拓宽服务范围，不断提高服务水平与能力。深化文化共享工程进村入户。一是完善辽宁省文化资源建设服务中心建设；二是积极争取国家中心和国家有关部委以及媒体的资源支持，大力征集、整合省内特色资源，视频总量力争达到1万小时；三是以建立长效机制为重点，以三网融合为契机，提高传输能力，推进工程持续发展，努力实现省内共享工程全覆盖。全面推进公共电子阅览室建设。2012年开始，启动全省公共电子阅览室建设，至2015年，省、市、县区、乡镇均建有一个集互联网信息查询、数字图书馆服务、现代信息技术培训、休闲娱乐等为一体的公共电子阅览室。建立"辽宁省公共图书馆公益活动联盟"。建立地区文献信息服务中心，加大为基层服务力度。为特殊人群提供专门服务。加强文献深层次开发，提高信息服务水平。

加强古籍保护工作，全面提升本省古籍保护工作水平。完成全省古籍普查工作，采取有效措施，发动各古籍收藏单位严格按照《全省古籍普查实施方案》规定的时间和进度开展普查工作，摸清本省古籍收藏及保护情况。建立辽宁省古籍联合目录和古籍数字资源库，编纂《中国古籍总目辽宁卷》。做好珍贵古籍名录推选工作,进入《国家珍贵古籍名录》的古籍力争达到 800 部,评选两批《省级珍贵古籍名录》,力争达到 3000 部。做好古籍重点保护单位推选及保护工作,争取有两个古籍保护单位进入全国重点古籍保护单位行列,评选 4 个省级重点古籍保护单位。加快破损古籍的修复进度,修复重度破损古籍 2000 册,每年 400 册;加强古籍从业人员的培训,举办古籍修复基础培训班和分省卷编纂培训班。

积极推进国内外业界交流与合作,扩大行业影响力。加强与国内外图书馆界的交流与合作,充分利用本省特色文献资源,创新对外传播的形式和手段,吸收借鉴国内外先进的管理理念与优秀的文献信息资源,进一步扩大资源共享的广度与深度。积极参加国际图联、中国图书馆学会等组织的工作与活动;积极组织和参与国内外图书馆界的业务研讨和交流活动;发挥省图书馆在全省图书馆界的引领作用,加强行业联合,增强行业的凝聚力和影响力。拓展与各类图书馆及信息研究机构、出版机构、出版物发行机构的交流与合作,推动全省各类文化服务信息建立服务联盟。

加强人才队伍建设,为事业发展提供人才保障。以提高专业技术人才的专业技术水平和业务素质为核心,以高层次人才培养和专业梯队建设为重点,构建分层分类的人才培养体系。加大培训力度,完善在职人员继续教育体系,积极拓展培训空间,创新培训手段,将高等院校教育与在职培训、实践锻炼紧密结合,针对不同领域、不同岗位,利用 5 年时间,采用"集中培训、对口辅导"的方式,分期分批对全省公共图书馆 2500 余名从业人员进行一次系统培训,从而提升全省图书馆从业人员的整体服务能力。

(执笔人:杜希林　徐向东　刘芳)

第十七章　黑龙江省图书馆事业发展报告

第一节　事业发展综述

2011 年,黑龙江省公共图书馆事业取得显著的成绩,按照《文化部、财政部关于推进全国美术馆公共图书馆文化馆(站)免费开放工作的意见》的文件精神要求全面实施了免费开放。7 月 26 日,黑龙江省图书馆在全省率先实现无障碍、零门槛进入,全部免费开放服务,示范效应加快了全省图书馆免费开放服务的进程。

全年活动丰富多彩,读书日、服务宣传周、公益讲座、展览、朗诵、知识竞赛、读书征文等活动层出不穷,积极倡导和组织全民阅读活动,充分发挥了公共图书馆保障公民基本文化权益的阵地作用。4 月 23 日举办"世界读书日"暨黑龙江省第四届"全民读书月"活动启动,围绕"读书改变人、读书人改变世界"主题,为实现省委提出的"建设和谐、平安、幸福龙江"开展 2011 年"全民阅读月"系列活动。各级公共图书馆举办了以"读书,给人智慧,使人勇敢,让人温暖"为主题的系列读书活动。突出图书馆的公益服务性质吸引更多读者走进图书馆,利用图书馆,注重引导读者参与,力求在全社会形成一个温馨和谐的全民阅读氛围。大庆市图书馆举办"书香大庆"全民读书月系列活动,纪念建党 90 周年有奖读书征文、红色影片展映月、为特殊教育学校的师生播放手语电影、"迎端午"古诗吟诵少儿表演等。牡丹江市图书馆结合创建公共文化服务体系示范区,围绕市委、市政府关于创建"书香雪城"学习型城市和"三优"文明城市的总体思路,结合第 21 届全国图书交易博览会、第五届中国(牡丹江)—俄罗斯(远东)国际木业博览会以及"中国儿童阅读日"、"图书馆服务宣传周"和"镜泊湖文化旅游节"开展了一系列内容丰富、形式多样的"书香雪城"全民阅读品牌服务活动 42 次,取得了显著的社会效益。鹤岗市图书馆举办了"书香鹤岗"阅读活动和七台河市图书馆以"共享资源、阅读经典、成就人生"为主题的宣传活动。黑龙江省图书馆举办了"数字图书馆展览"大型图片展、《辉煌"十一五"》大型图片展、"辉煌壮丽的史诗——庆祝中国共产党成立 90 周年"图片展、"瑞雪迎春和谐麻城·兰西挂钱作品展"等。伊春市图书馆举办"弘扬革命精神 振兴中华民族"纪念辛亥革命 100 周年图片展。黑龙江省图书馆的龙江讲坛、哈尔滨市图书馆的哈尔滨讲坛、大庆市图书馆的大庆讲坛、牡丹江市图书馆的人文公益大讲堂、伊春市图书馆的林都周末讲堂和鹤岗市图书馆的"鹤图讲坛"都产生了良好的社会影响,形成了文化品牌。龙江讲坛创办5年来已成为知名的文化品牌,现场听众达6万多人次,同时走进机关、高校、农村、社区、军营、监狱、戒毒所等,听众达2万多人次,通过东北网视听频道网络收听、收看的受众不计其数。"龙江讲坛"邀请国内名家王蒙、阎崇年、易中天、葛剑雄、鲍鹏山、隋丽娟、康震、李晓东等做客龙江讲坛,还邀请多名省内学者出省讲座,与上海、浙江、江苏、深圳、长春等图书馆联合举办了多场讲座,收到良好的效果。哈尔滨讲坛五周年活动为"十佳主讲嘉宾"和"十佳热心听众"颁发荣誉证书,走出去到分馆、社区开办讲座形成特色。举办庆祝建党90周年系列讲座,开展"读经典 品人生 永远跟党走"青少年读书征文大赛颁暨"党在我心中 学党史 知党情 跟党走"团员青年纪念建党90周年党史专题讲座等。

创建服务联盟,开展延伸服务。搭建全省政府公开信息服务网络平台,整合全省政府公开信息资源。黑龙江省图书馆与13个地市图书馆签订了《黑龙江省政府公开信息联盟协议书》。带动全省各级图书馆开展政府信息公开服务,规范各地区政府公开信息的采集范围和数字化加工标准,提供政府公开信息服务业务指导和人员培训,致力于提高全省政府公开信息资源服务的质量和效率。省图书馆以总分馆制建立流动分馆的模式整合部分县区图书馆开展延伸服务,在全省已建成43个流动分馆(站),依靠省图书馆的"总分馆制集群化管理系统",实现自动化技术统一标准、统一平台的文献资源检索服务。部分流动分馆(站)建在了军营、农场、林场,深受群众欢迎。哈尔滨市图书馆建设分馆47个,其经验、做法受到文化部的肯定,具有"哈尔滨"特色的图书馆三级服务体系:总馆—区级中心分馆—社区分馆。鹤岗市图书馆分两批建设社区分馆30个,政府投入150万元,社区图书馆深受市民的欢迎,取得良好的社会效益。开创省内视障阅读平台。2011年1月开展了全省视障读者服务经验交流会暨指导盲人使用计算机读屏软件技术推广培训,邀请上海浦东图书馆专家和盲人教师,传授视障读者服务的经验,指导盲人使用计算机读屏软件的技术。消除了黑龙江公共图书馆在盲人阅读计算机技术培训的盲区,培养了第一批能够指导盲人专用读屏软件使用的人才,为各级公共图书馆开展盲人服务奠定基础。

数字图书馆建设取得新进展。1月14日"中国国家数字图书馆黑龙江分馆"揭牌正式启动。国家数字图书馆黑龙江分馆以省图书馆为阵地,提升了全省13个地市、128个县区级公共图书馆开展数字资源服务能力,由此带动899个乡镇(街道)综合文化站的服务,将数字图书馆在黑龙江省实现全覆盖。从此,全省各级公共图书馆都能免费共享国家数字图书馆海量的数字文献资源,这是里程碑式的进步,为黑龙江省数字图书馆建设及服务奠定良好的基础。作为"数字图书馆推广工程"试点省份,黑龙江省图书馆(共享工程省中心)完成了全省50个市县区中心VPN专网建设和硬件配备,实现了网络建设任务。至此,已经形成由"全省图书馆自动化集群管理系统"、"全省远程监控技术管理系统"、"全省图书馆视频会议系统"、"全省VPN专网"、"全省IPTV电视点播平台"构筑的五级服务网络,技术应用创新处行业领先地位,为全省数字图书馆网络建设奠定基础。基本完成省图书馆和哈尔滨、牡丹江、伊春三个市级图书馆的硬件设施和软件平台搭建工作,全部完成县级图书馆设备升级,文化信息资源共享工程建成标准规范的共享工程县级支中心129个,乡镇服务点429个,社区文化中心、活动室服务点186个;省级分中心自建的社区、街道、部队、寺庙等基层服务点69个;与农村党员现代远程教育共建村服务点9054个。实现了农村服务网点100%的全覆盖,初步构建了省、市、县、乡、村五级共享工程服务体系。

少儿活动引人瞩目。牡丹江市图书馆2009年推出了"少儿阅读大礼包"品牌阅读活动,至2011年,每年定期开展少儿阅读大礼包有奖阅读活动。"我读书,我快乐"少儿阅读大礼包读后感征文比赛、"你选书,我买单"少儿阅读大礼包小读者家庭采购团活动、"同在蓝天下,共同成长进步"少儿阅读大礼包农民工子女快乐阅读活动、"与阅读同行,伴书香成长"图书馆夏令营活动、"与阅读同行,伴书香成长"牡丹江市少儿阅读大礼包家庭读书知识竞赛、"祖国在我心中"少儿阅读大礼包国庆朗读比赛等7项模式化活动。从引导少儿阅读入手,在全社会形成浓郁的阅读氛围。"少儿阅读大礼包"在中德儿童阅读推广国际交流中作经验介绍,得到德国专家和国内同行的称赞。伊春市图书馆的少年儿童朗诵比赛暨"红色经典"诗文朗诵活动。双鸭山市图书馆组织百余名少年儿童,以"读书,给人智慧,使人勇敢,让人温暖"为主题的"诗歌表演"活动。

古籍保护稳步推进。自中华古籍保护工程启动以来,全省有全国古籍重点保护单位四家:黑龙江省图书馆、齐齐哈尔市图书馆、哈尔滨师范大学图书馆、黑龙江大学图书馆。有哈尔滨市图书馆等7家古籍收藏单位的75种古籍善本入选国家珍贵古籍名录。组织《黑龙江省珍贵古籍要览》撰写和民国文献新善本普查工作。全面铺开古籍普查平台的填报和《中华古籍总目·黑龙江卷》的编纂工作。建立了黑龙江省中医药大学古典文献专业实习基地。

第二节　基本统计数据

整体规模：全省共有公共图书馆 107 所(包括 1 所少年儿童图书馆)，省级图书馆 1 所，地市级图书馆 12 所，县区级 95 所(其中县图书馆 46 所)。全省公共图书馆公用房屋建筑面积 25.92 万平方米，比上年度增加 4.1%，其中书库面积 5.09 万平方米、书刊阅览室面积 4.9 万平方米、电子阅览室面积 1.48 万平方米。

文献总藏量：全省公共图书馆藏书总量 1770.45 万册/件，比上年度增长 7.7%，包括图书 1356.77 万册(含盲文图书 3300 册，少儿文献 40.94 万册)、古籍 45.62 万册(含善本 2.23 万册)、报刊 218.04 万册、视听文献 31.31 万册、缩微制品 19.94 万册、电子图书 67.08 万册、其他 31.70 万册。2011 年新购藏量 50 万册，新购报刊种类 2.2896 万种。

信息化建设：全省公共图书馆共有计算机设备 4875 台，比上年度增长 1.5%；电子阅览室终端数 3369 个，比上年增长 4.7%。阅览室坐席总数 18 031 个，比上年度减少 8.4%，其中少儿阅览室坐席数 4228 个，比上年度减少 1.1%。盲人阅览室坐席数 127 个。

读者服务：全省公共图书馆有效借书证 71.2036 万个。总流通人次 693.90 万次，比上年度增长 11.6%。书刊文献外借册次 483.01 万册次，比上年度增长 0.9%。书刊文献外借人次 251.43 万人次，比上年度增长 4.0%。为读者举办 1490 场次各种活动(其中组织各类讲座 750 次，举办展览 287 场，举办培训班 453 次)，比上年度增长 26.4%。参加人数超过 60.85 万人次，比上年度增长 13.9%。图书馆网站访问量 317.6169 页次。图书馆延伸服务情况：流动服务书刊借阅 68.98 万人次，比上年度增长 3.4 倍；流动图书馆车书刊借阅册次 97.45 万册次，比上年度增长 3.2 倍；分馆数量达 283 个，比上年度增加了 28 个。

从业人员：全省图书馆从业人员共 1772，比上年度减少 4.0%，其中专业技术人员 1338 人、拥有正高级职称 78 人、副高级职称 248 人、中级职称 805 人。

财政投入：全省公共图书馆全年财政拨款 14 595.6 万元，比上年度增长 7.2%；总支出 14 718.7 万元，比上年度增长 9.0%；各种设备购置费 1723.7 万元，是上年度的 5.3 倍；新增藏量购置费 1422.8 万元，比上年度减少 10.2%；购书专项经费 1331.0 万元，比上年度减少 22.5%。

第三节　未来规划与展望

"十二五"开局之年,黑龙江省文化建设的目标任务、总体要求和重大举措进一步明确,在今后文化建设中,黑龙江省图书馆界会在如下方面作出努力:

力争在省财政厅支持下,投入 1200 万元,奖励扶持全省各级各类文化品牌。大力完善文化品牌要素,提升文化品牌质量,扩大文化品牌影响,使文化品牌在人民群众的精神文化生活中发挥更大的作用。

贯彻落实《文化部关于开展全国基层文化队伍培训工作的意见》,认真制定黑龙江省"十二五"基层文化队伍培训规划,争取对全省基层图书馆员进行系统培训。组织开展全省图书馆员岗位技能比武来检验培训成果,逐步建立基层文化队伍培训长效机制,推动实行培训合格持证上岗制度。

依托技术进步,创新文化服务。将依托现有图书馆建设数字图书馆 143 个,争取实现可使用数字资源 530TB,努力实现公共阅读方式多样化,从根本上扭转公共阅读资源陈旧匮乏的局面。大力推动"黑龙江省数字图书馆"建设进程,使之成为全省数字图书馆联网管理中心、技术培训中心、运维保障中心,承担向全省党政机关、企事业单位、各级公共图书馆、文化馆(站、室)免费提供海量数字文献信息资源服务的重要职责。带动全省数字图书馆建设发展,形成"传输快捷、覆盖广泛"的公共文化传播体系。建设"龙江学习中心"。省图书馆将创新数字图书馆服务机制,建设开通黑龙江省数字图书馆"龙江学习中心"平台;镜像发布 8000 多部(集)学术视频讲座;整合 350 多万种电子书、20 000 多种期刊、报纸和海量的学术论文、会议论文、各学科考试课程、各类网络文献信息资源;为建设学习型龙江社会,搭建一个向全省开放的全媒体数字资源学习平台。

实施公共电子阅览室建设计划。以省、市、县公共图书馆为依托,以乡镇(社区)文化站、村(街道)文化室为节点,覆盖全省、服务规范、环境良好的公共电子阅览室服务网点 1.2 万个。建设全省"公益性电子阅览室远程监控技术管理体系",统一监控管理全省各级图书馆公益性电子阅览室,统一推送和发布文化共享工程资源、国家数字图书馆资源与省图书馆的各类数字文献资源,增强全省公益性电子阅览室的学习型资源和数字图书馆服务功能。

进一步开展古籍普查和古籍保护工作。部署古籍普查、《中华古籍总目·黑龙江卷》编纂工作。完成《黑龙江省珍贵古籍要览》汇稿、统稿、出版工作。按照国家古籍保护中心的相关要求,迅速推进全省古籍普查和平台录入进程。组织全省申报珍贵古籍名录和国家级古籍保护单位。启动在"中华古籍保护计划"框架下的"民国文献保护计划"。配合古籍普查,开展全省碑文拓片制作工作。筹建黑龙江省图书馆申报国家级古籍修复中心。

（执笔人:闻德锋　吴冰　袁澍宇）

第十八章　上海市图书馆事业发展报告

第一节　事业发展综述

2011年,上海各级各类图书馆在市委市政府的领导下,紧紧围绕《全国公共图书馆事业发展"十二五"规划》《上海"十二五"时期文化发展规划》要求,以推动社会主义文化大发展大繁荣为己任,努力激发创新活力,积极推进转型发展,充分履行传播知识、传承文明、服务读者的社会职责,持续推进全市公共图情服务体系建设,为上海国际文化大都市建设以及创建智慧城市作出了积极贡献。

"全国文化信息资源共享工程"建设进一步强化。文化部公共电子阅览室建设试点推进工作率先实现全覆盖,得到"文化部全国文化信息资源共享工程暨公共电子阅览室建设试点工作督导组"的充分肯定。加强数字化资源整合与服务,与全市分馆共享"上图讲座"光盘85种计3.3万盘,提供文化部文化信息资源共享工程管理中心60种,新添加625部(集)视频资源,新增容量达到近50GB。"上海数字文化网"可供服务的视频资源总量增至607GB,共计4046部,5421部/集,全年访问量近134万人次。文化共享工程"上图影视欣赏"共放映电影30场次,48部电影,总计1.4万人次。

公众服务面不断拓展。贯彻落实国家文化部等联合发布的《关于推进全国美术馆公共图书馆文化馆(站)免费开放工作的意见》,全市公共图书馆进一步加大免费开放服务力度,在普通阅览外借免费办证的基础上,进一步取消了参考阅览证、参考外借证年度注册费,全市电子阅览室实行免费上网;上海图书馆盲人外借服务1万余册,无障碍数字图书馆建设为残疾人阅读提供了新平台,汽车图书馆提供文献近6万余册。深化"我的图书馆"统一读者认证,并提供中文、英语、日文等多个语言版本,2011年登录"我的图书馆"读者超过75万人次,E-mail发送月均12万,将知识导航的客户端延伸到手机上,使读者能随时随地享受上海图书馆知识导航服务;全市公共图书馆组织各类讲座1486次,举办展览332场,举办培训班1357次。"上图讲座"进高校系列讲座活动举办29场,吸引大学师生听众约1.9万人次,"上图讲座"网站点击率达403万人次,视频访问量10.6万人次。"上图展览"

举办展览 104 场,共有 6 个展览项目通过资源共享形式,在全国 40 家单位进行巡展,参观展览人次达 19 万人次;科研情报服务内容进一步深化。为中小企业服务的实效不断提高,上海图书馆在企业授牌建立"创之源"中小企业信息服务点,根据用户特定要求,积极开展信息推送服务、"嵌入式"互动服务和原文传递服务,获得 2011 年度"上海市中小企业公共服务示范平台"称号。上海少年儿童图书馆从 2010 年就已实行免费开放,2011 年进一步开展面向农民工子弟、残障儿童等特殊群体少儿服务,深受该群体的欢迎,丰富了他们课余的生活,也为他们学习本地文化,有效融入本地生活创造了很好的机会。市少儿图书馆又将阅读服务延伸至新生儿童,向新生宝宝发出"阅读邀请",凡是在上海国际妇婴保健院出生的新生儿,都能获得由上海市少儿图书馆发出的精美"阅读邀请卡",此举在全国尚属首创。

图书馆服务效能不断提升。投入形成长效机制,保障文献资源持续增长。全市三级公共图书馆购书经费人均 9.2 元,年新书购入文献量人均 0.14 册/件,馆藏文献总量人均 3.63 册/件,人均图书为 1.30 册,居全国首位。2011 年上海各高校图书馆年度文献资源购置费自 2006 年以来已连续六年超过 2 个亿,且每年递增。其中电子资源购置费占文献资源购置费的比例不断上升,2011 年占 43.97%;形成文献资源共建共享机制,提高了文献资源利用率。坚持开展不同系统、不同类型、不同区域图书馆文献资源的共建共享,将"上海地区文献信息资源协作网"、"上海中心图书馆共享网"和"全国文化信息资源共享工程网"三网贯通,搭建全市文献信息资源共享信息平台,方便市民阅读求知,有效提高各级图书馆的利用率。上海高校图书馆在加大资源建设投入的同时,加大对资源利用的宣传和推广力度,重视对已订数据库的利用情况的调查分析,资源建设绩效评估已成为常态;形成推动创新发展的激励机制,促进了服务水平和质量提升;打破"本地本馆"格局和"到馆文献服务"模式,建立了嵌入科技创新一线的学科馆员服务模式和嵌入科技决策一线的情报研究服务模式。上海始终把发展公共图书馆事业作为城市精神文明建设的重要内容,纳入文明城区与文明社区的考核范畴,纳入迎世博文明行业的考核范围,纳入每年一度的群众文化奖励基金评选范围。近年来受到表彰奖励的图书馆及图书馆服务项目有十余个。

中心图书馆建设进一步深化,总分馆互动、馆际协作得到加强。2011 年,继续推进以现代信息技术为支撑的,以上海图书馆为总馆、加盟的区(县)图书馆和大学及专业图书馆为分馆、街(镇)馆为基层点的"一卡通"通借通还网络,目前成为全球最大单一集群服务系统,极大地提升了本市公共图书馆整体实力。中心图书馆"一卡通"业务大幅度增长,全年新办证187 486张,比去年同期增长 28.4%;通借通还量为 2838 万册,比去年同期增长 32.1%;文献物流总量679 712册,同比增长50.8%。目前"一卡通"流通馆藏保有量超过 650 万册。上海市中心图书馆主题图书馆建设扎实推进,2011 年与卢湾区图书馆和闸北区图书馆分别合作共建了"石库门主题图书馆"、"商务印书馆版本主题图书馆";上海市中心图书馆"一城一网一卡一系统"服务网络建设不断深化,完成中科院生命科学图书馆联网升级改造,专业分馆网络纳入中心图书馆网络服务体系运行。在全市 262 个"一卡通"分馆服务点中已有 198 个开通现场办证服务,随办随取。为引领中心图书馆向内涵品质发展,完成了上海市中心图书馆知识管理系统二期需求细化、系统功能测试,组织开展中心图书馆指标体系研究。2011 年全市馆际互借量创历史新高,达到 5968篇/册;为进一步推动上海地区图书馆馆际互借服务,1 月 18 日召开"资源共享 和谐共建——2011 年上海地区图书馆馆际互借工作研讨会"。全市网上委托借书服务进一步拓展,至今已为 1384 位读者提供了 5141 册上海图书馆参考外借图书的分馆就近服务。年内总分馆互动的各类主题活动也是精彩纷呈。

服务宣传活动丰富多彩。以多种形式迎接建党 90 周年,上海图书馆出版馆藏珍贵党史文献——首版《共产党宣言》中译本仿真影印版,以及记载了方志敏烈士拳拳爱国之心的《可爱的中国》仿真影印手稿本一经推出,便受到了媒体争相报道映射出公众的爱国热情;联合沪浙赣三地图书馆开展"阅读红色经典,激扬爱国情怀——沪、浙、赣三地红色阅读"纪念读书活动;策划精彩党史讲座,邀请专家做《中国共产党 90 年奋斗历程和经验启示》和《中国特色社会主义与上海历史巨变》讲座,回顾中国共产党 90 年艰苦卓绝与辉煌奋斗历程;组织并参与举办多场建党90 周年献礼展览;组织群众性红诗朗诵会。积极开展纪念辛亥革命百年宣传活动,与上海中山学社合作邀请 7 位专家学者围绕辛亥革命的历史意义以及上海在辛亥革命期间的作用推出系列讲座;整理出版《上海图书馆藏稀见辛亥革命文献》;编辑制作并推出"上海年华"新专题多媒体数字化展览《辛亥革命在上海》,向读者展现辛亥革命前后上海的光复战役、英烈活动等;组织并参与举办多场专题纪念展览,如"纪念辛亥革命 100 周年"系列文献展、《辛亥革命在上海》文物文献展;组织群众性诗歌朗诵会和电影观摩。少儿图书馆活动也是多彩多姿,上海少儿图书插图精品展、青少年诗歌朗诵大赛、幼儿绘画创意赛、暑期读书月、少年儿童诚信阅读推广,各项活动层出不穷,丰富少年儿童课余生活的同时,提高了少儿馆的影响力。

开拓创新方面取得新的成绩。上海图书馆原文传递系统顺利上线,实现资源查询(iDoc)—网上委托—网上支付—网上下载的一站式的服务;"上海文化创意产业信息中心"落户上海图书馆,为上海的文化创意产业发展提供专业的文献信息与情报研究服务。移动信息技术促进着图书馆服务方式的变化,上海图书馆基本形成较为完善的"上海图书馆移动服务平台",月均短信量超过 6 万条,移动客户端下载量突破 1 万人次,手机图书馆访问量月均突破 5 万人次。同济大学、复旦大学、华东理工大学、东华大学图书馆均开通了移动图书馆。上海交通大学图书馆推出了基于 wap 平台的手机图书馆服务,大部分手机浏览器可以自由访问多项功能。此外,RFID 技术在图书馆的应用和服务转型也应运而生。上海市中心图书馆推进 RFID 智能自助图书馆在"一卡通"的应用,成立"上海市中心图书馆 RFID 服务与技术小组",全面提高了上海公共图书馆系统 RFID 的应用和服务水平。上海政法学院、华东理工大学奉贤校区、上海电力学院、上海交大等高校图书馆都积极开展 RFID 技术建设。

人力资源建设力度不断加强。上海市文献资源共建共享协作网继续举办了 2 期图书情报高级研修班,为全市各系统各级各类图书馆培养输送了岗位型高级从业人员;组织举办中心图书馆流通操作、馆藏数据加工、预制证办证等"一卡通"基础业务及知识管理系统应用培训。组织召开上海市中心图书馆 2011 年度辅导工作培训会,探讨了辅导工作在服务模式、管理手段、工作方法上创新经验和做法。上海图书馆教育培训中心举办各类培训班 306 个,全市各系统从业人员参加培训人数 2.8 余万人次;科研系统图书馆对科研院所文献情报人员全面开展学科信息专员和学科情报专员培训。上海高校图工委充分发挥地区人力资源和信息资源的综合优势,组织举办了 CALIS 三期建设项目第一期图书馆馆长高级研修班、长三角地区高校图书馆学科服务培训班等,有力地促进了高校人才队伍建设。上海少年儿童图书馆定期组织开展全市少儿图书馆专业人员职业道德、职业素养、职业能力等方面的业务培训。

第二节　基本统计数据

至 2011 年,上海全市共有县级以上公共图书馆 25 个,普通高等学校图书馆 66 个,中国科学院所属研究院所图书馆 10 个,市、区县党校(行政学院)图书馆 24 个、中小学图书馆 1400 个。

一、公共图书馆①

整体规模：截至2011年底，上海全市有市、区（县）级公共图书馆25个、道（乡镇）图书馆212个，三级公共图书馆共237个，另有5245个村（居委）文化活动室设有图书阅览室。全市市、区（县）公共图书馆馆舍建筑总面积372 119平方米，其中书库面积78 191平方米，书刊阅览室面积74 151平方米，电子阅览室面积8138平方米。阅览室坐席总数20 017个，其中少儿阅览室坐席数3893个，盲人阅览室坐席数173个。

文献总藏量：全市市、区（县）公共图书馆藏书总量68 931 887册/件，包括图书26 047 194册（含盲文图书9226册，少儿文献1 059 625册）、古籍2 001 529册（含善本194 542册）、报刊3 441 233册、视听文献658 829册、缩微制品12 359 347册、电子图书1 099 429册、其他23 324 326册。2011年新购藏量2 045 747册，新购报刊种类46 843种。

信息化建设：全市市、区（县）公共图书馆共有计算机设备5447台，电子阅览室终端数1613个，图书馆网站总访问量46 200 369次。

读者服务：全市市、区（县）公共图书馆有效借书证数1 117 190张。总流通人次19 257 354人次，书刊文献外借册次17 149 224次，为读者举办3175场次各种活动（其中组织各类讲座1486次，举办展览332场，举办培训班1357次），参加人数超过1 074 820人次，流动图书车书刊借阅数723 763人次，流动图书车书刊借阅量达1 468 082册次，分馆数量达454个。

从业人员：全市市、区（县）公共图书馆从业人员共2264人，其中专业技术人员1485人，拥有高级职称156人，中级职称562人。

财政投入：全市市、区（县）公共图书馆全年财政拨款672 867元，各种设备购置费209 692元，新增藏量购置费179 615元。

二、高校图书馆②

整体规模：2011年，上海市共有普通高等学校图书馆66所（其中公办本科29所，民办本科6所、公办高职高专17所，民办高职高专14所）。2011年，上海高校图书馆的馆舍建筑总面积为1 045 893平方米，比2010年有所增加，主要因为上海

---

① 数据源自《上海市2011年文化文物事业统计资料》，未包含街道（乡镇）图书馆、村（居委）图书阅览室。

② 数据源自上海市高校图书情报工作委员会统计。

电力学院杨浦北校区图书馆、上海电机学院临港校区图书馆和华东理工大学奉贤校区图文信息中心等新馆启用。阅览座位103 736个,较上年度的94 422个增长9.86%。

文献总藏量:2011年文献累积总量(含电子馆藏)为:111 366 370(件、册),比上年度增长10.85%。其中:中文纸质图书45 691 563册,外文纸质图书4 614 918册;中文电子图书44 165 393册,外文电子图书2 693 639册;中文纸质期刊合订本2 021 254册,外文纸质期刊合订本1 619 095册;中文电子期刊3 933 671册,外文电子期刊2 172 059册;多媒体资料1 375 681件,缩微资料1412件;制图资料90件,手稿、字、画等298册/件,学位论文208 797册。

信息化建设:网络交换机端口总数26 707个,服务器697台,存储总容量97 593.81TB,主干网带宽(39 002M),个人电脑11 273台。

读者服务:2011年度读者总人数718 686人,书刊外借7 513 889册次,电子资源下载量67 707 665篇次。查新2442项,定题服务513项,查收查引33 023项,信息素质教育课听课总人数114 551人。馆际互借借入量5013册次,借出量746册次,文献传递传入量54 086篇次,传出量41 176篇次。

从业人员:66所高校图书馆工作人员总数3383人,在编职工2061人。学历结构:博士57人,硕士457人,第二学士学位12人,本科723人,大专456人,大专以下389人,其他385人;职称结构:高级职称292人,中级907人,初级478人。

财政投入:上海高校图书馆2011年文献资源购置费为271 604 361.84元,比较上年度的248 918 308元增长9.11%。其中:纸质资源购置费153 087 644.34元;电子资源购置费119 440 427.88元;购非书资料433 611元。

三、中国科学院所属研究机构图书馆

整体规模:截至2011年底,中国科学院所属上海地区研究所图书馆共10个。馆舍建筑总面积15 337平方米,其中书库面积12 831平方米,书刊阅览室面积3506平方米,电子阅览室面积210平方米,阅览室坐席总数380个。

文献总藏量:馆藏总量389.6万册。

信息化建设:已基本实现馆内无线网络全覆盖。目前可访问的数字文献资源包括中外文数据库100多个,中文电子图书18万种、电子期刊11 000种、中文博硕士论文150万篇;外文电子图书38 000种、电子期刊15 000种、外文博硕士论文33万篇等。2011年外文电子资源全文下载量达4 724 706篇,中文电子资源全文下载量达893 622篇。

读者服务：接待到馆读者58 336人次，书刊文献外借册次175 008次，为读者举办文献检索培训55场次（3385人次）。

从业人员：从业人员共101人，其中专业技术人员98人，拥有高级职称27人，中级职称58人。

财政投入：文献资源建设经费2427万元。

四、党校图书馆①

整体规模：上海党校系统图书馆24所，其中市委党校1个、区（县）委党校18个、大口党校5个。图书馆馆舍面积23 256平方米，阅览室坐席总数2211个。

文献总藏量：重点集藏中外哲学社会科学类图书、报刊和数据库。24所党校图书馆藏图书总量186.51万册/件，电子文献46.2万余册/种，哲社类报刊入藏量4594种。上海市委党校图书馆馆藏期刊合订本802种，馆藏数据库（购买）104种，自建数据库16种。

信息化建设：共有计算机设备363台。上海市委党校图书馆建成千兆以太局域网，760多个百兆信息点到每一个桌面，信息资源采集、加工、储存管理、流通、检索、发布、咨询等全部流程采用计算机网络管理。2009年年底启动"移动图书馆"项目，其中多媒体读报机、电子书阅读器、图书自助借还机已提供读者使用。

读者服务：上海市委党校图书馆每天向读者开放13小时，可为读者提供多方位信息服务。主要服务功能：(1)中外图书、中外报刊、电子读物借阅；(2)数据库信息检索；(3)网站虚拟信息服务；(4)拍摄制作服务；(5)学科馆员服务；(6)全市党校系统图书异地借还。

从业人员：工作人员共98人，其中上海市委党校图书馆38人。共有高级职称10人、中级职称43人、初级职称14人。

财政投入：年购书经费322.00万。

五、中小学图书馆②

整体规模：全市18个区（县）中小学图书馆1400余所。馆舍使用面积总计达41.6万平方米，一些学校还建立了独立的图书馆专用楼。师生纸质书刊阅览座位总数达到13.9万个，百生拥有座位达10.6个，基本达到部、市有关标准。

---

① 数据源自上海党校系统图书馆统计资料、上海市委党校图书馆网站。
② 数据引自《上海市中小学图书馆建设的调查报告》。

文献总藏量:纸质图书总量达到 3900 万册,师生人均达到 31.8 册,电子读物等拥有量达到 78 万余件。

信息化建设:电子阅览室计算机总计25 758台,采用计算机管理系统进行文献资源管理的图书馆占学校总数的 70%。图书馆电子阅览室网络化程度达到 97%。目前由学校自建和区县统建共享数字资源(图书馆)的学校达到学校总数的 48%。同时,教委为全市近 200 所农村中学初步建成数字图书馆。

读者服务:有96% 以上的学校实现了全开架服务,小学三年级及以上的学生借阅证发放率达到 100%,全体学生的借阅证发放率达到 92.26%。每周(工作日)开放时间平均为 34.83 小时,寒暑假平均每周开放 7.85 小时。除寄宿制学校外,一些学校在晚间和双休日实行开放。年生均外借册数为 23.86 册,年生均到馆阅览次数为 32.58 次。每校年均开展学生读书活动为 4.7 次,介绍、推荐新书为 7.6 次,指导开展文学社团活动为 8.84 次。许多学校还对学生开展了图书馆与文献信息利用知识的教育,部分区县学校还在假期中积极为社区开放。

从业人员:据统计,全市中小学图书馆人员中,具备大专、本科及以上学历的占 63%,具备中专(高中)学历的占 31%,部分农村学校尚有中专(高中)以下学历的人员,占人员总数的 6%;中小学图书馆人员中,具备中级及以上技术职称的占 26.2%,尚未取得技术职称的占 15.6%。

财政投入:图书经费逐年增长,全年市、区(县)和学校用于学校图书文献购置的经费总额近 9075 万元,校均 5.372 万元,师生人均 54.16 元。

第三节　未来规划展望

"十二五"时期,是上海图书馆事业发展的重大战略机遇期。根据《国家文化建设"十二五"规划》《上海"十二五"时期文化发展规划》要求,以全球眼光、前瞻思考、创新思维,科学谋划新一轮上海图书馆事业发展蓝图、目标任务和战略重点,全面贯彻落实党的十七大提出的"四位一体"总体部署,发展文化事业和文化产业,不断提升城市文化"软实力",保障和实现人民群众的基本文化权益,具有重要意义。

"十二五"时期,上海公共图情服务系统应积极探索全媒体时代的范式转型。近期发展总体目标是,以更好满足读者用户知识信息需求为宗旨,以世界级城市图书馆为奋斗指向,逐步从纸质文献为主的传统图书馆模式向纸质文献与数字资源并重的复合型图书馆模式稳妥转型,形成体现大型综合性公共图情联合体综合实力与水平的知识服务能力,为国际化大都市发展和全体市民的精神文化生活提供可信赖的无所不在的多层次图情服务,努力建设成为市民心中的图书馆和城市重要的信息枢纽。依照上海市文广影视局《上海市公共图书馆知识服务体系建设研究报告》具体措施建议,一要建设布局合理、具有区域特色、能满足城市发展需求的上海地区公共图书馆文献资源保障体系;二是加强数字资源建设和利用,实施国家数字图书馆推广计划,以适应网络化、数字化发展和阅读需求的变化趋势;三要加强文献的采购与协作协调,建立畅通的文献资源共享机制,由上海图书馆牵头与区县图书馆统筹规划,成立"文献资源联合采购协作协调小组";四是统筹规划图书馆藏书建设与合理布局,建立可供图书馆共享的书库或联合后备书库;五是充分利用新技术,拓展知识服务途径和渠道,提升中心图书馆"一城一卡一网一系统"的服务水平。

"十二五"开局之年,上海高校图书馆已形成"启迪创新、提高素养、鼓励参与、促进交流"的发展共识,今后将努力建成与上海国际大都市所匹配的智慧型的大学图书馆系统。科研系统图书馆将建设支撑科研创新的新型文献情报服务体系确定为自身发展的重要目标和方向,为科技创新提供坚实有效的基础性战略性支撑服务。党校行政学院系统将坚持信息化和图书馆科学发展,加快"智慧校院"建设步伐,更好服务于干部教育培训事业,同时积极探索构建全市党校系统信息化共建共享的体制机制和制度,加强全市党校系统信息化工作的合作交流。中小学图书馆将进一步贯彻落实《国务院关于基础教育改革与发展的决定》的精神,充分发挥图书馆文化育人的功能。

（执笔人:金晓明　庄琦　沈东婧　李敏　陆如俊）

第十九章 江苏省图书馆事业发展报告

第一节 事业发展综述

2011年,江苏图书馆事业建设进入崭新发展阶段。全省各地区、各系统图书馆紧紧围绕文化强省建设目标,全面推进各项工作迈上新台阶。省文化厅制定"三馆一站"免费开放实施方案,出台《江苏省公共文化设施免费开放绩效考核暂行办法》等文件。省内各类、各级图书馆认真贯彻执行免费开放政策,积极倡导全民阅读,坚持以创新为理念,以服务为主旨,以求实为基点,强化文献资源建设、创新服务理念、拓展服务领域、深化服务意识、提升服务质量,在数字图书馆建设与服务、文化服务品牌树立、公共图书馆服务体系建设、文化共享工程建设等方面取得了可喜的成绩,推动全省图书馆事业稳步、有序发展。

加大力度实施国家重点文化工程。保障文化共享工程、古籍保护工程、公共电子阅览室计划等有序进行。2011年,江苏省委、省政府下发的《关于加强新形势下城乡社区建设的意见》中,明确了"十二五"期间全面建成文化共享工程社区基层服务点的要求,有效保障了全省文化共享工程在各级政府的主导下有序推进、实施了江苏省文化共享工程"1+1"数字资源配送工程。全省各地围绕支中心工作,也加大了数字资源建设力度,充分挖掘、整理、制作具有地方特色的数字资源。扬州市支中心制作了《扬图讲坛》高端学术讲座、扬州地方文化讲座及各类活动的数字资源。高邮县支中心制作了高邮民歌、高邮群众文艺、申遗视频资料等数字资源。苏州市支中心依托全国文化信息资源共享工程,建立了网上图书馆、网上博物馆、群众活动远程指导网络,使基层群众可以通过多种方式使用文化信息资源,并享受数字图书馆、数字文化馆、数字博物馆、数字美术馆等的资源服务。2011年全省开展了第三批全国珍贵古籍名录的申报和评选工作、第四批全国珍贵古籍名录申报工作;开展全省古籍普查工作,积极筹划《中华古籍总目》本地区阶段性编纂任务。开展古籍人才培养工作,举办了全省第八期古籍保护工作培训班。与金陵科技学院、莫愁中等职业学校联合办学,与金陵科技学院合作成立了"文献保护所",为两校提供师资力量。加强对全省民国文献的保护与利用,开始逐步对民国文献进行数字化。成功举办了"江苏省十一五古籍保护成果展",拍摄了古籍保护专题片,全面展示了江苏古籍保护工作的成果。在全省范围内开展了"十一五"古籍保护先进单位和先进个人的评选。根据文化部"十二五"期间实施"公共电子阅览室建设计划"的要求,制定了"江苏省公共电子阅览室管理系统方案"和"江苏省公共电子阅览室设备配置方案"。

积极推进本地区图书馆联盟及资源共享建设。为不断适应信息化、多元化的时代要求,积极推动全省文献信息资源在更广领域、更高层次上的开发与利用,2011年3月,已停顿多年的业务协作机构——江苏省图书情报工作协调委员会恢复成立,这一机构由全省公共图书馆、高等院校图书馆、科研机构及各有关系统图书情报单位组成,意在对全省图书情报工作进行协作协调和对文献资源进行开发利用。全省各级公共图书馆不断推进数字图书馆建设,推广数字阅读,实现网络远程服务,图书馆服务功能进一步多元化。江苏省高校图书情报工作委员会以集中镜像的方式将所购买的资源对全省高校图书馆开放共享,为全省高校图书馆读者提供在线服务,为建成"江苏高等教育数字图书馆"打下坚实的基础。同时还购买了大量外文全文电子期刊,充分发挥了江苏高校文献资源建设的整体优势,提高了高校图书馆的经费使用效益。除了集团采购数据库以外,江苏省高校图工委还通过成立文献联合采编中心,直接为各成员馆提供快捷、高效的书刊采购服务,提供共享的订购、编目数据,形成共建、共享的服务能力,提高编目工作的社会化程度。同时,江苏省高等教育文献保障系统(JALIS)在数据库资源建设中,还大力推进各高校图书馆根据自身学科特色,自建特色资源数据库以及学科导航数据库。通过江苏省高校图工委和JALIS管理中心的共同努力,江苏省高校图书馆以持续、稳定的资源储备和分布式部署的镜像站点,确保了全省高校教学质量的稳定和提升,形成了高校图书馆之间的集成整合,优势互补、资源共享、共同发展的良好局面。省馆及部分市、县图书馆积极参与全国和长江三角洲地区公共图书馆讲座联盟和展览联盟。省馆还将各类自主开发、精心设计制作的公益展览以电子版形式发送到全省各市县图书馆,受到业界同行的好评。常州地区高校图书馆经过多年的数字资源建设,目前已经拥有了中外文各种电子学术资源,并于2010年由常州大学图书馆召集其他高校图书馆联合建成常州高校文献资源共享网,进行图书和电子资源的共享。常州市图书馆牵头,联合地区公共图书馆建成了"常州公共图书馆数字资源共享系统"。江苏省高校数字图书馆建设始终坚持"整体建设、联合保障、服务先导"的建设理念,自觉地处理好收藏与获取、共建与共享的关系。江苏高校数字图书馆建设项目从1997年开始至2011年底,已完成了JALIS一期、二期建设,

JALIS 三期建设进入收尾阶段。目前,区域流通管理系统已覆盖江苏省124个服务单位。2011年,南京图书馆顺利完成了 ALEPH500 业务管理软件由16版到20版的升级,全面启动南图数字图书馆服务,向读者开放数字资源馆外访问权限,并试开通了移动图书馆服务、RFID 图书自助借还服务,初步实现了普通图书的智能排架管理和自助借还功能。此外,扬州、南通等市数字图书馆建设已初步形成规模,开始使用 RFID 智能图书馆系统为读者服务,购置了电子读报器、24小时自助借还系统等先进的电子服务设备。无锡市图书馆于2011年启动数字图书馆建设(一期)工程,完成古籍数字化方案和掌上图书馆建设的技术准备工作并启动实施方案,有效改善了数字资源的存储、应用条件,加强了网络安全。全省各地各级图书馆不断加大数字资源建设力度,除了增加数字资源的采购力度外,还利用设备和馆藏资源优势,加强了自建数据库的开发和制作,尤其是地方特色数据库的建设。南京图书馆继续推进中国近代文献图像数据库、江苏地方报纸数据库、江苏文化数据库的建设。加大视频资源建设力度,拍摄制作了中国数字图书馆项目《江苏名人故居》系列专题片,完成了省委组织部现代党员干部远程教育中心项目《江苏红色传奇》系列专题讲座50集的拍摄和编辑工作。淮安市图书馆在原有“周恩来文献”等特色数据库的基础上新开发了“淮扬菜美食文化专题文献”。扬州市图书馆已经建成期刊、报纸、动漫、学位论文、电子图书、考试资源等10个数字资源库。苏州图书馆联合市评弹团、评弹学校开展“苏州评弹数据库”建设,制作并完善发布平台。

拓宽服务工作思路,精心打造读书活动。南京图书馆为打造品牌读书活动,进一步提高核心竞争力和社会美誉度,开展了首届“陶风图书奖”评选活动,在全省范围评出10部优秀图书和50部推荐图书。苏州市为积极推进全市公共文化服务建设,加快全市图书馆网络化进程,完成了《苏州市城区总分馆建设布局规划》,并在苏州数字地图上进行发布。扬州地区各级公共图书馆利用文明城市创建的有利因素,将为盲人服务纳入公共图书馆服务体系之中,建设了公共图书馆无障碍通道和视障阅览室,丰富盲文馆藏建设。年内扬州市、江都区、邗江区图书馆建立了视障阅览室,为盲人群体提供服务。扬州市图书馆针对大学生村官这个新时期形成的特殊群体,给予了特别的关注。他们先后组织了主题为“你选书 我买单”的大学生村官专场活动、扬州历史文化系列大学生村官专场讲座等活动,专门设立大学生村官专题书架、编制大学生村官推荐书目,受到大学生村官的欢迎。无锡市图书馆整合设计了艺术沙龙、讲座听友沙龙、吴文化专题沙龙、读书沙龙、周日英语沙龙5个特色沙龙。江阴市图书馆在该市第十五届读书节期间组织了系列读书实践活动。

其他主要工作稳步开展。在 2011 年中国图书馆学会年会征文中,江苏共有 58 篇论文获奖。江苏征文数和获奖数均名列各省学会第一。在由文化部主办的 2011 年中国图书馆年会暨中国图书馆学会年会上,省图书馆学会荣获年会征文活动组织奖;江阴市图书馆陈蓉荣获本次年会颁发的中国图书馆学会第二届青年人才奖;江苏有 30 名"中国图书馆学会优秀会员"和 2 位"优秀工作者"获得表彰;江苏地区有江阴市图书馆、常熟市图书馆、吴江市图书馆和南京师范大学图书馆等 4 家单位荣获中国图书馆学会"全民阅读先进单位"称号;江苏有 3 人获称中国图书馆学会"会员论坛之星"。省内图书馆研究人员完成了《江苏公共图书馆志》的编撰工作。《江苏公共图书馆志》为全国首部真正意义上的全省性公共图书馆志书。全书共 74 万字,用 10 个章节的篇幅全面系统地记载了本省公共图书馆的起源、发展和现状,以其特有的史料价值确立了江苏公共图书馆在全省公共文化服务体系中的重要地位,不但可为本省公共图书馆事业的创新发展发挥资治作用,而且可为其他文化类志书的编撰起到示范作用。

第二节 基本统计数据

一、各类型图书馆数量及增减情况

截至 2011 年底,江苏省、市、县(市、区)三级共有公共图书馆 112 个(含独立编制的少儿图书馆 6 个),其中省级图书馆 1 个,市级图书馆 16 个,县(市、区)级图书馆 95 个。全省有普通高校 124 所,均建有各自的图书馆,在校生 176.73 万人。

二、建筑设备情况

全省各级公共图书馆实际使用公用房建筑面积为 67.762 万平方米,其中书库面积 12.756 万平方米、阅览室面积 15.407 万平方米。阅览室座位共 39 798 个,其中少儿阅览室坐席 11 192 个、盲人阅览室坐席 1084 个。全省高校图书馆总建筑面积达 290 万平方米,拥有各类阅览座位近 30 万个。

三、文献总藏量及年度新增情况

全省各级公共图书馆文献总藏量为 5381.848 万册,其中图书 3863.460 万册、古籍 329.161 万册、报刊 345.344 万册、视听文献 74.430 万册、电子文献 600.390 万册。2011 年新购藏书总量为 458.474 万册/件,购买报刊种类为 64 168 种。全省高校图书馆馆藏文献资源总量超过 1 亿册/件。在第三批全国珍贵古籍名录的申报和评选工作中,全省共有 23 家古籍收藏单位上报数据 657 条;并开展第四批全国珍贵古籍名录申报工作,共有数据 1643 条上报国家中心。开展全省古籍普查工作,共收集全省 61 家省、市、县区图书馆、博物馆及高校图书馆的书目数据约 41 万条。利用全国古籍普查平台编目 1506 部,审核 1067 部。筛查稿本 2341 条数据,核查稿本 1040 部。

四、经费情况

全省各级公共图书馆共获财政拨款总经费 444 746 万元,其中专项购书经费 90 364 万元。省馆获财政拨款总经费 9933.3 万元,专项购书经费 4500 万元。省财政落实文化共享工程奖励补助资金 860 万元,用于扶持经济薄弱地区和黄茅老区社区基层服务点建设。

五、读者服务

全省各级公共图书馆发放有效读者证数为 2 417 274 个,总流通人次为 3542.101 万人次,其中书刊文献外借人次为 1544.781 万人次。书刊文献外借册次为 2739.162 万册次。全省各级公共图书馆为读者举办各种类型的活动,全年举办讲座 2083 次,参加读者为 41.980 万人次;举办展览 640 个,观展读者为 119.693 万人次;举办培训班 1689 个,受训读者为 10.158 万人次。

六、信息化建设

全省各级公共图书馆共拥有计算机 8843 台,电子阅览室终端 4337 个,图书馆网站总访问量 227.76182 万页次,其中南京图书馆网站访问量 806 万页次。省中心全年自建数字资源总量 22.62TB,视频资源时长 190 个小时。江苏省高校图书馆以集团采购的模式开展中外文数字资源的共建、共享,累计购买了 54 万种中文电子图书、1.4 万种中文全文电子期刊。自 2004 年 12 月 1 日至 2011 年底,江苏省高校电子通用证的发证数已达到 39 431 张,为江苏省高等学校教学科研、地方经济发展作出了积极的贡献。

七、从业人员

全省各级公共图书馆共有从业人员 2932 人,中级及以上专业技术人员共 1960 人,其中正高级职称 45 人、副高职称 315 人。

八、延伸服务

全省各级公共图书馆共有分馆 347 个,流动服务书刊借阅人次为 86.851 万人次,流动图书车书刊借阅册次为 132.621 万册次。年内举办全省性文化共享工程大型技术培训和技术骨干集训各 1 次,组织全省网络培训 12 次,网络受训者达 3580 人次。完成了文化共享工程资源管理中心项目《江苏红色之旅》系列专题片 20 集、《中国近代史系列专题讲座》62 集的拍摄制作。指导金陵科技学院、莫愁中等职业学校学生实践 1385 人次,修书 4429 页,核对《中国古籍总目·子部》约 3 万条。截至年底,已试扫描"民国军事文献全文数据库"100 多部,并为国家"民国文献保护"工程的申报工作提供前期调研数据。

第三节　未来规划展望

未来一段时期内,江苏图书馆事业的发展重在落实党的十七届六中全会、省十二次党代会精神,根据江苏省"十二五"文化、教育、科技发展规划和省文化厅、教育厅、科技厅的工作部署,准确把握全省事业发展的新特点、新趋势,全面提升服务水平、学术水平和管理水平,加快图书馆现代化转型,使江苏图书馆事业的发展水平再上一个新台阶。

江苏省图书情报协调工作委员会的恢复建立,将促进全省图书情报单位的协作协调和文献资源的开发利用,有利于构建高效、便捷的面向社会公众的文献信息服务体系,推动图书馆事业全面协调可持续发展。江苏省高校图书馆将在现有高校数字图书馆基础上建立全省教育系统的文献资源"共知、共建、共享"服务平台,服务范围和对象将从高等教育延伸至中等职业教育和基础教育。

根据江苏省"十二五"文化发展规划和文化部关于电子阅览室建设的要求,积极争取专项经费实施"江苏省公共电子阅览室"项目,实现全省公共电子阅览室的统一运行管理。根据"数字图书馆推广工程"的通知要求,争取"江苏数字图书馆工程"尽快立项。在数字资源建设方面加强全省各系统的协调与合作,逐步统一标准规范,加强联合编目,实现互联互通、跨库检索,开展文献传递、联合参考咨询以及数据库建设的合作,加强文献资源的深度开发和利用,逐步建成适应江苏经济社会发展需要、各具特色的文献信息资源系统。把实施文化共享工程与促进图书馆事业发展紧密结合,使文化共享工程真正发挥作用。攻克江苏省文化共享工程建设的薄弱环节,加快推进城市社区基层服务点建设,力争在 2012 年全面解决文化共享工程城市社区空白点,新建 600 个城市街道、居委会社区基层服务点,以及建设 200 个社区基层服务示范点。

加大力度倡导全省图书馆更广泛、深入地开展全民阅读活动,发挥本地优势,联合各地各系统力量,结合社会重点、热点问题,策划和开展形式多样的读书活动,逐步创建一个或几个在全国具有相当影响力和知名度的阅读活动品牌。

对全省公共图书馆的发展现状展开调查研究,逐步建立并完善公共图书馆基本信息库,在此基础上积累经验,逐步建立涵盖全省各级各类图书馆的信息数据库,为全省公共图书馆事业的整体规划提供可靠依据。

2012 年,泰州、南通、盐城等地市级图书馆新馆即将建成开放,常州市图书馆、连云港市图书馆也将启动新馆建设。新一轮图书馆新馆建设热潮的到来,标志着江苏图书馆事业又将步入一个新的起点。

（执笔人：杨岭雪）

第二十章 浙江省图书馆事业发展报告

第一节 事业发展综述

2011年是推动文化大发展大繁荣的重要一年,浙江省图书馆界以科学发展观为指导,在提升设施效能、提高公共文化服务能力、丰富人民群众的精神文化生活等方面取得了重要进展。本年出台了《关于推进全省城乡一体化公共图书馆服务体系建设的指导意见》《关于加强公共电子阅览室建设的实施意见》等文件,指导推动各地加强基层公共文化服务体系建设,公共文化服务基本实现城乡全覆盖。全省公共图书馆免费开放深度推进,服务不断创新,成功举办了第七届浙江省未成年人读书节,建成"浙江图书馆视障信息无障碍服务中心"。全国首创开展省级公共文化服务体系示范区(项目)创建工作,创建了省级公共文化服务体系示范区。下发了《关于推进全省城乡一体化公共图书馆服务体系建设的指导意见》,推动城乡一体化的公共图书馆服务体系建设。作为全国公共电子阅览室建设试点省份之一,公共电子阅览室试点工作稳步推进。浙江省古籍保护标志完成第二次评审工作,加快了古籍普查工作进程。完成第四批《国家珍贵古籍名录》和"全国古籍重点保护单位"申报材料的审核工作。

全面推进公共图书馆免费开放。2011年元旦起,浙江图书馆取消艺术图像阅览室、电子阅览室和多媒体视听室收费;2月12日起,取消自修室收费,推出包括善本在内的古籍免费阅览等举措,真正实现阅览免费的目标;为进一步方便读者、培养少年儿童的阅读兴趣,摒弃长期以来不允许12周岁以下儿童进入阅览室的规定,允许儿童在家长监护下进入阅览室;7月1起,取消入室验证手续,开架文献免证阅览,并取消两年一次的读者证续证手续;10月1日起,调整外借政策,外借图书增加到6册,并提供光盘外借服务;推出预约图书到馆电话通知服务,方便读者及时取书。全年充分利用图书馆设施,举办各类公益活动130场次,承办公益讲座、展览等活动228场次。杭州图书馆从2011年8月,将外借册次提高至每证10册。大大提升了公共图书馆的开放性和读者满意度。丽水市图书馆、岱山县图书馆从2011年1月1日起取消年度注册费及工本费,实行免费借阅,并延长借期。

宁波市图书馆、湖州市图书馆不断深化免费开放的广度和深度,实现电子阅览室全面免费开放,提高图书借阅期限和数量等便民措施。绍兴图书馆多年来始终坚持公益性服务方向,2011 年免费开放的服务项目包括自修室、电子阅览、盲文图书借阅、信息咨询、书刊借阅、讲座展览等 13 个项目,基本实现所有的公共设施空间和场地向公众免费开放。这些服务新举措大大减少了读者的阅读成本,降低了阅读门槛,保障人民群众基本的文化权益,使市民能无障碍、零门槛使用公共图书馆文化资源。新馆开放,更好地为读者服务。4 月 11 日,金华市图书馆在闭馆装修整理 4 个月后重新向外界开放。4 月 23 日,南浔区图书馆正式对外开放。6 月,新义乌市图书馆正式对外开放。8 月,龙泉市图书馆新馆正式投入使用。9 月,苍南图书馆新馆建成开放。12 月 31 日,海盐张元济图书馆新馆开馆仪式在新馆广场隆重举行。

数字图书馆推广、文化资源共享及公共电子阅览室建设成果突出。浙江网络图书馆作为国家数字图书馆推广工程的组成部分,不断完善功能,提高服务能力,开展"全民数字阅读"活动。浙江网络图书馆 WAP 频道(wap. zjelib. cn)开通试运行。文化共享工程建设通过制定"文化信息资源共享工程服务提升项目",明确"十二五"期间文化共享工程的目标任务。在资源建设方面,"十二五"期间,省财政每年安排 500 万元用于资源建设。2011 年已采购了读秀知识库、超星数字图书馆、万方数据、维普中文科技期刊、龙源人文电子期刊等资源库。在合作共建方面,浙江省文化共享工程赠送了 380GB 数字资源给舟山 92118 部队;2011 年 3 月在千岛湖国家水上运动训练基地建立国内首个运动基地的文化共享工程基层服务点;9月又一次走进世界射击冠军朱启南所在基地——浙江省长兴体育训练基地,落户浙江省竞技体育的优秀兵团。继续推进文化共享工程进企业。2011 年,新增"浙江省文化共享工程进企业示范服务点"601 家,"浙江省文化共享工程进企业职工电子书屋"3958 家。在文化共享工程人员培训工作方面,通过多种方式组织开展市县文化共享工程工作人员的业务、技术的辅导与培训工作。11 月举办全省文化信息资源共享工程集中培训,共 130 余人参加了培训班。作为全国公共电子阅览室建设试点省份之一,浙江省文化厅下发了《关于开展"公共电子阅览室建设计划"试点工作的通知》,确定嘉兴市和桐庐县作为试点地区,对试点工作进行了全面部署。2011 年 3 月份,浙江省文化厅又印发《关于加强公共电子阅览室建设的实施意见》,在全省部署开展公共电子阅览室建设工作。浙江省文化厅在编制全省公共文化服务体系建设"十二五"规划过程中,将公共电子阅览室建设列为重要内容之一,争取财政专项资金,每年安排近 500 万元用于全省公共电子阅览室硬件建设,保障公共电子阅览室建设在"十二五"期间能够持续稳定发展。两个试点地区财政投入达 2343.1 万元,共建成 65 个标准配置的乡镇(街道)公共电子阅览室,覆盖率达 100%,41 个行政村(社区)建成标准配置的公共电子阅览室。目前,省内两个试点地区所有电子阅览室已经实现免费开放,市县支中心电子阅览室每周开放时间超过 60 小时,乡镇(街道)公共电子阅览室每周开放时间超过 48 小时。在对公共电子阅览室加强管理方面,浙江省文化厅下发了《关于加强公共电子阅览室建设的实施意见》,率先提出对公共电子阅览室实行备案制度。全省范围内所有公共电子阅览室必须进行备案,所有资料统一录入浙江省社会文化数据动态填报系统,并形成备案编号,进行统一管理。在公共电子阅览室合作共建方面,文化共享工程浙江省分中心和浙江省青少年校外教育中心达成战略合作协议,充分发挥各自优势,依托文化共享工程和全省青少年活动中心的各级服务网络,共同实施"全国文化信息资源共享工程·公共电子阅览室"推广行动。目前已有绍兴市青少年活动中心、温州市青少年活动中心、宁海县青少年活动中心、海宁市硖石街道青少年空间等四家单位挂上"文化部 财政部 公共电子阅览室"标牌。

注重创新,加强服务,关爱特殊人群。2011 年浙江图书馆系统继续倡导全民阅读。利用"世界读书日"、图书馆服务宣传周等特殊时段,各公共图书馆开展系列宣传活动。浙江图书馆在 4 月 23 日前后,以"i 阅读"为主题,开展讲座、展览、爱心图书募捐、数字阅读推广、线装书装订体验等各种形式的活动 21 场次。以多种形式进行阅读推广活动。2011 年年底,由温岭图书馆主办的《阅读温岭》创刊。5 月,由中国图书馆学会、中国图书馆学会阅读推广委员会主办,浙江省图书馆学会、永康市图书馆承办的中国图书馆学会阅读推广委员会 2011 年工作会议暨第五届"全民阅读论坛"会议在永康举行。8 月,温州市图书馆首场"籀园品书会",拉开了温州市图书馆举行小型读书会的序幕;"2011 华夏阅读论坛"之五——"地方文献建设与乡土文化阅读"研讨会在海宁市图书馆举行。继续关注未成年人服务。4 月 22 日,"浙江图书馆首届诵读节暨杭州市大学路小学读书节"开幕式在浙江图书馆报告厅举行,这是浙江图书馆推出的又一读者活动推广品牌,希望能够以更加生动活泼的活动形式带动浙江省未成年人学习传统文化的热情,让孩子们在吟咏诵读的同时,品味经典、滋润心灵。5 月 18 日,第七届浙江省未成年人读书节在湖州长兴县开幕。持续一个月的本届读书节以"传承国学文化,弘扬社会美德"为主题,全省 11 个市的 96 个县(区)级以上公共图书馆围绕活动主题,结合自身实际,精心策划组织 600 多场活动,在全省 900 多万未成年人中,倡导"多读书,读好书",培养健康的读书行为。创新视障读者服务项目,成立了浙江省视障信息无障碍服务中心。浙江图书馆在原有盲人图书馆的基础上建成"浙江省视障信息无障碍服务中心"。面积约 300 平方米,设有阅览室、多功能室、娱乐室、盲文图书制作区、语音图书工作室、书库等 7 个功能区。从图书馆大厅门口至视障中心铺设盲道,以便盲人读者行走。中心拥有盲文图书 2000 余册,自制盲文文献近百册,有声读物近 1 万余(件),期刊 9 种,下载盲用文本小说共计 7000 余种,内容涵盖医学、文学、艺术、文化、科学、教育等方面。切实为视障读者服务。10 月 15 日在浙江图书馆举办了"浙江省 2011 年国际盲人节大型公益活动启动仪式",活动以"自强 超越 共赢"为主题,内容包括文艺演出、企业捐赠、优秀盲人读者颁奖、现场办证、浙图志愿者招募,以及猜谜、面对面朗读等丰富多彩的读者活动和趣味游戏。全省各地 550 位盲人、300 余名志愿者参加。10 月 14—15 日,"首届浙江省视障服务工作研讨会"召开,本次会议旨在充分利用浙江图书馆的资源优势,联合公共图书馆各界的力量,为全省视障读者服务的一次新的探索。今后,浙江图书馆还将进一步与省内各市县公共图书馆开展广泛合作,通过与之合作建立"浙江省视障信息无障碍服务中心市县级分中心"的方式,促成全省视障信息无障碍服务体系的建立,实现全省范围内视障信息的共建共享。杭州图书馆音乐分馆的"非物质文化遗产保护大课堂"获"市首批残疾人无障碍视听体验基地"称号。桐乡市图书馆盲人阅览室、龙游县图书馆残疾人阅览室等也正式开放。

古籍保护计划有序推进。2011 年浙江省古籍保护工作将重点放在具体落实古籍普查实施细节、制定相关规范标准等方面,为全面铺开古籍普查工作打下坚实的基础;同时,在探讨基层古籍库房标准化、加强人才队伍建设、深入全省调研工作等方面积极开展工作,取得了一定的成绩。各藏书单位通过申报、立项的方式,确定古籍普查预期数量及完成时间。截至 2011 年 12 月,首批共有天一阁博物馆、嘉兴市图书馆、浙江师范大学图书馆等 18 家古籍藏书单位立项。浙江省古籍普查工作继续在全国古籍普查平台上开展,共有 8 家单位通过平台提交了普查数据。截至当年 11 月 30 日,全省共完成普查登记著录将近 4000 部。目前,在古籍普查平台上已有普查数据 7000 多条。基于古籍保存藏书分散、藏书单位众多等原因,且有相当一批藏书单位没有条件进行库房恒温恒湿改造的特点,省中心和温岭市图书馆联合举办"古籍保护与库房建设研讨会",邀请有关专家针对保护保存现状及气候特点,为中小型古籍库房的改造和古籍保护出谋划策。同时,还注意加强人才队伍建设,举办了三期普查培训班和两期修复培训班,共有 60 余人参加。文献开发利用成果不断。浙江图书馆整理出版《辛亥革命杭州历史文献丛刊》和《浙江图书馆馆藏稀见方志丛刊》。天一阁博物馆组织编写的《清防阁·蜗寄庐·樵斋藏书目录》由上海辞书出版社出版。温州市图书馆编辑出版《温州历史文献集刊》第一辑。

建设数字图书馆,资源共建共享,发展浙江省图书馆联盟。浙江图书馆新购 6 个系列数据库,共 23 个子库。第二期浙江省家谱全文数据库新增 43 册 8.1 万页、"文革"资料数据库新增 40 万页、舆图数据库 3 万张。开展新编地方志数字化工作,完成 176 种新编地方志扫描工作,其中馆藏地方志 147 种。实施馆藏拓片数据库建设。浙江海洋综合数据库进行网上测试。对家谱全文数据库系统软件进行升级,提供子站功能,今后各市、县(区)图书馆家谱数据可在我馆家谱数据库平台上发布。积极开展地方特色数据库建设。组织召开全省文化共享工程特色资源建设项目验收会议,对"十一五"期间立项的 31 个建设项目进行评审验收,所有项目均通过评审,并在浙江网络图书馆设立了专栏,向广大读者推荐。专门制作了宣传折页,通过各级中心进行宣传。面向社会,征集优秀地方戏曲节目以及文化专题片在全省文化共享工程系统的使用权。在"十一五"的基础上,新增《典妻》《美丽老师》等近 50 部越剧、甬剧,深受广大群众喜爱。完成《浙江藏书楼》13 集、《百年越剧》10 集专题片的拍摄,并通过国家中心验收。三门县图书馆电子图书系统平台于 12 月底建设完成,有 5000 余册综合性图书供读者阅读,并开通《中国工具书网络出版总库》(新增 2011 年版块)、《中国学术期刊总库》等数字资源。公共图书馆在提供专题信息服务方面发挥重要作用。2011 年浙江图书馆在省人大代表、政协委员驻地设立服务台,推送《信息与参考浙江省"两会"专辑(2011)》《时事观察》等专题剪报。与省政府研究室合作,为省委书记、省长、省委常委、副省长编辑《参阅精选》8 期。为副省长及相关厅长编辑《决策参考——文教卫专辑》9 期,对文化、教育、卫生领域热点事件进行深度剖析。完成《时事观察》15 期专题,提供给厅(局)级机关、市县政府参阅。杭州图书馆编辑了《两会热点》专题;宁波市图书馆编印了《信息参考——宁波市"两会"专辑》;绍兴图书馆编印了《绍兴市"两会"专辑》;湖州市图书馆编印了《韵海信息"两会"特刊》等,受到委员代表的好评。7 月 7 日,在杭召开"浙江省公共图书馆决策信息服务工作会议暨业务技能培训班",会议重点是对"全省公共图书馆决策信息服务合作方案"进行讨论。浙江省公共图书馆信息服务联盟效应初显。浙江省公共图书馆信息服务联盟于 2009 年 6 月成立,第一批加盟成员馆 29 家。2011 年 7 月联盟组织又新增成员馆 31 家,目前全省共有 60 家公共图书馆加入了信息服务联盟,并在"浙江省公共图书馆信息服务联盟"平台开设了"两会服务"专栏,共享"两会"专题信息资料,进一步促进了全省公共图书馆信息服务工作的交流与合作,率先在全国图书馆界塑造一个全省上下联动、服务"两会"的创新品牌。此外,浙江图书馆继续为浙江省人大机关的信息平台服务。与中共浙江省委办公厅合作,搭建"服务之窗"信息平台,开展网上借阅服务,定期推荐书目,送书上门。2011年浙江图书馆成为由国家图书馆牵头搭建的"中国政府公开信息整合服务平台"首批成员馆之一。1月8日至4月23日,浙江省各市县陆续召开"两会",全省共计约有19家公共图书馆利用馆藏资源,开展"两会"信息服务工作。

第二节　基本统计数据

一、公共图书馆

截至2011年底,浙江全省共有县(市、区)以上公共图书馆97个,其中省级图书馆1个,市级图书馆11个,市级少儿图书馆3个,县(市、区)以上图书馆82个。2011年浙江省公共图书馆在馆藏总量、相关设备、财政投入、服务效益等方面均有突破(详见表20-1)。

表20-1　2011年浙江省公共图书馆发展项目年度增减情况表

统计项目	房屋建筑总面积	总藏量	计算机设备量	阅览室总坐席数	图书馆总流通人数	书刊文献外借册次	读者活动次数	活动总参加人数	从业人员	财政投入	新增藏量购置费
	+7.8%	+18.7%	+12.1%	+2.3%	+15.0%	+25.2%	+109.0%	+50.0%	+1.7%	+21.1%	+8.63%

注:加号代表增长。

整体规模:浙江省内共有97个省市县级公共图书馆(包括3个少年儿童图书馆),其中一级馆49个,二级馆22个,三级馆13个,无等级馆13个;全省公共图书馆公用房屋建筑面积62.6万平方米,较上年度增加7.8%;其中书库面积13.3万平方米,书刊阅览室面积11.1万平方米,电子阅览室面积2.5万平方米。

文献总藏量:全省公共图书馆藏书总量37 612 081册/件,较上年度增长18.7%。包括图书32 213 688册(含盲文图书21 328册)、古籍2 039 582册(含善本20 514册)、报刊3 243 754册、视听文献1 556 657册、缩微制品8287册、电子图书5 006 642册、其他575 399册。2011年新增藏量4 503 422册,新购报刊种类72 816种。

信息化建设:全省公共图书馆共有计算机设备8853台,较上年增长12.1%;电子阅览室终端数4746个,较上年增长6.6%。

读者服务:全省公共图书馆共发放借书证2 029 422个。总流通人次39 705 329次,较上年度增长15%。书刊文献外借册次36 597 059次,较上年度增长25.2%。为读者举办8209场次各种活动(其中组织各类讲座2797次,举办展览803场,举办培训班 4609 次），较上年度增长 109%。参加人数达2 849 749人次，较上年增长50%。图书馆网站总访问量16 814 461次。流动图书车书刊借阅数2 169 532人次，是上年度的2倍多。流动图书车书刊借阅量达3 802 054册次，是去年的2倍。分馆数量共586个。

阅览室坐席总数35 889个，较上年度增加2.3%，其中少儿阅览室坐席数9664个，较上年度增长1.5%。盲人阅览室坐席数954个。

从业人员：全省图书馆从业人员共3091人，比2010年增长1.7%。其中专业技术人员2078人，拥有高级职称265人，中级职称1016人。

财政投入：全省公共图书馆全年财政拨款527 405元，较上年度增长21.1%；总支出564 695元；各种设备购置费146 079元；新增藏量购置费118 504元，较上年度增长8.6%。

二、高校图书馆

整体规模：根据57所高校图书馆的资料统计，浙江省高校图书馆建筑面积馆均约为2.08万平方米。有7所高校图书馆上报在建馆舍，建筑面积总计约为11.3万平方米，馆均约为1982平方米。浙江财经学院东方学院图书馆新馆于2011年11月28日正式投入，馆舍建筑面积为2.65万平方米。

文献总藏量：截至2011年底，57所高校图书馆文献资源累积总量约1.12亿册，馆均约为196万册，其中，图书累积总量约1亿册，馆均约175万册，期刊合订本累积总量约1.2千万册，馆均21万册。2011年新增中文纸质图书约362万册，馆均约6.35万册，外文纸质图书约4.47万册，馆均约786册，中文电子图书约916万册，馆均约16万册，外文电子图书41.8万册，馆均约7.3万册。

信息化建设：57所高校图书馆共有网络交换机端口总数27 276个，馆均约479个；个人电脑（含笔记本电脑）约13 242台，馆均约232台；服务器843台，馆均约14.8台；57所高校图书馆中，9所扫描加工过文献，总量约为39.9万页，平均到57所，馆均约7016页；57所高校图书馆中，28所向外传递过文献，总量约为9万篇，平均到57所，馆均约1578为篇。

从业人员：57所高校图书馆有正式在编工作人员1952人，其中正高级职称66人，占3.38%，副高级职称340人，占17.3%，中级职称1032人，占52.86%，初级职称326人，占16.7%，其他188人，占0.96%；博士21人，占1.08%，硕士374人，占26.84%，本科1033人，占52.92%，大专353人，占18.08%，大专以下171人，占0.87%，本科及以上学历人员占总人数的73.15%，相比2010年67.4%，提高了5.75%。

财政投入：2011年，全省高校图书馆经费投入稳定增长。57所高校图书馆的年度经费总计约2.56亿元，用于文献资源购置费约2.14亿元，平均每个馆约491万元，其中用于纸质文献购置费约1.53亿元，馆均约268万元，用于电子资源购置费约6.35千万元，馆均约105万元，各项均值均多于2010年。

第三节 未来规划展望

进入"十二五"时期，浙江省各图书馆将按照浙江省文化发展"十二五"规划要求，抓住机遇，创新思路，明确定位，走可持续发展之路。在未来几年，尤其要注重如下方面：

加快构建覆盖全省、惠及全民的公共文化服务体系，实现城乡基本公共文化服务一体化、均等化。按照结构合理、发展均衡、网络健全、运行有效、惠及全民的原则，到2015年，全省城乡基本建立适应全面建设小康社会发展要求、文化设施完善、活动内容丰富、组织机构健全、服务对象广泛的公共文化服务新格局；构建起覆盖全省城乡的群众文化权益保障体系、基层文化建设先进示范体系、文化信息资源共享体系，让城乡居民方便快捷地享受公共文化服务。文化阵地覆盖面、文化资源利用率、文化科技含量、文化服务能力、群众满意率等重要指标全国领先。

加大公共文化服务投入，大力提升公益性文化单位的服务水平，进一步增强公共文化产品和服务供给能力。推进基本公共文化服务均等化，以农村和社区为重点。争取到2015年全省人均藏书量达1册。推行图书馆总分馆制建设，深入实施公共图书馆系统"一卡通"工程，建成城乡一体、快速便捷的公共图书馆服务网络。提升公共图书馆服务联盟效应，鼓励各级公共图书馆开展决策咨询等服务。深入实施文化信息资源共享工程，每年完成2—3个特色资源库的建设，逐步推进文化共享工程各级支中心和乡镇（街道）、村（社区）基层服务点建成公共电子阅览室，建设文化共享工程3G信息服务网站，积极探索通过广播、有线电视、数字电视进行文化共享工程资源传播。

建立持续创新、灵活高效的公共文化服务运行机制。配合文化示范工程的实施，推动全省"网络图书馆"建设，建立覆盖全省的数字文化服务网络，多渠道多模式向基层配送各种文化资源。研究制定综合测评图书馆各类服务水平的指标体系框架，促进本省公共文化服务体系持续发展。

（执笔人：吴荇 李丽霞）

第二十一章　安徽省图书馆事业发展报告

第一节　事业发展综述

2011 年,安徽省公共图书馆系统认真贯彻落实党的十七届六中全会决策部署,在各级政府、文化主管部门的领导支持下,以公共图书馆免费开放为契机,加强公共文化服务体系建设,不断完善公共文化服务设施,努力提升公共文化服务能力、管理水平和服务质量。图书馆事业蓬勃发展,较好地发挥了其社会职能,取得了显著的社会效益。安徽省公共财政投入快速增长,公共图书馆事业发展迅速,馆舍建设不断推进。

积极落实公共图书馆免费开放通知精神。为响应文化部、财政部在全国组织实施美术馆、公共图书馆、文化馆(站)免费开放通知精神,促进公共图书馆服务标准化、规范化,有序推进免费开放工作,安徽省文化厅及时进行全面部署,并制定了《安徽省公共图书馆免费开放服务标准》及实施方案。安徽省各级公共图书馆积极响应,深入贯彻落实文化部、财政部三馆一站免费开放工作文件精神和省电视电话会议精神,做好免费开放宣传公示及应对措施。2011 年 6 月 28 日,全省各级公共图书馆统一时间全面向社会免费开放。为推进公共图书馆免费开放服务的顺利进行,各个图书馆加大宣传,并采取了灵活的应对措施。如太湖县图书馆所有对外服务窗口安装了监控设备,电子阅览室更新了 50 台电脑,印制读者一卡通"借阅卡"1 万张,印购免费开放广告扇 5000 把,散发宣传材料 5000 份,上架新书 3814册。五河县图书馆免费开放的第一天,各个阅览室里座无虚席,前来办证、借阅读者较平时增长了两倍。青阳县图书馆在免费开放当日,新办证读者就达 100 余人,共接待读者 400 余人。

积极拓展多样性服务。省图书馆通过调整阅览室布局、增设服务阵地、增加借阅册数和延长借阅时间、引进图书自助借还系统和 24 小时街区图书馆等措施,努力做到免费开放服务品质不打折,成功经受住了免费开放与暑期读者高峰双重人流叠加的考验。结合免费开放,省图书馆还确定了在全省公共图书馆系统开展规范服务一体化建设、组建全省公共图书馆讲座联盟和公益性展览基地以及筹建全省公益性电视专题片制作中心四个拓展方向,打造"助困爱心一日捐"、"优秀书刊漂流行"、"读者英语沙龙"、"残障人士文化活动日"和"少儿假期主题阅读"五个服务品牌抓手的服务发展举措,开展多种多样的拓展服务。

积极推进公共数字文化服务体系建设。至 2010 年底,全省已完成文化信息共享工程的全面覆盖。2011 年度,文化共享工程安徽省级分中心的工作重心从站点建设转移到建管用并重。省级分中心组织全省各级分支中心开展了丰富多彩,形式多样的活动,充分发挥文化惠民作用。为纪念建党 90 周年,省级分中心举办了持续近半年的"烽火江淮"系列活动,社会反响十分强烈。五河县支中心开展"迎新春送春联"活动,深受百姓欢迎;太湖县支中心和砀山支中心举办的"有奖灯谜"活动丰富了当地群众的春节文化生活;繁昌县支中心组织开展了"普惠文化,共享欢乐"为主题的系列活动。为丰富老年群众文化活动,青阳县支中心为老人们送去了喜闻乐见的电影;明光市支中心开展老年人电脑技术培训。另外,怀宁、桐城、马鞍山、黟县等各支中心分别为学生、农民工、军人等送去了文化大餐。2011 年,安徽省级公共电子阅览室分中心以公共电子阅览室为依托,先后举办"夕阳红"老年读者电脑培训、留守儿童"网络快乐学习培训班"、"走进电阅室,快乐网上阅读——迎六一我们与孩子共成长"、"童心向党闯关乐"——2011 年庆六一第八届少儿网络寻"宝"等活动,参加者踊跃,公共数字文化服务深受市民欢迎和好评。2011 年 5 月,文化部"公共电子阅览室建设试点工作现场经验交流会"在山东青岛召开上,安徽省作了典型经验发言。2011 年 12 月文化部督导组对安徽省公共电子阅览室试点工作给予充分肯定。在数字图书馆推广方面,安徽省图书馆、马鞍山市图书馆和芜湖市图书馆被文化部列入首批试点单位,率先完成了相关设备的采购和安装,推进了安徽省数字图书馆建设,为安徽省数字图书馆推广工程建设奠定了基础。

积极稳步推进古籍普查工作。2011 年 4 月 20 日召开了全省古籍保护暨《中华古籍总目·安徽卷》编纂工作会议,会议传达学习全国古籍保护会议精神和文化部《关于进一步加强古籍保护工作的通知》精神。就《中华古籍总目·安徽卷》编纂工作,主编单位与参编单位签订了任务书,进一步落实任务、明确责任,推进了本省分卷编纂和古籍普查工作。初步建立省中心古籍普查平台申报常态运行机制。2011 年,安徽省古籍保护中心完成了第四批《国家珍贵古籍名录》申报,对"十二五"时期安徽省古籍保护重点工作进行部署,并积极筹建省古籍修复中心。

积极举办图书馆服务宣传周系列活动。2011 年 5 月 23 日至 5 月 29 日,安徽省各级公共图书馆围绕"庆祝中国共产党成立 90 周年、推进公共图书馆免费开放"

主题,精心组织策划,认真开展宣传周各项活动。利用图书馆服务阵地和馆藏文献资源,通过举办讲座、展览、读书报告会等活动,宣传、展示中国共产党的光辉历程,增强广大人民群众爱党爱国之情,同时宣传公共图书馆免费开放的服务项目和服务内容,吸引更多读者走进图书馆、有效利用图书馆,收到很好的社会反响。

第二节 基本统计数据

2011 年,全省各级财政对各级公共图书馆投入为 1412 万元,比上年增加了334 万元,增幅为 30%。全省共有 11 个图书馆在建、扩建、改建和立项。其中淮南市图书馆、宣城市图书馆、当涂县图书馆、无为县图书馆新馆建设获准立项;繁昌县新馆(面积 8600 平方米)已完成土建;南陵县图书馆改建完成,新增面积 2000 多平方米;淮北市图书馆、颍上县图书馆、芜湖县图书馆、枞阳县图书馆新馆已竣工并投入使用;凤阳县图书馆新馆破土动工。针对共享工程基层支中心技术力量薄弱的情况,2011 年省级分中心共举办各类网络培训 12 期,受训人员达 5000 人次。截至2011 年底,全省共有 270 部古籍入选《国家珍贵古籍名录》,6 家收藏单位挂牌成为全国古籍重点保护单位。

一、公共图书馆

截至 2011 年底,全省县级以上公共图书馆共有 88 个。其中,省级 1 个、县级56 个、市级 31 个、独立建制的少年儿童图书馆 2 个。从业人员 1267 名,其中正高职称 5 人、副高职称 76 人、中级职称 347 人。现有公共房屋建筑面积 244.952 万平方米,阅览坐席 17 026 个,电子阅览室终端数 3669 个。2011 年全省公共图书馆文献总藏量 13 974 万册/件,其中图书 960 万册。总流通人次为 11 764 万,书刊外借册次 843 万。举办各类讲座 847 场,参加人次 15 万人次,展览 253 场,参加人次 46 万人次,举办各类培训 622 期,参加人次 9700 人。2011 年公共图书馆财政拨款141 245 万元,比上年增加 41 167 万元,增幅为 29.1%。

省图书馆全年共接待读者 1 362 626 人次,书刊外借 1 506 170 册次,新办借书证47 597 个。全年举办各类型讲座 81 讲,公益展览 11 场,残疾人读书日、英语沙龙、少儿"月月书香"等主题阅读活动 60 余场,共接待读者约 2 万人次(不包括公益展览的读者和观众)。

二、高校图书馆

截至 2011 年底,安徽省共有各类高校 95 所,在校大学生 100 多万人,各类高校均设置有不同规模的图书馆(室)。其中按高考分数进入"一本"招生的院校达 9 所,分别是中国科学技术大学、合肥工业大学、安徽大学、安徽师范大学、安徽财经大学、安徽农业大学、安徽医科大学、安徽工业大学、安徽理工大学。截至 2011 年底,上述 9 所"一本"院校图书馆共有从业人员 752 人,馆舍面积达 38.2 万平方米,比去年增加 4000 平方米;阅览坐席 39 384 个,新增 643 个;计算机累计数量 4289 台,新增 206 台;文献总藏量 15 460 万册/件,其中图书 15 039 万册/件,古籍 39.7 万册,善本 2 万册;总流通人次 743 万人次,书刊外借册次 408 万;举办各类读者活动 504 场,参加人次 59 466 人;2011 年度财政拨款 5742 万,比上年增加 404 万,增幅为 7%。

三、专业图书馆

安徽省较大的专业图书馆主要有安徽省社会科学院图书馆、安徽省农业科学院图书馆等。安徽省社会科学院图书馆原有馆舍面积 2000 平方米,2011 年 5 月,建筑面积为 1600 平方米的新馆正式投入使用,现有馆藏图书 12.2 万册,其中古籍 4786 册、善本 583 册、数字资源包括 7 种数据库及随书光盘、音像制品等;购书经费 36.92 万,与 2010 年持平;现有在职员工 12 人,其中高级职称 3 人、中级职称 4 人。

安徽省农业科学院图书馆馆舍面积 400 平方米,藏书 2 万余册,2011 年订购农业科技期刊 400 余种,现有工作人员 6 名。值得一提的是该馆利用馆藏农业科技信息,依托本院一批农业专家群体,自 2008 年以来先后与安徽新华音像出版社等出版发行部门合作,编辑出版《农技服务》等杂志,制作农业科普读物(VCD)200 多种,其中多数制品被"农家书屋"指定为必备品种。2011 年还参与编辑出版《科学种玉米》《科学种棉花》等科普类读物。发挥了农业图书馆为"三农"服务的作用。

四、其他类型图书馆

党校图书馆:安徽省委党校图书馆新馆于 2011 年投入使用,馆舍面积 10 150 平方米,现有藏书 26.8 万册,报刊 843 种;计算机 32 台,数字资源容量 15TB;2011 年文献购置费 170 万元,比上年增加 120 万元,增幅为 240%(其中 120 万元为新馆数字资源购置费)。现有从业人员 18 人,其中高级职称 7 人、中级职称 7 人。此外,全省还有 16 家市级党校图书馆(室)及 1 家省直工委图书馆,省属大型企业如安庆石化、马钢集团、铜陵有色金属公司及淮南、淮北煤矿等也分别设立党校图书馆或资料室等信息服务机构。

军队院校图书馆：截至2011年底，安徽省共有军队院校图书馆6所，分别是陆军军官学院图书馆、解放军电子工程学院图书馆、装甲兵学院图书馆、汽车管理学院图书馆、海军士官学校图书馆、空军第十三飞行学院图书馆。陆军军官学院图书馆新馆于2009年投入使用，馆舍面积2.2万平方米，为全军规模最大的图书馆。现有馆藏60万册，特色馆藏为军事科学类图书。图书馆除满足本院师生教育科研信息需求外，为了提高在校大学生的动手能力和人文素质，图书馆还建立了"人文实践基地"，下设10个兴趣小组，定期开展讲座、展览、创作、摄影、演讲等活动。"人文实践基地"作为在校学生的第二课堂，已成为该院图书馆特色读者活动和服务品牌。

第三节　未来规划展望

2011年，安徽省各类公共图书馆在基础设施、资源建设、读者服务、古籍保护、队伍建设、公共数字文化服务体系建设等方面取得可喜成绩。但也存在一些不足：如财政投入相对不足、办馆理念有待提高、从业人员科研创新能力偏低等。这些都有待在今后的工作加以改进和提高。

"十二五"期间的后三年，安徽省图书馆事业的总体思路是全面贯彻党的十七届六中全会及安徽省第九次党代会精神，以建设文化强省为目标，以满足人民群众精神文化需求为出发点和落脚点，加快建设公共文化服务体系。

一是加强信息资源建设的合作与共享，网络时代的图书馆必须站在一个宏观角度考虑资源建设问题，摆脱传统自给自足的资源建设模式，各地区各系统图书馆在资源建设方面应有整体化分工，在此基础上加强特色化资源建设，以解决经费短缺问题，实现真正意义的资源共建共享。

二是加强图书馆馆员的培训，扩大专业教育规模。图书馆馆员在图书馆事业发展过程中发挥着重要作用，馆员终身学习及接受培训的程度决定着图书馆服务质量的优劣。近年来随着党和各级政府对文化信息共享工程、古籍保护工程的重视和推进，有关这两大工程专业技术人员的培训，在培训的内容、形式及频率上，都取得重大进展，成效显著。而图书馆基础业务、读者服务等方面的培训显得较为薄弱，省图书馆学会、图书馆学教育部门以及各级各类型图书馆应加强馆员这方面的培训。

三是加强公共数字文化建设,完成省级"数字图书馆推广工程"硬件平台的搭建工作,构建数字图书馆服务系统。

四是重点做好古籍保护,尤其是民国文献保护。近年随着中华古籍保护计划、中华再造善本工程等重点文化项目的实施,为民国时期文献保护工作积累了宝贵经验,但由于民国文献形式多样、利用率高、纸张脆弱,其难度远远超过古籍保护,运用缩微复制与数字化技术是民国文献再生性保护的最有效方法。

其他如注重公共图书馆服务规范的落实和实践、创建读者活动品牌等内容,都将在今后的工作中得到加强。在未来的几年里,全省各级图书馆要继续与时俱进,开拓创新,以更宽阔的视野全面推进图书馆的现代化建设,继续在构建公共文化服务体系建设中发挥重要作用。

(执笔人:武巍泓　张海政)

第二十二章 福建省图书馆事业发展报告

第一节 事业发展综述

2011 年,在《福建文化强省建设纲要》等文件指导下,福建省图书馆发展实际,面向未来,做好"十一五"总结工作并制定"十二五"发展规划。借助推动公共文化大繁荣大发展的政策背景,全省图书馆事业继往开来,扎实推进,并在稳中求新,展现了良好的发展势头。

新兴技术运用、共享亮点频现。数字化建设取得新进展,"总分馆"模式以及流动图书馆工程已在数十家图书馆作初步试点,服务触角延伸至乡镇、街道、机关、监狱等基层,反响强烈。2011 年 5 月,福建省流动图书馆工程启动,以省图书馆为引领主体,以基层图书馆为基本架构的"总馆/分馆(流通点)"图书馆协作网络开始搭建。首批试点单位包括 10 个县(市)级分馆,由省图书馆每年为其投入书、刊、报、视频资源以及电脑终端设备(1 套)。福建省图书馆隆重启动"海西红土地党建信息库"。泉州市图书馆开通《两岸关系谱牒库》。厦门大学图书馆"玉堂——厦大文库"对外开放,同时推出的玉堂网站,是厦门大学图书馆在"知识资源港"之后推出的另一个专注于文献收藏与保存的永久性官方网站。福建师范大学图书馆把文献传递系统升级为 CALIS 共享版,实现了与全国高校 CALIS 成员馆的互通;同时将本馆中外文图书和期刊(含电子图书与电子期刊)的馆藏数据,提交到 E 读和外文期刊网,使外馆读者也能通过 E 读和外文期刊网查询该馆馆藏和利用文献传递获取该馆文献。福建农林大学图书馆加快自动化建设,完成 EZ – PROXY 到 IREADER、ILASII 系统到汇文系统的转换;建设"闽台茶文化特色数据库"。共建共享合作网络联盟、共建共享数字资源平台已在福州大学城 8 所院校投入使用,自助图书馆/机、云计算技术成功入驻并已获得市民认可。福建省图书馆推出基于 3G 和无线网络的"移动闽图"服务。厦门市图书馆开通新浪微博,实时发布该馆举办的讲座预告等读者活动和服务信息,与读者展开交流互动并提供咨询服务。厦门大学图书馆推出短信互动平台,还在同行中率先选用超调频 RFID 技术,开展自助图书馆借还和街区图书馆服务,更换自助复印系统,增加网络打印和扫描功能,提升了图书馆的服务能力。2011年9月落成并开放使用的福建省少年儿童图书馆成为国内较早使用云计算技术，也是国内使用智能化技术采用最多的少儿图书馆。

服务宣传创新，提升社会参与度。全民阅读服务推广在全省范围内掀起高潮。结合纪念建党90周年活动，各级图书馆开展服务宣传周活动，举办唱红歌、展"红书"、"永远跟党走"主题书法展等。福建师范大学在旗山校区设立红色经典图书专柜，举办第五届读书节。福建省图书馆学会和福建省图书馆联合举办"防灾减灾从我做起"专题书展和抗震救灾图片展。福安市图书馆协同市文体局组织举办公共场所消防安全防范知识讲座。4月23日第16个"世界读书日"，福建省图书馆联合社会各界举办了主题为"阅读无处不在"的系列文化活动，提供数字阅读体验。福州市图书馆举办以"我读书，我快乐"为主题的图书馆宣传活动。厦门市图书馆组织策划为低收入者提供免押金借书证的"温暖阅读行动"、"乘着动车去漂流"等5场主题活动。全省众多公共图书馆开展的图书馆免费服务宣传活动更是让读者感受到文化资源的丰富性以及获取的方便性。服务基层工作可圈可点，"文化下乡"活动，为农村送书刊、文化信息服务资源，设立图书流通点；全省数十家公共图书馆开展多种形式的文化拥军服务；总分馆模式日趋成熟。通过设立分馆、开设图书流通点的形式，全省公共图书馆服务网络基本形成。创新服务开辟新手段。福州市少年儿童图书馆成立首个社区心理咨询援助中心，提供无偿咨询服务。厦门市启动首个区级"流动图书车"——湖里区流动图书车，方便市民借还书。福州大学图书馆首次在入馆处设立新生入馆引导点，为新同学介绍图书馆规章制度、图书借阅流程和馆内各项服务。武夷学院图书馆引进上海交大首创的IC^{2}服务模式，成立学科服务团队，提高了图书馆咨询服务的时效性。

少儿阅读异彩纷呈。厦门市少年儿童图书馆参与举办首次巡回"亲子嘉年华"大型活动。漳州市图书馆举办"娃娃爱读书——经典诵读"活动。连城县图书馆举办"读红书、读好书"活动。长乐市图书馆在少儿图书馆多功能厅举办少儿社交礼仪培训。晋江市图书馆启动晋江市百名少年儿童"一生阅读计划"报名活动。厦门市少年儿童图书馆关注弱势群体，在一些地处偏僻、交通不便、信息闭塞的中小学建立图书流通点，定期送书上门，并每年举办"英特尔求知计划"夏令营，近180名来自贫困外来员工家庭和低收入家庭的小学生参加培训。石狮市残联、市文体旅游新闻出版局、石狮市图书馆在石狮市新星儿童学习能力发展中心联合建立石狮市第一家"福乐书屋"，帮助在该中心进行康复训练的40多位自闭症儿童提高阅读能力。各地图书馆还举行各种"庆六一"图书阅读活动，如厦门市湖里区图书馆举办"金色六月"故事续编亲子系列活动。

第二节　基本统计数据

至 2011 年,全省共有公共馆 86 个,高校馆(不含独立院校)81 个,党校馆 21 个、中学中专馆 24 个。据全省公共馆、高校馆、党校馆、中学中专馆的问卷数据统计,2011 年图书馆在馆藏总量、相关设备、财政投入、服务效益等方面均有突破(详见表 22 - 1)。

表 22 - 1　2011 年福建省图书馆发展项目年度增减情况表

类型馆 统计项	公共馆	高校馆	党校馆	中学中专馆
房屋建筑总面积	- 1.2%	+ 4.1%	+ 13.9%	0
总藏量	+ 21.5%	+ 2.3%	- 0.6%	+ 1.7%
计算机设备量	+ 10%	+ 3.4%	+ 22.8%	+ 18.5%
阅览室总坐席数	+ 4.6%	+ 9%	+ 25.8%	0
图书馆总流通人数	+ 10.2%	+ 12.1%	- 2.6%	+ 6.8%
书刊文献外借册次	+ 9.8%	- 7.1%	- 3.7%	+ 7.6%
读者活动次数	+ 38.4%	+ 40.5%	——	+ 26.6%
活动总参加人数	+ 51.1%	+ 14.6%	——	+ 16.8%
从业人员	+ 3.1%	+ 2.7%	- 4.4%	- 2.4%
财政投入	+ 27.8%	+ 16.3%	+ 5.4%	+ 19%
新增藏量购置费	+ 9.8%	+ 3%	+ 23.7%	+ 40.9%

注:减号代表减少,加号代表增长。

一、公共图书馆

整体规模:福建省内共有 86 家省市县级公共图书馆(包括 9 个少年儿童图书馆),其中一级馆 18 个,二级馆 35 个,三级馆 19 个,无等级馆 14 个;正常开放的 84 个;正在筹建的 2 个。全省公共图书馆公用房屋建筑面积 42.7 万平方米,较上年度减少 1.2%。其中书库面积 8.6 万平方米,书刊阅览室面积 6.9 万平方米,电子阅览室面积 1.1 万平方米。

文献总藏量:全省公共图书馆藏书总量 2042.6117 万册/件,较上年度增长 21.5%,包括图书 1325.5347 万册(含盲文图书 8630 册,少儿文献 168.0322 万册)、古籍 48.1763 万册(含善本 3.596 万册)、报刊 194.802 万册、视听文献

43.3211 万册、缩微制品 2.1656 万册、电子图书 366.8362 万册、其他 61.7758 万册。2011 年新购藏量 151.5084 万册,新购报刊种类 3.2852 万种。

信息化建设:全省公共图书馆共有计算机设备 4288 台,较上年增长 10%。电子阅览室终端数 2423 个,较上年增长 13.8%。阅览室坐席总数23 981个,较上年度减少 4.6%,其中少儿阅览室坐席数 7533 个,较上年度增长 29.1%。盲人阅览室坐席数 268 个。

读者服务:全省公共图书馆共发放借书证 57.9542 万个。总流通人次 1314.6152 万次,较上年度增长 10.2%。书刊文献外借册次 1205.3607 万次,较上年度增长 9.8%。为读者举办 2186 场次各种活动(其中组织各类讲座 1371 次、举办展览 478 场、举办培训班 337 次),较上年度增长 38.4%,参加人数超过 201.0159 万人次,较上年增长 51.1%。图书馆网站总访问量 213.4067 万次。流动图书车书刊借阅数 128.7737 万人次,是上年度的 7 倍多。流动图书车书刊借阅量达 144.2839 万册次,是去年的 4 倍。分馆数量达 499 个,较去年增加了 3 个。

从业人员:全省图书馆从业人员共 1227 人,比 2010 年增长 3.1%,其中专业技术人员 854 人、拥有高级职称 84 人、中级职称 358 人。

财政投入:全省公共图书馆全年财政拨款19 142万元,较上年度增长 27.8%;总支出20 355万元,较上年度增长 31.2%;各种设备购置费 5663 万元,是上年的 3.3 倍;新增藏量购置费 3076 万元,较上年度增长 9.8%。

二、高校图书馆①

福建省共有高校图书馆(不含独立学院)81 所,其中本科 24 所、公办高职高专 31 所,民办高职高专 23 所、成人高校 3 所。

整体规模:本次调研的 34 所高校图书馆公用房屋建筑面积共 79.6 万平方米,较上年度 76.5 万平方米增加 4.1%,其中电子阅览室面积 1.9 万平方米。

文献总藏量:34 所高校图书馆藏书总量 5360.4155 万册/件,较上年度 5238.5276 万册/件增长 2.3%,包括图书 3071.5769 万册,电子文献 2766.8045 万件,视听资料 41.5075 万件,地方文献 4.4509 万册/件,古籍、线装(包括民国年间本)36.7366 万册/件。2011 年新购藏量 673.7124 万册/件,其中图书 199.3014 万册、电子文献 464.7368 万件、视听文献 8.8508 万件、地方文献 0.8234 万册;新购报

---

① 数据说明:2012 年 3 月通过对全省高校图书馆发放问卷,调研省内高校图书馆 2010 年和 2011 年两年间的相关数据。共收回有效问卷 34 份,其中本科院校 23 份、高职高专院校 11 份。以下统计数据全部来自于本次问卷的统计结果。

刊种类 6.1602 万种。

信息化建设:34 所高校图书馆共有计算机设备10 485台,较上年10 139台增长3.4%,其中电子阅览室计算机 7105 台(较上年增长 4.5%),其他部门计算机 3380台(较上年增长 1%)。阅览室坐席总数77 563个,较上年度71 131个增加9%。

读者服务:34 所高校图书馆共发放有效借书证数22.4313 万个。总流通人次1751.5324 万人次,较上年度 1562.7259 万人次增长 12.1%。书刊文献外借804.5589 万册次,较上年866.3612 万册次减少7.1%。共为读者举办1089 场次各种活动(其中组织各类讲座675 次,其他类型读者活动414 次),较上年度775 次增长40.5%。总参加人数超过11.9734 万人次,较上年10.4475 万人次增长14.6%。

从业人员:34 所高校图书馆从业人员共1725 人,较上年1679 人增长2.7%;其中占编人数1355 人,较上年1350 增加5 人。其中研究生219 人、本科716 人,高级职称259 人、中级职称635 人。高级职称人员总数比上年增长6%。

财政投入:34 所高校图书馆全年财政拨款14 831.3万元,较上年度12 757.2万元增长 16.3%;总支出13 468.1万元,较上年度12 505万元增长 7.7%;各种设备购置费(年自动化建设投入经费)1471.2 万元,是上年 854.5 万元的 1.72 倍;新增藏量购置费(含书、报、刊、电子文献等)11 996.9万元,较上年度11 650.6万元增长3%。

三、党校图书馆①

整体规模:本次调研的 19 所党校图书馆,其中省委党校 1 所、市委党校 9 所、县委党校 7 所、区委党校 2 所。19 所党校图书馆建筑面积17 597.818平方米,较上年度增长 13.9%,其中电子阅览室面积439.3 平方米(只有 11 家图书馆有数据)。阅览室座席总数1142 个,较上年度增长 25.8%。

文献总藏量:19 所党校图书馆藏书总量 57.9252 万册/件,较上年度减少0.6%,包括普通图书24.8059 万册、电子文献 7.1627 万件、视听资料905 件、地方文献 4597(册)件。2011 年报刊入藏量2295 种、电子文献年入藏量30 022件(只有3 家图书馆数据)、视听文献入藏量 700 件(只有 5 家图书馆数据)、普通图书入藏量40 114册、地方文献 576 册/件。

信息化建设:19 所党校图书馆共有计算机设备 339 台(含电子阅览室计算机

---

① 数据说明:2011 年和2010 年的党校图书馆数据系通过2012 年4月发放问卷调研所得。全省党校图书馆问卷回收 21 份,其中省委党校 1 份、市委党校 9 份、县委党校 9 份、区委党校 2 份。除去两份县级党校空白问卷,实际计算总问卷量为19 份。

99台、其他部门计算机240台),较上年增长22.8%。5所图书馆采用计算机管理系统(只有11所图书馆的数据)。

读者服务:19所党校图书馆读者证(卡)发放量668个,平均每馆周开馆时间67.64小时(惠安县委党校图书室数据为对内)。2011年阅览人次16 774次,较上年度减少2.6%;流通总册数26 392,较上年度减少3.7%。

从业人员:19所党校图书馆从业人员共65人(含在编59人、非编6人),比2010年减少4.4%。其中研究生学历7人、大学学历42人、大专6人、中专及中专以下5人;共有高级职称18人、中级职称27人、初级职称6人。

财政投入:19所党校图书馆年总经费139.2764万,较上年增长5.4%。年购书费51.775万,较上年度增长23.7%。购报刊费41.1652万元,与上年度基本持平。

四、中学中专图书馆①

整体规模:以本次调研的24所中学中专图书馆计,其中中学图书馆18所,中专图书馆6所。24所中学中专图书馆建筑面积61 508.98平方米,与上年度持平;其中电子阅览室面积1605.57平方米。阅览坐席总数9347个,与上年度持平。

文献总藏量:24所中学中专图书馆藏书总量314.3893万册/件,较上年度增长1.7%,包括普通图书1861.326万册、电子文献169.6851万件、视听资料15 292件、地方文献4690(册)件、古籍及线装1010件(包括民国年间本)。2011年报刊入藏量5744种、视听文献入藏量577件、普通图书入藏量47 375册、地方文献152册/件。

信息化建设:24所中学中专图书馆共有计算机设备946台(含电子阅览室计算机681台、其他部门计算机265台),较上年增长18.5%。除2所图书馆没有采用计算机管理系统外,其他22所图书馆都采用计算机管理系统。

读者服务:24所中学中专图书馆周开馆时间总计1089.5小时。2011年阅览人次769 122次,较上年度增长6.8%。流通总册数880 653,较上年度增长7.6%。共为读者举办138次活动(其中组织各类讲座74次,其他类型读者活动64次),较上年度增长26.6%;总参加人数26 510人次,较上年增长16.8%。

从业人员:24所中学中专图书馆从业人员共122人(含占编99人、非编23

---

① 数据说明:2011年和2010年的中学中专图书馆数据系通过2012年4月发放问卷调研所得。全省中学中专图书馆问卷回收24份,其中中学18份、中专6份。

人),比 2010 年减少 2.4%。其中拥有大学学历 53 人、大专 38、中专以下 20 人。共有高级职称 10 人、中级职称 40 人、初级职称 39 人。

财政投入:24 所中学中专图书馆年总经费 207.7674 万元,较上年增长 19%。年购书费 162.2655 万元,较上年度增长 40.9%。购报刊费 86.5277 万元,较上年度增长 8.4%。

第三节 未来规划展望

"十二五"时期,福建省图书馆事业将努力做好如下几个方面:

继续落实政策文件,引领事业持续发展。全省图书馆要按照"十二五"规划纲要相关要求,注重公益文化投入,致力于构建覆盖城乡、结构合理、功能健全、实用高效的公共文化服务体系,加快城乡文化一体化发展;认真贯彻实施《福建文化强省建设纲要》,在公共文化设施建设、政策措施、资金投入等方面重点向农村倾斜,坚持公益服务,实现文化设施布局合理,公共服务水平全面提升。目前,多个图书馆已制订符合自身发展特点的中长期规划。未来发展中,全省图书馆将加紧制订配套执行方案,互帮互助,注重自身实际以及所服务地区、人群的需求,打造特色文化服务,创新服务机制,在学习和赶超中逐步达到全省各级各类型图书馆协调发展。

夯实基层服务建设,实现全省协调发展。从图书馆统计数据可知,全省图书馆区域发展极不平衡,各类型发展上也层次各异。打破地区发展不平衡,提升全省图书馆事业的整体发展,是"十二五"期间的重要任务。未来更要发挥这种资源援助与基层自助形式,加大资金投入,有条件的要吸引社会多元化投入,加强基层图书馆基础设施建设与发展。

扩大专业教育规模,充实职业服务队伍。省图书馆学会、图书馆学教育部门以及各级各类型图书馆将联合起来,不断探索新的人才培养、招聘、考核机制,扩大图书馆学生和在岗馆员的教育培训渠道,加强图书馆工作人员的专业学位教育,增加服务能力和科研能力,以便尽早改变人才缺乏的现状,壮大职业服务队伍。省图书馆则将加强业务辅导工作,直接对各基层馆进行辅导;同时加强技术培训,适当引进专业技术人才,组建高水平的资源建设技术骨干队伍,为文化信息资源共享工程的顺利实施提供坚实的人才保障。

制订相关标准规范,增强后继发展潜力。在国家、行业加紧制订相关标准规范的背景下,全省图书馆也将以日常服务指南、规章制度编制为基础,学习《公共图书馆服务规范》《公共图书馆建设标准》《公共图书馆建设用地指标》等文件,以"国家公共文化服务体系示范区(项目)"的立项标准及运行指标作为参照,制订图书馆发展标准和相关服务规范。全省"总分馆"的运行模式也将进一步推广,希望打造具有区域特色的福建模式。同时加强与全省文化馆、博物馆、档案馆的沟通与合作,扩大与其他部门的合作范围与力度,探索合作规律与特点,实现全省图书馆事业的可持续健康发展。

(执笔人:洪秋兰　龚永年)

第二十三章　江西省图书馆事业发展报告

第一节　事业发展综述

2011年,江西图书馆各项工作有序开展,在基础设施、服务能力、人员素质等方面取得历史性进展,文化服务功能持续增强,较好地改善城乡基层文化服务,保障了人民群众的基本文化权益,在促进全面阅读、构建学习型社会中发挥了重要作用。各级公共图书馆以全面免费开放为契机,按照体现公益性、基本性、均等性、便利性的要求,为构建覆盖城乡的公共文化服务体系,实现公共文化优质服务发挥积极作用。高校图书馆在省高校图工委指导下,稳步推进基础工作,谋求持续长远发展,取得了可喜的成绩。

落实免费开放,提升公共服务。以2011年全面免费开放为契机,江西全省图书馆的办馆条件进一步改善,业务建设进一步巩固,公共服务能力明显提升。全省公共图书馆为免费开放做了大量的准备工作,并通过完善各项服务制度保障免费开放的运行。各馆有针对性地丰富馆藏,更新基础设施、设备,提高接待读者能力。其中,省图书馆对多个阅览室进行维修改造,面貌焕然一新,特别是少儿阅览室的成功改造,成为图书馆少儿服务的亮点;数字图书室的开放更为市民们查阅资料、阅读提供了优质便捷的服务。与此同时,共享工程江西省分中心全力支持文化共享工程各级支中心的网络化和自动化建设,组建网络,安装、调试卫星及计算机设备,安装资源管理软件,及时更新数字资源,做好技术保障,解决基层技术力量不足的问题,为基层群众服务工作的正常进行提供了强有力的技术保障。12月16日,全省全面启动各级图书馆免费开放,同时安排了免费开放的专项资金,社会各界包括媒体反响强烈,成为推进全省公共文化服务体系建设的重大成果。

实施文化共享,深化数字资源建设。省文化厅年内下发《关于进一步加强文化共享工程建设的通知》《关于加强乡镇文化站建设的通知》《关于加强社区文化活动中心建设的通知》和《关于公共电子阅览室设备配套标准的通知》等文件,对文化共享工程基层服务点及公共电子阅览室建设作了具体部署。3月,组织全省文化共享工程专项督导,促进全省文化共享工程的深入开展,正式启动了全省文化共享工程乡镇、社区基层点扩容为公共电子阅览室的重大工程。全省图书馆系统努力开发具有江西历史文化特色和时代精神、健康向上、总量丰富的数字资源，打造特色数字资源库，推进优秀数字资源建设。共享工程省级分中心完成了江西地方戏剧资源库、江西非物质文化遗产资源库和江西陶瓷文化资源库等三个数据库的资源建设工作，连同去年建设完成的《江西红色旅游文化资源库》，省分中心共建设完成了四个独具江西地方特色文化的资源库，初步建立了全省数字资源采集、保存和服务系统。10月至11月，省分中心重点对35个县支中心的技术人员进行现场培训辅导。全省各支中心主要业务技术和管理人员的培训率达到了100%，并获得由省分中心颁发的"上岗资格证书"。

古籍保护职能不断加强。政府在制定古籍保护方针政策、加强古籍保护工作领导的同时，各级财政也加大了经费支持。据不完全统计，全省各古籍收藏单位获得的古籍保护经费不少于500万元。各古籍收藏单位，通过改造古籍书库，添置古籍保护与普查设备，建立了一批基本符合《图书馆古籍特藏书库基本要求》的古籍书库，为古籍提供了良好的保护条件。各古籍收藏单位还通过加强古籍保护的制度建设，从管理上加强了古籍的保护。开展古籍普查与启动《中华古籍总目·江西卷》的编纂。省古籍保护中心办公室通过对全省古籍藏量的摸底调查，已初步了解到全省150家公藏单位、29家私藏，共拥有古籍110万册以上，其中善本8.2532万册。省内古籍藏量以公共图书馆为多，75家公共图书馆藏有古籍96.5665万册，其中善本6.5226万册。至2011年，"全国古籍重点保护单位"暨《国家珍贵古籍名录》的申报工作共举行了四批，各古籍收藏单位积极开展了申报工作。2011年5月至11月，根据省文化厅《关于开展江西省古籍重点保护单位和省级珍贵古籍名录申报工作的通知》（赣文社字[2011]20号）的指示，省古籍保护中心组织开展了第一批"江西省古籍重点保护单位"和《江西省珍贵古籍名录》申报评审工作。古籍原生性保护和再生性保护齐头并进。省图书馆比照文化部颁发的《古籍修复技术规范与质量要求》，改造古籍修复室，添置了更加先进的修复设施，进一步加强了以古籍修复为重要手段的原生性保护工作。而数字化、影印等再生性保护方式，则是有效缓解古籍藏用矛盾的重要模式。省图书馆已对部分馆藏古籍进行了全文数字化的尝试，2011年遴选馆藏珍贵古籍《汤显祖批评花间集》进行影印，以及编制馆藏古籍图录、制作书签等多途径地开展古籍原生性保护工作，有效地缓解了古籍保护与使用的矛盾。萍乡市图书馆、景德镇市图书馆在古籍影印方面也开展了行之有效的工作，庐山图书馆通过编纂《历代庐山诗词选》，间接性地开展了古籍的再生性保护工作。省古籍保护中心开展以自办培训班为主，联合培训与送出去培训为辅的培训模式。受培训人员来自公共图书馆、高校图书馆、文博系统图书室，公共图书馆的培训覆盖率达到了百分之百。与此同时，积极组织人员参加国家古籍保护中心举办的各类培训班（包括古籍普查、古籍编目、古籍鉴定、碑帖鉴定、古籍修复、古籍普查平台等）。此外，省图书馆还向基层馆开展了免费跟班培训古籍保护的工作，为古籍普查和保护工作提供人才保障。一年来，省古籍保护中心以及各古籍收藏单位通过电视、报纸、网络，通过图书馆服务宣传周、科普宣传周开展了形式多样、丰富多彩的古籍保护宣传，取得了良好的效果。

读书宣传活动有声有色。4月23日，由江西省文化厅主办，江西省图书馆、江西省图书馆学会承办、全省各级公共图书馆联动的"江西省首届'读好书'活动"全面启动。首届"读好书"活动以"读红色经典，扬爱国激情"为主题，在江西省图书馆举办的首届"读好书"活动启动仪式上，向全社会发出"读好书、多读书、好读书"的倡议；由国家图书馆主办，中国图书馆学会、江西省图书馆学会、江西省图书馆承办的"国家图书馆文津图书奖"宣传推广活动同时在江西省图书馆正式启动。全省各地围绕首届"读好书"活动主题，开展了形式多样、内容丰富、各具特色的读书活动。5月23日至6月1日，江西省图书馆围绕"庆祝中国共产党成立90周年，推进公共图书馆免费开放"的主题，开展了丰富多彩的"2011年图书馆服务宣传周"系列活动，取得了良好的宣传效果。在2011年中国图书馆年会暨中国图书馆学会年会上，江西省图书馆、九江市图书馆、靖安县图书馆荣获中国图书馆学会授予的"2010年全民阅读先进单位"荣誉称号。

深入调研行业发展，为政府决策提供支持。省文化厅正式下发《江西省公共图书馆事业发展"十二五"规划》，为今后5年的发展制定目标；为充分掌握和了解全省公共图书馆的事业发展的规模、建设水平、现实需求及未来思路等实际情况，通过多方协调沟通，对全省107个公共图书馆的相关材料进行汇集整理、查漏补缺、修改润色，12月底完成《江西省公共图书馆概况（2010）》和《江西图书馆通讯录》编修，为掌握全省公共图书馆情况和促进图书馆事业发展提供了宝贵的文献资料。

高校图书馆合作日益加强。以数字化建设为抓手，各高校图书馆谋求共同发展。在省教育厅领导下，江西省高校数字图书馆项目建设取得突破。2010年提交的《关于建设江西省高校数字图书馆》提案，于2010年12月正式立项，2011年8月获得省财政的全额拨款，极大地推动了省内高校图书情报事业的发展。高校图工委的组织召开各层次学术研讨会，为高校图书馆提供学习交流平台，推动高校图书馆事业稳步发展。首届江西省高校图书馆情报学术研讨会于8月11日至8月14日在新疆乌鲁木齐召开，取得很好的效果。硬件设施条件改善，相继有一批高校图书馆新馆落成,4月28日,九江学院隆重举行新馆落成典礼,10月11日,新余学院图书馆新馆隆重开馆。这些高校图书馆新馆的落成,壮大了高校图书馆的文献保障力量,扩大了整体服务能力。

第二节 基本统计数据

全省现有公共图书馆114所,其中省级1所,地、市11所,县级102所。除袁州区、庐山区外,全省基本实现县县有图书馆的目标。从业人员共计1469人,其中:高级职称72人、中级职称297人。全省公共图书馆总藏书量16 647 147册,同比增长7.52%,其中图书11 555 401册、古籍1 169 320册、善本82 532册、报刊2 408 923册、视听文献39 010册、缩微制品3025册、电子图书622 198册、其他917 961册。全年总流通人数7 561 219人次,书刊文献外借4 199 548册次。

公用房屋建筑面积291 408平方米,其中:书库面积77 064平方米,阅览室面积96 112平方米(其中书刊阅览室面积61 958平方米,电子阅览室面积16 670平方米),阅览坐席数共23 305个。全省公共图书馆计算机共计6040台,有电子阅览室终端4135个,设网站的图书馆网站访问总量3 308 485个。设立文化共享工程省级分中心1个,市级分中心11个,县级支中心100个,乡镇基层服务点1121个(其中包含街道服务点46个),村级基层服务点17 099个(其中包含社区服务点223个)。全省共有87所高校图书馆,其中本科24所、职业学院45所、高专4所、独立院校13所、医学分院1所。

2011年,江西省图书馆年购书经费由2010年300万提高到2011年的500万,并于今后进入年初部门预算基数。免费开放的专项资金,其中市级图书馆不低于50万、县级图书馆不低于20万。江西省下拨了1667万元为46个街道文化中心配备电脑272台,为223个社区文化室配备电脑669台。12月,又投入1189万元,配备了3900台电脑,为一批社区文化中心(室)和乡镇文化站各增设10台电脑设施。文化共享工程省分中心全年下基层为各级支中心提供的技术支持服务达到526人次,举办35期江西省文化共享工程业务人员培训班,每期培训32个课时,全年培训基层业务骨干超过290人次。全省累计有11馆45人次参加了由国家古籍保护中心举办的培训,已开展古籍普查的单位有21家,俱为公共图书馆,已完成古籍普查基本数据近万条。

第三节　未来规划展望

"十二五"时期,江西省图书馆事业将努力做好如下几个方面:

进一步加强基层图书馆设施建设,力争形成覆盖城乡、结构合理、功能完备的设施网络。以城乡基层公共图书馆设施建设为重点,加强对公共图书馆布局的统筹规划,按照普遍均等、惠及全民的建设原则,在"十一五"建设的基础上,实现基层图书馆(室)全覆盖,形成比较完备的省、市、县(区)、乡镇(街道)、村(社区)五级公共图书馆设施网络。

深入开展公共数字文化建设与服务,培育基于新媒体的新型图书馆服务业态。依托文化共享工程、公共电子阅览室建设计划、数字图书馆推广工程等,建立公共数字文化设施网络,加强公共数字文化资源生产,大力提高网络环境下公共图书馆的数字文化产品供给与服务能力,努力建设资源丰富、技术先进、服务便捷、覆盖全媒体的数字文化服务网络,培育基于新媒体的新型图书馆服务业态。

进一步推进传统文化典籍的保存与保护,强化全省公共图书馆在传承赣鄱文明方面的重要职能。依托中华古籍保护计划等重大文化工程,按照保护与利用并重的原则,加快推进全省公共图书馆馆藏普通古籍、珍本善本、民国文献的保存、保护工作,大力提高全省公共图书馆古籍文献研究整理水平,促进古籍研究整理成果的出版、展示与利用,充分发挥公共图书馆保护文化典籍,传承赣鄱文化的重要作用。

建立和完善江西省文献信息资源保障体系,提高全省公共图书馆文献信息保障能力。建立总量丰富、结构优良的江西省公共图书馆文献信息资源体系;建立与各级公共图书馆功能任务相适应的江西地方文献信息资源保障体系;加强资源建设的协调与合作,建立和完善全省公共图书馆文献资源共建共享机制。

加大公共文化产品和服务供给力度,全面提升全省公共图书馆服务能力。积极利用现代信息技术,进一步推动服务创新,提高服务专业化水平,积极探索形式多样、内容广泛的服务模式,开展多种形式的延伸服务,向社会公众提供多样化、多层次的公共文化产品和服务,全面提升全省公共图书馆服务能力,进一步提高公众对图书馆服务的满意率,增强全省公共图书馆的社会影响力。

加强科研工作和新技术的应用与推广,促进全省公共图书馆事业的创新发展。推进文化与科技的融合,使高新技术成为推动全省公共图书馆事业发展的重要引擎。加快基层公共图书馆基础性技术普及和升级改造,加强先进适用技术的应用和推广,围绕全省公共图书馆事业发展中亟须研究解决的问题,确立重点研究领域,加强科研成果转化,建立科研工作、人才培养与业务发展之间的良性互动,促进事业科学发展。

加强人才队伍建设,为事业发展提供人才保障。把人才队伍建设作为全省图书馆创新服务的基础与关键,按照"存量优化、增量优选"的原则,以"人才资源优先开发、人才结构优先调整、人才投资优先保证、人才制度优先创新"为指导方针,结合本省公共图书馆的实际,探索能够有效发现人才、吸引人才、培养人才、留住人才、用好人才的体制机制,造就一支数量合理、结构优化、素质优良、有良好职业道德与服务能力的人才队伍。

加强交流与合作,进一步提升全省公共图书馆的行业影响力。以交流和吸收先进经验、拓展社会影响力为目标,以交流合作为手段,进一步扩大交流渠道,改进交流手段,深化交流内涵,提高交流质量,努力开创全省公共图书馆国内外交流合作新局面。

(执笔人:周建文　黄俊　苏文帆)

第二十四章　山东省图书馆事业发展报告

第一节　事业发展综述

2011年,在党的十七届六中全会、省委九届第十三次全委会提出的建设文化强国、文化强省的战略目标指引下,山东省图书馆事业进入了前所未有的发展机遇期。全省各级各类图书馆坚持以科学发展观为指导,抓住机遇,开拓创新,不断夯实基础业务建设,全面加强规范化管理,进一步加快改革创新步伐,取得了新成绩、新突破,共同推动了全省图书馆事业的大发展大繁荣。为"十二五"时期的全省图书馆的建设与发展奠定了良好的基础,指明了前进的方向。

馆舍建设加大投入。2011年,全省各级政府积极实施公共文化服务体系建设,加大公共图书馆基本建设力度,有近半数的地市、区县纷纷规划建设图书馆新馆。济南、淄博、潍坊、枣庄、泰安、东营、菏泽、滨州、莱芜等市级图书馆新馆已进入土建工程、基础设施、装饰装修工程、家具设备购置、验收审核、搬迁运行等阶段。11月7日,山东省图书馆学会举办了"全省图书馆建设与发展馆长研讨班",就公共文化服务体系建设中的公共图书馆功能与布局、图书馆自动化、网络化建设等新馆建设理念和经验进行授课。

文献资源数字化建设获得积极推进。随着图书馆基础设施水平的提高,各地图书馆资源购置费增长显著,其中青岛馆购书经费增至1000万元,文献资源建设得到保障。数字资源建设正逐步成为图书馆资源建设的重要组成部分。2011年,山东全省文化共享工程以公共电子阅览室技术创新为着眼点,进一步完善网络服务体系,实现了新突破。1月25日,全国文化信息资源共享工程与中国青少年宫在文化共享工程山东省分中心(山东省图书馆)联合举行战略合作协议签字仪式暨山东省"文化共享工程·公共电子阅览室"走进青少年宫启动仪式,以加快推进文化共享工程为未成年人营造绿色上网空间的工作步伐。5月,全国文化共享工程和公共电子阅览室建设会议在青岛和烟台举办。山东省中心以此为契机,创新开发了公共电子阅览室在线影院平台、3GVPN虚拟公共电子阅览室、省公共文化在线培训等多个平台,形成了"一站双网三平台"的全功能创新技术服务模式。同月,山东省图书馆与驻济 16 家高校及科研院所签署"图书馆数字资源共建共享合作协议"。11 月 11 日,德州市网络(数字)图书馆开通仪式举行,成为省内第一家覆盖全市范围的网络(数字)图书馆。济宁市图书馆随后也开通网络图书馆,提供了 270 多万种中文图书、146 万种外文图书和上千万册期刊,方便市民免费在线浏览。

自动化建设水平大力提升。2011 年 5 月 30 日,临沂市图书馆正式开馆,采用国内先进的 RFID(高频识别)智能图书管理系统以及 Inter - lib 文献管理系统,率先在全省实现馆内业务自动化高频无辐射管理。10 月 24 日,济南市图书馆在泉城广场和赤霞广场分别投放安装 24 小时自助图书馆设备并正式运行。

立足阵地服务,提升免费开放服务质量。2011 年 10 月,按照国家《关于推进全国美术馆、公共图书馆、文化馆(站)免费开放工作的意见》要求,在山东省图书馆牵头下,各地市图书馆纷纷实现免费开放。省图书馆先后免除读者办证费、存包费、自修费、流动站服务费等相关收费项目 22 项,大大提升了读者接待量。同时坚持新书快速分编上架原则,定期举办新书推荐,开设如纪念建党 90 周年、纪念辛亥革命 100 周年等各种专题推荐书架,加强自助还书箱、便民服务处的管理。12 月28 日,山东省图书馆召开微博服务讨论会,研究部署下一步的微博服务工作。流动服务阵地进一步扩展。1 月份,山东省图书馆武警总队分馆挂牌开馆,帮助武警山东纵队直属支队建成了图书馆和警营网吧。7 月 28 日,青岛市图书馆举行"军人之家"——"军人研修室"揭牌仪式,为驻区部队提供中文社会科学图书近 20 万册,成为省内第一家专门为现役军人开辟的公共图书馆专题阅览室。青岛开发区图书馆高度重视文化拥军工作,常年坚持开展送流动图书,截至目前,已建立 11 个军营流动图书服务点。

丰富读者活动内容,推进全民阅读深入开展。随着第十届中国艺术节落户山东,省图书馆以及各地市图书馆纷纷围绕十艺节,举办了一系列读者活动。省图书馆以"喜迎十艺节,全民共欢乐"为主题举办了民俗文化讲座、慰问进城务工人员送文化、共享工程电影放映、读者摄影作品征集等活动。3 月 25 日,山东省图书馆召开"大众讲坛"五周年专家研讨会,邀请社会各界知名人士、专家学者为"大众讲坛"出谋划策。截至 2011 年 3 月,"大众讲坛"已举办讲座 160 期,形成了一大批固定听众,"到省图听讲座去"成为民间学术爱好者一句响亮的口号。4 月 22 日,由山东省文化厅、齐鲁晚报主办,山东省图书馆学会、山东省图书馆承办的第七届全省读书朗诵大赛颁奖大会在省图书馆报告厅举行,全省共有两千余人参赛,参与人数创历史新高。11 月 12 日,青岛市图书馆配合全市"文化走基层"百千万系列活动,以该馆"青岛文化大讲堂"讲座为基础,推出"百场讲座进讲堂"活动,辐射至全市各区市图书馆乃至街道社区。青岛市市南区图书馆定期开办"百姓课堂",引导市民关注国内外大事,普及科学文化知识,内容老少皆宜,深得百姓青睐。8月12日至18日,栖霞市图书馆联合栖霞志愿者协会举办了为期一周的图书服务宣传活动,组织20多名志愿者在市文化广场开展图书服务宣传周活动。枣庄市图书馆联合市残联成立了全市残疾人阅读指导委员会。通过组织残疾人开展广泛深入的读书活动,使残疾人在阅读中获取信息、学习知识、增长技能、陶冶情操,进一步增强战胜困难的勇气和信心,提高自身素质和生活技能,平等共享公共文化服务。

积极创新服务方式,大力完善公共文化服务体系,精心打造文化惠民工程。乳山市图书馆打破传统文化设施条框管理限制,探索推行了图书馆总分馆制,依托现有市图书馆、镇综合文化站和村文化大院,分别设立市图书馆总馆、镇分馆、村(社区)基层服务点。诸城市图书馆以推行农村社区化服务为契机,以建立"两公里文化圈"为抓手,创新城乡图书馆(室)服务体系,继续深化"一卡通"服务,使全市107万群众普遍均等地享有图书馆(室)服务。青岛开发区图书馆联合青岛理工大学、山东科技大学、青岛港湾职业技术学院等6家驻区高校图书馆成立图书馆联盟,合作开展数字资源共享及联合目录、馆际互借、文献传递、参考咨询、科技查新等服务项目。山东大学图书馆与中国高校人文社科文献中心(CASHL)、国家图书馆、上海图书馆又签订了返还式馆际互借合作协议,于3月14日正式开通返还式馆际互借服务。

完善继续教育制度,提升图书馆员综合素养。近年来,各级文化主管部门都把图书馆的队伍建设作为长远建设和战略目标来抓。在不断提高思想素质和加强专业道德教育的同时,加大措施,提高了队伍的业务素质和专业水平。积极开展省内外交流辅导工作,2011年共接待省内来馆学习、访问人员100余人次。同时选派各地市图书馆管理人员、技术骨干奔赴江浙地区图书馆等参观考察。配合"春雨工程"边疆志愿者大讲堂活动,省馆接待来自新疆地区的30余位图书馆馆长并讲授山东文化共享工程与古籍保护知识,达到了互学互促的目的。积极开展对外文化交流,完成法国文化交流中心"山东书架"的图书征集、选送工作。加强学术研究和人才队伍建设,以山东省图书馆学会为平台,通过学术交流、学术论文征集、培训等方式,鼓励职工岗位成才,加强学术研究。承办了全国阅读文化研究委员会2011年度工作会议,就"图书馆阅读的影响因素"进行专题研讨。成功举办全省第六届公共图书馆业务竞赛,掀起各地市公共图书馆业务大比武的高潮,潍坊、淄博等图书馆纷纷开展地市图书馆业务竞赛。省图书馆承担了国家标准《中图法》四版系列版本的修订和审定工作。编辑出版《山东图书馆学刊》6 期,发稿 186 篇,发行 7400 份。完成第十八次山东省图书馆学会科学讨论会的征文评选和优秀论文出版工作。莱州市图书馆承担的全省 2010 年艺术科学重点课题——《网络时代县级公共图书馆服务模式创新研究》,是网络信息时代县级公共图书馆由传统型向现代化和数字化过渡的转型时期,专门研究县级公共图书馆可持续发展的科研成果。

全面开展古籍保护与利用工作。2011 年,本省古籍保护工作深入开展,初步形成了集普查、修复、展示、研究四位一体的古籍保护工作模式,在全国形成了良好反响。全省古籍普查顺利进行,潍坊、枣庄、东营、日照、临沂、德州等市已完成全市普查工作。各项重点工作卓有成效:6 月 20 日,山东省文化厅下发《关于进一步加强全省古籍保护工作的通知》。6 月 29 日,山东省古籍保护中心在山东省图书馆召开了 2011 年山东省古籍保护工作会议,部署全年工作。7 月 13 至 15 日,国家古籍保护中心办公室专家组对本省第四批"国家古籍重点保护单位"申报单位——慕湘藏书馆进行实地考察,给予高度评价。10 月 17 至 18 日,山东省古籍保护中心参与"春雨工程"边疆志愿者大讲堂活动,反响热烈。10 月 17 至 19 日,文化部专家组对省"国家级古籍修复中心"及部分"全国古籍重点保护单位"进行检查,对山东省工作给予充分肯定。

第二节 基本统计数据

截至 2011 年底,全省共有公共馆 152 个,高校馆(不含独立院校)156 个,党校馆 20 个,农科院图书馆 18 个。

一、公共图书馆

2011 年年底,全省 152 所公共图书馆中,省级馆 1 所,副省级馆 1 所,计划单列市图书馆 1 所,市级馆 14 所(菏泽市无市级图书馆),县(市、区)级图书馆 135 所(其中少儿 2 所)。其中,一级图书馆 48 所、二级图书馆 38 所、三级图书馆 21 所,一级图书馆比第三次评估时增加 84%。

公用房屋建筑面积 54.312794 万平方米,较上年增加 1.37 万平方米;其中 30 所县级图书馆馆舍面积超过了 3000 平方米,桓台县、茌平县、文登市馆达到 8000 平方米以上。

藏书总量 3696.2 万册,年度新增藏书量 207.2 万册。总阅览坐席 34 989 个,较上年减少 2717 个。总藏书量 3696.2 万册。年度新增藏书量 207.2 万册。共有计算机 8498 台、网站 100 个。年度新增 460 台计算机。全省财政拨款 2.6 亿元,其中年文献资源购置费 5752 万元。年度新增拨款 0.2 亿元,其中年度文献资源购置费新增 522 万元。持证读者 133 万人。全年流通人次 18 854 321 人次,文献外借册次 1442 万册次。为读者举办讲座 1968 场,展览 1176 次;参加人次 120 万。

从业人员共有 2640 人,其中具有中级职称的 1080 人,约占总人数 41%,高级职称 352 人,约占总人数 13%。

二、高校图书馆

2011 年全省共有高等学校图书馆 156 所,比上年增加 5 所。全省高校图书馆的基本办馆条件都取得明显改善,新竣工的高校图书馆建筑质量普遍较高。全省高校图书馆藏书总量 14 368.63 万册,比上年增加 991.47 万册。由于电子资源在图书馆中大量增加,读者使用流通人次、外借册次呈现下降趋势。

三、党校图书馆

2011 年全省共有党校图书馆 20 所,包括 1 所省委党校图书馆、19 所市委党校图书馆,另有县委党校图书资料室 92 个、区委党校图书资料室 51 个。全省党校图书馆(含区、县图书资料室)建筑面积 77 980.3 平方米,其中电子阅览室面积 3593.6 平方米,阅览室坐席总数 3837 个。藏书总量 7 961 668 册/件。包括普通图书 4 564 662 册、电子文献 5 408 186 件、视听资料 19 984 件、地方文献 99 322(册)件。2011 年报刊入藏量 38 798 种。共有计算机设备 1210 台,已有 56 个党校图书馆(室)采用计算机管理系统。年总经费 521.918 万元。年购书费 230.3 万元。购报刊费 164.5748 万元。平均每馆周开馆时间 39 小时。2011 年阅览人次 17 890 次。流通总册数 60 535 册。从业人员共 370 人(其中在编 364 人、非编 6 人);研究生学历 25 人、大学学历 269 人、大专 27 人、中专及中专以下 20 人;高级职称 92 人、中级职称 141 人、初级职称 55 人。

四、山东省农科院图书馆

山东省农科院图书馆立足全省农业,面向全国,收集整理各类农业资源,但主要是针对本单位职工提供服务。全省 17 个地市均有农科所及其相关图书资料服务机构,但交流较少。

山东省农科院图书馆共有各类图书资料约 25 万册。馆舍总面积约 1600 平方米,其中书库 4 层共 1200 平方米,阅览室 200 平方米,办公室 200 平方米。搬迁后新馆与机关大楼一起办公,面积有所减少,书库面积约 400 平方米。2011 年文献资源购置费 10 万元,年度新增图书馆书库搬家及新馆建设费用 85 万元。该馆计算机数量较为充足,几乎人手一台;网络情况良好。在职 5 人,高级职称 4 人,中级职称 1 人,4 人为大学学历,1 人为专科学历。

五、山东省科学院情报研究所

山东省科学院情报研究所是科技信息服务和信息服务技术研究的学术型研究机构,馆藏资源以数字资源为主,2011 年底馆藏量达到 20T,涵盖期刊、论文、图书、专利、标准等多种中外文数据。本馆资源面向公众开放,具有省级科技查新资质,开展科技查新、收录引用、专利分析、学术不端等信息咨询业务,2011 年全年查新 2000 余项。2011 年度文献资源购置费 50 余万元,比上一年增加 20%。为提高信息服务的质量和效率,2011 年继续进行了大幅度的软硬件配置调整,增加三台服务及存储设备,大大提高了检索速度。2011 年数字资源检索量约为 130 万次,比上年增加近 10%。2011 年底,该馆在职职工数 36 人,专业技术人员占 90% 以上,研究生占 70% 以上,参加在职教育 10 余人次。

第三节 未来规划展望

2011 年,山东省图书馆事业在加强基础设施与业务建设,推动图书馆事业稳步发展;提升读者服务层次,扩大图书馆社会影响力;创新服务形式,打造新型图书馆服务体系等方面取得显著进步。在下一阶段,本省图书馆将着重加强以下工作。

一、提高认识,增强图书馆事业发展的使命感和责任感。图书馆在社会发展和政治、经济、文化建设中发挥着越来越重要的作用。图书馆要积极发挥职能,推动全民阅读,满足群众学习求知、了解信息、完善自我等多样化的文化需求,让更多的人走进图书馆,利用图书馆。但是,当前本省尚有 31 所图书馆馆舍面积不足 1000 平方米,27 所图书馆购书经费没有被列入当地财政预算,不具备基本服务条件。省人均藏书量为 0.35 册,位居全国第 11 位;人均购书费 0.38 元。本省公共图书馆事业总体东西部发展不平衡,公共服务能力有待进一步提升,要提高认识,增强紧迫感、使命感,开创图书馆发展的新局面。

二、加强基础业务建设,进一步提升办馆条件。近几年新建、扩建了不少图书馆,但发展不平衡,还有不少的地方图书馆馆舍陈旧、布局不合理,仍处在落后状态。为了尽快改变这种状况,今后的工作重点应放在达不到国家规定的二级馆的馆舍改造上。各级文化主管部门和图书馆要以图书馆评估定级工作和创建"社会文化先进县"活动为契机,抓住机遇,提升办馆条件,为读者提供布局合理、设备先进、环境整洁的阅读环境。同时要积极创造条件,增加图书馆的经费,尽快改善图书馆事业经费不足的状况。保证实行购书经费计划单列,规定购书经费所占的比例,实行购书费专款专用。面对新形势新任务,各地图书馆要充分重视藏书建设,提高馆藏的科学性、计划性,减少片面性、盲目性,根据本馆所在地的地方特色,确定本馆重点藏书,更加合理地配置馆藏资源,转变服务方式。

三、深化图书馆阵地服务,延伸服务领域。随着信息技术和网络不断普及,整个社会的生产方式、生活方式及人们的行为方式、思想观念都发生了巨大的变化,给图书馆服务工作带来了冲击。传统的图书馆阵地服务方式面临着重大转变,与图书馆硬件条件的改善相比,图书馆服务工作相对滞后,综合服务能力有待提高。各地图书馆要认真学习《山东省公共图书馆管理办法》和《图书借阅服务规范》中的相关要求和规范,紧紧围绕提高公共文化服务能力,大胆探索,积极实践,实现图书馆行业服务的规范化。各馆根据全省图书馆事业发展和服务工作的实际情况,拓展服务方式和内容,扩大服务受众,将有限的资源发挥最大的效益。

四、加快实施"山东省数字图书馆群"工程。山东省文化发展"十一五"规划中明确指出:实施"山东省数字图书馆群"工程,建设以省图书馆为中心,市、县公共图书馆为主体的文化信息数字化服务集群。建设数字图书馆群既是图书馆在传统服务手段方面的创新,也是服务内容、范围的拓展,更是社会发展的需求。在"十二五"期间,要抓住国家数字图书馆山东分馆建设和全国"县级数字图书馆推广计划"的契机,提高新技术在图书馆的应用,推进公共图书馆服务创新,建设覆盖全省的数字图书馆群。要建设好山东数字图书馆服务平台,整合资源,在全省安装国家数字图书馆资源,调研无线射频识别系统在图书馆的应用,推进数字图书馆与传统图书馆业务的融合,从而使图书馆的自动化水平和服务取得新的突破和发展。

(执笔人:王玮　陶嘉今)

第二十五章　湖北省图书馆事业发展报告

第一节　事业发展综述

2011 年湖北省各级各类公共图书馆坚持以科学发展观为指导,秉承"传承文明、服务社会"的宗旨,以新一轮图书馆馆舍建设为抓手,着力改善办馆条件,坚持服务为本,实现了"一年打基础"阶段性工作目标,为"十二五"期间全省图书馆事业实现跨越式发展开了个好头。

公共数字文化服务体系建设稳步推进。数字图书馆推广工程和公共电子阅览室建设工程是公共数字文化服务体系的三大基础工程。2011 年,全省县、村共享工程建设已基本完成。同时启动公共电子阅览室建设工作和数字图书馆建设试点工作,5 家省、市级图书馆被列入国家首批数字图书馆试点单位。截至 2011 年底,省中心自建资源总量已达 5.36TB,自建数据库 40 个。着重建设的"辛亥革命专题数据库"成为全国红色数据库的亮点,"荆楚览胜""湖北名小吃""非物质文化遗产"等资源库顺利通过国家中心资源库审查验收。

大力发展文化共享工程。湖北省是全国文化信息资源共享工程首批建设的五家省级分中心之一,省内各级各类图书馆努力推进共享工程,服务更多读者。各级财政共投入建设资金 2.3 亿元,建成各级服务点 4 万多个,基本实现省、市、县、乡、村五级服务网络覆盖全省的目标。目前,省分中心免费提供全省共享工程用户使用的文化信息资源总量已达 15TB,年服务读者 6000 多万人次。开始实施"流动图书车"工程,为黄石、兴山等 10 个市、县图书馆配备了流动图书车,流动送书到1100 多个图书基层点。全省 6 个试点县(市)均被文化部授予"文化共享工程全国示范县"荣誉称号,湖北省领导、财政厅领导、文化厅领导先后 5 次在全国会议上作经验交流发言。

古籍保护取得阶段性成果。启动《中华古籍总目·湖北卷》编纂工作,完成了湖北卷 7 卷的编纂任务;命名了 7 家省级古籍重点保护单位和 264 部省级珍贵古籍名录;完成第四批国家珍贵古籍名录的申报工作,全省共上报古籍 321 部,评审结果文化部正在公示之中;完成 40 万元古籍函套政府采购招标工作;举办了 2 期古籍保护培训班,共培训学员 52 人次,其中的一期采用新型培训形式,由 1 名老师带 2 名学员,共培训学员 16 名。

建设服务品牌,提升服务规模。近年来,湖北全省各级公共图书馆以公益讲座、全民读书月、图书馆服务宣传周等有规模、有影响、覆盖全省的图书馆服务品牌群,受到社会各界充分肯定。省、市馆基本完成了"一馆一品"建设,如省图书馆的"名家讲坛"、武汉图书馆的"名家论坛"、十堰市图书馆的"十堰讲坛"、宜昌市图书馆的"三峡文化讲坛"、襄阳市图书馆的"汉江论坛"、荆州市图书馆的"楚都讲坛"、黄石市图书馆的专家系列讲座、荆门市图书馆的"象山大讲坛"、鄂州市图书馆的"吴都讲坛"等,都成为了有影响的公益性讲座品牌。全民阅读活动形式多样、影响广泛。如省图书馆的"童之趣"征文活动、武汉图书馆的红色经典书籍读书征文活动、武汉少儿馆的"楚童杯"故事大王演讲系列活动、十堰市组织的"红色经典"大型广场诗文诵读活动、宜昌市的首届"十大书香之家"评选活动、荆州市的"小太阳读书节"活动、江汉区的"金桥书评"活动、荆门市的"星星草少儿系列读书活动"、樊城万户社区的首届"邻里读书节"和"流动书屋走乡村"活动,等等。据不完全统计,全省参与各种读书活动人数每年接近 100 万。"武汉城市圈图书馆联盟"、"宜荆荆图书馆联盟"等合作共建机制进一步完善。建立了武汉城市圈图书馆联合目录,开展网上联合参考咨询和部分图书馆的文献传递服务,积极发展联盟成员馆,在武汉地区和有条件的市(县)尝试开展通借通还服务,建立 24 小时自助还书服务系统,服务形式和内容不断拓展。在此基础上,湖北各级各类图书馆形成了一定的服务规模,建设起良好的服务品牌。

重视理论研究,加强人才建设。根据省文化厅部署,由省馆牵头,在全省图书馆的积极响应配合下,完成了"关注图书馆生存与发展"等十项重要课题研究报告,完成了省图书馆新馆古籍、数字、少儿等五大特色馆的办馆思路等系列研究成果。这种举全省之力、协作共进的联合科研机制,培养了人才,锻炼了队伍。湖北省参与的《公共图书馆法》支撑性研究得到了文化部高度肯定。为配合《荆楚全书》的编撰,由省馆编制的《现有湖北著作总目》工作完成过半,2012 年将完成付梓。

第二节　基本统计数据

2011 年,湖北全省各级公共图书馆的事业经费稳步增长。据不完全统计,全省公共图书馆事业总经费达31 289万元,同比增长了 25%。全省 70% 以上的公共图书馆和部分高校图书馆都得到了新建或改造。总投资 7.8 亿元,建筑面积 100 000 平方米的湖北省图书馆新馆现已完工,团风县、武汉市汉阳区等图书馆新馆建成并投入使用,黄石、天门、赤壁、嘉鱼、麻城、当阳、咸丰等市、县图书馆新馆建设已动工;黄冈、孝感、咸宁、阳新、黄梅、来凤、郧西、丹江口、江夏、洪山等市、县已立项,即将开建。据统计,"十二五"期间全省将有 54 所图书馆完成新馆舍建设。

全省各级公共图书馆馆藏文献总藏量和新增藏量逐年增长,截至 2011 年底,全省公共图书馆馆藏总量为 2447.8 万册。全省各级各类公共图书馆流通总人数达 1400 多万人次,同比增长 11.23%。为读者举办各类活动 1000 多次。取得了良好的社会效益,较好地保障了人民群众的基本文化权益。

"十一五"以来,公共图书馆从业人员数量稳中有升,整体素质进一步提高。目前全省共有中级职称 933 人,高级职称 174 人。一批图书馆学专家获得政府特殊津贴。各地共举办各类专业培训班 200 多期,培训人员 10 000 多人次。省图书馆学会不断壮大,会员达 2199 人,涵盖了文化、教育、科研、卫生和企业等多个系统。

第三节　未来规划展望

在"十二五"期末,全省公共图书馆将实现如下发展目标:馆舍面积翻一番;全省公共图书馆馆藏增量翻一番;全省公共图书馆接待读者总人次翻一番;全省 30%以上公共图书馆达到国家建设标准,市级 100%、县级 40%以上达到一级图书馆评估标准;各级公共图书馆和文化共享工程基层服务点公共电子阅览室的普及率达到 100%;全省公共图书馆免费开放率达到 100%。初步形成布局合理、发展均衡、覆盖面广、全面开放的公共图书馆服务网络,专业化的服务能力、服务质量与服务效益显著提高,全省公共图书馆事业进入全面、快速、协调发展的崭新时期。

为实现以上目标,"十二五"时期,湖北省图书馆界将重点抓好"两大工程"、"三大战略"。

一是实施基础设施建设工程。湖北省政府已经将"每年支持建设县级图书馆"写进了"十二五"规划,并列为每年为人民群众办理的十件实事内容之一。湖北省文化厅将重点抓好此项工作,并在此基础上积极争取中央和省财政资金,推动全省掀起新一轮的公共图书馆建设高潮。

二是实施重点项目推进工程。大力推进文化共享工程服务网络建设,加强与农村党员远程教育和农村中小学远程教育的合作,开展面向基层群众的服务活动;加大后续资金投入,实现全省共享工程公益性免费服务,使共享工程建设持续保持全国领先地位。大力推进"中华古籍保护计划"。基本完成普查工作,摸清全省古籍底数;建立全省古籍联合目录和古籍数字资源库;建立《省级珍贵古籍名录》,命名一批"全省古籍重点保护单位";完成《中华古籍总目·湖北卷》编纂工作;建设国家级古籍修复中心和中文文献保存保护研究中心。

三是实施"服务立馆"战略。公共文化服务是公共图书馆事业的生命线,进一步创新服务手段,拓展服务领域,丰富服务内容,着力提高公共图书馆的服务水平。要加大数据库、电子出版物和网络信息资源等的采集与保存,形成实体馆藏和虚拟馆藏共同发展的多元化信息资源保障体系,确保文献信息资源的持续增长和更新;大力推进"一馆一品"(一个公共图书馆至少有一个公共文化服务品牌)建设;实施馆藏资源"有声化"工程;积极推进"汽车图书馆"建设,扩大服务半径;进一步完善"武汉城市圈图书馆联盟"、"宜荆荆图书馆联盟"等合作共建机制。

四是实施"人才兴馆"战略。充分利用重大文化工程的人才聚集效应,提升专业人才整体实力;创新专业技术人才引进模式;开展多种形式的培训,实现由图书管理员到知识领航员的转变,努力打造一支老中青高素质专业人才队伍。

五是实施"科技强馆"战略。结合"三网融合"与新媒体技术的发展,通盘规划数字图书馆建设,逐步建立以省级数字图书馆为龙头、市级数字图书馆为骨干、县级数字图书馆为支撑的数字图书馆体系;要大力推进公共电子阅览室试点建设;要完善科研管理体制,增加科研经费投入,重视科研成果出版,使科研成果产生良好的社会效益与经济效益。

(执笔人:万群华　徐力文　余嫚雪)

第二十六章　湖南省图书馆事业发展报告

第一节　事业发展综述

2011年,湖南省图书馆界在各级政府部门的关心支持下,充分发挥自身优势,认真策划,紧跟时代步伐稳步开展各项工作。各单位密切配合,在广大图书馆馆员的共同努力下,结合本地实际,广泛深入地开展了丰富多彩的读者服务工作,圆满完成了全年工作任务,有效地推动了本省文化事业的发展和繁荣。

积极推动国家重点工程。在古籍保护方面,湖南省中心组织省内古籍收藏单位向国家古籍保护中心申报第四批《国家珍贵古籍名录》,共有10家单位和1位收藏者的309部古籍参加申报。督导省社科院、湖南师大、衡阳、常德、邵阳等重点古籍收藏单位完成《中华古籍总目》湖南省卷联合目录的数据填报和提交工作。与常德市图书馆学会联合举办古籍普查与编目培训班,培训常德地区高校及市县馆古籍整理学员35人。在共享工程方面,湖南省中心充分发挥文化共享工程省级分中心的纽带作用,协助省文化厅做好基层网点建设,实施数字图书馆推广计划,积极推进全省文化共享工程建设与服务工作的开展。策划全省"文化共享惠泽三湘"系列主题活动,全省累计服务70万余人次。做好数字资源的推广和使用,2011年共签订资源共享协议87家,基层公共图书馆数字资源年访问量达61万篇次。

积极开展社会文化服务。由湖南省委宣传部等8家单位主办,湖南省少年儿童图书馆承办,在全省少年儿童中开展了"纪念中国共产党成立90周年"红色经典读书活动暨"三湘少年儿童阅读之星"评选活动。全省14个市州120多个县、市、区依托当地文化局和图书馆、少儿图书馆,周密部署、精心组织开展了内容丰富、形式多样的读书活动。全省共有110多万名少年儿童参加了此次读书活动,开展各种形式的读书活动200余场,征得创意作品3000余篇。湖南图书馆在"三湘读书月"期间建立一所娄底聋哑学校图书馆,邀请长沙市10多家高校团委和学生读书会,共同研讨"信息时代的社会阅读";还开展了"百年湘图,百年明德"系列讲座;"书画艺术交流"、"草长莺飞放纸鸢"等市民文化沙龙活动。全年现场讲座66场,视频讲座113场,读者培训和活动共计24场次,参与读者1560余人次。开通了全国首家"为政协委员履职服务平台",该平台集"政协履职知识、网上参考咨询、数字文献查阅"三位一体,现收录省政协委员752名,2005—2010年政协优秀调研报告330篇,2008—2011年提案目录3329条。

大力推动数字图书馆建设。完成文化共享工程国家课题项目"湖南地方戏剧资源库"、"湖南非物质文化遗产资源库"、"湖南近代人物库"的建设,组织非遗库专家评审会,顺利通过国家管理中心验收。非遗信息入库总量达2300条,其中图片1200幅、文字160万字、视频133部;戏剧库入库总量达到20462条,其中人物1127人、图片5906幅、文字1713万字、视频681部,总容量1230GB。人物库入库总量达到32331条,其中人物1958人、图片7218幅、视频33部、文字4996万字。在特色资源建设方面,对湖湘名流、专题湖南、地方文献、寻找城市记忆、故事湖南、家谱族谱、湖南学术、湖南风物、湖南文化与外部世界、口述历史等十几个栏目定期进行数据更新,更新数据2100条达300万字,图片430张,音频5G,视频419G。

加强图书馆联盟合作。湖南省图书馆学会积极协调全省公共、高校、科研等系统图书馆,促进和加强图书馆界的交流与合作。圆满完成了省学会第九次会员代表大会的组织召开和学会换届选举工作;做好中青年人才库的管理和评奖活动,组织开展省学会2011—2012年课题申报、中青年人才库成员年度课题考核及年度成员推荐等工作;组织学会会员参加中国图书馆学会2011年年会征文;组织承办"全国地方文献研究与工作研讨会"、"2011中美图书馆员专业交流项目·湖南省图书馆馆长高级研讨班"、"全省图书馆员业务培训班"等大型会议和培训班,先后有来自全省90多个公共图书馆、学校图书馆和专业图书馆的600余名图书馆员参会或参培;组织召开全省市、县公共图书馆馆长会议,100余位代表参会,共同签署并发表了"湖南省县(市、区)公共图书馆服务公约"。另外还通过"联合在线咨询"平台,联合湖南图书馆、湖南大学图书馆、湖南省科技信息研究所、中南大学图书馆、湖南师范大学图书馆、国防科技大学图书馆、长沙理工大学图书馆、湘潭大学图书馆、湖南农业大学图书馆、长沙学院图书馆、长沙市图书馆11家单位,为广大用户提供公益性参考咨询服务。2011年共回复读者咨询近一万条,传递文献5万多篇。

此外,2011年,湖南省各类型图书馆呈现不同特色:

公共图书馆:不断完善自身建设,认真贯彻执行图书馆免费开放政策,开展了丰富多彩、形式多样的公益讲座宣传活动,建立一系列社区、基层服务点,积极开展基层图书馆调研,取得了基层图书馆现状的第一手资料,并找到了相应问题的症结和解决办法。积极配合人大、政协开展相关服务工作,探索为省政协委员、省人大代表服务机制。

高校图书馆:以科研、教学为突破点,明确重点,积极推进全省高校图书馆可持续发展,2011—2012年度湖南省高校分会科研课题的立项63项,其中5项为重点课题项目。以阅读活动为纽带,持续组织开展全民阅读活动,建立阅读推广长效机制,提升高校图书馆的社会地位。通过各高校图书馆的组织变革、积极推动,各图书馆之间交流沟通、凝聚力和向心力得到空前增强。在图书馆学教育方面,湘潭大学和中南大学已经成为了湖南省图书馆学专业教育的中流砥柱,拥有一支综合素质较高的教师队伍。湖南省图书馆学专业教育的稳步发展,形成了理论与实践并重的课程体系,2011年,湖南省获得图书馆、情报与文献学国家社科基金项目4项、省部级项目10余项。湘潭大学"图书、情报与档案管理"2011年被确定为湖南省"十二五"重点学科、中南大学湘雅医学院医药信息系已经形成了图书馆学与情报学研究生教育体系。经过21世纪十年的发展,湖南省普通高校图书馆整体上呈"馆舍建设速度放缓、文献资源总量稳步增长、数字资源比重迅速扩大、馆员队伍素质结构继续改善、服务由被动向主动和由内向外转变"的特点。

高职院校图书馆:高职院校图书馆工作委员会积极探索职业教育文献资源共享工程服务体制,为实现"湖南省职业教育图书馆联盟"打下一定的基础。成功举办湖南省高职院校图书馆馆长及技术员CNKI知识服务平台培训班和牵头承担"湖南省职业教育联盟图书馆建设"项目。组织开展了"湖南省高职院校图书馆'倡导全民阅读,构建书香校园'评选活动",引导广大读者走进图书馆、利用图书馆。积极参与并协助组织行业学会学术交流活动,不断发挥研究会的牵头作用。参与全国高职院校信息素养教材编写工作,不断提高高职院校文献信息服务水平。

科技信息图书馆:2011年,全省科技(信息)机构坚持党的领导,促进科学发展;坚持深化改革,提升管理水平;坚持业务创新,实现集约式发展;坚持"图情一体化",加强与公共图书馆、高校图书馆之间的协作,进一步扩大了"文献信息资源协作网"的影响力。坚持"资源共享、优势互补、合作多赢"的原则,与高校、高职图书馆联合举办"湖南省图书情报界虚拟化技术研讨会",利用科技文献与创新资源共享服务平台加强与市州级科技信息机构的联系和合作,加强与行业科技情报(信息)机构的联系等方式,促进了科技信息资源在全省范围内的共建共享。围绕"四化两型"和"四个湖南"建设总体要求,按照"稳增长、转方式、调结构、增能力"的指导思想和"明确一个目标,坚持两项改革,做好三方面情报服务,采取四项重大措施"工作思路,深化改革,扎实工作,开展了科技情报服务万家企业战略行动,全面实现了岗位目标管理这一新的管理机制,农村农业中小企业服务平台建设取得重大突破,竞争情报由产业情报向区域竞争情报发展,文献服务平台改版工作顺利完成。科学研究取得丰硕成果,在中国科技情报网战略联盟工作 2011 年度评比中,以第一名的优异成绩获表彰,承担的省科技计划项目《基于单位的温室气体排放标准评审》顺利通过评审,并成为全国关于组织机构温室气体排放计量的第一个地方标准。

第二节　基本统计数据

公共图书馆机构共 125 个,其中:省级图书馆 2 个、地市级图书馆 15 个、县市级图书馆 108 个,比 2011 年增加 1 个市级图书馆。2011 年全省书刊文献外借册次 936.98 万,总流通人次 1118.37 万,为读者举办各类活动参加人次 256.06 万。

普通高校继续保持 37 所高校图书馆,其中公办学校图书馆 35 所、民办学校图书馆 2 所,新增图书馆馆舍 1 所(中南大学图书馆)。图书馆总建筑面积达993 730平方米,新增馆舍面积36 050平方米,较 2010 年度(956 680平方米)增长 3.8%,远低于 21 世纪前十年年均8%的增长速度;生均(按 37 所普通高校 65 万在校学生自然数计算)馆舍面积达到 1.53 平方米,阅览座位98 839个,新增阅览座位 4604 个,较上年度(94 238个)增长 4.8%,生均阅览座位 0.15 个。文献总量达到11 186 万册,较上年度增加 1825 万册,同比增长 19%(2010 年为9368 万),生均 172 册。其中印本文献5342 万册,较上年度增加 202 万册,生均增加 3 册,同比增长 4%(2010年为 5174 万册),生均印本文献量达 82 册;数字资源5503 万册,较上年度增加1598 万册,同比增长 44%(上年度为 3650 万册,此次增长含有折算因素,原来部分图书馆数字资源未按教育部 2007 年《数字资源折算办法》进行折算),文献资源三年增长。在所有文献信息资源中,数字资源折合藏书量首次超过印本文献量,达到49.2%,印本文献占文献信息资源总量的43.8%,其他资料占文献信息资源总量的7%。普通高校图书馆全年共订各类纸本报刊 67762 种次,较上年增加 757 种次,同比增加 1%(2010 年为67 195种次),生均报刊拥有量为 0.104 种次。在 37 所普通高校图书馆中,有 18 所图书馆增加报刊订购量,增量最高的图书馆达到 565 种次,同比增加 22.8%;有 8 所图书馆减少报刊订购量,减少最多的图书馆达到 604种次,同比减少 22.2%;有 11 所高校图书馆报刊订购量与 2010 年持平。湖南省普通高校图书馆文献购置费投入为12 093.79万元,较上年度增加 750.69 万,同比增长 6.6%(2010 年为11 344.1万元)。生均文献购置费为 186 元,较上年度增加 12元(2010 年为 174 元)。在 37 所普通高校中,文献购置费投入超过千万的有 2 所,500—1000 万的有 6 所,100—500 万的 22 所,100 万以下的 7 所;文献购置费较上年度呈负增长的有 10 所。从 3 月开始,有计划地在全省高校图书馆倡导年度"全民阅读"宣传工作,以"世界读书日"和"图书馆服务宣传周"为时间中心,倡议与指导省内各高校图书馆举办相关阅读宣传活动。普通高校图书馆外借图书1470万册次,较上年减少979 434册次;同比减少6.2%。生均外借图书22.1册次,生均减少借阅1.5册次。图书馆接待阅览读者20 232 939人次,较上年增加1 452 568人次,同比增加7.7%(2010年为18 779 371人次),生均到馆阅览31.2次。生均增加2.3次(2010年为生均28.9次)。2011年,全省普通高校图书馆开展包括阅读宣传、读书活动、读者座谈等在内的互动活动百余次,参加人次达14.8万人次,较上年增加3.2万人次,同比增加27.6%(2010年为11.6万人次)。借助CALIS平台与湖南省高校数字化图书馆平台,传递文献89 518篇次,较上年增加7655篇次,同比增加9.5%(2010年为80 863篇次)。普通高校图书馆全年共有9所从事科技查新活动,参与区域经济建设文献信息服务,共完成科技查新课题1815项,较上年度增加273项,同比增加17.7%(2010年为1542项)。37所普通高校拥有服务器419台,增加61台,同比增长17%(2010年为359台)。计算机终端数量为11 867台,增加1228台,同比增长11.5%(2010年为10 639台),生均拥有计算机终端数量为0.18台,生均拥有量比上年(0.16台)增加0.02台,增长率为12%。2011年,从业人员素质结构不断改善,湖南省普通高校图书馆共有从业人员2329人,较上年度减少16人,同比减少0.7%(2010年为2346人),其中专业技术人员2004人,占总数的86%,管理人员与工勤技能人员342人,占总数的14%;硕士及以上学位的有375人,占总数的16%,本科学历1302人,占总数的56%,专科及以下的652人,占总数的28%。硕士及以上的人员数量每年8%左右的速度递增,本科学历从业人员数量保持高位水平,专科及以下学历呈持续下降的态势,工勤技能人员正在通过各种渠道从图书馆分流出去。

第三节　未来规划展望

2012年,湖南图书馆界将谨记肩上重任,继续发扬成绩,深化改革,以党的十七届六中全会精神为指导,在各级政府部门的领导下,全面推进全馆各项工作的开展,为加快文化强省建设,构建公共文化服务体系作出更大的贡献,以优异的成绩向党的十八大献礼。

（执笔人:张勇　蔡璐　郑章飞　许明金　唐晓应）

第二十七章 广东省图书馆事业发展报告

第一节 事业发展综述

2011年,《广东省建设文化强省规划纲要(2011—2020年)》正式发布。广东省图书馆立足图书馆发展实际,面向未来,制定"十二五"发展规划。为迎接党的十八大的到来,全省图书馆界借助推动公共文化大繁荣大发展的政策背景,积极推动事业继往开来,扎实推进,并在稳中求新,展现了较好的发展势头。

新馆建设喜讯连连。2010年12月30日,广东省政府投资5亿元的广东省立中山图书馆改扩建工程建成开放。整个新馆以崇尚生态、优先节能、力行俭约、富集人文为亮点,充分体现了当代建筑现代、自然、人文三大核心价值观,标志着广东省立中山图书馆的历史从此掀开了新的一页。广州图书馆新馆位于广州新城市中轴线上的珠江新城,占地面积约2.1万平方米,总建筑面积9.8万平方米,地下2层、地上10层,建筑高度为50米。项目总投资约13亿元将建设成为一个集学习阅读、信息交流、文化休闲等功能为一体的信息化、网络化、智能化、现代化、安全环保,具有时代风格和浓郁岭南人文蕴涵的图书馆,成为广州市重要的知识信息枢纽和精神文明建设的重要基地,达到"国内一流,国际先进",成为广州市文化设施中的新标志。2011年1月,佛山市图书馆新馆工程土建封顶。6月2日,肇庆市图书馆新馆建设主体工程顺利封顶。

文化共享工程服务网络建设成效显著。"十一五"期间,广东省的文化共享工程工作克服各种困难,在基层服务网点建设、公共服务、共建共享、队伍培训等方面取得了新的进展,社会效益较好。目前已经建成1个省级分中心,21个市级支中心,106个县级支中心,与农村党员远程现代教育项目相结合,合作共建镇级基层服务点1148个、村级基层服务点19 526个,已完成县级支中心100%全覆盖的建设目标。根据文化部提出镇、村基层服务点与农村党员远程现代教育资源整合的要求,广东省文化共享工程与农村党员远程现代教育相结合,截至2011年底,合作共建镇级基层服务点1148个、村级基层服务点19 526个,实现了全省镇、村级网络100%全覆盖。

公共电子阅览室建设试点发展态势良好。2010 年 7 月,在文化部社文司召开的"公共电子阅览室建设计划"试点工作座谈会上,广东省被列为全国 9 个试点省份之一,东莞市也被列为试点市。东莞市馆结合省情、市情,向文化部社文司报送了《广东省公共电子阅览室试点建设工作方案》和《东莞市公共电子阅览室试点建设工作方案》,着力实施和推进公共电子阅览室试点建设,取得积极成效。在资源供给上,除依托文化共享工程国家中心整合下发的专题资源和各试点图书馆本身拥有的数字资源外,还针对不同群体特别是未成年人、进城务工人员的网络文化需求,不断补充、更新适合广大群众需要的优秀数据库群。社会公众可以方便、快捷地访问和使用各电子阅览室的数字资源,同时接受包括服务时间、服务情况等的监控和统计。另外,依托电子阅览室的数字资源和设备优势,各试点还积极开展形式多样的公益文化服务。除提供网页浏览、检索咨询等日常服务外,还常年开展各种专题的公益文化活动,包括影视播放、开展计算机、网络应用有关的各类学习、培训等,受到读者的广泛欢迎。

公共文化服务体系构建取得成效,流动图书馆、一卡通、总分馆制得到加强。广东流动图书馆是广东建设文化强省,缩小区域间社会发展差距,努力增强广东省综合竞争力和提高全省人民综合素质的一项重要举措,使广东省公共图书馆实现整体的、超常规的、跨越式的均衡发展,有效打破条块分割,改善区域间文化配置不合理的状况,构建合理的公共文化服务体系,解决基层群众读书难问题的一种新模式。为提高基层图书馆管理水平,广东流动图书馆免费开放 Interlib 系统平台供各图书馆用于本馆自动化系统业务,截至 2011 年,共有 41 家分馆将该平台运用于本馆流动及采编业务。2011 年 10 月 25 日,佛山市联合图书馆举行"二代身份证"免押金书刊借阅服务启动仪式佛山市民不论户籍地,均可凭二代身份证开通借阅服务功能,无二代身份证人士可免费办理"一卡通"借阅证,并在佛山市联合图书馆 28 家成员馆享受免押金借阅服务。在东莞市委、市政府建设"文化新城"、"文化名城"的宏伟目标指引下,以创建全国公共文化示范区、全市"文化惠民"工程为契机,东莞市图书馆总分馆制建设得到长足进步。截至 2011 年 12 月,已成功构建起市、镇、村三级文化设施网络体系,形成了含 1 个总馆、51 个分馆、102 个服务站的地区图书馆网群,按照市政府为民办的十件实事"文化惠民"工程要求,2011 年将实现全市镇街 24 小时自助图书借阅全覆盖。目前,东莞已实现了"一馆办证,多馆借书;一馆借书,多馆还书",实现了图书馆在时间上 365 天每天 24 小时全天候服务,在空间上覆盖全市 32 个镇街的体系化服务,图书馆公共服务体系初步形成,公共文化建设成果得到了中央、省部各级领导的多次肯定。12 月,多家中央主流媒体聚焦本市图书馆公共服务实践,并给予大篇幅专题报道。2011 年,广东流动图书馆分馆总数达 73 个分馆,已基本覆盖全省欠发达地区,总流通人次5 913 882人次,上网总人次106 812人,阅览总册次11 400 658册,咨询总件数88 945,外借办证25 887,外借人次84 016人次,外借册次907 752。

古籍保护工作稳步推进。2011 年,广东省古籍保护中心(以下简称"省中心")在广东省文化厅和国家古籍保护中心的支持与指导下,稳步开展本省古籍保护工作,取得了一定成绩。截至 2011 年底,广东省已开展古籍普查工作的古籍收藏单位共有 29 家。已完成古籍普查平台著录数据 1 万余种,其中省馆约 5000 种、其余各馆总计 5000 余种。按照国家古籍保护中心要求,自 2011 年起,《国家珍贵古籍名录》的申报、评审应成为各省古籍保护中心常态工作。在省中心组织下,全省 15 家古籍收藏单位于 2011 年 2 月完成了第四批《国家珍贵古籍名录》申报,共递交 381 种善本的申报材料。8 月 5 日,广东省文化厅召开了广东省古籍保护联席会议,就首批《广东省珍贵古籍名录》与省级古籍重点保护单位的初审结果进行审议。11 月,广东省政府办公厅已正式公布首批《广东省珍贵古籍名录》与省级古籍重点保护单位的评审结果,本次广东省共有 22 家古籍收藏机构的 1098 部善本入选首批《广东省珍贵古籍名录》,15 家单位被评为省级古籍重点保护单位。详见广东省人民政府《关于公布第一批省级古籍重点保护单位和第一批省级珍贵古籍名录的通知》(粤府[2011]131 号)。《第一批省级珍贵古籍名录》的出版工作也已提上日程,正在排版校对当中。2011 年 5 月,省中心与各古籍收藏单位研讨编纂事宜,初步制定《中华古籍总目·广东省卷》编纂计划,即编纂《中华古籍总目·广东省卷·方志分册》。9 月,省中心先后与省内 29 家古籍收藏单位签署了参编任务书。8 月,在省中心指导和协助下,惠州市文化局在惠州慈云图书馆举办了第一期惠州市古籍普查培训班,为期三天,参加培训学员共 120 名。在省中心组织下,广东省各古籍收藏单位派遣工作人员参加国家中心在外地举办的古籍培训课程 7 人/次。省中心 3 名工作人员在完成上述常规工作之外,还兼任了许多文献开发工作,参与《清代稿抄本》《广州大典》的编纂整理,重点是编纂《馆藏善本书目》,分别负责经部、史部和子部的整理编辑工作。

第二节　基本统计数据

至 2011 年,全省共有公共馆 134 所,高校馆 58 所,高职院校 32 所,中职中专学校馆 271 所。据全省公共馆数据统计,2011 年公共图书馆在馆藏总量、财政投

入、服务效益等方面均有突破(详见表27-1、表27-2)

表27-1 2010年至2011年馆藏总量与经费比较图

项目 年份	总藏量 (册)	新增藏量 (册)	总经费 (千元)	购书费 (千元)
2010	43 673 700	3 417 940	588 648	127 733
2011	58 897 373	4 087 185	786 429	179 027

表27-2 2010年至2011年服务效益比较图

项目 年份	有效借书证	总流通人次	书刊文献 外借册次	读者活动	
				讲座(次)	人次
2010	2 446 904	45 651 100	25 360 100	5486	897 500
2011	3 003 851	60 719 522	26 174 968	4166	1 108 426

整体规模:广东省内共有134所省市县级公共图书馆(包括5所少年儿童图书馆),其中一级馆47所、二级馆24所、三级馆25所、无等级馆38所,正常开放的132所,正在筹建的1所。全省公共图书馆公用房屋建筑面积974 962平方米,较上年度增加24%,其中书库面积177 115平方米、书刊阅览室面积180 066平方米、电子阅览室面积35 649平方米。

文献总藏量:全省公共图书馆藏书总量58 897 373册/件,较上年度增长34.8%,包括图书43 133 666册(含盲文图书63 371册,少儿文献3 468 844册)、古籍821 294册(含善本56 407册)、报刊3 995 824册、视听文献1 636 094册、缩微制品27 781册、电子图书8 495 456册、其他787 258册。2011年新购藏量4 087 185册,新购报刊种类81 747种。

信息化建设:全省公共图书馆共有计算机设备11 944台,较上年增长20%;电子阅览室终端数6331个,较上年增长13.4%。阅览室坐席总数67 810个,较上年度增加16.3%,其中少儿阅览室坐席数13 138个,较上年度增长8%。盲人阅览室坐席数503个。

读者服务:全省公共图书馆共发放借书证3 003 851个。总流通人次60 719 522次,较上年度增长33%。书刊文献外借册次26 174 968次,较上年度增长3.2%。为读者举办7169场次各种活动(其中组织各类讲座4166次,举办展览977场,举办培训班2026次),较上年度减少5.5%。参加人数超过5 186 550人次,较上年减少0.9%。图书馆网站总访问量47 291 017次。流动图书车书刊借阅数2 368 509人次,是上年度的 4 倍。流动图书车书刊借阅量达 3 554 552 册次,是去年的 3 倍。分馆数量达 1253 个,较去年增加了 409 个。

从业人员:全省图书馆从业人员共 4203 人,比 2010 年增长 13%。其中专业技术人员 2430 人,拥有正高职称 42 人,副高级职称 191 人,中级职称 1015 人。

财政投入:全省公共图书馆全年财政拨款 754 601 000 元,较上年度增长 36.8%;总支出 784 704 元,较上年度增长 39%;各种设备购置费 178 920 元,是上年的 5.6 倍;新增藏量购置费 133 263 元,较上年度增长 10%。

第三节 未来规划展望

广东省目前已落实每年 10 万元的免费服务省级财政补助。2012 年,还要继续加大对文化设施的扶持,目标是新建改扩建 40 个县级三馆,扶持 150 个乡镇文化站建设,扶持 250 个已建好的乡镇阅览室配置公共电子阅览室,扶持 1000 个村的文化室设施。广东省公共图书馆将积极参与到这一系列的文化建设活动,共同推进文化信息资源共享工程、公共电子阅览室工程和数字图书馆推广工程三位一体的公共数字文化服务工程。此外,在"十二五"未来三年,广东省图书馆事业将努力做好如下工作:

扩大专业教育规模,充实职业服务队伍。省图书馆学会、省中心图书馆委员会及图书馆学教育部门、各级各类型图书馆将联合起来,不断探索新的人才培养、专业人才继续教育网上平台、考核机制,扩大在岗馆员的教育培训渠道,加强图书馆工作人员的专业学位教育,增加服务能力和科研能力,以便尽早改变人才缺乏的现状,壮大职业服务队伍。省图书馆则将通过广东流动图书馆专项经费加强业务辅导工作;同时开展全省馆员分片轮训工作,组建高水平的资源建设技术骨干队伍,为文化信息资源共享工程的顺利实施提供坚实的人才保障。

制订相关标准规范,增强后继发展潜力。在国家、行业加紧制订相关标准规范的背景下,全省图书馆也将以日常服务指南、规章制度编制为基础,学习《公共图书馆服务规范》等文件,广东省立中山图书馆已牵头制定申报国家质检总局标准的《乡镇图书馆管理规范》。具有岭南特色的"岭南模式"也将进一步推广,把广东的公共图书馆服务体系打造具有区域特色的岭南模式。扩大与其他部门的合作范围与力度,探索合作规律与特点,实现全省图书馆事业的可持续健康发展。

(执笔人:陈卫东)

第二十八章　广西壮族自治区图书馆事业发展报告

第一节　事业发展综述

2011年,广西各级公共图书馆,以公共图书馆免费开放为契机,以满足群众文化需求为主线,加强公共文化服务设施建设,不断完善公共文化服务体系,大力提升公共文化服务能力,实现了"十二五"良好开局。

各级公共图书馆基础设施建设不断推进。广西桂林图书馆新馆建筑已封顶,预计年内搬迁;梧州市图书馆、贵港市图书馆即将交付使用;南宁市图书馆、防城港市图书馆、来宾市图书馆、北海市图书馆、钦州市图书馆和百色市图书馆新馆建设也在进行当中。广西壮族自治区图书馆地方民族文献中心建设已被列入今年广西壮族自治区的重点文化建设项目。

公共图书馆免费开放工作有序推进。按照《文化部、财政部关于推进全国美术馆公共图书馆文化馆(站)免费开放工作的意见》,要求自治区全面实施公共图书馆免费开放。不少图书馆通过新闻媒体进行免费开放的宣传报道:桂林图书馆专门召开了免费开放服务新闻发布会;柳州市图书馆以第16届"世界读书日"为宣传契机,采取多种方式向社会积极推进免费开放;北海市图书馆举行了免费开放暨手机图书馆正式开通启动仪式,北海日报、北海电视台、北海365网等媒体争相报道;贵港市馆以"庆祝中国共产党成立90周年暨推进图书馆免费开放"为主题举办"2011年度图书馆服务宣传周"活动,编印"民心工程——公共图书馆免费开放"等宣传资料,并通过移动通讯公司给手机用户发送宣传图书馆免费开放的短信。

文化信息资源共享工程建设转型发展。2011年,以图书馆为依托的全国文化信息资源共享工程广西分中心的工作任务从以网点建设为主向以基层服务为主转变,工作重心从以硬件建设为主向以软件建设、内容建设为主转变,工作机制从推进工程建设的机制向以完善日常管理的机制转变。完善数字电视平台,新开辟"亲子乐园"栏目,提交幼儿教育和讲座视频节目131部。完成了OAI-PMH文化信息资源共享平台和网络直播系统和视频资源分发系统建设。在不断更新广西北部湾经济区数据库、政府信息公开、八桂讲坛、名人库、作品库、视频点播系统、旅游论文数据库、桂林老百姓文化大讲坛、广西名人数据库等数据库的基础上,新增设"八桂诗词库"和"桂林旧事数据库",全年新增数据8000多条。

读者活动形式多样、丰富多彩。大部分市级公共图书馆都拥有自己的讲座品牌和展览品牌,如广西壮族自治区图书馆的"八桂讲坛"、"广图展览",广西桂林图书馆的"桂海讲坛",南宁市图书馆的"绿城讲坛"、"绿城展廊",梧州市图书馆的"鸳江讲坛",河池市民族图书馆的"红水河讲坛"以及贺州市图书馆的"黄金屋讲坛",等等。各图书馆利用"世界读书日"、"图书馆服务宣传周"、"纪念建党90周年"、"纪念辛亥革命100周年"等主题,到乡镇、社区、学校、劳教所、戒毒所等地区开展读者活动,取得了较好的服务效果。

古籍保护、整理工作继续发展。根据广西壮族自治区文化厅文件(桂文发〔2011〕6号),在广西壮族自治区图书馆、广西壮族自治区桂林图书馆、广西师范大学图书馆、广西壮族自治区博物馆等4家全国古籍重点保护单位和自治区古籍重点保护单位设立自治区级古籍修复中心。召开2011年广西古籍保护工作厅际联席会议和全区古籍保护工作会议暨《中华古籍总目·广西壮族自治区卷》编纂工作协调会,贯彻落实《文化部关于进一步加强古籍保护工作的通知》。根据国家古籍保护中心的工作要求和广西实际,制定了《〈中华古籍总目·广西壮族自治区卷〉编纂细则及范例》作为分省卷工作的指导,并拟订《关于〈中华古籍总目·广西壮族自治区卷〉编纂工作有关问题的通知》,确定了数据提交的规范、形式、时间要求及资金奖励办法,有力促进了分省卷的编纂进度。古籍整理成果也不断涌现。广西壮族自治区图书馆、广西桂林图书馆、广西师范大学图书馆配合广西桂学会古籍整理出版委员会整理出版《桂学研究资料丛刊》。广西壮族自治区图书馆出版《广西图书馆馆藏珍品》,完成《陆荣廷年谱》的整理编纂工作。广西桂林图书馆积极与广西方志办合作,整理乾隆版《郁林州志》,即将付印出版。广西民族古籍办完成侗族口碑古籍《琵琶歌》(150万字)、广西土司资料系列之《田州岑氏土司族谱标点》(60万字)和《壮学丛书》重点项目《壮族鸡卜经》(800万字)的编纂工作;完成《壮族民歌古籍集成》之《风俗歌》(256万字)和《信歌》(136万字)以及《壮族师公经书影印译注》(1000万字)中50本经书计300万字的翻译整理工作;《广西壮语地名集》(700万字)完成卡片审核,进入词条转化和后期审稿工作;瑶族古籍《瑶族民间宗教经书影印译注》项目完成茶山瑶师公经书抄本的搜集,共获得师公经书127本,撰写译稿40万字,取得阶段性成果。

广西各级公共图书馆事业也存在一些不足。首先是投入有待加强,与实现服务均等化的任务相比,公共文化服务体系建设相对滞后,公共文化基础设施薄弱。

其次是图书馆的办馆效益不高,办馆理念有待进一步更新。图书馆在艰苦的条件下辛勤工作,需要领导和上级部门的大力关怀和支持,必须要正视差距和问题,采取切实可行的措施,以更大的作为和实际成果,推动图书馆事业的大发展大繁荣。

第二节　基本统计数据

广西的公共图书馆自 1909 年桂林图书馆创立起至今已有 100 多年的历史,是全国最早"县县有图书馆"的省(自治区)之一。截至 2011 年底,广西县级以上公共图书馆有 99 所,包括省级公共图书馆 2 所、地市级公共图书馆 13 所(含有独立建制的少年儿童图书馆 2 所)、县市级公共图书馆 84 所(含 7 所县级市图书馆、56 所县图书馆、12 所自治县图书馆,9 所市辖区图书馆)。广西目前有高等学校 76 所,其中普通本科院校 29 所(含独立学院 9 所),高等专科学校 8 所,高等职业学院 33 所,独立设置的成人高校 6 所。

2011 年,广西各级公共图书馆财政拨款收入为 1.3 亿元,新增购书费 2099 万元;馆舍建筑总面积达 31 万平方米,阅览坐席 3.2 万个,计算机 0.6 台。从业人员数量为 1738 人,其中,具有高级职称的从业人员 71 人,具有中级职称的从业人员 559 人;硕士研究生 35 人,大学本科生 494 人,大学专科生 836 人。持证读者总数为 38.9 万人,千人拥有借书证 7.5 个。年流通人次为 998 万人次,书刊外借 753 万册次。举办各种读者活动 2985 次,共有 219 万人次参加。

截至 2011 年底,广西利用共享工程专项资金,已建成省级分中心 2 个、市级分中心 15 个(含南宁市少年儿童图书馆、北海市少年儿童图书馆)、县支中心 109 个、乡镇服务点 1126 个、村级服务点 14 353 个,广西区县覆盖率为 99%、乡镇覆盖率为 99%、行政村覆盖率为 100%,基本实现了广西文化共享工程"十一五"确定的县县建有支中心,乡乡、村村建有基层服务点的发展目标。

2011 年,广西各级公共图书馆纸质文献总藏量为 20.84 万册;新增藏量为 35 万种、69.8 万册,其中图书 31.1 万种、54.8 万册,期刊 3.2 万种、10.9 万册,报纸 0.7 万种、4.1 万册。全年共有 6 家单位的 83 部古籍入选第四批《国家珍贵古籍名录》,120 部古籍入选广西第二批《全区珍贵古籍名录》。截至 2011 年底,广西壮族自治区图书馆、广西师范大学图书馆、柳州市图书馆和广西桂林图书馆共完成古籍普查登记 6728 条。2011 年,广西壮族自治区图书馆完成修复古籍 5010 页,并配合馆藏书画作品集,托裱了收集到的 108 幅书画作品;广西少数民族古籍整理办深入都安、田林、桂平、金秀、田阳等壮村瑶寨,搜集到壮族、瑶族道公、师公等民间宗教经书、碑刻共 761 册/通；广西师范大学图书馆修复古籍书页 463 叶，装订 30 册；柳州市图书馆完成古籍修复 66 册。

第三节　未来规划展望

广西公共文化工作未来发展的总体思路是：全面贯彻党的十七届六中全会、广西壮族自治区第十次党代会精神，以建设民族文化强区为目标，以实施文化建设"八大工程"为主要任务，以满足人民群众精神文化需求为出发点和落脚点，加快建设公共文化服务体系，加快发展文化产业，加强对文化产品创作生产的引导，着力提高文化产品和服务的供给能力，大力保护和发展文化遗产，深化文化体制改革，加强文化人才队伍建设，推动文化交流开放，为加快实现富民强桂新跨越提供强大的思想保证、精神动力、舆论支持和文化条件。具体到公共图书馆，2012 年主要开展工作有：一是加强公共数字文化建设，包括完成自治区级"数字图书馆推广工程"硬件平台的搭建工作；搭建与国家数字图书馆相对接的全区自治区、市、县数字图书馆虚拟网专网（VPN）；构建数字图书馆服务系统；以资源建设为核心，加大广西地方性、民族性数字资源的建设力度。二是在现有的工作基础和成果上，重点做好古籍保护（含民国文献保护）的普查工作。三是注重图书馆服务规范的落实。四是做好活动品牌的创建工作。五是开展广西"春雨工程"。

（执笔人：秦小燕）

第二十九章 重庆市图书馆事业发展报告

第一节 事业发展综述

按照重庆市"十二五"规划对文化事业的总体部署,公共文化服务体系建设被列入 2011 年发展重点,其中更明确指出重庆图书馆系统要担当龙头重责,推进四级公共文化服务网络的建设和完善。2011 年,重庆图书馆系统按照"阵地服务与延伸服务相结合,巩固读者与培育读者相结合"的工作思路,不断强化图书馆意识,扩展图书馆链条,使图书馆成为市民终身教育的学校。

落实免费开放,关注弱势群体。免费开放是重庆市图书馆界 2011 年的头等大事。随着新馆运行步入正轨,重庆市公共图书馆界的注意力逐渐从馆舍设施、设备革新、布局规划等硬件建设上抽离出来,回归到公共图书馆免费、平等、开放的本位上。根据文化部、财政部出台的《关于推进全国美术馆公共图书馆文化馆(站)免费开放工作的意见》,按照重庆市委、市政府的安排部署,各级公共图书馆按照"先期试行,逐步完善,全面实现"的原则,分区域分步骤推进工作,最终在 6 月 1 日前按计划实现了免费开放。在服务残障读者方面,3 月,重庆图书馆举办了"视障读者服务研讨会暨视障者电脑使用推广培训班",联合主城区的公共图书馆共同推动无障碍电影的普及。6 月,重庆市渝中区图书馆开辟视障阅览室。同时,图书馆也鼓励残障人士,尤其是残障儿童参加普通读者活动。在服务农民工方面,重庆图书馆提出了"融入城市,让生活更美好"的理念,通过定期提供免费电脑培训、组织农民工子女参加读书活动、与农民工集中的企业和单位建立共建共享关系等方式,帮助农民工及其子女融入城市生活,得到市委领导的批示肯定。"重庆市少年儿童爱心图书接力服务"再接再厉,缓解了区县图书馆、学校购书经费不足的问题,为解决区县,尤其是偏远地区少年儿童的课外阅读问题贡献了力量。

引进先进技术,扩大资源共享。2011 年,重庆市各级、各类图书馆积极引入先进技术,扩大服务半径。4 月世界读书日期间,重庆图书馆推出的 24 小时自助图书馆和手机图书馆正式投入使用,引起了市民的浓厚兴趣。7 月,重庆图书馆完成了开架书库的 RFID 无线射频项目改造,实现了自助借还书,加强了流通管理,有效提高了服务效能。同年,重庆市公共图书馆一卡通、公共图书馆图书流通车等重要项目正式启动,进展顺利。重庆市高校图书馆在数字资源共建共享方面也卓有建树,参与联合数字资源采购、CALIS 文献传递服务体系,签订了联合目录协议,加入重庆市数字信息资源服务体系,一系列工作平稳有效展开。在文化共享工程方面,文化共享工程重庆市分中心完成了市文化共享工程政务外网建设方案;加强了对区县支中心的技术培训和业务指导;各级服务点充分利用共享工程平台向读者展播优秀地方戏曲、小品汇演以及优秀电影。"三下乡"工作中,重庆图书馆与重庆市少儿图书馆作为服务团成员,深入重庆市彭水县及其下辖乡镇开展书刊展阅、农科信息咨询、共享工程宣传等活动。重庆图书馆向当地群众发放农科资料、卫生保健资料 10 种共 2 万多份,并向彭水县图书馆赠送了 1400 多册书刊资料。少儿图书馆也送去了特色少儿阅读活动和少儿书刊。

增强业界联系,拓展服务空间。在加强自身建设的同时,图书馆行业内部的联系更加紧密:讲座、展览资源共享越来越频繁;由重庆图书馆组织的各类学术交流、培训活动得到了市内各级、各类图书馆的积极响应。重庆市图书馆界"请进来,走出去",多次针对免费开放及图书馆服务开展学术研讨、交流:4 月中旬,重庆市公共图书馆馆长论坛在黔江区图书馆举行,重点研讨免费开放及公共图书馆管理;4月下旬,重庆图书馆联合其他三个直辖市公共图书馆组织发起了"全国直辖市公共图书馆 2011 高峰论坛",引入先进地区图书馆的成功经验和服务理念;5 月,"重庆市图书馆学会、重庆市高校图工委第六届学术研讨会"促进各类图书馆之间的合作共建。重庆市各级公共图书馆之间合作更加默契,在举办全民阅读推广活动方面联合出击。世界读书日期间,由重庆图书馆牵头,启动了"走进图书馆——百万市民阅读大行动",主城区公共图书馆鼎力支持,掀起了全民阅读的新高潮。"太阳花读书会"、"少年儿童爱心图书接力"在青少年阅读活动案例征集暨阅读推广点子大赛中喜获佳绩,"杂志有约"系列活动在第五届青年学术论坛上获得三等奖。公共图书馆对外文化交流的窗口作用也更加突出。美国罗斯福图书馆向重庆图书馆赠送了一批珍贵文献;富兰克林·罗斯福总统的孙女安妮·罗斯福来渝向重庆图书馆赠送了罗斯福铜像;12 月,重庆图书馆与美领馆首度合作举办画展,并邀请了美国驻华大使馆信息官李如兰女士主讲"图书馆及图书馆员的未来"。另外,重庆图书馆在泰国朱拉隆功国立大学、英国威尔士图书馆设立了"重庆之窗"图书角,与美领馆合办了"诺曼·罗克威尔插图画展",重庆市沙坪坝区图书馆与德国图书信息中心联合举办了"德国最美的书"巡展,有效促进了重庆对外文化交流。

古籍保护稳步进行。重庆市第四批国家珍贵古籍名录申报,评审工作圆满完成;"重庆市第二批重庆市珍贵古籍名录及重点保护单位"进入最后审核阶段;加大对古籍保护专业人才的培养,邀请了全国知名古籍修复专家赵嘉福来渝培训,并选派人员参加民国时期文献保护工作座谈会、全国古籍修复高级培训班、《中华古籍总目·分省卷》编纂研修班等学习;重庆市古籍保护中心成功举办了第28期全国古籍普查培训班,来自全国各省市100多名代表参加了培训班学习;《中华古籍总目·重庆卷》和《巴渝文献总目》编纂工作顺利启动。

创新服务亮出特色。2011年,重庆市图书馆界围绕"建党九十周年"、"辛亥百年"等热门话题大做文章,充分发挥出抗战大后方历史文献丰富的优势,在扩大社会影响、支持学术研究方面做出了多种有益的尝试。重庆图书馆组织了"红色记忆翰墨千秋——庆祝建党90周年重庆图书馆藏革命历史文献展","建党90周年少儿书画、征文展"、"辛亥革命在重庆文献选萃展"、"辛亥百年"巡回讲座等;重庆市少儿图书馆举办了红岩少年读书活动、庆祝建党90周年网上视听宣传月;渝中区图书馆推出了"庆祝建党九十周年讲座、电影展播月",面向市民大力宣传,在社会上获得良好反响。重庆图书馆、重庆市北碚区图书馆及部分高校图书馆还积极参与了"中国抗战大后方历史文献中心历史文化丛书"、《辛亥百年·重庆卷》等图书的编纂工作,为抗战大后方历史研究提供文献支持,这些图书也赢得了学术界的高度评价。

第二节　基本统计数据

2011年,重庆市各项基本数据最大的亮点在于硬件数据稳定与服务人次增长之间的明显反差,切实反映了重庆市各级、各类图书馆,尤其是公共图书馆提升服务质量,扩大服务半径的力度和成果。

2011年,重庆市各类型图书馆数量基本没有变化,公共图书馆数量仍为43个,其中少儿图书馆2个。"新馆潮"渐入尾声,全年仅有黔江区图书馆新馆由试运行转入正式开放阶段,重庆市少儿图书馆对馆舍环境进行了修缮,扩大了服务面积。全市公共图书馆阅览面积224 950平方米,拥有阅览坐席1.4万个,与2010年基本持平。但公共图书馆在免费开放前对开放区域和服务项目进行了系统调整,实际上扩大了开放给读者使用的空间。

截至2011年底,重庆市公共图书馆总藏量达到1148.7万册,其中新购藏量55.6万册。申报、审议通过了372种古籍并上报入选国家古籍保护中心"第四批国家珍贵古籍名录"。财政拨款中,购书专项经费约1853.5万,比上年增长6%。

图书藏量上升至 735.5 万册,报刊保持在 107.5 万册,比上年略有上浮。值得注意的是,部分区县图书馆的盲文图书数量超过了市级图书馆。全市公共图书馆共有盲文图书17 317册,其中江津区图书馆12 000册,长寿区图书馆 2622 册,而重庆图书馆有 1100 册。在全市总藏量中有开架书刊489.8 万册,开架书刊占总藏量的比例增长了近 3 个百分点。同时,人员结构也相当稳定。公共图书馆从业人员共有848 人,其中高级职称 86 人,中级职称 212 人。

2011 年,全市公共图书馆总流通人次达到776.8 万人,比上年增长 25%;有效借书证达到293 639个,增长 13%;书刊外借人次436.1 万,增长 36%;举办讲座 289 场,参观人数约 54 万人次,增长 12%;举办培训 559 场,培训人次 11 万,增长82.2%。在延伸服务方面,全市公共图书馆的分馆数量由 2010 年的169 个增加到222 个,涨幅达 31%,而借阅人次达到83.2 万人次,比上年增长 42%。考虑到2010年 4 个新馆落成开放造成的井喷效应,2011 年能在上年基础上取得这样的增长速度实属不易。这得益于全市读者对公共图书馆免费开放的认同和支持,也得益于图书馆人在提升服务质量、创新服务项目方面的积极尝试。

文化共享工程全年新建乡镇基层服务点 221 个,街道基层服务点 58 个,社区基层服务点 439 个。至 2011 年底,已建成区县分中心 41 个,乡镇(街道)基层服务点 884 个,村(社区)基层服务点 8967 个,与高校、企业等合作共建基层服务点 28个,基本建成了覆盖城乡文化共享服务网络。

重庆市高校图书馆加大投入数字资源共建共享。超过 20 所高校参与了联合数字资源采购;通过 CALIS 文献传递服务体系,30 所本科及大专院校开通了馆际互借系统,20 所院校签订了联合目录协议;有 10 所高校图书馆加入了重庆市数字信息资源服务体系;重庆市高校文献资源共建共享平台 2008 年立项,2011 年正式进入试用阶段;在重庆市科技文献资源共享服务平台上,重庆大学、西南大学、重庆医科大学文献中心提供的文献传递量超过整个平台请求量的91.3%。

第三节　未来规划展望

重庆市图书馆事业经历了前两年多个区县公共图书馆新馆集中开放的"新馆潮",硬件上实现了跨越式的发展。2011 年走过"新馆潮",重庆市图书馆事业从更新更高的起点出发,逐步迈入了扎实发展的轨道:基本服务指标稳步上升;积极引入手机图书馆、24 小时自助图书馆等新技术、新理念,不断扩展服务范围;全市各级公共图书馆实现了免费开放;文化共享工程、古籍保护工作等重点工程进展顺利;公共图书馆一卡通系统、图书流通车等重点项目成功启动;关注农民工及其子女,帮助他们融入城市生活,在全市图书馆推广无障碍服务,培养专业人才,保障社会弱势群体的基本文化权益;抓住"建党九十周年"、"辛亥百年"等主题,支持、推动相关文献的研究开发,并面向市民举办了丰富多彩的全民阅读推广活动,抗战大后方历史文献开发结出硕果,取得了学术成果和社会效益双丰收。

对重庆图书馆界而言,2011年是打基础的一年,未来几年的工作要稳住发展势头,确保重点项目出成果,服务工作上台阶。一是大力推进城乡一体化公共图书馆服务体系的建设。预计2012年上半年,重庆主城九区图书馆先推行通借通还,重庆图书馆和主城区公共图书馆的图书流通车将陆续投入实际使用。二是重点加强公共数字文化惠民工程的建设。文化共享工程、数字图书馆推广工程和公共电子阅览室建设计划将是2012年的工作重点,力争在上半年开通国家数字图书馆重庆分馆。三是树立有重庆特色的服务品牌。充分发挥图书馆特色文献优势,支持重庆市抗战大后方历史文化研究;在保障社会弱势群体文化权益,培养少儿良好阅读习惯等方面再接再厉,扩大品牌服务影响力;古籍保护方面会按照国家中心的安排,深入开展古籍普查工作,努力推进《中华古籍总目·重庆卷》的编纂工作,并争取建立国家级古籍修复中心。

(执笔人:崔月婷)

第三十章 四川省图书馆事业发展报告

第一节 事业发展综述

2011年是四川地震灾后的第三年,四川图书馆界在灾后重建的基础上,继续实施全国文化信息资源共享工程、数字图书馆推广工程、公共电子阅览室建设计划、乡镇综合文化站建设等重点文化工程项目,在文化部、财政部年初颁布免费开放政策的前提下,积极完成全省范围内的公共图书馆的免费开放工作。在图书馆人的共同努力和社会各界的支持下,四川图书馆行业服务设施不断改善,文化产品日益丰富,服务理念不断创新,服务手段不断增加,服务能力显著提升,队伍素质稳步提高,社会效益明显增强,图书馆事业呈现出蓬勃发展、整体推进的良好发展局面。

加大投入,积极重建。2011年,新馆建设工作成效显著。多个公共图书馆在建、扩建和灾后重建。四川省图书馆(面积5万平方米)已完成拆迁并破土动工;双流县图书馆新馆已完工并投入使用;地震重灾区的汶川、北川等县图书馆也于2011年5月份正式开馆。公共财政投入增长迅速。为保证公共图书馆免费开放切实可行,中央财政加大了对中西部公共图书馆文化服务项目的财政支持,当地财政也相应增加了财政投入。

大力推进免费开放、文化信息资源共享等工程。2011年初,四川有些图书馆已经免费办证,如四川省图书馆、成都市图书馆及其他。年底,根据文化厅公布的四川省免费开放的公共图书馆目录统计,全省共有161个公共图书馆已实施免费开放。2011年底,基本实现文化信息资源共享工程"县县有支中心、村村有基层服务点"的网点建设目标,初步形成了覆盖省、市、县、乡、村五级文化共享工程服务网络,共享工程不断向基层、农村、社区延伸。在文化共享工程网点覆盖全省城乡的基础上,数字图书馆建设也强势起步,2011年共有省图、成都、攀枝花、绵阳、泸州等5个单位列入国家第一批数字图书馆建设计划。政府信息公开查阅点建设赋予了图书馆新的工作职能。公共图书馆服务能力不断得到创新和提升。攀枝花的"九个全覆盖"和龙泉驿区的"一卡通"经验在全省得到推广。

努力提供形式多样的公共服务。公共图书馆根据自身特色主动开展各种活动,使读者能够充分利用图书馆资源,如节假日的展览,公益讲座(巴蜀讲坛、金沙讲坛等),深入基层为读者送书报刊,放映公益电影,加大免费开放的力度,送文化科技信息到基层等,为提高人民群众的科学文化素质,为专业人员的学科研究提供优质的文化信息服务。"巴蜀讲坛"是四川省图书馆倾力打造的一个富有巴蜀特色、巴蜀风格、巴蜀气派的特色文化品牌,讲座开讲于 2007 年 4 月 29 日,一直采取公众喜闻乐见的"流动讲座"形式,让广大人民群众轻松学习了解丰富的知识,引导众多专家学者、文化名人深入基层,与广大人民群众亲密接触,从而丰富了人民群众的基层文化生活,促进了基层公共文化建设;同时也将公共图书馆的服务延伸到四川的革命老区、少数民族地区、军营、学校、基层图书馆、受灾群众安置点、监狱、农民工工地以及社区等众多社会角落,受到了广大群众的热爱,具有广泛深远的品牌社会影响力。四川省内成都图书馆的"金沙讲坛"开办得有声有色,非常具有吸引力。

继续做好全省范围的古籍普查工作。完成国家级、省级珍贵古籍名录和古籍重点保护单位的申报评审,做好全省古籍修复的组织、实施、指导等工作。如四川省古籍保护中心召开了"2011 年四川省古籍保护工作会议",进行细致的工作计划和部署。

服务宣传创新,提升社会参与度。全民阅读服务推广在全省范围内掀起高潮。结合纪念建党 90 周年活动,各级图书馆开展服务宣传周活动,举办唱红歌、展"红书"、"永远跟党走"主题活动等,如四川省图书馆举办庆祝建党 90 周年系列活动。第十六个"4·23 世界读书日"系列活动在全省各级图书馆开展,全省众多公共图书馆开展的图书馆免费服务宣传活动更是让读者感受到文化资源的丰富性以及获取的方便性。服务基层工作可圈可点,"文化下乡"活动为农村送书刊、文化信息服务资源,设立图书流通点。

加大人才培训力度。为了提高公共图书馆人才队伍素质,满足公共图书馆不断变化发展的服务理念,四川省图书馆在 2011 年年底制定了未来几年的人才外出培养计划,并于 2011 年 10 月开始实施。为进一步提高图书馆队伍的综合素质和工作能力,各图书馆加大了在职教育的培训力度,开展了有计划、分批次、大规模的队伍培训,为推进省内图书事业发展和繁荣提供人才保障。举办在职教育培训 20 余次,培训 2300 余人次。特别是省图书馆学会承办的全国图书馆志愿者行动——四川省基层图书馆馆长培训以及四川省辅导部攀枝花举办的"图书馆学基础业务培训班",分别有 200 余人参加,取得很好的培训效果。

第二节 基本统计数据

2011年,全省图书馆在馆藏总量、相关设备、财政投入、服务效益等方面均有突破,具体表现如下。

一、公共图书馆

整体规模及人才队伍:据四川省文化厅统计,至2011年全省共有公共图书馆169个,其中一级馆17个,二级馆39个,三级馆42个。全省有统计的书库面积共8.95万平方米,阅览室面积7.2万余平方米,电子阅览室面积约2.2万平方米。至2011年9月止,全省实施免费开放的公共图书馆有161个。全省公共图书馆在职人员1980余人,专业技术人才632人,约占在职人员31%,这反映了本省公共图书馆专业技术人才严重不足。2011年四川省图书馆派出业务骨干11人分别到国家图书馆和上海图书馆学习培训两个半月。

财政投入:2011年四川省公共图书馆总财政投入28 597.2万元,其中四川省图书馆3087.2万元,成都21个公共图书馆共8149万元,其他地方图书馆共26 448.2万元,与2010年相比,地方公共图书馆财政投入增长迅速。

发展状况:至2011年年底,四川省建成文化共享工程省级分中心1个、市级支中心21个、县级支中心181个、乡镇服务站3184个、街道基层服务站155个、村基层服务站47 906个、社区服务站750个,累计服务群众1154万人次。

下面以四川省图书馆详细数据为例(表30-1),在一定程度上可以反映本省公共图书馆发展状况。

表30-1 2011年四川省图书馆发展项目统计数据

统计项目	房屋建筑总面积(m²)	总藏量(万册)	计算机设备量(台)	阅览室总坐席数(席)	图书馆总流通人数	书刊文献外借册次	读者活动次数	活动总参加人数	从业人员(人)	财政投入(千元)	新增藏量购置费(千元)
数据	17 194	564	440	636	124 101	47 086	12	8231	217	30 872	4100

整体规模及文献藏量:正在筹建的四川省图书馆新馆面积5万平方米,目前使用的图书馆建筑总面积为17 194平方米,总藏书量564万册,其中图书馆321万册,

电子文献 65 万册,视听资料 20.7 万册,古籍、线装文献 68.6 万册。

信息化建设:四川省图书馆共有计算机设备 440 台,其中电子阅览室有 30 台供读者方便查阅电子资源,阅览室总坐席数 636 个,为读者提供了良好的读书环境。图书馆大厅摆放了 4 台报刊自助阅览器和多台查询终端,从而方便读者使用图书馆 OPAC 查询馆藏资源。

读者服务:四川省图书馆年总流通人次 1.24 万人次,书刊外借 47 086 次,举办读者活动 12 次,活动总参加人数 8231 人。

从业人员:四川省图书馆从业人员 217 人,其中专业技术人员 158 人,高级职称 24 人,中级职称 54 人,整体人才队伍年龄偏大,专业队伍素质还有待提高。

财政投入:四川省图书馆年经费约 3 千万,设备购置费 100 多万元,新增藏量购置费 410 万。

二、党校图书馆

根据四川省委党校提供的数据(表 30 - 2)可以看出四川党校系统图书馆的目前状况。

表 30 - 2 2011 年四川省委党校图书馆发展项目年度增减情况表

统计项目	房屋建筑总面积	总藏量	计算机设备量	阅览室总坐席数	图书馆总流通人数	书刊文献外借册次	读者活动次数	活动总参加人数	从业人员	财政投入	新增藏量购置费
增减情况	0	+5	+10	0	-20	-20	0	0	-3	+20	+5

注:减号代表减少,加号代表增长

整体规模及文献藏量:四川省委党校图书馆总建筑面积 7000 平方米,文献总藏量 114 万册,其中图书 58.5 万册,电子文献 54 万册,地方文献 1 万册,古籍、线装文献 0.5 万册。

信息化建设与读者服务:党校图书馆有计算机 120 台,其中电子阅览室有 70 台,阅览室坐席数 300 个。图书馆年接待读者 3000 人,书刊文献外借 20 000 多次,读者活动次数 2 场,活动总参加人数有 200 余人。

从业人员及经费投入:党校图书馆共有从业人员 38 人,其中专业技术人员 18 人,高级职称 2 人,中级职称 16 人;图书馆财政年投入 250 万,其中设备购置费 100 万,新增藏量购置费 60 万。

第三节　未来规划展望

2011 年,四川省公共图书馆建设取得可喜成绩,但也存在一些不足。人才队伍素质不高、办馆理念有待更新、从业人员科研创新能力偏低等,都必须在今后的工作中加以改进和提高。"十二五"时期后三年,四川省图书馆事业的总体思路是全面贯彻党的十七届六中全会及四川省第十次党代会精神,以建设文化强省为目标,以满足人民群众精神文化需求为出发点和落脚点,加快建设公共文化服务体系,具体将从以下几个方面努力。

继续落实政策文件,引领事业持续发展。全省图书馆要按照"十二五"规划纲要相关要求,注重公益文化投入,致力于构建覆盖城乡、结构合理、功能健全、实用高效的公共文化服务体系,加快城乡文化一体化发展;在公共文化设施建设、政策措施、资金投入等方面重点向农村倾斜,坚持公益服务,实现文化设施布局合理,公共服务水平全面提升。

扩大专业教育规模,充实职业服务队伍。省图书馆将加强业务辅导工作,直接对各基层馆进行辅导;同时加强技术培训,适当引进专业技术人才,组建高水平的资源建设技术骨干队伍,为文化信息资源共享工程的顺利实施提供坚实的人才保障。

制定相关标准规范,增强后继发展潜力。在国家、行业加紧制定相关标准规范的背景下,全省图书馆也将以日常服务指南、规章制度编制为基础,学习《公共图书馆服务规范》《公共图书馆建设标准》《公共图书馆建设用地指标》等文件,以"国家公共文化服务体系示范区(项目)"的立项标准及运行指标作为参照,制定图书馆发展标准和相关服务规范。全省将进一步推广"总分馆"运行模式,希望打造具有区域特色的四川模式。同时加强与全省文化馆、博物馆、档案馆的沟通与合作,扩大与其他部门的合作范围与力度,探索合作规律与特点,实现全省图书馆事业的可持续健康发展。

(执笔人:熊文　徐世芳　孙诗　施静)

第三十一章 贵州省图书馆事业发展报告

第一节 事业发展综述

2011 年,中国图书馆年会暨中国图书馆学会年会于 10 月 26 至 27 日在贵阳成功举办。贵州省图书馆、贵州省图书馆学会作为协办单位,在此次年会期间全力投入,配合主办和承办单位圆满完成了年会任务。年会期间贵州省各级各类图书馆在全省范围内开展了丰富多彩的阅读推广活动。成功举办了"中美图书馆员专业交流项目——贵州图书馆理论与实践研讨会",在省图书馆学会的组织下,来自全省 9 个地州市及各大高校的 230 多名图书馆界同仁参加了研讨会。

围绕强化公共文化服务、实行免费开放政策,积极开展各项活动。各级公共图书馆结合各馆实际制定出免费服务具体实施方案,落实免费开放的政策,最大限度地满足人民群众的精神文化需求。2011 年遵义市被列入文化部"国家公共文化服务体系示范区",遵义市图书馆在当地政府和上级主管部门的大力支持下,在做好阵地服务的前提下,打造了"五进一上"即文化进社区、进乡村、进学校、进企业、进军营、上街头的延伸服务。进一步扩大了遵义市馆在基层各领域的服务覆盖面,丰富了基层群众的文化生活,为实现图书馆服务的最大化,发挥了积极作用。该馆举办的"名城大讲堂",吸引了 5000 多人次的市民读者前来听讲,使"名城大讲堂"这一新的公共文化园地的社会影响日渐扩大。

数字资源建设加强,"文化信息资源共享工程"有效展开。始建于 2009 年的贵州数字图书馆作为贵州省公共文化服务体系建设重点项目,是目前国内公共图书馆中较早探索为社会提供"一站式"检索服务的数字图书馆之一,采用 IP + 账号形式,免费向全省公民提供数字资源免费服务。每一位公民在贵州省任何能上网的地方,登录贵州数字图书馆或"掌上贵图"的网站,都能免费获得数字资源的查询、浏览、下载、原文传递和知识导航等服务。数字图书馆还开通了 QQ 在线咨询、邮箱留言、24 小时电话咨询等多项服务,并在新浪和腾讯开通官方微博,一年来关注人数已达 25 万人次。2009 年至 2011 年,省财政共拨付专项经费 1020 万元用于数字图书馆的建设和维护。通过大量的宣传、推广和培训,特别是贵州省"百万公众网络学习工程"等活动的开展,极大地提升了贵州数字图书馆的使用率,访问量不断上升。截至2011年底,两年多时间贵州数字图书馆累计访问量已突破2000万人次。"文化信息资源共享工程"贵州省分中心不断加大力度,加强精品资源建设,延伸服务网络,探索形式多样的服务方式,健全管理机制,全面提高工程管理与服务水平。在基础设施建设方面,完成208个乡镇基层服务点及200个社区基层服务点建设任务。在特色资源建设方面,主要是国家级第一批非物资文化遗产资源库建设、地方文化少数民族村寨专题资源库建设和红色历史文化多媒体数据库建设。在开展服务方面,全省各级分、支中心开展多种形式服务,积极利用电子阅览室为群众提供绿色上网和信息资源查询服务,通过为乡镇、村基层服务点提供硬盘镜像、光盘发送等形式为农村群众服务。各级支中心工作人员经常深入基层、农村,依托不同的文化设施和场所,利用广场、节庆、集市播放电影、科普知识、娱乐节目等,对提高农民群众职业技能和致富能力、活跃城乡群众文化生活起到了积极作用。

积极开展专业人员培训工作。贵州省图书馆与国家图书馆共同举办《中国图书分类法》(第五版)及《中国图书分类主题词表》(Web版)培训班,共有166位省内外学员参加本次培训。贵州省古籍保护中心与国家古籍保护中心联合举办第二十七期"全国古籍普查培训班"。来自全省各古籍收藏单位的68名学员参加了此次包括古籍文献理论知识和古籍文献修复保护技术在内的专业培训。"文化信息资源共享工程"贵州省分中心通过举办培训班和协助各市(州)远程指导等方式培训各级支中心和基层点人员,全年到各地区培训人员1600余人次,协助各市(州)办班两期,培训人员3000余人次。贵州省图书馆选派业务骨干,先后到全省9个地州市,为来自基层文化局、文化站、图书馆的文化专职干部培训"数字图书馆应用与推广"课程,共计培训人员1800余名。贵州数字图书馆走进机关进行建设学习型党组织等网络学习系列活动培训,共计100余名;走进校园进行数字图书馆应用培训,先后培训师生1500多名。

高校图书馆建设步伐加快,整体办馆水平提升。随着贵州省高等教育事业的持续快速发展,高校图书馆在馆舍、文献资源建设、自动化、网络化、数字化建设、管理水平和服务质量等都有了显著提高。各馆文献资源建设经费加大,确保了文献建设和采购的计划性、连续性和完整性,馆藏文献资源与高校办学规模的不断扩大和教学质量的提高相适应。各高校图书馆利用互联网,开展文献资源共享协作,加强文献资源共享协作,努力构建全省高校文献资源共享服务体系。各馆自建特色数据库共85个,其中,"全省高校图书馆馆藏书目联合检索系统"、贵州大学馆的

"馆藏纸本数字化图书"、贵州师大馆的"贵州全省地方志全文数据库"、贵州财大馆的"贵州哲学社会科学获奖成果全文数据库"、贵州民大馆的"傩文化专题数据库"、贵阳中医学院馆的"苗族医药文化数据库"、凯里学院馆的"苗族、侗族文化专题数据库"等为特色突出代表。贵州师大馆的"贵州全省地方志全文数据库"获中国高等教育文献保障体系（CALIS）三期专题特色数据库建设二等奖，贵州民大馆的"傩文化专题数据库"、凯里学院馆的"苗族、侗族文化专题数据库"获中国高等教育文献保障体系（CALIS）三期专题特色数据库建设三等奖。各高校图书馆按照《普通高等学校图书馆规程》的要求，不断强化图书馆的创新管理和服务，借阅量大（生均借阅 15—25 册），服务时间长（周 55—98 小时），文献资源开架率高（95%以上的馆藏文献全开架提供读者借阅），自动化程度高、快捷（实现一卡通管理，多校区图书互借互还，免费检索国内外重点数据库等），实现了服务体系从量的发展到质的提升。各高校馆充分发挥图书馆作为学校培养大学生信息素养主阵地作用，开展众多针对学生的培训教育活动。各高校馆以新技术的运用为切入点，加快推进网络化、数字化、信息化建设；加强了数字化信息资源建设和特色资源建设。高校图书馆也很重视服务宣传创新，提升社会参与度。组织开展多种多样的读书活动，如：结合"世界读书日"，各馆开展服务宣传周系列活动，推动校园阅读高潮。如贵阳中医学院馆的"精彩人生从阅读开始征文比赛"、贵州师大馆的"书香满园·知识共享——馆藏经典图书展示"、贵州民大馆的"点燃阅读激情营造书香校园——4·23 世界读书日主题演讲"、贵阳学院馆的"闻书香·诵林城"、遵义医学院馆的"品读书香·提升自我"、贵阳商专馆的"好书伴成长·书香满校园"等系列文化活动，让学生享受到校园文化的丰富。各高校馆重视人员队伍建设。从 2007 年以来，贵州高校图书馆专业人员有了较大幅度的增加，专业人员、高学历人员、年轻馆员进入图书馆，增加了队伍活力，缓解了老化趋势，队伍建设发展迅速。到 2011 年，本省高校馆在编人员中具有大专以上学历的已占职工总数的 85% 以上。目前有博士生 8 人，硕士生研究生 80 余人。

第二节　基本统计数据

2011年,贵州公共图书馆基本数据较之2010年颇有变化,大部分项目均有增长,但是文献购置经费、流通人次等重要数据不升反降,具体请见下表[①]。

指标	2010年	2011年	增加(＋)减少(－)
图书馆数量(所)	93	94	＋1
馆舍总面积(平方米)	154 540	171 170	＋16 630
文献总藏量(册/种)	8 120 001	11 942 647	＋3 822 673
新增图书(册/种)	265 001	339 939	＋74 938
新增报刊(种)	33 531	22 865	－10 666
支出总计(千元)	67 360	110 809	＋43 449
文献购置费(千元)	21 294	12 747	－8547
读者卡发放(张)	189 489	241 274	＋51 785
流通人次	11 680 000	3 140 864	－8 539 136
外借册次	2 223 000	1 639 646	－583 354
活动次数	672	1004	＋332
参加活动人次	344 001	245 694	－98 307
从业人员数量	937	950	＋13
计算机数(台)	3043	4054	＋1011

整体规模:省内共有94所省市县级公共图书馆(包括1所少年儿童图书馆),其中一级馆2所、二级馆4所、三级馆33所。全省公共图书馆公用房屋建筑面积17.1万平方米。

文献总藏量:全省公共图书馆藏书总量119.4万册/件。2011年新购藏量3.4万册,新购报刊种类2.3万种。

信息化建设:全省公共图书馆共有计算机设备4054台,阅览室坐席总数12 028个,较上年度减少192个。目前,贵州数字图书馆拥有的数字资源包括:中文电子图书290万种,中文电子期刊近1万种,视频讲座9万多部,硕士、博士学位论文

---

① 本节数据来源:贵州省文化厅《公共图书馆基本情况年报》、文化部《2010年各地区公共图书馆基本情况》。

130多万篇,200家知名出版社的工具书4000余部,各类资格考试题库,覆盖小学、初中、高中三个阶段20多门课程的试题库,世界上98%以上的古典音乐资源以及少儿科普知识和中华连环画等数字资源,数据总量已达70TB以上。

读者服务:全省公共图书馆共发放借书证24.1万余个。总流通人次314万余次,书刊文献外借册次163.9万余次。为读者举办1004场次各种活动,参加人数超过24.5万余人次。图书馆网站总访问量213万余次。

从业人员:全省公共图书馆从业人员共950人,其中高级职称86人、中级职称241人。

高校图书馆方面,据本省高校图工委成员馆统计,目前共有高校(不含独立学院)41所,其中本科17所、公办高职高专21所、民办高职高专2所、成人高校1所。现有高校图书馆37座,公用房屋建筑面积共397 935万平方米,在建新馆280 434平方米。高校图书馆馆藏纸本图书总量22 096 294册/件,其中古籍、线装(包括民国年间本)273 000余册/件。2011年购置图书1 135 000余册/件,文献购置费5000万元。全年支出总计7200万元。计算机设备共有8000余台,有33所图书馆开展了自动化管理系统应用,大多采用ILAS系统或金盘系统,已有10所高校图书馆接受了贵州省教育厅组织的图书馆自动化、网络化评估。以贵州大学馆、贵州师大馆为引领主体,参加了"贵州省科技文献共享平台"建设与服务,有30余所图书馆作为成员,免费共享"贵州省科技文献共享平台"的电子资源和文献传递。有36所省内高校馆成为中国高等教育文献保障体系(CALIS)成员馆,共享CALIS的建设成果与服务。各馆自建特色数据库共85个。现有37所高校图书馆共发放有效借书证数31万个,2011年借阅366万册次,体现了良好的服务效果,各高校馆已经成为师生教学、科研、学习的重要场所,成为营造学校浓厚学术氛围的平台,受到学生的欢迎。高校图书馆从业人员共1204人,其中在编人员897人,占总人数的75%。其中高级职称200余人(其中正高职称40余人),占在编人员的22%;中级职称300余人,占在编人员的33%。

第三节 未来规划展望

伴随着国家经济、社会的发展,包括公共图书馆事业在内的贵州各项事业,取得了巨大的发展与进步。但是不可否认的是贵州的公共图书馆事业发展与东部发达地区相比,差距仍然巨大,与人民群众日益增长的精神文化需求很不相适应。加快发展,缩小差距,仍然是贵州公共图书馆事业发展重点。为此,在下一步的工作中主要围绕以下几个方面开展：

抓住机遇，缩小差距，加快设施建设。由于历史欠账，贵州县级公共图书馆馆舍不足、设施落后一直是困扰着事业发展的瓶颈。截至目前，仍有部分县市存在着有馆无舍或馆舍狭小拥挤的状况，极大地制约了图书馆的效能发挥。因此，围绕着《"十二五"文化发展规划》，根据《2009—2012年贵州省县级图书馆、文化馆维修改造规划》，2012年将督促指导7个县级图书馆的维修改造任务，使这些馆初步具备职能开展需要。根据《财政部关于下达2011年公共电子阅览室建设计划专项资金的通知》(财教〔2011〕374号)，将在全省455个文化站、94个社区文化活动室、18个社区文化中心建成公共电子阅览室。此外，数字图书进农家户工作也要抓紧展开。

贯彻落实《公共图书馆服务规范》，推动图书馆服务工作上台阶。将《公共图书馆服务规范》的实施、宣传和推广工作，作为今后一段时间本省公共图书馆的工作重点。要通过培训学习等方式，使广大的从业工作者了解和掌握《公共图书馆服务规范》，更新服务意识，强化服务观念，从而为改进图书馆服务工作作风，提高服务效能和服务水平，切实推进图书馆服务工作上一个新的台阶。

不断创新提高全省高校图书馆服务。"十二五"时期，贵州省各高校图书馆工作将继续贯彻教育部《普通高等学校图书馆规程》，以改革创新为动力，以强化内部管理为手段，提高服务质量，破除封闭、自有、分割、"小而全"的旧观念，树立开放、共建、共知、共享的新观念，切实改变"重馆舍、轻内涵，重购置、轻提升，重馆藏、轻使用"的状况。要不断创新管理和服务，深化读者服务理念，注重提高图书馆服务的科技含量，努力提高图书馆的服务层次和服务水平。将根据本院校学科专业设置和重点学科建设情况，制订文献信息资源建设方案，形成具有本校特色的馆藏文献资源体系和合理布局。积极参与各种类型的跨行业、跨区域间的信息共享工程建设，加强高校馆间的协作与资源共享，开展馆际互借和文献传递服务。要以教育科研网络为依托，搭建好本校的信息资源平台和网络通道，以新技术的运用为切入点，加快推进网络化、数字化、信息化建设。通过网络环境建设，构建功能强大、使用便利、高效率的数字图书馆保障体系，完成从重数字资源到重服务效率的过渡。高校与院系(所)资料室，要在校园网络环境下形成整体，分工协调数字资源建设和网上咨询服务工作。要着力建设高校图书馆核心层专业人员队伍，建设一支素质优良、结构合理、骨干稳定的核心层专业人员队伍。逐步建立学科馆员服务团队，力争在本校优势学科建立学科信息员制度。

(执笔人：钟海珍　丁群　张伟云　钟文一)

第三十二章　云南省图书馆事业年度发展报告

第一节　事业发展综述

2011年,云南省图书馆界认真贯彻落实党的十七大精神,各级图书馆不断深化内部改革,积极开展文化信息资源共享工程和全省古籍保护工程,各项工作均取得了长足的进步和发展。

图书馆基础建设显著发展。"十一五"期间,全省新建或改扩建图书馆52个、乡镇综合文化站836个;在建图书馆31个、乡镇综合文化站369个。重大文化设施建设项目取得突破性进展。全省有667个文化站达到省颁三级以上标准,占总数的48.7%;119个图书馆达到国家三级馆以上标准,占总数的80.4%,在西部地区位居前列。同时配套建设农民素质教育网络培训学校1099所,全省"农文网培学校"积极利用公共电子阅览室、多媒体等平台,举办各类培训班8000多期,培训农民群众50多万人次,使其成为了农村群众获取科技知识的殿堂,接受文化教育的课堂。完成了15个少数民族专题库、1200个视频节目共计4.5TB特色资源的建设任务,为全省城乡群众提供了便捷的数字文化信息服务。由2010年中央财政支持地方高校发展专项资金资助的公共服务体系建设项目——云南高校数字图书馆共享平台建设项目落户云南师范大学,由该校图书馆承担建设任务。随着云南高校数字图书馆共享平台建设项目的正式启动,与发达地区高等教育信息资源匮缺、差距较大、发展失衡的现状将得到切实改变。

大力兴起文化共享工程、数字图书馆建设,推出读者服务新技术与新举措。目前已建成文化共享1个省级分中心、15个州市支中心、129个县级支中心、1099个基层服务点(即农文网培学校)、10 440个行政村农文网培分校,实现全省"县县有支中心"的建设目标,在省内形成上有省级分中心、州市支中心,下有县级支中心、乡镇农文网培学校和行政村农文网培分校的文化共享工程五级服务网络。截至2011年6月,本省已经完成了农业信息、禁毒防艾、青铜器、云南花卉、云南旅游、云南普洱茶、云南版画、云南重彩画、信息中心、少数民族等10个图文专题数据库;《云南独有少数民族多媒体资源库》建成白族、傣族、纳西族3个子库;FTP可供下载资源包括视频资源29 634个、电子图书2258册、其他资源70个;"云南文化信息资源网"网站内容更新达30 000余篇(条),网站总访问量近80万人次。自建特色资源5.14TB;接收国家中心下发资源近15TB;刻录下发15个州市支中心、129个县级支中心12 000余张光盘。云南省图书馆紧跟数字图书馆发展步伐,虽面临建设经费紧张等困难,但始终坚持从自身实际出发,按照统筹规划、分步实施、逐步投入、稳步推进的原则,不断推进本馆数字图书馆建设。同时,加大人才培养力度,着力建设一支符合数字图书馆建设与发展要求的人才队伍,为本馆数字图书馆建设提供人才保障和智力支持。截至2011年,该馆数字资源保有量达到18.5TB,基本建成了较为完善的高速网络传输系统和软硬件平台,初步形成了标准规范体系,拥有一支能基本适应数字图书馆建设与发展要求的人才队伍,初步构建起覆盖全省的数字图书馆服务网络。昆明理工大学图书馆2010年获教育部部级科技查新工作站资格,具有科技查新业务资质,成为能根据委托人所提供的信息,提供科技查新服务的高校信息咨询机构。其教育部科技工作站成立以来,积极开展查新工作,为云南省高校和企事业单位的科技人员进行了高水平的科技查新和代查、代检。2012年年初,昆明图书馆推出24小时自助图书馆服务,对广大读者提供24小时全天候无障碍服务,让百姓享受到了全天候方便快捷的图书馆服务。

开展全民阅读活动,积极服务特殊群体。各级各类图书馆积极践行图书馆服务宗旨,不断提高服务质量与服务水平,以阵地服务为基础,以世界读书日、图书馆服务宣传周、科普宣传周、全国科普日、全民读书月为活动平台,举办了一系列全民阅读活动,如公益讲座、展览、知识竞赛、放映公益电影及科普讲座、加大免费开放的力度、送文化科技信息到基层等,为提高人民群众的科学文化素质,为专业人员的学科研究提供优质的文化信息服务。继续着力建设公共文化活动中心,逐步建立云南公共图书馆展览联盟和云南省公益讲座联盟,积极打造公益讲座和展览品牌;主动与省直文化单位、高等院校开展交流合作,联合举办各类文化艺术论坛和摄影、美术、影视、戏曲精品展览等公共文化会展活动;与各类社会团体和企业开展合作,积极举办各类社会培训班(重点突出东南亚小语种培训),将云南省图书馆建成社会培训的重要基地。在为特殊群体服务方面,云南也加大力度。以云南省图书馆为例:一是继续做好盲人读者服务工作,通过各种渠道大力收集盲文图书,并逐步实行数字化加工,提高盲文文献资源的吸引力和实用性,增强服务的便捷性;不断完善盲人阅览室的软硬件设备,创新盲人服务工作,开展好"盲人文化鉴赏"、"为盲人讲解电影"、"盲人电脑培训"等活动,建设全国一流的盲人读者服务平台。二是以少儿阅览室为阵地,以流浪儿童、农民工子女为重点,继续大力开展

"未成年人思想道德建设系列活动",不断完善未成年人服务长效工作机制。三是为各类身体残障人士,以及持证的老年人、下岗失业人员、低保人员等弱势群体提供免费借阅服务,对失业人员、农民工进行多种形式的再就业培训,并联合社会各界举办多样化的弱势群体服务项目。四是继续为服刑人员的思想改造提供文献和智力支持,在监狱系统每年举办一次服刑人员知识竞赛或文艺联欢等文化活动。

古籍保护工作有效展开。2010 年文化部办公厅下发《关于公布国家级古籍修复中心名单的通知》,正式确立了 12 家单位为国家级古籍修复中心。云南省图书馆凭借古籍保护与修复比较完善的软、硬件条件跻身国家级古籍修复中心,成为我国西部地区唯一获此资质的单位。同时"云南省古籍保护中心"也正式成立,古籍保护工程正式启动实施。在云南省文化厅的大力支持下,在国家古籍保护中心的关心与支持下,在保护中心领导的多方努力与领导下,在保护中心工作人员的共同努力下,云南省古籍保护工作以全省古籍普查和《名录》申报工作为重点;以《中华古籍总目》分省卷编纂工作为核心,以古籍文献抢救与保护和修复工作为切入点,充分发挥国家级古籍修复中心的职能,更好地发挥修复中心在全省古籍抢救修复工作中的龙头指导作用。

各学会积极营造学术氛围,加强在职教育。云南省图书馆学会积极开展学术活动,号召广大会员撰写论文 98 篇,获奖论文 30 余篇;昆明市图书馆学会、玉溪市图书馆学会、曲靖市图书馆学会、红河州图书馆学会、临沧市图书馆学会、普洱市图书馆学会等也纷纷举办各种类型学术活动达 20 余次。2011 年为进一步提高图书馆队伍的综合素质和工作能力,各图书馆加大了在职教育的培训力度,开展了有计划、分批次、大规模的队伍培训,为推进图书馆事业发展和繁荣提供人才保障。

当然,云南省图书馆事业发展也面临着一些较为突出的问题和困难,主要体现在:一是省内图书馆正在经历从传统图书馆向新型图书馆转型的阵痛;二是图书馆发展仍然无法可依,经费支持力度不够;三是图书馆行业现行的条块分割的管理体制,造成图书馆的重复建设和资源浪费,极大地制约着文献信息资源的共建共享;四是现有的图书馆职工队伍与现代化图书馆建设要求不相适应,人才培养亟待加强;五是省内图书馆事业发展不平衡,城乡差别大,制约着全省图书馆事业的整体发展。

第二节　基本统计数据

近年来,全省图书情报界在文献资源建设、资源共建共享、学术交流、干部队伍素质提高、数字化建设、读者服务、参考咨询、文献传递、代检代查、馆舍建设、信息服务质量提升和学术研究水平增强等方面取得了很大的成绩。截至 2011 年底，全省共有公共图书馆 149 个，其中县级以下（含县级）公共图书馆 130 个，高校图书馆 63 个，全省图书情报及档案从业人员约 5 万人。

"十一五"期间，全省新建或改扩建图书馆 52 个、乡镇综合文化站 836 个；在建图书馆 31 个、乡镇综合文化站 369 个。重大文化设施建设项目取得突破性进展。全省有 667 个文化站达到省颁三级以上标准，占总数的 48.7%；119 个图书馆达到国家三级馆以上标准，占总数的 80.4%，在西部地区位居前列。

第三节　未来规划展望

为了进一步提升图书馆在云南民族文化强省建设中的重要地位和作用，引领全省图书馆事业实现共同繁荣发展，为云南的科学发展与和谐社会建设作出更加突出的贡献，在"十二五"期间，云南省图书馆系统将主要在如下方面开展工作。

一、抓住地方特色，建设云南文献信息资源中心。一是建设云南省文献资源总库暨全省文献信息资源中心，要站在文献战略储备的高度上，研究筹建云南省文献战略储备库，实现对各类馆藏资源的长期、安全保存和灾备保存。二是建设全省书目中心，构建特色突出的专题知识库群，启动全省图书馆联合目录的编制工作，做好文献信息资源的科学组织与揭示，结合馆藏特点和云南的特色，利用新的知识组织手段，对多种载体、多种类型的文献信息资源进行深度挖掘，建设"云南少数民族文化专题资源库"等一批地方特色鲜明的专题知识库群。三是努力建设两种特色馆藏资源，继续大力建设馆藏地方文献资源，着力建设馆藏民族文献资源。四是建设中国—东南亚南亚文献信息资源中心，通过建设中国—东南亚南亚文献信息资源交流平台，对东南亚南亚国家各类载体文献信息进行全面系统的收集、整理、组织、加工，集各国语言文种、各种载体文献信息于一体，积极发挥在整合东南亚南亚国家文献信息资源方面的战略性作用；通过建设中国—东南亚南亚文献信息展示服务中心，以展示、借阅、服务、传播和开发利用为主要功能，建成国内规模最大、信息量最大最全的东南亚南亚文献信息服务中心。

二、抓住立法契机，制定云南地方性法规条例。加快推进图书馆立法进程，尽快制定实施云南省地方性图书馆法规或条例，为本省图书馆事业的发展提供法律保障。要学习湖北、上海、北京等省市的经验，加强图书馆立法研究，呼吁省人大加快推进图书馆立法，尽快出台地方性图书馆法规，对本省图书馆事业发展中的经费投入、文献购置、服务标准、馆舍建设、读者权益保障等予以明确的规范,使本省公共图书馆的社会地位、功能作用和权利义务得到法律的界定和保障,确保本省公共图书馆工作的法制化、标准化和规范化,做到有法可依。值得一提的是,红河州图书馆已于 2005 年起就当地图书馆立法作努力,现正主动争取《红河州公共图书馆管理条例》提交州人大通过,以使全州图书馆事业纳入法制化轨道。

三、完善文化政策,建立云南地方财政投入机制。各级财政应将公共图书馆经费列入各级财政预算,完善相关投入政策,确定一定的投入比例,确保公共图书馆经费投入随着财政增长而不断增加。在此基础上,一是要坚决按照《关于进一步加强农村文化建设的意见》中提出的"到 2010 年,实现县有文化馆、图书馆,乡镇有综合文化站,行政村有文化活动室。县图书馆要加强数字化建设。乡镇要组建集图书阅读、宣传教育、文艺演出等于一体的综合性文化站"的目标,不断加大对于县级图书馆和乡镇文化站、图书室的经费投入,确保基层公共图书馆的事业经费和购书经费不断增长。县级图书馆年均购书经费应保持在 5 万元以上,乡镇文化站、图书室购书经费年均 5000 元以上,并随着财政增长而增长。以此类推,省图书馆购书经费应保持年均 500 万元以上,州市级图书馆购书经费应保持年均 50 万元以上。二是针对目前本省县级图书馆购书经费短缺的现状,建议通过开展流动图书馆的方式加以解决。即省财政每年单列下拨 500 万元专项购书经费及配套资金,由省图书馆牵头,购置并统编一定数量的适合基层群众阅览的图书,分别流向全省各县级图书馆,并在各馆之间每半年流动交换一次后,最终回流云南省图书馆。按每年建立 15 个流动图书馆分馆的速度,10 年内可覆盖全省各县级公共图书馆,这就能使各县图书馆保持常年新书不断,常借常新。各县级图书馆把流动图书再以同样的形式流动到乡村文化站、室,就可在很大程度上解决乡村文化站、图书室图书缺乏的问题。三是要切实增加基层图书馆建设经费的投入,确保实现县县都有图书馆,乡乡都有综合文化站(必须含图书室),馆舍面积和站室面积须达到国家标准,并配置有相应的、先进的图书馆设施设备和自动化、信息化设备,县级图书馆应设立电子阅览室。

四、加强队伍建设,创造云南地方人才培养环境。必须坚持以人为本,把图书馆人才的培养放在重要位置来抓,大力实施"人才兴馆"战略,从工作环境、工作条件、福利待遇、继续教育等各方面创造良好的条件,以政策和法规的形式规范下来,确保本省公共图书馆"造得出人才,引得进人才,留得住人才"。同时,建议在人才的调配使用方面给予公共图书馆相应的人事代理权,使各馆拥有更多的人事自主权,便于引进和培养人才;各级政府要不断提高公共图书馆系统干部职工的生活待遇和福利待遇,努力改善工作条件,为图书馆从业人员创造一个良好的工作、学习和生活环境,做到"用事业吸引人,用前途激励人,用感情留住人,用待遇稳住人";应切实加强县级图书馆、乡镇文化站、农村图书室人才队伍建设,落实和增加人员编制,严格实行从业资格制度,坚决杜绝兼职现象,做到专人专管,并切实加强学习、教育和培训,不断提高基层图书馆从业人员的综合素质和业务水平。

五、加大资源整合,推进云南文献信息资源共享。要加强对全省公共图书馆事业的统筹规划,站在整个图书馆事业发展的大局上进行科学规划和部署,改进和完善公共图书馆布局。特别是文献信息资源的建设,要加强统一规划,避免求大求全,重复建设,应立足于各地情况加强特色资源建设,推动各馆间的资源交流与协作,实现资源的共建共享。一些有经济条件、图书馆工作基础好的地方,如昆明、红河、大理等地,可以考虑实施"一卡通"工程。同时,应注意到,最近几年由于行业和条块分割,导致了资源分散、投入重复等现象发生。如宣传系统的"万村书库"工程、民政系统的"图书进社区"活动等,过于注重送书,对于图书的应用和管理则十分粗放,甚至没有人去跟踪活动效果。建议将这些工程由省文化厅牵头统筹整合,在省图书馆的统一规划和指导下合理实施,以达到最佳效果。

六、实施共享工程,建设云南共享工程服务网络。以工程为抓手,消除数字鸿沟,实现数字化服务。一是要进一步加强领导,为共享工程建设提供强有力的保障。二是要继续加大投入,建立行之有效的共享工程投入机制。三是要切实加强对于专业技术人员的培养,努力建立技术精、素质高、能力强的共享工程专业工作队伍。特别是要切实加强对于各个基层站点工作人员的培训,使他们掌握好相关技术和管理手段,逐步形成层次较为完善的共享工程人才培训体系。

(执笔人:金美丽)

第三十三章 西藏自治区图书馆事业发展报告

第一节 事业发展综述

2011 年,西藏自治区图书馆全面启动公益性文化设施免费开放工作,结合实际推进免费开放工作和公益性文化设施免费开放保障工作。

图书馆事业稳步发展。西藏自治区公共图书馆有 4 所,分别是区图书馆、林芝地区图书馆、昌都地区图书馆、阿里地区图书馆;党校图书馆 1 所,即自治区党校和行政学院图书馆;高校图书馆有 6 所,分别为西藏大学图书馆、西藏藏医学院图书馆、拉萨师范高等专科学校图书馆、西藏职业技术学院图书馆、西藏警官高等学校图书馆、西藏民族学院图书馆;中专中学图书馆 2 所,为拉萨中学图书馆、昌都地区职业技术学校图书馆;科研机构图书馆有自治区社科院图书馆。14 所图书馆均建立较晚,其中最早为西藏大学图书馆,成立于 1985 年。2011 年,全区图书馆本着"以人为本,高标准,严要求,从严治馆"的办馆理念,稳步发展采访、编目、阅览等基础工作,全面提升图书馆文明服务能力和水平。区图书馆改善采访途径,与全国八大有关民族文化出版社签订协议,以更直接简便的途径采全藏学与藏文图书,丰富特色馆藏。

改善网络环境,实现新技术的使用。2011 年 8 月,在教育部的支持下,CALIS (中国高等教育文献保障系统)西藏自治区文献信息服务中心和 CADAL(大学数字图书馆国际合作计划)服务中心在西藏大学图书馆成立,依托此平台,西藏大学图书馆实现了向全区读者提供更多的优质服务。区图书馆利用文化资源共享工程力量,2011 年 3 月初启动机房改扩建项目,主要包括增加软、硬件设备和建设共享工程西藏分中心资源平台以及区图书馆藏汉双语版网站。机房改扩建过程中,区图书馆为了能够更多地接待读者,对电子阅览室进行扩展,增加了 10 台接待读者的计算机。2011 年 8 月 20 日,区图书馆汉藏双语版网站正式开通。网站设有文化新闻、西藏风情、文化遗产、知识讲座、聚焦三农、影视天地、少儿园地、务工技能、缤纷舞台、红色记忆、文化博览、工程园地、网络直播等栏目,发布视频资源近 3400 个,精品资源库 12 个。其中,藏语版发布视频 379 条,增加丰富的藏文图文资源。区图书馆电子阅览室完成资源数据库(CNKI 法律数据库、万方视频数据库)的协调安装、图书管理系统(ILAS)远程安装调试、民间舞蹈资源库静态页面的调试(22 个舞种的网页调试修改)。党校图书馆改集中式的电子阅览室管理为分散式管理,将电子阅览室延伸到学员宿舍和教职工宿舍,大大提高了馆藏数字资源的利用率。

加强图书馆宣传力度。利用"世界读书日"、图书宣传周和免费开放契机,各图书馆举办精彩纷呈的宣传活动。2011 年 4 月 23 日第 16 个"世界读书日",昌都地区图书馆经昌都地委、行署批准,4 月至 6 月底开展了以"好读书、读好书、享受阅读乐趣"为主题的"读书日"系列活动,共赠阅图书 400 余本。活动期间,昌都地区图书馆和昌都报合作举办"影响我一生的一本书"有奖征文活动。昌都地区职业技术学校图书馆举办"好读书、爱读书、读好书"为主题的读书比赛。林芝地区图书馆以"阅读要从娃娃抓起"为主题,分别向地区幼儿园和地区第二幼儿园捐赠精选图书 1258 册,图书包括:幼儿启蒙读物、幼儿绘画、幼儿描红、童话故事、幼儿手工制作、儿童知识百科等适合学前儿童阅读使用的图书。图书馆宣传周期间,西藏自治区图书馆学会组织拉萨各级图书馆在大街上举行以"推进公共图书馆免费开放"为主题的宣传活动,现场播放图书馆宣传片、免费发放书刊、现场办理借阅图书手续。区图书馆以"庆祝中国共产党成立 90 周年"为主题举办图片展。林芝地区图书馆于 5 月 14 日上午在林芝花园启动图书进社区活动,活动中共办理借阅证 5 个,借还书 8 人次,借书 18 册次,赠书 222 册,价值 3008 元。区图书馆于 2011 年 12 月 25 日和 28 日,根据汉文读者和藏文读者的不同需求,分别召开汉文读者座谈会和藏文读者座谈会,图书馆工作人员面对面听取各界读者就办馆的意见和建议,以改善服务理念与工作态度,理顺办馆思路。区图书馆又设立读者奖,根据各阅览室的推荐与反馈,参考读者利用图书馆资料,提高学业、增长学问,助于科研,借助 2011 年 12 月 25 日召开读者座谈会之际,选出 3 名最佳读者与 10 名优秀读者,颁发读者奖,以鼓励更多的人利用图书馆资源,获取知识,使图书馆成为读者提高学业、增长学问、成就科研的殿堂。

延伸图书馆服务功能。2011 年 11 月,昌都地区图书馆扩大流动图书馆的功能,建立了军营书屋,为军营书屋配备了书架、期刊架,图书量增加到 300 余册。林芝地区图书馆实行上门办证、开通电话续借、手机信息服务、"企信通"平台服务等,及时向读者手机发送图书馆新书目录等信息,让读者不到图书馆就能及时了解图书馆的图书资源情况,为其借阅提供参考和服务。林芝地区图书馆先后在驻地部队等单位免费设立四个流动图书馆,定期更换不同类型图书,对推动军营文化的发展和促进双拥工作起到了积极作用;设立了流动书车,覆盖社区、单位 14 个点;

2011年5月启动了图书进社区活动,极大地满足了社区群众的读书需求。林芝地区图书馆对学生、进城务工人员、下岗工人、离退休人员、残疾人等不同层次的人群实行个性化服务,针对学生专门设立青少年阅览室,和学校进行沟通与协商,由学校老师统一组织和带队定期集体借阅;针对进城务工人员,除了对其进行图书资料借阅服务外,还为他们介绍林芝地区的实际情况,对他们投资经商和寻找工作提供信息服务。针对老年人,设立老年阅读服务区,挑选有耐心的图书管理员进行服务和阅读引导,提供老年读物等;针对下岗工人,图书馆服务人员根据需求引导他们借阅增强技能培训和再就业等方面的图书资料,以便他们从中获取更多的再就业信息。对不方便出门的残疾人实行上门送证、上门借还书服务。林芝地区图书馆还每年不定期集中接待地区一小、二小、幼儿园学生借阅,地区图书馆指定专人负责接待工作,向小学生和幼儿介绍公共图书馆的性质和作用、图书从采购一直到提供给读者的流程、图书借还书流程、图书分类等内容。通过集中接待和集体阅读,进一步引导小学生和幼儿走进图书馆、认识图书馆、利用图书馆,从小培养良好的阅读兴趣和能力。为丰富农村和基层文化生活,林芝地区图书馆先后向林芝地区创建的"新农村、新文化"图书室16个点配备图书4000册,每年的"三下乡"活动中,向农村和基层捐赠图书。

免费开放活动异彩纷呈。全区各图书馆乘公共文化体系设施免费开放的东风,延长开放时间,力争做到全年全天候开放。添加设备,方便于读者。区图书馆为各阅览室添加饮水机,为读者提供免费饮水,在读者区域增加休闲桌椅,为读者营造更加舒适的读书环境。举办各类活动,丰富读者精神生活。区图书馆举办少儿绘画展、消防知识培训、老年人上网培训等实际有意义的活动。

文化资源共享工程蓬勃发展。2011年1月17日在区图书馆举办了为期4天的县级数字图书馆推广计划培训,培训主要内容包括:数字图书馆推广计划概述、数字图书馆资源的安装与使用、藏文资源的使用与基层服务、县支中心工作经验交流等。曲水县、洛扎县、南木林县、米林县等共44个县支中心的技术人员参加培训。2011年8月3日由文化部全国文化信息资源建设管理中心时任副主任的崔建飞带队在拉萨举办了"春雨工程"——全国文化志愿者边疆行西藏启动仪式和西藏全国文化共享工程73个县级支中心技术培训班。加快赛马文化资源制作进程,基本完成2008年的译制任务,制作法律讲座、综艺节目等(藏汉双语双声道视频),八大藏戏制作工程得到验收并下发给各县支中心。参加"颂歌献给党——全国文化信息资源共享工程迎接建党90周年群众歌咏活动"节目的征集活动,西藏那曲地区安多县支中心的《安多锅庄》在此次歌曲评选中获得全国三等奖。参加"第二届文化共享杯——全国文化信息资源共享工程知识与技能竞赛"活动。

古籍工作成绩显著。西藏自治区古籍保护中心(西藏自治区图书馆)举办了6期全区六地一市古籍普查保护培训班,讲授了古籍鉴定学、古籍版本学、古籍普查基础知识、藏文古籍普查平台等相关知识,并结合实际进行了实地操作。2011年2月协助拉萨市政协完成古籍普查登记任务,对该单位所藏82函历史文献进行了详细的登记造册,其中《巴协》等64函珍贵历史文献申报第四批《国家珍贵古籍名录》,成为本次申报名录数量最多的古籍收藏单位。2011年4月协助完成藏文古籍普查平台软件验收工作。完成《国家珍贵古籍名录》和古籍重点保护单位的申报工作,推荐全区225种珍贵古籍申报第四批《国家珍贵古籍名录》,其中各地市申报珍贵古籍30种,各重点古籍收藏单位申报珍贵古籍190种,个人申报古籍5种,已经有124种珍贵古籍通过评审列入《国家珍贵古籍名录》公示中。另外,还向国家古籍保护中心申报区图书馆、西藏博物馆、布达拉宫管理处、西藏档案局(馆)、罗布林卡管理处、藏医学院图书馆等6家单位为"全国古籍重点保护单位",其中有4家单位已通过初审进入"全国古籍重点保护单位"名录。编辑自治区入选第一、二、三批《国家珍贵古籍名录》的古籍相关资料,出版《西藏自治区第一、二、三批国家珍贵古籍名录藏汉对照图录》,即《雪域宝典》。协助阿里地区完成古籍普查工作任务,完成了全地区7县73座寺庙和地区档案馆、藏医院等单位及个人收藏的古籍普查工作,摸清了全地区古籍存量及保存状况。参加国家古籍保护中心召开的藏文分类专家会,确定藏文古籍普查平台一二级类目,担任藏文古籍著录规则的起草工作。区图书馆组织藏文古籍专家赴成都采购一批震后遗存,抢救珍贵古籍,为藏学研究者带来了福音。

坚决做好维稳工作。自治区图书馆在"西藏和平解放60周年大庆"期间,协助武警部队,做好维护稳定工作,得到武警部队的嘉奖。响应自治区政府"强基础、惠民生"、"创先争优"活动,区图书馆选派4名员工组成的驻村工作队,到那曲巴青县阿秀乡11村,为当地居民办实事,解决难事,根据当地实际情况,建立图书室,开办培训班,教授当地居民常用汉语;协助牧民办合作社,带动经济,提高牧民收入。驻村工作队协助县、乡领导,排查民间纠纷,维护稳定。

第二节　基本统计数据①

一、公共图书馆

整体规模:全区公共图书馆有 4 所,分别为自治区图书馆、林芝地区图书馆、昌都地区图书馆、阿里地区图书馆。全区公共图书馆公用房屋建筑面积180 274平方米。其中区图书馆建筑面积8292 平方米,设有采编部、古籍保护部、典藏外借部、阅览部、网络部、资源部、服务培训部、办公室;林芝地区图书馆建筑面积3104.4 平方米,设有图书编目室、办证室、综合阅览室、青少年阅览室、报刊阅览室、社会科学书库、自然科学书库、新书编目书库、藏文图书室和地方文献室;昌都地区图书馆建筑面积4124 平方米,设有 5 个书库、1 个图书阅览室、1 个报刊阅览室、1 个电子阅览室、1 个多功能,1 个音像阅览室,1 个会议室和办公室。阿里地区图书馆建筑面积2507 平方米,设有图书阅览室、书库。

文献总藏量:全区公共图书馆藏书总量51.5 万册/件。包括图书41.5 万册、古籍10 万册/件、视听文献0.3 万册、电子图书5 万册、报刊1000 余种。2011 年新购藏量8622 册。

信息化建设:全区公共图书馆读者区域计算机设备共有 218 台,电子阅览室终端有 124 个。阅览室坐席总数 533 个,其中图书阅览室坐席数 218 个,报刊阅览室坐席数 183 个,电子阅览室坐席数 132 个。

读者服务:全区公共图书馆共发放借书证18 106个,接待读者累计166 154人次,书刊外借累计336 898册次。其中 2011 年共发放借书证 1624 个,读者流通41 443人次。书刊文献外借38 323册次,图书馆网站总访问量257 594次,为读者举办 20 余场各类活动,参加人数达 6000 余人。

从业人员:全区公共图书馆从业人员共 63 人。其中专业技术人员 38 人,拥有高级职称8 人,中级职称21 人。

财政投入:全区公共图书馆全年财政拨款12 757 675元,其中新增免费开放经费426 万元,维修经费160 万,购书经费2 万元。总支出711.2 万元。

二、高校图书馆

此次调研的高校图书馆有 4 所,分别为西藏大学图书馆、西藏藏医学院图书

---

① 因全区大多图书馆年统计数据无基数可参考,因此无从计算增减百分比。

馆、拉萨师范高等专科学校图书馆、西藏职业技术学院图书馆。

整体规模:4所高校图书馆公用房屋建筑面积共40 789平方米。其中西藏大学图书馆建筑面积为29 400平方米,西藏藏医学院图书馆建筑面积为3500平方米,拉萨师范高等专科学校图书馆建筑面积为1916平方米,西藏职业技术学院图书馆建筑面积为5973平方米。

文献总藏量:4所高校图书馆馆藏纸质文献总量1 381 686册/件,包括普通图书1 307 400册/件,古籍74 286册/件。电子图书16万册/件;CNKI系列数据2.1万GB、人大报刊5.95GB、国研网46.4 GB、Apabi电子图书180 GB、超星电子图书馆4000 GB、万方生态数据库2000 GB。2011年新购图书5.6万册/件,电子文献8000GB。

信息化建设:4所高校图书馆共有计算机设备1383台,其中电子阅览室计算机584台,电教部用计算机690台、网络部用计算机24台,报刊阅览部9台,读者检索用1台,编目等工作用计算机75台。阅览室坐席总数3064个,其中电子阅览室坐席584个。

读者服务:2011年,3所①高校图书馆共发放有效借书证3444个。总流通人次23 048人次。书刊文献外借534 612册次。共为读者举办5场次各种活动。总参加人数超过5000人次。

从业人员:4所高校图书馆从业人员共86人。其中在读博士2人,研究生11人;专业技术人员41人,其中高级职称5人,中级职称34人。

财政投入:3所②高校图书馆全年财政拨款265.55万元;新增藏量购置费(含书、报、刊、电子文献等)10万元。

三、党校图书馆

整体规模:全区党校图书馆只有一所,即西藏自治区党校、行政学院图书馆。党校图书馆建筑面积3521平方米,较上年度增长22.72%。

文献总藏量:党校图书馆藏书总量13.3万册/件。2011年新购书刊3000册,较上年度增长2.25%。电子数据库近10个,存储数据总量20TB。2011年入藏189种刊、18种报纸、普通图书2000余册。

信息化建设:党校图书馆共有计算机设备7台,较上年度增长28.57%。阅览

---

① 拉萨师范高等专科学校图书馆因暂无统计数据,故此次统计中不含该图书馆数据。
② 拉萨师范高等专科学校图书馆财政收入由学校统管,故此次统计中不含该图书馆数据。

室总坐席 120 个。

读者服务:党校图书馆总流通人数 120 人/次,2011 年阅览 26 人/次,较上年度增长 21.66%。数字资源点击量为 43 200 次,2011 年较上年度增长 51.39%。书刊文献外借总数 58 册,较上年度减少 293 册(因改扩建,建立临时报刊阅览室,最大限度地为读者提供服务)。举办读者活动 1 次,参加 50 人。

从业人员:2011 年党校图书馆从业人员 5 人。其中研究生学历 1 人、大学学历 2 人、大专 2 人。

财政投入:2011 年,党校财政总投入为 262.8 万元。其中 10 万购书费,包括购书费 7.16 万元,与上年度持平;报刊购置费 2.84 万元,与上年度持平;数字资源采购费 65.74 万元,较上年度有所增长。

四、中学中专图书馆

整体规模:此次调研中学中专图书馆共 2 所,分别为拉萨中学图书馆①、昌都职业技术学校图书馆。昌都职业技术学校图书馆建筑面积 412 平方米,其中书库面积 200 平方米,书刊阅览室 158 平方米,教材室 54 平方米。

文献总藏量:2 所中学中专图书馆藏书总量 11.18 万册/件,包括普通图书 4.43 万册、"文革"时期文献约 6 万册、报刊 7500 册/件。2011 年新购图书 2000 册、报刊 150 种。

信息化建设:昌都职业技术学校图书馆阅览座位有 120 个。

读者服务:2011 年接待读者约 1 万余人次,读者基本为学生。

从业人员:2 所中学中专图书馆从业人员共 4 人。

财政投入:拉萨中学图书馆每年购书经费为 10 万。

五、自治区社科院图书馆②

文献总藏量:24 万册,其中含汉文图书 10 万册,藏文图书资料 6 万部函,期刊 202 种,报纸 29 种,报刊合订本近 8 万册。

从业人员:17 人,专业技术人员 16 人,其中高级职称 4 人,中级职称 8 人。

---

① 因进行改扩建工程,暂无法提供相关数据,此次统计中不含该校图书馆部分数据。
② 自治区社科院图书馆正在改扩建中,故无法统计整体规模等相关数据。

第三节　未来发展规划

　　未来几年,西藏图书馆界投入力量,在改扩建、自动化、信息数字化等工程的推动下促进自治区图书馆事业的前进。

　　加快改扩建进程。因图书馆事业发展需求,各图书馆原有格局、功能与规模,均不能满足现状。区图书馆通过各方努力,得到地方财政的大力支持,拨付改扩建专款1800万元,实施改扩建工程,通过考察兄弟图书馆,已进入改扩建图纸设计阶段,改扩建包括对整体格局的调整、消防系统的完善等。林芝地区图书馆利用国家投资1420万元,进行改扩建工程,将由现在建筑面积3104.4平方米扩大到6000平方米。昌都地区图书馆亦将完成改扩建工程,进一步完善功能。昌都地区职业技术学校图书馆将弥补现有缺陷,建两个电子阅览室。目前,自治区社科院图书馆和拉萨中学图书馆正在改扩建中。

　　全面启动图书馆自动化工程,加强信息数字化工程,继续扩大图书馆延伸服务功能。根据全区图书馆现状,争取经费,加大投入,在现有设备与技术基础上,全面启动图书馆自动化工程,进一步改善网络环境,为图书管理与读者利用图书馆提供方便;加快建设数字图书馆的步伐,尽早与全国图书馆事业发展接轨。利用全国文化资源共享工程,由文化资源共享工程西藏分中心(自治区图书馆)牵头,建立地区支中心。为全区便民服务站设立"便民书窗",为警务人员和过往游客提供方便;极力完善农家书屋、寺庙书屋的服务功能,将其纳入图书馆延伸服务项目中。

　　加大西藏古籍保护力度。在自治区政府和国家古籍保护中心、文化厅的大力支持下,自治区图书馆(西藏自治区古籍保护中心)加大西藏古籍保护力度,全面展开全区古籍普查工作;改善古籍重点保护单位和收藏单位的保存环境;对部分珍贵古籍进行出版和数字化;力争建立国家古籍保护中心藏文古籍修复基地,培养修复人员,对濒危古籍进行修复;对西藏区域内金铭石刻进行传拓与保护。

　　陆续建立地区图书馆。目前,全区六地一市中仅林芝、昌都、阿里地区有公共图书馆,图书馆的稀少及图书馆事业发展的滞后,严重制约着全民读书水平与读书习惯。为丰富全区百姓的精神生活,为广大读者提供读书捷径,各地区已加快建设图书馆步伐,那曲、日喀则地区建立图书馆工程已提到工作计划当中,正在筹划设计。

　　进一步加强图书馆宣传力度。利用"世界读书日"、图书宣传周、免费开放等各种契机,举行各种活动,举办各种展览,多听取读者意见与建议,加大图书馆宣传力度,使图书馆真正成为读者提高学业、增长学问、成就科研的殿堂。促进人才培养,改善人员结构。根据现有图书馆工作人员所存在的问题和缺陷,与兄弟图书馆加强联系与沟通,引进专家进行人员与业务培训,派出图书馆人员到兄弟单位学习,全面改善人员素质,转变思想,提高业务水平与管理能力。

（执笔人:萨仁高娃）

第三十四章 甘肃省图书馆事业发展报告

第一节 事业发展综述

2011 年,甘肃省各级各类图书馆立足于图书馆事业发展的新形势,面向未来,谋划制定"十二五"时期的发展方向和发展目标,借助推动公共文化大繁荣大发展的政策背景,承前启后,继往开来,扎实推进,稳中求新,展现了良好的发展势头。

基本建成覆盖城乡的图书馆服务体系,图书馆办馆条件得到进一步改善。党的十七届六中全会以后,甘肃各级党委、政府对文化工作给予了高度的重视,坚持政府主导、社会参与、群众共建,统筹发展城乡文化事业,加快了构建包括图书馆在内的公共文化服务体系的建设步伐。截至 2011 年底,全省建有县以上公共图书馆 97 个,乡镇综合文化站 1227 个,每个文化站都设有图书室,累计建成农家书屋 13 000 家,占全省行政村数量的 73.34%。覆盖省、市、县、乡、村五级公共图书馆服务体系已基本建成。近年来,各级政府不断加大投入,一批新建的图书馆馆舍在建或已交付使用。甘肃省图书馆馆舍扩建工程,已列入《甘肃省"十二五"时期文化发展改革规划纲要》,前期工作正在有序推进。嘉峪关市图书馆新馆正在兴建,甘南藏族自治州图书馆已完成旧馆搬迁,新馆正式动工,临夏回族自治州图书馆新馆正在设计当中,庆阳市图书馆新馆已经立项选址。定西市、张掖市和陇南市三个地市级图书馆机构正在筹建当中。玉门市图书馆、金塔县图书馆等六个县级图书馆新馆建成并投入使用。西北师范大学新校区图书馆、西北民族大学新校区图书馆正在建设当中,甘肃民族师范学院图书馆新馆建成并投入使用。

纸质文献与数字资源并重的文献信息资源服务保障体系初步建成。文献资源建设在注重传统纸质文献的同时,电子文献、数字文献的入藏量不断增加,一批具有地方特色的数据库已经建成或正在建设。各图书馆都加快了数字资源建设的力度,在购买使用商业数据库的同时,深入挖掘馆藏文献信息资源,建设了一批具有地方特色和学科重点的数据库,累计建有各类数据库 1000 多个。甘肃省图书馆已建数据库 20 多个,数据总量达 841GB。主要有:西北地方文献资源数据库、四库全书研究资源数据库、甘肃电影专题资源库、甘肃石窟艺术专题资源库、兰州碑林篆刻艺术专题资源库、西部大开发论文数据库、沙尘暴研究专题数据库、西部文化产业发展资料汇编、中国标准书目数据库、甘肃省情等。兰州大学图书馆建设的"敦煌学资源数据库"成为国家级重点培育学科——敦煌学研究与教学的有力支撑。西北民族大学图书馆建设的数据库有：甘肃特有民族研究数据库、民族文献研究题录数据库等。国家科学图书馆兰州分馆建设的数据库有：西北地区水资源专题文献库、西北地区生态学专题文献库、甘肃特有少数民族数字资源库、中国沙生植物数据库、高原冻土专题数据库等。白银市图书馆已建成"红军会宁会师暨长征途经白银史料专题馆藏"、"白银民间收藏数字馆藏"两个地方文献数据库，正在建设"白银市资源枯竭城市转型专题数据库"、"全国黄河沿岸城市信息数据库"等。此外 CALIS 甘肃省文献信息服务中心、CASHL 学科中心（代行西北区域中心）先后在兰州大学图书馆建成，兰州大学图书馆还成为了"大学数字图书馆国际合作计划（简称 CADAL）"的成员馆。由甘肃省科学技术情报研究所、国家科学图书馆兰州分馆、兰州大学图书馆、甘肃省图书馆等联盟建设的甘肃科技文献共享平台（GSSTD）已建成并运行良好，成为甘肃地区科技文献信息资源共享与服务中心。目前，具有多类型、多文种、多层次的，满足于本省科学研究、文化教育以及休闲娱乐等不同阅读需求的纸质文献与电子文献、数字资源并重的文献信息资源服务保障体系已初步建成。

应用新技术提升服务能力。随着新技术、新方法在图书馆的广泛运用，图书馆管理与服务手段的现代化水平得到明显加强，服务能力与服务效益得到进一步提升。在文化信息资源共享工程的推动下，甘肃各级公共图书馆的数字化、网络化和现代化水平有了长足发展。有 84 家图书馆建起了电子阅览室，有 60 余家图书馆已经实现或正在进行图书馆业务工作自动化建设，甘肃省图书馆、兰州市图书馆、白银市图书馆等 8 家图书馆开通了图书馆网站。甘肃省"县级数字图书馆推广计划"自 2010 年实施以来，已覆盖全省 86 个县区公共图书馆，实现了县级数字图书馆全覆盖。共享工程省分中心通过自建、合作共建、购置等途径，拥有专题资源库32 个，各类资源总量超过 20TB，内容涉及农业科技、文化专题、影视作品、公益讲座、舞台艺术、少年文化等。甘肃省图书馆加入了全国图书馆参考咨询联盟。甘肃省各类高等学校图书馆都建有电子阅览室，有 24 所高校图书馆已实现业务工作的自动化管理，并建有图书馆网站。3 月兰州理工大学图书馆开通了"Wok 在线大讲堂"课件下载、视频点播和"SCI 大讲堂"栏目。9 月，兰州大学图书馆对图书馆自动化集成系统进行了升级。新系统在多语种、标准数据库、跨平台应用等关键技术方面与旧系统相比有质的提升；西北师范大学图书馆、西北民族大学图书馆先后建成了基于无线射频技术(RFID)的自助借还书系统,成为本省首批试用该系统的图书馆。国家科学图书馆兰州分馆创新空间设计,部署建设新型交互式学习与研究服务空间(如 IC、LC 等),并向社会所有用户免费开放使用,方便用户充分开发利用兰州分馆的空间资源、信息资源、计算资源和服务资源。

积极组织开展各类型读书宣传活动。按照中国图书馆学会有关通知的精神,甘肃省图书馆学会每年都在全省范围内开展"全民阅读活动"。全省各地公共、高校和科研专业图书馆纷纷行动起来,组织开展了声势浩大、丰富多彩、各具特色的全民阅读活动。"兰州读书节"已连续成功举办七届,"书香天水"读书节成功举办两届;甘肃省图书馆的"周末名家讲坛"、兰州市图书馆的"金城大讲堂"等品牌文化活动在社会上产生了深远的影响。讴歌建党 90 周年、送书下乡、送书进校园、进军营,农家书屋帮建和免费开放与服务宣传等成为 2011 年活动的热点。各种读书报告会、演讲会、座谈会、知识竞赛、征文比赛等形式成为活动的主要载体。从 2007 年开始,甘肃省每年评选一次全民阅读活动先进单位,在省图书馆学会年会上对获奖单位授予奖牌。从 2011 年起,学会对连续三次获得"全民阅读先进单位"的单位表彰命名为"甘肃省全民阅读基地",已经有甘肃省图书馆、兰州大学图书馆、陇东学院图书馆等 10 家单位获此称号。通过有计划、有目的、有组织地开展全民阅读活动,引导全省各级各类图书馆把组织开展各类读书宣传活动作为常态化的工作常抓不懈,吸引越来越多的人走进图书馆、利用图书馆,图书馆的社会价值得到进一步的彰显。

人才培养展现新亮点。甘肃省图书馆学会把加强基层图书馆的业务建设和人才培养作为 2011 年工作的重点,以普遍提高广大基层图书馆员的业务素质,来促进公共图书馆服务能力与服务效益的提升,组织策划了"志愿者行动——基层图书馆员培训活动"。为推广使用新版分类法,3 月 16 日至 3 月 18 日,举办了一期"《中国图书馆分类法》(第五版)暨图书馆员继续教育培训班"。此次培训由西北五省(区)图书馆学会联合开展巡回式培训,甘肃是第一站。4 月成功举办了CALIS甘肃省文献信息服务中心第二期(信息技术、资源建设与参考咨询)服务培训班,来自省内各地近 30 所高校图书馆的馆长及业务骨干 50 余人参加了培训。5 月中旬,共享工程甘肃省分中心举办了"全省县级数字图书馆推广计划和图书馆业务自动化软件"培训班,来自全省 14 个市州、86 个县区的图书馆馆长及 57 个县级支中心的技术人员参加了培训。2011 年 6 月,"西部高校国外数据库培训活动"在西北师范大学图书馆和兰州理工大学图书馆同期举行。此外,为发挥 CASHL 西北区域中心——兰州大学图书馆的作用,组织举办了两期 CASHL 走入西北培训会议。12 月,应台湾东吴大学的邀请,甘肃省高校图书馆的 13 位馆长及同仁组团参加了

"海峡两岸高校图书馆文献资源建设与服务发展研讨会"。国家科学图书馆兰州分馆与周边高校、科研院所的图书馆或信息中心合作,组织完成了面向特定用户群体的专门培训12场、培训学员600余人次。2011年甘肃省公共、高校、科研等三大系统图书馆举办面向全省的各类培训班、研讨班、学术报告等共计37期(场)、培训学员2363人次。

第二节 基本统计数据

截至2011年底,全省建有县以上公共图书馆97所、其中省级馆1所、地市级馆12所、县区级馆84所。具有独立建制的少年儿童图书馆2个,乡镇综合文化站(含图书室)1227所,农家书屋13 000家。另有高校馆41所,科研图书馆4所,民营图书馆2所。拥有纸质文献总量(含公共图书馆、高校图书馆和科研图书馆)3143.2957万册,文种涉及中文、英文、俄文、日文、德文等;拥有中外文电子图书、电子期刊100余万种,开通各类型中外文数据库460余个。

一、公共图书馆

整体规模:甘肃省共有县以上公共图书馆97所(包括独立建制的2所少年儿童图书馆),其中省级馆1所,市州级图书馆12所,县区级图书馆84所。正常开放的图书馆94所,有3个图书馆正在筹建,即张掖市图书馆、定西市图书馆和陇南市图书馆。在2009年全国第四次公共图书馆评估中,有43所图书馆达到等级图书馆标准,其中一级图书馆5所,二级图书馆6所,三级图书馆32所。全省公共图书馆公用房屋总面积17.1826万平方米,较上一年增加6.35%,其中书库面积3.9226万平方米、阅览面积5.0978万平方米。阅览座位14 514个,比上一年增加8.7%,其中少儿阅览座位3860个、盲人阅览座位374个。

文献总藏量:藏书总量1159.6161万册/件,较上一年增加11.3%。其中普通图书857.6875万册(盲文图书7920册,少儿文献42.9162万册),古籍53.4408万册(善本10.2646万册),报刊合订本159.4849万册,视听文献20.5954万件,缩微制品7494件,电子图书31.1531万册;开架书刊428.4834万册,约占总藏书量的50%。2011年全省公共图书馆新增藏量28.7250万册,增长10.63%;当年订购报刊16 393种,增加23.4%。

信息化建设:全省公共图书馆拥有计算机3931台,增加了3.6%,其中省级馆374台304台、地级馆411台396台、县级馆3146台。84家图书馆建有电子阅览室,电子阅览室终端数 2801 个,增加 25.4%,增幅较大。60 余家图书馆已经实现或正在进行图书馆业务工作自动化建设。8 家图书馆开通了网站,与上一年持平,图书馆网站访问量 40.6675 万次。

读者服务:全省公共图书馆在册读者 21.8125 万人,与 2010 年相比增加了 7.65%。全年接待读者 473 万人次,书刊外借 234.2 万人次,流通书刊 389.2 万册次。流动图书车借阅 24.6609 万人次,流动流通书刊 37.0191 万册次。设立各类型分馆 127 个。组织各类讲座 862 场次,参加人数 12.4 万人次;举办各类展览 238 场次,观众 21.2 万人次。讲座、展览作为图书馆吸引读者、服务读者的一种新的服务方式,已经受到读者的肯定与欢迎。举办各类培训班、研讨班 329 期,培训学员 2.32 万人次。

从业人员:全省公共图书馆从业人员 1402 人,比上一年度增加了 3%。其中,省级馆 229 人,地市级图书馆 303 人,县级图书馆 840 人;中级职称以上的专业技术人员 371 人,占从业人员总数的 27.3%,其中高级职称 58 人、中级职称 313 人。

财政投入:全省公共图书馆事业经费 13 354.3 万元 9592.1 万元,比 2010 年增加了 3762.2 万元,增长了 39.2%,增幅较大。其中新增藏量购置费 1401.8 万元,比 2010 年增加 225 万元,增长了 19.1%。各种设备购置费 1569.3 万元,是上一年的 3.78 倍。这主要得益于国家免费开放经费的投入,改善了各级公共图书馆的设施设备。

二、高校图书馆

整体规模:甘肃省共有各类高等学校图书馆 41 所,其中,普通本科高校图书馆 14 所、专科院校图书馆 21 所、独立学院和民办高校图书馆 6 所。

文献总藏量:调查的 21 所高校图书馆包括,本科院校 12 所、专科学校 4 所、高职院校 4 所、独立院校 1 所。21 所图书馆拥有纸质文献总量 1820.8149 万册,其中,图书 1588.5802 万册、报刊合订本 211.1935 万册。馆藏图书文献中,中文图书 1513.2280 万册,占入藏总册数的 94.72%,外文图书中,英文、俄文、日文及其他文种分别占入藏总册数的 4.28%、0.42%、0.16% 和 0.42%。从品种和册数上看,中文图书占明显优势,外文图书收藏偏少。馆藏期刊中,中文期刊比例最高,占期刊总数的 67.03%;外文期刊英文、俄文、日文及其他文种分别占 28.15%、1.27%、0.77%、2.78%。高校图书馆购置的中外文数据库中合计有 256 个,中文 210 个、外文 46 个,占数据库总数的 17.97%。当年新购图书 98.0065 万册,其中中文图书 97.1771 万册、外文图书 0.8294 万册;期刊 3.8365 万种,其中中文 3.7573 万种、外文 0.0792 万种。

信息化建设:全省 41 所高校图书馆基本都建有电子阅览室,有 39 所图书馆实现了业务工作的自动化管理,24 所高校图书馆建立了网站,21 所图书馆拥有各类型数据库 256 个,6 所图书馆拥有外文数据库 46 个,11 所图书馆开通了网上虚拟参考咨询。

读者服务:34 所高校图书馆共发放有效借书证数 22.4313 万个。总流通人次 1751.5324 万人次,较上年度 1562.7259 万人次增长 12.1%。书刊文献外借 804.5589 万册次,较上年 866.3612 万册次减少 7.1%。共为读者举办 1089 场次各种活动(其中组织各类讲座 675 次,其他类型读者活动 414 次),较上年度 775 次增长 40.5%。总参加人数超过 11.9734 万人次,较去年 10.4475 万人次增长 14.6%。

从业人员:从收录数据的 19 所高校(普通本科院校 12 所,专科院校 7 所)中,共有职工队伍 933 人,其中正式职工 575 人,占职工总数的 61.63%;聘用职工 264 人,占职工总数的 38.37%;女职工占职工总数的 58.95%,男职工占 41.05%。高校图书馆职工队伍的学历和职称情况看,博士学历 6 人,硕士学历 111 人,硕士以上学历占职工总数的 12.54%;大学本科 354 人,占职工总数的 37.9%;大专学历 163 人,大专以上学历占 17.5%。大专以下 162 人,占职工总数的 17.4%。具有专业技术职称的有 506 人,占职工总人数的 54.2%。其中高级职称 145 人,占 28.7%;中级职称 280 人,占 55.3%;初级职称 81 人,占 26%。从职工的年龄构成来看,30 岁以下占职工总人数的 10.3%,30—39 岁占 26.3%,40—39 岁占 44.7%,50 岁以上 19.7%。职工队伍中专业结构为,图书情报学和计算机网络专业占各类专业人员总数的 21%,其他专业占 79%。2010 年,本省 19 所高等院校,共引进人才 31 人,其中硕士以上学历 20 人,本科 9 人。从引进人才的数量看,每个院校平均不到 2 人。

三、科学与专业图书馆

本次调研了 4 所图书馆的部分数据,包括国家科学图书馆兰州分馆、甘肃省科学院图书馆、甘肃省科技情报所、化工机械及自动化设计研究院图书馆。

文献总藏量:纸质藏书总量 202.775 万册,中文电子图书 20 万种,中文电子期刊 11 582 种,中文电子学位论文 129 万篇。引进和自建中外文有关科技文献、经济、商务、科技成果文献数据库、学科信息门户和网络信息系统资源库 200 多个。

信息化建设:拥有计算机设备 224 台,4 所图书馆均采用计算机管理系统,并开通了网站。拥有科技图片数据库、科技视频库等资源 12TB。

读者服务:据 3 所图书馆的数据,注册读者 6695 人,年接待读者 4.7 万人次,完成读者咨询13 976人次。开展面向特定用户群体的各类培训98场次,培训学员2510人次。

从业人员:4所图书馆业人员共189人,其中,专业技术人157人,博士、硕士以上学历43人。3所图书馆拥有研究(馆)员9人,副研究馆员21人,馆员26人。博士生导师1人,硕士生导师8人。

四、民营图书馆

整体规模:本次调研民营图书馆2所,即兰州穆斯林图书馆和宕昌开源教育图书馆。兰州穆斯林图书馆是一所由私人集资赞助,通过理事会形式管理的面向公众开放的图书馆。宕昌开源教育图书馆是一所由私企公司兴建的面向社会公众开放的图书馆。2所民营图书馆馆舍面积2346平方米,阅览坐席320个。

文献总藏量:藏书总量26.7438万册/件,其中普通图书4.1864万册、报刊合订本3.5万册、地方文献2.58万册。古籍及线装120册。2011年新书入藏493种、1400册,报刊入藏量318种。

信息化建设:有计算机设备41台,其中开源教育图书馆建有电子阅览室,并设有网站,配备计算机36台。

读者服务:图书馆周开馆时间总计94小时。累计发放借书证10 138个,2011年接待读者5.4万人,流通书刊24.55万册次。年举办读者活动20次,参加人数1400人次。

从业人员:从业人员共17人,其中硕士学历2人、大专以上学历11人。工作人员多是临时聘用人员。

经费支出:2011年支出经费53万元,其中新增藏量购置费1万元。

第三节 未来规划展望

"十二五"未来三年,甘肃省图书馆界将努力做好如下工作:

继续深入贯彻落实《国家"十二五"时期文化改革发展规划纲要》《文化部、财政部关于推进全国美术馆、公共图书馆、文化馆(站)免费开放工作的意见》和《甘肃省"十二五"时期文化发展改革规划纲要》等文件精神,在公共文化设施建设、政策措施、资金投入等方面重点向农村倾斜,坚持公益服务,实现文化设施布局合理,公共服务水平全面提升。目前,多家图书馆已制订符合自身发展特点的中长期规划。未来发展中,全省图书馆将加紧制订配套执行方案,互帮互助,注重自身实际以及所服务地区、人群的需求,打造特色文化服务,创新服务机制,在学习和赶超中逐步达到全省各级各类型图书馆科学协调和可持续发展。

加强对公共图书馆的行业管理,尽快修订出台地方性的公共图书馆条例。《甘肃省公共图书馆工作条例》自制订以来,极大地激发了各地建设图书馆的工作热情,但随着社会主义市场经济的建立和完善,该条例已不能适应社会发展的需要,缺乏约束力、影响力和时代特征,亟待完善和修订。今后一是明确公共图书馆的功能,保障对图书馆管理的科学性;二是切实保障图书馆经费来源,确定各级地方财政用于发展图书馆事业的经费比例,以保证图书馆事业与地方经济同步发展;三是对图书馆从业人员的配备和培训做出规定,明确专业与非专业人员的比例,控制数量,保证质量,使每个图书馆员定期获得必要的培训,以适应图书馆事业发展的要求,逐步建立行业准入制度,推行职业资格认证制度;四是规范图书馆从业资格认定制度,把好图书馆进人关,从根本上提高人员素质。

加强图书馆馆员的岗位培训和继续教育。图书馆馆员是图书馆事业的灵魂,提高馆员的业务素质和知识水平,是图书馆深化服务内容、提高服务水平的前提。改革基层图书馆馆长的选拔任用制度,加强对现有馆长的培训。图书馆馆长对一个图书馆事业的发展来说至关重要。本省图书馆馆长的选拔任用制度还需进一步的改革,图书馆需要的是热爱图书馆事业,有一定能力和水平,脚踏实地的实干家。省文化厅应制定相应的政策,逐步建立起公共图书馆馆长资格认证和考核制度;同时加强基层图书馆馆长的培训,并使其制度化和经常化。如定期举办全省基层图书馆馆长培训班、研讨班、外出考察和交流活动,促使其从外行向内行转变。

构建公共图书馆服务体系,提升图书馆的整体服务能力与服务效益。构建公共图书馆服务体系,是实现资源共享,发挥图书馆整体效益的最佳方式。目前兰州市区有公共图书馆5家,应尝试以甘肃省图书馆为中心馆,以其余4馆为分馆,整合现有的文献资源、人力资源和物质资源,行政上不改变原有隶属关系,业务上实行一体化管理,实行借阅一卡通,联合建设书目信息资源,联合共建文献信息资源,实行联合服务。以点带面,逐步发展扩大,以此来带动和推进全省公共图书馆服务体系建设,为最终构建覆盖全省城乡的公共图书馆服务体系而努力。同时加强与高校图书馆、科学与专业图书馆、文化馆、博物馆、档案馆的沟通与合作,扩大与其他部门的合作范围与力度,探索合作规律与特点,探索共建跨系统的图书馆联盟,提升图书馆的整体服务能力与服务效益,实现全省图书馆事业的可持续健康发展。

(执笔人:董隽)

第三十五章　青海省图书馆事业发展报告

第一节　事业发展综述

2011 年,青海图书馆事业在文献资源建设、基础设施建设、数字图书馆建设、文化信息资源共享工程建设、图书馆联盟建设以及读者服务、社会教育、全民阅读、科学普及、人才培养、古籍保护、图书宣传、社区文化、基层站点、流动服务、免费开放等方面都取得了长足发展。全省科研、工会、企业、党政、军队、医疗、中小学、乡镇、社区图书馆事业发展较为平稳,各馆(室)读者活动、馆藏资源、基础设施建设等方面都有一定规模的发展。

积极开展免费开放工作。2011 年是我国各级公共图书馆全面落实免费开放政策之年。就青海而言,图书馆事业进入最好的发展时期。自 2 月文化部、财政部发布《关于推进全国美术馆、公共图书馆、文化馆(站)免费开放工作的意见》以来,青海各级公共图书馆纷纷响应,陆续推出了免费开放的政策和方案。截至 2011 年底,青海各级公共图书馆免费开放率达到了 100％。公共图书馆免费开放政策,使更多读者走进图书馆、认识图书馆、利用图书馆,拉近了图书馆与读者之间的距离,从而使图书馆的职能作用得以充分发挥。

文化信息资源共享工程、数字图书馆建设进一步发展。青海文化信息资源共享工程在网络建设、数字资源建设、人才队伍建设等方面取得了实质性进展,为进一步做好共享工程奠定了良好的基础。文化信息资源共享在青海的全覆盖,为基层广大人民群众提供了丰富、优质、便捷和贴近民众生活的文化信息资源,使基层群众科学致富、新农村新牧区建设步伐迈上了信息快车道。青海师范大学图书馆引进《中国学位论文全文数据库》《中国基础教育信息服务平台》《中国新方志知识服务系统》《中国年鉴网络出版总库》《国研网》《北大法意》《网上报告厅(学术视频)》等 10 个中文数据库供全省高校免费使用。青海省图书馆在引进部分资源库的基础上,正在建设地方文献数据库、古籍数据库、馆藏《青海日报》数据库、馆藏民国时期文献数据库、家谱数据库、"三江源"文化资源数据库等,其中有的数据库已建成使用。CALIS 青海中心完成了三期项目建设,建成了 24T 存储空间、10 个数字资源共享中心、中心门户网站及各类应用服务系统。目前,CALIS青海省文献信息服务中心已建成和形成了青海高校文献保障系统的基本框架和共享渠道,为青海经济社会发展和教育事业发挥着积极作用。CASHL提供的文献资源和服务,不但极大地改善了青海高校外文文献资源严重匮乏的局面,而且有效提高了青海省高校学科建设及学术研究的外文文献资源的保障能力。

大力开展"全民阅读"活动。"全民阅读"活动的形式,主要是阵地服务;送书到军营、警营、机关、学校、企事业单位、社区、工地、监狱、农村农舍、牧民帐篷,田间地头、草原牧场;广场展览、学校联谊;军民共建"图书馆流动室"、农村建立"农家书屋"、乡镇村建立"图书馆流动站"等。"全民阅读"的主要活动内容有:"三八"妇女节主题活动、"学雷锋"主题活动、"图书馆服务宣传周"活动、"六一"儿童节活动、"七一"建党节活动,"八一"建军节活动、"十一"国庆节活动以及"桃花节"、"犁花节"、"油菜花节"主题宣传读书活动等。"全民阅读"活动不仅丰富了节日期间的群众文化生活,而且大大缓解了基层群众"借书难、看书难"的实际问题,同时也营造了全民多读书、读好书的良好社会氛围,从而达到了"倡导全民阅读,提高全民素质"的目的。青海省图书馆在贵阳"2011年中国图书馆年会暨中国图书馆学会年会"上被授予"2010年度'全民阅读'先进单位"荣誉。

古籍保护工作稳步进行。自2007年8月青海省人民政府批准建立由青海省文化和新闻出版厅牵头,省发改委、省财政厅、省教厅、省科技厅、省民委等部门组成的青海省古籍保护工作厅级联席会议制度以来,省文化和新闻出版厅专门下发了《关于进一步加强本省古籍保护工作的意见》,并相继成立了青海省古籍保护中心和青海省古籍修复中心。组织保证,使青海古籍保护工作得到更多重视和有效开展。

省内图书馆系统交流频繁。5月20日成功召开了"青海省图书馆学会第七次会议代表大会暨第十二次图书馆科学讨论会",会上有13篇论文进行了大会交流。8月16日至20日,举办"西北五省(区)图书馆第二次峰会",就西北地区人才培养,西北地方文献数据库、陕甘宁地区红色文献数据库、西北伊斯兰教文献数据库建设,商讨成立"西北五省(区)图书馆协作协调委员会,西北五省(区)图书馆多样化合作模式"等达成共识。9月13日,青海师范大学图书馆和兰州大学图书馆共同主办"青海省CALIS第三期建设工作暨CASHL走入青海座谈会"。10月23日至28日,青海12位代表参加了由文化部主办的贵阳"2011年中国图书馆年会暨中国图书馆学会年会",青海省2篇论文荣获征文"三等奖"。

第二节　基本统计数据

截至 2011 年底,青海省公共图书馆机构数为 49 所,其中,省级馆 1 所,地市级馆 7 所,县级馆 41 所。从业人员 406 人,正高级职称 8 人,副高级职称 34 人,中级职称 152 人。全省本科院校图书馆 3 所,职业技术学院图书馆 8 所,省电大图书馆 1 所,省党校图书馆 1 所,地市级党校图书馆 9 所。从业人员 250 人,其中,副高级职称以上 130 人,中级职称 150 人。

全省公共图书馆公用房建筑面积 46 400 平方米,其中,书库 11 300 平方米,阅览室 11 000 平方米。阅览室坐席 3319 个,其中,少儿阅览室 588 个。累计发放有效借书证 7000 个。年总流通 96 万人次,文献外借 43 万册次。计算机 1512 台,电子阅览室终端 1340 个。馆藏总量为 368 万册/件,视听文献、缩微制品 36 000 件,新书入藏量 43 900 册。年公共图书馆文献购置费 199 万元,其中,青海省图书馆 100 万元。各级财政拨付的免费开放补助款省级馆 150 万元,州市级馆 50 万元,县级馆 20 万元,已全部到位。

其他类型图书馆公用房建筑面积 7 万平方米。阅览室坐席 7000 个。年流通 80 万人次,文献外借 50 万册次。年购书经费 300 万元。计算机 400 台,电子阅览室终端 200 个。

在古籍馆藏方面,公共图书馆拥有古籍 17 万册,善本 13 600 册。其他类型图书馆馆藏总量 450 万册/件,其中,古籍 12 000 册,善本 10 900 册。通过古籍普查工作,全省共登记古籍 15 200 部 24 万册,善本 1085 部 19 000 余册。62 部古籍已入选《国家珍贵古籍名录》。截至 2011 年,为使青海古籍保护人员的业务技能得到进一步提升,先后派遣 60 多名专业人员参加了全国各种古籍保护培训班的培训。全年共组织各类讲座 88 场次,听众达 16.42 万人次;举办各种展览 36 个,参观人数达 19.20 万人次;举办专业培训班 46 期,受训人员达 2013 人次。

全省文化信息资源共享工程总投入 9610 万元。文化信息资源共享工程省级分中心 1 个,县支中心 43 个(县覆盖 100%),乡镇文化站 240 个(乡镇覆盖 80%),村基层点 4170 个(村覆盖 100%)。全省 43 个县支中心拥有 PC 机 1720 台(每馆 40 台),服务器 172 台,存储 154.8TB,投影设备 43 套,便携式计算机 140 台,非线编设备 43 套,大屏幕液晶电视机 43 台,数码摄像机 43 台,数码应用管理系统软件 43 套;240 个乡镇文化站拥有 PC 机 960 台(每站 4 台),服务器 240 台,数码照相机 240 台,投影机 240 台,卫星接收设备 240 套;4170 个村基层点拥有投影设备 4170

套,音箱4170套,DVD4170台。省级分中心(青海省图书馆)购置中国期刊全文数据库7405.25GB,7679种3000多万篇;中国优秀博士学位论文全文数据库5321.35GB,100多万篇;《中国年鉴网络出版总库》《中国工具书网络出版总库》各1套。各县支中心安装共享工程国家中心移动硬盘资源500GB,配送光盘200余盒;国家数字图书馆工程移动硬盘资源1TB。青海地方文化电视专题片230盒。超星电子图书1万余种,少儿漫画、连环画8000余册。拍摄共享工程"三江源文化资源数据库"电视专题片113部,2260分钟。为4170个村基层点复制共享工程资源建设管理中心《共享欢乐万家》《缤纷假期,欢乐共享》光盘资源8.8万盒。截至2011年底,为全省共举办共享工程业务培训班21期,受训人员达877人。

全省通过共享工程举办各类活动3902次,为7.09万人次提供馆域网共享工程资源和国家数字图书馆工程数字资源浏览服务和上网服务。青海师范大学图书馆、青海大学图书馆为CASHL成员馆单位,注册用户228名,传递外文文献620篇。

第三节　未来规划展望

未来几年,青海图书馆事业将围绕《国家"十二五"时期文化改革发展纲要》和《文化部"十二五"时期文化改革发展规划》,以满足广大人民群众的阅读需求为出发点,以改革创新为动力,面向未来,努力实现青海图书馆事业未来发展规划和总体目标。

一、拓宽服务领域,创新服务方式,提升服务水平,依据青海实际,力争读者到馆率和文献借阅量每年以10%的速度递增。

二、以基础设施建设为重点,力争青海省图书馆二期扩建项目,西宁市、玉树藏族自治州、海西蒙古族藏族自治州图书馆及民和、门源、尖扎、乐都县图书馆新馆建设在"十二五"期间建成并投入使用,同时加快推进数字图书馆建设,尽快实现全省范围内的数字资源共建共享和网络服务。

三、进一步强化地方文献资源的收集和古籍保护工作,加快数据库建设,积极整合全省少数民族文献资源,重点挖掘地方特色文献资源,积极开展地域、民族特色的文献资源数据库建设,切实承担起保护文化遗产并传于后世的历史责任。

四、积极开展"全民阅读"活动。通过文化"三下乡"、各种节日为主题的"全民阅读"活动,让更多大众多读书、读好书,从而提高全民整体文化素质。

五、加强人才队伍建设。紧紧围绕资源建设、读者服务、古籍保护、科学管理、学术研究等,强化专业培训,培养和造就一批高素质、综合性、专业性、结构性的人才队伍,使图书馆管理更加科学化。同时,根据重点领域或岗位,培养一支高素质的专家队伍,引领全省图书馆事业向更高层快速迈进。

六、积极开展馆际之间、学会之间,全国性、区域性的合作与交流,加强本省图书馆联盟建设,有效建立公共图书馆之间、公共图书馆与高校图书馆之间的合作机制,达到优势互补,资源共享的目的。

七、进一步加大免费开放力度,确保未成年人、老年人、残障人群的阅读权力,重点加强各地图书流动站、社区图书室、盲人阅览室、少儿图书馆(室)建设,开辟了多元化服务渠道,为弱势群体提供优质服务。

八、根据青海实际,积极探索并建立公共图书馆经费多元投入机制,形成以政府财政为主、社会力量积极参与的多元化经费保障体系;州、县图书馆文献购置费,各地争取在"十二五"期间都能列入当地财政预算;省图书馆、各高校图书馆的文献购置费每年应以20%比例逐年递加;免费开放补助资金,中央财政应进一步倾斜于西部图书馆,促进西部图书馆事业快速发展。

(执笔人:李盛福)

第三十六章　宁夏回族自治区图书馆事业发展报告

第一节　事业发展综述

2011年,宁夏回族自治区图书馆事业在全面免费开放的背景下,加强图书馆基础设施建设,完善公共图书馆服务体系,特别是县乡村和社区公共图书馆(室)服务体系的建立健全,让广大人民群众享有免费的基本公共文化服务。全区图书馆界在保证公共图书馆基本服务的基础上,转变创新办馆理念和服务方式,拓展服务触角,打造服务品牌项目和特色化建设,大力加强文献信息资源的优化和整合,实现图书馆服务的公益性、均等性、便利性。

近年来,宁夏社会各界对公共文化事业发展极为重视,开展"民生文化提升年"活动,图书馆界同仁凝聚各方力量,整合所有资源,大力发展事业,自治区财政加大对公共图书馆建设的投入,图书馆业界呈现出蓬勃发展的良好态势。全区馆舍建设快速发展。自2009年以来,宁夏图书馆、吴忠市、中卫市、贺兰县、平罗县、西吉县图书馆新馆相继开放,石嘴山市、永宁县、中宁县图书馆新馆正在搬迁中,固原市、银川市等老旧图书馆纳入了全国地市级公共文化设施建设项目储备库的项目。

文化民生工程稳步推进,"共享工程"信息资源实现全覆盖。宁夏图书馆界特别将公共文化资源向县乡村和社区延伸作为重点项目,逐步完善城乡一体的公共图书馆服务体系建设。2011年,宁夏所有公共图书馆都建有社区服务点,由于宁夏境内"共享工程""农家书屋"实现了全覆盖,各县级图书馆对辖区内"共享工程"和"农家书屋"业务直线对接,给予一定经费投入,进行业务指导与培训,整合资源、充分利用,完美地把"共享工程"数字资源和"农家书屋"文献资源丰富提高,无保留地提供给农牧民免费使用。VPN专线开通,使"数字图书馆"与"互联网"对接得以实现,基本建成了资源丰富、技术先进、服务便携、覆盖城乡的数字文化服务体系,县乡镇和村级群众享受到了通过VPN专线传送的文化、生活、农业科技等实用信息资源和国家图书馆提供的县级数字图书馆资源。宁夏图书馆与"数图推广工程"全面接轨,"政务公开"系统进入"数图推广工程"首批上线单位,My Library、联合参考咨询、远程访问等22个软件运行正常,与国家图书馆数字资源链接,使"国图数字图书馆宁夏分馆"开通。银川市、吴忠市数字图书馆已开通,处在发展晋级中。目前,宁夏数字图书馆建设以标准化、可持续性和服务效益为发展目标。

公共电子阅览室建设成为发展重点。电子阅览室终端数逐年增长,尤其是县级馆增长更为迅速。青少年电子阅览室服务以"树绿色网吧形象,共创文明城市"为宗旨,加强网络环境监管,耐心引导青少年科学健康地利用网络。县级馆电子阅览室与"共享工程"完美结合。依托"共享工程"的服务网络、数字资源和国图的县级数字图书馆资源开展形式多样的读者服务。如有的县级馆将"共享工程"界面链接到桌面上便于读者方便点击进入;有的县级馆把收到的"共享工程"资源下载,经筛选刻录成种植、养殖等光盘,利用农贸集市免费发放给农民群众。充分合理地利用"共享工程"资源为基层乡镇村农户提供农贸行情、种植、养殖和栽培等实用信息成为县级图书馆服务的新亮点。

古籍普查工作取得阶段性成果。自2010年7月"全国古籍普查登记平台"在宁夏古籍保护中心安装试用成功以来,全区古籍普查工作一直进展顺利。2011年1月宁夏图书馆被命名为"全国古籍重点保护单位"。《中华古籍总目·宁夏卷》《宁夏珍贵古籍名录》编纂出版工作正在进行,预计在2012年年底出版发行。

完善公共图书馆联盟,增强区域内图书馆馆际协作。宁夏地区图书馆联盟主要依托宁夏图书馆(数字图书馆)和"共享工程"的网络与技术平台,积极推进跨地区、跨系统的资源共建共享活动。宁夏图书馆学会成立资源共建共享委员会,组织协调全区图书馆界的文献资源共建共享工作。

第二节 基本统计数据

至2011年底,宁夏共有公共图书馆27个,其中省级馆1个、市级馆7个、区县级馆19个。据公共图书馆上级主管单位宁夏文化厅统计数据分析,2011年宁夏地区公共图书馆在馆藏总量、财政投入、相关设备、服务效益等方面均有突破。

整体规模:宁夏地区公共图书馆馆舍总面积113 173平方米,书库面积31 722平方米,书刊阅览室面积24 259平方米,电子阅览室面积6490平方米。

文献总藏量:宁夏地区公共图书馆藏书总量5 165 119册,其中图书4 418 840册(含盲文135 354册)、古籍143 570册(含善本3535册)、报刊304 715册、少儿文献133 813册、视听文献27 218册、电子图书195 411册、其他75 365册。2011年新购藏量291 691册,新购报刊种类6257种。

信息化建设:宁夏地区公共图书馆共有计算机 1655 台,电子阅览室终端数 1229 个,阅览室坐席总数 7298 个,其中少儿阅览室坐席数 1325 个,盲人阅览室坐席数 128 个。

读者服务:宁夏地区公共图书馆共发放借书证88 075个,总流通人次2 332 489次,书刊文献外借册次2 046 992次。图书馆网站总访问量180 765次。为读者举办289 场次各种活动(其中组织各类讲座 147 次,举办展览 52 场,举办培训班 90 次)参加人数达154 837人。流动图书车书刊借阅册数337 150册,流动图书车书刊借阅人数175 480人。

从业人员:宁夏地区公共图书馆从业人员 578 人,其中专业技术人员 442 人,拥有高级职称 41 人,中级职称 185 人。

财政投入:宁夏地区公共图书馆全年财政拨款近 6868 万元,基本支出 4679 万元,新增藏量购置费 594 万元,购书专项经费 540 万,各类设备购置费 980 万元。

"共享工程"省级分中心 1 个,市县支中心 21 个,192 个乡镇、2362 个村级基层服务点,宁夏境内全面实现了"共享工程"信息资源的"全覆盖"。农家书屋 2736 个,率先在西部实现了全覆盖。宁夏图书馆社区服务点达到 42 个,自助借还系统开设 4 台,实现 24 小时自助借还书。银川市图书馆社区服务点 32 个,服务点涵盖面从居民区、军营、企业到郊区农村。青铜峡市图书馆开设社区服务点 8 个,馆外阅览服务点 5 个,农家书屋 93 个。中卫市图书馆社区服务点 17 个,农家书屋 308 个。吴忠市图书馆社区服务点 7 个,馆外借阅点 14 个,农家书屋 174 个。

第三节　未来规划展望

近年来,宁夏地区各级政府对公共文化事业的关注度越来越高,投入逐年增加。图书馆事业发展的社会环境、经济环境、保障机制等均出现了很大的改观,进入了快速发展的轨道中。未来几年宁夏地区图书馆事业将会逐步缩小城乡、川区和山区的发展差别;在免费开放的环境里,读者服务工作进入内容逐步拓展和模式不断创新的阶段;区域间图书馆联盟会随着服务网络的延伸而得到加强。

无差别化城乡一体的公共图书馆服务体系初步建成,把服务触角向各层次读者及乡镇社区延伸,增加文献资源供给量和服务能力的提升是未来几年宁夏地区图书馆界追求的目标。在保证现有公共图书馆服务体系正常运行的状态下,重心下移、资源下移、服务下移,进一步扩大公共文化覆盖面,尤其是生态移民点、残障人群和进城农民工等弱势群体,切实提高基层弱势群体的公共文化权益保障水平,使无差别化的城乡一体的公共图书馆服务体系正常运行得以实现。

免费开放背景下的图书馆服务形式多样。自2008年公共文化服务免费开放以来,图书馆事业的公益性得到了宁夏境内各族民众的认同。各级公共图书馆在保证基本服务的基础上,随着读者素质的提升和读者层面的扩大,对图书馆服务提出了更高的要求,整合资源,凝聚力量,使有限的图书馆资源发挥出最大的效益。因此,与社会各界合作开展形式灵活、寓教于乐、参与者众的读者阅读推广活动,不断丰富服务内容,全面拓展服务触角,探索创新服务模式,在花样百出的图书馆服务方式中打造出品牌服务项目,是未来宁夏区域内图书馆界读者阅读推广活动的方向。

区域间图书馆联盟范围扩大,合作加强。未来几年宁夏地区数字图书馆建设成为各级图书馆发展的主流,依托实力雄厚的图书馆,联合社会力量建立公共文化服务平台和网络平台,使区域间图书馆服务网络不断延伸。同时借助"共享工程"丰富的数字资源和网络服务平台,实施数字图书馆联盟成为可能。在公共文化数字信息资源共建共享的基础上,区域间图书馆联盟的范围不断扩大,合作内容更加丰富,为建立起全方位、多层次的公共文化服务体系提供了保障。

（执笔人：菊秋芳）

第三十七章　新疆维吾尔自治区公共图书馆事业发展报告

第一节　事业发展综述

2011 年,新疆维吾尔自治区党委、政府领导高位推动,坚持把加强公共文化服务体系建设作为落实"以现代文化为引领"战略选择的重要工作来推动。自治区领导及时将图书馆免费开放工作列入自治区 22 项民生工程的重要内容,指导文化厅、财政厅共同制定好《新疆各级公共图书馆、文化馆(站)免费开放工作实施方案》,共同抓好示范区(项目)创建工作,形成了围绕解决好"人员编制不足"、"设施设备短缺"、"经费保障不充分"、"消防安防薄弱"4 个基本问题,制定免费开放实施方案的工作思路。5 月 27 日,自治区召开免费开放工作电视电话会议,制定了免费开放实施方案,规范了免费开放工作服务标准,建立了免费开放公示制度和资金管理使用办法,完善了服务考核评价体系,专题研究解决公共图书馆和乡镇文化站人员机构编制力量薄弱的问题,进一步把各级的力量凝聚到公共图书馆服务体系建设上来。年底,先后对"各级公共图书馆、文化馆(站)免费开放工作"进行了督导检查,在自治区宣传部长会议上通报了免费开放督导检查情况,对少数基层免费开放配套资金不到位、服务制度不健全、基本运行经费挤占补助资金和个别单位"重收费服务、轻基本服务"及时进行了纠正。公共图书馆免费开放,既是当前加强基层文化建设最有效的抓手,也是营造边疆地区现代文化氛围、实现边疆地区群众共同富裕不可少的途径,真正连着民生、牵着民心,真抓真有效。

各级行政部门重视,掀起体系建设新高潮。喀什地区建立了由行署专员艾克拜尔·吾甫尔为第一责任人的创建工作领导小组,制定了创建规划、制度设计研究方案、宣传方案,创建工作任务分解表,召开了动员会,层层签订了责任书,带动公共文化服务资金投入 7.33 亿元,初步实现了公共文化服务进村入户的目标;克拉玛依市坚持把公共文化服务体系示范项目创建、"两馆一站"免费开放、农民工文化与创建"全国文化城市"捆在一起抓,不仅制定了创建规划,加大了基础设施建设力度,还在全市范围内实行油田企业、中小学校和"市、区、街道、社区"四级文化服务机构图书文献资源联合采购、统一编目、统一管理,实现通借通还;乌鲁木齐市计划投资 20 多亿元资金新建"六馆一场"提升首府文化魅力,在市图书馆开辟了"文化讲坛",连续 6 年邀请国内、疆内各类文化名人举办讲座 194 场,赢得了读者、凝聚了人气、提升了服务;昌吉回族自治州隆重举行了有人大、党委、政府、政协四套班子主要领导出席的免费开放启动仪式,制定了加强公共文化服务体系建设的具体规划,计划"十二五"投入 15.51 亿元,在该州各县市完成"一场(体育场)、四馆(博物馆、文化馆、图书馆、体育馆)、一院(影剧院)"建设,总建筑面积达 59 万多平方米;阿克苏地区注重抓细节,建立健全了免费开放服务、公示、监督等各项目制度,普遍加大了财政支持力度,增加免费开放资金投入超过 330 万元;阿勒泰地区坚持把文化工作纳入各级党政主要领导目标考核重要内容,与其他工作同部署、同安排、同督促、同落实,注重解决好乡镇综合文化站和村文化室冬季取暖问题,受到了群众的普遍欢迎;巴州注重挖掘历史文化资源,坚持将"东归"文化作为免费开放的重要内容,在部分图书馆、文化馆开辟了"东归"文化展区,和静县投资 2 亿多元建成了建筑面积 20 000 多平方米的"东归文化中心";和田地区正在抓紧与北京、天津等对口援疆省区协商,努力争取把免费开放基础设施建设纳入援助范畴,北京对口援助洛浦县的新建文化中心项目目前基本确定;伊犁哈萨克自治州完成了 13 个县级图书馆的改扩建任务;博州在财政困难的情况下,仍然按照自治区要求按时足额配齐了州县两级的 19.5 万配套资金等,各级开展公共文化服务体系建设的积极性空前高涨。

基础建设加快发展,基础保障更加有力。主要体现在以下 4 个方面:一是乡镇综合文化站建设快速发展。在国家的大力支持下,全区投入 37 336 万元资金新建了 923 个乡镇综合文化站,实现了乡镇综合文化站建设的全覆盖;投入资金 8170 万元,按照每站 10 万元的标准,已经为 817 个新建乡镇综合文化站配备了必要的设备。二是县级图书馆设施建设明显改善。投入 12 597 万元专项资金,对 93 个县级图书馆进行了维修改造,增添了必要的设备,为各级开展免费开放创造了条件。三是启动南疆三地州行政村(社区)文化室建设项目。启动了南疆三地州 4151 个行政村(社区)文化室建设项目,目前已下达建设项目 1833 个,投入资金 43 930 万元。四是为社区文化中心和文化室配置设备。按照街道 12.5 万元、社区 5 万元的标准,国家投入 3518 万元,为本区 79 个社区文化中心和 514 个社区文化室配置了办公、音响、PC 机、投影仪、电子琴、数码相机和文化信息共享设备。目前,新疆已成功申报第一批创建国家公共文化服务体系示范区 1 个、示范项目 2 个,即"喀什地区公共文化服务体系示范区"、"乌鲁木齐市图书馆文化讲坛"和"克拉玛依市图书馆联建共享一体化服务体系";连续三年开展了"送服务、送图书"进工地活动,年均开展为农民工送活动 1000 余次、送图书进工地 1500 余场次；2011 年年底，依托各级共享工程服务中心、服务点，开展了为农民工提供网上购票服务活动，专门印发了《关于协助外来务工人员利用公共文化服务网络订购火车票工作的紧急通知》。

把握政策机遇，积极实施重大工程。一是文化信息共享工程建设。2010 年，国家图书馆援疆项目"县级数字图书馆推广计划"正式启动，目前全区已实现全覆盖，为提升免费开放打下了坚实的基础。二是大力开展"送书下乡工程"，有效缓解了部分基层馆、站图书匮乏的问题。三是推进文化援疆国家数字图书馆新疆维吾尔自治区分馆和县级数字图书馆建设。在新疆维吾尔自治区图书馆八十周年馆庆之际，国家图书馆与新疆维吾尔自治区文化厅达成合作协议，共同建设"中国国家数字图书馆新疆维吾尔自治区分馆"。这是国家图书馆对口支援新疆文化发展的重大行动。四是实施古籍保护工程。成立了由自治区分管副主席为组长的自治区古籍保护工作领导小组，依托自治区图书馆建立了"自治区古籍保护中心"；先后 3 次在全疆范围内开展了古籍普查工作。重大文化工程建设稳步推进，公共文化服务体系建设的科技含量显著提升。

思考新疆文化特殊性，深入开展多种活动。围绕"文化强国"、"现代文化引领"目标要求，深入思考、科学定位新疆文化的特殊属性。立足新疆宗教氛围浓、信教群众多的实际，围绕解决群众"相信谁、跟谁走"谋篇布局，强化新疆文化的"政治属性"；着眼新疆意识形态领域反分裂斗争严峻形势，坚持从意识形态反分裂斗争需要入手，强化新疆文化的"战场属性"；针对新疆民族成分多和民族文化资源丰厚，正确认识新疆文化的"民族属性"，推动民族文化健康有序发展；针对新疆与八个国家接壤、部分民族语言文字相通，从文化争夺和文化安全角度关注新疆文化的"边疆属性"，掌握了主动和先机，维护了国家的文化安全。坚持用好重大题材、抓好重大时间节点、汇聚好祖国大家庭各个方面的力量。以"十九省市对口援疆"为契机，围绕"热爱伟大祖国，建设美好家园"主题，各级各类图书馆服务机构在传统佳节和重要节庆期间，举办丰富多彩的活动，在文化部和兄弟省区的支持下，不仅打造了享誉全国的"西域遗珍——新疆历史文献古籍保护展"、"春雨工程——文化志愿者边疆行"、"蓝靛金箔——中国桑皮纸艺术绘画作品展"等重大活动品牌，做到了各级有各级的抓手、各地有各地的特色，做到了月月有主题、周周有活动、天天有服务。在开展示范区(项目)创建和推进免费开放中，各地能够积极创造条件，为群众开展文化活动，提供免费服务。初步实现了文化部提出的阶段性工作目标。

第二节　基本统计数据

截至 2011 年底前,已有自治区图书馆和 14 个地(州、市)级图书馆、88 个县级图书馆、977 个乡镇综合文化站实现免费开放,并对 1145 个已建南疆三地州行政村文化室免费开放进行补助。县级图书馆未覆盖的 11 个,还有 180 个国有农牧场没有建立综合文化站。自治区图书馆人员编制 101 名;地级图书馆每馆人员编制平均 19.6 人;县级图书馆每馆平均 7.1 人;乡镇综合文化站专职人员每站平均 1.09 人。免费开放涉及各级公共图书馆从业人员 945 人、乡镇(街道)综合文化站专职人员 1069 人。

在资金投入方面,自治区本级图书馆免费开放运行保障经费由往年的 112 万元增加到 612 万元;按照地(州、市)级"两馆"各 50 万元、县级"两馆"各 20 万元、每个乡镇综合文化站 5 万元、南疆三地州已建 1145 个行政村(社区)文化室 1 万元的补助标准,中央与自治区 2011 年为基层提供的免费开放资金 1.2225 亿元已全部拨付到位,其中中央资金 10 009 万元,自治区 2216 万元。据不完全统计,自 2011 年 6 月免费开放启动以来,各级公共图书馆读者总量达 289.3 万人次,提供借阅服务 1630.9 万人次;拥有电子阅览终端数 2664 个、提供电子阅览服务 130 余万人次;举办各类读书讲座 329 场次、展览 207 场次、读书活动 709 场次,受益人数达 200 余万人次;乡镇综合文化站建立"一乡一队"5529 个、人数 67 000 余名,开展文艺演出 14 554 场次、图书借阅 118.8 万人次、举办各类培训班 13 139 场次、提供电子阅览服务 8.6 万人次,受益人数近 1000 万人次,是 2010 年提供基本服务的 1.5 倍。

"文化信息共享工程"建设先后投入 1.5 亿元资金,依托各级公共图书馆、乡镇(街道)综合文化站和村(社区)文化室,建成省级分中心 1 个、县级支中心 94 个、乡级服务点 817 个、村级基层服务点 8504 个。国家和自治区还投入 540 万元建立少数民族资源库。"送书下乡工程"先后投入 633.7 万元,为南疆三地州及国贫县、区贫县 48 个图书馆和 400 个乡镇综合文化站,配送少数民族语言文字科普书籍 50 余万册。

全区普查古籍文献近 50 万册,其中少数民族古籍近 5 万册,入选国家级珍贵古籍名录 64 部,为广大群众更好地了解"新疆三史"创造了条件。

新疆公共图书馆服务体系建设虽然取得了巨大成效,但发展不平衡、基本保障不充分的问题还比较突出,机构覆盖不够全面,人员队伍力量薄弱,文化阵地争夺的形势和任务仍然十分严峻,凡此这些,都会在今后的工作中陆续改进。

第三节　未来规划展望

"十二五"未来几年,新疆维吾尔自治区图书馆服务工作将在以下方面展开。

一是认真开展"示范区(项目)"创建。按照文化部"三个并重"、重在"过程"、突出创建和"2020年全覆盖"的目标要求,采取整体部署、同步展开、分期分批推进的方式认真开展好新疆的"示范区(项目)"创建工作。在指导喀什地区、乌鲁木齐市和克拉玛依市开展好示范区(项目)创建的基础上,积极引导新疆各级党委政府有目标、有计划地加大公共文化服务体系建设的投入,按照创建的标准和创建管理规定,逐步提升新疆公共文化建设整体水平。同时,积极争取国家支持,优先将乌鲁木齐市、昌吉回族自治州、巴州、伊犁哈萨克自治州、克拉玛依申报"创建国家公共文化服务体系建设示范区"(喀什地区已经申报成功),力争用3至5年时间,新疆公共文化建设能够实现一个质的飞跃。

二是继续抓好公共图书馆免费开放。在2011年公共图书馆、乡镇文化站机构编制调研的基础上,按照自治区确定的三年目标,认真解决好公共文化服务人员机构编制力量薄弱的问题。2012年6月,"两馆一站"免费开放周年之际,自治区对全区免费开放工作开展情况进行总结,不断完善制度,提升免费开放服务质量。

三是抓好长效机制的建立。在全疆范围内逐步建立健全5个方面的长效机制:①高位推动长效机制。建立健全由各级党委、政府主要领导负总责的组织协调机构,推动示范区(项目)和"三馆一站"免费开放工作纳入当地经济和社会发展规划、纳入领导重要工作日程、纳入财政预算、纳入目标考核范围。②内容创新长效机制。紧紧围绕形势任务需要,组织召开好各类图书馆研讨会、观摩会、交流会,赋予公共文化服务新的时代内涵,增加农民工文化内容、突出农民文化特色、畅通农民工文化活动渠道,高低搭配、上下连贯、左右连通、形成制度。③服务提升长效机制。从制度设计研究入手,围绕公共文化服务体系建设的新增长、新需求,逐步扩大公共文化的服务空间、丰富公共文化的服务内容、提升公共文化的服务标准,推动公共文化服务向数字化、信息化转变。④工作创新长效机制。打破体制界限,按照"多予少取、政府引导、行业自律、积极稳妥"原则,引导和鼓励文化类民办非企业单位等社会力量参与公共文化服务体系建设。⑤人才培养长效机制。采取岗位练与集中学、以会代训与分期分批轮训、短平快培训与专题培训以及"请进来"与"走出去"等多种形式锻炼干部,积极营造各级图书馆干部梯次生长的良好环境。

(执笔人:历力　李军　张丽华)

专题研究

第三十八章　我国公共图书馆服务体系建设

公共图书馆服务体系是公共文化服务体系的重要组成部分,不仅具有保护公民基本文化权益,提升公民特别是社会弱势群体文化知识的作用,还可以促进社会和谐发展,传承我国优秀的传统文化,保障公民学习现代科技文化的机会。2011年,公共文化服务体系建设逐步走向科学化和制度化,逐步走向深入,公共图书馆服务体系建设也逐渐完善,相关政策不断出台,理论研究成果迭出,各类基础建设进度良好,在先进经验的示范下,各地公共图书馆服务体系模式发展逐渐成熟,为公共图书馆提供覆盖全社会的文化服务奠定了坚实的基础。

第一节　我国公共图书馆服务体系建设相关政策

2006年9月,《国家"十一五"时期文化发展规划纲要》提出要"以实现和保障公民基本文化权益、满足广大人民群众基本文化需求为目标,坚持公共服务普遍均等原则,兼顾城乡之间、地区之间的协调发展,形成实用、便捷、高效的公共文化服务网络",自此之后,相关的文化政策陆续出台,为公共图书馆事业发展带来前所未有的发展机遇。2011年是总结"十一五"发展成绩、谋划"十二五"发展前景的重要时期,在"文化大发展大繁荣"的背景下,公共图书馆服务体系相关政策逐渐由宏观走向具体深入,由国家制定逐渐发展为国家与地方政府共同关注。

一、国家文化政策

国家文化政策确定了整个文化事业的走向,是文化事业开展日常工作的主要依据之一。

1.重要的公共文化建设政策回顾

《国家"十一五"时期文化发展规划纲要》(以下简称《纲要》)(2006年9月)提

出"公共文化服务网络"建设的目标,并用专栏形式列举了公共文化服务领域要推进的16项国家重大文化设施和工程项目,确定了6个发展重点以完善公共文化服务体系。《纲要》为公共图书馆服务体系建设提供了政策支持,同时使"普遍均等"的服务理念成为各类公共图书馆服务体系建设的基本理念。

文化部2007年颁布的《文化标准化中长期发展规划(2007—2020)》提出"加强公共文化体系服务标准的制定实施,努力改善公共文化服务体系的社会服务功能和社会效益。制定实施以服务为核心,以群众满意度为基本准则的公共文化服务标准,推动全国公共文化服务体系的规范化服务;制(修)订公共文化体系的建设标准、建筑设计规范、文化设施价值评价体系等一系列的文化标准;鼓励和扶持区域性公共文化服务体系的规范化、标准化建设,促进基层文化事业发展",强调公共文化服务体系建设要规范化、标准化、体系化。

党的十七大(2007年10月)报告指出:"当今时代,文化越来越成为民族凝聚力和创造力的重要源泉,越来越成为综合国力竞争的重要因素,丰富精神文化生活越来越成为我国人民的热切愿望。要坚持社会主义先进文化前进方向,兴起社会主义文化建设新高潮,激发全民族文化创造活力,提高国家文化软实力,使人民基本文化权益得到更好保障,使社会文化生活更加丰富多彩,使人民精神风貌更加昂扬向上。"明确突出了"覆盖全社会的公共文化服务体系基本建立",并将其提升为"保障人民基本文化权益的主要途径"。

胡锦涛总书记在2010年7月主持中共中央政治局第二十二次集体学习时强调,深入推进文化体制改革,促进文化事业全面繁荣和文化产业快速发展,关系全面建设小康社会奋斗目标的实现,关系中国特色社会主义事业总体布局,关系中华民族伟大复兴。一定要从战略高度深刻认识文化的重要地位和作用,以高度的责任感和紧迫感,顺应时代发展要求,深入推进文化体制改革,推动社会主义文化大发展大繁荣。社会主义文化要实现大发展大繁荣,公益性文化事业是基础性的部分,因此国家反复强调这一政策,加大了对公益性文化事业的投入,为保障人民基本文化权益制定了相应的措施。

文化大发展政策及其包含的公共文化服务政策是近年来直接影响公共图书馆服务体系发展的主要文化政策,奠定了国家重视公益性文化事业的政策基调,随后的文化发展政策都坚持这一政策的核心思想,为公共图书馆发展创造了良好的政策环境,对图书馆的馆舍建设、服务体系建设产生着深远的影响。

2.2011年重要公共文化建设政策解读

2011年10月18日,党的十七届六中全会审议通过了《中共中央关于深化文体制改革、推动社会主义文化大发展大繁荣若干重大问题的决定》(以下简称《决定》)。[1]这一文件是对已有文化政策的全新阐释,是 2011 年文化政策的精髓。《决定》全面深刻阐释了新形势下推进文化改革的重要意义,重点强调了增强国家文化软实力,弘扬中华文化,并首次从国家战略的层面提出建设社会主义文化强国的发展战略,指出"公共文化服务体系不健全,城乡、区域文化发展不平衡",提出"加强公共文化服务是实现人民基本文化权益的主要途径"。要以公共财政为支撑,以公益性文化单位为骨干,以全体人民为服务对象,以保障人民群众看电视、听广播、读书看报、进行公共文化鉴赏、参与公共文化活动等基本文化权益为主要内容,完善覆盖城乡、结构合理、功能健全、实用高效的公共文化服务体系。把主要公共文化产品和服务项目、公益性文化活动纳入公共财政经常性支出预算。采取政府采购、项目补贴、定向资助、贷款贴息、税收减免等政策措施鼓励各类文化企业参与公共文化服务。鼓励国家投资、资助或拥有版权的文化产品无偿用于公共文化服务。加强文化馆、博物馆、图书馆、美术馆、科技馆、纪念馆、工人文化宫、青少年宫等公共文化服务设施和爱国主义教育示范基地建设并完善向社会免费开放服务,鼓励其他国有文化单位、教育机构等开展公益性文化活动,各类公共场所要为群众性文化活动提供便利。统筹规划和建设基层公共文化服务设施,坚持项目建设和运行管理并重,实现资源整合、共建共享。加强社区公共文化设施建设,把社区文化中心建设纳入城乡规划和设计,拓展投资渠道。完善面向妇女、未成年人、老年人、残疾人的公共文化服务设施。引导和鼓励社会力量通过兴办实体、资助项目、赞助活动、提供设施等形式参与公共文化服务。推进国家公共文化服务体系示范区创建。制定公共文化服务指标体系和绩效考核办法。《决定》明确了公共图书馆在公共文化服务体系中的地位,指出"覆盖城乡、结构合理"的公共图书馆服务体系建设目标,成为公共图书馆服务体系加快发展的"强心剂"。

除核心文化政策外,2011 年文化部出台了多项针对公共图书馆发展的文件。2011 年 1 月 26 日,文化部、财政部联合下发《关于推进全国美术馆、公共图书馆、文化馆(站)免费开放的意见》,[2]要求 2011 年底之前国家级、省级美术馆全部向公众免费开放;全国所有公共图书馆、文化馆(站)实现无障碍、零门槛进入,公共空间设施场地全部免费开放,所提供的基本服务项目全部免费。同时财政部出台公共图书馆补助标准:2011 年,地市级图书馆补助标准为 50 万元,县级图书馆、文化站补助标准为 20 万元,乡镇综合文化站补助标准为 5 万元。这一政策体现了政府公共服务职能,对公共图书馆而言既是机遇也是挑战,如何实现资源的合理共享,以公益服务为宗旨建设公共图书馆服务体系,实现公众就近零门槛地利用公共图书馆资源,成为公共图书馆体系建设又一工作重点。

2011年11月15日,文化部、财政部联合出台《关于进一步加强公共数字文化建设的指导意见》,[3]强调要"重点实施文化共享工程、数字图书馆推广工程和公共电子阅览室建设计划三大公共数字文化惠民工程"。到"十二五"末,"以互联网、移动通信网、广电网为通道,借助手机、数字电视、移动电视等新兴媒体,使数字图书馆的服务覆盖全国省、市、县、乡镇(街道)、村(社区),促进公共文化服务新业态的形成";"实施公共电子阅览室建设计划,进一步完善全国各级公共图书馆、文化馆(站、室)的软硬件设施,增强各级公共图书馆、文化馆(站、室)的数字文化服务能力,把更多适应人民群众需求的数字资源传送到社区、城镇和农村,活跃基层群众的文化生活,推进全社会的信息化。努力实现公共电子阅览室在全国乡镇、街道、社区的全覆盖"。这一政策要求公共图书馆服务体系建设不仅仅是馆舍布局、实体资源布局,同时也需要考虑网络资源服务布局,增加图书馆网络的技术架构建设,加强中心馆的数字资源建设能力,同时增强服务辐射能力。

二、地方文化政策

地方文化政策坚持国家政策基本走向,根据本地区的实际情况制定,针对性强。例如,广东省政府2009年出台全国第一个基本公共服务均等化规划纲要《广东省基本公共服务均等化规划纲要(2009—2020年)》,2010年又颁布《广东省建设文化强省规划纲要(2011—2020年)》,提出要建立和完善结构合理、发展均衡、网络健全、运行有效、惠及全民的公共文化服务体系,到2020年,全省城市建成"十分钟文化圈",农村建成"十里文化圈",人民群众文化权益得到充分保障,成为全国公共文化建设示范区。

2011年作为谋划未来五年发展的关键一年,各地区相继出台了发展规划或文化发展规划,提出了公共图书馆发展的目标,并纷纷把建设"统筹城乡、覆盖全区"和"公益"、"免费"作为建设的核心,为各地公共图书馆体系建设提出了具体发展要求。

2011年1月,广东省委十届八次全会提出的《关于制定我省国民经济和社会发展第十二个五年规划的建议》中指出,要推进全省公共服务一体化,构建普惠型公共文化服务体系,完善基层公共文化设施网络,实施重点文化惠民工程,建成一批重大标志性文化工程,增强公共文化产品和服务供给能力。

2011年1月,《陕西省国民经济和社会发展第十二个五年规划纲要》[4]提出"以公共财政为支撑,加快建设省级重点文化设施,全面完成县级图书馆、文化馆及中心镇综合文化中心建设任务,启动实施市级博物馆、图书馆、文化馆建设项目,推进重点镇和城市社区文化中心(站)建设,实现市市有'三馆'、县县有'两馆'。建设文化信息资源共享,大力实施村级文化活动器材配送、农家(社区)书屋、图书报刊共享、文体中心建设等基层文化惠民工程。大力推进公共文化设施向社会免费开放"。2011 年 3 月,甘肃省"十二五"规划出台,[5]提出五年内"完成 14 个市州级图书馆、文化馆、博物馆建设。实施文化信息资源共享工程,对 14 个市州图书馆配备信息资源共享设备,继续建设 287 个村级基层服务点,建成 1192 个社区服务点"的建设目标。

2011 年 3 月,《江西省国民经济和社会发展第十二个五年规划纲要》[6]第一次设文化篇,提出"坚持公益性、基本性、均等性、便利性,完善覆盖城乡、惠及全民的公共文化服务体系。建设一批集艺术性、标志性、实用性于一体的重大公共文化设施,实现地区市均有达到国家标准的图书馆、文化馆、博物馆和艺术剧院,县县均有达到国家二级以上标准的图书馆、文化馆和地方剧团,乡乡建有综合文化站或社区文化活动中心,村村建有文化活动室或农家书屋"的建设目标,同时将"市级图书馆改扩建、县级图书馆维修与设备购置、农家书屋工程、基层文化设施建设工程、文化信息资源共享工程"等作为文化事业重点工程优先解决。

2011 年 5 月,湖南省"十二五"时期文化发展规划纲要出台,[7]提出"加快构建结构合理、发展均衡、网络健全、运行有效、惠及全民的公共文化服务体系。提升文化供给支撑力,加快推进省博物馆、图书馆、美术馆、人文社会科学馆、文化艺术中心、少数民族文化园、湖南艺术职业学院异地扩建等重大项目建设,推动市县图书馆、文化馆、影剧院等公共文化设施建设。增强公共文化保障力,加大广播电视村村通、文化信息资源共享、乡镇综合文化站和基层文化阵地、农家书屋等项目建设力度"。

2011 年 11 月,《温州市文化发展"十二五"规划》出台,[8]提出未来五年,"全市公共文化服务设施体系进一步完善,基本公共文化服务加快实现城乡均等化,服务功能和水平显著提升,努力打造城市'15 分钟文化服务圈'和农村'30 分钟文化服务圈'。2015 年城乡百人拥有公共文化设施面积 20 平方米,县市区'两馆'达标率达到 100%,乡镇综合文化站上等级比例达到 100%,村级文化活动室实现 100%覆盖,文化共享工程资源总量达到 50TB,全市人均藏书量达到 1 册/人"。

2011 年 12 月,《四川省"十二五"文化改革发展规划》颁布,[9]提出:文化惠民工程深入推进,公共文化设施网络实现全面覆盖,文化遗产得到有效保护,惠及全民的公共文化服务体系基本建成。到 2015 年,全省城市基本建成十分钟文化圈,农村基本建成十里文化圈,实现广播村村响、电视户户通、县县有两馆、乡乡有综合文化站和广播电视站、村村有农家书屋。针对公共文化服务体系,则提出:以城乡基层为重点,以文化惠民工程为抓手,向革命老区、民族地区和贫困地区倾斜,按照分级负责、分类指导的原则,加快建设以省级为龙头、市县为支撑、乡村为基础,覆盖城乡、结构合理、功能健全、适用高效的五级公共文化服务设施网络。实施基层公共文化设施标准化工程,市县有文化馆、图书馆、数字电影院,市(州)建设博物馆;乡镇(城镇街道)有综合文化站,其中包括文化、广播影视和出版物发行网点等文化设施;村(社区)有文化活动中心(室),其中包括文化活动、广播、电影放映、公共电子阅览、农家(社区)书屋和报栏等文化设施。推动乡镇、村级公共文化设施合并建设,注重社区与学校文化设施共享,发挥综合效益。支持各种民办图书馆、文化馆、博物馆等公益性文化机构发展。

三、图书馆行业相关文件

2011年10月26至27日在贵州举行的"中国图书馆年会暨中国图书馆学会年会",改变以往单纯学会学术年会的模式,倡导加强图书馆行业领导,实现政府主导与社会支持相结合、文化事业与文化产业相结合、理论研讨与实践工作相结合。会上,国家图书馆馆长、中国图书馆学会名誉理事长周和平作了题为《抓住机遇 加强协作 加快我国数字图书馆建设步伐》的主旨报告,指出:党的十七届六中全会对建设社会主义文化强国做出了重大战略决策和部署,加快数字图书馆建设,促进图书馆新业态的形成,对于加快构建公共文化服务体系,建设社会主义先进文化,推动文化大发展大繁荣具有十分重要的意义。10月26日,2011年全国公共图书馆工作会议同时召开,文化部社会文化司巡视员刘小琴就《全国公共图书馆事业发展"十二五"规划》编制的必要性、"十二五"时期公共图书馆事业发展基础和《规划》的主要内容等做了说明;国家图书馆副馆长张志清介绍了古籍保护的有关工作情况;全国文化信息资源建设管理中心主任张彦博就《全国文化信息资源共享工程"十二五"规划纲要》做了说明;文化部社会文化司司长于群发表了题为《以十七届六中全会精神为指导推动我国公共图书馆事业的大发展大繁荣》的讲话。

图书馆行业内相关规定与实施办法紧随国家与地方政府的文化政策方向,并对其进行细化。例如,免费服务政策出台,图书馆行业内部便展开了关于免费服务如何开展的讨论,各馆纷纷制定了自己的免费服务章程,图书馆服务体系各节点的收费进行全面调整,在建设公共图书馆服务体系中全面推进免费服务。

2011年5月,《湖南省县(市、区)公共图书馆服务公约》发布,公开承诺"践行职业理念,坚守公益原则"、"服务基层大众,促进社会进步"、"彰显地方特色,传承湖湘文化"、"优化资源管理,提高办馆效益"、"正视现实困难,突破发展瓶颈",重申了对公共图书馆精神的认同以及对业界以往共识的接受,同时以基层大众为服务对象,强调服务对象的平等。

2011 年,吉林省图书馆联盟发布《吉林省公共图书馆无障碍服务宣言》,在继续推进图书馆网络建设的基础上,对服务做出公开承诺。

2011 年文化政策对公共图书馆发展的关注度高,多项文化政策直接对公共图书馆工作作出了规定,免费服务、公益服务、普遍均等、建立服务网络是各项文化政策的主题,为公共图书馆网络建设提供了政策支持,提出了发展目标。

第二节 我国公共图书馆服务体系建设的理论研究

理论研究是实践的重要支撑。近年来,随着对公共图书馆精神的探讨与图书馆可持续发展的关注,公共图书馆理论体系的研究已经得到重视。中国图书馆学会设立"图书馆服务网络构建研究"课题(2007 年),由邱冠华、于良芝联合主持,其项目成果论文《走进普遍均等服务时代:近年来我国公共图书馆服务体系构建研究》(载《中国图书馆学报》2008 年第 3 期)、著作《覆盖全社会的公共图书馆服务体系:模式、技术支撑与方案》(北京图书馆出版社 2008 年版)[10]等引起较好反响,从理论体系构建、成熟案例总结等方面,提出了构建覆盖全社会的公共图书馆服务体系的主要工作与思路,成为系统研究公共图书馆服务体系的重要成果。随后,相关研究不断出现,不断充实公共图书馆服务体系理论。2011 年,公共图书馆服务体系的理论研究主要从理论总结、建设模式、管理体制、资源与评价等方面展开。

一、公共图书馆服务理论总结

2011 年图书馆理论界对"十一五"时期我国公共图书馆服务的发展进行了全面回顾与认真总结,《中国图书馆学报》在 2011 年第 4 期组织了一期专稿,有程亚男的《公共图书馆服务理念的研究与实践》、许晓霞的《公共图书馆服务体系建设的实践与理论探索》、徐欣禄的《新技术手段在图书馆服务的应用》、王世伟的《公共图书馆服务法规、标准的制定及研究》。

2011 年初,国家图书馆研究院正式启动《公共图书馆概论》的编写,组织国内相关专家合作完成,2011 年 10 月在北京召开了《公共图书馆概论》统稿会,于 2011 年年底形成初稿,该书已于 2012 年 5 月由国家图书馆出版社出版,是我国关于公共图书馆系统化理论与实践总结的第一部专著。2011年国家图书馆出版社还出版了一批关于公共图书馆的重要著作:柯平等著《社会公共服务体系中图书馆的发展趋势、定位与服务研究》(国家图书馆重大科研项目成果)、张广钦著《公共图书馆面积规划研究》、王子舟编《民间力量建设图书馆的政策与模式》、潘兵等著《公共图书馆的未成年人服务研究》、屈义华主编《基层图书馆信息资源建设与服务》、王惠君主编《基层图书馆公益讲座》、于良芝等编《公共图书馆建设主体研究——全覆盖目标下的选择》、肖希明等著《公共图书馆文献资源建设法律保障研究》等。这些著作既有宏观的理论研究,也有微观的专题研究,不仅全面阐述了公共文化服务体系中图书馆服务体系建设的角色与作用,而且对于公共图书馆的发展定位、建设主体、规划以及文献资源、服务、讲座等专门问题都有较深入的探索,为我国公共图书馆服务体系建设提供了理论指导。

二、公共图书馆服务体系建设模式

公共图书馆服务体系由所有实体图书馆、流动图书馆、总分馆系统、各类图书馆服务点、图书馆联盟以及全国性或区域性服务网络等组成,从内容上包括政策、服务主体、服务对象、服务组织、服务方式、服务网络等;从形态上包括图书馆系统、图书馆联盟等组织和跨组织的各种服务平台等;从服务空间上包括物理空间与虚拟空间,等等。

构建全覆盖的公共图书馆服务体系面临多种建设体系选择。当前研究中,公共图书馆服务体系模式主要围绕着总分馆、图书馆联盟、区域性服务网络展开。总分馆制是国内外很多图书馆构建公共图书馆服务体系的重要形式,也是当前研究集中的领域,其中大部分以图书馆总分馆建设经验总结与思考为内容,但也不乏具有较高理论探讨的成果,如张娟、倪晓建对国内外总分馆体系模式的分析,[11]提出我国总分馆建设应该改革总分馆的建设和管理体制,实行人财物统一管理的运行机制和建立完善的经费保障机制;蔡艳青、张瑞芳以山西省为例,分析政府主导及行政推动、从业人员队伍建设、业务管理、技术支撑、信息服务等方面存在的问题及阻碍总分馆可持续发展的原因,认为公共图书馆网络建设中省、市、县三级公共图书馆都应由省政府公共图书馆管理中心集中统一管理。[12]图书馆联盟与区域性服务网络方面,图书馆联盟组建与管理模式、资源建设与整合、运营模式、建设经验等均有所进展,如吴爱云提出吉林省图书馆联盟的管理机制的完善,分计划、标准、业务、资金、人才、评估等方面,应该坚持政府主导,建立多元的资金保障体系,成立图书馆联盟基金,平衡成员馆关系。[13]

三、公共图书馆服务体系管理体制

管理模式、管理方式等问题是维系公共图书馆服务体系可持续发展的重要保证。理论研究在图书馆治理、管理制度化、管理方向等领域均有所进展。李明生主张公共图书馆服务体系应建立成员理事会,我国公共图书馆服务体系可归类为纯粹型总分馆制、紧密型总分馆制、半紧密型总分馆制、松散型总分馆制、紧密型联盟模式和松散型联盟模式等类型,各类型服务体系及其成员的理事会设置取决于公共图书馆所有者决策权力在服务体系及其成员之间的分配;[14]李海英、蒋永福同样支持公共图书馆治理方式,以善治为视角,尝试从服务、公平、参与性、责任性、回应性、法治、透明性等7个维度构建我国公共图书馆治理评价体系;[15]张琦、王蕾提倡管理的制度化,主张通过加快立法进程,完善公共财政体制,调整公共图书馆建设体制,建立绩效评价与监督机制等推动广东流动图书馆模式制度;[16]于良芝则在管理机制中强调公共图书馆服务体系中基层图书馆建设与管理方向的转变,基层图书馆的管理定位应从"全覆盖"转移到"专业化改造",促进基层图书馆的可持续发展;[17]王秀香在总结国内学者理论研究和实践经验的基础上,认为公共图书馆服务体系构建过程中面临着制度保障、运行机制、多模式的隐患三个方面的问题,提出公共图书馆服务体系发展的三点建议:因地制宜,广泛深入合作,法律、财政与社会三大支持;[18]彭飞从国内外图书馆指标构建入手分析了当前公共图书馆建设的现状及存在的问题,提出立法是图书馆事业持续发展的根本保障,提出应加强规划研究,明确图书馆事业建设目标,大力发展城市小型图书馆。[19]

四、公共图书馆服务体系资源建设

公共图书馆服务体系建设改变了文献资源建设的模式,形成了多元化的经费投入机制,以基层图书馆为导向,总分馆制、图书馆联盟与区域性服务网络等不同组建类型的资源建设方式与服务均有所差异。肖希明、张新兴提出不同的公共图书馆服务体系有不同的文献资源建设模式,而不同的文献资源建设模式各有利弊。公共图书馆服务体系中的文献资源建设需要政策和法律来保障、规范和调节。[20]吴正荆等以吉林省基层图书馆资源配置为例,对其基础指标、服务指标、发展指标的基尼系数与洛伦兹曲线进行分析,建议加快图书馆立法进程,将人均资源配置与利用纳入立法内容,建立常规评价机制,使基层图书馆通过比较随时了解自身发展状况和不足。[21]

除研究重点问题外,公共图书馆服务体系评价、服务方式、技术平台等研究也取得了一定的进展。2011 年的理论研究,传统经验总结式研究开始逐步向挖掘共性问题发展,综合理论研究深度进一步发展。

第三节　我国公共图书馆服务体系建设的实践探索与保障

近几年,覆盖全社会的公共文化服务体系建设在全国开展得如火如荼,作为其中的重要组成部分,新一轮公共图书馆服务体系建设实践正在逐步展开并深入发展。几乎所有地区都把基层图书馆、服务延伸、区域图书馆网络建设看成是公共图书馆体系建设的重要内容,纷纷在内容、模式上进行创新与地区性改造,发展适合本地区特点的公共图书馆服务体系。

一、各类型公共图书馆服务体系建设的发展状况

1. 基层图书馆、固定服务点与流动图书馆建设良好

基层图书馆、固定服务点与流动图书馆建设是提高公共图书馆服务覆盖率的重要手段,我国从"六五"到"十五"期间,基本实现了县县有图书馆、文化站的目标,近年来,基层文化设施建设重点已经转移到街道/乡镇和社区/村庄两级。2007年,为改变基层文化阵地逐年萎缩的状况,国家开始大力实施"十一五"乡镇综合文化站建设规划,对全国 2.67 万个面积低于 50 平方米的乡镇文化站进行规划建设。到 2010 年文化站数量增加到34 121 个。2010 年,全国群众文化机构共有藏书16 139.2万册,比2000 年增加 7940.4 万册,增长 96.8%。[22]

2. 各地公共图书馆服务建设出现了快速发展的大好形势

上海"十一五"期间已经实现 15 分钟公共文化服务圈。[23]"十一五"期间,上海大力推进以社区文化活动中心为重点的公共文化设施网络建设,至 2010 年底,基本实现对市、区(县)、街镇、村(居委)的全覆盖;在 2010 年实现对市、区县和街镇236 家图书馆一卡通全覆盖的基础上,从 2011 年 6 月 1 日起积极推进全市的少年儿童图书馆一卡通工程,提升了公共图书馆的整体形象和服务能级。黑龙江省"十一五"期间,共有文化馆 146 个、公共图书馆 107 个、专业剧场 27 个、博物馆 143座,新型乡镇文化站 851 个、社区文化活动室 924 个、村文化室 2000 余个。乡级文化信息资源共享工程实现全省覆盖,建设农家书屋 7525 个,惠及农村人口 1800万。西藏截止到 2010 年,共建设群众艺术馆 8 座、公共图书馆 4 座、县级综合文化活动中心 74 座、乡镇综合文化站 149 个、村文化室 300 余个,县县有综合文化活动中心的目标基本实现,初步形成了区、市、县、乡、村五级文化设施网络。建立文化

信息资源共享工程自治区中心 1 个,县分支中心 73 个,覆盖率 100%,村基层服务点 752 个,覆盖率 14%。流动舞台车 15 部,年均送书下乡 10 万余册。区街共建图书馆、"农家书屋"、"乡镇综合文化站规划"等项目在 2011 年继续发展,使各地区基层图书馆、固定服务点及流动图书馆数量稳中有升,覆盖率不断上升。[24]

3. 总分馆制仍然是公共图书馆服务体系的主要形式

进入 21 世纪,北京、上海、天津、浙江、广东等地就已经开始了以总分馆制建设为核心的公共图书馆服务体系建设,哈尔滨、厦门、嘉兴和苏州的总分馆制模式也已形成。"十一五"期间,总分馆制在全国得到推广,各地区省级图书馆、市级图书馆、县级图书馆纷纷打造分馆,形成全覆盖的图书馆体系。如哈尔滨在 2006 年年初开始进行"总分馆制"的试点工作,在斯大林社区服务中心建立起了哈尔滨市第一个社区图书分馆,2010 年哈尔滨市图书馆已经成功地实现了总、分馆之间的一体化管理,截至 2011 年哈尔滨市图书馆的分馆总数达 36 个,其中包括 2 个中心分馆和 34 个社区分馆,分馆图书总藏量已达 15 万册。深圳截至 2011 年已建成公共图书馆(室)643 个,其中市级馆 3 个,区级馆 6 个,市、区图书馆分馆和街道、社区馆(室)634 个,基本形成了覆盖全市的设施网络,并计划以"图书馆之城"统一服务平台连通市图书馆总分馆和各区图书馆总分馆的全市公共图书馆总分馆体系,实现全市公共图书馆的互通互联、资源共享和一证通行、通借通还,为市民提供优质、就近、便捷、无差别和均等化的公共图书馆服务。[25]福建省图书馆依托省馆图书物流、24 小时自助图书馆、数字文化资源、网络媒介等优势,在各县级公共图书馆和城市社区之间形成"总馆—分馆(流通点)"图书协作网络,搭建以省馆为中心,服务辐射全省基层的流动服务网络构架。2011 年总分馆建设不仅在布局上覆盖面扩大,管理与服务也显著提高,在公共文化服务体系中的地位逐步上升,2011 年公布的第一批创建国家公共文化服务体系示范项目名单中,嘉兴市"城乡一体化公共图书馆服务体系建设"、克拉玛依市"图书馆联建、共享一体化服务体系"、铜川市"公共图书馆服务一体化建设"等三个总分馆项目上榜。

4. 区域图书馆网络建设是紧密联系地区公共图书馆的重要纽带

联合图书馆、图书馆联盟、"图书馆之城"等图书馆网络模式的建设是公共图书馆服务体系的重要内容。广东佛山市于 2004 年提出"整合全市图书馆资源,搭建覆盖全城、服务全民的文献信息资源共享网络和服务体系,保障市民享受到更加充分和平等的文化权利"的《佛山市联合图书馆实施方案》,2011 年佛山联合图书馆项目稳步发展,推出"二代身份证"免押金借阅图书服务,实行无障碍、零门槛借阅,使读者更加方便、快捷地获得图书馆服务。吉林省图书馆联盟 2011 年继续扩大成员馆范围,成员馆已达 39 家,同时发布《吉林省公共图书馆无障碍服务宣言》,持续推进图书馆网络建设。

2011 年公共图书馆服务体系在中心馆、分馆、流动图书馆、综合文化站数量上均实现跨越式发展,各地区基本实现了文化设施的覆盖;信息技术、自助服务平台等逐渐成为图书馆服务网络建设的重要组成,以县级图书馆为中心的农村文化服务体系正在形成。

二、公共图书馆服务体系建设的模式

近年来,公共图书馆服务体系建设受到各地的重视,各地通过实践,总结经验,产生了一批具有地方特色的新模式或新经验,如国家图书馆的远程跨越模式、北京全方位立体化公共图书馆服务体系、丰南图书馆"丰南动车组"、上海跨类型跨层次区域性服务网络、天津公共图书馆延伸服务、广州流动图书馆模式、长春协作图书馆模式、杭州市图书馆一证通工程、苏州图书馆总分馆建设、嘉兴图书馆总分馆建设、宁波民企流动图书馆等。

2011 年,具有发展基础的北京、上海、天津、广东、江苏等地继续推进以总分馆建设、延伸服务为核心的公共图书馆服务体系建设,同时在先进地区与先进经验的带动下,其他地区也都在探索适合本地特点的公共图书馆服务体系建设模式。

1.广东流动图书馆模式

广东流动图书馆是由广东省政府投资、广东省立中山图书馆负责实施,在省内欠发达县建设冠名"广东省流动图书馆分馆"的分馆,分馆之间实施资源流动和共享的公共图书馆服务体系。[26] 从 2003 年起,广东省财政每年拨出 500 万元(2006年增至 600 万元,之后以每年 10% 的幅度递增),由省立中山图书馆牵头购置适合基层群众的图书,分别流向各加盟的图书馆,图书资源在各图书馆之间每半年流动一次,最终流回省立中山图书馆。至 2006 年 6 月,共有 31 个县级图书馆加盟"流动图书馆",配送新书 30 多万册,电脑 50 多台,书架 500 多个,阅览桌椅 500 多套,总值 1000 多万元,进馆阅览、借书达 300 多万人次,阅览图书 500 多万册次,上网人数达 3 万多人次,回答各类信息咨询近 5 万条,办理借书证达 8000 多个。截至2010 年底,广东共建立起 69 个流动图书馆分馆,财政投入约 4000 多万元,投入图书总量近百万册,接待读者约 2800 多万人次,阅览图书 5300 多万册次,外借办证达 11 余万个,外借图书达 320 万册次,解答咨询 38 万余次。到 2011 年,共有 74 个县级分馆成为"流动图书馆分馆",进馆总人数 36 315 261 人,上网总人数 605 124人,阅览总册次 68 935 943 人次,回答各类信息咨询 508 749 次,办理借书证 153 013

个,外借册次4 489 222册次。

广东流动图书馆由希望参与流动图书馆建设的县级图书馆向中山图书馆申请,满足申请条件的地区,省馆、县文化局、县图书馆签订三方协议,省立中山图书馆在县图书馆设置流动分馆,县馆配备人员并负责分馆服务,流动图书馆的产权归中山图书馆,县政府配套经费购买的图书馆产权归县图书馆,采用 Interlib 系统进行集群化管理,以一卡通和图书流动为资源共建方式。广东流动图书馆最值得借鉴的地方在于,它是省政府委托省立中山图书馆依托现有县级馆的馆舍,在欠发达县建立的图书馆服务体系,在一定程度上突破了以分级财政为基础的公共图书馆建设体制。这一模式要求地方经济发达,省级财政积极支持公共图书馆事业,这一模式与国外"总分馆"模式接近,但是在其他地区推广容易受到来自政府财政的阻力。

2. 深圳"图书馆之城"模式

深圳市建设"图书馆之城"旨在让每一个社区(村)都有一座规模不等的图书馆(室)或"共享工程"基层网点,以现有各级图书馆和新建的社区图书馆网点为基础,联合其他系统图书情报部门建立覆盖全城的文献信息资源共享网络。

2003 年,深圳市文化局提出建设"图书馆之城"的思路,制订了《深圳市建设"图书馆之城"(2003—2005)三年实施方案》,并于同年开始实施。到 2005 年,深圳初步形成了遍布全城的市、区、街道、社区四级图书馆网络。截至 2005 年底,全市有市级图书馆 2 个、区级图书馆 6 个、街道图书馆 51 个,其中 13 个街道图书馆达标。达标社区图书馆 472 个,占全市社区总数的 76%,已基本实现了每 1.5 万人拥有一个社区图书馆。全市公共图书馆总面积超过 16 万平方米,拥有藏书超过1000 万册。2006 年,深圳图书馆提出了城市街区 24 小时自助图书馆的创意和设想,并通过 2 年多的努力将之付诸实践。2009 年 4 月,40 台自助图书馆设备全面投入服务,覆盖特区各大社区、工业区、交通枢纽,成为建到"市民家门口"的图书馆,市民可就近获得自助办证、自助借书、自助还书等服务,使图书馆的资源与服务不受馆舍空间限制,延伸到城市的各个角落。

深圳"图书馆之城"适用于大城市公共图书馆事业,其显著特点在于,它是深圳"文化立市"战略的组成部分,受到市政府的高度重视,由文化局制定相关发展规划,成为典型的自上而下推动的工程,经费充足、管理到位。同时,它的建设融合了基层图书馆建设、总分馆建设、区域性网络建设、自助图书馆建设等内容,保障了公共图书馆服务体系的立体化建设。第三,它是分级财政的产物,各级政府负责本级图书馆建设,但也带来了社区图书馆建设主体不清的问题。第四,其城市布局的模式不适合在中小城市及农村地区发展。

3. 江苏多元化模式

江苏地处东部地区,属于图书馆活动较为活跃的地区,发展公共图书馆服务体系起步较早,根据各地区自身特点创造性地构建了多元化的发展模式,对其他地区具有较强的借鉴意义,代表性的有苏州模式,张家港市镇、村分馆制模式等。

(1)苏州模式。苏州市建设公共图书馆服务体系采取"紧密型总分馆"模式。[27]2005年,拟定"苏州市城区图书馆服务网络建设方案",由分馆所在地的基层政府提供场地、设备和物业等费用,并向苏州图书馆支付一定的年度费用,苏州图书馆负责软件安装、文献资源配送、人员配备和日常服务,双方以协议确认彼此的责任。为确保分馆与苏州图书馆提供基本一致的服务,苏州图书馆确定了分馆建设标准,为分馆安装远程监控装置,完善网上咨询平台。截至2011年,苏州市共有公共图书馆分馆126个(其中,市级图书馆分馆36个,县级图书馆分馆90个),基本实现了各县级市建制镇、非建制镇图书馆分馆建设全覆盖,并拥有图书流动服务车7台,年均基层服务出车60次以上。2011年,苏州图书馆(1个总馆、36个分馆、2个流动图书馆(27个停靠服务点))共接待读者638万人次(总馆242.41万人次、分馆382.88万人次、流动图书馆12.71万人次)、外借图书212.19万册次(总馆103.91万册次、分馆95.61万册次、流动图书馆12.67万册次)。

苏州公共图书馆服务体系建设模式是一种自下而上的委托关系,在没有政府推动的情况下,由苏州图书馆与区政府、街道办事处合作。苏州图书馆对分馆具有较大的管理权,分馆工作人员由苏州图书馆派出,分馆读者享受和总馆读者同样的服务。采用"动态资产权"管理流动的图书,按需设馆,总馆直接管理所有分馆。

(2)张家港模式。张家港市图书馆是一座综合性、现代化的县级公共图书馆。其公共图书馆服务体系建设主要集中于村、镇分馆的建设,具体实施中以文化共享工程为基础,形成文化共享工程与公共图书馆自动化、网络化、信息化建设相结合、与镇村图书馆(室)建设相结合、与党员干部现代远程教育相结合的"三个结合",以及文化共享工程基层服务点、村图书室、远程教育接收站点"三位一体"的张家港模式,在江苏省率先实现镇级分馆设置无盲点,实现总分馆之间的通借通还,实现文化共享工程村村通、全覆盖。

张家港模式是一种县级图书馆增强服务辐射能力的重要发展经验,建设过程中,图书馆直接与镇政府合作,同时注意与"文化共享工程"相结合。

除上述模式外,北京市公共图书馆服务体系、天津市图书馆总分馆建设与延伸服务、政府主导的嘉兴市公共图书馆服务体系、以一证通为核心的杭州市公共图书馆服务体系、区域合作性质的吉林省图书馆联盟等在 2011 年都稳步前进,为其他地区的建设提供了重要的经验。

三、公共图书馆服务标准化——《公共图书馆服务规范》出台

公共图书馆服务标准化是在构建覆盖全社会公共文化服务体系的背景下,提高公共图书馆服务质量与水平,支撑公共图书馆服务体系的重要措施。2007 年底由文化部社会文化与图书馆司提出制定公共图书馆服务标准,组织上海图书馆等有关单位成立课题组专门研制,2008 年 1 月正式启动。2009 年 2 月以来,课题组在起草编制过程中经过六次专家意见征询,由上海图书馆负责,浙江图书馆、长春市图书馆参加起草,于 9 月完成国家标准送审建议稿。2010 年 4 月,《公共图书馆服务规划》国家标准送审稿提交全国图书馆标准化技术委员会审核,5 月经全国图书馆标准化技术委员会投票通过,11 月上报国家标准化委员会。2011 年 12 月《公共图书馆服务规范》作为国家标准由国家质量监督检验检疫总局、国家标准化管理委员批准发布。[28]

《公共图书馆服务规范》的总体框架是四化一度,即服务均等化、服务多样化、服务便捷化、服务规范化和服务满意度。服务均等化指从实现服务均等化的目标,组织、整理、提炼出反映公共图书馆服务公益性的指标内容;服务多样化指从满足人民群众日益增长的文化需求的目标,组织、整理、提炼出反映公共图书馆服务多样化的指标内容;服务便捷化是从以人为本、达到方便读者使用的目标,组织、整理、提炼出反映公共图书馆服务便捷化的指标内容;服务规范化是从行业自律达到规范服务的目标,组织、整理、提炼出反映公共图书馆服务规范化的指标内容;服务满意度是从达到让读者满意的目标,组织、整理、提炼出反映公共图书馆服务所需关注的满意度的指标内容。

《公共图书馆服务规范》由前言和八个部分组成,八个部分分别是:范围、规范性引用文件、术语和定义、总则、服务资源、服务效能、服务宣传、服务监督与反馈等。该规范基于国际图书馆事业的发展趋势,借鉴全球图书馆服务标准中的以人为本、明晰简约、软硬兼备等先进理念与先进方法,面向我国图书馆现实,结合公共图书馆服务体系建设的经验,以省地县为主线,明确基本服务应当免费,注重规范与其他标准的前后呼应衔接,着眼于规范的三大约束维度:一是对各级政府提出履职主导和统筹规划的要求;二是对图书馆管理者和服务人员提出了管理和考核的要求;三是对读者和社会提出了监督和共建要求。

《公共图书馆服务规范》的出台是 2011 年公共图书馆服务体系建设的一件大

事,是我国公共图书馆标准化进程的重要一步,对我国公共图书馆服务的发展起到了重要的指导和推动作用。

四、公共图书馆服务体系建设的保障加强

2011年公共图书馆服务体系建设保障在经费保障、资源保障、组织保障、技术保障等各方面都得到进一步加强。在文化部2010年4月成立的国家公共文化服务体系建设专家组基础上,2011年3月又成立国家公共文化服务体系建设专家委员会,由来自北京大学、清华大学、中国社会科学院等学术科研机构和全国部分文化机构的39名专家组成。2011年5月,文化部、财政部联合印发《关于实施"数字图书馆推广工程"的通知》,决定于"十二五"期间在全国实施数字图书馆推广工程。2011年,中国图书馆学会受文化部委托开展《公共图书馆法》立法支撑研究,经过十个月的努力,各专题小组在形成研究成果的基础上提出了法律条文,文化部在这些法律条文的基础上形成了《公共图书馆法》初稿。同年,全国人大教科文卫委员会宣布,《公共图书馆法》被列入十一届全国人大常委会立法规划中的第二类项目。

第四节 我国公共图书馆服务体系建设发展思考与未来展望

实现普遍均等的免费服务是公共图书馆义不容辞的社会责任。近年来,党和政府从构建和谐社会的角度提出公共文化服务体系建设,2011年一系列文化发展规划的出台,为公共图书馆服务体系建设提供了政策支持,构建了清晰的发展蓝图;图书馆理论界在现代图书馆管理理念、图书馆服务体系构建机制与技术平台等方面的努力,为公共图书馆服务体系建设做好了理论准备与技术支撑;公共图书馆以延伸服务、总分馆制为核心的实践活动,为公共图书馆服务体系建设贡献了宝贵的发展成果与建设经验。

然而,当前公共图书馆服务体系建设中急需解决的问题仍然存在,近年来各地公共图书馆开展了大量工作,构建了不同的发展模式,但都属于在探索中前进。

一、我国公共图书馆服务体系建设急需解决的问题

1. 布局与发展水平需均衡

当前,能同时从基层图书馆、总分馆、区域性网络等三方面全面建设公共图书馆服务体系的地区主要集中在广东、北京、上海、浙江、江苏等地,其他地区虽然也

开始了总分馆制的尝试、图书馆联盟与共享网络的建设,但是多数仍属于图书馆职能的传统延伸,建设速度与全覆盖多层次的建设目标尚有较大差距,公众的服务感受差别较大。

除地区差距外,我国城乡之间、馆际之间、群体之间公共图书馆水平差异较大,尚有一部分县级图书馆办馆条件较差,事业经费匮乏,给实施公共文化服务带来了困难。

从长远看,各地区公共图书馆服务体系发展模式与发展水平均衡性问题如果得不到解决,会导致地区公共图书馆服务能力差距拉大,将使覆盖全社会的公共图书馆服务体系建设成为一句空话。

2. 公共图书馆服务体系建设主体与权责关系需理顺

现有公共图书馆服务体系建设主要采取分级财政基础上的多元建设主体和多层管理体制,一级政府建设管理一个图书馆的格局,将每个图书馆分隔成彼此独立的实体,难以实现有效的资源共享;建立资产流通顺畅的紧密型总分馆制也导致了社区/村级图书馆建设主体的悬空;城乡、地区间公共图书馆服务水平不均衡,不同构建主体建设的分馆、流动图书馆、文化站图书室等缺乏统一规范管理。为解决这一问题,明确公共图书馆服务体系建设主体,选择联合主体,或者以区域一体化的理念,以市级或县级公共图书馆为基层文化建设责任主体是必须考虑的基础问题。

建设主体与管理主体紧密联系,建设主体的多元导致公共图书馆服务体系内部各馆的地位不同、个体利益不同,需要明确总馆与分馆、区域图书馆网络内部权责关系,确定合理的管理体系,明晰管理主体以及总馆、分馆、服务点等的权利和义务。

3. 基层图书馆建设尚需加强

社区/村级图书馆是公共图书馆服务体系的末梢组织,这一层次的图书馆不仅数量庞大,而且直接覆盖人口众多,是能否真正实现"普遍均等"服务的重要建设指标。当前,公共图书馆服务体系建设中,省级图书馆、市级图书馆乃至县级图书馆都有所发展,但是社区/村级图书馆的发展仍相对滞后,从建设主体、硬件规模到管理机制、服务项目等方面都存在较多不确定性,成为公共图书馆建设中较为薄弱的环节。

截至2011年,虽然尚有较多急需解决的问题,但公共图书馆倡导的以总分馆制为核心的公共图书馆服务体系取得了丰厚的成果,各地基层图书馆数量、服务点布局等均取得长足进步;同时,文化信息资源共享工程基层服务点、乡镇综合文化站、农家书屋等承担公共图书馆服务职能的基层文化设施已经逐步实现全面覆盖的目标。因此,如何让这个包含多种形式、多种建设主体的基层图书馆体系发挥效益并持久运行,如何理顺与整合不同类型基层图书馆的关系是建设公共图书馆服务体系必须面对的问题。

现阶段解决这一问题最基本的是要考虑基层图书馆的专业化问题,如何由图书馆专业力量来控制基层战略规划、管理决策、服务设计,文献选择加工、参考咨询等,即如何以图书馆为主体管理与整合现有基层图书馆,使基层图书馆成为服务执行场所。

4.人员配备与管理需专业化

公共图书馆服务体系内工作人员素质虽已逐步提高,但不同级别工作人员之间的业务素养差距较大,基层图书馆具有专业技术职称的工作人员数量稀少,工作人员缺乏系统的上岗培训。分馆、服务点、文化站等基层人员队伍隶属于图书馆、社区居委会、村委会等不同部门,不同的管理性质导致当前基层图书馆工作人员的待遇相距甚远,业务水平参差不齐,工作热情受到较大影响。确立合理的制度解决人员管理问题,从专业化角度培训工作人员,实现统筹规划、宣传服务的全面提高是保障公共图书馆服务体系建设长效性的重要手段。

二、我国公共图书馆服务体系的发展前景

要实现我国公共图书馆服务体系的全面发展,贯彻《中共中央关于深化文化体制改革、推动社会主义文化大发展大繁荣若干重大问题的决定》,达到各地区"十二五"文化发展的战略目标,今后一段时间,各地区图书馆需要充分利用政策资源与财政支持,针对现有问题,进一步探索和发展适合本地区发展的公共图书馆服务体系构建模式。

1.因地制宜,发展重点问题

公共图书馆服务体系建设已经取得阶段性成果,在东部发达地区、各国各大中城市,公共图书馆服务体系建设相对成熟,因此,未来的发展应该以兼顾平衡为原则,不同类型、不同地区图书馆采取不同的建设策略。

城市公共图书馆服务体系建设应重点强调"便利性"、"服务性",重点建设区图书馆、街道和社区图书馆,形成公共图书馆集群,积极利用现代化技术手段以及自助设备;农村地区图书馆应强调县(市)图书馆的中心馆地位,加强公共图书馆与文化信息资源共享工程基层服务点、乡镇综合文化站、农家书屋等文化设施整合,实现基础阅读服务与网络服务的共同发展。不同地区农村公共图书馆服务体系建设层次也要有所区别,中、西部农村公共图书馆服务体系应重点建设县(市)

图书馆;东部经济发达地区公共图书馆服务体系应重点建设乡镇、村(社区)图书馆。

2.结合地区特点,多元化选择建设模式

近年来,公共图书馆界已经探索了多种公共图书馆服务体系建设模式,但各地区特点不同,广东的"流动图书馆"模式在中西部地区未必能够适用,深圳的"图书馆之城"也只适合在大城市推广,江苏的"嘉兴模式"、"苏州模式"适用于苏南地区。这些模式都是结合本地区特点而形成的。未来,各地公共图书馆服务体系建设需要以"总分馆"制和区域合作网络为主要内容,根据地区特点,借鉴先进经验,形成具有地方特色的建设模式,构建城市、农村不同形式、不同特色的发展模式。

3.利用有利政策,构建保障机制

公共图书馆是公益性事业,政府在公共图书馆服务体系建设中起主导作用。2011年各地出台的"十二五"发展规划均对公共文化发展做出了详细规划,为公共图书馆服务体系在"十二五"周期内的建设确立总体方向。在这一利好前提下,公共图书馆行业必须充分利用政策,与政府文化部门紧密联系,构建完整的保障机制。

第一,法律政策保障。加快《公共图书馆法》立法及地方公共图书馆条例的修订,同时制定公共图书馆服务体系相关建设标准、服务标准、评价标准,使公共图书馆服务体系的建设有章可循,实现规范化建设与管理。

第二,发展规划保障。公共图书馆配合各级政府制定本地公共图书馆服务体系的科学、长远规划,从专业角度限制盲目建设,合理布局,保障公民信息权利的实现,保障公共图书馆社会价值的体现。

第三,经费保障。通过相关政策与法规保障各级政府对公共图书馆服务体系建设的稳定经费支持,同时行业内部需要对经费进行科学管理,保障经费的合理使用与可持续性。同时,鼓励其他行业、社会力量参与图书馆建设。

第四,行业组织保障。充分发挥图书馆学会、图书馆联盟在行业中的交流协调作用,搭建合作平台,从行业规划与行业指导角度促进公共图书馆事业的发展。

第五,技术保障。研发新技术,从布局到服务各环节保障公共图书馆服务理念的实现;缩短新技术设备与图书馆应用之间的时限;推广并深化一体化管理,凸显地区中心馆的资源优势、技术优势、服务优势,建设统一业务集成网络,实现公共图书馆服务体系各服务节点的一体化管理与标准化服务。

第六,人员教育保障。加强公共图书馆工作人员的业务素质提升,解决分馆等基层工作人员的管理属性问题,形成完善的图书馆学学历教育、专业学位教育、职业教育、业务培训体系,逐步实现职业准入制度。

第七,服务保障。推广大众服务与专业化服务,细化阅读服务与信息服务,加强与其他文化部门的服务合作与交流,丰富服务种类,注重社会效益。

参考文献

[1]中共中央推动文化大发展大繁荣的决定[EB/OL].[2012 - 04 - 17].http://news.ifeng.com/mainland/special/17jieliuzhongquanhui/content - 4/detail_2011_10/25/10142993_1.shtml

[2]文化部、财政部关于推进全国美术馆、公共图书馆、文化馆(站)免费开放工作的意见[EB/OL].[2012 - 04 - 17].http://www.ccdy.cn/wenhuafagui/content/2011 - 03/21/content_831770.htm

[3]关于进一步加强公共数字文化建设的指导意见[EB/OL].[2012 - 04 - 17].http://www.mof.gov.cn/zhengwuxinxi/zhengcefabu/201112/t20111209_614350.htm

[4]陕西省国民经济和社会发展第十二个五年规划纲要[EB/OL].[2012 - 04 - 17].http://www.sxdaily.com.cn/data/zhrdhg/20110125_9875504_0.htm

[5]甘肃省"十二五"规划:推进文化繁荣发展,建设文化大省[EB/OL].[2012 - 04 - 17].http://www.gspc.gov.cn/gs125gh/ShowArticle.asp?ArticleID = 4970

[6]江西省国民经济和社会发展第十二个五年规划纲要[EB/OL].[2012 - 04 - 17].http://www.jxdpc.gov.cn/departmentsite/ghc/ghjh/ztgh/201103/t20110329_57122.htm

[7]政策:湖南省"十二五"时期文化发展规划纲要出台[EB/OL].[2012 - 04 - 17].http://culture.people.com.cn/GB/22226/229896/229903/15575247.html

[8]温州市文化发展"十二五"规划[EB/OL].[2012 - 04 - 17].http://www.wenzhou.gov.cn/art/2011/11/30/art_4244_194480.html

[9]四川省人民政府办公厅关于印发四川省"十二五"文化改革发展规划的通知[EB/OL].[2012 - 04 - 17].http://www.sc.gov.cn/10462/11555/11563/2012/3/14/10202765.shtml

[10]邱冠华,于良芝,许晓霞.覆盖全社会的公共图书馆服务体系:模式、技术支撑与方案[M].北京:北京图书馆出版社,2008

[11]张娟,倪晓建.我国公共图书馆总分馆体系建设模式分析[J].图书与情报,2011(6):17 - 20

[12]蔡艳青,张瑞芳.公共图书馆集群管理总分馆制可持续发展研究[J].图书馆学刊,2011(11):18 - 20

[13]吴爱云.吉林省图书馆联盟管理机制探析[J].图书馆学研究,2011(7):92 - 95

[14]李明生.我国公共图书馆服务体系及其成员的理事会设置研究[J].图书馆建设,2011(2):75 - 78,83

[15]李海英,蒋永福.我国公共图书馆治理评价体系的构建——基于善治视角的研究[J].图书情报工作,2011(11):17 - 20,12

[16]张琦,王蕾.广东流动图书馆模式制度化研究[J].图书馆论坛,2011(5):45-49,8

[17]于良芝.我国基层图书馆的专业化改造——从全覆盖到可持续的战略转向[J].图书馆建设,2011(10):7-11

[18]王秀香.公共图书馆服务体系构建研究[M]//国家图书馆研究院.国内外图书馆学理论研究与实践进展(2009-2010).北京:国家图书馆出版社,2011:113-123

[19]彭飞.公共图书馆服务体系建设与指标构建研究[J].公共图书馆,2011(2):24-27

[20]肖希明,张新兴.公共图书馆服务体系中文献资源建设探讨[J].中国图书馆学报,2011(6):4-10

[21]吴正荆,孙成江,李猛.基层图书馆资源配置与服务公平性评价探讨——以吉林省基层图书馆为例[J].图书馆建设,2011(7):64-68,71

[22]文化部"十五"以来全国群众文化业发展情况分析[EB/OL].[2012-05-08].http://www.ccnt.gov.cn/sjzznew2011/cws/whtj_cws/201111/t20111128_153323.html

[23]上海"十一五"公共文化建设成就15分钟公共文化圈[EB/OL].[2012-05-08].http://home.china.com.cn/chinamodule/module/2011-04-13/477719.shtml

[24]"十一五"以来西藏文化发展成就[EB/OL].[2012-05-08].http://www.chinadaily.com.cn/dfpd/2011whcyxz/2011-09/21/content_13761511.htm

[25]黑龙江省"十一五"期间文化建设成果综述 文化建设成果普惠万家[EB/OL].[2012-05-08]http://www.hlj.gov.cn/zwdt/system/2011/10/18/010242614.shtml

[26]广东流动图书馆业务一览表(2011)[EB/OL].[2012-05-09].http://web.zslib.com.cn/liudong/index.asp

[27]苏州图书馆实施"总分馆"模式见成效[EB/OL].[2012-05-09].http://www.szlib.com/DynamicInformationTwoShow.aspx?id=9&id1=e556a116-732e-4eca-8515-fcf886d870bd

[28]《公共图书馆服务规范》编制小组,王世伟执笔.关于《公共图书馆服务规范》编制的若干问题[J].中国图书馆学报,2011(3):24-37

(执笔人:柯平　陈昊琳　闫娜)

第三十九章　我国公共图书馆免费开放服务

近年来,我国政府十分重视图书馆的发展,对公共图书馆的免费开放给予了积极的支持。2010年3月5日,温家宝总理在《政府工作报告》中明确提出了推进美术馆、图书馆、文化馆、博物馆免费开放的任务,此后,2012年2月发布的《国家"十二五"时期文化改革发展规划纲要》把基层公共文化设施免费开放列为推进基本公共服务均等化、保障和改善民生的重点任务之一,作为大力发展文化事业、增强公共文化产品和服务供给的首要任务。推进公共文化服务设施免费开放成为近年来构建全覆盖、均等化的公共文化服务体系的重要内容。2010年,文化部进行了全国范围的公共文化设施免费开放调研,随即组织国家公共文化服务体系专家委员会开展免费开放保障政策的研究和相关政策文件的起草。2011年1月26日,在"十二五"开局伊始,文化部、财政部《关于推进全国美术馆、公共图书馆、文化馆(站)免费开放工作的意见》正式发布,一项在我国公共文化服务体系建设进程中具有划时代意义的政策由此诞生。

随着我国经济社会发展水平的提高和免费开放政策的落实,作为我国公共文化服务体系的重要组成部分,我国公共图书馆事业正迎来前所未有的机遇期。本专题旨在通过回顾我国公共图书馆事业免费开放的背景进行回顾的基础上,结合当前经济社会发展的现状,分析我国图书馆事业免费开放的现状与问题,展望我国图书馆免费开放的发展趋势,并据此提出相关建议。

第一节　公共图书馆免费开放的历史缘起与时代背景

一、公共图书馆免费开放的历史回顾

现代意义上的公共图书馆事业起源于启蒙思想激荡的欧洲。[1]在启蒙运动的语境下,公共图书馆不仅通过影响公民的知识素养为工业文明提供一代又一代的"好公民"[2]做出了独特贡献,而且基于图书馆职业衍生的公共图书馆思想阐发了社会包容、信息平等、人文关怀等一系列具有公共图书馆独特魅力的文化思想奇葩。阿根廷国家图书馆馆长博尔赫斯(Jorge Luis Borges)在《天赋之诗》中,以富有

激情的语言写道:"我心里一直都在暗暗设想,天堂应该是图书馆的模样,昏昏然缓缓将空幽勘察,凭借着那迟疑无定的手杖。"[3] 19 世纪,在边沁(Bentham)和约翰·密尔(John Stuart Mill)等哲学家的影响下,处于深刻转型中的欧洲社会开始把公共图书馆作为一种社会制度安排进行构想和实践。在工业革命的发源地——英国,"尤瓦特(William Ewart)等改革派和激进派议员们在年度下院审批公共图书馆法议案的辩论时据理力争,……资产阶级的议员们在(启蒙)哲学思想的影响下,认识到公共图书馆对大多数人有益,是大多数人的现实需要"。"……英国议会关于公共图书馆法的较量最终以改革派的胜利而结束"。[4] 最终,不仅是在英国,而且在整个欧洲和美国,"早期的公共图书馆在艰难地与各种不同的、甚至是对立的政治哲学的竞争中,逐渐成为了中心"。[5] 而公共图书馆也成了启蒙运动时代的"精华产品"。

公共图书馆思想与实践的胜利,使得作为一种制度安排的公共图书馆事业在社会整体制度框架中得到了确认。然而,公共图书馆事业的创立并不意味着这一事业将无条件地得到社会的认可与支持。相反,在市场经济的背景下,只有当公共图书馆事业证明其自身价值与社会效益时,才能获取经费与立法的支持。Swart 早在 1849 年就指出,"花费在图书馆上的每一英镑都意味着对在犯罪问题和减贫事业上支出更多的节约"。[6] James Hole 也认为,仅仅从功利主义的角度看,用于教育人民的投资是明智的,因为这项投资所产生的效益是最大的。[7] 正如 Black(1996年)所总结的,"目标导向的功利主义者解释道,免费的公共图书馆增强了社会公用事业;不仅仅是因为需要为社会改良的机构提供经费支持,更是为了在第一时间防止反社会行为所造成的损失。正是这种工具理性使得功利主义者能够说服政府:为了保障公众的安全,应该使免费的图书馆成为政府施政的首要原则之一"。[8] 当这些思想家们的思想经过政治或文化的渠道变成政治家们的竞选或施政纲领时,一个得到公共财政支持的、免费开放的公共图书馆已经跃然而出。此外,早期的公共图书馆先驱们也意识到志愿服务、私人捐赠和地方政府的支持对于公共图书馆而言并非互不兼容。从某种意义上说,这样的定位为日后造就"美国图书馆的恩主"——卡耐基基金会彪炳史册的功绩埋下了伏笔。

在公共图书馆思想的启示下,欧美各国通过制定一系列法律和规章保障读者权益,促进了图书馆的免费开放。例如,在美国《加利福尼亚州图书馆法》中规定:"图书馆关系到全州人民的利益,需要确保所有的人都能免费、方便地访问所有图书馆的资源和服务,丰富他们的生活,而无论他们身在何处或当地政府的财政收入如何。"[9] 此外,国外公益性文化设施的免费开放通常也遵从于国际组织的相关公约,其中联合国教科文组织(UNESCO)和国际图联(IFLA)共同制订并于1994年正式发布的《公共图书馆宣言》产生了广泛的影响力。免费服务是《公共图书馆宣言》的最重要原则之一。[10]《公共图书馆宣言》指出:"公共图书馆原则上应该免费提供服务。建立公共图书馆是国家和地方政府的责任。必须专门立法维持公共图书馆,并由国家和地方政府财政拨款。"[11]

总之,在法律法规和国际公约的共同规范下,当前国外大多数公益性文化设施均已免费开放。如美国所有的公共图书馆均免费开放:凡是年满17岁,并持有照片的正式身份证明者,均可以向国会图书馆申请办理免费阅读证。公共图书馆被称为"城市最重要的免费公众空间"。日本公共图书馆的基本业务对所有公众也是免费开放的,办理一张免费图书卡,随时都可以借阅。[12]

在我国,图书馆的免费开放经历了一个曲折的发展历程。1915年10月,当时教育部颁布的《通俗图书馆规程》第7条规定:"通俗图书馆不征收阅览费"。这一规程为我国通俗图书馆(公共图书馆)提供了法理与行政保障。但1915年11月教育部颁布的《图书馆规程》第9条却规定:"图书馆得酌收阅览费"。[13]在实践领域,据沈绍期1918年的《中国全国图书馆调查表》显示,17家京师、各省、市普通图书馆、通俗图书馆与公立图书馆中,外借、阅览收费的8家,不收费的7家,不详2家。[14]总体而言,"自20世纪初至新中国成立前,我国公共图书馆对免费服务问题,无论是在政策规章上、还是在实践上都是认识模糊、反复不定的"。[15]从新中国建立到改革开放前,我国公共图书馆事业得到了快速发展,"公共图书馆总体上实行免费开放"。但因为诸多原因,这一时期我国公共图书馆"免费服务是不平等的,不开放的,不是真正的免费开放服务"。[16]改革开放以来,受到经济和社会转型的影响,"公共图书馆有偿服务成为风气。……回顾我国公共图书馆二十多年来的收费服务问题,既受我国商品经济、市场经济发展环境的影响和'以文补文'、'以文养文'政策的误导,也有事业经费严重不足等客观原因,但更多的是我们对公共图书馆基本原则和精神的忽视和漠视。回归和重塑公共图书馆精神,是历史发展的必然,也是当代中国公共图书馆的神圣使命"。[17]2005年中央关于公共文化服务体系一系列政策的出台,终于使社会民众享受公共文化权利的期待上升为国家政策。2006年9月,《国家"十一五"时期文化发展规划纲要》出台,其中关于公共文化服务平等、免费、关注弱势群体、覆盖全社会的基本理念和精神在这份政策文件中得到了充分体现。在此期间,深圳图书馆、东莞图书馆、杭州图书馆、南京图书馆等率先开始实行免费开放。据报道,截至2008年5月,全国已有近十家省级公共图书馆和近百家市、县级公共图书馆实行了免费开放服务。[18]2011年初,在"十二五"开局伊始,文化部、财政部《关于推进全国美术馆、公共图书馆、文化馆(站)免费开放工作的意见》正式发布,这标志着我国公共图书馆免费开放正式得到国家层面的支持。

二、我国公共图书馆免费开放的时代背景

如上所述,我国图书馆免费开放经历了曲折的发展过程。诸多因素促使我国图书馆免费开放由理念变成现实,其中经济社会的发展水平的提高和图书馆职业价值的回归是最重要的促进因素。

1. 我国经济发展水平的提升与图书馆经费的增加

改革开放以来,我国经济发展取得了举世瞩目的成就,经济总量已跃居世界第二位,经济社会发展的诸多指标在全球名列前茅。在经济规模急剧扩大的前提下,我国实施了"科教兴国"等一系列有利于科技文化事业发展的战略,重视"文化力"在综合国力中的关键作用,大力提升国家文化实力也渐成共识。在上述背景下,我国各级政府不断加大对公共文化事业投入,公共图书馆事业获得了快速发展。截至 2011 年,我国已建成公共图书馆 2952 家,是 1979 年的 1.79 倍,仅 2011 年,我国就新建成投入使用公共图书馆 68 家。截至 2011 年底,我国已建成少儿图书馆 94 家。依照隶属关系,在我国的公共图书馆体系中已建有省级图书馆 38 家,地市级图书馆 343 家,县市级图书馆 2570 家,如图 39 - 1 所示。

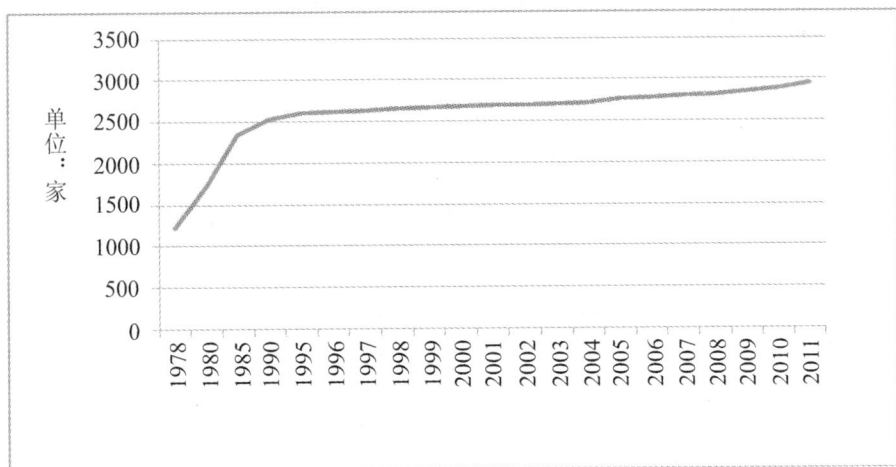

图 39 - 1　1978—2011 年我国公共图书馆的数量

数据来源:《中国文化文物统计年鉴 2012》

在图书馆数量增加的同时,我国政府投入到公共图书馆的经费也在不断增加,办馆条件得到了显著改善。1979 年我国公共图书馆总支出仅 5206 万元,而到 2011 年,我国公共图书馆总支出已达 77.68 亿元,三十余年间,我国公共图书馆总支出增长 148.22 倍,如图 39-2 所示。

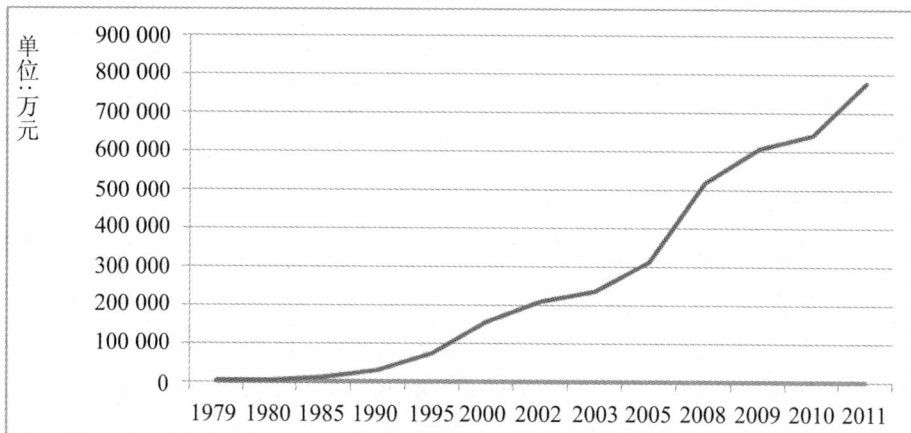

图 39-2　1979—2011 年我国公共图书馆总支出增长情况

数据来源:《中国文化文物统计年鉴 2012》

2. 图书馆行业属性的反思与重新定位

由于历史原因,在规模萎缩、经费紧缺的情况下,我国公共图书馆曾在很长时期内迷失了自己的职业属性与定位。如前所述,"以文养文"的恶果不仅仅导致读者的大量流失,更重要的是,这种"市场化运作图书馆"的导向严重违背了公共文化的宗旨与职业价值,也使得图书馆行业的社会效益受到了普遍质疑。

有学者指出,文化权利是图书馆的核心价值,中国语境下的图书馆核心价值表达可通过以下一些命题得到说明:图书馆属于文化现象,现代图书馆的基本使命就是保障公众的文化权利。[19]在我国,文化权利已得到国家政治意识形态的认可和重视。1997 年,我国正式签署联合国《经济、社会和文化权利国际公约》,表明我国政府承认公民的文化权利。2004 年,人权入宪则为保障公民的文化权利提供了宪法基础。近几年,中共中央和国务院做出的一系列部署,如《中共中央关于构建社会主义和谐社会若干重大问题的决定》(2006 年)、《中共中央国务院关于深化文化体制改革的若干意见》(2005 年)、《中共中央国务院关于推进社会主义新农村建设的若干意见》(2005 年)《国家"十一五"时期文化发展规划纲要》(2006 年)等;中共中央政治局还召开会议,专门研究加强公共文化服务体系建设问题,等等,都明确提出了保障公民文化权益、加快建设公共文化服务体系的一系列政策与措施。这表明,今后一个时期,保障公民文化权利问题将得到前所未有的重视。在这种情况下,我国图书馆界提出以"文化权利"为宗旨的核心价值体系,适于国情、符合意识形态要求,有利于得到政策和意识形态层面的认可和支持。免费开放作为国家保障公民文化权利的基本举措正是对图书馆的核心价值的诠释和注解。

随着社会发展水平的提高,我国政府对图书馆事业的支持力度有所增加。在此背景下,为了重拾社会的认可与公众对公共图书馆的信心,我国图书馆行业开始对行业属性进行反思与重建,并在一些重要问题上初步达成了共识:首先,免费开放是公民的一种文化权利,这种权利通过图书馆这一公共部门提供,具体落实到公民的阅读权利、学习权利和信息权利的实现。公民的文化权利是一种基本人权。其次,免费开放是国家的一种惠民方式。免费开放是公共文化服务全覆盖的举措之一,因此具有十分重要的现实意义和政治意义。第三,免费开放是减少信息鸿沟和信息贫富差距的公共平台。第四,免费开放是社会的基本保障,特别是应对社会危机时的重要措施。第五,免费开放是一种服务品质。实施免费开放,大众利用公共图书馆体现为:普遍性利用、平等性利用、公开性利用、重复性利用等特征。免费开放关键在于服务的广度与深度。接受免费开放的大众数量涉及这一服务的大众受益面,而更重要的是服务质量,关系到大众能否享受到高品质的基本文化服务。[20]

第二节　公共图书馆免费开放的界定与理论依据

一、"免费开放"的界定

1.免费开放的含义

根据《关于推进全国美术馆、公共图书馆、文化馆(站)免费开放工作的意见》的相关要求,免费开放被界定为:首先,指与公共图书馆职能相适应的基本公共文化服务项目的免费提供;其次,对于基本公共文化服务项目以外的非基本服务项目,坚持公益性,降低收费标准,不得以营利为目的。因此,把公共图书馆的免费开放简单地理解为所有的服务项目都不收费,其实是对政策的误解。当前,我国公共图书馆的免费是指基本服务免费,非基本服务可以收取成本补偿费用。

2.公共图书馆"免费开放"的内容与举措

根据《关于推进全国美术馆、公共图书馆、文化馆(站)免费开放工作的意见》的规定,目前阶段我国公共图书馆免费开放的具体内容包括三个方面:第一,免费开放设施场地,包括一般阅览室、电子阅览室、报告厅及类似的多功能厅、自修室等;第二,免费提供基本服务项目,包括文献资源的借阅检索与咨询、公益性讲座和展览、基层辅导、流动服务等;第三,免费提供配套管理服务,主要涉及办证费、验证费和存包费等。文件规定的免费开放内容与我国公共图书馆目前的一般现状相比,主要的突破表现在:(1)公共图书馆的数字资源服务免费提供;(2)公共图书馆的自修室免费使用;(3)公共图书馆的办证、验证、存包等配套管理服务免费提供;(4)明确将公共图书馆的基层辅导、流动服务纳入基本服务范畴。此前,一些公共图书馆在上述环节尚存在不同程度的收费现象。根据免费开放的基本要求和我国公共图书馆的现实状况,公共图书馆落实免费开放政策需要采取五大举措:一是取消属于免费开放范围的收费项目,如在数字资源服务、自修室利用、配套管理服务等环节的收费;二是降低非基本服务收费标准,如文献复印、文献开发等环节的收费标准,以体现公共图书馆服务的公益性;三是培育品牌服务项目,这是在免费开放背景下提高服务质量的要求;四是强化基层辅导和流动服务,这是此前公共图书馆特别是基层公共图书馆服务工作的薄弱环节;五是限期收回出租设施,这是在基本保障到位的前提下让公共资源回归公共的必然要求。

3.“免费开放”政策的核心要素

根据我国国情,我国学者对免费开放的政策要素解读如下:[21]

首先,要合理界定“基本服务”。基本服务有两大特点:一是地域性,二是阶段性。所谓地域性,是说基本服务的内容并不是全国整齐划一的,而是随地方经济社会发展水平的不同有所区别;所谓阶段性,是说基本服务内容不是一成不变的,而是随经济社会发展水平的提高而不断完善。各地在落实免费开放政策时,首先需要立足本地现实,界定清楚自身目前阶段应该并且可以提供的基本服务项目是什么、提供免费开放需要多大数量、什么结构的经费保障力度,这需要依据免费开放的内容测定出来。所以,合理界定基本服务的内容、范围与边界,是落实免费开放政策最核心、最基础、也是最重要的工作。

其次,基本服务保障经费实行中央财政和地方财政分担,以地方财政为主的机制。《关于推进全国美术馆、公共图书馆、文化馆(站)免费开放工作的意见》指出:我国公共文化服务的经费保障,实行中央财政和地方财政分担、以地方财政为主的机制。这一机制实际上是明确了向公众提供基本公共文化服务的责任主体是地方政府。换言之,提供包括公共图书馆服务在内的基本公共文化服务,是地方政府的“事权责任”,因此,地方财政要承担主要的“支付责任”,中央财政在这方面起辅助性的援助作用。这一机制也是国际上公共文化经费保障的通行机制。目前免费开放政策确定的经费分担原则是:公共图书馆等公共文化服务机构的人员、公用等基本支出经费由同级财政负担,开展基本服务项目的支出由中央和地方财政共同负担。为此,中央财政设立专项资金,重点对中西部地区地市级和县市级公共图书馆等公共文化机构开展基本服务项目所需经费予以补助,对东部地区则采用"以奖代补"的形式资助,具体的补助标准不会一成不变。对中央财政补助资金的要求有如下特点:首先,强调中央财政的补助不是补助人员经费、公用经费,而是开展基本公共文化服务项目支出的中央财政分担经费;其次,中央财政的补助数量和方式,体现了向中西部倾斜、向基层倾斜的原则;此外,补助标准不是"封顶标准","两部"鼓励地方财政根据实际情况提高补助标准。

第三,限期收回出租设施。本次的免费开放政策真正开始落实基本服务经费的保障问题,为解决长期存在的"人吃楼"现象创造了前提条件,提供了可能,因此,限期收回出租设施成为免费开放政策要解决的突出矛盾和问题之一。

二、公共图书馆免费开放的主要理论依据

公共图书馆的免费开放政策的制定与实施有着坚实的理论基础,概言之,如下理论为这一政策提供了依据:[22]

1.公共物品理论。公共物品(Public Goods) 也称为公共产品,具有非排他性和非竞争性,是一种人人都有权使用、人人都受益的产品。公共图书馆是公共物品,而且是政府提供的具有非竞争性和非排他性强的一种公共物品,这种公共物品应当免费让公众享有。

2.图书馆学五定律。印度图书馆学家阮冈纳赞(S. R. Ranganathan) 1931 年提出的"图书馆学五定律"(The Five Laws of Library Science) 不仅是世界图书馆学的基本理论,也是公共图书馆免费开放的一个理论依据。特别是第二定律要求图书馆的大门向一切人敞开,强调每个人都享有利用图书馆的平等权利,并主张国家应该从经费、图书馆立法、构建全国图书馆协调网络三个方面来保障图书馆的普及服务。

3.公共图书馆理论。19 世纪中叶以来,免费服务就一直是公共图书馆的基本原则。IFLA/UNESCO《公共图书馆宣言》(Public Library Manifesto,1949 年,1972年,1994 年)多次修订,始终不改"免费"初衷,明确规定"公共图书馆原则上应该免费提供服务(The public library shall in principle be free of charge)。英国《图书馆宣言》也强调,图书馆对社会的每一个成员免费开放,这些规定既是公共图书馆成立的公理,也是世界公共图书馆的共识,成为公共图书馆免费开放的主要理论依据。

IFLA/UNESCO《公共图书馆宣言》和《公共图书馆指南》(2001 年)都强调:所有公众都有享受图书馆服务的权利,而不受种族、国籍、年龄、性别、宗教信仰、语言、能力、经济和就业状况或教育程度的限制。

4.公共文化服务理论。公共文化服务是由公共部门或准公共部门共同生产或提供的,以保障公民的基本文化权益、满足公民基本文化需求、提高公民文化素质和文化生活水平、优化社会生存与发展所必需的文化环境为目的的一种社会性公共服务。从十七大报告等一系列党和国家的重要文件可以看出,公共文化服务是社会主义文化建设的重要内容。《国民经济和社会发展十一五规划纲要》(2006—2010 年)提出要"加大政府对文化事业的投入,逐步形成覆盖全社会的比较完备的公共文化服务体系"。今天,我国的公共图书馆事业进入一个普遍均等服务的时代。普遍均等的公共图书馆服务就是在一个国家或地区建立公共图书馆服务体系,目的在于保障居住其中的所有人,无论其经济社会地位、年龄、性别、身体状况和种族宗教等,都能就近获取其需要的知识、信息、文化资源及其他图书馆服务。普遍均等是一个相对抽象的概念,要通过免费开放的具体形式表现出来,只有实现了全国公共图书馆的免费开放,才能逐渐实现公民接受阅读与信息基本服务的普遍均等,促进基本公共文化服务均等化,推进我国公共文化的大繁荣大发展。

5.图书馆服务理论。图书馆服务理论包括图书馆服务原则、服务理念、服务体系等问题。柯平曾将图书馆服务理论概括为服务新五律论、读者第一论、服务本质论、公益服务论、平等服务论、知识服务论、服务营销论等七个理论,这些理论中,前五个理论直接作用于免费开放,特别是平等服务理论突破了过去的区分服务原则,公益服务理论纠正了有关图书馆创收等问题的错误认识,服务本质论明确了公共图书馆的服务性文化机构属性,这些都成为免费开放的理论依据。

第三节　公共图书馆免费开放的现状与问题

一、公共图书馆免费开放的现状

1.免费开放的总体效益逐步显现

2011 年初《关于推进全国美术馆、公共图书馆、文化馆(站)免费开放工作的意见》(以下简称为《意见》)的发布,是我国公共图书馆事业发展的一个里程碑。《意见》发布以来,各级政府高度重视,各类公共图书馆积极努力,初步实现了《意见》确定的第一阶段目标,免费开放已经取得了积极的效益。具体表现在:

首先,各级政府高度重视免费开放工作,普遍把免费开放提升到保障人民群众基本文化权益、提高公民思想道德素质高度,作为文化惠民的重要举措。2011年开始,许多省市成立了领导机构,安排部署免费开放工作。有些省市还把免费开放纳入到了政府工作考核指标及文化事业发展规划之中。各地制定了一系列相应政策,为建立免费开放的长效机制夯实了制度基础。另外,相关部门多策并举,为免费开放做好准备工作。依据《意见》规定,全国各地积极做好准备工作,明确免费开放的路线图和时间表,提出免费开放工作的具体要求。一些省市出台规定,明确要求限期收回出租或挪作他用的公共文化设施场地,用于开展公共文化服务。此外,许多省市都加大宣传力度,有效提高了免费开放的知晓度。

　　其次,中央和地方政府积极落实资金,为免费开放提供经费保障。2011年中央财政共落实免费开放保障经费18.22亿元,重点对中西部地区地市级、县级公共图书馆、文化馆,乡镇综合文化站开展基本公共文化服务项目进行补助,东部地区通过"以奖代补"的方式予以一定支持。中央财政免费开放保障资金下达后,各地财政都按照规定及时划拨到用款单位,据统计,全国各省(区、市)中央负担资金到位率都达到了100%。中央财政资金起到了良好的示范引导作用,带动了地方财政对免费开放工作的投入。中西部一些边远、贫困、少数民族地区克服地方财力紧张的困难,积极落实免费开放保障经费。据不完全统计,全国地方各级财政共落实免费开放保障资金30.82亿元,其中:东部地区落实25.11亿元,中部地区落实2.89亿元,西部地区落实2.82亿元。

　　自《意见》出台以来,各公共图书馆以提高服务能力、惠及基层群众为目标,免费开放在服务总量、服务内容、服务形式、服务质量等方面都有了一定进步。首先,全国公共图书馆服务人次得到了一定增长。2011年,全国公共图书馆总流通人次达到38150.92万人次,比2010年增长16.2%;全国文化馆组织培训班培训人次达到615.18万人次,比2010年增长43.1%;全国乡镇综合文化站组织训练班培训人次达到1231.28万人次,比2010年增长32.7%。其次,各地公共图书馆的服务内容更加丰富多彩,各类读书活动、公益讲堂等层出不穷,极大地丰富了居民的文化生活。第三,各地公共图书馆不断创新服务形式,开展了移动阅读服务、网上参考咨询等诸多业务,有效提高了服务水平。第四,一批公共图书馆组织的"国学讲堂"、"文化舞台"等活动已成为当地重要的文化服务品牌。

　　2. 各级政府对于公共图书馆的投入稳步增加,从经费上保障了免费开放的落实

　　在我国公共文化事业发展的整体规划中,公共图书馆建设作为一个重要的组

成部分越来越得到有关方面的重视。由表 39 – 1 可见,从"六五"到"十一五"期间,我国公共图书馆支出费用逐年稳定增长。图 39 – 3 表明,近年来,我国公共图书馆支出费用仍然保持着持续增长的良好态势。

表 39 –1　中国各时期公共图书馆支出费用统计

六五时期 (1980—1985)	七五时期 (1986—1990)	八五时期 (1991—1995)
47 760 万元	116 300 万元	261 106 万元
九五时期 (1996—2000)	十五时期 (2001—2005)	十一五时期 (2006—2010)
622 921 万元	1 215 721 万元	1 938 872 万元

数据来源:《中国文化文物统计年鉴 2012》相关数据整理

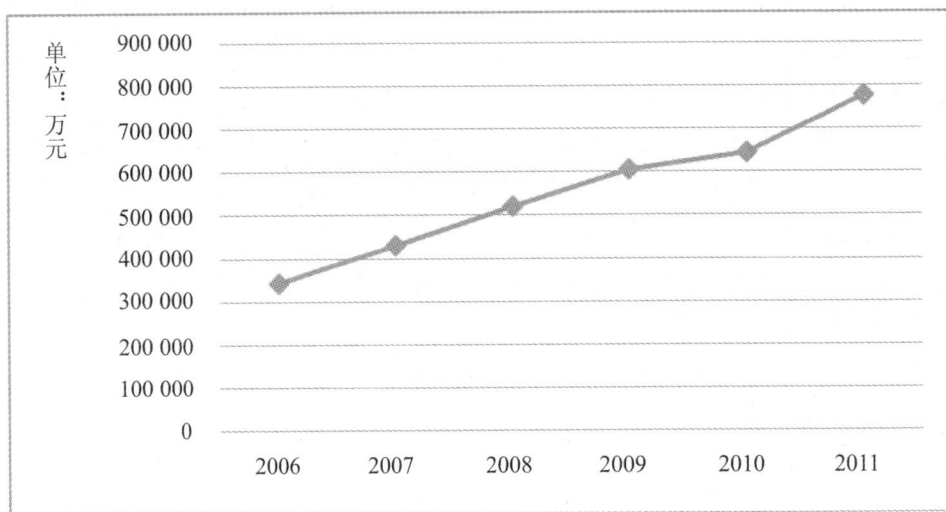

图 39 – 3　2007—2011 年我国公共图书馆支出费用增长情况

　　为克服经费困难,实现图书馆事业与经济社会的协调发展,近年来,我国各级政府加大了对公共图书馆的投入,使免费开放逐步由理想变成了现实。作为社会公益事业,财政拨款是公共图书馆经费最主要的来源。统计显示,30 年来我国各地公共图书馆财政拨款增长趋势明显(图 39 – 4),大致表现出三个特点:[23]总量起点低,1979 年仅 5040 万元;每年都有一定比例的正增长,没有负增长,也没有出现阶段性拐点;增长比例比较高。选择几个有代表性的年份来看,1985 年财政拨款总量突破 1 亿元,1991 年突破 3 亿元,1993 年突破 4 亿元,1998 年突破 10 亿元,达 11 亿元;进入新世纪以来,各级政府对于公共图书馆财政拨款的额度更是突飞猛进,2011 年财政拨款已达 75.64 亿元,是 1979 年的 150 倍。

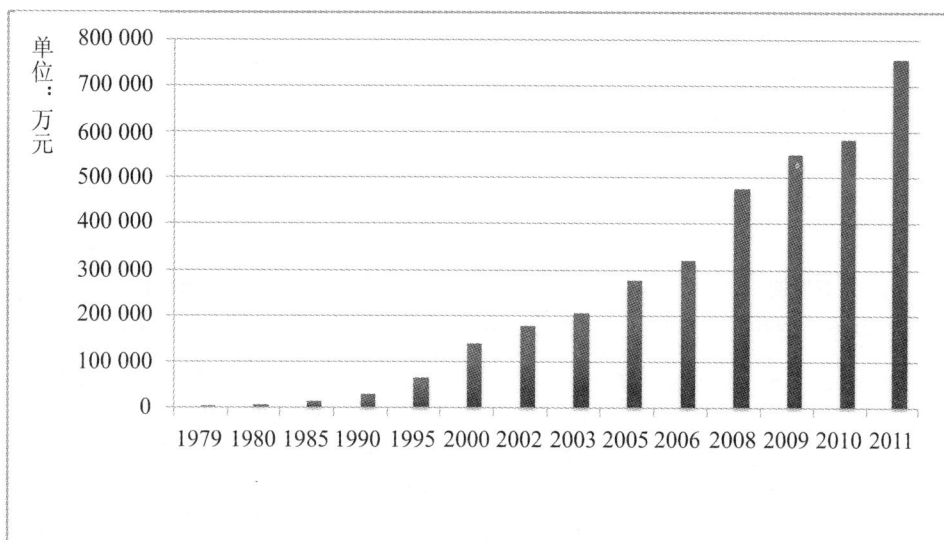

图 39 - 4　我国主要年份公共图书馆财政拨款情况统计(1979—2011)

数据来源:《中国文化文物统计年鉴 2012》

随着经费投入的不断加大,我国公共图书馆馆内设施也得到了极大地充实和改善,各类设备及新增藏量购置费用在全年支出之中占有了相当比重。对比此前我国公共图书馆经费主要用于人员的供养,设备及新增藏量购置。费用比重的增加无疑从一个侧面反映了我国公共图书馆物质条件的改善。如表 39 - 2 所示,仅2011 年全国公共图书馆投入新增藏量的购置费用就达 12.35 亿元,占全年支出的15.9% 。图 39 - 5 显示了自 1985 年以来我国公共图书馆总体经费支出与新购图书的增长情况,与 1985 年相比,2011 年我国公共图书馆经费支出增长 57 倍,新购图书由 1343 万册增长到 3985 万册;图 39 - 6 显示,与 1985 年相比,2011 年我国公共图书馆坐席数增长 1.95 倍,书库面积增长 148.8 万平方米。表 39 - 3 从整体上反映了我国最近三十年公共图书馆经费收支及设施改善情况。

表 39 - 2　2011 年全国公共图书馆收支情况

机构数(个)	本年收入合计(亿元)	本年支出(亿元)	新增藏量购置费(亿元)
2952	81.32	77.68	12.35

数据来源:《中国文化文物统计年鉴 2012》

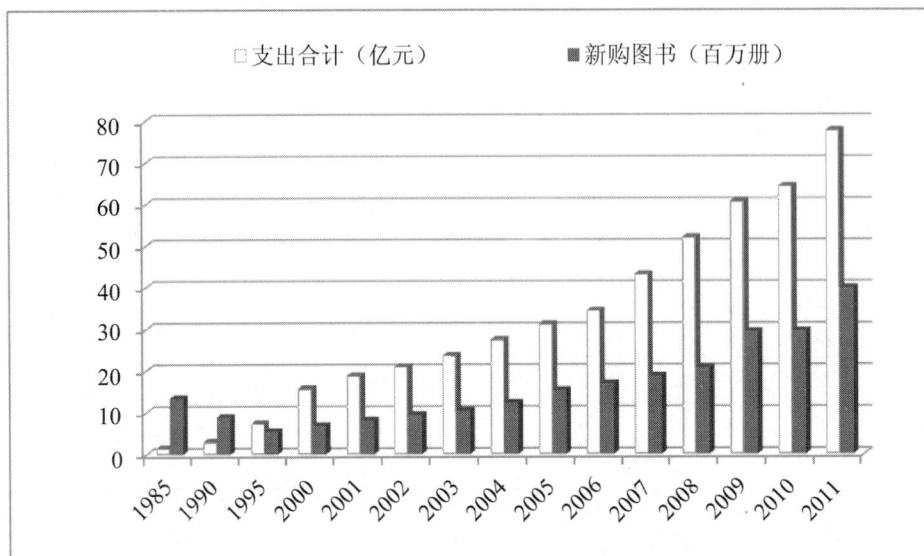

图 39 - 5　中国主要年份公共图书馆经费支出与新购图书情况统计(1979—2011)

数据来源:根据《中国文化文物统计年鉴2012》及相关数据整理

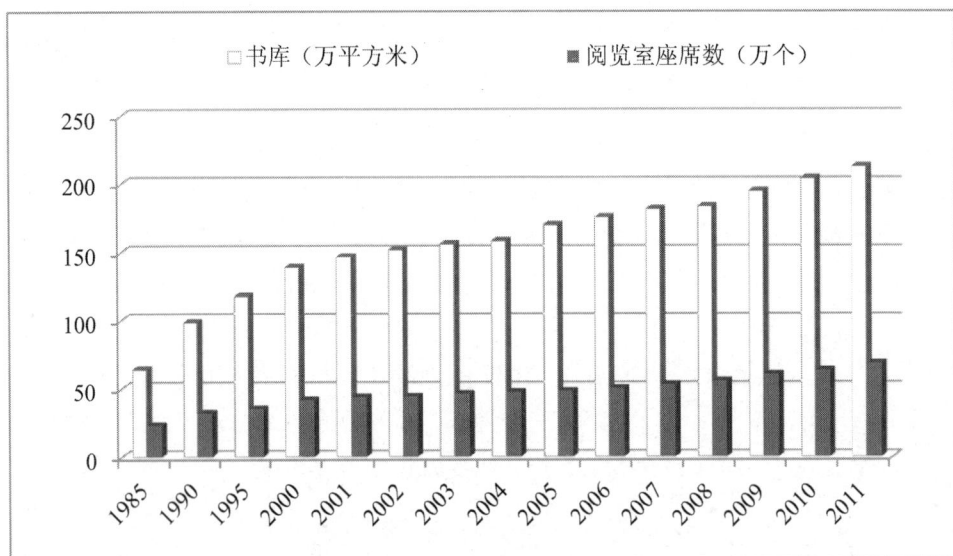

图 39 - 6　中国主要年份公共图书馆书库及阅览室建设状况统计(1985—2011)

数据来源:根据《中国文化文物统计年鉴2012》及相关数据整理

表 39 - 3　中国主要年份公共图书馆经费收支及设施情况统计(1979—2011)

年份 (年)	收入合计 (万元)	财政拨款 (万元)	支出合计 (万元)	新增藏量 购置费 (万元)	新购图书 (万册)	书库 (万平 方米)	阅览室 (万平 方米)	阅览室 坐席数 (万个)
1979	5040	5040	5206	2163	—	38.1	21.1	—
1980	5476	5476	5486	2273	—	42.1	23.5	
1985	15 272	15 272	13 393	4164	1343	64.1	46.1	23.1
1986	19 891	19 070	17 242	5300	1359	73.0	53.4	33.7
1990	32 328	29 292	30 271	8474	895	98.4	76.1	32.1
1991	36 764	32 593	34 388	8927	771	104.3	80.0	34
1992	45 354	39 010	41 132	9916	740	105.3	84.3	34.4
1993	50 917	42 975	48 211	10 698	631	108.0	85.0	34.3
1994	74 586	60 639	63 295	9252	556	113.6	85.7	34.8
1995	79 685	65 829	74 080	16 788	551	117.8	88.3	35.2
1996	93 235	76 582	88 963	19 626	577	120.8	94	35.6
1997	114 004	93 177	113 927	25 527	680	124.9	98.0	37.4
1998	129 082	107 521	127 032	28 067	700	131.7	101.8	39.9
1999	137 430	115 830	135 826	30 473	678	137.4	105.7	41.6
2000	163 799	139 321	157 123	37 141	692	139	109.7	41.6
2001	183 368	152 732	187 661	36 489	819	146.4	114.4	43.7
2002	213 322	176 882	208 929	41 853	946	151.6	122.6	43.9
2003	242 188	205 252	235 819	44 407	1049	156	129.7	46.1
2004	281 234	238 141	275 034	50 780	1228	158.4	138.6	47.2
2005	325 880	277 848	312 571	59 781	1535	170	150	48
2006	366 089	319 479	344 076	66 095	1686	175.5	159	50
2007	450 512	395 441	431 326	78 262	1871	181.6	169.2	52.7
2008	531 926	477 616	519 841	83 832	2071	183.5	179.3	55.4
2009	613 175	550 808	606 630	104 404	2939	194.7	203.5	60.2
2010	646 085	583 685	643 629	111 093	2956	204.5	220.6	63.1
2011	813 232	756 357	776 839	123 540	3985	212.9	245.3	68.1

数据来源:《中国文化文物统计年鉴2012》

综上所述,由于各级政府的投入不断增加,我国公共图书馆办馆条件得到了明显改善,已初步具备了免费开放的物质基础。未来,随着我国经济社会发展水平的进一步提高,我国公共图书馆办馆条件将继续得到改善。在此前景下,有理由相信,我国公共图书馆免费开放将逐步得到落实,惠及数亿公民的公共图书馆服务体系终将建成。

3.公共图书馆服务队伍人员素质不断提升,使免费开放具备了人力资源保障

截至2011年,我国公共图书馆共有从业人员54475人,其中正高级职称691人,副高级职称4019人,中级职称17380人;少儿图书馆从业人员1764人,其中正高级职称26人,副高级职称169人,中级职称598人。随着"公共文化共享工程"、"农家书屋"等一系列工程的展开,除公共图书馆外,我国基层文化站也承担了公共文化服务的职能。总之,从面上看,我国公共图书馆人员素质有所提升,这为我国公共图书馆免费开放创造了基本的人力资源条件。但从具体的图书馆来看,人员素质尚存在良莠不齐的状况。

4.政策措施逐步到位,为公共图书馆免费开放提供了政策保障

(1)免费开放逐步上升为国家意志,政策驱动效应日益凸现。2011年1月,文化部、财政部《关于推进全国美术馆、公共图书馆、文化馆(站)免费开放工作的意见》正式发布,这使得免费开放作为一项国家政策得以确认。按照《意见》要求,我国公共图书馆免费开放将分两个阶段进行。第一阶段:到2011年底,全国所有公共图书馆、文化馆(站)实现无障碍、零门槛进入,公共空间设施场地全部免费开放,所提供的基本服务项目全部免费。第二阶段:到2012年1月,全国所有一级馆、省级馆、省会城市馆、东部地区馆站免费提供的基本公共文化服务质量和水平有效提升,形成2个以上服务品牌。其他图书馆、文化馆站实现基本公共文化服务项目健全,并免费提供。

2011年2月18日,文化部部长蔡武在全国美术馆、公共图书馆、文化馆(站)免费开放工作电视电话会议上的讲话中指出,免费开放是提高全民族文明素质的重要手段,是促进文化大发展大繁荣的具体措施,是一项重要的文化惠民工程,并对免费开放政策的落实提出了一系列要求。文化部副部长杨志今、财政部副部长张少春也先后就免费开放发言,就免费开放中涉及的具体政策问题进行了解释并对今后工作提出了要求。

可见,我国公共图书馆免费开放已逐步纳入到了政府管理的视野,未来,随着相关政策对免费开放的驱动作用的进一步显现,我国公共图书馆免费开放的实施将更加顺利。

（2）免费开放已被纳入各类评估验收标准之中,这有效地促进了此项工作的落实。根据文化部、财政部《关于开展国家公共文化服务体系示范区(项目)创建工作的通知》,公共图书馆免费开放每周须达到56个小时。此外,我国《公共图书馆评估标准》等行业标准都对公共图书馆的免费开放提出了明确具体的要求。无疑,这些评估标准将极大地促进公共图书馆免费开放政策的落实。

（3）免费开放机制的研究和讨论引起了普遍重视,为此项工作走上科学化之路提供了条件。目前,在各级图书馆学会内部,关于免费开放的研究与讨论方兴未艾,学术界也给予了免费开放足够的重视。在2011年1月《关于推进全国美术馆、公共图书馆、文化馆(站)免费开放工作的意见》发布前后,许多研究者、图书馆馆员都对免费开放应如何运转进行了研讨,提出了大量的意见和建议。未来,随着大量科研力量的投入和实践活动的开展,我国公共图书馆免费开放的机制将更趋成熟、完善。

二、存在的问题

1. 公共图书馆资源总量不足且配置不平衡,使免费开放效益的发挥受到了局限

从"十五"开始,中央陆续实施了县级图书馆文化馆建设、乡镇综合文化站建设、县级图书馆文化馆维修改造、乡镇文化站设备购置等一系列项目工程,有效改善了各级图书馆的办馆条件。但是由于历史方面的原因,我国公共图书馆资源总量不足、布局不合理、城乡和地区间配置不均衡等问题还比较突出。中西部欠发达地区一些地市级、县市级以及县以下乡镇基层图书馆,基础设施建设水平还相对薄弱,图书馆办馆条件相对落后,功能设置不全,服务环境较差,藏书量少、新书不足,难以有效满足读者需求。据统计,截至2011年底,我国平均每44万人才拥有一所公共图书馆,平均每馆辐射半径达31.9公里(平均每3201平方公里才拥有一所公共图书馆),而美国各级公共图书馆数量已达9200多个,平均每1万人就拥有一座公共图书馆[24]。从藏书量来看,2011年,我国人均拥有公共图书馆藏量0.52册,与国际图联人均1.5—2.5册的配置建议还存在明显差距;其中,人均拥有公共图书馆藏书量最高的上海地区(2.94册)与人均拥有公共图书馆藏量最低的西藏地区(0.19册)之间,相差达14.5倍;从经费投入来看,2011年,全国公共图书馆人均购书经费为0.92元,其中人均购书最高的上海地区(7.65元)与人均购书费最低的河北省(0.27元)之间,相差达27倍。由于公共图书馆服务网点设置的不均衡,在中西部一些交通欠发达的偏远地区,很多居民仍然不能就近便利地获得图书馆

的免费服务;而已经实现免费开放的图书馆中,也还有一些因为缺乏充足的资金保障,还不能提供足够的文献资源给读者使用,一些图书馆缺乏专业的人才队伍,开展各类公益性文化服务活动的能力还比较欠缺,应用现代信息技术开展创新服务的水平也有待进一步提高。总之,我国公共图书馆资源总量的不足与配置的不平衡已成为影响免费开放效益发挥的一个重要因素。

2. 经费保障问题使免费开放的可持续性受到考验

在我国,公共图书馆免费开放的呼声已非一日,但真正意义上的免费开放难以落实的最关键原因之一,是经费投入不足,资金门槛一直是免费开放的主要障碍。随着《意见》的出台,经费问题得到了一定程度的缓解,但目前还存在如下比较突出的问题:一是免费开放中央财政分别负担中、西部地区经费补助标准的50%和80%,其余由地方财政负担,由于各地财力不一,一些边远、贫困、少数民族地区地方财政难以全部落实所负担经费,尤其是市县乡财政投入缺乏有效监督机制,使得免费开放资金不能全部到位,直接影响到相关文化机构所提供的公共文化服务水平。二是各馆(站)免费开放后开展的公益文化活动次数增多、规模增大、接待群众人次上升,各项支出明显增加,与此相比,依据往年统计数据所确定的补助标准与地方免费开放的实际需求存在一定差距。三是由于中央未对省级图书馆、文化馆免费开放经费保障标准进行统一规定,部分省份省级馆免费开放经费保障标准偏低,难以满足免费开放服务需求和服务品牌提升。

3. 管理难度加大,免费开放的长效机制尚待建立

此方面的具体问题包括:一是缺乏免费开放资金的专门管理办法。对专项资金的监管缺乏必要的依据。二是缺乏免费开放统一的服务标准。《意见》中所提及的免费开放内容相对比较粗放,需要进一步细化。三是缺乏免费开放考核激励机制。免费开放资金的平均分配,容易造成"开不开展活动一个样,活动多少一个样,好坏一个样"的"大锅饭"想法,不利于调动单位积极性。

4. 免费开放对图书馆的服务观念与服务方式提出了挑战

在过去很长一段时间内,我国图书馆界不同程度地存在着对公共图书馆"公共性"缺乏基本认识的现象。公共图书馆向社会公众提供公共文化服务时是政府的代表,而非某个个人或机构的代表,更不存在公共图书馆自身的特殊利益,公共图书馆所提供的服务是为了社会公共利益的需要。同样,作为社会公共文化服务的责任提供者——政府,应该为公共图书馆履行这种服务能力提供足够的人力、物力和财力的支持,诚如1994年公布的《联合国教科文组织公共图书馆宣言》所指出的:"公共图书馆原则上应该免费提供服务。建立公共图书馆是国家和地方政府的

责任。必须专门立法维持公共图书馆,并由国家和地方政府财政拨款。"因此,随着免费开放时代的到来,国家和地方财政加大投入,公共图书馆需要勇于接受服务观念的挑战,努力实现由"以馆内利益为重"到"以读者利益为重"的观念转变,切实保证提供公共文化服务的基本性、均等性和普惠性,这是对公共图书馆"公共性"属性的基本要求,也是免费开放的基本要求。[25]总之,免费开放只是公共图书馆"无门槛"走进社会大众的一个开端,"后免费时代"图书馆职业的行业作为才是职业价值的最终体现。免费开放并不天然地等同于阅读热,免费服务也不天然等同于优质服务。公共图书馆免费开放只是向社会民众提供了一个阅读机会均等、免费的制度和保障,而如何通过完善服务方式、增强服务功能,引导全民多读书、读好书、爱读书,进而通过读书和参与各种活动提高全民的科学文化素质,才是公共图书馆服务的根本目的。因此,把免费开放服务的效果真正落到实处,比形式上的免费更为重要。经过努力,我国公共图书馆都能完成免费开放的任务,但要达到取得社会效益的免费开放服务的目标或许还要经过多年的努力和追求。[26]

5. 免费开放业务人才需要补充

此方面的问题主要表现在:一是基层机构缺失。目前,仍存在一些市县区尚无独立的公共图书馆,影响了免费开放活动的开展。二是工作人员相对缺乏。随着免费开放的深入实施,吸引了更多的群众进入公共图书馆,工作量在不断增大,但受编制、经费的限制,增加工作人员比较困难。三是专业人才严重不足。由于条件有限、工作待遇不高,难以招聘或留住优秀、紧缺人才。尤其是基层公共图书馆还存在年龄老化、知识结构不合理等问题,难以满足新时期对免费开放工作的要求。

第四节　公共图书馆免费开放的展望与建议

一、图书馆免费开放的展望

1. 服务能力将得到进一步提升

未来,随着国家对文化事业各项政策的落实,我国公共图书馆的办馆条件将得以进一步改善。由于具备了雄厚的物质基础,在免费开放政策出台的背景下,总体上,今后我国公共图书馆服务能力将继续得以提升。

2. 社会影响力将进一步扩大

表 39 - 4 中的各项指标从不同角度反映了我国公共图书馆在 2011 年度开展的丰富多彩的服务活动。可以预期,在 2011 年免费开放政策出台后,随着这一政策后续效益的发挥,我国公共图书馆的服务形式将更趋创新性与多样化。在此前提下,图书馆的社会影响将有望获得一个质的飞跃。

表 39 - 4　2011 年我国公共图书馆基本情况统计

指标	总计		按隶属关系分				
	合计	少儿	中央	省、区、直辖市（级）	地市级	县市级	
						合计	县图书馆
机构数（个）	2952	94	1	38	343	2570	1539
总藏量（万册）	69718.61	2321.07	3137.01	18624.20	18434.57	29522.84	11823.34
开架书刊（万册）	25059.49	1331.40	165.53	4026.62	8046.09	12821.25	4467.37
有效借书证数（个）	22135831	1023031	1326672	4363041	7391934	9054184	2997817
总流通人次（万人次）	38150.92	1880.93	447.67	4702.42	12389.29	20611.54	6980.7
书刊文献外借册次（万册次）	28451.97	1738.92	49.01	3692.14	8666.41	16044.40	5627.82
各种读者活动参加人次（万人次）	2937.10	128.20	45.55	425.81	1109.25	1356.48	565.47

数据来源:《中国文化文物统计年鉴 2012》

二、对免费开放后我国图书馆事业发展的几点建议

1. 图书馆要进一步增强社会公共服务的责任感

当前,随着公共图书馆免费开放上升到国家政策的层面,我国图书馆事业正面临着难得的发展机遇。随着免费开放政策的落实,国家对公共图书馆的经费投入将逐步加大,公共图书馆的办馆条件与服务水平势必也随之有所提高。同样,国家经费投入的增加意味着政府和社会对图书馆期望的提高,意味着读者对图书馆要求的提高,也意味着图书馆职业的社会责任也随之加大。如果图书馆不能重新审视自己,定位自己,固守消极的发展理念,仍然沿袭传统的服务模式与服务内容,图书馆职业很可能面临着比历史上任何时候都严重的社会信任危机。因此,我国图

书馆应当深刻反思过去的习惯思维、习惯做法和行为方式,设计符合新形势要求的图书馆制度规范,加强读者服务模式与机制的创新,以读者为中心构建体现现代图书馆特点的服务体系,增强政府和公众对图书馆事业的信心,使免费开放成为推动我国公共图书馆良性发展的重要契机。

2. 构建符合时代需要的资源体系

在数字时代的背景下,图书馆原有的馆藏发展策略从根本上受到了冲击。我国目前的免费开放政策解决的是公共图书馆基本服务项目的免费问题,在此基础上,需要进一步关注信息资源建设,特别是数字资源的建设问题。在当前的环境下,数字资源由于其强大的传播能力和使用便捷性正在成为主流的信息资源,日益受到读者的青睐。现实情况是,我国部分公共图书馆由于经费的限制和采购政策的局限并没有涵盖数字资源,导致数字资源缺乏;一些图书馆虽然购进了部分数字资源,但因缺乏有效的技术支持和组织管理,数字资源的利用率和社会效益较低,数字资源的价值受到影响。在免费开放的背景下,公共图书馆必须加大资源的投入,调整馆藏发展策略,构建适合于数字网络时代的资源结构,加大服务力度,加强对远程读者的网络服务,增强图书馆资源的服务广度和服务深度,获取最大的社会效益。

3. 打造公共图书馆的社区信息中心

从欧美发达国家的经验来看,信息时代公共图书馆的职能已不仅仅局限于图书借阅服务。面对数字鸿沟等信息社会问题,更多公共图书馆开始将自己打造成为社区的信息中心,成为为社区提供多种信息服务的最重要阵地。以美国为例,自20世纪90年代克林顿政府执政以来,美国政府投入大量经费对基层图书馆进行改造,使公共图书馆逐步具备了更强大的信息服务能力,在传统图书馆功能的基础上,进而为社区不同类型的读者提供适应不同需要的信息服务,使基层公共图书馆逐步转变成了社区信息中心。当前,我国公共图书馆面对免费开放的历史性机遇,有必要调整自身的地位,加快功能的优化,改革服务模式与服务手段,更好地适应社区公众对科技、文化、教育、休闲、培训等的需求,将图书馆打造成为社区亮丽的文化名片,聚拢人气,提升品位,真正成为城市和地区居民的第三空间,推动公共图书馆向社区信息中心转变。

4. 构建免费开放与图书馆发展良性互动的长效机制

免费开放背景下的公共图书馆意味着更高的政府期许、更大的社会责任和更严苛的服务效果检验。政府为图书馆提供了强大的经费支持,就必然对图书馆提出更加明确、更高标准的服务要求,就要求图书馆必须改革与创新,必须重组图书馆的业务模式,提升图书馆的服务能力。图书馆如果不能积极主动地变革,不能以读者为中心规划和实施新型的图书馆服务体系,不能适应新形势社会各方对图书馆服务水平的新要求,则很可能需要审视政府投入的意义,审视图书馆的社会贡献和存在的价值。有投入就要有产出,就要有效果和效益。没有效果和效益的衡量,投入也不可能持久。图书馆要研究建立一种投入产出的评价系统,监测投入与产出的动态变化情况,维护投入与产出的良好平衡状态,实现投入增加与效益增长的联动效应,保障政府投入与图书馆服务水平的同步稳定发展。

参考文献

[1]于良芝.图书馆学导论[M].北京:科学出版社,2003:67

[2]Alistair Black. A new history of the English public library:social,intellectual context[M]. London: Leicester University Press,1996:66

[3]张靖.天堂,图书馆的模样——博尔赫斯《巴别图书馆》"误读"[J].中国图书馆学报,2006 (6):79 – 83

[4]华薇娜.英国公共图书馆产生的背景及其历史意义[J].图书馆杂志,2005(1):3 – 9

[5 – 7]Liz Greenhalgh. Library in a world of cultural change. London:UCL Press Limited,1995: 19 – 25

[8]Alistair Black. A new history of the English public library:social,intellectual context. London: Leicester University Press,1996:45

[9]徐毅.美、英、澳图书馆立法现状及借鉴意义[J].图书馆建设,2012(2):1 – 3

[10]张树华.对1994年《公共图书馆宣言》的认识和理解[J].中国图书馆学报,1997(5):3 – 6

[11 – 12]李爱国,王征.国外公益性文化设施免费开放的指导原则[N].中国文化报,2008 – 03 – 30(3)

[13][18]董志珍.试论公共图书馆免费平等服务的普世价值[J].图书馆研究与工作,2008(4): 20 – 23

[14]程亚男.论图书馆免费服务的普世价值[J].图书馆,2008(3):13 – 16,20

[15 – 17][26]余胜,吴晞.免费开放:理论追寻、历史回顾与现实思考[J].中国图书馆学报,2011 (3):10 – 17

[19]蒋永福,文化权利:中国图书馆行业的核心价值[J].图书馆论坛,2007(6):70 – 73

[20][22]柯平.公共图书馆免费开放的理论思考[J].图书馆,2011(3):1 – 5

[21]李国新.公共图书馆"免费开放"的内容、范围与边界[J].图书馆,2011(6):59 – 61

[23]刘辉,周慧文.我国公共图书馆财政拨款增长研究——基于近三十年统计数据[J].图书馆论坛,2011(4):14 – 16

[24]中国公共图书馆窘境亟待改变,专业人才缺乏[EB/OL].[2013 - 02 - 16].http://www. Chinanews. Com. cn /cul /news /2009 /1972776. html

[25]霍瑞娟,马骏.免费开放环境下公共图书馆服务面临的挑战与创新路径[J].国家图书馆学刊,2011(3):44 - 49

（执笔人:李东来　周文杰）

第四十章　我国数字图书馆建设

　　自上世纪 90 年代开始到"十五"末,我国数字图书馆建设实践从无到有,从单一到丰富,已经基本形成了一个既分布又合作的体系结构,也初步形成了由国家性、行业性、区域性及商业性数字图书馆组成的数字图书馆建设与服务体系。[1-2]

　　"十一五"期间,我国的数字图书馆建设全面展开,不仅包括数字资源建设与软硬件平台建设,还包括标准规范建设和服务形式的多样化,更注重共建共享和交流协作,开始探索国家层面的顶层设计,以避免重复建设和浪费。

　　按照党中央、国务院领导关于加强我国数字图书馆建设和共享的指示精神,2007 年 7 月,由文化部牵头,组织成立了全国数字图书馆建设与服务联席会议,会议成员包括 8 家我国目前最主要的数字图书馆建设单位:国家图书馆、文化部全国文化信息资源建设管理中心、上海图书馆上海科学技术情报研究所、中国科学院国家科学图书馆、CALIS 管理中心(北京大学图书馆)、CADAL 管理中心(浙江大学图书馆)、中央党校图书馆、国防大学图书馆。"十一五"期间联席会议共召开了 11 次会议,就我国数字图书馆建设的重点问题进行了研讨,开展了有关项目合作,并商定以指南形式发布关于数字图书馆建设的重大政策和原则。这是我国首次建立全国范围内跨系统的数字图书馆建设沟通协调机制。2008 年 7 月,国家图书馆与文化部全国文化信息资源建设管理中心签署合作协议,提出通过全国文化信息资源共享工程平台将国家数字图书馆的资源传播推广至各基层图书馆,并于 2010 年初启动了"县级数字图书馆推广计划",计划在 2010 年内将国家图书馆的数字资源推送至全国 2940 个县图书馆,为数字资源的共建共享发挥了重要的作用。在标准规范建设方面,国家科学图书馆与中国科技信息研究所、国家图书馆等单位联合发起了"我国数字图书馆标准与规范建设"项目(CDLS),项目一期 2005 年结束,项目二期从 2006 年开始,该项目的研究成果已在项目网站陆续发布,对国家数字图书馆、国家科学数字图书馆、中国高等教育数字图书馆等各数字图书馆系统的标准规范制订产生了很大的影响。另外,自 2005 年以来,随着数字技术的发展、用户需求的变化和信息市场的繁荣,一些商业机构凭着其特有的敏锐性,在海量数字资源库建设和资源发现、知识服务等一些数字图书馆建设领域走到了前列。[3] 到"十一五"结束,我国的数字图书馆建设实践丰富多彩,国家和地方、教育和科研、军队和党校等不同层面和不同系统内都已经取得不同程度的阶段性建设成果。

2011 年,党的十七届六中全会从中国特色社会主义事业总体布局的高度,确立了建设社会主义文化强国的战略目标,并对推动社会主义文化大发展大繁荣做出了重要的战略部署,全会决议明确指出要"完善国家数字图书馆建设"。在认清形势和任务的前提下,在已有研究和建设的实践基础上,在"十二五"的开局之年,我国数字图书馆建设进入了一个新阶段,其重要标志是:2011 年 5 月,文化部、财政部共同推出的"数字图书馆推广工程"正式启动并已取得积极成效;2011 年 11 月,文化部、财政部发布《关于进一步加强公共数字文化建设的指导意见》,文件明确了在"十二五"期间要重点实施文化共享工程、数字图书馆推广工程和公共电子阅览室建设计划,加强统筹,协调发展,提升这三大公共数字文化惠民工程的整体效能。这是国家战略层面上继续进行数字图书馆建设顶层设计的探索,首次提出并积极推动全国公共数字文化服务体系的建设,核心在于拓展信息化时代公共文化服务的范围和手段,进一步保障人民获取公共文化服务的公益性、基本性、均等性和便利性。

第一节　我国数字图书馆建设取得的新进展

自"十一五"以来,以全国文化信息资源共享工程等为代表的国家重大文化工程取得了积极进展,初步建成了内容丰富、技术先进、覆盖面广、传播快捷的数字文化服务网络。国家数字图书馆、中国高等教育数字图书馆、国家科学数字图书馆、全国文化信息资源共享工程、党校系统数字图书馆、军队系统数字图书馆等几大国家级数字图书馆工程逐步提供服务,区域性数字图书馆建设蓬勃发展,商业性数字图书馆建设各具特色。我国科技、教育、党校、军队等系统的数字图书馆发展相对快速。国家有关部门决定进一步发挥国家图书馆在数字图书馆发展过程中的引领和推进作用,在 2011 年正式启动由国家图书馆牵头的"数字图书馆推广工程",将国家数字图书馆建设成果推广到全国,重点是带动全国公共图书馆系统的数字图书馆建设,计划建立起惠及全国范围的海量数字资源库群、联通全国的虚拟网、集中展示平台、国际交流平台等。

一、数字图书馆推广工程

2011 年,国家文化部、财政部合力推出"数字图书馆推广工程",这项由国家图书馆牵头的国家工程的建设目标是:建设分布式公共文化资源库群,搭建以各级数字图书馆为节点的数字图书馆虚拟网,建设优秀中华文化集中展示平台、开放式信息服务平台和国际文化交流平台,打造基于新媒体的公共文化服务新业态,最终实现数字图书馆的服务惠及全民,切实保障公共文化服务的公益性、基本性、均等性、便利性,最大限度地发挥数字图书馆在文化建设中引导社会、教育人民和推动发展的功能。力争通过5年的建设,使公众能够获得的数字资源总量扩大10倍,达到10 000TB,手机用户达到8亿人,数字电视达8000万户,互联网用户达4.2亿人。数字图书馆推广工程的建设内容为:建设覆盖各级图书馆的数字图书馆虚拟网;建设海量分布式数字资源库群;建设数字图书馆服务平台;建设图书馆业务工作平台;建设数字图书馆标准规范体系。在数字资源建设方面要建设分布式公共文化资源库群(一库),在网络体系建设方面要建设以各级数字图书馆为节点的数字图书馆虚拟网(一网),在信息服务方面要建设优秀中华文化集中展示平台、开放式信息服务平台和国际文化交流平台(三平台),形成"一库"、"一网"、"三平台"的格局。

为支持国家数字图书馆推广工程,国家图书馆积极推出移动图书馆、电视图书馆、IPTV等特色服务,建设虚拟专用网,连接省、市级图书馆,实现公共图书馆网络体系纵向贯通。数字图书馆虚拟网是推广工程的重要组成部分,将连接省、市级图书馆,实现公共图书馆网络体系纵向贯通,也能够承载推广工程的各类业务系统,保障数据便捷、安全地传输,实现数字资源的远程访问和异地共享。目前,数字图书馆推广工程虚拟网的建设尚在初级阶段,随着工程的不断推进,未来将在全国实现各公共图书馆的网络互联,届时,将会使更多的读者享受到虚拟网建设所带来的方便、快捷的服务。

在系统建设方面,数字图书馆推广工程将建立文献数字化加工系统、网页资源获取系统、数字资源组织系统、版权信息管理系统、唯一标识符系统、资源发布与服务系统、统一用户管理系统、文津搜索系统、数字资源保存系统、异地灾备中心。

在数字资源建设方面,截至2011年底,国家数字图书馆数字资源总量已达561.3TB,主要来源为外购数据库71TB、数字化馆藏特色资源466.8TB、网络导航和采集的网络资源19.2TB(不含接受缴送的光盘)。具体包含以下类型资源:电子图书142.7万种/185.3万册、电子期刊约5.3万种、电子报纸约0.37万种、学位论文约353.7万篇、会议论文约308.1万篇、音频资料约101.6万首、视频资料约8.9万小时(讲座按每场1小时计)。数字图书馆推广工程将在国家数字图书馆资源成果基础上,加强全国各级公共图书馆的资源共享推广与合作共建,在全国范围内形成有效的数字资源保障体系。

在标准规范建设方面,国家数字图书馆标准规范体系在采纳参照现行的国际标准、国家标准、行业标准或事实标准的同时,已建设了三十余项标准规范,包括汉字处理规范、唯一标识符规范、对象数据规范、元数据规范、知识组织规范、资源统计规范、长期保存规范等,以确保国家数字图书馆推广工程的全方位推进和实施。

中央高度重视数字图书馆推广工程,2011 年 8 月 12 日,李长春同志专门作出重要批示,指出"要加快进度,这是基础性文化工程"。2011 年,数字图书馆推广工程取得了实质性的进展,吉林省、福建省、新疆维吾尔自治区、贵州省分别启动了数字图书馆推广工程。2012 年,将完成省馆和部分市馆的硬件平台搭建,全面实现与国家图书馆的网络连接,继续完善标准规范建设并共享相关成果,继续在全国范围部署文献数字化,统一用户认证等系统平台,着手建设虚拟网管理平台,启动全国公共图书馆自建数字资源登记工作,联合开展特色资源库的建设,并大力开展数字图书馆人才培训。[4]

二、全国文化信息资源共享工程

2002 年 4 月,文化部、财政部共同组织实施了"全国文化信息资源共享工程"(以下简称"共享工程")。它利用现代信息技术,将中华优秀文化资源进行数字化加工整合,通过互联网、卫星、电视、手机等新型传播载体,依托各级图书馆、文化站等公共文化设施,在全国范围内实现共建共享。该工程自实施以来,在丰富和活跃群众文化生活,传播社会主义先进文化,促进经济社会协调发展等方面发挥了积极作用,受到了基层群众的欢迎。[5]

共享工程由各级文化行政管理部门主管,文化部全国文化信息资源建设管理中心是工程的国家管理中心,具体组织工程的实施。工程依托国家图书馆以及省、市、县级图书馆建设统一的网络工作平台,实行统一规划、分级管理。从某种意义上看,共享工程发挥了国家对全国公共图书馆系统数字图书馆建设的顶层设计和示范引领作用,特别是对中西部、偏远地区和农村等不发达地区的公共数字文化服务有极大的提升促进。当然,由于技术、机制等因素的局限性,共享工程并非严格意义上的数字图书馆概念,因此如何进一步发挥其对公共数字图书馆体系的积极作用值得继续深入思考研究。

2011 年,中央财政下达共享工程专项经费 3.8 亿元。各地结合规划建设任务重点,积极协调,落实配套资金,工程建设持续稳步推进。截至 2011 年底,共享工程经费投入总额达 66.87 亿元,其中,中央财政投入 30.64 亿元,各地累计投入资金 37.12 亿元。初步构建了层次分明、互联互通的国家、省、市、县、乡镇(街道)、村(社区)6 级数字文化服务网络。

表 40 – 1　2011 年底全国文化共享工程各级服务点建设情况

	数量	覆盖率
国家中心	1	100%
省级分中心	33	100%
县级支中心	2840	99%
乡镇基层服务点	28 595	83%
行政村基层服务点	60.2 万	99%

2011 年全年共享工程的资源建设总量达 28.4TB,总量累计达到 136.4TB,包括艺术欣赏、农业科技、文化教育、知识讲座、少儿动漫等视频类资源34 809 部(场),少数民族语言资源 1956 小时。工程因地制宜,采用先进的信息技术手段,通过互联网(电子政务外网、虚拟专网)、3G 移动网,卫星、有线电视(数字电视)、移动硬盘、光盘等多种方式,实现文化共享工程资源的快捷、稳定传输。全国 33 个省级分中心全部开通电子政务外网,成为国家中心与各省级分中心之间资源传输的主渠道。2011 年底,共享工程与全国农村党员干部现代远程教育、全国农村中小学远程教育合作共建基层服务点 85 万个,向各地农村党员干部现代远程教育累计提供数字资源 68TB。共享工程国家中心从 2007 年开始每年向远程教育平台提供不少于 100 小时的资源,通过该平台专用卫星频道的"文化共享园地"向基层服务点播放。[6]

三、国家科技图书文献中心(国家科技数字图书馆)

国家科技图书文献中心(National Science and Technology library,简称 NSTL)是经国务院领导批准,于 2000 年 6 月 12 日成立的一个基于网络环境的科技信息资源服务机构,由中国科学院文献情报中心(国家科学图书馆)、中国科学技术信息研究所、机械工业信息研究院、冶金工业信息标准研究院、中国化工信息中心、中国农业科学院农业信息研究所、中国医学科学院医学信息研究所、中国标准化研究院标准馆和中国计量科学研究院文献馆组成。该中心实行理事会领导下的主任负责制,理事会是中心的领导决策机构,由著名科学家、情报信息专家和有关部门代表组成;主任负责中心各项工作的组织实施;科技部代表六大部委对中心进行政策指导和监督管理;中心设办公室,负责科技文献信息资源共建共享工作的组织、协调与管理,同时还设有信息资源专家委员会和计算机网络服务专家委员会,对中心的有关业务工作提供咨询指导。NSTL 的宗旨是根据国家科技发展需要,按照"统一采购、规范加工、联合上网、资源共享"的原则,采集、收藏和开发理、工、农、医各学科领域的科技文献资源,面向全国开展科技文献信息服务;发展目标是建设成为国内权威的科技文献信息资源收藏和服务中心、现代信息技术应用的示范区、同世界各国著名科技图书馆交流的窗口;主要任务是统筹协调,较完整地收藏国内外科技文献信息资源,制订数据加工标准、规范,建立科技文献数据库,利用现代网络技术,提供多层次服务,以及推进科技文献信息资源的共建共享,组织科技文献信息资源的深度开发和数字化应用,开展国内外合作与交流。

2000 年 12 月 26 日开通的 NSTL 网络服务系统,是其对外服务的重要窗口,依托丰富的资源,面向全国用户提供网络化、集成化的科技文献信息服务。2002 年,在国内科技界率先建立了由光纤连接成员单位的 1000Mbps 城域网,实现了与中国教育科研网(CERNET)、中国工程技术信息网(CERNET)和国家图书馆等信息网络的 100Mbps 裸光纤互联。系统根据用户需求变化,不断进行优化升级,目前已发展成为国内最大的公益性科技文献信息服务平台。至今,NSTL 在全国各地已经建成了 8 个镜像站和 33 个服务站,构成了辐射全国的网络化科技文献信息服务体系,推动了全国范围的科技文献信息共建共享,提升了地方科技文献信息保障能力与服务水平,更全面、更高效率地发挥了国家科技文献信息战略保障的整体功效。

NSTL 拥有印本外文文献25 000多种,其中外文期刊17 300种,占目前国内用户订购国外自然科学领域印本期刊总量(23 400种)的 71%。按理、工、农、医四大学科领域被引 10 次以上期刊来分别计算,分别满足了我国科技人员对这四大类外文期刊的 73.03%、76.85%、78.21%和 67.66%的引用需求,NSTL 是我国收集外文印本科技文献资源最多、面向全国提供服务的科技文献信息机构。NSTL 订购和收集的文献信息资源绝大部分以文摘的方式,少数以其他方式在 NSTL 网络服务系统上加以报道,供用户通过检索或浏览的方式获取文献线索,进而获取文献全文。NSTL 收录的网络版全文资源包括:NSTL 订购、面向中国大陆学术界用户开放的国外网络版期刊;NSTL 与中国科学院及 CALIS 等单位联合购买、面向中国大陆部分学术机构用户开放的国外网络版期刊和中文电子图书;网上开放获取期刊;NSTL 拟订购网络版期刊的试用版;NSTL 研究报告等。近几年,面向全国非营利性学术研究机构,NSTL 开通了全文电子期刊 500 多种,为成员单位以补贴的形式订购全文电子期刊 7000 余种。另外,还订购了中文电子图书 20 余万种,中文电子期刊

11 000 种,订购各类文献数据库 113 个。以国家买断的方式购买了 Springer、OUP(英国牛津大学出版社)、IOP(英国物理学会)、Nature、Turpion 5 家出版社或机构的回溯全文数据资源,共有 1000 多种期刊回溯文档。NSTL 提供文摘数据库、文献检索、普通检索、高级检索、期刊检索、分类检索、非英语语种文献检索、引文检索、期刊浏览、全文获取、代查代借、全文文献、参考咨询、热点门户、预印本服务。NTSL 对全国的服务保障作用,更多地体现在对成员单位和第三方机构的支持和服务上。为此,NSTL 以数字环境下文献信息服务战略研究为先导,加强了开放式、集成化资源与服务平台建设,NSTL 三期网络服务系统增加了多种 Web 服务接口(包括检索接口、全文传递接口、代查代借接口、嵌入式服务等),支持第三方扩充资源和服务能力。不仅面向个体读者,还将服务面向国内各信息服务机构开发,全面支持第三方信息服务机构对 NSTL 资源的调用。当前,国内许多科技文献信息服务机构(如高校图书馆等)以 NSTL 为参照系统,停订了 NSTL 已经购买的国外科技原版期刊。[7]

四、高校系统 CALIS、CADAL、CASHL

高校系统的数字图书馆建设,最引人注目的是 3C 项目,即 CALIS——中国高等教育文献保障系统、CADAL——大学数字图书馆国际合作计划、CASHL——中国高校人文社会科学文献中心。其中 CADAL 为 CALIS 提供数字化资源,CALIS 为 CASHL 提供技术平台,形成了资源、平台、服务三位一体的高等教育数字图书馆框架体系。

中国高等教育文献保障系统(China Academic Library & Information System, CALIS),是经国务院批准的我国高等教育"211 工程""九五"、"十五"总体规划中三个公共服务体系之一。CALIS 的宗旨是:在教育部的领导下,把国家的投资、现代图书馆理念、先进的技术手段、高校丰富的文献资源和人力资源整合起来,建设以中国高等教育数字图书馆为核心的教育文献联合保障体系,实现信息资源共建、共知、共享,以发挥最大的社会效益和经济效益,为中国的高等教育服务。CALIS 管理中心设在北京大学,下设文理、工程、农学、医学四个全国文献信息服务中心、华东北、华东南、华中、华南、西北、西南、东北七个地区文献信息服务中心和一个东北地区国防文献信息服务中心。CALIS 分三期进行,一期是"九五"项目(1998—2001);二期是"十五"项目(2002—2006),即中国高等教育数字图书馆 CADLIS(一期);三期是"十一五"项目(2009—2011),即中国高等教育数字图书馆 CADLIS(二期)。2011 年,全国各高校开展了对 CALIS 三期的总结工作。CALIS 三期的建设内容有:标准规范建设,共 16 大类,包括资源的加工、描述、存档、质量控制、管理与发布,应用系统互联、互操作与嵌入式集成、业务管理规范、运维规范、各类评估标准等;资源建设,包括各类文献信息目录(文摘)数据库;内容数据库,包括学位论文全文、教参书全文、古文献数据库、名师数据库、其他特殊资源库等;知识数据库,包括规范数据库、链接知识库、咨询知识库等。其资源总量达到 7000 万册/件,其中中外文图书类达到 700 万种(册),学位论文和会议论文达到 122 万篇,中外文期刊达 10 万种,期刊论文目次达 6000 万篇;网络资源若干篇(件),资源语种从英、日、俄扩充到法、德、韩、西班牙、阿拉伯语等十多种;资源类型除图书、期刊、论文、普通网页外,还包括课件、图片、多媒体资源、知识库等。运行服务体系建设包括 1 个全国主中心,多个镜像节点和全国性文献服务节点,30 个共享域中心节点,包括省中心、学科共享域和其他共享域中心等。成员馆有 1800 个,包括服务馆、用户馆。基础设施和应用平台建设包括 30 多个应用系统软件,涵盖资源加工、组织、管理、服务等多个方面。部署在主节点的中心版系统,包括资源加工、资源质量管理、资源整合、资源服务、应用服务等;部署在各共享域中心节点的共享版系统,提供区域性服务,包括 SaaS 服务,涉及资源共建共享等;部署在图书馆本地节点的本地版系统提供必要的本地化资源加工、管理和服务。

CALIS 提供的服务分为面向图书馆的服务和面向读者的服务。面向图书馆的服务由中国高等教育数字图书馆机构服务平台支撑,包括标准规范的制定发布和应用推广,业务培训,并同步 CALIS 数据、构建本地服务环境的数据服务,机构信息注册和维护的注册服务,联合采购、咨询、代查代检、联机编目等业务服务,元数据仓储检索、元数据、文献详细信息、资源调度、原文获取、统一认证、服务导航、评估统计、结算代理等接口服务,SaaS 共享平台、教参信息系统、机构库系统等本地系统服务。面向读者的服务则由"中国高等教育数字图书馆门户"(CADLIS)提供,包括统一认证、联合问答、课题咨询、代查代检、资源查找、信息交流等服务。

大学数字图书馆国际合作计划(China Academic Digital Associative Library, CADAL)前身为高等学校中英文图书数字化国际合作计划(China – America Digital Academic Library, CADAL)。国家计委、教育部、财政部在 2002 年 9 月下发的《关于"十五"期间加强"211 工程"项目建设的若干意见》的文件中,将"中英文图书数字化国际合作计划"(CADAL)列入"十五"期间"211 工程"公共服务体系建设的重要组成部分。CADAL 与 CALIS 一起,共同构成中国高等教育数字化图书馆的框架。CADAL 项目建设的总体目标是:构建拥有多学科、多类型、多语种海量数字资源,由国内外图书馆、学术组织、学科专业人员广泛参与建设与服务,具有高技术水平的学术数字图书馆,成为国家创新体系信息基础设施之一。项目一期建设100万册/件数字资源,国家投入7000万元,美方合作单位投入约200万美金,"十五"期间已经完成。一期建设由浙江大学和中国科学院研究生院牵头,北京大学、清华大学、复旦大学、南京大学等16个高校参与建设。建成2个数字图书馆技术中心(浙江大学,中国科学院研究生院)和14个数字资源中心,形成一套成熟的、支持TB量级数字对象制作、管理与服务的技术平台,探索多媒体、虚拟现实等技术在数字图书馆中的应用,推动我国数字图书馆技术达到国际领先水平,为数字图书馆建设与服务的可持续发展奠定了资源和技术基础。2009年8月14日,CADAL项目二期正式立项。二期将在一期百万册的基础上,完成150万册/件数字资源的建设,并建立分布式数据中心和服务体系,实现数据安全和全球服务,由国家投入1.5亿建设资金,计划在3年内完成。

表40－2　CADAL数字资源建设情况

资源类别	一期资源	二期拟增加资源	总计
中文古籍	155 910 册	100 000 卷	255 910 册
民国书刊	236 594 册	200 000 册	436 594 册
中文现代图书	298 869 册	300 000 册	598 869 册
英文图书	151 107 册	400 000 册/篇	551 107 册/篇
中文学位论文	178 159 篇		178 195 册
其他中文资源	2786 册	250 000 件地方文史资料	502 786 册
		50 000 期中文报纸	
		200 000 件媒体资源	

　　CASHL是中国高校人文社会科学文献中心(China Academic Humanities and Social Sciences Library)的英文简称,该项目是教育部根据高校人文社会科学的发展和文献资源建设的需要引进专项经费建立的。其宗旨是组织若干所具有学科优势、文献资源优势和服务条件优势的高等学校图书馆,有计划、有系统地引进国外人文社会科学期刊,借助现代化的服务手段,为全国高校的人文社会科学教学和科研提供高水平的文献保障,是全国性的唯一的人文社会科学外文期刊保障体系。

　　CASHL的服务体系由全国中心、区域中心、学科重点中心组成,统一以CASHL的名义对外开展服务。全国中心设在北京大学、复旦大学,负责资源整体规划建设和服务,协调各区域中心和重点学科中心;区域中心设在南京大学、武汉大学、四川大学、吉林大学、中山大学,在统一规划下,负责本区域的资源建设和全国范围内开展文献服务;学科重点中心负责某些学科或领域的重点收藏和建设。服务支持由 CALIS 管理中心承担,负责建设"文献数据库"和提供文献传递系统。目前 CASHL 文献传递的服务对象暂定为全国高等院校的教师、学生、科研人员以及其他工作人员。

CASHL 的资源包括:外文期刊13 065种,核心期刊 3638 种,占国外人文社科期刊比例从启动时的 1/6 增长到 2/3,分散收藏在 17 个中心馆;外文图书积累到 70 万种,分散收藏在 70 家高校图书馆;面向全国开放的二次文献库——高校人文社科外文期刊目次数据库、高校人文社科外文图书联合目录;电子期刊 1926 种,来自 Jstor、PAO、APA、LRC;电子图书 30 万种,来自 EEBO、ECCO、MyiLibrary、EAI;58 种大型特藏文献,涉及历史、哲学、法学、社会学、语言学等多个一级重点学科,有相对完整的专题;包括在国内具备相对唯一性、平时经费很难采购的文献、档案、图书、缩微资料、数据库等多种第一手的原始文献。CASHL 可分别提供面向图书馆和面向用户的服务。表 40 – 3 是 CASHL2011 年订购的 10 种特藏文献的情况。

表 40 – 3　CASHL2011 年订购的 10 种特藏[8]

2011 年订购的 10 种特藏	卷册	订购金额	学校
Corpus Scriptorum Historiae Byzantinae 1828—1897(Latin Edition)拜占庭历史学家文献集	50	2500 美元	东北师范大学
Corpus Fontium Historiae Byzantinae 拜占庭历史文献集	50	10 000 美元	
Bibliotheca instituti historici Societatis lesu 耶稣会史料集成	157	7850 欧元	北京大学
Bibliotheca instituti historici Societatis lesu 耶稣会史料集成续	54	2160 欧元	
Supplementum Epigraphicum Graecum 希腊铭文补编	33	6211 美元	复旦大学
中国関係論説資料（日文）	50	800 000 日元	华东师范大学
Policing the Shanghai International Settlement, 1894—1945	缩微	14 204 美元	四川大学
Book publishing 图书出版简史	4	1140 美元	武汉大学
Calendar of State Papers 英国国务档案纪事	97	6000 美元	
Dissertations on Netherlands Indies Law,1850—1945	缩微 360 卷	3146. 6 美元	厦门大学

五、公共图书馆系统

公共图书馆是为市民服务的图书馆,与专业图书馆不同,公共图书馆的服务对象针对普通居民。主要提供非专业的图书(包括通俗读物、期刊和参考书籍)、公共信息、互联网的连接及图书馆教育。公共图书馆也会收集与当地地方特色有关的书籍和资讯,并提供社区活动的场所以及讲座展览等公共服务。至2010年底,全国建成公共图书馆机构共2884个,图书馆从业人员53 564人。[9]

随着数字化阅读时代的来临,许多公共图书馆正逐渐调整自身的服务内容和形式,在馆藏采购计划中大幅增加购买数字资源经费的比重,加快电脑、服务器等硬件设施的更新换代,建设大容量的数据存储设备,以适应数字化阅读在技术上的要求,越来越多的图书馆加入到数字图书馆的建设行列中。随着数字图书馆推广工程的大力推进,2011年,黑龙江、吉林、新疆、福建、贵州、浙江等15个省和52个市图书馆相继启动了数字图书馆推广工程。

在国家图书馆的示范引领下,我国地方公共数字图书馆的建设呈现了联合共建、互联互通、融合发展、跨平台多媒体延伸服务等特点。目前,几乎所有省市公共图书馆都依托文化共享工程开展了数字文化信息服务;部分省区已经初步建成全区域数字资源整合与服务的数字图书馆系统,如浙江、贵州;个别省市已经开始探索全媒体环境下的图书馆服务,初步呈现了可通过网站、手机、电视三大平台为读者提供阅读和信息服务的数字图书馆雏形,如浙江杭州;还有个别省市已经通过总分馆系统的区域全覆盖、数字资源远程服务等初步探索了数字图书馆与实体图书馆融合发展的复合型图书馆实现方式,如上海。

2009年5月26日,浙江网络图书馆正式开通,将全浙江省公共图书馆的数字资源整合在一起,形成了一个全省性的数字图书馆系统。自数字图书馆开通以来,到2011年底,点击量已达到1734万余次,电子图书全文下载32.4万余册次,电子文献传递27.3余万次,电子期刊论文下载1280万余篇,受到广大读者的广泛好评。[10]2012年2月,浙江网络图书馆开通了影视频道,应用目前先进的流媒体技术,吸收了当前各种视频点播系统的优点,以当今互联网流行的方式,把共享工程国家中心的视频节目、浙江省建设的反映浙江地方文化的优秀专题片和地方戏曲节目进行了有效的整合,用统一的平台予以展现,实现全省各地通过互联网的便利、流畅的传播。2010年12月29日,杭州数字图书馆经过8年磨砺与酝酿,通过与华数传媒、龙源期刊网等多家社会机构合作,正式开通。目前杭州图书馆已初步实现了以"三网融合"为基础的数字图书馆建设,将数字电视平台、智能移动终端平台与网站平台整合成综合性的杭州数字图书馆——"文澜在线"。[11]

上海图书馆上海科技情报研究所(以下简称"上图")始终坚持数字图书馆与实体图书馆融合持续发展的战略,"十二五"期间将积极创新探索,要向"无所不在的复合型图书馆"(Ubiquitous Hybrid Library)全面转型。2011年,上图紧紧围绕"抓创新 强队伍 促转型"的工作主线,探索业务和技术发展模式转型:以"一城一网一卡通"为目标的中心图书馆建设有效地提升了传统服务能级,以"上海年华"、"e卡通"、"我的图书馆"、手机图书馆、RFID系统等项目为抓手的数字图书馆建设有力地提升了数字服务能力。作为中心图书馆"一城一网一卡通"的延伸和深化,上图与上海市少年儿童图书馆合作,融合"多卡多系统",初步实现全市图书馆的"少儿一卡通"的办证和图书通借通还服务。继2010年中心图书馆"一卡通"实现全市街镇图书馆全覆盖之后,2011年继续新增"一卡通"基层服务点12家,新开通现场办证86家,在全市272个"一卡通"分馆服务点已有198个开通现场办证服务,随办随取,全年新办证量超过12万张(不含上图总馆)。同时积极推进RFID智能自助图书馆在中心图书馆"一卡通"的应用,市少儿馆、普陀、浦东、陆家嘴、长宁等分馆实现自助外借系统的上线运行和24小时自助图书馆的更新工作,实现RFID系统的互联互通。目前全市"一卡通"流通馆藏量超过850万册,2011年全年异地通借通还流通总量超过2800万册次,同比增长23%,在国内继续保持领先,并已成为全球图书借阅流通量最大的城市图书馆联合体之一。

上图还持续增强数字资源服务能力:大力推进"一键通"电子资源跨库检索平台和历史文献数字资源统一检索平台建设,后者已拥有元数据279万条,全文影像数据库7个,全文近4000万页,全年全文浏览量253万页,打印4490册,自建资源的数字化服务已渐趋成熟;持续推进"上海年华"数字资源品牌建设,2011年推出"辛亥革命在上海"多媒体网站,受到社会关注;继续扩展自建数字资源的规模,自建数字资源总量超过90TB;全年外购电子资源的更新量逾5.6TB,电子资源总量达到30TB;2011年内完成了数字资源长期保存系统建设并启动运行,数字资源长期保存工作纳入制度化、规范化的轨道。

六、中科院国家科学图书馆

中国科学院图书馆成立于1951年,1985年改名为文献情报中心,2006年,由中国科学院所属的文献情报中心、资源环境科学信息中心、成都文献情报中心、武汉文献情报中心4个机构整合成为中国科学院国家科学图书馆(以下简称"国科图")。国科图采取总分馆制,设立总馆、法人分馆和特色分馆。在北京设立总馆,兰州、成都、武汉设立法人分馆,依托院内研究所文献情报(图书馆)部门设立特色分馆。国科图立足科学院,面向全国,主要为自然科学、边缘交叉科学和高技术领域的科技自主创新提供文献信息保障、学科化服务、战略情报研究服务、公共信息服务平台支撑和科学交流与传播服务,同时通过国家科技文献平台和开展共建共享为国家创新体系其他领域的科研机构提供信息服务。中国科学院国家科学数字图书馆建设项目(CSDL)于2001年底正式启动,是中国科学院知识创新工程的重要组成部分,目标是建成一个分布、开放、可集成、可定制的数字信息资源与服务体系,为知识创新构筑方便、可靠和不可缺少的信息与知识平台。

2006年组建国家科学图书馆以来,国家科学图书馆以构建"国际一流、国内领先"的文献情报服务能力为目标,围绕用户需求,不断创新服务模式、深化服务内涵,初步建立了以数字资源为主的文献资源联合保障体系,初步建立了基于网络的文献信息联合服务体系,初步实现了基于用户环境的、情景敏感的学科化服务模式和战略情报服务模式。2011年,中国科学院国家科学图书馆重点加强了数字化资源体系建设,在周密分析需求分布和创新资源引进方式的基础上,继续加大数字化文献资源的引进力度,完善文献资源建设规范,努力提高资源保障与服务效率,建立了基本完善的数字化资源体系,建立了数字化的文献信息服务体系,在我国国家创新体系和自主创新能力建设中发挥了信息保障与服务的重要作用。截至2011年底,累计为中国科学院各个研究所开通数据库150个,使全院研究所可共享的外文期刊达15 190种,外文电子图书34 416卷/册,外文电子工具书3560卷/册,外文电子会议录29 385卷/册,外文电子学位论文近33万篇,中文电子图书40余万种,中文电子期刊11 582种,中文学位论文151余万篇。继续组织建设了"中国科学引文数据库"(CSCD)、"国际科学引文数据库"。中国科学引文数据库稳步发展,社会认知度日渐提高。数据库数据保持每周更新,系统运行稳定,访问量平稳上升。国际科学引文数据库服务系统,通过利用先进的集群技术和负载均衡技术,解决了当前存在的两个关键问题——数据扩容和负载均衡,提高了系统效率,并具有良好的可扩展性、可用性和可靠性,充分发挥了科学引文数据库应有的社会效益和经济效益,系统填补了国内空白。

近年来,国家科学图书馆从用户需求出发,积极创新,自主开发了面向用户服务的跨库集成检索服务系统、网络参考咨询服务系统、期刊集成目录服务系统、馆际互借与原文传递服务系统、学科信息门户网站,以及可让科研人员便携在身的"随易通"服务,使广大用户能随时随地获取全球化的科技信息,享受方便、快捷的服务。

面向"十二五"和 2020,中国科学院国家科学图书馆坚持"用户为本、需求驱动、融入科研、支撑创新"的方针,协调组织全院 123 个研究所图书馆(信息中心／文献情报中心),推动全院研究所文献服务模式的彻底转型:从文献信息服务向知识服务转型,全面实现从数字图书馆向数字知识服务的转变,在未来 5—10 年内整体建成全院协同和有机嵌入科研与决策过程、国际一流、国内领先的新型知识服务体系,建立适应 21 世纪的新型文献情报服务体系。[12]

七、中央党校图书馆

中共中央党校是轮训培养党的中高级领导干部和马克思主义理论干部的最高学府,是党中央直属的重要部门,是学习、研究、宣传马列主义、毛泽东思想及中国特色社会主义理论体系的重要阵地和干部加强党性锻炼的熔炉,是党的哲学社会科学研究机构。

中央党校图书馆从 20 世纪 80 年代开始信息化建设,在 90 年代加快了图书馆书目数据库建设的速度,同时编制"邓小平理论研究光盘数据库",为数字图书馆建设积累了经验。2000 年 4 月,中央党校图书馆同国家"863"计划中国数字图书馆发展战略组签订协议,将中央党校图书馆列为中国数字图书馆建设的示范工程之一。2000 年 10 月,在海南召开了"全国党校图书馆工作暨数字图书馆建设会议",开始酝酿全国党校系统数字图书馆建设。在国家"863"计划中国数字图书馆发展战略组、中国科学院计算所等单位的支持下,图书馆成立了专门小组进行研究,2001 年完成了国家科委关于中央党校数字图书馆示范工程的研究课题,2002年又完成了国家社科基金的重点课题——"全国党校系统数字图书馆建设方案研究"。2001 年 3 月 1 日,中央党校数字图书馆网站建成。图书馆加大了数据库建设的力度,除完成了馆藏大部分图书报刊的书目数据库建库工作外,还编制了"中央党校博士论文"、"全国党校系统纪念建党 80 周年获奖论文"等共 1500 多万字的"党校文库",使数据库内容得到充实。2002 年 7 月,中共中央党校向国家计划与发展委员会报送了《全国党校系统数字图书馆工程项目建议书》。2003 年 3 月 15日中央党校数字图书馆工程项目建议书由国务院批准。2004 年 9 月,《中共中央党校数字图书馆工程可行性研究报告》通过审批。[13]

中共中央党校于 2006 年 5 月启动了"全国党校图书馆系统数字资源共建共享工程",计划将全国副省级以上党校图书馆组织起来共同建设数字资源,至 2010 年已有 16 个副省级以上党校图书馆参与了该项工程建设。工程计划建设服务于党校"一个中心、四个方面"教学布局需要的数据库,服务于党校已经形成的重点学科、优势学科的数据库,体现党校综合优势的数据库,服务于各类干部教育的专题数据库,为重大现实工作服务的数据库,体现地方或行业特色的数据库,体现各校特色的数据库等。近年来,中央党校图书馆主要通过购买、接受捐赠、自建三种途径开展数字资源建设。较有规模的自建数据库有:"中央党校文库"、"马克思主义基本文献数据库"、"中国共产党基本文献数据库"、"邓小平理论研究数据库"、"中央党校重点学科研究数据库"、"中共十七大专题数据库"、"学员成果数据库"等。[14]

2010 年 7 月,全国党校数字图书馆理事会经中央党校批准成立,其主要职责是,承担全国党校系统数字图书馆建设的规划制定、组织协调、业务指导等工作;制定全国党校系统数字图书馆建设的有关标准规范;评估全国党校系统数字图书馆建设状况;统筹全国党校系统数字资源建设,实现共建共享;开展有关数字图书馆科研活动;组织召开数字图书馆有关专题的调研讨论等。全国党校数字图书馆理事会经中央党校同意,指导成立了全国党校数字图书馆理事会吉林分会、安徽分会。各分会在全国党校数字图书馆理事会的指导下开展工作,履行推动本区域数字图书馆建设工作,带动本地区党校图书馆进行数字资源建设和发展,推进本地区和全国党校数字资源的共建共享等工作职责。

中央党校图书馆于 2010 年 12 月制定发布了《全国党校数字图书馆资源建设规划(2011—2015 年)》,为全国党校数字图书馆建设指明了方向。2011 年,在贯彻落实这个规划的开局之年,全国党校图书馆以"三大文库"建设为中心,以科研课题的形式带动统筹数字资源建设的研究和发展,全面推进数字资源建设,初步搭建起"三大文库"的基本框架。在全党校系统内,按照理论和历史逻辑,对所有数字资源进行分析梳理,同时,有计划分步骤地对马克思主义经典文献、党史人物、中国共产党组织史进行数字加工,如:江西省委党校重点进行"井冈山革命根据地和中央苏区"数据库建设,陕西省委党校重点进行"党中央在延安十三年"数据库建设,嘉兴市委党校重点进行"中共一大和红船精神"数据库建设。根据全国党校图书馆数字资源建设发展和"三大文库"建设的需要,中央党校图书馆专门组织相关人员研究制订了《全国党校图书馆"三大文库"数字资源建设规范(讨论稿)》。按照此元数据标准规范设计数据库结构,配置数据库关联检索和跨库检索功能,初步构建起"三大文库"检索平台,多层次、多角度揭示"三大文库"资源。中共中央党校的数字图书馆大楼工程正在建设中。

第二节　我国数字图书馆发展呈现的新特点

在信息技术飞速发展的环境下,数字图书馆也有着日新月异的变化。新技术、新理念以及创新服务模式的引入,使数字图书馆呈现出资源不断丰富、技术不断发展、服务不断提升、管理不断创新的特点。随着数字资源的建设,各地方、各单位的财政支持以及市场化建设的帮助,使得数字资源供应无论在数量还是种类上都不断丰富;而众多新兴的技术领域话题,比如云计算、移动互联网等,在我国数字图书馆建设中也已成为重点和热点;我国各级各类数字图书馆对新技术的响应越来越敏捷,许多新技术正被广泛应用,不少数字图书馆相继推出了电子书服务、微博服务、移动平台和电视平台服务等;国家"数字图书馆推广工程"项目的启动,将比文化共享工程更好地加快和带动地方数字图书馆发展,也有利于创新管理模式被引入到我国的数字图书馆建设和发展中。

一、数字资源建设方式日趋多元

对于数字图书馆来说,数字资源建设一直是数字图书馆的核心业务环节。自建和外购是常规的两种建设方式,但是自建和外购的具体形式呈现出多样化趋势。除了单一馆依托馆藏资源独立自建外,馆际合作共建、交换共建等形式已经出现;除了单一馆直接采购市场化资源外,多馆联合采购、馆际互购自建资源等外购方式也已出现;[15]另外,国家和地方馆还开展了数字资源征集工作。

国家图书馆自 2000 年开始进行馆藏资源的数字化加工工作,其自建数字资源内容涉及中文电子图书、博士论文、民国文献、在线讲座、在线展览、甲骨实物与甲骨拓片、敦煌文献、金石拓片、地方志、西夏文献、年画、老照片,音像资源等,包括文本、图像、音频、视频等多种类型。截至 2010 年底,国图的数字资源总量为 480TB,其中自建数字资源为 388TB,[16]截至 2011 年底,这两个数字分别增长至 561.3TB 和 466.8TB。[17]

上海图书馆在近年来建设了"古籍数字图书馆"、"家谱数字图书馆"、"馆藏善本稿本数字化库"、"盛宣怀档案全文数据库"、"民国图书全文数据库"、"'上海年华'主题资源库群"等数十个资源库。2011 年继续扩展自建数字资源的规模,全年新增民国图书全文 202 万页、家谱全文 90 万页、抄本 30 万页,民国期刊全文 780 万篇,历史文献数字图书馆新增全文入库量同比增长 150%,自建数字资源总量超过 90TB。全年外购电子资源的更新量逾 5.6TB,新增电子期刊和学位论文 760 余万篇、电子图书近 10 万册,电子资源总量达到 30TB。

2010 年 CALIS 管理中心也对全国自建特色数据库做了一个较为全面的调查。根据调查结果,截至 2010 年 6 月 7 日,共有至少 107 所高校图书馆已建或在建特色数据库 300 余个。[18]

二、图书馆对新技术反应更加敏捷

据 CNNIC 发布的《第 29 次中国互联网络发展状况统计报告》统计,中国网民规模已突破 5 亿,互联网普及率较 2010 年提升 4 个百分点。而中国手机网民规模达到 3.56 亿,同比增长 17.5%。随着互联网技术日新月异的发展,用户的阅读习惯也在发生着改变,据调查显示,目前中国每 10 个成年人中有 4 人使用互联网、手机、PDA 等各类数字媒介进行阅读。互联网对图书馆造成的冲击要求图书馆对于互联网技术做出更加敏捷的反应。在这样的环境中,图书馆开始研究如何把最新的信息技术应用到数字图书馆中,如近年来比较热门的云计算、基于 SOLOMO(社交网络、位置服务、移动服务)的数字服务。

随着技术的发展,越来越多的数字图书馆将目光转向了数字移动服务。数字移动图书馆从上世纪末开始起步,以 SMS、WAP 网站、二维码应用和智能手机应用等形式提供服务,[19]随着 3G 网络的发展以及智能手机用户占有率的不断扩大,许多数字图书馆也相继开发出了基于 IOS、Android 和 Windows Mobile 等平台的应用系统,并加入了社会化互动体验和位置服务,为读者带来便捷的操作、个性化的服务和人性化的体验。[20]

2010 年美国的权威图情期刊 Library Journal 对移动图书馆进行了一次调查,有 44% 的大学图书馆和 34% 的公共图书馆提供了某种类型的移动服务,而大概有 40% 的图书馆计划在不远的将来提供移动服务。[21]中国国家图书馆于 2008 年 12 月推出了以手机为媒介的"掌上国图",该服务包括移动数字图书馆、短信服务、WAP 网站、手机阅读和国图漫游五部分,读者可以随时、随地了解、使用国家图书馆资源。2010 年 9 月,国家图书馆手机门户 WAP 网站新改版上线,增加了图书续借、图书催还、在借信息、借阅历史、预约和预约到达通知等诸多服务功能,承载了 1000 余种图书资源、500 余小时音频讲座、近 10 万篇学位论文数据、32 000 张特色资源图片等大量国家图书馆特色资源。同时,设计了包括普版、彩版和 3G 版的 3 个版本,为各类手机使用者提供了上线阅读便利,大大提升了国家图书馆手机服务水平。[22]

另据中国互联网络信息中心关于网民互联网应用情况的统计报告,网络新闻使用率快速下滑,微博成为网民重要的信息获取渠道。目前,有近半数网民在使用微博,比例达到48.7%,相比之下,网络新闻用户规模增速仅为3.9%,使用人数为3.67亿,使用率从上一年的77.2%下降至71.5%。也有学者对微博在公共图书馆中的使用情况进行了不完全统计,2010年仅有6家图书馆启用了微博,2011年增加至40个。公共图书馆主要利用微博进行活动信息发布、优秀读物推介和趣味知识推广等。[23]另有学者对高校图书馆的微博使用情况进行了统计和分析,至2011年3月,国内已经有79所高校图书馆注册了新浪微博。[24]

三、服务创新层出不穷

1. 提供数字阅读新体验

从纸本阅读到数字阅读,除了介质的变化之外,最具有突破性的是提供给读者的资源类型发生了很大的变化,比如电子图书、电子报纸、电子杂志、网络游戏、网络动漫、博客等。呈现方式也从文本向多媒体发展,出现了可以听的书和可以互动的书。相应地,在2011年,各种电子书阅读器不断更新和升级换代,大屏幕智能手机和iPad等平板电脑迅速普及,这些设备和附于其上的各种新技术给用户带来了全新的体验。图书馆历来是新的信息技术应用前沿,同时也承担着教育和学习中心的社会职能,对新技术的应用最为敏感,如国家图书馆自2008年9月即推出阅读器的馆内借阅服务,到2009年9月实行外借服务;上海图书馆在2009年3月开始实行阅读器外借服务;同年5月,北京大学图书馆也开始向读者提供阅读器外借服务。2010年,上海图书馆专门成立了名为"新技术体验中心"的阅览室,提供各种新设备、新技术体验服务,包括汉王、易博士等市面上流行的20多款电子书阅读器。2011年,上海图书馆又顺利完成对"新技术体验中心"的改造,空间布局和读者体验大幅度提高。国家图书馆率先探索了全媒体服务,不仅通过互联网、移动通讯网络,还利用有线电视网络提供服务,从电脑、手机到电视机都可以提供数字阅读等服务。重庆少儿图书馆、重庆图书馆和上海图书馆已经相继取得国家广电总局的信息网络传播视听节目许可证,在门户网站上可以提供自制的视听数字资源服务。国家图书馆和上海图书馆等都已经开始提供面向残障人群的无障碍数字图书馆服务。

2. 进驻微博等社交媒体

麦肯锡日前发布的《中国社交媒体铸就消费新时代》调研报告指出,中国拥有全球最多、最活跃的社交媒体用户,他们正引领着新的消费潮流。麦肯锡一项新的针对5700名中国互联网用户的调研发现,一二三线城市居民的社交媒体注册率高达95%,高达91%的受访者表示,最近6个月曾登入社交媒体。[25]自2010年起,微博以内容短小方便,传播迅速及时,可用各种移动终端随时随地使用等特点风靡互联网,根据中国互联网络信息中心(CNNIC)2011年发布的第28次《中国互联网络发展状况调查统计报告》显示,在大部分娱乐类应用使用率有所下滑,商务类应用呈平缓上升的同时,微博用户数量以高达208.9%的增幅,从2010年底的6311万暴增到1.95亿,在网民中的使用率从13.8%提升到40.2%,成为用户增长最快的互联网应用模式。从博客、维基到SNS,图书馆都不乏积极跟踪新技术应用的探索者。据研究者统计:截至2011年9月8日22:50,新浪微博上关于"图书馆"的微博条数为4 046 444条。在这数百万条与图书馆相关的微博中,包含了与图书馆相关的各种人、事、物。这些相关微博的撰写者、转发者、评论者都是图书馆的用户及潜在用户。对图书馆微博内容进行分析,发现主要有新闻消息类、链接转发类、参考咨询类、促进交流类四大类,其中新闻消息类是图书馆微博的主要内容,包括图书馆公告、活动、开馆时间、服务内容等,参考咨询类信息主要是为了增进图书馆与读者之间的交流,微博提供一种宽松的交流环境,读者可以借助微博按照自己的理解和方式表达个人心得、读书经验、信息需求以及对图书馆员的建议,图书馆员可以借助微博了解读者的知识结构、兴趣爱好,可以相对准确地了解读者对某一领域的信息需求,从而有针对性地为读者提供个性化的服务。[26]

3.移动服务成为潮流

本世纪初的10年,是桌面互联网向移动互联网转变的10年。移动图书馆的理想是"5A"——任何人(Anyone)在任何时间(Anytime)、任何地点(Anywhere),通过任何移动终端载体(AnyAccess)都能阅读任何内容(AnyContent)。从高校馆到公共馆纷纷推出手机图书馆等移动服务。早期的图书馆移动阅读服务,基本上是基于短信和WAP网站的手机图书馆服务。随着智能手机、电子书阅读器、平板电脑的普及,以及移动网络带宽的扩展和流量的提升,传统的基于短信和WAP网站的移动阅读服务正逐步走入历史,2010年9月,上海图书馆继短信平台服务、二维码应用、手机电子书、手机图书馆网站后,又推出基于IOS和Android的手机客户端,中国国家图书馆在继"掌上国图"等移动服务后也推出中国国家图书馆读者服务客户端,其他图书馆如重庆图书馆、深圳市科技图书馆、清华大学图书馆、厦门大学图书馆也相继推出手机客户端。在图书馆移动服务的内容方面,目前图书馆所提供的移动阅读服务,重点仍然在传统纸质资源的书目查询、实体书借阅信息查询、题录摘要等简单的浏览上。少数图书馆已经开始不仅提供传统的OPAC书目查询和借阅服务,还直接提供特色资源阅览和电子书全文阅读服务,如上海图书馆的手机电子书服务可以将在线借阅的电子书下载到手机上,取得了良好的使用效果;另一方面,上海图书馆等也以外借电子书阅读器方式提供电子书移动阅读服务。图书馆的资源和服务提供商也加入进这个大潮,如超星和书生公司都推出了各自的移动图书馆解决方案。[27-28]

四、管理创新值得期待

"数字图书馆推广工程"的启动,势必加强各系统、各行业、各地区、各单位之间的广泛协作,并建立覆盖全国的数字图书馆服务网络,在全国省、市、县级图书馆完成数字图书馆推广平台的搭建后,将形成连通各级公共图书馆、覆盖城乡的数字图书馆服务体系。"数字图书馆推广工程"本质上是一次国家对我国公共数字图书馆体系的顶层设计。在数字资源共享方面,可以利用国家在公益性数字文化建设方面的政策,统一规划,加强整合,加大行业特色资源和地域特色资源的建设、形成类型丰富、特色突出、机构合理的海量数字资源库群,如"政府公开信息整合服务平台",站在国家文献信息资源战略储备的高度,在全国建立若干数字资源保存中心,形成数字资源的全国分布保存机制和网络资源的分工采集机制,实现对数字资源协同采集和长期保存。在用户服务方面,树立"以服务促发展"的管理理念,如利用"统一用户管理系统",建立跨行业、跨区域、跨系统、跨平台的数字图书馆协同服务环境。这种全国范围内的协同和合作不仅推动已有的成熟的数字图书馆标准规范成为行业标准或国家标准,还将加快完善数字图书馆的标准规范体系,更好地实现"联合、开放、共享"的原则。"数字图书馆推广工程"在人才培养方面的创新也值得期待,各级各类图书馆之间加强合作与交流,共同培养适应数字图书馆事业发展要求的人才,甚至可以联合图书情报教育机构、图书情报研究机构、相关技术研究机构、企业,围绕数字图书馆发展的重点领域开展课题研究、重点攻关等,通过联合建设研究基地、重点试验室等,促进人才成长。

第三节　我国数字图书馆发展趋势分析与建议

2011 年是我国"十二五"的开局之年,我国数字图书馆建设进入了一个"以推广促跨越,以创新促转型"的新阶段。在信息化进程中如何完成向数字时代复合型图书馆的范式转型是中国图书馆界必须长期面对的共同课题,而当前信息化进入了"智慧时代"的新时期,为我国数字图书馆建设和发展带来了新的机遇和挑战。面对新形势和新环境,我们也需要有新的战略和战术调整。

一、进一步加强顶层设计

更加关注用户、面向需求,进一步确立需求导向的数字图书馆发展战略;更加关注市场、面向社会,进一步完善市场导向的数字图书馆建设机制。利用已有的联席会议机制、数字图书馆推广工程等继续加强全国范围的数字图书馆建设发展的顶层设计和战略管理,特别要针对我国特有的条块分割体制和发展严重不平衡现状设计有效解决方案,重点在公共图书馆系统加强协调合作。我国数字图书馆建设的主体和方式也要更加多元化,充分发挥政府、市场和社会力量,逐步培育完善有中国特色的数字图书馆产业链,逐步形成适应社会主义市场经济环境的数字图书馆产业集群和创新生态。

二、进一步加快转型发展

在信息化已经进入全媒体时代、大数据时代、智慧时代的大背景下,当泛在信息社会向我们走来的时候,图书馆转型发展的实质就是构建以数字化、网络化为核心的图书馆新范式,无所不在的复合型图书馆应该是所有图书馆追求的目标。经过了跟踪研究、试验建设等发展阶段后,我国数字图书馆建设不能满足于"项目式"渐进发展,而应该开始"系统性"转型发展——传统图书馆要向数字图书馆全面转型:业务链、服务链、人才队伍、管理模式都要再造创新。

三、进一步加速管理创新

目前我国数字图书馆建设的四大支柱——资源、技术、服务和管理中,最短最弱的那根柱子是管理。图书馆转型发展的重要内容之一就是管理创新变革,特别是这样的转型发生在社会主义市场经济体制不断完善和中国特色的现代事业制度改革建构的进程中,因此数字图书馆建设中管理创新面对的挑战是艰巨的。我国数字图书馆建设中迫切需要引入全面系统的现代管理理论和技术,比如战略管理、营销管理、组织文化、人力资源管理、项目管理等。

四、进一步推动研究发展

没有早期的跟踪研究,我国数字图书馆发展难以取得今天的成绩。时至今日,信息化又迎来了"全媒体"、"大数据",一个"智慧时代"已经呼之欲出,可以预见数字图书馆必将深受新一代信息技术的影响——从数字图书馆向智慧图书馆的跃迁应该是大势所趋,如何与时俱进、如何跨越发展是中国数字图书馆建设面临的新挑战。虽然来日方长,面向未来的研究应该始于此时。

参考文献

[1]孙承鉴,申晓娟,刘刚.我国数字图书馆发展十年回顾——综述[J].数字图书馆论坛,2006
    (1):1-13

[2-3]申晓娟,赵悦,胡洁.2005—2009年我国数字图书馆发展综述[J].数字图书馆论坛,2010
    (3-4):1-14

[4][17]数字图书馆推广工程网站[EB/OL].[2013-02-16].http://www.ndlib.cn/
    szzyjs2012/201201/t20120113_57990.htm

[5]全国文化信息资源共享工程网站[EB/OL].[2013-02-16].http://www.ndcnc.gov.cn/
    libpage/gxgc/index.htm

[6]文化部关于全国文化信息资源共享工程暨公共电子阅览室建设试点工作督导情况的通报.
    [EB/OL].[2013-02-16].http://www.ccnt.gov.cn/sjzznew2011/shwhs/shwhs_tsgsy/
    201202/t20120217_229819.html

[7]曾建勋,邓胜利.国家科技图书文献中心资源建设与服务发展分析[J].中国图书馆学报,
    2011(2):30-35

[8]关志英.构筑一体化人文社会科学资源与服务平台CASHL的资源与服务[EB/OL].[2013-
    02-16].http://lib.csu.edu.cn/pubnew/zndxtsgnew/calis/hyzl/20120517/cashl.ppt

[9][16]中国图书馆学会,国家图书馆.中国图书馆年鉴2011[M].北京:国家图书馆出版
    社,2011

[10]浙江网络图书馆网站[EB/OL].[2013-02-16].http://www.zjelib.cn/areas/zhejiang/
    about.jsp

[11]傅晨琦.公共图书馆的"数字革命"——杭州数字图书馆开通运行[J].观察与思考,2011
    (2):46-47

[12]张晓林.中国专业图书馆发展报告2010[M].北京:科学出版社,2011

[13]中共中央党校数字图书馆简介[EB/OL].[2013-02-16].http://www.ccps.gov.cn/xxhjs/
    jsxm/4692.htm

[14]中共中央党校数字图书馆工程[EB/OL].[2013-02-16].http://library.sddx.gov.cn/eap/
    574.news.detail? news_id=21143

[15]张敏.浅析万方、维普、CNKI三大全文数据库[J].河南图书馆学刊,2012(1):88-90

[18]别立谦等.高校图书馆特色资源的数字化建设与共享[J].数字图书馆论坛,2011(2):
    52-58

[19]楼向英.智能手机客户端在图书馆中的应用[J].数字图书馆论坛,2011(11):33-37

[20]麦志杰.公共图书馆SNS网站利用情况调查分析[J].数字图书馆论坛,2012(1/2):45-50

[21] [23] The State of Mobile in Libraries 2012 [EB/OL]. [2013 – 02 – 16]. http://www.thedigitalshift.com/2012/02/mobile/the – state-of-mobile-in-libraries-2012

[22] 萧志华. 试论移动数字图书馆的现状及其发展策略[J]. 图书馆论坛,2011(4):103 – 105

[24] [26] 聂应高. 高校图书馆微博使用状况调查与思考——以新浪微博为例[J]. 数字图书馆论坛,2011(6):54 – 58

[25] 林璟骅,温雅力,邱心怡. 中国社交媒体铸就消费新时代[EB/OL]. [2013 – 02 – 16]. http://china.mckinseyquarterly.com/Chinas_social_media_boom_2964

[27] 杨九龙,何淼. 技术人员视角下移动数字图书馆建设的调查与分析[J]. 图书馆论坛,2011(5):59 – 62

[28] 周满英,任树怀. 基于移动互联网的移动数字图书馆服务现状研究[J]. 图书馆学研究,2011(1):24 – 27

（执笔人:陈超　夏翠娟　宋歌笙）

第四十一章　我国图书馆"十二五"规划

2011 年是我国图书馆"十二五"规划的开局之年。在 2010 年中共中央关于制定国民经济和社会发展第十二个五年规划的建议推动下,各级各类图书馆作为国家社会文化科学教育领域的重要组成部分,陆续着手制定指导未来五年本行业发展的"十二五"规划。规划的编制是一个科学而系统的工程,需要协同各方面的力量,需要前瞻性研究,需要结合本单位的实际需要。"十二五"规划的制定是保障图书馆今后发展的重要因素,是指导图书馆变革创新方向的重要手段。

第一节　各类型图书馆"十二五"规划制定

近几年来,图书馆"十二五"规划成为图书馆界的热门话题,一些图书馆率先启动图书馆规划工作。到 2011 年,图书馆"十二五"规划制定蔚然成风,许多图书馆制定的规划方法科学,内容具体,可操作性强,具有良好的前瞻性和指导性,成为图书馆战略规划的成功范例。

一、国家图书馆的"十二五"规划制定

国家图书馆的战略规划启动较早,工作扎实,内容翔实,引起了图书馆界的广泛关注。

国家图书馆 2009 年启动"十二五"规划前期调研,形成《国家图书馆"十二五"规划调研报告》。2010 年初制定《国家图书馆"十二五"规划起草提纲》,并于 1 月 21 日和 2 月 5 日两次召开"十二五"规划座谈会,听取全国各有关单位对该提纲的意见和建议。2010 年 4 月 8 日成立了以馆长周和平为组长、常务副馆长詹福瑞为副组长的《国家图书馆"十二五"规划纲要》(以下简称《纲要》)领导小组,下设以业务处处长汪东波为组长的工作小组,在上述提纲基础上开始《纲要》文本起草,并确定事关事业发展全局性问题的 11 个专题,组成专门小组开展专题调研,于 5 月底完成调研报告。《纲要》文本征求意见稿于当年 8 月底完成并开始征求意见,10 月在馆内组织讨论,11 月先后在全馆第二次职工代表大会上征求意见、馆党委

理论中心组征求意见,最终于 11 月 13 日经馆务会审议通过,并于 11 月 25 日正式下发。

《纲要》的编制过程中调研充分,组织得力,文本内容全面,共分 15 个部分,第一部分"加快图书馆现代化转型,开创国家图书馆事业新局面"为全文总纲,包括"十一五"回顾、"十二五"发展环境、指导思想和主要目标;其后 14 个部分规划了"十二五"时期 14 个方面的重点工作任务和 57 项具体目标。《纲要》的制定为我国各级各类图书馆"十二五"战略规划的制定发挥了引领与促进作用。

二、公共图书馆的"十二五"规划制定

近几年来,各地公共图书馆参考文化部、国家图书馆关于"十二五"公共图书馆、"全国文化信息资源共享工程"发展规划的要求,结合本地实际,开展"十二五"规划工作,在启动规划工作、创新工作思路和模式、制定规划文本、调查研究等方面进行科学的布局和合理的安排。以下通过对公共图书馆"十二五"规划进行文本调查,搜集了有代表性的 12 个规划文本,其基本情况见表 41 - 1。

表 41 - 1　公共图书馆"十二五"规划文本基本情况调查结果

序号	图书馆名称	"十二五"规划文本标题	网上发布	规划文本内容							
				"十一五"回顾	环境扫描	使命	愿景	指导思想	目标	任务措施	评价指标
1	首都图书馆	首都图书馆(北京市少年儿童图书馆)"十二五"发展规划		√	√			√	√	√	
2	上海图书馆	上海图书馆上海科学技术情报研究所 2011—2015 年发展规划		√	√				√	√	
3	云南省图书馆	云南省图书馆"十二五"发展规划		√	√			√	√	√	
4	湖南图书馆	湖南图书馆"十二五"发展规划纲要		√	√			√	√	√	
5	安徽省图书馆	安徽省图书馆"十二五"规划	√	√				√	√	√	
6	江西省图书馆	江西省图书馆"十二五"规划纲要		√	√			√	√	√	

序号	图书馆名称	"十二五"规划文本标题	网上发布	规划文本内容							
				"十一五"回顾	环境扫描	使命	愿景	指导思想	目标	任务措施	评价指标
7	宁夏图书馆	宁夏图书馆"十二五"创新工作思路与规划要点						√	√	√	
8	河南省图书馆	河南省图书馆"十二五"发展规划（征求意见稿）		√				√	√	√	
9	广州图书馆	广州图书馆2011—2015年发展规划	√			√	√	√	√		√
10	杭州图书馆	杭州图书馆"十二五"发展规划		√					√	√	
11	浦东图书馆	浦东图书馆发展规划（2011—2015）		√	√			√	√	√	
12	宜宾县图书馆	宜宾县图书馆"十二五"规划纲要	√							√	

1. 省级公共图书馆

省级公共图书馆的"十二五"规划主要有三种情况：

（1）积极制定本馆"十二五"规划，重视规划的发布宣传

首都图书馆、上海图书馆、湖南图书馆、安徽图书馆、江西图书馆等省级公共图书馆，十分重视"十二五"规划制定，在规划文本编制工作中有新的思路和工作计划，保证了图书馆规划制定工作的质量。

在规划文本编制体例上有三种模式：

第一种是经典模式。首都图书馆"十二五"规划按照图书馆发展规划的传统模式，分现状、机遇与挑战、指导思想和总体目标、主要任务、保障和措施5个部分。上海图书馆的"十二五"规划于2011年2月22日馆所四届二次职代会通过，分工作回顾、发展环境分析、发展目标、主要任务和重点工作、保障措施5个部分，其特点是规划文本内容简洁，但附有"十二五"战略规划蓝图。云南省图书馆规划工作起步早，2010年6月1日就制定了"十二五"发展规划，分4个部分：工作回顾、面临的形势、指导思想和主要目标、主要任务及措施，其中详细描述了9个方面45项

重点工作任务及相应措施。

安徽省图书馆"十二五"规划分4个部分,第一部分"十一五"时期主要工作回顾总结,第二部分"十二五"时期的指导思想和主要目标,第三部分主要任务,分8个方面、37项重点工作,第四部分列举了管理机制、运行机制、人才和组织三大方面的保障措施。

第二种是按照"总体描述+重点目标任务"体例的模式。宁夏图书馆于2010年底完成了《宁夏"十二五"文化体制改革与发展规划纲要》中全区公共图书馆行业及自治区图书馆相关发展目标体系论证、设计、申报(列项)等工作,又根据最新颁布的《中共中央关于深化文化体制改革 推动社会主义文化大发展大繁荣若干重大问题的决定》的新精神、新要求,对本馆"十二五"期间社会服务、改革与发展目标体系进行全面修订、完善,于2011年11月完成了《宁夏图书馆"十二五"创新工作思路与规划要点》,包括总体基本思路和体系建设效能化目标(要点)两个部分,提出了宁夏图书馆的核心办馆理念、九大基本社会职能,全面实施项目(工程)拉动、品牌(精品)带动战略,列举了6个方面的具体目标和任务,规划提纲挈领、目标任务具体、措施方法可行,体现了时代性和务实性的特点。

湖南省图书馆"十二五"规划体例是,第一部分"坚持注重内涵的发展道路,开创湖南图书馆事业发展新局面",包括"十一五"回顾、"十二五"发展环境、指导思想、主要发展目标,其后将21个方面的重点工作任务分为"文献信息资源建设"、"读者服务"、"服务条件与环境"、"人力资源建设"、"学术研究"5个部分,规划文本于2012年2月发布。

第三种是综合体例的模式。江西省图书馆规划纲要共分四部分。第一部分为"十一五"回顾和"十二五"发展环境,第二部分为指导思想和主要目标,第三部分分为5个方面、32项重点任务,第四部分提出了5个方面的18项措施。该规划于2011年12月23日通过图书馆文件(赣图发〔2011〕48号)下发。

(2)启动"十二五"规划工作,取得初步成果

有的公共图书馆已着手"十二五"规划的相关工作,组织力量起草了本馆的"十二五"规划草案,为正式的规划奠定了基础。例如,河南省图书馆于2011年完成了《河南省图书馆"十二五"发展规划(征求意见稿)》,对"十一五"进行了简略回顾,列举了指导思想和总体目标,将具体目标分为9项,并提出了4个方面的措施。

有的公共图书馆积极参与本地区文化规划的相关工作,制订本地区公共图书馆事业"十二五"规划。例如,山西省图书馆在"十一五"期间制订有比较简单的

"十一五"规划,"十二五"期间虽然没有单独制定本馆规划,但于2009年11月19日组织制定了《关于"十二五"全省图书馆发展规划的建议》,将本馆规划作为其中的一个部分。

（3）未制定本馆"十二五"规划

一些省级公共图书馆由于种种原因没有制定"十二五"规划,但不少图书馆积极参与本地文化部门"十二五"规划工作,发挥了一定作用。例如,山东省图书馆积极参与制定《山东省文化厅"十二五"文化改革发展规划》,在该规划中提出了图书馆发展的主要指标是"全省公共图书馆藏书人均达到1册,各级公共图书馆、文化馆、乡镇（街道）文化站、村（社区）文化室和文化共享工程基层服务点全部建有公共电子阅览室,覆盖率达到100%。文化信息资源共享工程80%的县支中心达到省文化共享工程示范县标准,60%的基层服务点实现规范化,入户覆盖率达到80%。网上图书馆新增资源20TB以上,资源总量达到55TB。县级公共图书馆、文化馆均配有流动文化车"。将"加强公共文化服务体系建设"作为首要任务,提出"加快市级公共图书馆、艺术馆、博物馆和县级图书馆、文化馆建设和升级改造,到2012年底全省市级三馆全部达到国家一级馆标准,县级两馆全部达到国家二级馆以上标准"、"数字图书馆建设工程"以及到"十二五"末实现公共图书馆全部免费开放等具体目标。对比《关于全省"十一五"时期文化工作的指导意见》,公共图书馆不仅凸显了地位,而且目标任务明确具体,展现公共图书馆前所未有的发展机遇与前景。

2. 市县级公共图书馆

我国目前已建成县以上公共图书馆2951个,其中市县级图书馆占有较大比重。然而大部分市县级公共图书馆虽然参与了本地区的相关"十二五"规划制定,却没有制订本馆的"十二五"规划。

杭州市公共图书馆在全国公共图书馆中颇有影响,该馆制订的"十二五"规划分三个部分,一是总结杭州图书馆近几年来取得的9个方面发展与成就;二是阐述面临的5个方面问题与挑战;三是列举"十二五"时期的主要目标及任务。虽然该规划没有环境分析,工作重点和任务描述也比较简略,但其亮点在于提出了新的目标定位——努力实现杭州图书馆由"市民大书房"向"公共文化空间"的转型,树立文化、科技、教育"三位一体"的公共设施形象,且提出了若干项具体指标,通过规划确立了未来发展的方向。

广州图书馆于2009年底启动了"十二五"规划制订工作,其特点有两个方面,一个是借鉴国外战略规划的体例,引进了国外"战略规划"的许多核心要素,切合广州图书馆的客观条件,建立目标体系,以"前言—愿景—使命—理念—总体目标—具体目标—实施策略"的文本结构呈现,为我国其他图书馆制定科学与规范的战略规划文本提供了范例;另一个是在规划组织上利用外来智慧联合制定规划:成立了规划编制工作领导小组和工作小组,选定中山大学资讯管理系作为合作伙伴,制订了详细、全面的编制计划,设置了专项经费予以保障。编制工作分三个阶段完成:第一阶段是与中山大学资讯管理系合作,研究和草拟规划;第二阶段是征求馆员、公众和本地区各领域专家意见,修改和完善规划;第三阶段是组织全国图书馆界专家论证,进一步修改和完善规划。该馆认为,在制订发展规划的程序中,核心问题是编制模式的选择问题。[1]

上海浦东图书馆经过半年多的走访调研,在多次广泛征求意见和反复讨论修改并经专家论证后,于 2011 年 8 月编制完成了《浦东图书馆发展规划(2011—2015)》。这一规划的编制促使全馆从学术研究的角度考察审视外部环境及图书馆事业的发展规律和趋势,从功能定位、服务理念与方式创新上进行思考和探索,明确了图书馆的发展目标和重点任务。该规划在馆刊《图书馆发展研究》2011 年第 3 期做了全文发布。2011 年 10 月 18 日,该馆与上海市图书馆行业协会、上海图书馆共同举办了以"图书馆·文化传承与创新"为主题的第二届浦东图书馆学术论坛,重点讨论了图书馆战略管理的问题。

相比之下,县级公共图书馆缺乏规划意识和规划实践,只有少数图书馆尝试制定了"十二五"规划,规划文本相对简单。

三、高校图书馆的"十二五"规划制定

《国家中长期教育改革和发展规划纲要(2010—2020 年)》为高校图书馆制定"十二五"规划指明了方向。而各高校"十二五"规划的制定,直接推动了高校图书馆的"十二五"规划工作。通过对高校图书馆"十二五"规划进行调查,搜集了有代表性的 19 个规划文本,其基本情况见表41 - 2。

表 41-2 高校图书馆"十二五"规划文本基本情况调查结果

序号	图书馆名称	"十二五"规划文本标题	网上发布	规划文本内容							
				"十一五"回顾	环境扫描	使命	愿景	指导思想	目标	任务措施	评价指标
1	东南大学图书馆	东南大学图书馆"十二五"(2011—2015年)发展规划		√	√			√	√	√	√
2	厦门大学图书馆	厦门大学图书馆"十二五"发展规划大纲			√			√	√	√	
3	重庆大学图书馆	重庆大学图书馆"十二五"发展规划(讨论稿)	√	√	√				√	√	
4	河北大学图书馆	河北大学图书馆"十二五"建设与发展规划(草案)	√	√	√				√	√	
5	河南工业大学图书馆	河南工业大学图书馆"十二五"(2011—2015年)发展规划		√					√	√	
6	中原工学院图书馆	图书馆"十二五"规划					√		√		
7	河南城建学院图书馆	河南城建学院图书馆"十二五"发展规划	√		√			√	√	√	
8	云南师范大学图书馆	云南师范大学"十二五"图书馆建设规划及2020年远景目标		√		√	√	√			
9	江汉大学图书馆	江汉大学图书馆"十二五"发展规划	√	√				√	√	√	
10	盐城工学院图书馆	盐城工学院图书馆"十二五"事业发展规划(征求意见稿)	√	√	√	√		√	√	√	
11	沈阳化工大学图书馆	沈阳化工大学图书馆"十二五"规划		√				√	√	√	
12	上海音乐学院图书馆	上海音乐学院图书馆"十二五"内涵建设方案	√						√	√	
13	榆林学院图书馆	榆林学院图书馆2010—2015年发展规划(讨论稿)	√						√	√	

续表

序号	图书馆名称	"十二五"规划文本标题	网上发布	规划文本内容							
				"十一五"回顾	环境扫描	使命	愿景	指导思想	目标	任务措施	评价指标
14	陇东学院图书馆	陇东学院图书馆"十二五"发展规划	√	√					√	√	
15	吕梁学院图书馆	吕梁学院图书馆"十二五"发展规划(讨论稿)	√	√					√	√	
16	石家庄学院图书馆	石家庄学院图书馆"十二五"战略规划(馆内讨论稿)		√	√	√	√	√	√		
17	大连职业技术学院图书馆	大连职业技术学院图书馆"十二五"建设发展规划(草案)	√	√					√	√	
18	黑龙江工商职业技术学院图书馆	黑龙江工商职业技术学院图书馆"十二五"建设发展规划	√	√			√		√	√	
19	宁德职业技术学院图书馆	宁德职业技术学院图书馆"十二五"发展规划	√				√		√	√	

1. 制订"十二五"规划

加强研究,是制订高校图书馆"十二五"规划的重要环节,这在以往的图书馆工作中不受重视。在这方面,东南大学图书馆比较突出。该馆利用所属情报科学研究所的研究力量,在馆长的主导下开展研究,2011 年 3 月形成"十二五"发展规划。规划文本的最大特色,一是详细列出"十二五"期间图书馆发展的主要指标,分为办馆条件、文献资源、信息服务、数字图书馆建设、人才队伍、学术研究、交流推广 7 个一级指标和 44 个二级指标,列出 2010 年现实数据和到 2015 年的目标数据;二是详细阐述未来 5 年图书馆的任务,分为 9 章 30 项重点任务,把学科服务放在首位,重视信息素养教育和校园文化活动,通过规划体现了新时期图书馆的服务导向的新思路。云南师范大学图书馆在研究的基础上,于 2010 年 6—9 月制订了

"十二五"规划,不仅总结了"十一五"规划的执行评估情况,分析了机遇与挑战,而且设计了 2020 发展远景,提出了使命陈述、建设定位,以及"十二五"的基本任务、具体措施和保障描述,是一个具有科学性和指导性的规划方案。武汉商业服务学院图书馆为了做好"十二五"改革与发展规划工作,成立了"十二五"改革与发展规划起草工作领导小组,制订了《图书馆"十二五"改革与发展规划工作方案》,在分析现状基础上,进行校内调查和省外调研,2010 年 4 月 26 至 29 日,由馆长带领图书馆调研小组到广东交通职业技术学院、深圳职业技术学院、中山大学珠海校区等 5 所国家级、省级示范院校就相关重要问题开展调研活动,随后提炼先进的管理经验和服务举措,形成调研报告,举办会议专门研讨,还组织开展了"我为'十二五'建言献策"活动,广泛征求意见和建议,发表了文章。[2]

对图书馆重新定位并作出战略选择,是高校"十二五"规划工作的关键。厦门大学图书馆的"十二五"规划开展了较为详细的环境扫描,结合本馆的现状,做出策略选择,其基本策略为"巩固传统,回应变迁",不做颠覆性的变革;"创新、合作、转型",不做激进的重组。以整体化的服务体系建设为依托,以学科化研究型服务为突破,以多样化的收藏保存为诉求,以专业化的资源平台为抓手,以新技术应用为手段,加强数字化收藏,改善信息基础设施条件,开展自助服务、多媒体服务、移动服务等新型服务,努力实现在创新与合作下的转型。这样做,使规划创新务实,重点突出。重庆大学图书馆的"十二五"规划提出了发展定位和目标:到 2015 年,重庆大学图书馆将努力建设成为与学校发展相适应的高水平、综合性、研究型的大学图书馆,建成基本完善的文献资源保障体系和知识服务体系,成为师生进行学习、研究和交流的综合性信息服务中心,为学校的教学、科研和人才培养提供强有力的文献信息资源保障,为重庆市的科技、经济和文化发展提供文献信息服务,成为重庆市和西南地区重要的文献信息服务中心。相应地,规划列举了 5 个方面 14 项任务。中原工学院图书馆的"十二五"规划,围绕学校的学科建设、专业建设、人才建设、科研建设、校园文化建设 5 个方面,结合图书馆提出的发展愿景"立体图书馆、书香图书馆、智慧图书馆、和谐图书馆",提出了 3 个平台建设(资源平台建设;教育平台建设;文化平台建设)的目标和馆员的发展规划。

图书馆规划要结合图书馆实际,将目标任务具体化,使规划务实,直接指导未来 5 年的实际工作。河南工业大学图书馆 2010 年 7 月 8 日制定了"十二五"规划,结合现状,提出文献资源建设、队伍建设、管理工作、馆舍建设、信息服务和科研工作 6 个方面的具体目标任务,提出"至 2015 年馆藏纸质文献可接近 250 万册,至 2020 年实现纸质文献 300 万册的目标(河南工业大学 2005—2020 年发展战略规划）"，"争取到 2015 年具有本科以上学历的专业人员超过 60%，具有硕士学位以上的专业人员达到 20%"、"5 年内争取完成省级课题 10 项，校内课题 10 项，在 CN 刊物上发表高质量学术论文 100 篇以上"等。河南城建学院图书馆 2011 年 1 月 4 日制定了"十二五"发展规划，规划中各项任务有相应指标，资源建设部分列有"2011—2015 年馆藏发展计划表"。河北大学图书馆的"十二五"规划草案从实际出发，提出"数字资源文献建设经费保持在资源建设总经费的 30% 左右并逐年提高"、"编制《河北大学图书馆馆藏家谱书目提要》"、"建设完成预答辩库的建设工作"、"各学院资料室应在 2015 年前完成所有文献数据库建库工作，纳入全校文献保障体系之中"、实行"首问责任制"等具体任务和措施。江汉大学图书馆"十二五"发展规划分为五大建设：文献信息资源保障体系建设、文献信息资源共享平台建设、知识服务体系建设、人才队伍建设、党建与思想政治建设，每个方面包括建设目标和建设内容。盐城工学院图书馆由党总支和行政共同制定"十二五"事业发展规划，2010 年 10 月 30 日完成征求意见稿，提出基础设施建设、信息资源建设、人才资源建设、服务体系建设、管理体系建设五大建设，每个方面列有具体目标和数据。上海工商外国语职业学院图书馆的"十二五"规划[3]是以"学生信息化自主学习中心"项目建设为主线，贯穿始终，并期待以此项目提升图书馆整体水平，开启图书馆服务新的模式和服务领域。

制订"十二五"规划，要抓住机遇，促进图书馆的转型。北京工商大学图书馆抓住学校由教学型大学向教学研究型大学转变这一重大机遇制定"十二五"规划，分析"十一五"期间该馆的建设规模和发展水平，与国内相关院校图书馆进行比较，找出存在的问题，提出图书馆的建设目标与任务，即努力成为与学校发展相适应的特色鲜明、高水平的教学研究型的大学图书馆，成为师生进行学习、研究和交流的综合性信息服务中心，为学校的教学、科研和人才培养提供强有力的文献信息资源保障。[4]《石家庄学院图书馆"十二五"战略规划（馆内讨论稿）》不仅遵循了规划的新型体例，对需求进行了详细分析，而且确立了使命、定位和愿景，提出了比较完整的行动计划，包括一个中心、两个面向、三个战略（服务立馆、人才兴馆、科技强馆）、四个特色、五个方面和六大工程。该馆在总体规划下还制订有 10 个子规划，包括《图书馆"十二五"党建工作发展规划》《图书馆"十二五"文化建设规划》《图书馆"十二五"图情学科建设规划》《图书馆"十二五"内部管理体制改革》《图书馆"十二五"文献资源建设发展规划》《图书馆"十二五"功能布局规划》《图书馆"十二五"读者服务规划》《图书馆"十二五"数字图书馆建设规划》《图书馆"十二五"技术设备发展规划》《图书馆"十二五"读者管理发展规划》。北京农业职业学院图书馆制定了内容较为全面的"十二五"规划,涉及指导思想、发展定位和目标、重点工作任务等内容,具体包括文献资源体系建设、数字图书馆建设、馆员队伍建设、学科馆员服务工作、资源和服务共享体系建设、优化功能和提高现代化水平等方面,并将资源建设、图书馆服务、人才培养作为重点工作进行了详细的描述。

2. 制订中长期规划和专项规划

云南民族大学图书馆在"十一五"规划基础上,于 2007 年 12 月 21 日制定了《云南民族大学图书馆 2007—2015 年发展规划》,提出"把云南民族大学图书馆建成现代型、学术型、特色明显、开放文明的省内一流大学图书馆,名列全国民族高校前茅的图书馆"和文献资源建设、现代化设备和服务手段建设、学科建设、队伍建设四大任务和保障措施,并将"十一五"规划和"2007—2015"规划在图书馆网站上发布,起到了公示宣传作用。浙江工业大学图书馆在学校"(2011—2020 年)中长期发展规划纲要"的推动下制定了本馆的 2011 至 2020 年建设发展规划纲要,还总结经验,发表两篇论文。[5]吉首大学图书馆结合学校 2011 至 2020 年的发展需求,制定并在网上发布了《吉首大学图书馆 2011—2020 年发展规划》,提出"到 2020 年将我校文献的保障率提高到同类高校的最高水平,努力实现文献保障实践与信息组织理论研究齐头并进,建成具有鲜明馆藏特色,省内优势品牌的省属高水平大学图书馆"的总体战略目标和规模、结构、质量方面的具体目标。2007 年东南大学新校区新馆(李文正图书馆)落成启用,图书馆需要重新梳理理念、定位目标,制定发展战略。在制定"十二五"发展规划之前,该馆于 2010 年 3 月制定了《东南大学图书馆中长期发展规划(2010—2020 年)》,确定了图书馆的使命和愿景,以"满足用户的多样性信息需求,支撑大学的研究、教学和学习,促进大学的知识创建、共享、保存及文化传承"为使命,以"提供优质的信息资源、便捷的服务,成为文献信息中心、知识共享中心和文化活动中心,建设与东南大学地位相适应的、有特色的、现代化、研究型大学图书馆"为愿景,还提出了办馆理念和总体思路,列举了未来 10 年的五大目标和五大策略。这一中长期规划和"十二五"规划相互配合,形成图书馆的规划体系。

北京大学图书馆于 2010 年 7 月推出了"北京大学文献资源体系战略规划纲要(2010—2020)",2010 年 12 月,由学校发布文件并召开大会,正式成立了由校领导、学校职能部门负责人、校外专家、院系领导和教师代表、总图书馆领导及其部门负责人、分馆负责人等组成的北京大学文献信息资源战略发展委员会和北京大学图书馆工作委员会,并起草、讨论、修改和审核了北京大学图书馆中长期战略规划,即《北京大学文献信息资源体系中长期发展规划纲要(2010—2020)》。该规划确定了建设目标与原则、七大建设任务，制定了分三阶段实施的方案，提出了保障措施。此外，中南民族大学图书馆还专门制订了《中南民族大学图书馆"十二五"科研工作发展规划》并在网上发布，提出图书馆科研工作的目标、发展重点和方向以及措施，反映该馆将科研工作放在了重要地位。

四、专业图书馆的"十二五"规划制定

据 2011 年 2 月科学出版社出版的《中国专业图书馆发展报告 2010》显示，专业图书馆积极调研，开展"十二五"规划的相关工作。如中国医学科学院图书馆在系统调研和论证的基础上，研究制定所馆人才队伍建设"十二五"规划；中国中医科学院图书馆做好文献资源的建设规划，创新服务模式；解放军医学图书馆完成图书馆"十二五"发展规划专题调研工作，深入研究复合馆藏资源建设等重点工作，理清了图书馆发展思路。在 2011 年 8 月召开的中国图书馆学会专业图书馆分会学术年会上，国家科技图书文献中心副主任吴波尔介绍了 NSTL 的"十二五"发展规划，与会代表交流了图书馆"十二五"规划、数字图书馆未来发展趋势、未来科技信息服务模式等方面的进展和思考。

中国科学院国家科学图书馆制订了 2010—2015 战略规划，根据 2010 年 9 月 13 日张晓林馆长的报告《加强战略型创新，跃升关键支撑能力——关于国科图"十二五"规划思路的思考》，提出需求驱动、愿景驱动的战略规划和"从数字图书馆到 eKnowledge"的战略目标，其开展战略规划的经验是采取了环境与趋势扫描、专题战略研究、关键瓶颈问题凝练及解决方案可行性研究等主要步骤与方法。院党组原则通过《中国科学院文献情报系统"十二五"发展规划》，提出了"十二五"期间全院文献情报工作要着重突破的重点有：一是要重点突破数字知识资源的基础设施能力，建立数字知识资源体系和数字知识发现服务平台；二是要重点突破科技发展态势监测与集成分析能力，建立可靠、权威、普惠的科技态势监测分析平台；三是要重点突破研究所一线的知识化信息服务能力，实现研究所文献情报服务的全面转型。

中国社会科学院图书馆于 2010 年 12 月制订了《中国社会科学院图书馆"十二五"（2011—2015）信息化建设规划》，分"十一五"发展回顾、"十二五"信息化规划、中国社会科学院数字图书馆工程、信息化建设项目、名网建设 5 个部分，提出院图书馆"十二五"信息化建设将以满足中国社会科学院及全国哲学社会科学界的科研需求为总体目标，以"国家社会科学数字图书馆"信息化建设项目为龙头，以科技创新为动力，以服务科研为导向，充分利用现有资源，依托院馆、各分馆和所

馆,加快发展。提出要进一步加强数字资源的建设,加大数字资源保障力度,优化资源配置,突出信息资源的服务功能;加快应用系统的开发利用,继续推动新技术在图书馆的应用与推广;开展"名网"建设,增强图书馆的宣传和服务能力;继续强化信息化基础设施建设,为数字图书馆建设搭建技术支撑平台;高度重视信息安全;加强对信息化人才的培养和引进工作,激励人才发展,为全面提升院图书馆信息化水平做出贡献。该规划对于信息化项目任务列举详细,突出了重点工作。

第二节　全国和地区图书馆事业"十二五"规划

一、全国图书馆事业"十二五"规划

1. 全国公共图书馆"十二五"规划

按照文化部有关部署,经社会文化司研究决定,由社会文化司牵头,深圳市文体旅游局、公共图书馆研究院共同参与,并主要依托公共图书馆研究院这个基地,集中全国图书馆界的专家、学者、管理者的智慧和力量,编制《公共图书馆事业发展"十二五"规划》(以下简称《规划》)。为此,成立了由文化部社文司于群司长任组长,社文司巡视员刘小琴、深圳市文体旅游局副局长陈新亮、深圳图书馆馆长吴晞任副组长的课题组。该"规划"草案的编制工作于 2010 年 3 月份正式启动,4 月在深圳召开"全国公共图书馆'十二五'发展规划座谈会",7 月底如期完成了草案(初稿)并上报文化部社文司。[6]

2011 年 2 月,文化部社会文化司委托国家图书馆研究院围绕国家公共文化服务体系建设的总体部署,结合我国公共图书馆事业发展的现实情况,对《规划》(初稿)做进一步修改和完善。4 月,文化部社会文化司召开"公益性数字文化建设暨全国公共图书馆事业发展'十二五'规划专家座谈会",就《规划》提出的事业发展总体思路、关键发展指标及重点任务部署等问题进一步征求各界专家的意见和建议。在此基础上,文化部社会文化司和国家图书馆研究院于 2011 年 9 月完成《规划(征求意见稿)》,并经由文化部办公厅向全国及文化部有关司局广泛征求意见。此后,文化部社会文化司会同国家图书馆根据各方意见对《规划》再次进行修订。[7]在 2011 年 10 月 26 日贵阳召开的全国公共图书馆工作会议上,文化部社会文化司巡视员刘小琴就《全国公共图书馆事业发展"十二五"规划》编制的必要性、"十二五"时期公共图书馆事业发展基础和"规划"的主要内容等做了说明。

《规划》紧扣"公共图书馆服务体系"这一主线,在内容框架上包括公共图书馆事业的发展基础、总体思路、重点任务和保障措施 4 个部分。《规划》通过确立发展

目标、重点领域分项目标、重点任务等三个层次,明确了"十二五"时期公共图书馆事业发展的战略重点。在"逐步建立覆盖城乡、结构合理、方便快捷、惠及全民的服务网络","带动全国图书馆事业发展,使公共图书馆在公共文化服务体系和公共数字文化建设中发挥主体作用,使公共图书馆成为人民群众基本文化需求的重要阵地"发展目标基础上,针对当前存在的问题提出了7个方面的分项发展目标。还提出了十个方面的战略重点,包括:制度规范建设、设施网络建设、公共数字文化建设与服务、传统文化典籍保存与保护、文献信息资源保障体系建设、公共文化产品和服务供给、新技术研究与应用、科研规划与管理、人才队伍建设、国内外交流与合作。《规划》在提出定性发展目标的基础上,通过测算,提出了"十二五"期间公共图书馆事业发展的一系列量化指标,共计9个方面16个量化指标。

这是我国第一次组织编制全国公共图书馆事业发展的中长期规划,对指导未来5年公共图书馆事业的发展具有十分重要的意义。

2. 高校 CADLIS 和 CASHL "十二五" 规划

教育部"九五·211"公共服务体系的重要建设项目"中国高等教育文献保障体系"(CALIS)于"十五"期间与"中英文图书数字化国际合作计划"(CADAL)一起合并为"中国高等教育数字化图书馆"(CADLIS),经过"十五"、"十一五"的建设,已发展成为全国高校图书馆数字化联盟。CADLIS 项目在建设的同时撰写了《国家重大信息化工程建设规划(2011—2015)高等教育数字图书馆项目建设规划概要》,于 2010 年 8 月正式提交教育部。这一规划明确了"十二五"CADLIS 项目包括 CALIS、CADAL 两个专题,建设将分为 2011—2012、2012—2014、2014—2015 三个阶段,建设内容延续前三期的工作,包括标准规范体系建设、基础设施建设、资源数据库建设、数字图书馆应用系统建设、运行服务体系建设、安全保障体系建设、人力资源与培训体系建设 7 个方面。此外,"中国高校人文社会科学文献中心"(CASHL)2010 年制定了《CASHL 中长期发展计划(2010—2020):实现"国家人文社会科学信息资源平台"的战略目标》,其基本框架包括:序言、指导思想、战略目标、建设任务、组织实施 5 个部分。[8]

3. 国家科技图书文献中心 "十二五" 规划

国家科技图书文献中心(NSTL)2009 年经过对苏州、兰州、重庆、广东等多省(市)图书馆的调研考察及多次会议讨论和征求意见,初步形成国家科技图书文献中心的"十二五"发展规划初稿。在 2011 年 5 月"图书情报机构发展战略与未来"专题研讨会上,孟连生研究馆员详细介绍了国家科技图书文献中心的发展战略。NSTL 规划提出"十二五"发展目标是:全面加强国家科技信息资源建设,基本建成数字时代的国家科技文献信息资源战略保障基地;建设覆盖全国、分工协同的普惠化科技文献服务体系,成为国家科技文献信息集成服务枢纽和知识化服务中心,形成针对国家、行业和地区重大需求的联合服务机制;建设成为国家科技文献信息服务发展的支持中心,切实提高科技信息服务能力及可持续发展能力,初步形成基于数字内容环境的知识化资源平台和技术系统。

4. 中国图书馆学会"十二五"规划

在 2010 年 3 月 25 至 26 日中国图书馆学会八届二次常务理事会暨八届二次理事会上,学会秘书处作了《中国图书馆学会"十二五"规划起草提纲》的说明,理事们非常关注学会"十二五"规划的制订,对规划的内容进行了探讨。大家认为学会的"十二五"规划要与国家的图书馆事业和文化事业发展相结合,要起到推动图书馆事业发展的重要指导作用。

由中国图书馆学会秘书处起草的《中国图书馆学会"十二五"规划纲要》,于 2011 年 8 月 31 日经中国图书馆学会八届八次常务理事会审议通过。该规划提出了"十二五"期间的指导方针、工作目标和"十二五"时期工作的 9 个主要方面:充分发挥决策咨询作用,积极协助推进公共数字文化建设,推动图书馆事业的法治化和规范化进程;充分发挥行业联络与协调作用,通过策划或参与重大项目促进我国图书馆业界的整体协作与发展;提升学术研究与交流平台,推动学科建设与发展;强化图书馆的导读和社会教育功能,引导业界在科普宣传与全民阅读上发挥作用;加强对外(对台港澳)的交流与合作,扩大我国图书馆在国际图书馆界的影响力和话语权;以服务会员为中心,切实加强学会自身组织建设和内部机制建设;提升宣传推广能力,塑造图书馆的良好形象,增强图书馆对社会公众的吸引力;为新技术的推广应用提供平台,改善图书馆服务能力,加速图书馆现代化步伐;加强人才队伍建设,提高图书馆员的职业化水平,为我国图书馆事业的发展提供智力支持。这一规划经过了反复讨论,突出学会工作的重点,明确了未来的方向。

5. 研讨交流

为配合全国图书馆制定"十二五"战略规划,2010 年 4 月 28 日,中国图书馆学会专业图书馆分会在中国科学院国家图书馆建馆 60 周年之际,举办"图书馆'十二五'发展规划"专家论坛,邀请的专家报告有:中国科学院国家科学图书馆馆长张晓林的"中国科学院文献情报系统'十二五'发展思路";国家科技图书文献中心主任袁海波的"国家科技文献平台建设'十二五'发展规划思路";国家图书馆副馆长陈力的"国家图书馆'十二五'发展规划思路";中国科技信息研究所总工程师武夷山的"中国科技信息研究所'十二五'发展思路";CALIS 管理中心主任朱强的"北京大学图书馆'十二五'发展规划思路"。这次论坛为各图书馆"十二五"规划的制定从理论到行业发展动态提供了参考。2011年5月27至31日,中国科学院国家科学图书馆《图书情报工作》杂志社在福州召开了以"图书情报机构发展战略与未来"为主题的第24次图书馆学情报学学术研讨会,会议邀请5位专家作专题报告:"智慧城市与'十二五'发展"(王世伟)、"图书馆战略规划模型与图书馆'十二五'规划"(柯平)、"国家科技图书文献中心的服务模式与发展战略"(孟连生)、"国外图书馆战略规划"(初景利)、"图书情报机构如何构建发展战略——以城市及区域发展战略为例"(张文德),来自全国各地的代表围绕"十二五"战略进行了学术讨论与交流。2011年8月3至6日,中国图书馆学会专业图书馆分会和中国科学院国家科学图书馆主办的以"知识服务2011:面向'十二五'的文献情报机构知识服务能力构建"为主题的2011年学术年会在新疆召开,NSTL吴波尔副主任为大会专门做"国家科技图书文献中心'十二五'发展规划"的专题报告,中国医学科学院医学信息研究所代涛所长做了"面向'十二五'的医学知识服务战略"报告,研讨将"十二五"规划引向知识服务。

二、地区图书馆事业"十二五"规划

在各级政府着力研究制定地方经济社会发展规划时,文化部门要抓住机遇,组织编制好"十二五"公共图书馆事业发展规划意义重大。江苏省文化厅社会文化处处长谷峰[9]在总结和评价江苏"十一五"公共图书馆事业发展进程的基础上,从体现"四个要求",做到"四个兼顾"入手提出江苏公共图书馆事业"十二五"发展规划的编制建议,强调各地要切实加强对规划编制的领导,立足当前,着眼未来,突出重点,抓住关键;要成立规划起草领导小组,组建得力的规划编制队伍,规范程序,依法决策;还要加强科学研究,提倡民主参与,加强调查研究,认真分析"十一五"事业发展的优势与不足,广泛听取各方的意见和建议,为科学制订规划奠定坚实基础。

山西省《关于"十二五"全省图书馆发展规划的建议》分"省级图书馆发展规划"和"市、县、乡、村等各级图书馆/室发展规划"两个部分,前者描述了面临的形势、5项目标、10项任务和5项保障措施;后者列举了5项发展目标、7项具体任务和5项保障措施,任务具体,有明确的指标和数据,是一个结合本地实际、叙述简明扼要且具有可操作性的规划建议。

海南省高校抓住"十二五"期间海南国际旅游岛建设将"加速度"和"上水平"的机遇,2011年初,在省教育厅的直接领导下,由省高校图工委组织专家,开展了

全省高校图书馆"十二五"发展规划的研制工作。以《国家中长期教育改革和发展规划纲要(2010—2020 年)》和《普通高等学校图书馆规程(修订)》为指导,以《普通高等学校基本办学条件指标(试行)》等系列文件为重要依据,并结合《关于推进海南国际旅游岛建设发展若干意见》《海南省国民经济和社会发展第十二个五年规划纲要》《海南省高等教育"十二五"发展规划》《海南省"十二五"科技发展规划纲要》提出的建设目标,经过充分调研与论证,对今后五年全省高校图书馆的整体建设与发展提出指导性意见。最终完成《海南省高等学校图书馆"十二五"发展规划》,并在海南省教育厅网站上发布。该规划文本包括前言、规划背景、指导思想与基本原则、发展目标和任务、保障措施、实施意见 6 个部分,在实施意见部分强调,各图书馆在各自学校的领导下,根据《规划》确定的战略目标、主要建设任务,制订本校(院)实施的具体方案和措施,分阶段、分步骤组织实施,一般情况下不能低于全省《规划》提出的各项技术指标。

由湖北省教育厅领导和投资建设的全省高校文献资源共建共享服务系统 2010年 1 月 7 日顺利通过了项目一期建设验收,为了在一期建设成果的基础上进一步提高全省高校文献资源保障水平、提升省数图两个数据中心的服务能力、加强对成员馆的服务力度,湖北省高等学校数字图书馆管理中心提出了《湖北省高等学校数字图书馆"十二五"发展规划》,2011 年 11 月 16 日,湖北省教育厅组织召开论证会,通过了专家论证。

天津高等教育文献信息中心(TALIS)在"十一五"期间发布了《天津市教育信息化"十一五"投资规划方案——高校数字化图书馆建设》。"十二五"前,天津高等教育文献信息中心为提升规划水平,组织了 19 所高校图书馆的馆长共商天津高校数字化图书馆建设"十二五"规划。在此基础上,天津高等教育文献信息中心与南开大学"图书馆战略规划"国家重点项目课题组合作,将 TALIS"十二五"发展规划研究纳入国家重点项目"图书馆战略规划"的子课题,课题组提供"规划流程"、"规划组织"、"规划影响因素"、"规划文本"四个模型理论指导和国内外百余份参考资料,完成了《天津市高等教育文献保障体系"十二五"发展规划(草案)》,文本大纲包括"前言、现状与需求分析、指导思想与总体目标、具体目标与重点任务、实施策略"五大部分,该规划文本编制规范、具有操作性。

地方图书馆学会中也有一些制订了"十二五"规划,如 2011 年 1 月 14 日四川省图书馆学会第七次会员代表大会上推出了《四川省图书馆学会"十二五"规划》;常德市图书馆学会 2010 年制订了《常德市图书馆学会"十二五"规划起草提纲》,2011 年 2 月 18 日在常德市图书馆网站发布。

第三节　图书馆"十二五"规划存在的问题

2011 年我国图书馆"十二五"规划制定已经取得一定成就,并在持续开展中,但是仍然存在一些不容忽视的问题。

一、对图书馆战略规划的重视和认识不够

从整体看,目前我国图书馆开展"十二五"战略规划制定活动有三种情况:第一种情况是高度重视战略规划制定,致力于比较完整的战略规划,如国家图书馆、广州图书馆等。第二种情况是对发展计划比较重视,参照"十一五"规划,总结成就,分析现状,继而提出"十二五"阶段图书馆发展的主要思路(或目标)。这类规划缺乏具体的目标和任务,缺乏具有可操作的对策措施,但指明了战略发展方向,具有战略上的指导性。第三种情况是对规划缺乏重视和认识,没有及时进行规划活动。调查发现,大部分图书馆没有制定战略规划或没有考虑战略规划。没有进行战略规划活动的主要原因是"最近很忙"、"暂没有时间"、"人手暂时不足"等。

图书馆没有进行"十二五"战略规划制定的根本原因首先是认识问题,一些图书馆领导层并未深刻认识到开展"规划"工作的重要性和迫切性,或者随意应付了事,工作未落到实处;有些图书馆错误地将"规划"与工作计划、工作任务画上等号,将"规划"降格为一个一个的具体目标与日程事务。当然,也有一些图书馆曾考虑过制定规划,却不知道从何入手,因而徘徊不前。

在图书馆"十二五"规划中,得力的组织十分重要,然而,由于缺乏充分的认识,在一些制订"十二五"规划的图书馆,整个过程中没有成立专门的战略规划部门,规划制定参与人员较为单一。

二、规划名称不统一、不规范

国外图书馆战略规划不仅在公共图书馆和高校图书馆十分普遍,而且有较为统一的名称,一般采用"Strategic Plan"。与国外相比,国内图书馆战略规划进展较为缓慢,规划名称各异,既不统一也不规范。据南开大学图书馆战略规划项目组的研究,通过网络或邮件获取的 53 份国内图书馆"十一五"(46 份)和"十二五"(7 份)规划文本中,名称为"发展规划"的最多,共 30 份,占总样本的 56.6%;名称为"建设规划"或"工作计划"的有 18 份;而名称中包含"战略规划"的样本仅有 5 份,主要是港台地区的大学图书馆或公共图书馆。[10] 表 41-1 和表 41-2 中共列出 30

份"十二五"规划文本,以"发展规划"或"发展规划纲要"、"发展规划大纲"为标题的达到 23 份,占 76.6%,而采用"战略规划"名称的只有 1 份(《石家庄学院图书馆"十二五"战略规划》),说明在我国还缺乏战略规划概念以及使用"战略规划"术语的习惯。由此可见,当前大陆地区的图书馆战略规划还存在名称混乱、概念不清、以工作计划替代战略规划的问题,也一定程度上反映出管理行为的随意性。

三、规划制定缺乏严谨性

当前我国图书馆界战略规划缺乏理论指导,许多图书馆并未建立科学、严谨的规划分析与制定程序,按科学方法制定"十二五"规划。首先,在战略规划启动阶段,我国图书馆缺乏足够的规划主动性,多依靠上级行政主管部门要求或参照上级工作方案而制定,这就容易导致图书馆被动接受主管部门安排的发展路径,不利于图书馆的科学发展。其次,在战略规划分析阶段,国内图书馆较多地是关注"图书馆工作回顾与总结"或自身现状的简单描述,而较少或根本不涉及图书馆所处环境中的优势、劣势、机遇与威胁的分析及环境发展动态分析。在上述表 41 – 1 和表 41 – 2 的 30 份"十二五"规划文本中,有 9 份文本中没有"十一五"回顾,大部分文本虽有回顾部分,但也存在不规范的问题,有的类似于工作总结或成绩的列举,有的只是做了简单的工作回顾;有 20 份文本没有环境扫描,在有环境扫描的文本中,大多为现状描述,而不是运用战略分析工作做较为详尽的环境分析。有的"十二五"规划虽然有详细的目标任务,但对于环境的分析特别简单,对于发展成就和存在问题一笔带过,对发展形势也是轻描淡写,未形成从环境扫描到目标制订的文本结构。

大多数图书馆的整个规划过程,从启动到最后文本形成,未将读者调研和环境分析贯穿始末,这样使得战略规划制定容易与动态变化环境及读者需求相脱节。这反映出我国图书馆界缺乏战略分析意识,缺乏战略环境动态分析的方法和过程,战略规划能力较差,从而影响了战略规划水平。

四、规划文本模式有待规范

判断一份战略规划文本是否规范,不仅看它的内容体系是否全面、系统,还要关注文本的内容结构、外部特征是否科学规范。

目前战略规划文本内容的全面性、协调性、可行性有待提高。在"十二五"规划中,大多数文本内容不够全面。当前国内图书馆"十二五"发展规划内容较多地关注图书馆发展历程、制定背景、指导思想、发展目标、实施策略等,在具体战略内容上更多的是关注图书馆自身建设,涉及图书馆建设、设施条件改善、信息资源建设、数据库、读者服务、图书馆员队伍建设等诸方面,而对体现前瞻性、长远发展前景的使命、愿景和组织管理、薪酬管理等战略保障内容几乎没有涉及。

此外,现有规划文本大多沿用了传统的文本结构。在上述表41-1和表41-2的30份"十二五"规划文本中,大多数文本基本是以"指导思想—发展历程—发展目标—主要任务"或"图书馆现状(或'十一五'回顾)—发展目标—主要任务"的结构方式呈现。使命、愿景是战略规划的必备要素,然而大部分"十二五"规划文本都没有使命、愿景陈述,在30份图书馆"十二五"规划文本中,只有3份有使命陈述,3份有愿景陈述,2份同时有使命和愿景陈述。由此可见,图书馆建立组织的使命和愿景,不仅仅是文本标准化的需要,也是我国图书馆更新战略观念,在战略管理上赶上国外先进图书馆管理水平的需要。

五、目标任务体系缺乏可操作性和评价指标

图书馆战略规划是一个逻辑严密的目标体系,前瞻性目标和具体实施目标、定性目标与量化目标设置必须协调。然而,在当前我国图书馆已有的"十二五"规划中,虽然大多数都有目标和任务部分,但较多地涉及图书馆未来5年达到的具体目标或是5年工作任务的文字表述,而很少涉及图书馆长远发展目标。图书馆战略规划是图书馆未来蓝图,既包括近期可实现的具体目标,也需要适当加入引导图书馆长远发展和激发员工工作激情的前瞻性目标。

文本中目标体系的构建是逐步实现总体目标的有效路径,而当前图书馆"十二五"规划中的目标体系多数以"发展目标—主要任务"的形式呈现,很少以标准的战略规划目标体系中"战略重点—目标—任务—行动计划"的逐层递进、细化的方式呈现,相应地还缺少具体的任务分解、人员配置和进度安排等。此外,还缺乏规划的评价因素,在调查的30份文本中,只有2份有较详细的评价指标,其他文本均没有考虑规划实施后的评估问题。这样,就使得战略规划制定与实施相脱节,影响了战略规划后期顺利、有效的实施。

六、规划的宣传推广薄弱

规划的最终文本呈现方式较为简单。在调查获得的图书馆"十二五"规划文本中,全部文本都是以 PDF 或 Word 的方式简单呈现,缺少精美、简洁的宣传册或文本简册,不利于战略规划文本的有效推广和引起上级行政主管部门的重视。同时,文本正文只是采用单一的文字论述,而缺少表格或插图,使得文本呆板、缺少吸

引力。

战略规划制定后不仅要让全馆认同,而且要让读者和社会了解。然而,大多数图书馆没有宣传推广意识,忽视了文本的发布和宣传环节。根据赵益民2010年对中外528个图书馆网站发布图书馆战略规划情况的调查,在没有发布规划文本的网站中,国外只有73个,占39.46%,而国内达到285个,占83.09%;在拥有规划文本的网站中,国外网站有111个规划,占60.11%,而国内只有38个,仅占11.08%,中外图书馆战略规划网上发布差距极为明显。上述表41-1和表41-2的30份文本中,也只有16份在网上发布,还有许多图书馆将"十二五"规划作为内部资料,强调保密和不外传,或者只在校内或本地小范围内传播,这说明,我国还有相当一部分图书馆没有充分认识到公开图书馆规划等信息的重要性,我国图书馆战略规划的宣传推广工作任重而道远。

第四节 图书馆战略规划的理论指导

一、关于图书馆战略规划的理论研究

近几年来,图书馆管理理论的重大进步在于从人们热衷于图书馆战略的宏观研究发展到对图书馆战略规划的专门研究,图书馆战略规划成为新的研究热点,产生了一批有影响的代表性人物和代表性研究成果。中国科学院孙坦副馆长组织研究生进行了国外图书馆战略规划的研究,《图书馆建设》杂志2009年第10期专题发表了4篇论文,从体例、环境定位、资源建设等方面探讨了国外图书馆战略规划的构成情况及其对我国的启示;2011年又在《图书馆建设》第10期发表了《关于图书馆战略规划的几点思考与讨论》。华南师范大学盛小平考察了大学图书馆战略规划的框架及流程,发表了两篇文章。[11]

目前国内外图书馆战略规划实践活动已逐步获得推广并日益走向成熟,普遍呈现出编制主体趋于多元化、内容体例规范化、运行保障系统化等趋势。但是相对而言,国内各级各类图书馆的战略规划实践活动在这些方面仍然存在不同程度的落后情形。[12]相比于实践领域的红火,图书馆战略规划的理论研究却蹒跚难行,国内外相关理论研究方面主要集中于战略方面。国家图书馆研究院近几年瞄准战略研究,组织了重大项目《国家图书馆数字战略研究》,其最终成果2011年出版。[13]

在图书馆战略规划理论方面,最引人关注的是南开大学柯平及其课题组的战略规划研究。2008年柯平主持申报的"公共文化服务体系中的图书馆战略规划模型与实证研究"被批准立项为国家社会科学基金重点立项(项目编号:08ATQ001),

该课题组第一次在我国进行了图书馆战略规划的系统研究,2009 至 2010 年进行了对全国 29 个省的大规模调查,获得有效问卷 2198 份。2009 年在《图书情报工作》第 17 期发表"公共文化服务:图书馆的战略选择"专题论文,2010 年在《山东图书馆学刊》第 3 期、《图书情报工作》第 15 期分别发表了"图书馆战略规划研究"、"公共图书馆战略规划研究"两个专题的论文。2011 年该课题组完成了适合中国各类型图书馆应用的四个战略规划模型:战略规划流程模型、组织模型、影响因素模型和文本模型。在《图书情报知识》2011 年第 4 期以"图书馆战略规划模型研究"为专题发表了 4 篇论文《图书馆战略规划流程模型研究》《图书馆战略规划组织结构模型的构建》《图书馆战略规划影响因素模型实证分析》《图书馆战略规划文本模型的构建》。2011 年 7 月,该课题组还推出了基于模型、适合我国的《图书馆战略规划编制指南》,[14]《指南》的框架结构由前言、战略准备与启动、战略分析、战略制定、规划文本的编制与发布、战略实施与评价 5 部分组成,是指导我国各类型图书馆编制战略规划的第一部指南。

2011 年图书馆战略规划研究的亮点,除了柯平等的研究成果,还有两位图书馆学博士的研究贡献。云南师范大学图书馆研究馆员赵益民发表的《国内外图书馆的战略规划发展历程》《基于网络调查的国内外图书馆战略规划现状研究》《基于内容分析的图书馆战略规划文本编制研究》《基于专家调查的我国图书馆战略规划理想预期》《基于实证分析的图书馆战略规划流程设计》等系列论文,他在2010 年完成的博士学位论文基础上,于 2011 年 5 月出版了《图书馆战略规划流程研究》,[15] 是我国第一部图书馆战略规划理论专著。东北师范大学计算机科学与信息技术学院教师陈昊琳 2011 年完成了《公共图书馆战略制定影响因素研究》博士学位论文,还发表了《美国公共图书馆战略规划制定对我国的启示:一种基于文本分析的研究》等系列论文。

2011 年,一些图书馆员积极参与战略规划理论研究,发表研究成果。战略监控是战略管理的重要组成部分,战略规划执行力是战略目标实现的关键,兰州大学图书馆刘勐等[16]探讨了战略监控与图书馆战略规划执行力的关系以及图书馆现行战略监控存在的问题,在此基础上构建和分析了基于综合监控的图书馆战略规划流程,为提高图书馆战略规划执行力提供了一种新思路。刘勐等[17]还指出当前图书馆战略规划制定存在的诸多问题,并从服务至上、以人为本、环境分析、要素优化等方面提出了制定战略规划的策略。

二、关于图书馆"十二五"和中长期规划的指导研究

上海图书馆学会理事长王世伟 2010 年发表了两篇论文,其中《我国公共图书馆"十二五"发展战略重点》一文中提出我国公共图书馆"十二五"发展的六大战略重点:实现公共文化服务体系从量的发展到质的提升、注重多元化文献保障体系的建立和完善、着力公共图书馆核心层的人力资源建设、以新技术的运用为切入点创新公共图书馆的管理和服务、推动制度建设实现公共图书馆的科学长效管理、重视图书馆新老建筑的节能减排实现低碳的文化服务环境。[18]在《公共图书馆制定"十二五"规划的思考与方法》一文中,他提出了公共图书馆规划编制的思路与方法,一是编制开始,情报先行;二是上下互动,即采取自上而下、自下而上的方法;三是内外结合,体现了开门编制规划的思路;四是突出重点,要坚持人才为本的强馆之基,文献为根的强馆之本,技术为要的兴馆之策,服务为重的兴馆之路;五是措施落地,将开创性、艰韧性和可操作性的三性有机地统一起来;六是明晰简约,从指导思想到工作方针,从战略目标到发展任务,再到保障措施和组织领导,这种几近八股式的规划体例并不适合所有层级的公共图书馆。[19]这些意见和方法切中我国公共图书馆规划工作要害,有很强的针对性和指导性。

柯平等 2011 年在《关于图书馆"十二五"战略规划的若干思考》一文中,从科学研究和战略规范的角度,提出图书馆"十二五"战略规划的制定首先要体现其科学性,只有科学的战略规划才能够对图书馆实践具有指导作用,强调了四个方面,一是名称的科学性,建议统称为图书馆"十二五"战略规划为宜;二是制定流程的科学性,按战略规划启动与准备、战略规划分析、图书馆战略规划制定三个阶段进行;三是组织的科学性,借鉴国外图书馆经验,成立战略规划委员会,对整个战略规划的制定过程进行监督与领导,并在战略规划委员会下成立专门的战略规划编制小组,负责环境调研、需求分析等具体工作,为图书馆战略规划提供组织保障;四是文本的科学性,文本的外部特征和内容要素,既要借鉴外国经验,也要符合我国国情。还提出加强对图书馆战略规划的分类指导,针对国家图书馆、公共图书馆、高校图书馆的"十二五"规划,提出了具体指导意见。[20]

针对图书馆"十二五"规划和中长期规划,陈灏和柳建华提出图书馆"十二五"的制定需要从馆领导到员工的全员参与,群策群力,运用"内容分析法",可以构建出图书馆未来发展"十二五"规划的框架。[21]西北大学车凯龙和吴旻提到,[22]西北大学图书馆在确定人才强馆、特色馆藏、开放交流三大战略的基础上,提出了西北大学图书馆中长期发展的总目标,随后又细化了"十二五"和 2020 年要达到的具体目标,并认为规划既要有定性描述,又要有定量分解,使得规划更具可操作性。

我国图书馆制定"十二五"规划处于图书馆向战略管理理论与实践迈进的重要时期,理论研究发挥了一定的作用。然后,随着"十二五"规划制定的接近尾声,图书馆界一方面要重视"十二五"规划的实施,另一方面要提前考虑"十三五"规划的编制,吸取"十二五"规划制定的经验和教训。

图书馆制订战略规划不应当只是临时性的突击应付,也不能为规划而规划,而应该成为图书馆的一项常规工作。未来的图书馆战略规划工作更加迫切地需要理论研究和实践指导,图书馆理论界要继续重视战略规划理论研究,建立科学的图书馆战略规划理论,特别是要推出符合我国图书馆发展需要的战略规划指导性方法和整体性操作方案,以指导全国各类型图书馆。理论与实践的结合,图书馆学界与各图书馆的共同努力,将使未来图书馆战略规划提高到一个新的水平。

参考文献

[1] 方家忠.略论图书馆发展规划的制订——以广州图书馆为例[J].图书馆论坛,2011(2):58-60,171

[2] 张兵.科学编制图书馆"十二五"规划 引领高校校园文化发展——以武汉商业服务学院图书馆为例[J].湖北成人教育学院学报,2011(6):44-46

[3] 刘青芬.学生信息化自主学习中心——上海工商外国语职业学院图书馆"十二五"规划[J].上海高校图书情报工作研究,2011(3):15-16

[4] 张国臣.转型期高校图书馆"十二五"规划的实践与思考——以北京工商大学图书馆为例[J].图书情报工作,2011(S2):20-22,109

[5] 张根彬,何立民.关于大学图书馆发展战略规划的若干思考——结合制订我校图书馆中长期发展规划的实践[J].浙江工业大学学报(社会科学版),2011(3):296-301
卢振波.配合学校中长期发展规划,打造高水平大学图书馆[J].高教与经济,2011(4):9-11

[6] 温雪芳.谋划未来五年发展,迎接新的机遇挑战——《全国公共图书馆事业发展"十二五"规划》课题及进展[J].公共图书馆,2010(4):19-22

[7] 申晓娟,胡洁,李丹.关于"十二五"时期我国公共图书馆事业发展的战略思考——《全国公共图书馆事业发展"十二五"规划》解读[J].中国图书馆学报,2012(4):4-11

[8] 肖珑.高校图书馆战略发展规划制定的案例研究[J].图书馆建设,2011(10):21-24

[9] 谷峰.江苏公共图书馆事业"十二五"发展规划编制研究[J].新世纪图书馆,2010(4):58-59

[10] 柯平,贾东琴,李廷翰.关于图书馆"十二五"战略规划的若干思考[J].图书馆工作与研究,2011(3):4-11

[11] 盛小平.大学图书馆战略规划的几个基本问题[J].大学图书馆学报,2009(2):14-18
曾翠,盛小平.国外大学图书馆战略规划模式解析[J].图书情报工作,2010(5):131-135

[12] 李丹.图书馆战略规划实践与研究[M]//国家图书馆研究院.国内外图书馆学理论研究与实践进展(2009—2010).北京:国家图书馆出版社,2011:85-98

[13]《国家图书馆数字战略研究》课题组.国家图书馆数字战略研究[M].北京:国家图书馆出版社,2011

[14]柯平,贾东琴,何颖芳,张文亮.关于《图书馆战略规划编制指南》的若干问题[J].图书馆工作与研究,2012(3):4-10

[15]赵益民.图书馆战略规划流程研究[M].北京:国家图书馆出版社,2011

[16]刘勐,彭冀晔,胡文静.基于综合监控的图书馆战略规划执行力研究[J].图书馆理论与实践,2011(11):11-14

[17]刘勐,杨正,胡文静.图书馆战略规划制定存在的问题及其对策[J].图书馆工作与研究,2011(12):4-7

[18]王世伟.我国公共图书馆"十二五"发展战略重点[J].国家图书馆学刊,2010(3):10-12

[19]王世伟.公共图书馆制定"十二五"规划的思考与方法[J].图书馆论坛,2010(6):133

[20]柯平,贾东琴,李廷翰.关于图书馆"十二五"战略规划的若干思考[J].图书馆工作与研究,2011(3):4-11

[21]陈灏,柳建华.如何使用内容分析法做图书馆的"十二五"规划[J].现代情报,2011(4):140-144

[22]车凯龙,吴旻.对高校图书馆编制中长期发展规划的思考[J].晋图学刊,2011(5):33-36

（执笔人:柯平　张红岩　柯岚馨　李庆红）

第四十二章　我国图书馆学理论研究

2011年,我国图书馆学理论研究成果异彩纷呈,创新性研究成果层出不穷。根据中国知网(www. dlib. cnki. net)统计,收录的2011年"图书情报与数字图书馆"方面的研究成果21948项,出版著作340部(不完全统计),包括《国内外图书馆学理论研究与实践进展:2009—2010》(国家图书馆出版社,2011)这样系统深入的研究成果,表明中国图书馆学学术研究非常活跃,一定程度上反映了我国图书馆学理论研究2011年度的发展状况,记录了我国图书馆人对图书馆发展及相关问题的思考、认知、探索和不懈追求。

图书馆学理论与图书馆发展环境密切关联。党的十七届六中全会通过的《中共中央关于深化文化体制改革推动社会主义文化大发展大繁荣若干重大问题的决

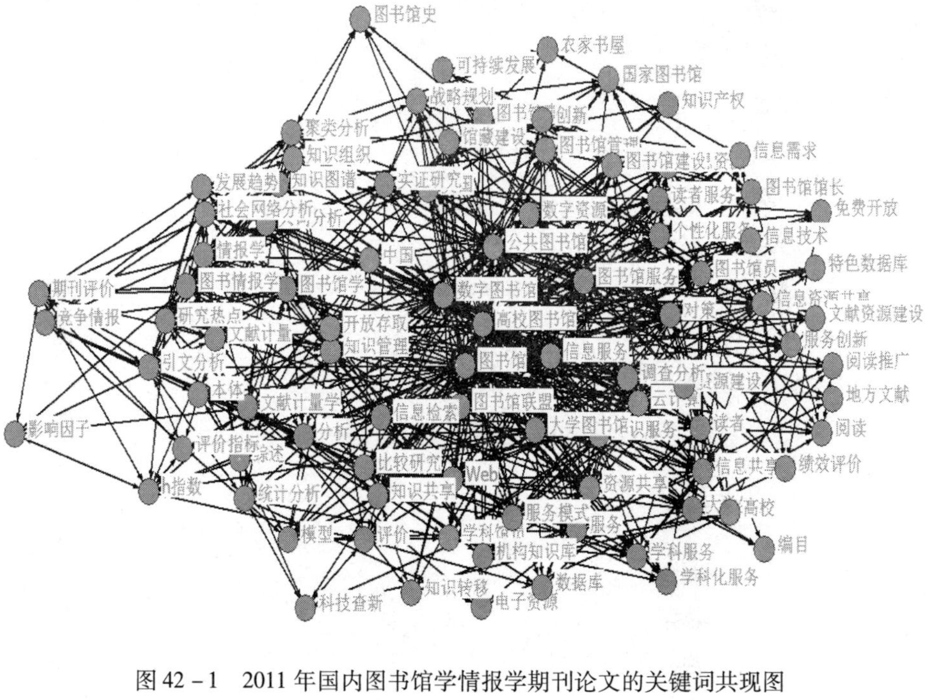

图42-1　2011年国内图书馆学情报学期刊论文的关键词共现图

定》明确指出:"科技创新是文化发展的重要引擎。要发挥文化和科技相互促进的作用,深入实施科技带动战略,增强自主创新能力。"并对促进文化与科技融合、加强文化科技创新提出了一系列具体要求和明确部署。图书馆作为公共文化事业,在推动"文化科技融合"、"文化科技创新"方面担负重要使命,也为自身创造了更加有利的发展环境和理论研究土壤。

图书馆学理论研究历来与图书馆的实践发展密切关联。丰富的研究成果也从一个侧面表明我国图书馆事业的发展水平,是对图书馆发展创新的一种深度诠释,也客观推动了图书馆实践的创新发展。为定量反映2011年国内图书馆学研究的进展,本文对CNKI数据库收录的5901条核心期刊记录数据下载,虽然数据库本身并没有覆盖全部文献,但由于选择的期刊在国内具有较高的影响力,因此很大程度上可以反映国内2011年图书情报领域的主流研究趋向。对核心期刊高频关键词进行分析,选取频次在15以上的关键词构建90×90共词矩阵。图42-1是生成的高频关键词可视化图谱。

对图42-1关键词网络及具体文献进行分析,可以看出2011年中国图书馆学理论研究涉及到诸多方面。本章从基础理论、信息资源与信息组织、读者服务、新技术应用、知识产权与图书馆法、图书馆联盟、开放获取与信息交流、不同类型图书馆的研究、图书馆学教育以及国外图书馆学理论的引进等几个方面,以2011年发表的学术论文为重点,兼及出版的学术著作,在学科发展的环境中,对这些方面的研究成果进行总结。这些成果,既是对图书馆学学科建设的重要贡献,也对推动图书馆事业发展产生了积极的影响。

第一节　图书馆学基础理论研究

图书馆学基础理论研究的使命,就是对图书馆实践和图书馆学领域的基本问题进行高度的分析、概括,进行普遍性、规律性的总结和归纳。图书馆学基础理论对图书馆实践和其他图书馆学分支学科的发展起到重要而积极的指导作用。20世纪,特别是20世纪80年代以来,经过我国几代图书馆学家的艰苦奋斗和不懈努力,我国图书馆学基础理论研究不断发展,图书馆学理论体系逐步健全,一大批具有一定影响的图书馆学基础理论的论著相继问世。其中特别值得一提的是周文俊先生与王红元编写的《中国图书馆学史稿》(北京大学出版社,2011),从理论、方法、历史等几个维度,记述了从1949年10月至1979年12月中华人民共和国成立30年来图书馆学研究和发展的成就,是周先生的一部力作,非常具有理论价值和史料价值。还有《图书馆学理论的使命与担当：第六次全国图书馆学基础理论研讨会论文集》（国家图书馆出版社，2011）共30篇文章，系统地总结和梳理新世纪10年来我国图书馆学理论研究的进展和存在的问题，探讨了当前图书馆学发展需要面对和解决的重要问题，为新信息环境下图书馆学理论的重建奠定基础，体现了当代学者对图书馆学理论的深入思考。

一、图书馆哲学

图书馆哲学（philosophy of librarianship）最早由美国图书情报学家丹顿（J. Periam Danton）于1934年在《呼唤图书馆哲学》（Plea for a philosophy of librarianship）一文中提出，而国内学者庄义逊于1984年发表了《图书馆哲学研究述评》一文，成为国内最早提及这一概念的文章。此后十几年，国内对图书馆哲学的研究一直较为冷清，仅有零星文献报道。2000年以后，这一领域的论文有所增加，然而一直未形成研究热点。[1] 关于图书馆哲学的定义，国内存在"根本问题说"、"哲学关怀说"、"实践提炼说"、"基础理论说"、"三层含义说"等。

近年来对图书馆哲学的探索与研究的定位也存在不同的看法。"哲学分支"学说、"图书馆分支"学说、"哲学图书馆交叉学科"学说、"并非独立学科"学说等观点百家争鸣。也有学者试图从"信息哲学"、"三个世界理论"、"图书馆文化图式"等方面对图书馆哲学进行剖析和讨论，为图书馆哲学理论的构架以及方法论的探索提供学术突破口和切入点，这都是对图书馆哲学研究有重要意义的探索。当前，图书馆哲学虽然代表了一个独立的研究领域，拥有独特的话题，但是目前还只局限在图书情报学领域，没有得到哲学领域学者的认可，还不能与其他哲学分支比肩并立。然而图书馆哲学是图书馆学基础理论的核心组成部分，针对图书馆哲学的探索和讨论应该成为图书馆界学者的一个重要议题。

二、图书馆社会价值

图书馆的社会价值一直是图书馆学基础理论研究中的重要内容。在图书馆学发展的过程中，一直都伴随着对图书馆社会价值的研究。在国内的研究中，针对什么是图书馆的社会价值这个问题有过比较深入的探讨。佟馨通过对图书馆社会责任的探讨，认为体现社会包容、承担社会责任都是图书馆社会价值的基本表现。[2]

图书馆具有社会价值这个问题已经得到普遍认可，因而近几年针对如何评估图书馆的社会价值的相关文献较多。陈慧鹏借助经济学中关于资源价值分类的理论，对图书馆资源系统的价值进行分类，分别进行价值评估，实现对图书馆总经济价值的货币化测定。认为图书馆的价值评估不只是对馆舍、设备、文献资源等有形资产的价值评估,更是对由多种资源共同构成的图书馆资源系统的整体评估。[3]汪徽志认为要对图书馆社会价值进行货币化测算,用以评价其产生的无形效益,揭示图书馆的真实社会价值。他通过经济学分析工具,将条件价值评估法应用于图书馆社会价值的评估,[4]对其在图书馆领域的应用发展及其经济学原理作了相关描述,系统性提出构建基于条件价值评估法的评价指标体系的方法和步骤。

三、图书馆社会责任

我国关于图书馆社会责任的研究越来越受到学者们的关注,研究论文的数量不断增加。2010 年,中国图书馆学会年会把"图书馆社会责任研究"作为分主题,图书馆界加大对社会责任的关注。

然而关于本领域的两大核心基本问题——图书馆社会责任的确切概念及其研究内容,目前尚无统一定论,针对这两方面的讨论成为本领域的研究热点及难点。研究者们试图从不同角度阐释图书馆社会责任的定义及研究内容。国际标准化组织(ISO)社会责任国际标准工作小组于 2011 年 11 月 1 日颁布的 ISO 26000 社会责任标准给出的定义是:一个组织用透明的、合乎道德规范的行为,对它的决策或者活动在社会和环境中产生的影响负责。这一定义对图书馆社会责任的界定和探讨具有借鉴意义。图书馆社会价值的研究仍然值得持续关注。

四、图书馆精神

学界对图书馆精神的研究主要集中在对图书馆精神概念的界定、图书馆精神缺失、图书馆精神的价值体现以及图书馆精神培育等方面。对什么是图书馆精神,不同的学者从各自的视角进行界定。目前学术界关于图书馆精神研究的最大问题是本质缺失,而对象的确定是通达图书馆精神本质的合理视角和研究起点。图书馆发展的历史就是图书馆精神构建的历史。通过对图书馆精神研究的梳理,可以看出无论是本质探索的尝试和努力,还是范畴归属上的论述,还没有真正揭示出图书馆精神的独特本质。[5]郭绍全认为,图书馆坚持以人为本,重视开发人的价值和潜能以及激发人的创造性,是图书馆的生机和活力所在,以人为本的人文精神是图书馆的基本精神。[6]陈文革认为,图书馆职业懈怠危害了馆员个人和图书馆事业的发展,其实质是图书馆精神缺失。[7]图书馆界应加强图书馆精神的凝练,培育图书馆精神,克服职业懈怠,从而推动图书馆事业发展。

五、图书馆评价

为进一步提高图书馆管理水平及综合效益,图书馆评价作为图书馆的管理手段得到广泛推广和应用,图书馆评价方法研究逐渐兴起。近年来,图书馆评价的对象和内容不断扩大,并且开始重视评价自身存在的问题,重视对评价主体的研究。图书馆评价从根本上讲是一个价值判断的过程,但评价的目的和结果不应局限于对图书馆某个或多个方面价值的判断,而应通过评价发现图书馆工作的优缺点并据此予以调整。[8]

宋乐平认为我国图书馆评价的研究热点和未来发展的趋势都集中于以下七个方面:图书馆服务质量评价;印刷型馆藏评价;图书馆综合评价;构建图书馆整体评价指标体系;图书馆绩效评价;电子资源评价;用户对服务的满意度评价。[9]此外,诸如数字图书馆评价、图书馆建筑和环境评价等内容的被关注度也在逐步提高。针对不同的评价内容,学者会选择不同的评价方法,如定性与定量相结合的方法、层次分析法(Analytic Hierarchy Process,简称 AHP)、网络分析法(The Analytic Network Process,简称 ANP)、用户满意度指数测评法(Customer Satisfaction Index,简称 CSI)、模糊数学评价法等。应进一步加强图书馆评价的研究与实践,通过评价找出问题,促进图书馆工作的改进。

六、图书馆危机论

图书馆发展到如今的信息时代,在诸多方面已出现了不能适应社会需要的病症,出现了前所未有的危机。学者们针对我国日益凸显的图书馆危机做了研讨,分析图书馆危机的背后根本原因主要有以下几点:人才危机、管理危机、阅读危机、服务危机。[10-11]为此,亟待图书馆推出与时俱进的新服务,[12-13]如推送服务、点对点服务、个性化定制服务等,以完善自身的功能,增加自身的生命力。此外,还存在着公共责任危机和资源危机。研究指出,有的图书馆没有很好理解和把握自己的功能,对"其使用资源的流向及其效用"不能做出有效的评价,缺乏高度的责任感和使命感,图书馆工作中仍存在失信于社会和用户的现象。还有学者认为,由于一些图书馆经费不足,特别是购书经费短缺,印本资源和电子资源的保障不足。图书馆如果没有资源基础,也就失去了服务的能力。图书馆界应树立危机意识,加强危机感,重视危机的警示意义,提高防风险的能力,将潜在危机转化为发展的动力。

七、图书馆转型理论

数字化网络化给人们的生活方式带来极大的改变,也给图书馆带来了很大的不适应。图书馆作为现代社会的知识枢纽,若想继续保持其应有的地位,就必须转型以适应更新的环境,由传统型图书馆向数字化、网络化、知识化、智能化、泛在化演变。朱开忠著《图书馆转型研究》(人民邮电出版社,2011)以图书馆转型为视角,从历史学的角度,考察了图书馆事业从古代藏书楼到近代图书馆、再到现代图书馆的转型,系统地分析和阐述了现代图书馆转型期的主要特征和主要业务。转型成为图书馆界的一个高频词,并给予热切期待。

段小虎[14]等认为,高校图书馆应以观念创新为先导,实现服务创新由"资源依赖型"、"技术支持型"向"文化主导型"的转变,同时营造鼓励创新、包容个性、宽容失败的文化氛围,顺应现代信息社会和"后评估阶段"对高校图书馆的发展要求。郑喜淑[15]则认为随着我国经济转型的加快,高校图书馆应由传统型向数字网络化的复合图书馆转型。其中管理创新转型是图书馆转型的核心,人力资源是图书馆转型的原则,学科馆员制度是图书馆转型的制度保障,建设学习型图书馆是图书馆转型的支点,文献资源整合是图书馆转型的物质基础,服务理念上的转型是图书馆转型的关键。转型的关键是图书馆和图书馆员突破物理图书馆和数字图书馆的限制,体现泛在图书馆无处不在、无时不在的服务理念,实现图书馆与科研教学过程有机嵌入。

第二节　信息资源建设与信息组织

信息资源的建设与组织是图书馆开展各项工作的基础。现代技术,尤其是新兴的计算机技术、云技术等对图书馆资源建设和信息组织都产生了深远的影响。一方面,新技术和理念的引入改变了原有的资源建设和信息组织工作的流程和方法。另一方面,新的环境同时也为图书馆带来了新的服务理念,从而产生了全新不同于以往的资源建设和信息组织概念,催生了诸如数据管理、长期保存和关联数据等新的领域。

一、文献资源建设

图书馆的文献资源建设总的趋势是合作共建、协同收藏,以降低单个图书馆资源采购与收藏的成本,为读者提供更加全面的文献保障与利用。对单个馆而言,在资源建设上必须考虑本馆的实际用途与收藏特色,注重文献资源建设的特色化,避免同质化威胁。

数字图书馆是信息技术发展的产物,其资源建设日益受到世界各国的重视,其理论研究也是学术界讨论的前沿性焦点问题。郑建明[16]等以国家数字图书馆和中国高等教育数字图书馆为例,提出当前国内数字图书馆建设模式需要协调和合作,从战略高度确立数字图书馆建设管理的实体,从而避免分散建设、各行其是,推动面向用户的数字图书馆建设。赖永波认为,移动数字图书馆是数字图书馆一个新的发展方向。[17]随着无线网络技术和3G技术的发展,移动数字图书馆的服务功能将突破现有的功能布局而趋于完善。移动化的数字图书馆将能为读者提供"随时、随地、随身"的电子信息资源交流和服务,实现信息资源的充分利用和信息资源共建共享目标。新技术特别是云技术的兴起,给关于数字图书馆资源建设的讨论注入了新的力量。

二、电子资源

电子资源是相较于传统印本资源而言的以数字化形态存在的资源。图书馆电子资源的急剧增长带来一系列的管理维护问题,电子资源管理系统应运而生。在电子资源管理系统的发展和应用过程中存在诸多挑战,如资源整合和一体化服务的挑战、系统整合的挑战、知识产权保护的挑战、系统本地化的挑战等。图书馆在选用电子资源管理系统时可遵循开放性和兼容性原则。[18]

需要加强对电子资源的评价,一方面评价已有资源的使用价值,了解这些资源为读者用户带来的实际效益到底有多少。另一方面,资源评价也是新进资源的遴选参考。而建立起一个科学的电子资源评估体系,将有利于合理、优化地建设图书馆电子资源,乃至图书馆的整体资源。然而,电子资源购置经费紧张和读者对电子资源需求程度之间的矛盾十分突出。这就需要加强对电子资源的评价,以便挑选高质量和最有价值的电子资源为读者更好地提供服务。[19]同时,平衡印本资源与电子资源的关系。

三、关联数据

关联数据是一种轻量级的语义网实现技术,其重要价值在于通过RDF数据模型,将网络上的非结构化数据和采用不同标准的结构化数据转换成遵循统一标准的结构化数据,以便机器理解。目前关联数据的发布模式有:静态发布、批量存储、调用时生成、事后转换(D2R),发布关联数据的工具包括:VoID词表、前端转换工具、OWL 及 SKOS 相关工具、Web services、Web 应用框架、CMS 及 RDFa。夏翠娟等[20]人以 Drupal 为例,介绍作为一直关注语义网技术的开源 CMS 平台,其高度模块化的架构为实现关联数据的发布打下了良好的基础。

图书馆界对关联数据的研究与应用越来越重视。关联数据将为图书馆的发展带来新的机遇,主要表现在:关联数据的核心技术为图书馆的资源集成提供保障、图书馆将自身资源发布为关联数据,提升社会价值、利用关联数据加强图书馆与教学系统间的联系。图书馆应用关联数据必须正视一些主要问题,如数据整合问题、关联数据的效用问题以及关联数据的安全性问题。[21]

四、数据管理

图书馆数据管理一般可以按照数据的来源分为两种情况:一种是管理来源于用户的信息数据,比如用户的个人信息、检索需求等等。另一种管理的数据来源于图书馆的馆藏信息或互联网资源的数据。在实际工作中,这两种数据管理往往相互融合出现。

在科研数据方面,伴随着 e-Science 浪潮的兴起,科学研究正在成为一种数据密集型行为,是数据驱动的。研究人员越来越重视对科研活动中实验数据的共享与管理。图书馆在信息服务过程中必须适应这样一种趋势,积极承担起管理科研数据的责任。在 e-Science 情境下,建立科学数据的存储获取管理机制和服务模式,实现科学数据的全面开放获取管理是图书馆服务发展的重要机遇和挑战。[22]数字图书馆实际上是"以计算机技术为基础,实现资源收藏数字化、信息加工技术标准化、信息传输与管理网络化、信息利用共享化、用户服务最大化"的一个集合体。[23]数字图书馆数据的管理与保护必须从制度落实与完善、科学管理、技术监控、用户教育等多个方面入手,确保数据的有序性、完整性和安全性。

五、数字资源长期保存

数字资源的长期保存是对目前社会或图书馆所拥有和使用的数字形态的资源进行有效保存,是为了保证数字资源长期维护和其内容长期获取的必要管理活动。通常而言这里的长期保存包括有两层含义,一是长期存储(storage),二是长期可获取(access)。

数字资源的长期保存不仅对图书馆的发展,而且对国家信息资源的保障都有着十分重要的意义。数字资源的长期保存是一个包括技术与管理的综合性工作。在技术支撑上,主要包括印本资源的数字化技术、数据存储技术,数据安全技术等。

如美国斯坦福大学工程图书馆从 2009 年开始停订纸本文献,耶鲁大学科技和医学图书馆 2010 年基本实现了 E-Only。[24]为此,就必须解决数字资源的长期保存问题。王伯秋等[25]人建议利用云存储技术解决资源长期保存中的存储问题,从而实现对资源的协同保存和高效备份,并且降低图书馆的经营成本。

第三节　用户服务

图书馆能够存在和发展源于用户的需求。用户持续上升和不断变化的需求是图书馆发展的动力和方向。及时跟踪用户的需求,图书馆才能更有效地为用户提供所需服务,向所有人提供高质量的图书情报服务是图书馆的责任所在、使命所在、价值所在。图书馆只有为用户提供所需的服务,才能彰显图书馆的地位和价值,才能体现图书馆对社会的作用和贡献。

一、嵌入式服务

传统的图书馆服务主要是在馆内进行,以图书馆为中心;而泛在图书馆环境下,图书馆为用户提供的服务是以用户及其需求为中心的,所体现的是一种嵌入式、泛在化的服务特色。[26]泛在图书馆为嵌入式馆员提供了理想的服务环境,嵌入式馆员所提供的服务可以嵌入到用户一线,或者到用户的虚拟社区,甚至还可以嵌入到用户工作、学习和日常生活中,为用户提供无所不在的即时性服务。

在面对信息环境及用户获取信息行为手段不断变化的今天,图书馆员一直致力于利用现代信息技术为读者提供优质的信息服务,图书馆为适应新的信息环境推出的一种新型服务模式[27]——嵌入式学科服务。武汉大学图书馆学科服务组从营销管理的视角出发建立以 SERVICE(S—Sincere 真诚,E—Expert 专业的素质,R—Rapid 快速的反应,V—Value 尊重用户需求,I—Interaction 与用户互动,C—Cooperate 多方合作,E—Easy 提供简便易用的学科服务与资源)为服务理念的嵌入式服务营销体系,并在师生中尝试开展了学科服务营销。[28]李文文和陈雅在研究了图书馆嵌入式服务模式的基础上,总结了我国图书馆目前所开展的嵌入式服务的四种基本模式,即基于手机的嵌入式服务模式、RSS 服务模式、社区网站服务模式和"e 划通"服务模式。[29]嵌入式的学科服务和知识服务应成为图书馆未来服务的主流模式。

二、推送服务

推送服务是图书馆信息服务中重要的组成部分,从最初的邮件推送、短信推送发展到如今的 RSS 推送、alert 紧急通报等。在短信推送服务方面,清华大学图书馆率先推出了馆藏书目信息自助短信推送服务,利用现有网络通信技术,通过在 OPAC 网页上进行信息抽取,自建网页采集读者手机号码,建立结构化数据库,利用"企信通"短信平台的数据库同步功能,实现将读者需要的书目信息发送到指定手机终端的功能。[30] 这种服务也是将集成融汇(Mashup)理念引入图书馆系统,更好地促进图书馆的主动服务,[31] 从而更方便、更快捷地满足读者需求。清华大学图书馆还设计开发了电子期刊最新目次的推送服务,该服务调用电子期刊导航系统的 Web Service 接口进行信息同步,采用定时发送和未发送文章数阈值相结合的策略,实现以彩信的形式向成功订阅的读者发送订阅期刊最新目次信息的功能。[32]

如今推送服务已经发展到根据用户的兴趣制定出抽取规则,从而形成抽取模板,自动从资源库中抽取出用户需要的信息。[33] 为了将更精准的信息推送给用户,图书馆会通过用户登记的信息和用户日常信息搜索行为等渠道挖掘其感兴趣的和需求的信息并推送给用户,从而为用户提供更好的服务。

三、参考咨询服务

当前的图书馆数字参考咨询服务特点是咨询模式多样,技术应用程度较高,但也存在着咨询效率不高及咨询人员配置不合理等状况。张立、汪浩、张秉辉针对目前图书馆虚拟参考咨询服务迅速发展的现状,将虚拟咨询统计和问卷调查数据进行梳理,提出了增加实时咨询网络、语音咨询等针对性的措施。[34] 唐娜通过"用户可感知数字参考咨询服务质量"概念模型,采用主观评估(即专家评估)和客观评估(即用户评估)相结合的两种评价方式,设计公共参考咨询网站的用户交互指标测度的专家实验和服务产出质量的用户实验。通过相关分析,得出影响图书馆参考咨询服务产出质量的公共图书馆参考咨询用户交互特性的关键因素、重要因素、一般因素和无关因素。[35] 杨宁、刘春江根据数字图书馆的快速发展及用户对图书馆服务多样性和时效性要求的提高,以 JAVA EE 开发的手机短信结合电子邮件的参考咨询服务系统为例,让用户随时随地可以通过手机短信发送问题,咨询馆员在邮件中收到该问题并回复,回复的答案将通过短信发送到用户手机,过程中短信和邮件的转换将通过系统自动完成。[36] 该系统能够充分发挥手机短信的即时性和电子邮件的简便性,使用户和咨询馆员能够不改变平时的使用习惯完成参考咨询的全部流程。

四、学科服务

近几年来,面向特定用户、面向特定学科领域以个性化、知识化为特征的学科服务正在引起国内图书馆,特别是大学图书馆的高度重视。"985 工程"大学图书馆学科服务实践现状代表了我国大学图书馆学科服务的最高发展水平。万文娟的研究发现其在组织机构、管理体制、学科馆员数量、综合素质、评价制度、激励机制、服务深度、服务广度诸多方面存在不足,应通过建立管理机制、组建学科馆员队伍、构建绩效激励体系、建设学科服务平台、深化学科服务层次等措施来完善其学科服务。[37]王群对学科服务所面临的瓶颈问题进行了分析,指出因其限于资源报道、荐购征询等外部特征的服务逐渐失去吸引力,同时人的因素也是阻碍其发展的重要原因,[38]认为要深化学科服务,需要嵌入用户环境,找到合作载体,发展合作项目,并以实践案例探索新的学科服务模式。

作为学科建设重要支撑力量的图书馆如何为学科建设提供服务是当前地方院校图书馆面临的重大课题。西华大学以本校图书馆为例,针对学校学科建设的现状,从学科服务队伍建设、界定服务对象、密切与学科用户的联系、构建学科服务平台、确定学科服务模式以及完善学科馆员制度等六个方面探讨了地方院校图书馆开展学科服务的思路,[39]为其他各大院校提供了切合实际的参考价值。

五、移动服务

随着 3G 时代的到来,图书馆移动服务的发展使用了用户,特别是年轻一代用户随时随地获取信息的需求与行为方式。国内图书馆都逐渐开始开展移动服务,但诸如移动阅读、移动参考咨询都还处在雏形阶段。[40]马大为认为可通过智能手机的诸多特点和优势,在图书馆构建一个结构合理、适合手机使用者的移动图书馆新型信息模式。该模式下,读者可通过手机使用在线参考咨询服务、手机阅读、掌上音视频服务、手机支付、手机读者卡和其他基于用户需求而进行的针对性服务。移动图书馆是利用具有移动性和交互性两个显著特性的新媒体提供移动服务的数字图书馆。[41]为了加强与 Web2.0 的结合,更好地与用户互动,郑成铭和詹庆东提出了构建服务平台、开展移动图书馆的新思路,每一项移动服务都与 Web 2.0 产生联系,让移动图书馆的读者感受到 Web 2.0 带来的交互体验。

六、基于 LIB2.0 的个性化服务

Web2.0 以用户参与和互动为特点,正在推动 LIB2.0 时代的到来。曹望虹以

Web2.0 的新视角重新审视、评估和改进了图书馆的传统服务,提出图书馆打造 Web2.0 时代优质服务的举措:关注用户,服务因用户需求而变;利用 Web2.0 技术,深化服务内涵;关注馆员,注重综合素质培养。[42]数字参考咨询 2.0 是基于网络环境下形成的一个综合技术、资源、理念和服务的开放性和社会性信息咨询与检索系统,通过基本参考咨询方式、同步数字参考咨询方式、异步数字参考咨询方式、合作数字参考咨询方式、移动参考咨询方式、3G 手机、3G 笔记本、QQ 咨询、中国移动飞信服务等完成信息互动过程。[43]数字参考咨询 2.0 的本质是为鼓励用户通过现实或虚拟的方式参与一切咨询服务。王会梅、祖芳宏和潘杏仙提出,若图书馆的信息生态系统结构和功能健康,则数字参考咨询 2.0 可开展强大的信息服务。

七、微博(博客)

近些年,博客越来越多地应用到图书馆的工作之中。作为图书馆为用户服务的辅助项目,博客因其简易性和与读者交流的及时性而备受推崇,并能帮助图书馆形成固定的读者社区。

目前,我国图书馆服务博客的建设还没有形成潮流,但已有一些博客正在产生一定的影响力,如中科院植物研究所文献信息中心的"图书馆学术交流群的 BLOG"、沈阳师范大学图书馆的"喜欢图书馆"、"义乌工商学院图书馆博客站"等。[44]还有学者专门针对博客资源的特殊性,对其进行具体编目操作的研究与探索,认为网络学术博客资源具有较高的学术参考价值,图书馆应该把这些资源纳入到自身的馆藏资源体系中。[45]西安交通大学图书馆利用博客开放、自由、共享的精神,同时结合高校图书馆学科服务信息公平与共享理念,[46]以法医学学科为背景,通过博客这个平台,开展了学科服务的应用实践。该服务整合了医学学科的各方面资源,建立对应的学科博客,将法医学学科文献系统化、专业化,以帮助法医学学科用户获取他们最需要的复合化文献资料。

第四节　新技术应用

现代信息技术和图书馆的结合,使图书馆工作发生了深刻的变化。各种新技术的出现及应用已引起图书馆界的高度关注和积极参与,但也必然引起图书馆新的变革。张晓林指出,就目前而言图书馆传统的资源和服务将继续发挥作用,但如果仅仅依赖或者局限于这些资源和服务,将把图书馆的未来置于危险的境地。对那些可能颠覆数字图书馆的破坏性技术的分析,图书馆界必须跳出我们所理解和运营的数字图书馆框架(文献的数字化、文献的组织与保存、文献的检索与传递以及围绕"如何利用图书馆"的咨询与素质教育等),关注那些可能创造新价值、开辟新市场、颠覆原有调查格局的新技术、新方法、新模式和新机制。[47]技术往往是一把双刃剑,它可能会带来前所未有的效率和质量提升,但也可能带来颠覆性影响。图书馆必须通过技术应用来解决图书馆所存在的诸多问题,通过技术的引入对图书馆进行重大的改组和变革。

一、云计算技术

云计算扩大了软硬件应用的外延及模式,为图书馆之间的信息服务、资源整合与共享提供了可能和基础。国内高校区域性、集聚性的发展也已经出现,开始尝试高校图书馆基于云架构的共建共享服务模式。[48]区域云数字图书馆的应用给图书馆的信息服务带来改变,硬件水平、软件资源、专业技术不再是限制各级各类图书馆文献服务机构发展的瓶颈,区域云数字图书馆是推动区域文献资源服务协同发展的助推器。[49]利用云计算构建的安徽省高等学校文献信息保障系统项目(ALISA)数字图书馆云服务平台,形成中心馆、分馆、本地馆三级共建共享与多馆协作的联合保障体系,实现分布式数字图书馆服务的虚拟化、资源共享与协作。[50]云图书馆为物联网的建立提供了有力的通信保障,物联网是云图书馆应用的高级阶段。基于物联网的智能"云图书馆"就是把信息资源通过物联网技术与云图书馆实现智能链接。[51]

云计算环境下数字图书馆所有设备维护及数据管理均由云服务提供商负责,数据存储安全是"云"计算环境下数字图书馆考虑的核心问题,而构建面向云计算环境的数字图书馆纵深安全防御体系才能真正实现安全的云。[52]传统数字图书馆服务与应用程序向云计算环境迁移时,要结合图书馆云用户服务需求、云基础设施资源组成与管理特点、传统数字图书馆系统结构与服务模式、云迁移的安全与经济性,确保数字图书馆云迁移的安全、高效、经济、快速。对于云图书馆一些新的用户需求与不易迁移的应用,则必须结合云系统特性与用户需求重建。[53]

二、开源软件

开源软件为图书馆提供的非商业软件的解决方案,具有高度开放、自由修改、合作开发、低成本的特性。目前,图书馆界不仅直接引入了开源软件,而且也根据业务开展的需要,自行开发了面向图书馆业务需要的开源软件。图书馆开源软件结合计算机专业领域的优势与图书馆专业知识和技术,在图书馆的应用体现了自身的价值。A.L.I.C.E.软件基于模式匹配方法,加入启发式会话规则,具有学习、推理、判断、记忆以及上下文获取等功能。清华大学图书馆基于开源软件 A.L.I.C.E.开发出实时智能聊天机器人"小图",提供参考咨询、图书搜索、自我学习等多种服务,并将其推广到社交网络。[54]

国内图书馆越来越多地使用开源软件,但还没有开源社区。建立图书馆开源社区是国内图书馆界面临的一项艰巨任务。[55]自美国北卡罗来纳州立大学(NCSU)发布基于 Endeca 的新一代 OPAC 后,国内外不少图书馆开始对 OPAC 系统进行改进和更新,在此基础之上涌现了一批具有 Web2.0 特点的新一代开源 OPAC 系统。这些新一代的开源 OPAC 系统给用户带来全新的使用体验。在七款开源 OPAC 系统中,VuFind 与 Koha 的开源社区最为活跃,并且有专门商业公司对其提供技术支持。在开源 OPAC 系统的选择上,其后续发展情况也是需要重视的一个方面。[56]针对数字图书馆开源软件评价模型,国内相关研究多停留在评价方法的探讨、宏观策略的分析、关键因素的分析、较小范围的讨论等方面,整体来说缺乏全面、细致的深入研究。QSOS 及 OpenBRR 评价模型设计目的必须着重强调对开源软件项目的质量进行评价,整个模式须注重项目进化性和健壮性的评价。[57]

三、智能化技术

社会化网络环境下,为了给用户营造一个随时随地、无处不在的网络信息利用环境,信息组织结果的社会化变得非常重要。社会大众正日益广泛地参与网络信息的创建和组织,网络信息组织朝着组织主体多元化、组织对象泛化和集成化、组织内容揭示深入化和语义关联化、组织方式人机智能综合化和组织结果传播社会化等方向发展。[58]后数字图书馆(Post Digital Library)是未来图书馆的发展趋势,也是未来人类对知识进行组织、管理与利用的必然要求。泛在知识环境是未来知识型社会的数字化信息基础设施,是数字图书馆发展的终极目标。后数字图书馆实际上就是在对传统数字图书馆以及一切社会信息资源进行充分整合的基础上,通过"泛在网络",构建的一个泛在智能、立体覆盖、无时空限制、资源共享、方便使用、超大规模的知识存取中心。[59]

Web3.0 是互联网发展的必然阶段。Web3.0 环境下,网络能够模拟人的思维方式对网络信息进行阅读和组织,能针对不同搜索用户的不同要求而调整搜索结果及信息排列顺序,使搜索更加人性化和智能化,从而直接回答用户的提问或者查询。随着全球智慧地球与智慧城市的发展,智慧图书馆(Smart Library)的理念与实践已经在国内外图书馆界有了初步的探索。智慧图书馆的外在特征是泛在,即智能技术支持下的无所不在、无时不在的人与知识、知识与知识、人与人的网络数字联系;其内在特征是以人为本的可持续发展,以满足日益增长的读者的知识需求。智慧图书馆就是对图书馆走向未来科学发展的战略认知和明智应对的具体方法,无疑是一场发展理念创新、服务技术提升、管理形态转型的革命。[60]

四、多语言技术

语言在信息交流中起着很重要的作用,信息通常只有在表达为能够理解的语言时才是有用的。多语言技术使信息技术不再局限于能够理解的语言,而且超越了语言的界限。研究和开发多语言信息资源和技术来帮助数字图书馆用户从可能相互关联的多语言信息对象中检索、浏览、认识和使用相关信息是很重要的课题。吴丹、古南辉、何大庆通过问卷调研的方式对数字图书馆用户的多语言信息需求进行调研,并对数字图书馆如何提供多语言信息服务提出了建议。[61]在知识表示方面,章成志、王惠临通过分析相关应用案例,说明多语言领域本体在数字图书馆领域的潜在应用价值,并阐述了数字图书馆环境下多语言领域本体学习的特点,由此给出面向数字图书馆应用的多语言领域本体学习基本框架与若干关键技术,提出对未来研究的展望。[62]吴丹、何大庆通过用户实验,检验用户相关反馈机制在多语言信息获取中的作用,并分析用户行为特点。[63]洪菀吟研究了信息可视化技术在多语言数字图书馆中的应用,提出了多语言检索系统的可视化界面,并构建了一个具有交互式功能的双语可视化系统原型,阐述了设计特点与未来的发展方向。[64]

第五节　知识产权与图书馆法

在数字图书馆环境下,图书馆如何既充分利用网络资源为读者提供服务,又要在法律许可范围内行事,避免引起知识产权纠纷,是数字图书馆发展过程中必须面临的严峻考验,是图书馆建设中需要解决的问题。当前国内关于数字图书馆知识产权、知识产权管理方面的研究较多,主要集中于从理论层面探讨数字图书馆存在的知识产权问题进行分析并提出解决方案。信息技术的发展使得知识产权的保护愈加困难。

一、图书馆知识产权管理

《数字图书馆资源建设和服务中的知识产权保护政策指南》在 2010 年 7 月 26 日的"2010 年中国图书馆学会年会"上正式发布。该指南旨在处理好公益性服务和商业性运营的关系、知识产权保护和知识传播服务的关系、政策指南和学术论文的关系、保护他人知识产权和保护自主知识产权的关系。张彦博、罗云川、王芬林从政策指南制定的目的、依据、范围和原则,知识产权保护实际工作的操作步骤,数字图书馆资源建设中的知识产权保护,数字资源提供服务过程中的知识产权保护以及相关的管理工作等方面对政策指南进行解读。[65]可以预见,同属公民基本权利的知识产权和图书馆权利,随着社会不断进步和科学技术长足发展,必将在权利限制和合理使用的动态变化中,不断取得新的利益平衡和协调发展,现代图书馆在维护知识产权人和社会公众的合法权益中的重要作用也将得以充分发挥。[66]

风险管理是研究风险发生规律和风险控制技术的新兴管理学科,风险识别是数字图书馆知识产权风险管理的基础和前提。数字图书馆知识产权风险管理问题在图书馆界并没有进行系统的研究,尚处于研究的初级阶段,具有很高的研究价值和实践意义。[67]张文德、李婵采用等级全息建模法(HHM)的原理和方法从数字图书馆的建设流程、数字图书馆的资源、风险对象、风险范围、风险层次、项目管理等六个子域描述复杂的数字图书馆的管理,建立了数字图书馆知识产权风险识别模型。[68]基于图书馆知识产权风险的复杂性和不稳定性,在评估其风险的时候要综合考虑各方面相关的因素,根据图书馆知识产权风险的类型,并结合外部环境因素,判断并确定哪些因素能作为风险评估的指标。SWOT-AHP法把SWOT中包含的各要素作为风险评估指标体系的各个指标,再用层次分析法将各个指标进行比较、选择。[69]

二、图书馆立法

从本质上来说,图书馆法是社会政治经济关系的强制性体现,是政府、图书馆、读者这些不同社会主体在追求自身利益最大化过程中形成的共同游戏规则。图书馆法的生成和运行过程,很大程度上体现了各方主体之间的利益博弈,图书馆法有效性的关键在于此种博弈能否使各方利益最终达成均衡,寻求使各方都能获益的"最佳全赢博弈"策略,确保图书馆法的科学性、连续性和长期稳定性。[70]我国目前已经有10多个省、市、自治区颁布了地方性公共图书馆法规。这些法规的颁布为我国公共图书馆事业发展带来了契机,使我国公共图书馆事业得到了快速的发展。然而,受地方性立法的局限,我国公共图书馆事业尚存在一些有待解决的普遍性问题,有待于制订全国性的公共图书馆法予以解决。[71]

从国外图书馆立法实践来看,图书馆立法是图书馆事业兴旺发达及可持续发展的根本保障。发达国家的图书馆法制建设取得了重大进步,形成了较为完备的图书馆法律制度,保证了图书馆事业的健康发展。[72]对美国、日本、韩国、中国台湾地区等图书馆立法的经验进行考察和分析,有如下需要借鉴:思想意识重视图书馆法律的制定与完善;立法目的强调保障读者权利、促进信息自由、推动社会的文明与进步;强调国家建立图书馆的责任,同时鼓励多种力量兴办图书馆;应健全机构、制度、经费、设施、图书、馆员等保障机制;细化馆员准入的资格条件,严格认证;需完善责任机制,明确各方主体的责任,追求效果的可达性。[73]网络出版物的缴送与长期保存是文化遗产保护的重要组成部分,政策保障是网络出版物缴送工作顺利实施的关键。我国应尽快将网络出版物纳入法定缴送范围,明确界定网络出版物的缴送范围及缴送主体,制定网络出版物缴送工作实施细则。[74]

第六节　图书馆联盟

我国图书馆联盟建设始于 20 世纪 90 年代中后期,[75]进入 21 世纪已初具规模。出现了中国高等教育文献保障系统(CALIS)、中国高校图书馆数字资源采购联盟、中国数字图书馆联盟等全国性的图书馆联盟,以及北京高校网络图书馆、上海图书馆联盟、江苏省高校文献保障系统、浙江省公共图书馆信息服务联盟等区域性联盟。中国高等财经院校图书馆联盟、全国外语院校图书馆联盟等专业性联盟也已启动。

一、图书馆联盟的模式

江苏省高校图书馆文献资源保障体系(JALIS)是目前我国高校资源共享成功集群的范例。江苏区域共享服务项目,形成了 14 个以本区域文献资源共享为目标的区域高校图书馆联合体,初步形成以有层次、有分工的数字图书馆联盟框架,这种不同层次联盟的分工使数字图书馆联盟的功能更加务实细化、容易操作,效益实在,是数字图书馆建设发展的必然结果。[76]北京高校网络图书馆、上海教育网络图书馆、江苏省高等教育文献保障系统及天津高等教育文献信息中心 4 个联盟都是由当地的教委主管,管理中心设在条件较好的图书馆,凭借政府的支持和投入,联盟的建设都得到了较多的人力、物力和资金的支持,在项目的初期建设中起到了很大的作用。国内的图书馆联盟建立的时间比较短,在发展的过程中也会产生一些问题,如图书馆联盟之间互不开放,技术合作较少,资源整合不足,缺乏统一检索平台,资金来源单一,缺乏可持续发展的运作模式。[77]

通过网络调查的方法对我国跨系统图书馆联盟建设的现状进行分析发现,高校图书馆跨系统合作意识不强,跨系统图书馆联盟分布地域较窄,城市基层公共图书馆尚未加入联盟,共享合作停留在表面,馆际互借联盟服务程序繁琐,区域发展不平衡,缺乏深层次服务。[78]为了解决这种情况,提高资源利用率,节约经费,在广东省相关部门的领导下,广东省公共、教育、科技系统图书馆强强联合,建成珠江三角洲数字图书馆联盟。这一组织的成立,在六方面实现了创新,并且通过近一年的实践,取得了突出的社会效益,改善了珠三角地区数字化资源的建设与使用现状,实现了建立联盟的初衷。[79]"珠三角模式"的资源共享的经验得到文化部、教育部、科技部等部门的肯定。

二、图书馆联盟工作的开展

针对数字资源联盟采购可持续发展,黄胜国、徐文贤提出了应加强联盟领导及强化牵头馆的作用,强化法律意识和自我保护措施,设计合理的联盟采购流程,规范联盟资源采购程序,充分发挥高校图书馆联盟优势,建立宣传培训的长效机制及售后服务监督评价机制等具体措施及对策。[80]海峡两岸高校图书馆在数字资源采购方面有合作诉求,倘若海峡两岸高校图书馆能跨越阻碍在联盟采购上进行合作,定能最大限度发挥联盟采购的效益,使我国在学术资源采购和共享上利益最大化。尽管海峡两岸高校图书馆在数字资源联盟采购合作上存在诸多阻碍,但合作共享是大势所趋。[81]图书馆联盟中信息不对称现象的客观存在,会导致联盟成员之间的信任危机,妨碍合作关系的发展。而信息的正确传递与快速沟通则是消除冲突、解决矛盾、降低联盟运行风险的重要途径。因此,图书馆联盟的领导者应积极组织建立各种信息沟通网络,借助网络技术构建信息沟通平台,以实现低成本、高效、实时的信息沟通,为联盟协调管理和决策制定提供充分的信息,最终提高联盟合作的绩效。[82]

图书馆联盟建设及其共享机制的研究成为学界和业界共同关注的问题,主要从图书馆联盟管理体制及运行和服务机制、共享动力机制及利益分配机制等方面进行研究,或运用演化博弈理论等对数字信息资源共享机制进行研究。有研究应用 Boh 的基于项目的组织知识共享机制,分析图书馆联盟承建机构或中心馆的性质、成员机构办学层次、承建馆和成员馆的馆藏资源和服务能力与水平、联盟成员地理位置集中与分散程度、区域资源共享平台等对联盟信息资源共享机制及用户服务策略选择的影响。[83]基于 SOA 的数字图书馆联盟信息服务平台,可通过 Web Service、XML 等技术实现对各成员馆信息服务的集成,有效解决分布式的数字资源环境下,联盟成员异构系统之间的可操作性与信息服务的可扩展性问题。[84]图书馆联盟云服务也取得进展。高海鹰以吉林省图书馆联盟各成员馆内信息资源共享为例,探讨了云计算为改善区域性图书馆联盟信息资源共享能力带来的变革和美好前景。[85]云计算模式的出现,给图书馆联盟带来了机遇和挑战,图书馆联盟可以通过国家级图书馆联盟建立公用云、成员馆建立专用云、区域级图书馆联盟建立混合云等,使用云计算技术更广泛地发挥联盟的作用,更有效地实现联盟的价值。[86]

第七节　开放获取与信息交流

开放获取(Open Access,简称 OA)始于 20 世纪 90 年代。"开放获取"在网络环境中被热捧和呈现"加速度"趋势,并被寄予能抗衡甚至是解决学术出版危机、学术交流危机、信息获取危机的厚望。实际上,作为信息共享和信息交流的一种模式,开放获取在我国早已存在,只是阶段不同、内涵不同。[87]开放获取事业的利益相关者是为其发展投入了劳动、成果、资金、设备、设施等有价值的东西,或是利益受其影响的个人或群体。开放获取期刊和机构知识库的利益相关者各有不同的职能和利益关系。[88]

一、开放获取政策

近年来,许多国家纷纷出台了相关基于公共资助的研究的公共获取政策,对推进信息资源的公共获取发挥了非常重要的作用,英国和美国是这方面研究的杰出代表。赵晓瑞、刘丹对英美两国的开放获取的政策进行梳理,经验表明开放获取已经从单纯的理念深入到实践探索阶段,不论是从技术层面还是政策法律方面,在现阶段推动公共资助研究的公共获取都是可行的。但在我国的具体国情下,要推动公共资助研究的公共获取,依据英美两国的实践经验,我国应处理好以下几个方面的问题:公共资助研究成果的公共获取范围和强度;公共资助研究成果的公共获取实现方式;资助项目成果公共获取的版权问题;资助项目成果公共获取对同行评议制度的影响;资助机构和出版商的利益冲突。[89]我国开放存取政策的制定应该从国家、机构、个人三个层面上展开。资源的开放存取会受到多方面因素的影响,如资金、技术、版权等。因此开放存取的政策体系就应该涵盖到这些方面。[90]

二、科技期刊开放获取

当前学术期刊开放获取出版研究主要集中在增长趋势、影响力和被引优势、成本和效益以及学者的认知、态度和行为四个方面,主要应用文献计量、数学模型估计、问卷调查等方法进行研究。研究表明,OA 出版可持续发展面临着开放获取期刊(OAJ)供稿量不足,发文量低,OA 模式不稳定、存续能力差,学者对其质量存在忧虑且缺乏经费等问题。可以尝试建设开放存取论文引文数据库,通过对其 OA 期刊影响因子、被引情况分析,提高网络发表论文的知名度,从而促进我国学术信息的获取性和可信度;还可以在审核基金项目时,建立基金支持开放存取的政策,要求受基金资助的论文必须以某种开放存取的形式提供访问等,这样在一定程度上势必鼓励更多学术研究人员把自己的成果放在网络上公开取用。[91]

刘锦宏、徐丽芳、方卿以"开放牛津"的 93 种混合型期刊为研究样本,对其 2009 年刊载的全部论文的被引频次进行统计分析,以验证关于开放获取引用优势(OACA)的三个假设:存在开放获取引用优势;不同学科的 OACA 不同;OACA 与期刊影响因子有相关性。通过研究发现:开放牛津期刊存在 OACA,开放牛津期刊中的 OA 论文与非 OA 论文相比有 138.87% 的引用优势;五个学科领域的开放牛津期刊的 OACA 存在差异(其中人文科学不存在 OACA);开放获取引用优势与期刊影响因子之间具有显著的逆函数关系,即随着期刊影响因子的增长,开放获取引用优势呈下降趋势。[92]

三、机构知识库

机构知识库(简称 IR)是在开放获取的环境下产生的一种以学术机构为轴心的数字资源集合。通过对 ROAR 网站中统计数据信息的调查分析,认为我国 IR 的建设处于初级阶段,还存在相关政策的缺失和技术等诸多问题。应大力宣传机构知识库的优点,建立有利于 IR 发展的政策,学习国外成功 IR 建设运行的经验,努力建立 IR 联盟,创建更为广阔的学术交流、科学研究平台。[93]日本学会版权政策 SCPJ(Society Copyright Policies in Japan)数据库收集了各学会的 OA 方针,成为在机构知识库中存缴后印本论文时了解各学会 OA 方针和确认著作权的有效工具。日本科学技术振兴机构(JST)为支持各个学会制定 OA 方针,制作了著作权规定模版,帮助学会解决著作权等问题。虽然我国在国情、体制等方面与日本不同,但是日本的这些举措可以为我国的机构知识库建设带来启发,有助于我国机构知识库建设中著作权问题的解决;灵活运用著作权规定,为以后印本论文的开放获取创造了条件;后印本论文的开放获取需要国家的支持。[94]

在建设机构库过程中,机构库是一种理念,更是一个系统,其在建设过程中的资源整合、质量控制、长期保存等问题更是始终围绕着机构库知识组织及软件应用的产权问题而展开。面对国内机构知识库的发展现状,应认真研究机构知识库产权,借鉴各国产权政策,不断修正法律产权实施措施,在建设初期明确建设全过程中所涉及的产权问题并据此提出对策,是推动我国机构知识库发展的重要举措。[95]

第八节 不同类型图书馆的研究

图书馆学理论来源于实践,反之又对实践产生指导作用。公共图书馆、高校图书馆、专业图书馆是图书馆理论发展和实践探索的重要阵地。不同类型图书馆具有不同的定位、职能、服务对象、资源体系和服务需求,因此,有针对性地开展不同类型图书馆研究,对于促进各类型图书馆的发展,更有效提高图书馆的服务水平,具有十分重要的意义。2011 年,中国的图书馆学针对不同类型图书馆的研究取得了显著的研究成果。

一、公共图书馆

公共图书馆数量多,受众面广,是图书馆事业的重要组成部分。范并思从公共图书馆基本理论、服务理论和管理理论三方面进行了总结,认为新世纪的前十年是我国公共图书馆理论研究最好的时期。[96]2011 年的公共图书馆理论是对原有理论的继承与发展,在公共图书馆服务和建设方面取得一定的发展,代表性理论包括:

公共文化服务理论。党的十七大报告等一系列重要文件提出,公共文化服务是社会主义文化建设的重要内容。国民经济和社会发展“十一五”规划纲要(2006—2010 年)提出要“加大政府对文化事业的投入,逐步形成覆盖全社会的比较完备的公共文化服务体系”。2011 年初,文化部、财政部出台了《关于推进全国美术馆、公共图书馆、文化馆(站)免费开放工作的意见》,[97]全国公共图书馆免费开放进入一个新高潮。柯平以公共文化服务理论、公共图书馆理论本质等为依据,提出建立由政府、公共图书馆和公众组成的公共图书馆免费服务立体化模式,并提出从政府、公共图书馆和公众三个方面的相应对策措施。[98]

长尾理论。该理论由美国《连线》杂志主编 Chris Anderson 于 2004 年 10 月率先提出,目的是为了解释在 Web2.0 时代经济领域出现的有别于传统的新商业模式,即组织成功的关键取决于满足个性化的需求,个性化需求服务的发展使其同主流服务共享市场。唐铭杰根据该理论,针对公共图书馆开展数字参考咨询服务,提出完善资源提供体系、提供便捷服务手段、构建层次服务流程。[99]

协同论及系统动力理论。协同论是德国物理学家赫尔曼·哈肯于 20 世纪 70

年代初提出的,用于研究各学科领域中有关合作、协作或协同问题。国内相关学者也针对公共图书馆服务创新动力系统建设问题,从协同观视角系统探讨了公共图书馆创新动力系统的协同内涵。

信息生态位理论。武庆圆结合信息生态位的相关理论,探讨公共图书馆信息生态位的相关定义以及主要内容,具体论述公共图书馆信息生态位的维度宽度理论以及其影响因素,并重点探讨不同级别的公共图书馆的不同信息生态位如何定位的主要内容。[100]

"品类第一"理论。该理论是一种基于品类的品牌创建理论,首次出现于"定位之父"阿尔·里斯(A1. Ries)父女 2004 年出版的著作"The Origin Of Brands"中。杜家和、李玉梅在借鉴该理论的基础上,认为图书馆的品牌建设应重视品类、开创或占据"潜力品类"、努力打造既定品类中的代表品牌、维系"品类—品牌"的第一性消费联想。[101]

通过分析公共图书馆领域的相关研究进展,可以发现公共图书馆的理论研究具有继承性,以上任何一种理论都有其发展渊源;公共图书馆的理论研究在继承原有理论的基础上,不断吸收外来理论,并应用于图书馆实践。服务于图书馆当前发展目标,长尾理论、协同论等在公共图书馆领域得到很好的运用。

二、高校图书馆

高校是学术研究的重镇,有关高校图书馆的研究文献历来比较丰富,表明高校图书馆的理论研究非常活跃,在研究数量以及实践方面都卓有成效。2011 年,高校图书馆理论研究的文献数量明显高于其他类型图书馆,研究及应用涉及高校图书馆发展的各个领域。其中,对外来理论的借鉴是高校图书馆的理论研究的一个明显特点,积极借鉴外来理论来解释和解决自身遇到的实际问题。

高校图书馆服务。2011 年,高校图书馆服务理论研究主要集中在社会开放服务、参考咨询服务等方面。在社会开放服务方面,张静、庞恩旭对高校图书馆向社会开放特定语义环境下国内外"社会"一词含义的区别和联系进行比较,从广义和狭义两方面对高校图书馆向社会开放的基本内涵进行探讨。[102]张静等基于 TOE 理论框架分析了高校图书馆向社会开放的影响因素。[103]洪丽通过对当前我国区域经济发展形势分析,指出高校图书馆服务区域经济是经济发展新形势下高校图书馆创新发展的一个重要方向,论述了高校图书馆构建服务区域经济发展体系的必要性和重要性,并对高校图书馆建立服务区域经济发展体系的主体架构进行了规划和设计。[104]王玲将新公共服务理论引入到高校图书馆服务建设,将在管理机制、人才建设、理念建设等方面带来诸多的启示与理论支撑。符露从公共产品理论视角分析高校图书馆信息服务社会化策略。[105]在参考咨询服务方面,高新陵和王正兴将社会网络理论应用于高校图书馆联合参考咨询模式的研究。[106]潘煦、王燕红提出用长尾理论创新高校图书馆参考咨询服务。[107]

高校图书馆管理。景晶基于关系绩效理论开展高校图书馆人力资源管理的研究,[108]赵奇钊将"木桶理论"应用于高校图书馆创新人才培养模式,[109]胡海东将企业再造理论下应用于高校图书馆管理,[110]包文亚将破窗理论与护花原理应用于高校图书馆管理。[111]

高校图书馆建设。宋洁基于结果洞理论,分析高校图书馆系统中存在的结构洞现象以及高校图书资料室分馆化实践的基础上,为高校文献资源保障系统的建设提供了新的理论视角。[112]张静、林希森将 TRIZ 理论引入高校图书馆文化建设领域,分别从图书馆文化体系、最终理想解、寻找解决矛盾的原理和法则三个方面入手,阐述 TRIZ 概念的转化,并结合东北林业大学图书馆文化建设实践进行了解读分析。夏美华依据零增长理论,从管理观念、藏书剔旧、合理采编、数字资源建设、资源共事等方面,探讨了我国高校图书馆建设中应该重视的问题。[113]

三、专业图书馆

李小涛等以《医学信息学杂志》和《中华医学图书情报杂志》刊载论文的关键词为研究对象,通过高频关键词共词聚类分析方法对近 30 年不同年代我国医学信息学研究热点进行比较分析,结果表明:1990 年及之前 11 年的研究热点是医学情报工作、医学图书馆工作、医学期刊和文献检索;1991—2000 年 10 年间研究热点集中在医学科技查新和医学文献检索方面,医学情报工作研究热点弱化;2001 年之后的研究热点呈现网络化、数字化、计量化、个性化特点,多而分散。指出未来我国医学信息学研究亟待在理论、方法与分析技术领域取得突破,以便为医学信息工作的实践提供理论指导和方法与技术的支持。同时指出医学图书馆研究的不足,如医学情报及其相关理论、方法与技术的研究已经淡出研究热点行列。我国医学信息研究论文中数量最少的是理论研究,10 年间仅发表 2 篇,占论文总数的 0.61%,说明理论研究是我国医学信息研究领域中最为薄弱的环节。与应用性情报研究的需要相比,基础理论研究的发展远不能适应实践活动的要求。[114]

第九节　图书馆学教育

当今的图书馆学情报学教育处在一个传统与现代、人文与技术、理论与实践、职业与专业、发展与转型、继承与创新多种理念与取向交织、融汇、碰撞的时期。在这样一个特殊的时期,图书馆学教育的发展必须探寻图书馆学情报学的本质、认知图书馆情报机构的变革、推动图情教育的转型,以及需要强化理论、教育、实践的互动机制。[115]因此,当前环境下,深入分析图书馆学教育的发展现状、对策、建议,对于图书馆学教育未来的发展具有重要的意义。

一、图书馆学教育现状

当前,我国图书馆学教育的发展主要表现在以下几个方面:

与现代图书馆理念的结合。现代图书馆理念包括求知自由、读者权利、平等服务以及对弱势群体人文关怀等。范并思、胡小菁认为,1980年代初中国图书馆学理论变革没有触及现代图书馆理念,导致图书馆学教育体系缺乏现代图书馆理念的指导。《图书馆学导论》《信息资源共享》两本教材的出版,表明以传授现代图书馆理念为基本特征的面向职业的图书馆学教育思想已经开始在我国确立。[116]

与图书馆职业的关系。于良芝以"职业特征理论"和"职业控制理论"为依据,阐释了图书馆学教育与图书馆职业的关系,认为我国图书馆学教育目前面临的主要破坏力似乎来自生源不足、教育过程失当、就业困难、图书馆学的"殖民化"等。由此产生的职业后果包括:威胁图书馆职业的专业化地位、影响从业人员的质量等。[117]

图书馆学人才培养。图书馆学教育存在以下问题:在本科生层面,过分强调"宽口径、厚基础"的培养目标,使得图书馆学人才的核心竞争力不强;在研究生层面,我国的研究生专业技能的提高微乎其微,这是我国图书馆学研究生单一学科背景的使然;在教师层面,图书馆学专业教师的学科背景单一,不能满足培养复合型人才的要求。[118]

二、图书馆学专业教育对策

图书馆学教育改革的目标。刘兹恒和曹海霞认为,面对新技术的广泛应用及跨学科领域发展的挑战,国内外图书馆学教育正在经历着新一轮变革。我国新一轮图书馆学教育改革必须在教育目标和教学内容上有所继承和发展,要面向更广泛的信息职业来培养图书馆学人才。[119]

图书馆学教育改革的措施。柯平和李健对我国图书馆学教育未来发展提出以下建议:研究、遵循专业教育规律,充分面向职业,加强学科专业指导,修订、执行专业规范,重视学科专业评估,不断推进教育教学改革等。[120]黄丽娟对图书馆学教育改革的建议是：打通专业结构，实施多元培养；重构课程体系和教学内容；加强应用和实操教学，建立多方联动的培养机制；推行多导师制；跨学科、跨专业招收硕士研究生。[121]郭庆文对我国的图书馆学教育提出以下思考：基于医学信息学本科生培养的成功模式，转变中国现行的图书馆学本科教育模式，参考美国、日本等国图书情报学硕士的培养模式，开展图书馆学硕士层次教育。[122]

第十节　国外图书馆学理论的引进

我国对国际图书馆学（international librarianship）和比较图书馆学（comparative librarianship）的概念、研究范围等界定比较模糊。国外图书馆学的引进，旨在在国际范围内对图书馆的哲学和原则进行考察，以评价其近期的成果，掌握其未来的趋势，从而揭示其发展的规律。2000年之后的十多年，有关国际图书馆学的研究已经引起了国内学者的重视。

一、国际图书馆研究

缪其浩通过对国际图联（IFLA）大会议题进行内容分析表明：从1995—2001年，图书馆学情报学界对数字化议题的关注逐年加强，对知识，特别是知识管理概念的关注程度急遽提高，而对信息技术、因特网等概念则出现兴趣消退迹象。[123]

国外发达国家数字图书馆的建设水平高于国内数字图书馆的建设水平。因此，积极借鉴国外在数字图书馆发展方面的经验对于我国数字图书馆的发展具有积极的意义。国内许多学者从不同的角度对国外图书馆的发展经验予以介绍，并提出了自己的看法和建议。

陶蕾基于SCI数据库对1995—2010年国外有关"数字图书馆"的研究论文，从文献增长、地区分布、出版机构分布、学科分布、作者等方面采用文献计量的分析方法，揭示了近十几年来国内外"数字图书馆"在该学科领域取得的巨大进步。数字图书馆绝不仅仅是数字化的图书馆，它更应该是文化的传播媒体，是数字资源组织、开发和利用的基础。数字图书馆已经成为评价国家信息基础设施的重要标志。[124]陈静和郑建明过对国外数字图书馆建设模式的分析，总结了国外数字图书馆建设和发展的模式，对我国数字图书馆的发展提出建议。[125]

二、国外信息资源管理研究

有关信息资源管理的研究既有对信息资源管理发展特点、热点和前沿理论的把握,又有对具体应用领域,如政府信息资源管理、科技信息资源管理的情况介绍。夏蓓丽分析和总结国外信息资源管理研究发展阶段的特点和发展变化规律,指出,我国的信息资源管理发展在充分借鉴国外的研究成果,理论研究和实践研究并重,借鉴国外先进技术和研究方法,结合我国信息化发展特点,实现政府、企业、机构和高校联合研究和发展信息资源管理,探索具有我国特点的信息管理发展道路。[126]

毕强和滕广青对2003—2008年国际信息资源管理领域IRMJ和JASIS两大权威期刊文献进行了梳理和归纳。在理论探索与技术应用层面,本体理论、形式概念分析(FCA)、语义学、数据挖掘和以计算机为中介的交流(CMC)这五个方面存在着不同程度的相互交叉和渗透,是目前信息资源管理研究的热点;在用户信息行为和满意度研究中,以用户为核心的理念将成为研究和应用的指导思想。而跨语言与文化差异方面的研究重点则是在保留现有的语言和文化多样性的基础上实现人类异类语言和文化间的无障碍信息沟通和知识交流。关于信息道德、隐私保护与青少年信息安全问题还需要继续研究和探索。[127]杨溢从信息系统管理、知识管理、信息安全管理、IT投资研究、信息人员研究、信息技术研究和战略信息管理七个方面论述了国外信息资源管理的前沿理论,并指出国外信息资源管理研究的发展趋势呈现出研究人员日益分散、研究主题日益分散、研究方法日益多样化和研究内容日益深入和细化的特点。[128]

三、国外信息资源共建共享

孔志军回顾国外信息资源共建共享研究的发展历程,发现其研究集中反映在对"资源共享"的研究中,研究内容包括图书馆合作、合作馆藏发展、图书馆网络、图书馆联盟和数字图书馆。国外信息资源共建共享研究呈现以下发展趋势:信息资源共建共享的客体将从传统资源转向电子资源;图书馆合作范围将进一步拓宽;图书馆联盟将成为信息资源共建共享的重要组织形式。[129]

在信息资源共建共享机制建设方面,张新鹤分别使用LISA数据库和中国期刊全文数据库对图书馆信息资源共享机制相关的研究文献进行搜集(截至2009年8月),揭示并评价国内外对此问题的研究现状,认为国外图书馆信息资源共享机制研究注重环境因素以及机制建设实践;我国研究则存在提出问题多、解决问题少,缺乏对图书馆信息资源共享机制的系统研究等问题。[130]

在信息资源共建共享绩效评估方面,李卓卓认为国外信息资源共享系统绩效评估的研究建立在实施标准的图书馆绩效评估的基础上,提出分别从信息资源共享系统综合研究、管理和发展角度以及服务质量、终端用户三个角度展开研究,这对我国开展理论与实践相结合、定量与定性并重的信息资源共享系统绩效评估具有借鉴意义。[131]

四、国外的图书馆自动化系统

截至目前,Innovative、Sirsi（1996 年）、Exlibris 等许多国外大型的图书馆自动化系统厂商的产品已经在国内图书馆界占有重要位置。与此同时,不断有图书馆在购买国外自动化产品方面不懈努力。在这种情况下,图书馆界的学者或者具体工作人员在参与图书馆自动化工作采选过程中,积极调研国外图书馆自动化系统产品、跟踪国外图书馆自动化系统的新进展,并将自己在采选图书馆自动化系统过程中的经验提供给业内同行共享。

在图书馆自动化系统的发展趋势和热点方面,李书宁和王涛从自动化系统的系统架构、管理内容、重点支持业务在数字信息时代的变化、自动化系统支持元数据格式的多元化、移动图书馆自动化系统的发展、开源自动化系统市场持续拓展以及商业自动化系统由封闭走向开放 7 个方面讨论国内外图书馆自动化近年的发展热点和发展趋势。[132]陶宇基于云计算的图书馆自动化系统的必要性、特点、实现方式和可能的问题展开探讨,介绍在华南理工大学院系资料室部署云计算自动化系统的应用实践。[133]

在图书馆自动化系统的评价和选择方面,陈龙尝试通过层次分析法确定图书馆自动化集成系统评价指标,划分指标层级,计算指标权重,并运用多指标综合评分法确定各级评价指标的分值,最后采用调查问卷法和专家群判断法获得评价数据,以期构建一个科学、合理、可行的图书馆自动化集成系统评价指标体系。[134]

结　语

2011 年,各类型图书馆研究均取得较大进展。高校图书馆领域理论研究热点和重点,主要是图书馆管理、建设和业务发展。高校图书馆服务,尤其是其社会服务功能受到前所未有的关注。创新服务、免费服务、数字参考咨询服务、信息化建设等依然是公共图书馆的发展重点。公共图书馆理论研究还需要不断发展,以满足和指导蓬勃发展的公共图书馆实践。专业图书馆更加重视情报研究、学科服务和知识。各图书馆均十分重视"可持续发展"、"阅读推广"、"信息资源共享"、"资源建设"及"信息服务"等。

2011 年,中国的图书馆学研究在传承图书馆学学术传统的同时,注重适应国家政策和信息环境发展变化,在关注中国图书馆学的重大理论问题的同时,也十分关注中国图书馆发展的实际问题。但也应该看到,中国图书馆学对现实问题和未来发展的关注仍然不够,在战略与政策的调研分析并提出对策方面仍较为薄弱。中国图书馆学必须关注国际图书馆发展的大背景,深入研究影响中国图书馆发展的各方面重要因素,加强前瞻性规划研究与实践创新。理论研究水平常常是实践发展水平的写照,图书馆学理论与图书馆实践相辅相成,缺一不可。没有实践的创新,就没有真正意义上的理论创新。图书馆学研究成果必须能推动图书馆实践的发展。[135]

参考文献

[1]许亮,赵玥.1984—2009年我国图书馆哲学研究述评[J].情报杂志,2010(S2):20 – 22

[2]佟馨.图书馆的社会包容与社会责任——内涵与冲突[J].图书情报工作,2011(9):36 – 39

[3]陈慧鹏.图书馆资源系统社会价值评估研究[J].图书馆建设,2011(12):21 – 23

[4]汪徽志.图书馆社会价值评价指标体系研究[J].图书馆工作与研究,2011(3):12 – 15

[5]孙腊梅,储流杰.对图书馆精神的理性思考[J].图书馆,2011(3):24 – 27

[6]郭绍全.图书馆人文精神的价值实现是以读者为本[J].图书馆理论与实践,2011(4):23 – 27

[7]陈文革.图书馆精神的救赎——榜样教育[J].图书馆建设,2011(9):86 – 88

[8]雷顺利.基于用户满意度的高校图书馆馆藏资源评价模型构建[J].情报科学,2010(1):76 – 80

[9]宋乐平.我国图书馆评价研究热点及趋势分析[J].图书馆建设,2011(5):77 – 82

[10]曾广丽.高校图书馆危机与对策研究[J].语文知识,2011(4):126 – 127

[11]郭变桃.图书馆边缘化探析及规避[J].河北科技图苑,2011(4):37 – 38

[12]陈方宁.试论文化启蒙——变图书馆生存危机为发展机遇[J].新世纪图书馆,2011(7):3 – 6

[13]王东波.图书馆公信力视角下的危机分析和应对[J].图书馆工作与研究,2011(7):21 – 24

[14]段小虎,赵精兵,刘玮瑶.高校图书馆"后评估阶段"服务创新转型问题研究[J].图书馆建设,2011(9):77 – 79

[15]郑喜淑.经济转型期高校图书馆建设研究[J].民族教育研究,2011(4):50 – 53

[16]郑建明,钱鹏.国内数字图书馆建设模式研究——以国家数字图书馆与中国高等教育数字图书馆为例[J].大学图书馆学报,2011(1):41 – 26

[17]赖永波.从数字图书馆到移动数字图书馆:服务功能演进与实现途径[J].情报杂志,2011(5):165 – 168

[18]莫秀娟.电子资源管理系统研究[J].图书馆建设,2011(4):19 – 22

[19]郝蕾.新世纪十年间电子资源评价指标体系研究成果综述[J].东南大学学报(哲学社会科

学版),2011(6):106 - 108

[20]夏翠娟,等.关联数据发布技术及其实现——以 Drupal 为例[J].中国图书馆学报,2012(1):49 - 58

[21]徐华,曾微泊,王旭东.关联数据:图书馆学研究的新领域[J].南华大学学报(社会科学版),2011(12):107 - 109

[22]王学勤,Amy Stout,Howard Silver.建立数据驱动的 e - Science 图书馆服务:机遇和挑战[J].图书情报工作,2011(7):80 - 83

[23]楼宏青.高校数字图书馆信息管理和存储策略[J].图书馆论坛,2006(6):132 - 136

[24]朱学武.网络环境下图书馆数字资源的整合与利用[J].图书馆学刊,2009,21(2):82 - 83

[25]王伯秋,郭彦宏,黄辉.云存储在图书馆数字资源保存中的作用[J].中华医学图书情报杂志,2011(10):68 - 70

[26]韩丽.泛在图书馆环境下嵌入式馆员的泛在化服务[J].图书情报工作,2010(1):71 - 74

[27]刘颖,黄传惠.嵌入用户环境:图书馆学科服务新方向[J].图书情报知识,2010(1):52 - 59

[28]张翔.基于 SERVICE 的嵌入式学科服务营销——武汉大学图书馆学科服务探索[J].大学图书馆学报,2011(5):73 - 76

[29]李文文,陈雅.图书馆嵌入式服务模式研究[J].大学图书馆学报,2011(1):90 - 92

[30]周虹,等.馆藏书目信息自助短信推送服务的设计与实现[J].现代图书情报技术,2011(7,8):127 - 131

[31]姚飞,窦天芳.基于 Mashup 理念开展主动服务的探索与实践[J].图书馆建设,2009(9):1 - 5,23

[32]张蓓,张成昱,窦天芳.电子期刊最新目次彩信推送服务的设计与实现[J].现代图书情报技术,2011(11):73 - 77

[33]邱亚娜.信息抽取在图书馆信息推送服务中的应用研究[J].图书馆工作与研究,2011(1):46 - 48

[34]张立,汪浩,张秉辉.国家图书馆虚拟参考咨询服务的深化和创新研究[J].图书情报工作,2011(1):140 - 143

[35]唐娜,郑宏.公共图书馆数字参考咨询服务的用户交互特性关键因素研究[J].图书情报工作,2011,55(1):43 - 46

[36]杨宁,刘春江.基于短信和邮件的图书馆参考咨询服务系统的设计与实现[J].图书馆学研究,2011(8):92 - 95

[37]万文娟."985 工程"大学图书馆学科服务实践及不足分析[J].图书馆学研究,2012(3):82 - 87

[38]王群.发展合作项目嵌入科研过程——深化学科服务模式探索[J].图书馆工作与研究,2011(2):46 - 48

[39]张勤,郑邦坤.地方院校图书馆学科服务研究[J].图书馆学研究,2011(4):95 - 99

[40]马大为.3G 时代以智能手机为载体的移动图书馆服务[J].情报资料工作,2011(4):76-79

[41]郑成铭,詹庆东.基于新媒体的移动图书馆服务研究[J].图书馆工作与研究,2011(5):47-50

[42]曹望虹,李海英,张玲.开启 Web2.0 时代图书馆服务新策略.情报科学,2011(1):24-27

[43]王会梅,祖芳宏,潘杏仙.数字参考咨询 2.0 的图书馆信息互动机制[J].图书馆学研究,2011(9):91-94

[44]王妙娅.国内图书馆服务博客调查分析[J].情报资料工作,2011(2):64-69

[45]康微.对网络博客学术资源进行编目的可行性分析[J].图书馆杂志,2011,30(2):31-35

[46]魏青山,等.学科博客在高校图书馆学科服务中的应用研究[J].图书馆论坛,2011,31(1):20-22

[47]张晓林.颠覆数字图书馆的大趋势[J].中国图书馆学报,2011(9):4-12

[48]胡绍军.大学园区图书馆云服务模式应用研究[J].大学图书馆学报,2011(1):63-66

[49]胡新平,沈洪妹,张志美.区域云数字图书馆构建研究[J].情报理论与实践,2011(2):77-80,84

[50]赵红,徐华洋.ALISA 数字图书馆云服务平台建设[J].图书情报知识,2011(5):53-56

[51]王红.基于物联网的智能"云图书馆"架构与思考[J].情报理论与实践,2011(11):87-90,95

[52]马晓亭,陈臣.云计算环境下数字图书馆信息资源安全威胁与对策研究[J].情报资料工作,2011(2):55-59

[53]陈臣,马晓亭.基于云计算的数字图书馆迁移问题与对策[J].图书馆学研究,2011(11):48-50

[54]姚飞,等.实时虚拟参考咨询服务新尝试——清华大学图书馆智能聊天机器人[J].现代图书情报技术,2011(4):77-81

[55]陈大庆,胡燕菘,叶兰.图书馆开源社区持续发展模式研究[J].图书馆学研究,2011(8):51-55

[56]张平杉,章伟煊.新一代开源 OPAC 系统比较研究[J].现代图书情报技术,2011(2):21-28

[57]王萍,李鹏.数字图书馆开源软件评价模型比较研究[J].图书情报工作,2011(17):31-35,36

[58]黄如花,苏小波.论社会化网络环境下信息组织的发展[J].图书馆论坛,2011(12):190-198,13

[59]黄幼菲.泛在知识环境下后数字图书馆发展的思考[J].情报理论与实践,2011(3):39-44

[60]王世伟.未来图书馆的新模式——智慧图书馆[J].图书馆建设,2011(12):1-5

[61]吴丹,古南辉,何大庆.数字图书馆用户的多语言信息需求调研[J].图书馆情报工作,2011(1):6-10

[62]章成志,王惠临.面向数字图书馆应用的多语言领域本体学习研究[J].图书馆情报工作,

2011(1):11 – 15,94

[63]吴丹,何大庆.多语言信息获取中用户相关反馈实验与评价[J].图书馆情报工作,2011(1):21 – 24,116

[64]洪菀吟.多语言信息检索系统可视化初探[J].图书馆情报工作,2011(1):25 – 28

[65]张彦博,罗云川,王芬林.《数字图书馆资源建设和服务中的知识产权保护政策指南》解读[J].中国图书馆学报,2011(1):59 – 63

[66]陈立刚.试论知识产权权利限制对现代图书馆权利的影响[J].图书馆论坛,2011(4):172 – 174

[67]李婵,张文德.数字图书馆知识产权风险管理研究[J].情报理论与实践,2011(11):31 – 35

[68]张文德,李婵.数字图书馆知识产权风险识别研究[J].情报杂志,2011(3):39 – 44

[69]赵立红,张文德.图书馆知识产权风险评估指标体系构建[J].图书馆学研究,2011(2):96 – 101

[70]孙瑞英,马海群.基于"非零和博弈"视角的公共图书馆立法与运行研究[J].图书馆,2011(2):49 – 52

[71]刘亮.我国地方性公共图书馆立法成就、效果与问题[J].图书馆建设,2011(4):5 – 8

[72]王建.国外图书馆立法概况及述评[J].情报理论与实践,2011(4):119 – 124

[73]欧远.图书馆立法的国际经验与借鉴[J].图书馆学研究,2011(4):35 – 38

[74]王秀香,李丹.国外网络出版物缴送政策对我国相关立法工作的启示[J].国家图书馆学刊,2011(4):23 – 27

[75]冯晴.NSTL与国外图书馆联盟的比较[J].图书情报工作,2011(2):10 – 13,141

[76]高新陵,等.多层构建,多重嵌入,迭代优化,桥接细化——江苏省高校图书馆联盟网络化建设研究[J].情报杂志,2011(12):171 – 177

[77]李灿.高校图书馆联盟研究对广东高校图书馆联盟建设的启示[J].图书馆学研究,2011(4):85 – 88

[78]鄂丽君,许子媛.跨系统图书馆联盟建设现状调查与分析[J].图书馆建设,2011(12):64 – 67,72

[79]沈静.珠三角数字图书馆联盟的创新性与实践研究[J].图书馆学研究,2011(6):86 – 90

[80]黄胜国,徐文贤.高校图书馆数字资源联盟采购存在的问题及发展对策研究[J].情报理论与实践,2011(5):66 – 69,62

[81]张巧娜,孟雪梅.海峡两岸高校图书馆数字资源采购比较研究[J].大学图书馆学报,2011(3):46 – 50

[82]袁静.论图书馆联盟中的信息沟通[J].情报理论与实践,2011(9):85 – 88

[83]陈家翠,徐燕.区域图书馆联盟资源共享机制与服务策略[J].图书情报工作,2011(17):10 – 13

[84]易菲,龙朝阳.基于SOA的数字图书馆联盟信息服务平台构建[J].图书馆工作与研究,

2011(6):4 - 7

[85]高海鹰.构建吉林省图书馆联盟云计算服务中心的思考[J].图书馆学研究,2011(12):82 - 83,88

[86]李硕,李秋实.云计算在图书馆联盟中的应用探讨[J].图书馆工作与研究,2011(5):36 - 38,42

[87]刘巧英.我国开放获取的追溯与展望[J].情报资料工作,2011(6):31 - 34

[88]王光文,仲富兰.基于利益相关才分析的开放获取研究[J].图书情报知识,2011(5):109 - 114,100

[89]赵晓瑞,刘丹.英美公共资助研究的公共获取及对我国的思考[J].图书馆学研究,2011(1):64 - 68

[90]鲁超,刘清.我国开放获取政策浅析[J].情报杂志,2011(1):47 - 50,77

[91]陈晋.基于OA视角的学术论文网络发表研究[J].情报资料工作,2011(3):102 - 105

[92]刘锦宏,徐丽芳,方卿.基于开放牛津期刊的开放获取引用优势分析[J].图书情报知识,2011(2):64 - 72

[93]赵莉娜,徐春艳.国内外机构知识库建设情况调查研究[J].图书馆学研究,2011(6):38 - 43

[94]朱莲花,牟建波.日本机构知识库存缴后印本论文的著作权策略研究[J].图书情报工作,2011(7):102 - 105

[95]张玲玲.机构知识库建设中的产权问题及其对策研究[J].图书馆杂志,2011(12):26 - 30

[96]公共图书馆研究院.中国公共图书馆发展蓝皮书(2010)[M].深圳:海天出版社,2010:19 - 34

[97]文化部,财政部.关于推进全国美术馆、公共图书馆、文化馆(站)免费开放工作的意见[EB/OL].[2012 - 05 - 21].http://www.ccnt.gov.cn/sjzz/shwhs/whgsy/201102 /t20110210_86869.html

[98]柯平.公共图书馆免费开放的理论思考[J].图书馆,2011(3):1 - 5

[99]唐铭杰.长尾理论对公共图书馆开展DRS的启示[J].情报资料工作,2011(2):89 - 91,96

[100]武庆圆.浅析我国公共图书馆信息生态位理论及定位标准[J].情报杂志,2011(2):184 - 188

[101]杜家和,李玉梅."品类第一"理论下的公共图书馆品牌创建[J].教书育人·高教论坛,2011(10):34 - 35

[102]张静,庞恩旭.高校图书馆向社会开放的基本理论问题研究——几个基本概念探析[J].图书情报工作,2011,55(13):51 - 54,148

[103]张静,等.高校图书馆向社会开放的影响因素研究——基于TOE理论框架[J].现代情报,2011,31(12):10 - 14

[104]洪丽.高校图书馆构建服务区域经济体系理论探索[J].现代情报,2011,31(11):31 - 33

[105]符露.公共产品理论视角下的高校图书馆信息服务社会策略研究——以SZAD图书馆为

例[J].苏州大学硕士论,2011

[106]高新陵,王正兴.社会网络理论及其工具支持下的高校图书馆联合参考咨询模式研究[J].
情报资料工作,2011,(6):66-70

[107]潘煦,王燕红.让长尾巴舞起来——用长尾理论创新高校图书馆参考咨询服务[J].科技管
理研究,2011,31(16):112-114

[108]景晶.基于关系绩效理论的高校图书馆人力资源管理[J].高校图书馆工作,2011,31(4):
28-30

[109]赵奇钊."木桶理论"与高校图书馆创新人才培养模式对接研究[J].高校图书馆工作,
2011,31(6):16-17

[110]胡海东.企业再造理论下的高校图书馆管理研究[J].科技情报开发与经济,2011,21(9):
99-100

[111]包文亚.破窗理论与护花原理对高校图书馆管理工作的启示[J].情报探索,2011(1):
106-107

[112]宋洁.结构洞理论在高校图书馆专业分馆建设中的应用[J].图书馆界,2011(3):1-3

[113]夏美华.零增长理论对高校图书馆建设的启示[J].情报探索,2011(6):38-39

[114]李小涛,等.我国两大医学信息学期刊不同时期研究热点的比较分析[J].中华医学图书情
报杂志,2011,20(1):10-14

[115]初景利.图书馆学情报学教育的转型与创新[J].图书情报工作,2009(5):6

[116]范并思,胡小菁.图书馆学教育与现代图书馆理念[J].见:第九届海峡两岸图书资讯学学
术研讨会论文集,2008:48-53

[117]于良芝.图书馆学教育呼唤战略思维[J].图书与情报,2006(4):26-33

[118]郭庆文.学科背景化——知识社会图书馆学教育模式的新思考[J].图书馆理论与实践,
2011(4):29-33

[119]刘兹恒,曹海霞.图书馆学教育改革的目标——面向更广泛的信息职业[J].国家图书馆学
刊,2011(1):3-5,11

[120]柯平,李健.我国图书馆学教育的发展思考[J].现代情报,2011(1):3-7,15

[121]黄丽娟.浅谈基于数字图书馆建设的图书馆学教育改革[J].科技情报开发与经济,2011
(23):103-105

[122]郭庆文.学科背景化——知识社会图书馆学教育模式的新思考[J].图书馆理论与实践,
2011(4):29-33

[123]缪其浩.观察国际图书馆学术前沿及其发展:内容分析[J].中国图书馆学报,2002(3):
5-8

[124]陶蕾.基于SCI的国外"数字图书馆"研究文献计量分析[J].现代情报,2011(6):107-
112,117

[125]陈静,郑建明.国外数字图书馆建设模式探究[J].情报资料工作,2011(5):100-104

[126]夏蓓丽.国外信息资源管理研究的发展状况及启示[J].情报杂志,2010(6):312 – 315

[127]毕强,滕广青,国外信息资源管理研究进展及热点分析——基于 IRMJ 和 JASIS 的分析[J].中国图书馆学报,2009(9):80 – 89

[128]杨溢.国外信息资源管理的前沿理论研究[J].情报杂志,2008(10):116 – 120

[129]孔志军.国外信息资源共建共享研究现状及发展趋势[J].图书馆建设,2008(5):33 – 36

[130]张新鹤.国内外图书馆信息资源共享机制研究述评[J].图书情报工作,2011(3):41 – 46

[131]李卓卓.国外信息资源共享系统绩效评估研究评析及启示[J].图书情报工作,2010(1):16 – 19

[132]李书宁,王涛.图书馆自动化系统发展热点与趋势研究[J].图书与情报,2011(6):66 – 70,75

[133]陶宇.基于云计算的图书馆自动化系统探讨和应用实践[J].图书馆论坛,2011(3):70 – 72

[134]陈龙.图书馆自动化系统评价指标体系研究[J].图书馆论坛,2011(4):91 – 96

(执笔人:初景利　刘丽　栾冠楠　孔青青)

第四十三章　图书馆学教育发展报告

　　2011 年是我国"十二五"规划实施的第一年,是《国家中长期教育改革和发展规划纲要(2010—2020 年)》实施的第二年。图书馆学教育在新的国家发展战略和高等教育实施现代大学制度改革的有力推动下呈现出勃勃生机的景象,图书馆学教育开始探索改革的具体内容和实施方案,在变革中有新的发展。

第一节　图书馆学教育发展综述

　　2011 年我国图书馆学教育一方面稳步发展,另一方面也在若干领域实现了突破,取得较好成绩。从总体上看,图书情报学科的教学内容不断丰富,专业核心课程体系逐渐清晰,教师水平有所提高,生源扩大,就业途径广泛,学士、硕士、博士及博士后、专业学位各层次的教育均已具备,已为图书馆、情报与档案界和信息产业界培养了大批专业人员。具体表现为:

一、图书馆学教育体系向结构调整和一级学科发展

　　图书馆学教育体系结构比例经过调整,已形成稳定格局,包括本科、硕士研究生(科学学位、专业学位)和博士研究生三个阶段。图书馆学本科和博士生教育呈现稳定态势:2011 年图书馆学本科开设学校 30 所,与 2010 年持平;图书馆学博士授权点与 2010 相同,仍为 9 个。相比之下,硕士层次有较大增长,科学学位图书馆学硕士研究生教育实现突破,2010 年图书馆学硕士研究生招生单位 42 所,随着一级学科硕士点的增加,2011 年达到 55 家。专业学位有 18 家院校获得"图书情报硕士"授权点。从图 43 - 1 看,图书馆学教育体系呈现两头小中间大的布局,硕士占主导地位,专业办学结构趋向于合理。

　　在图书馆学教育体系结构优化的同时,学科教育向一级学科发展。本科图书馆学专业隶属于一级学科"图书档案学";科学学位硕士研究生和博士研究生图书馆学专业隶属一级学科的名称原为"图书馆、情报与档案管理",按照 2011 年 4 月 2 日新发布的《学位授予和人才培养学科目录》,将一级学科名称改为"图书情报与

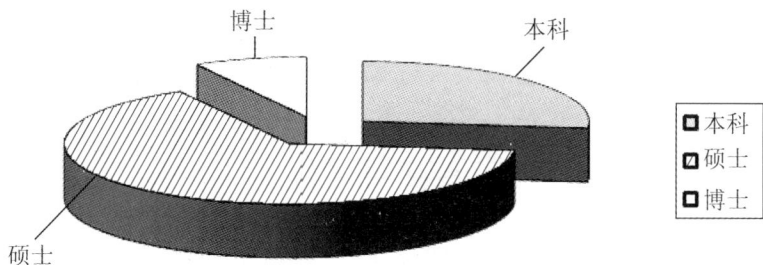

图 43 - 1　2011 年我国图书馆学三级教育体系招生单位比例图

档案管理";而专业硕士学位名称为"图书情报"。这些一级学科的本科和研究生教育均在管理学门类,学位授予名称为"管理学"。2011 年硕士、博士研究生授权点的批准以一级学科授权点居多。2011 年新增图书情报与档案管理一级学科硕士授权点 27 个,一级学科博士授权点 3 个。

图书馆学教育规模也有所扩大。继 2010 年 12 月中山大学资讯管理系改名为资讯管理学院,2011 年 11 月南京大学信息管理系也改名为信息管理学院,图书馆学教育的独立建制成为发展的主流方向。

二、图书馆学教育教学的稳步发展

图书馆学教育教学发展主要体现在教学内容、教材编写、课程建设和学术交流四个方面。

在课程建设方面,图书馆学本科核心课程经历了两次大的调整,2003 年确定的核心课程 7 门:图书馆学基础、信息组织、信息描述、信息资源建设与服务、信息存储与检索、数字图书馆、目录学概论;2009 年确定的核心课程增加到 10 门,即:图书馆学基础、信息资源建设、信息与知识组织、信息服务、信息建设、数字图书馆、图书馆管理、目录学、图书馆学研究方法。一方面,核心课程必须面临新的变化以适应学科发展,另一方面,仍然存在着传统课程与新设课程之间的矛盾,如何稳定图书馆学核心课程、优化核心课程体系是必须解决的问题。

在课程标准化建设方面,自 2003 年教育部启动"高等学校教学质量与教学改革工程",2003 年 4 月 8 日教育部颁布《关于启动高等学校教学质量与教学改革工程精品课程建设工作的通知》,开始了国家精品课程建设。图书档案学领域陆续有精品课程入选,详见表 43 - 1。

表 43-1 图书档案类国家级精品课程汇总

年度	课程名称	学校/负责人	申报网站或课程网站网址	在国家精品课程网上资源数	相关教材出版
2004	目录学概论	武汉大学/彭斐章	http://jpkt. whu. edu. cn/jpkc2004/mlxgl/	45 个	《目录学(修订版)》武汉大学出版社 2003
2005	图书馆学概论	北京大学/吴慰慈	http://www. im. pku. edu. cn/jpk/index. htm	16 个	《图书馆学概论(修订本)》北京图书馆出版社 2002
2006	档案学概论	中国人民大学/冯惠玲	http://resource. hnnu. edu. cn/data/jpk/20060342. htm	22 个	《档案学概论(第二版)》中国人民大学出版社 2006
	电子文件管理	武汉大学/刘家真	http://jpkt. whu. edu. cn/jpkc2006/dzwjgl/zcr-1. htm	113 个	《电子文件管理导论》武汉大学出版社 1999
2007	信息资源共享	中山大学/程焕文	http://jpkc. sysu. edu. cn/2005/xinxi/index. htm	68 个	《信息资源共享》高等教育出版社 2004
	信息检索与利用	山东理工大学/郭敬民	http://resource. hnnu. edu. cn/data/jpk/2007076. htm	328 个	《信息检索实用教程》高等教育出版社 2005
	信息服务与用户	武汉大学/胡昌平	http://jpkt. whu. edu. cn/jpkc2007/xxfwyyh/zcr-1. htm	23 个	《信息服务与用户》武汉大学出版社 2008
	文书学	黑龙江大学/倪丽娟	http://resource. hnnu. edu. cn/data/jpk/2007281. htm	64 个	《文书学》高等教育出版社 2010

年度	课程名称	学校/负责人	申报网站或课程网站网址	在国家精品课程网上资源数	相关教材出版
2008	档案管理学	广西民族大学/黄世喆	http://jxcg.gxun.edu.cn/jp-daglx/2/2-1.shtml	5 个	《档案管理学教程》广西民族出版社 1997
	信息资源建设	武汉大学/肖希明	http://jpkt.whu.edu.cn/jpkc2008/xxzyjs	35 个	《信息资源建设》武汉大学出版社 2008
2009	档案学导论	上海大学/金波	http://elearning.shu.edu.cn/display_course.php?id=135	16 个	《档案学导论》上海大学出版社计划出版
	文献信息检索	中南大学/罗爱静	http://netclass.csu.edu.cn/JPKC2008/Hunan/xixijiansuo/index.html	59 个	《医学科技信息检索》中南大学出版社 2008
2010	信息检索	西南交通大学/高凡	http://jpkc.swjtu.edu.cn/c42/zcr-1.htm	101 个	《信息检索与利用》科学出版社 2010
	信息检索	武汉大学/黄如花	http://jpkc.whu.edu.cn/jpkc2010/xxjs/course/index.asp	33 个	《信息检索(第二版)》武汉大学出版社 2010
	电子政务基础	湘潭大学/何振	http://202.197.224.112/ec/C85/zcr-1.htm	87 个	

资料来源:http://course.jingpinke.com

从 2004 年至 2010 年,国家精品课程网上发布的图书档案类精品课程共 15 门,此外武汉大学马费成教授的《信息管理学基础》2005 年入选国家精品课程,列于精品课程资源网"管理统计学专区"。在图书档案类 15 门精品课中,共有 11 所高校获得,其中,武汉大学获得 5 门,占 33.33%,其他学校均为 1 门。相关的研究有赵君丽的《图书档案学类国家精品课程的调查分析与思考》(载《图书馆学刊》2010 年 10 期)、陈艳红等的《图书档案学类国家级精品课程建设调研及启示》(载

《档案学通讯》2011 年第 6 期）。

2004—2010 年在国家精品课程网上发布的省级精品课程有 22 门,主要有《档案保护技术学》(安徽大学尹慧道,2004 年)、《档案保护技术学》(中国人民大学郭莉珠,2005 年)、《文献检索与利用》(四川农业大学杨长平,2005 年)、《信息组织学》(武汉大学周宁,2006 年)、《信息分析》(山西大学裴成发,2006 年)、《文献检索》(华东理工大学孙济庆,2007 年)、《医学信息检索》(山西医科大学王秀平,2009 年)。

2011 年,国家级精品课评审工作告一段落,教育部开始启动国家级视频公开课建设,未来 5 年,教育部计划按每门 15 万元至 20 万元的投入,打造 1000 门精品视频公开课,在 2011 年首批精品视频公开课申报工作中,共有 39 所"985 工程"高校申报了 213 个公开课选题,教育部选出 103 个选题立项,图书档案类暂无立项。

在教材建设方面,2010—2011 年,普通高等教育"十一五"国家级规划教材图书档案学类新增 6 种,其中《信息检索(多媒体)教程》获得 2011 年度普通高等教材精品教材。表 43 - 2 为图书档案学类"十一五"国家级规划教材汇总。

表 43 - 2　图书档案学类"十一五"国家级规划教材汇总

年度	教材名称	作者	出版社
2006	档案学概论(第二版)	冯惠玲、张辑哲主编	中国人民大学出版社
	历史文书(第二版)	裴燕生主编	中国人民大学出版社
	情报学基础教程	叶鹰、潘有能、潘卫编著	科学出版社
2007	电子文件管理	冯惠玲	中国人民大学出版社
	信息管理概论(第二版)	柯平、高洁主编	科学出版社
	档案保护技术学教程	郭莉珠	中国人民大学出版社
	档案文献编纂学	刘耿生	中国人民大学出版社
	电子文件管理学	金波、丁华东著	上海大学出版社
2008	图书馆学概论(修订二版)	吴慰慈、董焱编著	国家图书馆出版社
	文献学概要(修订本)	杜泽逊	中华书局
	现代信息查询与利用(第二版)	赵静	科学出版社
	档案保护技术学教程(第二版)	郭莉珠	中国人民大学出版社
	外国档案管理学	黄霄羽	中国人民大学出版社
	信息资源编目(第二版)	段明莲	北京大学出版社
	信息检索教程(第二版)	王立清主编	中国人民大学出版社
	档案鉴辨学	刘耿生、何庄、张美芳主编	中国人民大学出版社

年度	教材名称	作者	出版社
2009	信息存储与检索	王知津主编	机械工业出版社
	信息检索通用教程	潘燕桃等	高等教育出版社
	信息检索教程	马文峰著	国家图书馆出版社
	数字图书馆导论	夏立新等	科学出版社
	实用网络信息检索	葛敬民	高等教育出版社
	知识管理	王众托	科学出版社
	网络信息政策法规导论(第二版)	颜祥林等	南京大学出版社
	信息检索(多媒体)教程(第二版)	沈固朝等	高等教育出版社
	信息管理与信息系统概论(第二版)	杨波、陈禹、殷国鹏	中国人民大学出版社
	文献分类法主题法导论(修订版)	马张华等编著	国家图书馆出版社
2010	专门档案管理(第二版)	王英玮	中国人民大学出版社
	现代图书馆管理	刘兹恒、徐建华、张久珍主编	电子工业出版社
	信息检索(第二版)	黄如花	武汉大学出版社
	信息分析与决策(第二版)	王延飞、秦铁辉	北京大学出版社
2011	信息检索	王兰成等	高等教育出版社
	信息组织与信息构建	周晓英主编	中国人民大学出版社

资料来源:根据 http://www.tbook.com.cn 等相关资料整理。

关于"十二五"教材,根据《教育部关于"十二五"普通高等教育本科教材建设的若干意见》(教高[2011]5 号)和《关于开展"十二五"普通高等教育本科国家级规划教材第一次推荐遴选工作的通知》(教高司函[2011]204 号)精神,各高校和有关出版社进行了积极组织,有的出版社已提前组织出版,如郜峻和张利平主编的《信息素养与计算机信息检索》被北京航空航天大学出版社作为"普通高校'十二五'规划教材"丛书于 2011 年 6 月出版。图书馆学教材一方面继续充实"十一五"国家级规划教材,同时也在讨论"十二五"规划教材的组成,

三、图书馆学学科建设

《学位授予和人才培养学科目录(2011)》只公布一级学科,未公布二级学科设置,这意味着今后二级学科可在一级学科下有更大的发展空间。学科目录的公布引起学者们对于学科建设的思考。[1]一级学科定名为"图书情报与档案管理",比以往"图书馆、情报与档案管理"更为简洁与合理,二级学科除现有的图书馆学、情

报学、档案学 3 个二级学科外,将会增加信息资源管理、信息分析等二级学科。

在高水平科研项目方面,2011 年图书情报与文献学获批社科基金共有重点项目 6 项,一般项目 90 项,另有 7 项后期资助项目和 2 项重大项目。图书情报教育单位获得的重点项目 2 项,即南京大学信息管理系沈固朝教授的《维护安全与发展战略的情报理论与体系研究》和华中师范大学信息管理系夏南强教授的《类序研究》。图书情报教育单位获得的重大项目有武汉大学信息管理学院邱均平教授的《基于语义的馆藏资源深度聚合与可视化展示研究》和吉林大学信息管理系靖继鹏教授的《网络信息生态链形成机理与演进规律研究》。

四、图书馆学教育组织与指导进一步加强

1.教育部图书馆学学科教学指导委员会

教育部高等学校图书馆学学科教学指导委员会 2011 年召开的第五次工作会议暨专业主任联席会议,根据 2011 年 9 月教育部下发的文件精神,重点讨论了普通高等学校本科专业目录修订二稿(图书馆学专业),达成了共识。会议研讨了当前图书馆学教育的新问题、新思路和新对策,还围绕图书馆学专业介绍的编制、图书馆学专业教材的编写等问题进行了热烈讨论。

2.国务院学位委员会图书情报与档案管理学科评议组

国务院学位委员会图书情报与档案管理学科评议组是专门负责一级学科研究生教育相关工作的专家组织。第六届国务院学位委员会图书情报与档案管理学科评议组自 2009 年成立以来,重点围绕一级学科发展、科学学位研究生培养进行了研究与指导。2011 年 3 月对研究生学术交流平台项目组织了评审,2011 年 6—8 月,根据国务院学位办[2011]27 号"关于委托学科评议组编写一级学科简介和博士、硕士学位基本要求的通知",学科评议组组织编写了《图书情报与档案管理一级学科简介》和《图书情报与档案管理博士、硕士学位基本要求》。

3.全国图书情报专业学位研究生教育指导委员会

全国图书情报专业学位研究生教育指导委员会是专门从事图书情报专业学位研究生教育的指导、督查、评估认证、研究和咨询等工作的专家性组织,于 2011 年 3 月在北京成立并召开第一次工作会议,审议了全国专业学位研究生教育指导委员会章程,研究制定了图书情报专业学位研究生指导性培养方案(建议稿),讨论并委托秘书处制定教指委具体工作规划以及 2011 年度工作要点,并就专业学位与职业资格衔接、专业学位招生考试等问题达成一致意见。2011 年 4 月修订并向国务院学位办上报《全日制图书情报硕士专业学位研究生指导性培养方案》《全国图书情报专业学位研究生教育指导委员会工作规则》。

4. 中国图书馆学会图书馆教育专业委员会

中国图书馆学会学术研究委员会图书馆学教育专业委员会致力于专业教育与行业发展的结合,2011 年 10 月 27 日,在中国图书馆学会 2011 年会之际,联合图书馆员专业委员会承办了第 4 分会场"改革·创新·发展:'十二五'时期图书情报专业人员的教育与培养"的主题活动,该分会场有 3 个分主题:新时期图书情报教育改革的思路与举措,在职教育与职业素养的培养,图书情报硕士专业学位研究生的培养。

第二节 图书馆学教育发展基本数据

一、图书馆学本科教育

在中国教育在线的高考填报志愿参考系统中,图书馆学本科专业招生院校有 30 家,即:北京大学、云南大学、西北大学、武汉大学、河北经贸大学、南开大学、郑州大学、安徽大学、新疆大学、天津中医药大学、四川大学、中山大学、南京大学、苏州大学、山东大学、东北师范大学、鞍山师范学院、辽宁师范大学、陕西理工学院、长春大学、湘潭大学、长春师范学院、黑龙江大学、福建师范大学、郑州航空工业管理学院、内蒙古科技大学、贵州师范大学、贵州大学、辽宁师范大学海华学院、包头师范学院。

经过本文调查,2011 年实际开办图书馆学专业本科教育的情况详见表 43 - 3。

表 43 - 3 图书馆学本科教育 2011 年招生情况

序号	学校	创办时间	隶属院系	专业负责人	2011 年学生	备注
1	武汉大学	1920 年	信息管理学院图书馆学系	陈传夫、肖希明	66	
2	北京大学	1947 年	信息管理系	王余光	48	与信管合招数

续表

序号	学校	创办时间	隶属院系	专业负责人	2011年学生	备注
3	山西大学	1978年	管理学院信息管理系	裴成发		停招一年
4	东北师范大学	1980年	计算机科学与信息技术学院信息管理系	徐跃权、王翠萍	15	
5	中山大学	1983年	资讯管理学院	曹树金	134	与档案合招数
6	南开大学	1984年	商学院信息资源管理系	柯平	29	
7	南京大学	1985年	信息管理系	孙建军		按系招生
8	安徽大学	1985年	管理学院图书档案系	李财富、陆和健	90	与档案合招数
9	河北大学	1985年	管理学院图书馆学系	金胜勇	80	与档案合招数
10	辽宁师范大学	1985年	管理学院信息管理系	张秀兰	28	
11	湘潭大学	1985年	公共管理学院知识资源管理系	文庭孝	31	
12	黑龙江大学	1985年	信息管理学院	马海群	26	
13	郑州大学	1985年	信息管理系	陈忠海	28	
14	福建师范大学	1983年	社会历史学院图书馆学系	江向东	32	
15	西北大学	1993年	公共管理学院	杨玉麟	55	与档案合招数
16	苏州大学	2002年	社会学院档案与电子政务系	周毅	65	
17	河北经贸大学	2002年	公共管理学院	武晓丽		停招一年
18	长春师范学院	2002年	政法学院	刘宝瑞	15	
19	内蒙古科技大学	2006年	包头师范学院历史文化学院	王龙	39	
20	郑州航空工业管理学院	2007年	信息科学学院	刘永	36	
21	鞍山师范学院	2007年	商学院图书情报系	宗妮	27	

目前,我国开办图书馆学本科教育的有21家,2011年有两个学校暂时停招,实际招生的学校是19家,共计招生人数842人(含5个学院的合招人数)。

需要说明的是,由于多种原因,一些有较好条件的图书馆学办学单位停止了招生,如华东师范大学(1979年开办图书馆学专业)、华南师范大学(1983年开办)、华中师范大学(1984年开办)、山东大学(1985年开办)等早已停招图书馆学专业本科,只招信息管理与信息系统专业本科;云南大学图书馆学专业(1987年开办)于2006年停招,现在公共管理学院情报与档案学系招信息管理与信息系统本科,下设图书馆学和信息管理两个方面。而四川大学(1984年开办)、浙江大学(1993年开办)将图书馆学专业改为信息资源管理专业招生。

近几年来,一些高校兴办图书馆学本科教育,形势有喜有忧,在发展中遇到了师资、条件、招生等方面的困难。2002—2006年的新增图书馆学专业本科办学点的学校包括:河北经贸大学、长春大学、长春师范学院、苏州大学、贵州师范大学、陕西理工大学、新疆大学和内蒙古科技大学。其中,一些学校只有短期办学即停办,如长春大学只招了2002、2003两届学生。现继续招生的学校中,苏州大学相对稳定,实行隔年招生。长春师范学院坚持每年招生。河北经贸大学2008—2009年停招,2010年招生51人,2011年又停招一年,2012年继续招生。

2007年3月12日教育部公布的“2006年度经教育部备案或批准设置的高等学校本科专业名单”中,新增了鞍山师范学院、郑州航空工业管理学院和西北大学现代学院三所学校开办图书馆学本科教育。鞍山师范学院和郑州航空工业管理学院坚持年年招生,办学形势良好。

根据武汉大学中国科学评价中心发布的2011“中国大学本科教育分专业竞争力排行榜(192个专业前20%)”,[2]全国31个图书馆学专业排名前6名的学校是:武汉大学、北京大学、南京大学、南开大学、中山大学、黑龙江大学。

二、图书馆学学术型硕士教育

2011年硕士一级学科授权点增加27个,目前,有55家院校开展科学学位硕士生教育,详见表43-4。

表 43 - 4　2011 年我国图书馆学硕士研究生教育招生单位

类型	一级学科授权点的学校	2011 年新增一级学科授权点的学校	二级学科授权点的学校
由院系开办图书馆学硕士生	安徽大学、北京大学、北京师范大学、东北师范大学、福建师范大学、黑龙江大学、华东师范大学、南京大学、南京理工大学、南京政治学院、南开大学、山西大学、上海大学、四川大学、武汉大学、云南大学、浙江大学、郑州大学、中国人民大学、中山大学	广西民族大学、河北大学、华南师范大学、华中科技大学、华中师范大学、吉林大学、辽宁大学、辽宁师范大学、南昌大学、南京农业大学、山东大学、苏州大学、西北大学、湘潭大学、中南大学	天津师范大学、西安电子科技大学、西南大学
由图书馆开办图书馆学硕士生	北京理工大学、第二军医大学、东南大学、复旦大学、上海交通大学、中国科学技术信息研究所、重庆大学	江苏大学、清华大学、中国农业大学、中国中医科学院、中国科学院研究生院	第四军医大学、河南科技大学、曲阜师范大学、天津工业大学、西安交通大学

资料来源:根据 http://blog.tianya.cn/blogger/post_read.asp?BlogID = 2385052&PostID = 34758028 等相关资料整理。

　　根据武汉大学中国科学评价中心发布的"2011 中国研究生教育分一级学科排行榜",[3]全国图书馆、情报与档案管理67 个单位的排名在前列的如下:武汉大学、南京大学、中国人民大学、北京大学、南开大学、中山大学、华中师范大学、吉林大学、云南大学、广西民族大学、华东师范大学、黑龙江大学、湘潭大学。

三、图书情报专业硕士教育

　　2010 年,全国批准18 家院校具有招收"图书情报硕士"的办学资格。2011 年首届招生,在全国18 个图书情报专业学位授权点中,有3 所学校当年未招生,实际招生情况详见表43 - 5。

表 43-5 2011 年全国图书情报专业硕士招生情况

学校	所在院系	实际招生人数
安徽大学	管理学院	2
北京大学	信息管理系	未招生
中国人民大学	信息资源管理学院	12
中山大学	资讯管理学院	38
河北大学	管理学院	4
郑州大学	信息管理系	未招生
黑龙江大学	信息管理学院	5
武汉大学	信息管理学院	30
吉林大学	管理学院	10
南京大学	信息管理系	21
南京理工大学	经济管理学院	6
山东大学	管理学院	未招生
山西大学	管理学院	4
华东师范大学	商学院	9
上海大学	图书情报档案系	8
四川大学	公共管理学院	未招生
南开大学	商学院	22
云南大学	公共管理学院	11

2011 年,全国共有 15 家高校招收专业硕士研究生,共招生 182 人,招生最多的 38 人,最少的 2 人,平均每所高校招生约 12 人。

四、图书馆学博士教育和博士后教育

2011 年全国图书馆学博士点 9 个,新增一级学科博士点 3 个,分别为吉林大学、南京政治学院和中科院研究生院,使得一级学科博士点增加到 7 个,详见表 43-6。

表 43 – 6　我国图书馆学博士点及博士后站设立情况

学校和院系	图书馆学博士点批准时间	一级学科博士点批准时间	一级学科博士后流动站设立时间	一级学科博士后科研工作站设立时间
北京大学信息管理系	1990 年	2003 年	2003 年	
武汉大学信息管理学院	1993 年	2000 年	2003 年	
中国科学院文献情报中心	1993 年	2011 年		
南京大学信息管理学院	2003 年	2006 年	2007 年	
南开大学商学院信息资源管理系	2003 年		2009 年	
南京政治学院上海分院信息管理系	2003 年			
中国人民大学信息资源管理学院		2006 年	2003 年	
中山大学资讯管理学院	2006 年			
吉林大学管理学院信息管理系	2006 年	2011 年		
中国科技信息研究所				2002 年
国家图书馆				2009 年

　　2011 年,吉林大学获得"图书馆、情报与档案管理"一级学科博士点。2011 年武汉大学唐琼的博士学位论文《图书馆数字资源选择标准研究》获得全国优秀博士论文提名。

第三节　图书馆学教育的主要工作

一、图书情报专业学位研究生教育正式开启

　　图书情报专业学位教育的产生,一方面是图书情报事业发展的需要,非图书情报专业毕业生进入图书情报机构工作,图书情报机构工作人员的素质有待提升,图书情报机构工作所需的多学科背景需要多种学科生源,传统的专业教育面临严峻的挑战,事业发展迫切要求面向职业的、应用性强的专业教育。另一方面是国家专业学位发展提供了新的机遇,随着国务院学位委员会确定在我国逐步实行专业学位,工商管理硕士、法律硕士、公共管理硕士专业硕士学位的授权点在不断增多,这是社会分工日益明确、经济日益发展的必然需求。目前我国硕士专业学位达到 39 种,博士专业学位达到 5 种,基本覆盖了国民经济和社会发展的主干领域;具有研

究生专业学位授予权的培养单位 509 个,硕士专业学位授权点 2679 个,博士专业学位授权点 66 个,累计招收专业学位研究生超过 100 万人。2011 年全国硕士生统一入学考试报名人数为 151.1 万人,比去年增加 10.3 万人,增幅 7.3%,其中 38 个专业学位共报名 30.5 万人,比去年增加 11.6 万人,增幅 61.4%。

继 2010 年 9 月国务院学位委员会首批 18 家图书情报专业硕士授权点,2011 年专业学位教育大发展。2011 年 1 月 30 日,国务院学位委员会、教育部、人力资源和社会保障部共同发布学位〔2011〕3 号文件"关于成立全国金融等专业学位研究生教育指导委员会的通知",批准成立全国 28 个专业学位研究生教育指导委员会,包括全国图书情报专业学位研究生教育指导委员会,3 月 18 日,三部委又联合在北京召开全国金融等专业学位研究生教育指导委员会成立大会,全国图书情报专业学位研究生教育指导委员会正式成立。全国图书情报专业学位研究生教育指导委员会主任委员是国家图书馆馆长周和平;副主任委员有武汉大学教授陈传夫和文化部社会文化司巡视员刘小琴;委员有 12 位(按姓氏笔画排列):中国人民大学教授卢小宾、南京大学教授孙建军、中国图书馆学会秘书长汤更生、吉林大学教授张向先、中国科学院国家科学图书馆馆长张晓林、武汉大学教授李纲、国家图书馆副馆长陈力、北京大学教授周庆山、南开大学教授柯平、中国科学技术信息技术研究所所长贺德方、中山大学教授程焕文、南京政治学院教授戴维民;秘书长由李纲兼任。

经过 2010 年的招生宣传,2011 年图书情报专业学位正式招生,9 月首批图书情报专业硕士研究生入学。从实际招生情况看,18 个专业学位点中,只有武汉大学、南开大学、南京大学、中山大学等少数几所学校的情况较好,其他学校招生情况并不理想,北京大学、山东大学第一年没有招生。在 2011 年全国图书情报专业学位招生过程中出现的一系列困难主要有:各大型图书情报机构工作人员近几年已获得硕士以上学历,导致生源困难;业界对专业学位了解认识不足,甚至将专业学位等同于以往的研究生课程进修班,导致行业重视与支持不够;图书情报办学机构在进行培养方案和招生宣传等各项工作时,时间紧,经验不足,导致准备不充分。整体来看,专业学位招生开局就遇到了困难,形势不容乐观。

为推动图书情报专业学位教育的宣传推广,中国图书馆学会 2011 年会上,特邀武汉大学信息管理学院院长作了《图书馆员职业化与图书情报专业学位教育》的主题发言,在图书馆学教育分会场上,围绕图书情报专业学位教育进行了宣传和讨论,南京大学信息管理系沈固朝教授对图书情报硕士"双学位"(学术学位与专业学位)提出了若干需要思考与解决的问题:如:如何坚持"职业性与学术性的高度统一",如何在培养方案中定位不同类型研究生,就两种学位的培养目标、课程设置、指导方式、学位论文和师资队伍等方面提出了自己的见解,认为关键在于管理机制。

为推动图书情报专业学位教育的研究,《图书情报知识》组织有关专家开展了"关于图书情报专业学位研究生教育的讨论"(笔谈),于 2011 年 9 月集中发表相关成果:程焕文《在理想和现实之间踌躇徘徊》;柯平《以职业为中心的图书情报专业学位教育》;张向先《解析图书情报专业硕士职业核心能力》;贺德方《图书馆学与情报学研究生职业核心能力构建》;孙建军《图书情报专业学位教育的整体规划与可持续发展》;卢小宾《关于图书情报硕士专业学位研究生的培养问题》;周庆山《图书情报专业硕士学位教育的实施》;陈传夫《专业学位应面向宽广的图书情报职业需要》。[4]讨论不仅深化了专业学位教育意义和背景的认识,而且促进了图书情报专业学位培养目标、培养方式、教学模式、职业核心能力、教育实施等问题的新探索。

为推动图书情报专业学位课程体系建设与教材出版,中国图书馆学会编译出版委员会专业著作出版委员会于 2011 年 11 月 10—11 日在河北保定市召开 2011 工作会议,邀请图书情报专业学位培养院系的代表交流了专业学位宣传、招生、管理等工作经验,围绕专业学位培养计划、课程设计、教材编写、发展前景等问题进行了讨论。

二、博士生论坛和暑期学校

"图书馆学博士生学术论坛"是教育部研究生教育创新计划资助项目,该项目旨在促进图书馆学博士生进行前沿性的学术探讨,为与会博士生营造浓厚的学术讨论氛围,增强自主创新能力。2011 年图书馆学博士生论坛由北京大学信息管理系主持,主题是新技术环境下图书馆学研究的新视野。参加论坛的除来自全国各地的图书馆学博士生外,还邀请图书馆界著名学者和图书馆馆长以及专业媒体负责人参加,共有代表 106 人。会议有主旨报告、专家演讲、博士生学术报告组成,吴慰慈教授在论坛作了《新一代图书馆学人的学术责任》主旨报告,特邀武汉大学肖希明教授、国家图书馆陈力副馆长、上海图书馆刘炜副馆长、北京大学朱强馆长、中国科学院孙坦副馆长分别作专家演讲,来自北京大学、武汉大学、南开大学、中山大学、吉林大学等校的博士生代表作学术报告,特邀博士生导师和专家进行点评。在图书馆学博士生学术论坛举办前,北京大学信息管理系还于 2011 年 10 月 22 日至23 日召开了"全国情报学博士生学术论坛"。

2011 年 8 月 31 日,南京大学信息管理系获得教育部全国博士生学术论坛项目资助,主办了"2011 年两岸三地图书情报与档案管理博士论坛",会议主题为"新兴技术环境下信息资源、技术与服务的融合",来自中国内地和台湾、香港的本一级学科博士生、博士生导师及相关专家参加,除特邀专家报告外,分组进行了专题研讨,系统讨论在新兴技术环境下信息资源、信息技术以及信息服务有机融合的发展趋势和特征,并探讨该趋势对图书情报和档案管理工作的挑战与应对。

由北京大学信息管理系承办的 2011 年"社群信息学"暑期学校是北京大学研究生教育创新计划项目之一,聘请了美国伊利诺伊大学图书情报研究生院的 Abdul Alkalimat 博士和 Kate Williams 博士授课,并邀请南开大学的闫慧博士为学员介绍社群信息学在中国的发展情况,采用面授、小组研讨、案例分析、实地考察等多种学习方式,探索社群信息学相关理论与方法,成为 2011 年研究生培养与交流的一种新形式。

三、进一步调整培养结构

2007—2011 届高等学校图书馆学学科教学指导委员会第四次、第五次工作会议关于图书馆学专业教育的培养目标、教育内容和学科特点进一步调整充实,认为:既要保留原有学科的特色,又要在新的环境和条件下,拓展新的研究领域和范围;在网络时代,图书馆仅仅是信息网络上的一个节点,对信息进行搜集整理组织利用已远远不是图书馆一个机构所能完成的,因此图书馆学教育内容需要突破图书馆的局限,要从整个社会信息交流系统的全局来重新设计图书馆学课程内容,要把整个社会的信息资源管理纳入图书馆学的研究范围;图书馆学专业的培养目标不仅要面向图书馆,也要面向各种信息管理工作,使图书馆学科形成一个开放的体系,能够适应更广泛的社会需求。

四、制定规划,加强一级学科建设

学科建设是关系到学科存亡,能否健康、持续发展的大问题,特别是一级学科建设,关系重大。国务院学位委员会图书情报与档案管理学科评议组 2011 年修订的图书情报与档案管理一级学科简介,将原一级学科所属的 3 个二级学科(图书馆学、情报学、档案学)拓展为 7 个二级学科:图书馆学、情报学、档案学、信息资源管理、信息分析、出版管理、古籍整理与保护,并明确与图书情报与档案管理学科关系密切的一级学科包括:公共管理、工商管理、管理科学与工程、计算机科学与技术、新闻传播学、中国史等。

图书馆学教育相关机构在"十二五"开局之时谋划学科发展。例如,南开大学信息资源管理系 2011 年 8 月制定了《信息资源管理系图书情报与档案管理一级学科建设与发展规划(2011—2015)》;北京理工大学图书馆于 2011 年 12 月组织召开了"图书馆、情报与档案管理学科建设发展规划(2011—2015 年)"评审会。

为了深入贯彻实施《国家中长期教育改革和发展规划纲要(2010—2020 年)》,科学规划"十二五"期间高校哲学社会科学的发展,围绕国家、社会发展的重大理论和现实问题,瞄准国家重大需求,定位于战略问题研究,打破学科壁垒,选择具有全局性、前瞻性、战略性的重大研究领域和研究课题,2010 年 7 月教育部社会科学司邀请教育部社会科学委员会各学部研制《高校哲学社会科学战略规划研究报告》。9 月,教育部社会科学委员会管理学部成立了课题组,根据社会科学管理学部门类下属 3 个一级学科,分别成立工商管理、公共管理、图书情报与档案管理 3 个分课题组和总体组,图书情报与档案管理课题组由管理学部中来自图书情报与档案管理的 3 位学部委员冯惠玲、马费成和叶继元组成。该课题组根据"坚持引领发展、顶层设计、突出重点、整合资源"的原则,广集众智,凝练精髓,历时一年,终于完成了《高校哲学社会科学管理学部图书情报与档案管理学科战略规划研究报告(修改稿)》,[5]经过征求有关专家意见,于 2011 年公布《高校哲学社会科学管理学部图书情报与档案管理学科战略规划研究报告》(下文简称《报告》)。《报告》明确提出今后 5 年图书情报与档案管理学科(以下简称"图情档学") 重点研究领域和选题。选题的特点是信息资源概念的进一步确认、实践需求性、问题导向性、学科的综合交叉性、视野的宏观战略性和"图情档学"核心知识的扩展性。《报告》首次跨越二级学科,从一级学科的角度提出各二级学科共性的一些重大理论和实践问题,促进了二级学科之间、一级学科之间的融合关系。为增强博士研究生教育力量,《报告》建议在现有推荐方式基础上有所变通,对处于发展中的小学科单独开些口子,比如一定年限中在该学科范围内单独评审一次,使本学科可以获得必要的发展机会,使我国的人文社会科学得以均衡发展。在增强学科科研实力方面,《报告》肯定了图书馆学科研力量在最近几年获得长足发展,重点研究基地更加成熟,长江学者等学科带头人脱颖而出,承担了国家社科基金重大招标项目、国家自然科学基金重点项目、教育部人文社会科学重大项目、国家十一五科技支撑计划项目等多项重要研究课题。

五、进一步丰富教育与学术交流

图书馆学教育交流内容和渠道的丰富是近几年图书馆学教育中的一抹亮色。

488

随着国家留学基金委扩大了国家公派留学生计划的惠及高校范围,图书馆学专业学生也开始从中受益。图书馆学教育界的领军学校更是加大了交流步伐,中山大学资讯管理学院与香港大学、台湾铭传大学、元智大学、中原大学、科技大学和中正大学建立交换学习制度,武汉大学同美国、日本、加拿大、法国、英国、德国等10多个国家的图书情报学院、信息管理学院建立了良好的学术合作与交流关系。与亚洲基督高等教育联合董事会和国际图联(IFLA)等国际组织建立了长期稳定的合作关系。每年派遣2—4名教师和研究人员赴国外留学、访问,并接受部分国家的来华留学生。每年邀请2—8名外国专家来院授课或主办学术讲座。北京大学信息管理与香港城市大学等学校建立交流互换关系,每年都接待一定数量来访的外国专家学者进行交流。丰富的国际交流进一步促使国内图书馆学教育与国际接轨。

南开大学商学院信息资源管理系和图书情报专业学位中心近几年加快国际化步伐,2011年举办系列海外学术报告,如6月邀请美国罗格斯新泽西州立大学传播与信息学院 Nicholas J. Belkin 教授和纽约城市大学女王学院图情研究生院 Colleen Cool 教授来系访问并分别作题为"个性化用户与信息的交互:PoODLE 模式"和"数字图书馆新用户的帮助信息寻求行为研究"的学术报告,邀请美国印弟安娜大学图书情报学院助理教授夏竞峰博士访问并作学术讲座"开放存取:成就与挑战",7月邀请北德克萨斯大学信息学院图书情报学系副教授陈江平博士访问并作学术报告"数字图书馆多语言信息获取——元数据记录翻译计划",9月与北京德国文化中心·歌德学院(中国)和全国中小型公共图书馆联合会联合主办"图书馆的可持续性——德国的绿色图书馆建设"专题报告会。

亚太 iSchool 联盟 CiSAP(http://www.cisap.asia)成立于2008年,目前共有来自包括北京大学信息管理系在内的11个国家和地区的24个信息研究领域大学及研究机构成员单位。2011年10月28日,亚太 iSchool 联盟(CiSAP, Consortium of information Schools in Asia Pacific)委员会会议在北京大学信息管理系召开,参加会议的有来自中国内地和中国台湾地区、日本、澳大利亚、新加坡、新西兰、泰国、马来西亚、越南等国家和地区的专家学者,他们均为联盟成员单位在 CiSAP 委员会中的代表。

2011年除博士生论坛外,各院系举办的学术交流会议还有:由南京大学信息管理系主办,信息系统协会中国分会、台湾资讯管理学会、台湾辅仁大学、复旦大学共同承办的"第十七届海峡两岸信息管理发展与策略学术研讨会"于9月1日在南京召开,与会代表分别围绕11个专题进行分组研讨,旨在探讨与交流在新兴技术环境下如何面临信息资源、信息技术以及信息服务有机融合的新问题和新挑战。

由北京大学信息管理系主办的"北京大学中、日、韩城市信息化国际研讨会"2011年11月19日召开。由中山大学资讯管理学院与美国南佛罗里达大学图书馆与信息学学院、(中国)台湾世新大学资讯传播学系联合主办的"第三届资讯资本与伦理国际学术交流研讨会(3rd International Conference on Information Capital, Property, & Ethics)"于12月12—14日在广州召开,会议主题为"信息政策、权益与伦理"。

第四节　图书馆学教育的发展特点

一、图书馆学教育体系逐步完善

2011年图书馆学教育体系在巩固中进一步发展,本科与博士研究生教育较为稳定,硕士研究生教育则增加了专业硕士教育,使得图书馆学研究生教育体系更为完善,同时也与社会对本专业的教育需求更为吻合。

图书情报专业学位教育适应了新形势图书情报事业发展对图书情报专门人才的迫切需求,以培养具有一定理论水平和业务能力的专业人员为目标,解决图书情报机构用人和图书情报教育之间的矛盾,提高图书情报机构现有人员的水平。同时,促进了图书馆学教育向职业方向发展,创新图书情报人才培养模式,提高图书情报人才培养质量,从而建立起我国图书情报人才培养的新体系。

需要注意的是,图书情报学研究生教育中的科学硕士学位和专业硕士学位的培养目标、课程内容上是有所不同的,前者具有较强的科研能力,后者则是以业务能力为主,兼顾理论。同时,专业硕士学位还可以承担图书馆职业资格认证的任务。

二、图情档一体化步伐加快

图情档一体化的步伐从2006年即已迈出。在2006年召开的"第二届中美数字时代图书馆学情报学教育国际研讨会"上,与会图书情报学院院长(系主任)签署的《数字时代中国图书情报与档案学教育发展方向及行动纲要》中明确提出,"图书情报档案类高等教育应定位于信息资源管理,定位于管理科学门类"。认为"面向图书馆、情报、档案与出版工作的图书情报学类高等教育是信息资源管理事业健康发展的重要保障"。[6]2008年本届教指委第二次工作会议重申此主张,认为将图书馆学、情报学、档案学等作为一个学科群来建设,以信息资源作为对象和逻辑起点进行知识更新与范畴重建,并突出"管理"和"技术"的特点,既有利于学科相互促进和发展,也有利于确立图书馆学等学科的独立地位;还认为这样将是中国图书情报档案类学科及其教育在 21 世纪所面临的一次方向性变革和结构性调整，不仅意味着其理论形态及知识体系的改变，也意味着教育模式和实践模式的革新。[7]此后几年中图书情报与档案管理博士与硕士学位授予权的审批结果也更明确这一方向，一级学科授权点的审批数目增多。2011 年完成的《高校哲学社会科学管理学部图书情报与档案管理学科战略规划研究报告》则从学科战略发展的高度明确了图情档一体化发展的方向及具体路径。在图情档学科未来 5 年发展战略规划中明确表示图情档学科的研究对象是信息资源，表明图情档学术共同体已认可信息资源一词作为正式的专业术语。《报告》借助"信息资源"这一三个二级学科来涵盖图书情报与档案管理的共同研究领域，不仅有助于其一级学科定名，更有利于学科的开放性、包容性、跨学科性，才有可能突破传统科研思维定势，产生真正的学科知识创新成果，提高学科的影响力。

三、职业导向更加明显

虽然我国围绕"学科"和"操作"的图书馆学教育，长期以来对"职业"作了令人难以置信的"忽视"抑或"蔑视"，但随着社会发展对本学科的影响以及对其要求的变化，图书馆学教育力图对此作出回应，突出的表现即"职业化"。首先是培养目标的职业导向。2009 年公布的《高等学校图书馆学本科指导性规范》（修订版）中明确描述"能在图书馆、信息服务机构和各类企事业单位的信息部门从事信息与知识服务及管理工作"；2010 年图书馆学学科教学指导委员会第四次工作会议也提出图书馆学专业的培养目标不仅要面向图书馆，也要面向各种信息管理工作，使图书馆学科形成一个开放的体系，能够适应更广泛的社会需求。其次是培养体系的职业导向。再次是培养内容的职业导向。图书馆学本科核心课程中的"信息资源建设、信息与知识组织（含信息描述）、信息服务、信息检索、数字图书馆、图书馆管理"都体现出职业对教育的要求；图书情报硕士的培养计划也是以"项目带研究"的形式为主，体现出专业硕士培养以职业需求为第一导向的特点。

第五节　未来展望

一、教育体系优化

图书馆学教育现状与社会需求之间的矛盾要求我们对图书馆学教育体系进一步优化。

本硕博连读将是图书馆学教育的重要方向。除了本硕连读，可进行图书馆学科学学位硕士研究生培养与博士研究生培养的结合。科学硕士学位即学术或科学研究型的硕士学位（academic degree），我国目前的图书情报学硕士学位教育大部分为这种形式。但随着图书馆事业发展对图书情报人才需求的变化、图书馆职业资格制度的引入、图书情报专业人才的就业压力增大，以及研究生培养成本的提高，是否考虑对这种目前占绝对优势的培养方式进行调整，即将其与博士学位教育相接轨。尤其是有博士授予权的学校可以考虑设置六年一贯制直接攻读博士研究生，经过两年半到三年的课程学习，资格考试合格以后，本人自愿直接进入博士学位论文的准备中，作为博士学位候选人，也可以写硕士学位论文，通过答辩获得硕士学位。尽管这种科学硕士学位的培养方式已经在图书情报学专业中比较成熟，但是不能很好地与图书情报事业本身的实践性相吻合，也不能满足博士学位教育的理论需求。因此，可以将科学硕士学位教育作为博士学位教育的过渡阶段，这样，无论是人才的选拔培养，还是研究生教育的投入、毕业生就业都是比较经济合理的做法，同时可考虑主要由具有博士授权资格的学校承担这项任务。

在研究生培养中，根据人才需求需要调整培养结构，减少科学学位招生，增加专业学位（professional degree）招生。2010 年国家减少了学术型硕士生 3.8 万名，2011 年学术型招生 34.7 万人，比 2010 年又减少 1.4 万，减幅 3.9%，专业学位 14.8 万人，比 2010 年增加 3.7 万人，增幅 33.3%。并且计划以后几年继续减少学术型硕士生，减少的名额用以增加全日制专业型硕士生。

未来图书馆学职业教育和继续教育必须加强。随着我国经济社会的发展，图书馆事业将进一步发展，对图书馆学人才的需求将会持续保持增长的势头。在培养模式上可推广继续教育、认证教育、远程教育等非学位教育课程。

二、教育主体多样化

除了现有的以专业院校为主的教育主体模式，还应纳入图书馆、信息研究所等教学力量，充分发挥其与实践相结合的优势，弥补专业院校的不足。从早期的中科院图书馆、福州大学图书馆、人民大学图书馆到今天的河南科技大学图书馆、天津工业大学等大学图书馆，招收并培养图书馆学硕士研究生，成为图书馆学研究生教育的一支新生力量。[8]根据这一形势，应当注意以下问题：一以图书馆等信息中心申办图书馆学研究生学位授权点的积极性不断高涨，应保护其积极性，同时做好充分的准备工作，在条件和基础比较扎实的情况进行申报，避免申报的盲目性。二是已有的图书馆学研究生学位授权点师资是突出的问题，仅仅依靠有高级职称的图书馆员及其工作经验不够，要提高图书馆师资力量的学历和职称结构。三是把质量放在首位,从课程设置、教学方式、科研活动等多方面提高办学质量,特别要注意从科学学位的要求,重视培养过程中的每一个环节。四是所有研究生学位授权点都要办出特点,特别是图书馆办硕士点,可依托其实践工作,将研究方向着重转向理论和实践的结合点。五是图书馆等信息机构可以与大学信息管理系联合,申报图书情报专业学位授权点,整合资源,形成在教育过程中理论与实践的对接。

教育主体的多样化还体现在专业院校除了与情报学、档案学等信息资源类学科群以及图书馆合作外,还要适当向信息(信息科学)、信息产业和政府部门延伸,在拓展学科开放性和职业视野的过程中,提升培养人才的职业竞争力。

三、教育与就业对接

针对近几年来国际上图书馆"去职业化"(Deprofessionalization)现象,陈传夫等研究发现,[9]图书馆员去职业化虽然有利于提高图书馆的工作效率,但也可能带来图书馆核心竞争力丧失、图书馆职业被淡化等问题;图书馆员去职业化主要是由图书馆的财政压力、网络环境的冲击、现有制度的制约以及专业教育与实际工作需要脱节等原因造成。提出建立职业资格认证制度、营造图书馆员终身学习环境、慎重对待核心业务外包、变革图书馆学专业教育等防止图书馆员去职业化的对策。

教育与就业对接在我国是当务之急。在全国金融等 29 个专业学位研究生教育指导委员会成立会议上,教育部副部长杜玉波指出:当前我国研究生教育正处于新的历史发展阶段,要根据"十二五"规划以及国家中长期科技、教育、人才规划纲要精神,以提高质量为核心,以优化研究生培养类型结构为重点方向,加快从以学术型人才培养为主向学术型与应用型人才培养并重转变,加快硕士研究生教育从以学术型为主向以应用型为主转变,主动适应我国经济发展方式加快转变对各级各类高层次人才的需要。人力资源和社会保障部副部长王晓初强调:专业学位研究生教育是培养高层次应用型人才的有效途径,是当前研究生教育改革发展的重要领域。下一步,要重点抓好五方面工作。一是加快完善专业学位体系。二是加大硕士研究生结构调整力度,争取到 2015 年专业学位研究生占整个硕士生招生比例提高到 50% 以上。三是深化专业学位研究生招生考试制度改革。四是着力构建符合专业学位研究生教育特点的培养模式,增强专业学位研究生解决实际问题的能力。五是加强与部委行业的紧密联系,推动专业学位与职业资格紧密衔接。

教育与就业对接是完善图书馆学教育体系、优化图书馆学教育内容和提升图书馆学社会地位的主要途径。

一是落实图书馆职业资格认证制度,仿效美国等国家的先进模式,将图书馆学本科和研究生教育与图书馆职业资格挂钩,为图书馆学毕业生进入图书馆工作提供基本保障。而对于图书馆已有工作人员,则可以通过图书馆继续教育培训等形式获得资格证书,也从另一方面保障图书馆学专业院校的利益。

二是开展全面调查,了解图书馆学毕业生就业去向和招生情况,了解图书馆学专业学生、图书馆和其他信息服务部门对教学内容的要求。以此作为教学改革、教材编订和核心课程确定的基础。

四、教育内容和培养模式特色化

图书馆学教育内容的特色化可以保障我国图书馆学教育全面发展,互相补充,避免整齐划一的格局,从而达到满足各种需求的目的。一是培养方向上的特色化,比如与政府、企业和其他事业单位合作的培养计划,做到培养与就业的一体化。二是培养方法的特色化,比如授课方法的创新,采用实习与讲授相结合,或是案例教学的方法,[10] 还包括与其他学校和院系的联合培养,扩大学生的视野。三是教学内容上的特色化,除了核心课程的教学外,还可以结合地区需求或社会需求开展特需教育。

沈固朝等强调,大学的专业化教育不等于普通职业教育,培养职业技术也不能忘了独立思考能力和终身学习能力的养成,不能忘了综合素质和专业素质的结合、公益性和功利性的统一是高等教育自身的发展逻辑。[11]

在图书馆学专业教育过程中,面对生存与发展,必须调整教学内容与培养模式,保持特色。与此同时,原来教育体系中的本科情报学专业曾被并入,未来是否有回归的可能性? 信息资源管理新专业设置对图书馆学专业是否造成影响?"图书馆学"、"信息资源管理"、"信息管理与信息系统"和"档案学"四个专业之间是否需要界限和区分点? 图书馆学专业如何与相关专业协同发展? 这些都是图书馆学教育必须回答的问题。

参考文献

[1]金胜勇等.图书馆学情报学档案学:研究对象与学科关系[J].中国图书馆学报,2011(6):
    11 – 16

[2]武汉大学中国科学评价中心.中国大学本科教育分专业竞争力排行榜[J].评价与管理,2011
    (1):49 – 70

[3]邱均平等.中国研究生教育及学科专业评价报告——具体做法与结果分析[J].评价与管理,
    2011(3):49 – 76

［4］程焕文等.关于图书情报专业学位研究生教育的讨论［J］.图书情报知识,2011(5):4 - 19

［5］叶继元.图书情报与档案管理学科未来五年重点研究领域与选题［J］.中国图书馆学报,2012
    (1):105 - 112

［6］数字时代中国图书情报与档案学类教育发展方向及行动纲要［J］.图书情报知识,2007(1):
    31 - 32

［7］沙勇忠.迈向数字时代的图书馆学教育:在规范中寻求发展［J］.中国图书馆学报,2009(1):
    71 - 75

［8］柯平,李健.我国图书馆学教育的发展思考［J］.现代情报,2011(1):3 - 7,15

［9］陈传夫等.图书馆员去职业化问题、原因及对策研究［J］.中国图书馆学报,2011(1):4 - 18

［10］王平.团队教学法在图书情报专业教学中的应用——基于昆士兰理工大学的案例研究［J］.
    图书情报工作,2010(18):44 - 46,134

［11］沈固朝.图书情报硕士"双学位"教育的一点思考［J］.中国图书馆学报,2011(1):24 - 30

(执笔人:柯平　王平　白清礼　朱明)

大事记

1月

1月1日,北京市区县级公共图书馆中首批高端阅报机正式亮相朝阳区图书馆。2月起,朝阳区图书馆逐步将读报器向亚运村、潘家园、酒仙桥等基层图书馆(室)推广。

1月14日,"国家数字图书馆推广工程黑龙江省全覆盖"启动仪式在哈尔滨举行。国家图书馆馆长周和平,黑龙江省副省长程幼东,黑龙江省军区副政委王炳跃,黑龙江省委宣传部副部长出席仪式。国家图书馆与黑龙江省文化厅达成数字图书馆建设战略合作协议,共同建设"中国国家数字图书馆黑龙江分馆",并实现国家数字图书馆资源在黑龙江省的共建共享和全覆盖服务。

1月16日,国家数字图书馆落户北极军营活动在黑龙江省漠河县实施。国家图书馆馆长周和平,黑龙江省军区司令员高潮,黑龙江省军区副政委王炳跃等有关领导出席了本次活动。这是"国家数字图书馆推广工程"在军营建立的第一个示范点,国家图书馆提供了总量近3TB的数字资源,为广大官兵提供了丰富的精神食粮。

1月19日,全国总工会印发《关于表彰全国工会"职工书屋"建设先进单位和先进个人的决定》(工书屋办[2011]1号),共评选表彰市县级先进单位72家,优秀职工书屋示范点322家,优秀职工书屋1200家,全国工会职工书屋建设先进个人680名。

1月26日,文化部、财政部联合下发《关于推进全国美术馆、公共图书馆、文化馆(站)免费开放工作的意见》,就各级文化行政部门归口管理的美术馆、公共图书馆、文化馆(站)进一步向社会免费开放提出要求。要求到2011年底,全国所有公共图书馆、文化馆(站)实现无障碍、零门槛进入,公共空间设施场地全部免费开放,所提供的基本服务项目全部免费。

1月26日,"西域遗珍——新疆历史文献暨古籍保护成果展"在国家图书馆展览中心开幕。该展览由文化部等全国古籍保护工作部际联席会议成员单位和新疆维吾尔自治区人民政府共同主办,国家图书馆(国家古籍保护中心)和新疆维吾尔自治区文化厅共同承办。2—3 月,中共中央政治局常委、全国政协主席贾庆林,中共中央政治局常委、中央政法委书记周永康,全国人大常委会副委员长司马义·铁力瓦尔地,以及来自中央国家机关等单位的 60 余位部级领导干部参观了这一展览。

2 月

2 月 10 日,北京市公共图书馆全面推进"免费开放"服务工作,将自习室、多媒体网络中心免费开放,实现免费办证、验证、存包、电子阅览、书刊检索、借阅、讲座、展览等文化部规定的所有免费项目。

2 月,福建省图书馆首台城市街区 24 小时自助图书馆安装完毕并对外开放。市民可自助办理借书证,享受图书馆的预借送书服务。

3 月

3 月 3 日,为贯彻落实文化部、财政部《关于推进全国美术馆、公共图书馆、文化馆(站)免费开放工作的意见》的精神,国家图书馆继 2008 年初推出基本服务项目免费举措之后,对部分现行服务收费项目再次进行调整,包括取消上网费;取消复制缩微、影印、重印等善本古籍复制品底本费;降低彩色复印费、打印费等非基本服务收费,进一步扩大了公益服务范围。

3 月 5 日,由国家图书馆和澳门基金会合作建设的"中华寻根网"正式开通,向海内外华人提供服务。澳门特别行政区行政长官崔世安,中央人民政府驻澳门特别行政区联络办公室副主任、全国政协常委徐泽,全国政协常委廖泽云,国家图书馆馆长周和平等出席了开通仪式。

3 月 7 日,广西壮族自治区文化厅、广西古籍保护中心在广西壮族自治区图书馆组织召开"2011 年广西古籍保护工作厅际联席会议"。会议审议并通过第二批"广西珍贵古籍推荐名录",共收录 120 部古籍,审议结果将由广西壮族自治区文化厅上报广西壮族自治区政府批准公布。

3 月 17 日,"山西省市级公共图书馆合作与发展联盟"2011 年第一次工作会议在太原市图书馆召开。参会人员表决同意接纳忻州、运城、榆次、朔州四区图书馆为观察员馆,并签订联盟协议。

3 月 18 日,由国务院学位委员会、教育部、人力资源和社会保障部联合举办的全国金融等专业学位研究生教育指导委员会成立大会在北京召开,全国图书情报专业学位研究生教育指导委员会在本次会议上宣告成立。

3月18日,江苏省图书情报工作协调委员会恢复成立大会在南京图书馆学术报告厅举行。

3月24日—25日,由重庆图书馆主办、上海浦东图书馆协办的"视障读者服务研讨会暨视障者电脑使用推广培训班"在重庆图书馆举行。培训以"保障残疾人阅读权利,推进信息无障碍交流"为主题,来自重庆主城各区残联、公共图书馆的40多位视障读者服务人员参加了研讨和培训。研讨会期间,重庆图书馆展播了无障碍电影,作为重庆市内首次引入无障碍电影,吸引了市内媒体和广大市民的关注。

3月25日,吉林省少年儿童图书馆举行开馆仪式暨农民工子女阅读基地揭牌仪式。

3月25日,"上海文化创意产业信息中心"落户上海图书馆,上海市文化创意产业推进领导小组办公室与上海图书馆签订了合作协议。中共上海市委宣传部、上海市经济与信息化委员会、上海图书馆领导及相关人员50余人出席揭牌仪式。

3月25日,云南高校数字图书馆共享平台建设项目启动会在云南师范大学呈贡校区图书馆召开。该项目将使云南省与发达地区相比高等教育信息资源匮缺、差距较大、发展失衡的现状得到切实改变。

3月29日,CALIS管理中心和台湾大同大学、台湾大同股份有限公司、台湾精英电脑股份有限公司签订了"关于移动手持设备及相关应用的战略合作协议书"。

3月,军队院校图书馆委员会发出《关于军队院校图书馆2009—2010年优秀信息成果奖励实施意见》,到7月底,共收到院校主管部门同意、各地区协作组推荐的优秀信息成果124项。经审查,符合评奖范围、条件的121项。经7位专家评审,评出一等奖15项,二等奖25项,三等奖47项。

4月

4月5日,上海图书馆和南非特克维尼大都市图书馆共同举办的"'读书乐'中国摄影比赛优秀作品展"在南非特克维尼大都市图书馆开幕,当地市政府的国际关系部门官员、驻当地的中国领事代表到现场祝贺。上海图书馆与特克维尼大都市图书馆续签了《图书馆合作交流备忘录》。

4月7—8日,由中国图书馆学会、德国歌德学院(中国大区)、全国中小型公共图书馆联合会主办,兰州市图书馆、兰州市图书馆学会承办的"2011中德儿童阅读活动"在兰州市馆举行。

4月8日,在2011年第三届长三角教育联动发展研讨会上,上海市教委、江苏省教育厅、浙江省教育厅负责人共同签署了"关于建立长三角地区高校图书馆联盟的框架协议",决定共建一个集数字资源为主体的包括印本资源在内的长三角地区高校图书馆文献信息资源服务共享平台,以实现长江三角洲地区高校文献信息资源的共建、共知和共享。

4月15日,吉林省图书馆联盟"云服务平台"上线试运行。平台由东北师范大学图书馆牵头实验建立,作为多个图书馆的"集约化管理"平台,向各联盟成员馆提供书刊管理、数字资产管理、云平台等多项服务,将实现真正意义上的资源共建、信息基础设施和信息系统的共用、人才技术的共享,避免重复建设,大幅度地节省成员馆的运行成本。

4月23日,全国首个智能型流动图书馆在广州图书馆问世。新流动图书馆以身份证为读者证,提供全面自助服务,可自助借还、办证、下载数字资源,提供中文图书、少儿图书、期刊、音像资料、电子资源等多种资源借阅服务。新车全面应用先进技术,如无线射频识别技术(RFID)、GPS卫星全球定位系统、LED大屏幕显示信息发布系统、触屏查阅系统、全天候安防、录像监控系统等,并提供绿色环保配电及空调模式,以及完善的准点保障服务。

4月23日,"全国残疾人阅读指导委员会"成立大会暨"牵手残疾人,走进图书馆"活动在国家图书馆举行。中国残疾人联合会主席张海迪,国家图书馆馆长周和平,中国残疾人联合会党组副书记、常务副理事长王乃坤出席了仪式。当日,由国家图书馆、中国残联信息中心共同建设的"中国残疾人数字图书馆"网站正式开通。

4月23日,重庆市的第一台24小时自助图书馆在重庆图书馆正式启用。同时,掌上重图·重庆手机图书馆面向市民开放。

4月25日—27日,全国数字图书馆建设与服务联席会议第十二次会议召开。会议以"数字图书馆的普惠服务"为主题,沟通了各成员单位2011年数字图书馆建设年度计划,并讨论了文化部《关于进一步加强公益性数字文化建设的指导意见》。

4月27日—29日,CALIS项目管理中心委托上海交通大学图书馆举办第一期"高校图书馆馆长高级研讨会"。研讨会以"新时期图书馆战略前瞻与发展创新"为主题,邀请国内主要高校的图书馆馆长参加,以期达成高校图书馆高峰论坛,共话未来发展。

4月28日—29日,首都图书馆、天津图书馆、上海图书馆、重庆图书馆联合主办的"全国直辖市公共图书馆2011高峰论坛"在重庆图书馆举行。四个直辖市公共图书馆馆长聚首重庆,与百余位业界专家共同交流讨论了公共图书馆免费开放及其社会责任等问题,四个直辖市图书馆分享了各自创新服务的经验。

5月

5月1日,上海市中心图书馆非物质文化遗产分馆开馆。作为上海市中心图书馆又一家专业分馆,非遗分馆以"非物质文化遗产保护"、"上海地方历史文化"为主题,依托上海图书馆的资源与技术优势建立,现有藏书约4000册,为公众提供免费阅览、视听服务。

5月1日—4日,ISO/TC249第二次会议在荷兰召开,中国中医科学院研究院图书馆/信息研究所两位专家作为中国代表团成员参加了全体大会和信息组讨论会,并提交了一项中医药信息标准提案,同时在全体会议上进行了演讲和答辩。

5月3日,教育部高等学校图书情报工作指导委员会新版网站正式启用,网址是http://www.tgw.cn。同时由CALIS承担的新版教育部高校图书馆事实数据库系统也正式上线运行,网址是http://www.tgw.cn:18080。

5月8日,由中国图书馆学会未成年人图书馆服务专业委员会主办、合肥市少儿图书馆承办的中国图书馆学会未成年人图书馆服务专业委员会工作会议暨《中国图书馆图书分类法(未成年人图书馆版)》第三届编辑委员会成立大会在合肥召开。会议主要部署了今后一段时期内全国未成年人图书馆服务工作规划,讨论了《中国图书馆图书分类法(未成年人图书馆版)》的具体修订工作。

5月10日,国家图书馆总馆南区暂停服务,维修改造期间服务及文献调整搬迁工作正式启动。为改善读者服务和馆藏保存条件,国家图书馆从2011年开始至2013年对总馆南区进行维修改造。

5月12日—14日,全国高职院校图书馆信息检索课程教学研讨会在深圳职业技术学院召开。会议由教育部高等学校图书情报工作指导委员会主办、深圳职业技术学院承办。这是高职高专院校图书馆第一次召开关于信息检索教学的研讨会。

5月14日—16日,由中国图书馆学会、中国图书馆学会阅读推广委员会主办,浙江省图书馆学会、永康市图书馆承办的中国图书馆学会阅读推广委员会2011年工作会议暨第五届"全民阅读论坛"会议在浙江永康举行,本次会议主题为"藏书益智 读书增慧",来自中国图书馆学会阅读推广委员会及各专业委员会主任、副主任等50余人参会。

5月16日,由国家图书馆主办、陕西省图书馆协办的"民国时期文献保护工作座谈会"在陕西西安隆重召开。会议旨在研究加强民国时期文献保护工作,并重点研究了如何进一步加强革命历史文献的保护和利用。国家图书馆馆长周和平、文化部社会文化司巡视员刘小琴、文化部财务司副司长马秦临出席了会议并讲话。来自全国部分省、自治区、直辖市和副省级城市公共图书馆负责人及文献保护专家参加了会议。

5月18日,"中华珍贵医药典籍展"在国家图书馆隆重开幕。卫生部副部长、国家中医药管理局局长王国强,文化部党组成员、部长助理高树勋,国家图书馆馆长、国家古籍保护中心主任周和平,中国中医科学院常务副院长刘保延等领导出席了开幕仪式。仪式上,少林寺方丈释永信向国家图书馆捐赠了《中国佛教医药全书》。

5月21日,福建省流动图书馆工程启动仪式在福建省图书馆举行。首批试点的仙游、南靖等10个县(市)级分馆与福建省图书馆签约并挂牌,省图书馆为每个分馆首次投入图书3000册、电子图书59万册、电子期刊1.7万种、视频资源3000部、电脑终端设备一套。每半年追加配送图书一次及分馆间交换流动一次。

5月23日,山西省图书馆省人大机关数字分馆开通仪式在山西省人大举行。这是在省四大领导班子中建立的第一个数字分馆,将依托丰富的数字资源为机关工作人员提供便捷的阅读查询服务。

5月25日—28日,由中国图书馆学会主办的中国图书馆学会第五届青年学术论坛在苏州独墅湖畔召开,论坛的主题是"全媒体时代的图书馆建设与服务创新"。来自全国各省、自治区、直辖市的120余位图书馆界的专家学者和青年代表参加了论坛。

5月27日,文化部、财政部联合下发《关于实施"数字图书馆推广工程"的通知》,决定在"十二五"期间共同组织实施数字图书馆推广工程。数字图书馆推广工程将构建以国家数字图书馆为中心、以各级数字图书馆为节点、覆盖全国的数字图书馆虚拟网,建设分级分布式数字图书馆资源库群、在全国范围内形成有效的数字资源保障体系,以互联网、移动通信网、广电网为通道,借助各级公共图书馆和手机、数字电视、移动电视等新兴媒体,向公众提供多层次、多样化、专业化的数字图书馆服务,从整体上提升全国公共图书馆服务能力,打造基于新媒体的图书馆服务新业态。

5月27日—30日,"美国青树第五届乡村图书馆研讨会"在江苏淮安召开,会议以"回到规划"为主题。来自美国圣荷西州立大学图书信息学院、上海交通大学图书馆、云南大学公共管理学院、甘肃省图书馆的专家和讲师,青树基金会项目图书馆工作人员以及全国各青树项目学校的图书管理员及教师近100人参加了研讨。

5月28日，厦门市公共图书馆"一卡通"全覆盖启动仪式在厦门图书馆举行。

5月30日，临沂市图书馆正式向广大市民免费开放，改变了临沂市长久以来无市级图书馆的局面。

6月

6月1日，大型历史文献展览"艰难与辉煌——纪念中国共产党成立九十周年馆藏珍贵历史文献展（1921—1949）"在国家图书馆展览厅隆重开幕。全国人大常委会副委员长周铁农，文化部党组成员、中纪委驻文化部纪检组组长、部直属机关党委书记李洪峰，国家广播电影电视总局副局长李伟，国家图书馆馆长周和平等领导出席了开幕式。6月29日，原中共中央政治局常委、国家副主席曾庆红参观了这一展览。

6月1日，国家图书馆联合各省、市图书馆推出的"革命历史文献联合目录"系统正式启动。

6月1日，上海市中心图书馆建设在实现市、区（县）、街（镇）"一卡通"全覆盖基础上，启动少年儿童图书馆"一卡通"工作。

6月4日—5日，由心平公益基金会、青树基金会、北京大学信息管理系、爱辉图书馆等联合筹办的"民间图书馆论坛（2011）"在北戴河举行，来自全国各地的70余家公益性私人图书馆、20家公益机构与组织、5家专业期刊与媒体的代表共140余人参会。

6月8日，由文化部主办、国家图书馆承办的"册府琳琅，根脉相承——中华典籍与非物质文化遗产特展"在国家图书馆古籍馆隆重开幕。展览主要展示了近二百种记载着有关非物质文化遗产内容的珍贵历史文献，以珍贵历史文献、非物质文化遗产有关的实物和"活态"展示相结合的方式，介绍了入选《国家级非物质文化遗产名录》中十大类中的三十三个项目。文化部副部长王文章、国家图书馆馆长周和平出席了开幕式并致辞。

6月9日，"中国传记图书馆"揭牌仪式在石景山区图书馆举行。中国传记文学学会会长万伯翱，原外交部副部长、国务院参事室参事、中国传记文学学会名誉会长乔宗淮，北京市文化局副巡视员、首都图书馆馆长倪晓建，石景山区委常委、副区长付生柱为"中国传记图书馆"揭牌。

6月11日—12日，由心平公益基金会和大邑县教育局主办，萤火助学志愿服务中心承办的"第二届乡村学校图书室与阅读推广研讨会"在成都召开。上海真爱梦想基金会、北京市西部阳光农村发展基金会、陈一心家族基金会等80家致力于乡村学校图书室和阅读推广的公益组织负责人以及部分图书馆系统、阅读推广机构专家学者共计120余名代表出席会议。

6月17日,重庆图书馆在泰国朱拉隆功国立大学设立了"重庆之窗——中国图书角",这是重庆图书馆在境外文化机构设立的第一个"重庆之窗"图书角。重庆图书馆向泰国朱拉隆功国立大学捐赠了上百册反映重庆历史人文、美食风光等风土人情的优秀图书。8月,重庆图书馆又与英国威尔士图书馆签订合作协议,开通了第二个境外的"重庆之窗"。

6月21日—22日,由文化部社文司主办,江苏省文化厅、南京图书馆承办的全国古籍普查工作会议暨古籍保护技术交流会在南京召开。

6月21日—23日,由甘肃省图书馆、兰州大学图书馆和美国青树教育基金会合作举办的"第四届信息技术与教育国际学术研讨会(ITIE2010)"在兰州大学召开。来自海内外包括美国、英国、阿根廷、丹麦以及两岸三地的图书馆专家学者及图书馆员300余人参会。会议围绕着促进欠发达地区乡村图书馆建设,提升民众信息素养这一中心主题,开展了相关的理念、方法和实践经验的交流和分享。

6月23日—25日,"2011年高校图书馆发展论坛暨数字图书馆前沿问题高级研讨班"年会在四川成都举办,会议由中国图书馆学会高校分会、四川大学图书馆、中国教育装备采购网、美国霍普金斯大学图书馆和中国图书馆学会数字图书馆专业委员会联合举办,320余人参加会议。论坛围绕数字图书馆建设与发展过程中的技术问题展开研讨。

6月28日,中国盲文图书馆在北京建成开馆,馆藏盲文书籍25万册,为1600多万盲人提供平等共享公共文化服务。8月16日,中共中央政治局常委李长春前来调研,对图书馆投入使用表示祝贺。

6月29日,2011年山东省古籍保护工作会议在山东省图书馆召开,会上下发了山东省文化厅《关于进一步加强全省古籍保护工作的通知》。

7月

7月1日,山西省首个"24小时街区智能图书馆"在山西省图书馆院内正式启用。

7月18日,2011年全国古籍评审工作会议在北京召开,第四批《国家珍贵古籍名录》和"全国古籍重点保护单位"评审工作正式启动。

7月18日,国家图书馆总馆南区维修改造期间读者服务项目调整到位,总馆北区、古籍馆各项服务全面恢复。国家图书馆因总馆南区维修改造,自2011年5

月 10 日起对服务格局进行调整,将原总馆南区主要读者服务项目迁移至总馆北区和西城区文津街古籍馆。

7 月 20 日,国家"十二五"科技支撑计划"面向外文科技文献信息的知识组织体系建设与应用示范"项目启动会在北京召开。

7 月 29 日—31 日,"2011 年全国图书馆志愿者行动——广西公共图书馆科学管理与服务创新高级研修班"在广西壮族自治区图书馆顺利举行,至此,持续了六年、在全国图书馆界影响深远的"全国图书馆志愿者行动"圆满结束。

7 月 31 日,黑龙江省市地图书馆馆长工作会在伊春市图书馆召开。会议审议通过并签订《黑龙江省公共图书馆政府公开信息服务联盟协议书》。

8 月

8 月 10 日,CALIS、CADAL 西藏自治区文献信息服务中心成立大会在西藏大学举行。

8 月 15 日,CALIS 西藏自治区文献信息服务中心门户系统正式发布并上线部署,该门户系统界面结合西藏高校文化与民族特色,实现了区域 IP 控制自动登录,优化了租用馆管理员等操作流程。

8 月 16 日—20 日,由青海省图书馆学会、青海省图书馆举办的"西北五省(区)图书馆第二次峰会"在青海西宁举行。会议围绕西北地区人才培养,西北地方文献数据库、陕甘宁边区红色文献数据库、西北回族与伊斯兰教文献数据库等特色资源数据库建设,西北五省(区)图书馆协作协调委员会建设和西北五省(区)图书馆界多样化合作模式等问题进行了深入讨论,并在与会代表达成共识的基础上提出了合理化建议。

8 月 20 日,西藏自治区图书馆汉藏双语版网站(http://www.tibetlib.com)正式开通,结束了全国最后一个省级公共图书馆无网站的历史。网站也是全国文化信息资源共享工程平台首个双语网站,设有文化新闻、西藏风情、文化遗产、知识讲座、聚焦三农、影视天地、少儿园地、务工技能、缤纷舞台、红色记忆、文化博览、工程园地、网络直播等栏目。

8 月 23 日—24 日,全国医学文献建设工作研讨会在厦门召开。会议由医院图书馆委员会与《图书馆报》联合举办,来自 60 多家全国重点三甲医院图书馆、全国主要医学出版社的代表参会,就医学文献建设、馆社沟通协作等议题进行了深入研讨。

8 月 23 日—25 日,由中国图书馆学会、阅读推广委员会、河北省图书馆学会主办,经典阅读专业委员会、河北省图书馆、承德市图书馆承办的"图书馆与经典阅读"研讨会在承德召开。国家图书馆周和平馆长、工业与信息化部杨学山副部长等出席会议。

8月27日,CALIS民族文献编目工作研讨会在内蒙古赤峰市召开。CALIS管理中心、中央民族大学图书馆、新疆大学图书馆、内蒙古大学图书馆和赤峰学院图书馆等相关人员参加了会议。会议决定由内蒙古大学图书馆牵头,团结各方力量,建立CALIS民族文献服务共享域。

8月31日—9月1日,"2011年两岸三地图书情报与档案管理博士论坛"在南京大学召开,来自内地、台湾和香港三地的图书情报档案学科的博士生、博士生导师以及相关专家参加了学术研讨。

8月底,唐山市丰南区的"书香丰南动车组"多功能流动服务车获得国家知识产权局专利证书。10月15日,该服务车完善升级,增加自助借还功能,在丰南金都社区正式启用。

9月

9月1日—2日,军队院校图书馆委员会第23次会议在国防大学召开,讨论通过了《军队院校图书馆委员会章程》(此前为《加强军队院校图书馆委员会建设的决议》)。

9月13日,CALIS开展了应用服务示范馆计划,将CALIS服务嵌入成员馆馆服务中,展示CALIS服务对成员馆服务功能的拓展或改进。

9月14日,吉林省数字图书馆推广工程启动仪式在长春市举行。国家图书馆馆长周和平,吉林省委常委、宣传部部长荀凤栖出席了启动仪式。国家图书馆与吉林省文化厅签订了关于数字图书馆战略合作的框架协议。国家图书馆向吉林省图书馆提供了超过10万册图书、4万张老照片等图片,超过1000多个小时的视频资源用于共享服务。同时,国家图书馆与吉林省图书馆合作建设的"掌上吉图"手机门户网站也正式上线。

9月20日,CALIS在北京大学召开的"CALIS三期项目建设暨服务启动大会"上,开通了新的服务门户主页eduChina,同时发布CALIS学术搜索引擎——e读。

9月20日,CALIS(中国高等教育文献保障系统)广西中心启动大会暨第一次成员馆业务培训会议在广西大学图书馆召开。全区46所高校图书馆的领导及职员出席会议。

9月21日,由中国图书馆学会社区与乡镇图书馆专门委员会主办、陕西省图书馆学会和湖北省图书馆学会共同承办的第十届中国社区乡镇图书馆发展战略研讨会在西安举行。

9月26日,福建省图书馆百年馆庆暨福建省少年儿童图书馆正式启用。该馆是目前国内新建成的单体面积最大、使用智能化技术最多的少儿图书馆,是国内第一家一经建成即可投入使用的少儿馆,并在国内率先第一家使用了云计算技术和无毒阻燃静音德国诺拉(nora)橡胶地板。

9月26日,全国文化文物工作援疆会议在新疆维吾尔自治区图书馆召开,国家图书馆与新疆维吾尔自治区文化厅签署了《国家图书馆与新疆维吾尔自治区文化厅实施"数字图书馆推广工程"的战略框架协议》,新疆维吾尔自治区数字图书馆推广工程正式启动。文化部党组副书记、副部长欧阳坚和新疆维吾尔自治区党委常委、宣传部长胡伟出席了工程启动仪式。

9月26日—29日,首期职工书屋管理人员交流培训班在山东青岛举办。全国总工会副主席、书记处书记倪健民在培训班上对职工书屋工作提出进一步要求,这次培训班进一步宣传了全总关于做好职工书屋工作的精神,交流了各地职工书屋的好经验、好做法。

9月29日,《滇皖赣省级公共图书馆合作协议》在江西省图书馆签订。根据该协议,三馆将本着"优势互补、共建共享、互惠互利、三方共赢"原则,在资源建设与资源互惠利用、学术交流活动、专业人才培养、互换公益讲座和公益展览资源等方面进行一系列旨在促进三省图书馆事业良好发展的合作,使三省图书馆结成友好的战略伙伴关系,实现合作共赢的最大化。

10月

10月14日—15日,浙江省首届公共图书馆视障服务工作研讨会在杭州召开。本省各级公共图书馆视障读者服务人员31人参加会议。与会代表还参加了浙江图书馆承办的"自强超越共赢——浙江省2011年国际盲人节大型公益活动启动仪式"和"浙江省视障信息无障碍服务中心"揭牌仪式。

10月16日—18日,由国家图书馆主办、云南省图书馆协办的"第三届全国馆际互借与文献传递研讨会"在云南昆明召开。会议围绕"馆际互借与文献传递的创新与发展"这一主题,就全国各级各类图书馆共同关注的著作权问题、新信息环境下文献提供的发展方向等进行了深入交流研讨。

10月18日—19日,由国家图书馆主办、广西壮族自治区图书馆承办的"第十三届全国省、自治区、直辖市、较大城市图书馆馆长联席会议"在广西南宁召开。此次会议主题是"学习贯彻十七届六中全会精神，创新工作思路，推动图书馆事业大发展"。国家图书馆馆长周和平，文化部社会文化司巡视员刘小琴等出席会议，来自全国的图书馆馆长和业界专家70余人参加了会议。国家图书馆副馆长陈力主持了会议。

10月21日，中日韩数字图书馆项目业务交流会在中国国家图书馆举行。此次业务交流是《中日韩数字图书馆计划协议草案》签署以来举办的第一次三方工作会议。

10月24日，由浙江师范大学图书馆主办的东南地区十一省(市)省属师范大学图书馆馆长协作会议在金华召开。来自南京师范大学、广西师范大学、湖南师范大学、江西师范大学等十余所东南地区师范类高校图书馆的馆长和代表参加了会议。

10月25日，CALIS与OCLC(联机计算机图书馆中心)在北京大学图书馆召开了"CALIS与OCLC合作会议"。北京大学常务副校长吴志攀与OCLC总裁兼首席执行官杰伊·乔丹(Jay Jordan)代表双方在会上签署了《CALIS与OCLC合作备忘录》。

10月26日，贵州省数字图书馆推广工程在2011年"中国图书馆年会暨中国图书馆学会年会"上正式启动。国家图书馆与贵州省文化厅签署开展"数字图书馆推广工程"战略框架合作协议，并与贵州省图书馆签署合作共建数字图书馆战略框架协议。

10月26日—27日，由文化部主办，国家图书馆、中国图书馆学会等单位共同承办的2011年"中国图书馆年会暨中国图书馆学会年会"在贵阳召开。全国各级各类图书馆馆长，图书馆界和公共文化服务领域的专家、学者，以及国内外图书馆界代表近1500人参加本次大会。会议主题为"公益·创新·发展：'十二五'时期的图书馆事业"，年会共设置17个分会场，近1500人出席了年会。

10月27日，由国家图书馆联合省市图书馆共建的"中国政府公开信息整合服务平台"正式上线，平台收录了中央政府机构、部分省、自治区、直辖市政府网站上"政府信息公开栏目"中的信息，并按内容提供分类浏览。

10月28日—30日，由中国图书馆学会、厦门市文化广电新闻出版局、厦门市社科联、第七届海峡两岸图书交易会组委会主办，中国图书馆学会阅读推广委员会、厦门市图书馆学会、厦门市图书馆、厦门外图集团有限公司承办的"海峡两岸图书馆讲座研讨会"在厦门举行。来自内地和台湾地区的100多位代表及相关媒体记者参加了研讨会，共同探讨图书馆讲座工作的发展与创新。

10月29日，中共中央政治局委员、中央书记处书记、中宣部部长刘云山在中共中央政治局委员、北京市委书记刘淇的陪同下，对北京24小时自助图书馆建设工作进行调研，并对首批24小时自助图书馆建设给予了肯定。

11月

11月2日，湖南图书馆为政协委员履职服务平台正式开通。该数据库共收录2005—2011年优秀调研报告400余篇，2008—2011年提案3300余条，用户可通过标题、作者、年限等多种方式对单个数据库进行检索，也可跨库进行全文检索。

11月2日—5日，由安徽、河南两省图书馆学会主办的"2011皖豫两省图书馆学会年会"在安徽黟县召开，来自两省各系统的200余名代表出席了大会。本届年会主题为"十二五时期图书馆发展的新思维与新措施"。

11月9日，CALIS管理中心和CASHL管理中心在北京大学图书馆联合召开"第四届高校馆际互借协调组第一次会议"，以更好地发挥协调组对我国高校图书馆开展馆际互借工作的指导作用，制定CALIS四期建设中馆际互借服务的建设规划，解决CALIS现阶段馆际互借服务存在的问题，讨论CALIS馆际互借示范馆建设与评估的相关问题。

11月10日，上海图书馆与CALIS（中国高等教育文献保障系统）管理中心签订合作协议，成为国内第一家加入CALIS的公共图书馆，正式面向国内高校提供馆际互借（原书外借）服务，开启了全国性馆际互借服务新篇章。

11月12日，《全国党校图书馆"三大文库"数字资源建设规范（讨论稿）》研讨会在北京召开。会议对"讨论稿"作了详细讲解和演示说明，培训了17个省市地级党校图书馆的技术人员，并介绍了中央党校图书馆在数字资源建设中的做法和经验，对在资源建设过程当中所遇到的具体问题进行了探讨交流。

11月13日—15日，2011年全国公共图书馆讲座联盟省级成员馆工作会议在太原召开。本次会议由国家图书馆和山西省图书馆共同主办，是全国公共图书馆讲座联盟正式成立后举行的第一次工作会议。会议就讲座联盟的工作机制及成员馆共同关心的问题进行了讨论。

11月18日—19日，由国家图书馆主办、广西壮族自治区图书馆承办的"第十三届全国省、自治区、直辖市、较大城市图书馆馆长联席会议"在广西南宁召开。会议主题为"学习贯彻十七届六中全会精神，创新工作思路，推动图书馆事业大发展"，国家图书馆馆长周和平出席会议并做主题报告。

11月19日，"国家文化科技提升计划项目——少数民族语言数字资源建设与检索平台"开题报告会在新疆维吾尔自治区图书馆召开。

11月26日—27日,2011年图书馆学博士生论坛在北京大学召开,来自全国主要博士点院系的图书馆学博士生、博士生导师以及图书馆界专家参加了学术研讨。

11月,文化行业标准《射频识别—图书馆—数据模型》顺利通过专家评审。"射频识别—图书馆—数据模型"项目是2009年由文化部批准立项的文化行业标准。此项标准成果顺利通过验收,将为图书馆应用无线射频技术提供有力的政策依据,避免因技术不统一带来的资源浪费等问题。

11月,西藏自治区编委批示自治区图书馆增挂"西藏自治区古籍保护中心"牌,其级别与自治区图书馆同等。

11月初至12月中旬,湖南省高校图工委开展了全省普通高校图书馆调研,在全省37所普通高校图书馆全部提交自查报告与调查问卷的基础上,形成《〈关于加强普通高等学校图书馆工作的若干意见〉贯彻落实情况调研报告》。

12月

12月3日"国际残疾人日",上海图书馆联合上海市残疾人联合会等启动"上海无障碍数字图书馆",将为视障、听障人士、老年人等群体打造一个无障碍的图书馆信息平台。2012年初正式运行后,可以为上海持证残疾人提供2000种电子书全文有声阅读服务。

12月8日,"国家图书馆善本特藏展"在香港中央图书馆开幕,展出了国家图书馆的善本古籍、碑帖拓本、古旧舆图、少数民族文字古籍42件。国家图书馆馆长周和平、中央人民政府驻香港特别行政区联络办公室副主任李刚、香港民政事务局局长曾德成、香港公共图书馆咨询委员会主席梁智仁、香港康乐及文化事务署署长冯程淑仪出席开幕式并剪彩。

12月11日,钱学森图书馆在上海交通大学建成开馆,并免费对公众开放。中共中央总书记、国家主席、中央军委主席胡锦涛对钱学森图书馆建成开馆作出重要指示。

12月12日,数字图书馆和知识中心高峰论坛暨中国学术数字图书馆启动十周年庆典在浙江大学举行。

12月12日—16日,解放军总部机关业务主管部门在重庆后勤工程学院举办了第九期全军院校图书馆馆长集训,95名馆长参加。这次集训以理论学习、专题研讨与参观见学相结合的方式进行,先后听取了国家教育部、北京大学、清华大学、重庆大学、国家科学图书馆等8位领导和专家教授专题讲座;重点研究论证了《军队院校文献信息联合保障系统功能需求论证报告》。

12 月 29 日,江西省首家移动图书馆开通仪式在江西省图书馆举行,江西省文化厅领导以及来自全省公共图书馆的 160 名代表参加了开通仪式。

12 月 29 日,"沈阳军区政工网新网站开通暨国家图书馆数字图书进军营启动仪式"在沈阳军区政治部会议室内举行。沈阳军区司令员张又侠、政治委员褚益民、副政治委员马丙泰,国家图书馆馆长周和平出席了仪式。周和平代表国家图书馆与沈阳军区共同签订"数字图书进军营文化拥军合作协议",沈阳军区网上数字图书馆服务器正式启动运行。

12 月 30 日,国家质量监督检验检疫总局、国家标准化管理委员会发布《公共图书馆服务规范》。这是我国公共图书馆界第一个国家级标准,填补了当前我国图书馆规范体系中服务类标准规范的空白,为检验公共图书馆服务效能与管理提供了技术依据,将在推动我国公共图书馆事业健康、有序发展,加快建设覆盖全社会的公共文化服务体系,有效保障社会公众的基本文化权益方面发挥积极作用。

12 月,《公共图书馆法》草案送审稿报送国务院。

后　记

　　蓝皮书是一个行业总体发展情况的综合性报告,是人们了解行业发展的重要途径。当前,越来越多的行业采用蓝皮书的形式,记述行业发展情况,就行业发展重点领域进行研究,预测行业未来发展趋势等。近年来,图书馆事业越来越受到政府的重视和社会各界的关注,在国家经济社会发展中发挥着日益重要的作用。2010 年底,深圳图书馆公共图书馆研究院组织编纂了《中国公共图书馆发展蓝皮书(2010)》,首次尝试"以蓝皮书的形式对全国公共图书馆发展进行整体的总结、整理、综述和研究",产生了良好反响。但直至目前,我国图书馆界尚未有一本覆盖全国各级各类图书馆及行业组织的蓝皮书。基于此,2012 年初,国家图书馆开始组织策划《中国图书馆事业发展报告》(蓝皮书),以期填补这一空白,为行业发展提供基础数据与综述报告。该项目由国家图书馆研究院具体组织实施。

　　《中国图书馆事业发展报告》(蓝皮书)在中国图书馆学会组织编写的《中国图书馆事业发展报告》的基础上,力求既全面总结事业发展现状,又追溯相关政策的理论渊源;既立足当前实际,对成绩、问题和发展特点等进行深入透彻分析,又注重展望未来,对事业发展规律进行探索,对未来发展趋势进行预测,以期全面反映事业发展全貌,并对发展中的热点问题做深入研究,使读者能够客观、全面、深入地了解图书馆行业。

　　全书由综述、宏观形势、行业发展、地区实践、专题研究、大事记等部分组成。参加编纂工作的人员既有学界专家,也有业界从业人员。正是由于他们的倾情付出,才有本书的问世。其中,2011 年我国图书馆事业发展综述由汪东波、程鹏执笔,宏观形势篇由王世伟执笔,国家图书馆发展报告由申晓娟、胡洁、石鑫执笔,公共图书馆事业发展报告由倪晓建、张娟、陈人语、窦玉萌、杨洁雄执笔,高校图书馆事业发展报告由王波、吴汉华、姚晓霞、关志英、王琼、朱强执笔,专业图书馆事业发展报告由刘细文执笔,其他系统图书馆事业发展报告由严向东、骆桂明、郝莉、刘魁明、郑丹娘、阎伟、张文举、刘家坤执笔,民办图书馆事业发展报告由邱奉捷执笔,图书馆学会发展报告由严向东、马骏执笔,我国公共图书馆服务体系建设由柯平、陈昊琳、闫娜执笔,我国公共图书馆免费开放服务由李东来、周文杰执笔,我国数字图书馆建设由陈超、夏翠娟、宋歌笙执笔,我国图书馆"十二五"规划由柯平、张红岩、柯岚馨、李庆红执笔,我国图书馆学理论研究由初景利、刘丽、栾冠楠、孔青青执笔,图书馆学教育发展报告由柯平、王平、白清礼、朱明执笔,地区实践篇由来自全国27个省、自治区、直辖市的图书馆学会秘书处的负责人组织撰写。

参加全书统稿工作的有柯平、王世伟、初景利,以及南开大学信息管理系博士生贾东琴、何颖芳,上海社会科学院信息研究所张涛,中国科学院国家科学图书馆杜杏叶、易飞。石鑫负责全书联络与协调,汪东波、申晓娟负责最后统稿及组织出版工作。

在本书的写作过程中,公共图书馆研究院执行院长吴晞给予了富有建设性的意见,在此致以衷心的感谢。中国图书馆学会及各省、自治区和直辖市图书馆学会对本书的组织和撰写提供了大量帮助,在此一并致谢。

由于写作时间仓促,统计数据的历史积累及相关材料有限,本书难免有纰漏和不当之处,敬请各位读者批评指正。

汪东波
2012 年 10 月